高等院校经济管理类规划教材

U0819180

管理学

（第二版）

尤利群 等编著

ZHEJIANG UNIVERSITY PRESS
浙江大学出版社

前　言

自古至今,“管理”无时不在,无处不在。古代,人类的一个个奇迹中都蕴藏着管理智慧,一部部经典名著中都闪烁着管理思想。社会的进步印证了管理的进步,管理的应用推进了人类的文明进程。当今,人们普遍认为,先进的科学技术和管理是推动现代社会发展的“两个车轮”,缺一不可。管理的知识与技能已成为人们生活、职业发展必须具备的知识与技能。学习、研究管理学是培养人才,特别是管理人才培养的重要手段,正因为如何,管理学已成为所有大学大部分专业的必修课或选修课。

可以说,社会的发展、国家的繁荣、企业的兴旺、家庭的欢乐、个人的前景无不与管理有关。在我们日常生活中,许多人是通过生活与实践,在成败中学会管理的,这往往需要付出昂贵的代价。事实上,不管你学什么,从事什么工作,只要你能花一点时间静心学一学管理学知识,领悟一些管理的道理,并结合实际思考一些问题,将管理学的知识付诸行动,这将为你的人生发展打下良好的基础,使你终身受益。你会逐渐体会到,你的事业越发展,你对管理知识的依赖就越大。

管理学作为一门独立的学科进行研究的时间起步较晚,是 19 世纪末 20 世纪初的事情,距今只有 100 余年。由于管理在社会发展中的重要地位,管理学发展很快,已有比较成熟与完整的知识结构。相比于西方一些资本主义国家,我国管理学的研究则起步更晚,但近年来,由于国际交流的增加和国内经济的发展,国内管理学发展也得到较快的发展。

管理学是一门注重解决问题的应用性学科,致力于研究管理者如何有效地管理其所在的组织,使组织运行的效率提高,使组织目标能如愿实现;强调理论结合实际,具有很强的实践性;强调战略性、系统性与目标性,提供了分析问题、解决问题的思路与方法;强调站在哲学思维的高度分析研究问题和解决问题,并要求针对不同的环境与组织状况,切合实际地提出对策,具有较强的实用性。它是人类智慧的结晶,已拥有诸多比较科学实用的理论和方法。

本教材是作为大学本科各专业管理学课程的基本教材编写的。在编写过程中,特别强调三个结合:实用性和理论性的结合,易读性与专业性的结合,国外先进经验与中国实际的结合。我们尽力使管理学教材能贴近生活,使读者阅读轻松愉快,有利于自学;条理清晰,充分反映管理学的基本原理和学科发展方向,便于教学。本教材具有以下特点:

1. 体系新颖。从管理的历史、管理者、管理环境开始介绍,将读者引入管理总体氛围中,再以管理工作与主要职能为线索展开管理问题的研究。本教材体系完整、逻辑性强,在清晰反映管理学理论体系的基础上,力求便于教学,体现创新。

2. 以读者为中心。本教材贯彻“以读者为中心”的宗旨,应用以学生为本的教学方法,兼顾理论性与可读性,把阅读的便利性和启示性放在首位。采用生动的语言、趣味性典故和现实案例，让读者愉快阅读、积极思考和努力创新。注重引发读者的学习兴趣和热情，注重引发学生分析问题与解决问题，注重对学生创新能力的培养。

3.时代性强。管理学是一门应用性学科，教学内容与时代变化紧密相连。管理环境的快速变化与管理技术的飞速发展，要求管理理论与实践不断创新，本教材汲取了管理学的最新思想和成果，涵盖了新概念、新思想、新模式、新方法，充分地反映了当代管理新理论与面临的新问题，具有理论与实践前沿性的特点，体现新时期管理的发展与实践探索。

4.适用面宽。管理学学科是一门综合性学科，与其他学科的交叉性强，应用面广。本教材以企业组织与非营利组织的一般性管理活动为内容，不涉及行业的具体业务管理和专业管理，全面介绍了一般管理原理的系统知识，避免了与其他后续学科、课程和专业管理科目的重复。本教材适用于多种专业的管理学课程教学。

本教材的结构：本教材由五篇十二章构成。

第一篇：管理概论。概要说明管理的基本原理，包括四章内容。第一章管理与管理学，着重介绍什么是管理，以及管理学的性质，学习管理知识的必要性和基本方法；第二章管理者，着重描述管理者角色特点，管理者应具备的素质和管理者的培养方法；第三章管理思想演变，系统介绍了中外管理思想演进的历史和未来管理的发展趋势；第四章管理环境，系统介绍管理环境问题，研究组织内外部环境因素及对组织发展的影响，介绍组织文化、社会责任与管理道德、全球化环境下的管理等问题。

第二篇：战略与计划。讲解战略、预测、决策和计划等内容，包括两章内容。第五章介绍战略、预测与决策，这与一般管理学教材也不同，我们认为战略是最重要的，决策是管理者从事管理工作的基础，而决策必须在预测的基础上进行；第六章介绍计划，讲述了有关计划的基本概念、计划的制订过程及计划制订方法。

第三篇：组织与组织工作。讲解组织的相关知识，帮助读者深入了解管理对象组织的基本情况、组织的主要目标和组织的管理工作，包括两章内容。第七章组织，着重介绍组织概况、组织的分类、组织创立、组织的目标体系、组织的生存与发展；第八章组织工作，重点介绍组织工作、组织内部的权力关系、集权与分权和组织结构等。

第四篇：领导与激励篇。讲解领导和领导职能、激励及其理论，包括两章内容。第九章领导，重点介绍领导的内涵、领导的理论与领导的艺术；第十章激励，重点介绍激励的内涵、激励的理论与激励的方法。

第五篇：控制与创新篇。讲解管理控制与管理创新的理论与实践，包括两章内容。第十一章控制，重点介绍控制的基础知识、控制的各种类型及控制方法；第十二章创新，重点介绍创新的基本内容、创新的过程与技术。

本教材每一章配有多个案例，要求读者结合案例思考、分析与回答问题，加深读者对理论知识的理解，也使理论与实践能良好结合。每章结束时，配有多个管理实践练习题，帮助读者进行强化练习，使所学管理知识能用于实践操作。每一章还配复习思考题，目的是为了帮助读者对管理基本概念和基本观点的理解，以及进一步扩展管理知识，引导读者进一步研究相关问题。

本教材四个附录。附录一是有关管理学的一些小故事和一些古代的名著摘要，目的是引导读者学会从生活中领悟管理学，从中国古代的名著中吸收管理思想。附录二罗列了管理学的一些基本概念的中英文索引，帮助读者通过学习了解和掌握管理学的一些基本概念，以便于复习和阅读国外管理学著作。附录三列出了管理学的主要名著，有助于读者了解管理学的一些重要著作。附录四列出了100位管理大师及其主要贡献，有助于读者了解管理的发展与代表人物。最后是主要参考文献，这些参考文献大多在国内已出版，读者有兴趣可作为补充阅读材料。以用促学，学为所用，管理学的学习关键在于理论与实践的结合，只有勤学勤思勤用，才能提高管理水平。

本教材由浙江财经学院、浙江工业大学长期从事管理学教学与研究的教师共同参与编著。浙江财经学院的尤利群撰写了第一、四、五、六、七(部分)、九、十及各章部分案例和练习题；李静撰写了第二、三章；李晓锦撰写了第七(部分)、八章；浙江工业大学的蒋建华撰写了第十一、十二章。由尤利群负责全书的框架结构设计、组织、统稿与总纂。本教材是《现代管理学》(浙江大学出社2003年版，尤利群主编)基础上编著，该书经多次重印，发行量近三万册，我们从读者中获得许多十分有价值的建议，为本教材的撰写与出版奠定了良好的基础。在汲取该书经验基础上，本教材增加了许多管理学前沿理论，更新和增添了许多案例，并根据教学实践调整了整书结构。

本教材得到了浙江财经学院工商管理学院企业管理系全体教师与浙江工业大学有关教师的大力支持，可以说该书是集体智慧的结晶，在编写过程中靳明、刘中文、沈渊、邬雪芬、董进才、李磬弘、彭金荣、陈晓阳、王金安等老师给编写提供了许多写作思路与素材，工商学院办公室工作人员也给予了很多工作上的帮助。同时，感谢我们的学生和使用者！你们在使用中给我们提出了许多宝贵的建议，希望你们能一如既往地支持我们。本教材汲取和引用了国内外许多专家学者的大量研究成果，也参考和引用了国内外有关研究的部分成果和文献，在此谨致诚挚的谢意！。书中我们尽可能标注出相关参考文献及其作者姓名，但由于篇幅有限，书后所列的参考文献未能将作者参阅的文献全部列出，在此也表示歉意与感谢。另外，浙江大学出版社为本教材的出版提供了大力支持，在此一并表示诚挚的谢意！

由于作者水平有限，书中难免存在许多不尽如人意之处，敬请读者批评指正。

尤利群

2009年6月

目　录

第一篇　管理概论

第一章　管理与管理学 …… 3

第一节　管理的含义 …… 4
第二节　管理的职能 …… 10
第三节　管理学的研究框架 …… 12
第四节　管理学的学习方法 …… 17
管理实践练习 …… 26
复习思考题 …… 27

第二章　管理者 …… 28

第一节　管理者的角色 …… 29
第二节　管理者的素质 …… 38
第三节　管理者的培养 …… 45
管理实践练习 …… 50
复习思考题 …… 52

第三章　管理思想的演变 …… 53

第一节　早期管理思想 …… 53
第二节　古典管理理论 …… 58
第三节　行为科学理论 …… 67
第四节　现代管理思想 …… 72
管理实践练习 …… 104
复习思考题 …… 105

第四章　管理环境 …… 106

第一节　管理环境及其分类 …… 107

第二节 外部环境因素分析 …… 109
第三节 组织文化 …… 119
第四节 社会责任与管理道德 …… 126
第五节 全球化环境下的管理 …… 138
管理实践练习 …… 141
复习思考题 …… 142

第二篇 战略与计划

第五章 战略与决策 …… 145

第一节 战略 …… 146
第二节 预测 …… 161
第三节 决策 …… 167
管理实践练习 …… 190
复习思考题 …… 191

第六章 计划 …… 193

第一节 计划概述 …… 194
第二节 计划的表现形式及类型 …… 198
第三节 计划工作的程序和方法 …… 204
管理实践练习 …… 213
复习思考题 …… 215

第三篇 组织与组织工作

第七章 组织 …… 219

第一节 组织概述 …… 220
第二节 组织的分类 …… 222
第三节 组织的创立 …… 234
第四节 组织目标 …… 240
第五节 组织生存与发展 …… 252
管理实践练习 …… 268
复习思考题 …… 269

第八章　组织工作 …… 270

第一节　组织工作概述 …… 270
第二节　组织设计 …… 275
第三节　组织结构 …… 296
管理实践练习 …… 305
复习思考题 …… 306

第四篇　领导与激励

第九章　领导 …… 309

第一节　领导的内涵 …… 309
第二节　领导理论 …… 314
第三节　领导艺术 …… 342
管理实践练习 …… 352
复习思考题 …… 353

第十章　激励 …… 355

第一节　激励的内涵 …… 356
第二节　内容型激励理论 …… 359
第三节　过程型激励理论 …… 366
第四节　激励方法 …… 372
管理实践练习 …… 380
复习思考题 …… 380

第五篇　控制与创新

第十一章　控制 …… 383

第一节　控制的基础 …… 384
第二节　控制的原理和要求 …… 387
第三节　控制的程序 …… 391
第四节　控制的技术和方法 …… 395
管理实践练习 …… 404
复习思考题 …… 406

第十二章 创新 …… 407
第一节 管理创新概述 …… 408
第二节 管理创新的基本内容 …… 413
第三节 管理创新的过程与组织 …… 419
第四节 创新技术简介 …… 422
管理实践练习 …… 430
复习思考题 …… 430

附 录 …… 431
附录一 阅读材料 …… 431
附录二 管理学基本概念中英文目录索引 …… 446
附录三 管理学名著目录 …… 455
附录四 管理学的100位大师 …… 459

主要参考文献 …… 465

第一篇
管 理 概 论

第一章

管理与管理学

管理是一种人类的社会活动，是任何组织生存与发展所必需的。
工欲善其事，必先利其器。

【本章要点】

1. 管理的内涵
2. 管理的目标
3. 管理的职能
4. 管理学的发展
5. 管理学的研究对象
6. 管理学的学习方法

【案例 1.1】

如何对付“懒汉”

我们在这儿汗流浃背地工作，而他却逍遥自在？工人会这样议论。一块臭肉坏一锅汤。如果你不能把懒汉转变成勤勤恳恳的工人，至少也得使他在偷懒时感到不自在。别让你身边有懒汉，哪怕有一个也会后患无穷，那样你就别指望其他人好好工作。[①]

问题：

1. 你所处的组织有无这类“懒汉”，为什么会产生这类“懒汉”？
2. 这类“懒汉”对组织目标的实现会产生怎样的负面作用？
3. 你能用管理方法解决这一问题吗？

① 诺斯克特·帕金森、拉斯托姆吉：《帕金森管理经典》，国际文化出版公司 1996 年版，第 15 页。

第一节 管理的含义

一、管理的基本概念

管理是由人们劳动协作引起的。远古时代，众人合作共做一件事，从而就萌发了管理思想，因此管理的思想和实践可以追溯到远古。埃及的金字塔和中国的万里长城都展示了古人的管理才能。只要有许多人在一起共同劳动就必须对劳动过程进行有效的管理，以协调各个劳动者的活动，使劳动达到预期的目的。人类社会劳动的分工和协作越精细，工作越复杂，科学技术越发达，生产社会化程度越高，管理也就越重要。

“管理”一词含义较广。不同的学者从不同的角度解释了这一概念。西方的管理——“Manage”一词源于意大利文“Maneggiare”，原意为“训练马匹”及“处理”的意思。从中国汉字字义上理解，管理就是管辖和处理，即管人和理事。管辖指权限，处理则是在权限内行使职权。按照《世界大百科全书》的解释，“管理就是对工商企业、政府机关、人民团体，以及其他各种组织的一切活动的指导。它的目的是要使每一行为或决策有助于实现既定的目标”。古典管理学家、科学管理的奠基人泰勒(Frederick W. Taylor，1911)认为，“管理就是确切地了解你希望工人干什么，然后设法使他们用最好、最节约的方法完成它”。古典管理理论代表人之一的亨利·法约尔(Henri Fayol，1916)认为，“管理，就是实行计划、组织、指挥、协调和控制”。美国洛杉矶加州大学教授哈罗德·孔茨(Harold Koontz，1955)在其名著《管理学精华》中指出：“人们活动的领域或许没有比管理更为重要的了，因为在不同类型的企业中，各级管理者都担负着创造和保持一种使人们在群体中相互配合工作的环境，从而达成精心选择的任务和目标。”诺贝尔经济学奖得主、决策学派创始人之一西蒙(Herbert A. Simon，1960)在他的著作《管理决策的新科学》中认为，“管理就是决策”。在西蒙教授看来，管理者所做的一切工作归根结底是在面对现实与未来，面对环境与员工时不断地做出各种决策，使组织的一切都可以不断运行下去，直到获得满意的结果，实现令人满意的目标要求。1996年，罗宾斯(Robbins)和库尔塔(Coultar)对管理下的定义是：“管理这一术语指的是和其他人一起并且通过其他人来切实有效完成活动的过程。”我国的一些管理学教材中也给管理下了定义。如周三多教授认为：管理是社会组织中，为了实现预期的目标，以人为中心进行的协调活动。芮明杰教授认为：管理是对组织的资源进行有效整合以达到既定目标与责任的动态创造性活动。杨文士教授则认为：管理是指一定组织中的管理者，通过实施计划、组织、人员配备、指挥与领导、控制等职能来协调他人的活动，使别人和自己一起来实现既定目标的活动过程。席酉民教授认为：管理是一种基础国力。管理定义的多样化，既反映了人们研究立场、方法、角度的不同，也反映了管理科学的不成熟性。

我们认为，管理是管理者设计和保持良好的环境，组织团队科学高效地利用资源以实现组织目标的过程。它包括几个特点：(1)目的性，管理为达到一定的目的而进行；(2)运动性，管理是一个动态过程，通过有组织的运动达到目的；(3)适应性，管理是一个合理选择环境和适应环境变化的过程；(4)团队性，管理要求管理者组织一支有活力的团队，通过团队成员的合作与共同努力实现组织目标；(5)高效性，管理能使组织资源得到充分利用，以求用最少的投入得到最大的产出；(6)科学性，管理有许多先进的科学的方法，管理者必须掌握并能灵活运用；(7)协调性，管理需要协调组织内外各种利益相关者群体的力量、资源、利益；(8)创造性，管理的有效性和环境的不确定性要求管理者创造性地、因地制宜地运用管理方法与手段。

二、管理的目标

美国著名管理学者和高级咨询专家德鲁克认为，管理必须完成三项重要而又极其不同的任务：本机构的特殊目的和使命；使工作富有活力并使职工有成就；处理本机构对社会的影响和对社会的责任。也有学者认为，管理的最终目的都是针对面临问题的本身特点和所处的环境，通过组织和协调，以最小的资源消耗取得最大限度的目标实现。当然，管理者还需了解检验目标达到的方法。[①]

我们认为，管理的目标(Objective of management)是有效地实现组织的目标。我们可用组织绩效(Organization performance)这一指标来衡量管理目标的实现程度。组织绩效与管理的效率(Efficiency)与效益(Effectiveness)成正比。因此，我们也常将管理目标简述为"做正确的事，正确地做事(Do the right things, Do the things right)"。首先是要选择正确的事，然后是把事做好。管理的目标根源于人们的价值观。何谓"正确的事"？它与人们的价值观有关。中国古人云："诸恶莫做，众善奉行；勿以善小而不为，勿以恶小而为之。"就表明了一种做事的道理。我们常用"效益"一词反映管理实现组织目标的程度及是否"做正确的事"。当管理者选择正确的目标并得以实现时，管理是有效益的。如我国希望工程的"一对一助学"项目，在保障失学儿童的受教育权上取得了实质性的进展，获得了良好的效益。人们也常用"价值(Value)"、"效用(Use)"、"利益(Benefit)"、"效果(Effect)"等概念，衡量做事的意义或事件值不值得做的问题，以保证所选择的行动符合组织既定的目标。正确地做事就要讲究方法，讲究效率。效率是一个经济学的概念、比较的概念，它表示投入与产出之比(效率=产出/投入)。它要求我们尽可能用最少的资源来达到预定的目的。譬如，有甲、乙两方案，在完成同样生产任务的条件下，甲方案比乙方案成本下降10%，或时间节约了10%，甲方案就被认为效率高。比如学校在同样的条件下，运用适当措施，从而有可能培养出更多更好的学生，这也是效率高的表现。效率是解决怎么做的问题，是选择行动的方法和途径，以求比较经济地达到既定的目标。"效率"与"效益"相比，效益是第一位的。一种社会禁止销售的商品，即便使用最经济的方法生产出来，也可能只是一种浪费，而且还有可能产生负面影响。当然，如果以为只要目标选对了，就可以不讲效率、不惜工本地做，那也是不对的，因为资源是有限的。

三、管理的性质

(一)管理的二重性

马克思曾经指出，"凡是直接生产过程具有社会结合过程的形态，而不是表现为独立生产者的孤立劳动的地方，都必然会产生监督劳动和指挥劳动，不过它具有二重性"。"一方

---

① 席酉民：《管理研究》，机械工业出版社2000年版，第10页。

面，凡是有许多人进行协作的劳动，过程的联系和统一都必然要表现在一个指挥的意志上，表现在各种与局部劳动无关而与工场全部活动有关的职能上，就像一个乐队要有一个指挥一样。这是一种生产劳动，是每一种结合的生产方式中必须进行的劳动”。“另一方面，——完全撇开商业部门不说，凡是建立在作为直接生产者和生产资料所有者之间的对立上的生产方式中，都必然会产生这种监督劳动。对立越严重，这种监督劳动所起的作用也就越大”。①

所谓管理的二重性（Twoness of management）是指管理所具有的合理组织生产力的自然属性和为一定生产关系服务的社会属性。具体地，管理的自然属性是指管理是由许多人进行协作劳动而产生的，是有效组织共同劳动所必需的，具有同生产力和社会化大生产相联系的自然属性；它与具体的生产方式和特定的社会制度无关。管理要处理人与自然的关系，要合理地组织社会生产力，故也称作管理的生产力属性。管理的社会属性是指管理又体现着生产资料所有者指挥劳动、监督劳动的意志，因此，它与生产关系和社会制度相联系。表现在：管理是为统治阶级服务的，受一定生产关系、政治制度和意识形态的影响与制约。也就是说，任何管理活动都是在特定的社会生产关系条件下进行的，都必然地要体现一定社会生产关系的特定要求，为特定的社会生产关系服务，从而实现其调节和维护社会生产关系的职能。所以，管理的社会属性也叫做管理的生产关系属性。管理的社会属性既是生产关系的体现，又反映和维护一定的社会生产关系，其性质取决于不同的社会经济关系和社会制度的性质。在不同的社会制度条件下，谁来监督、监督的目的和方式都会不同，因而也必然使管理活动具有不同的性质。

正确理解企业管理二重性原理，具有十分重要的现实意义。自然属性是管理最根本的属性，它反映了管理是组织共同劳动和协作的一系列科学方法的总结。只有运用这些科学方法，才能促进生产力的发展和社会的进步。它要求我们的管理工作适应现代化的客观要求，按现代社会的发展规律办事，实现管理组织高效化、管理方法科学化、管理手段现代化、管理人员专业化，不断提高管理的现代化水平。理解这一点，有助于我们及时吸收和借鉴先进的管理经验和管理知识。同时，管理又具有明显的社会属性，它是特定社会形态的产物，它为一定的社会关系服务，管理的目标受到生产关系和上层建筑的制约与影响。任何一种管理方法、管理技术和手段的出现总是带有时代的社会烙印，其有效性往往同生产力水平及社会历史背景相适应。实践表明，不存在一个适用于古今中外的普遍管理模式。因此，在学习和运用某些管理理论、原理、技术和手段时，必须结合自己本国、本部门、本单位的实际情况，因地制宜，这样才能取得预期的效果。

（二）管理的科学性和艺术性

管理是科学与艺术的结合。科学（Science），是反映自然、社会、思维等客观规律的知识体系，包括明确的概念和一般原理，是归纳、总结的体现，是可复制的、可学习的，并有规律可遵循。而艺术（Art）则是天赋、潜质和个性的体现，来自个人的经验、直觉、智慧和智力。

管理的科学性在于管理作为一个活动过程，其间存在着一系列基本客观规律，有一套分析问题、解决问题的科学的方法论，并在实践中得到不断的验证和丰富，可复制和学习，并可指导人们实现有效的管理。管理的科学性强调人们必须按照管理科学规律进行管理，强调

---

① 马克思：《马克思恩格斯全集》第 25 卷，人民出版社 1985 年版，第 431 页。

学习管理专业知识的重要性。许多管理的问题都可以用理性的、逻辑的、客观的和系统的方法来解决，是有章可循的。

管理的艺术性就是强调其实践性和创新性。要有效地实现管理，管理者必须在管理实践中发挥积极性、主动性和创造性，因地制宜地将管理知识与具体管理活动相结合。管理的艺术性强调管理者仅凭停留在书本上的管理理论，或背诵原理和公式来进行管理活动是不能保证其成功的，还要灵活运用管理知识，讲究管理技巧。尽管管理研究者们一直在探索管理的规律性法则，管理的实践者们也总是尽可能采取科学的管理方法，但人们不得不经常基于直觉、经验、本能和个人观察力作出决策和提出解决问题的方法。例如，管理者也许必须在看上去是同样可行的方法之间进行选择，他们必须高度依赖概念、沟通、人际关系和时间管理等技能。有时在许多人认为是不可能成功或明显错误的决定中，智慧的管理者作出了一反常态的、正确的决策，事后才被人们认可。因此，管理者应将直觉与个人观察力同客观数据和事实相结合才能成功。

如当星巴克计划进入纽约市场开设第一家咖啡店时，市场调查显示纽约人更喜欢中研磨咖啡而不是更具有外国风情的细研磨咖啡。然而，当星巴克在新店中安装了更多的中研磨机而少安装细研磨咖啡机后，出现了大量买细研磨咖啡的顾客，这迫使经理迅速恢复以细研磨咖啡为主的做法。现在，星巴克为它所有的店制定了统一的装修风格和菜单，包括在中国的，先不考虑可能的市场差异，而是在开业后进行必要的调整。

管理既是一门科学，又是一门艺术，是科学与艺术的有机结合体。管理的科学性是管理艺术性的前提与基础，管理的艺术性是管理科学性的补充与提高。有成效的管理艺术是以管理者对它所依据的管理理论的理解为基础，出色的管理者必须通过大量的实践来提高自身的管理水平，创造性地灵活运用科学知识，以保证管理的成功。

四、管理的人性假设

人性是指人区别于动物的、人所特有的、通过自己的活动所获得的基本属性，是现实生活中的人所具有的全部规定性。人是管理的主体，也是管理的客体。管理的目的是发展人，发展社会，归根到底是发展人，因此管理的特点必然与人性有关。在人类思想史上，人性一直是哲学家、管理学家研究的重要问题之一。人性假设是管理的理论基础，即管理理论的构建和方法的设计，是以对人性的一定看法为基础。综观管理历史的发展，不同的管理模式和管理思想有赖于管理者或管理学家对人性的不同假设。要充分发挥人的工作积极性和主动性，实现人力资源的最高价值，真正实现管理目标，就必须正确把握人性，正确运用人性。

中国古代对人性早有研究，并有“性善论”与“性恶论”之争。早在春秋战国时期思想家孔子就提出了“人性”问题，他在《论语・阳货》提到“性相近，习相远也”。法家荀子认为：“今之人性，饥而欲饱，寒而欲暖，劳而欲休，此人之惰性也。”（《荀子・性恶》）后其弟子韩非及李斯等将其思想推向“人性恶”观点（见《韩非子》等）。道家老子也认为：“五色令人目盲，五音令人耳聋，五味令人口爽，驰骋畋猎令人心狂。”（《老子》十二章）法家人性论与“经济人”假设类似。儒家孟子认为：“恻隐之心，仁之端也……”（《孟子・公孙丑上》）与“社会人”假设类似。春秋战国时期思想家告子提出“性无善恶论”（《孟子・告子》）类似“复杂人”假设。古希腊哲学家也对人性进行广泛讨论。随着历史不断发展，人类对人性研究不断完善和丰富。回顾人性假设研究的历史，我们这里罗列几种主要的人性假设理论，并说明其与管理的一些关系。

(一)“经济人”假设

经济人假设(Hypothesis of economic man)起源于享乐主义哲学和亚当·斯密关于劳动交换的经济理论。18世纪亚当·斯密(Adam Smith)在《国富论》中首次描述经济人的含义,他认为人的行为动机根源于经济诱因,人都要争取最大的经济利益,工作就是为了取得经济报酬,为此,需要用金钱与权力、组织机构的操纵和控制,使员工服从并为此效力。之后,约翰·穆勒依据亚当·斯密对经济人的描述和西尼尔提出的个人经济利益最大化公理,提炼出经济人假设。麦格雷戈(D. McGergor)在《在企业中的人性方面》一书中将这种人性假设概括为X理论(参见本书第三章第三节)。

经济人假设认为:人的一切行为都是为了最大限度地满足自己的利益,工作动机是为了获得经济报酬。人是由经济诱因引发工作动机的;人总是被动地在组织的操纵、激励和控制下从事工作;人总是企图用最小投入取得满意的报酬;大多数人厌恶工作,宁愿受指挥,一心逃避责任,相对来说无进取心,很容易受别人影响。

持这种假设的管理者认为:管理部门必须抵制人的这种天性。组织应以经济报酬来使人们服从和作出绩效,并应以权力与控制体系来保护组织本身及引导员工,其管理的重点在于提高效率、完成任务。其管理特征是订立各种严格的工作规范,加各种法规和管制。为了提高士气则用金钱刺激,同时对消极怠工者严厉惩罚。

泰勒的科学管理理论就是建立在人的经济人假设基础之上的,因此他建议采用“胡萝卜加大棒”的管理方法实施对人的管理(参见本书第三章第二节)。经济人的假设只重视物质因素,重视工作任务,轻视人的作用和人际关系。经济人假设的管理是以金钱为主的、机械的管理模式,否认了人的主人翁精神,否认了人的自觉性、主动性、创造性与责任心。

(二)“社会人”假设

随着社会生产力的发展、企业之间竞争的加剧和企业劳资关系的紧张,使得管理者开始重新认识“人性”问题。社会人假设(Hypothesis of social man)是管理学家埃尔顿·梅奥(G. Elton Mayo)1933年在其出版的《工业文明的人类问题》一书中提出的。梅奥认为,人不是机器和动物,人是有思想、有感情、有人格的活生生的“社会人”,员工最强烈的期望在于领导者能承认并满足他们的社会需要(参见本书第三章第三节)。之后又经英国塔维斯托克学院煤矿研究所再度验证,研究发现,在煤矿采用长壁开采法先进技术后,生产力理应提高,但由于破坏了原来的工人之间的社会组合生产反而下降了。他们吸收社会科学的知识,重新调整了生产组织,生产就上升。这两项研究的共同结论是,人除了物质需要外,还有社会需要,人们要从社会关系中寻找乐趣。

社会人假设认为:人们在工作中得到的物质利益,对于调动工作积极性只有次要意义,人们最重现在工作中与周围人友好相处,良好的人际关系对于调动人的生产积极性是决定的因素。

持这种假设的管理者认为:要调动员工的工作积极性,管理人员不能只注意完成生产任务,还应把注意的重点放在关心人、满足人的社会心理需求上。管理人员不能只注意指挥、监督、计划、控制和组织等,还应重现员工之间的关系,培养和形成员工的归属感和整体感。实行奖励时,要提倡集体的奖励制度,培养集体精神。管理人员的职能不能只限于制订计划、组织工序、检验产品,还应在员工与上级之间起联络人作用,提倡员工参与企业的管理。

从经济人的假设到社会人的假设是管理的一大进步。由此,管理也从以工作任务为中心转移到以人为中心。参与管理满足了工作的社会归属需求，在企业中确实起到了缓和劳资矛盾的作用，收到了显著的管理效果。但社会人的假设往往过于重视人的作用和人与人的关系，偏重非正式组织的作用，相对忽视对正式组织的作用。

（三）“自我实现人”假设

自我实现人假设（Hypothesis of self-actualizing man），是美国管理学家、心理学家马斯洛（Abraham Maslow）在其“需要层次论”中首先提出的。马斯洛认为，人需求的最高层次是自我实现的需求（参见本书第八章第二节）。阿吉里斯（Chris Argyris）的“不成熟—成熟理论”中的所谓成熟个性，也就是自我实现人（参见本书第八章第二节）。麦格雷戈在《在企业中的人性方面》一书中将这种人性假设概括为Y理论，麦格雷戈认为，报酬是各种各样的，其中最大的报酬是通过实现组织目标而获得个人自我满足、自我实现的需求。人们将具有强烈的自我实现需要的人，就叫做“自我实现人”。

自我实现人假设认为：人类的高级需要是自我实现的需要，每个人都想成为自己所希望的那种人，都需要发挥自己的潜力，表现自己的才能，只有这样，人才会感到最大的满足。

持这种假设的管理者认为：管理的注意力应集中在创造适宜的条件、工作条件，使人们能充分发挥自己的潜力，充分发挥自己的才能，自觉完成企业目标。管理者的主要职能既不是生产的指导者，也不是人际关系的调节者，而只是一个采访者。他们的主要任务在于如何为发挥人的智力创造适宜的条件，减少和消除职工自我实现过程中所遇到的障碍。管理的任务只是在于创造一个适当的工作环境——一个可以允许和鼓励每一位职工都能从工作中得到“内在奖励”（即人们在工作中获得知识、增长才干、发挥潜力、满足自我实现的需要）的环境。管理制度的改变要保证员工充分表现自己的才能，使工作更具有挑战性。

自我实现人假设是资本主义高度发展的产物，也是当今管理的一大趋势。机械化生产条件下，工人的工作日益专业化，特别是传送带工艺的普遍运用，把工人束缚在狭窄的工作范围内。工人只是重复简单、单调的动作，看不到自己的工作与整个组织任务的联系，工作的士气很低，影响产量和质量的提高。正是在这种情况下，才提出了自我实现人假设。这一理论对当今处于复杂多变环境需要员工具有极大创造性的组织来说是很有用的，能很好地调动员工的主动性、创造性，发挥员工才干，发挥人力资源的作用。但由于人往往既不是天生懒惰的，也不是天生勤奋的，人的发展与成熟往往是社会关系影响的结果，因此，自我实现人假设的管理方式虽然先进但在许多场合并不适用。

（四）“复杂人”假设

“复杂人”假设（Hypothesis of complex man）是艾德佳·沙因（Edgar H. Schein）等人在20世纪60年代末70年代初提出来的。他们经过长期研究发现，人的需要与动机甚是复杂，并非如上述三种人性假设那样单一。就个体人而言，其需要和潜力会随着年龄的增长、知识的增加、地位的改变、环境的改变以及人与人之间关系的改变而各不相同；就群体的人而言，人与人是有差异的。因此，无论是“经济人”、“社会人”，还是“自我实现人”的假设，虽然各有其合理性的一面，但并不适用于一切人。美国管理心理学家约翰·莫尔斯（J. Malse）和杰伊·洛希（J. W. Lsch）于1970年在《哈佛商业评论》杂志上发表的《超Y理论》提出了“超Y理论”，其观点与复杂人假设基本一致。他们认为，X理论并非一无是处，Y理论也不是普遍适用，应该针对不同的情况，选择或交替使用X、Y理论，就是超Y理论。“超Y理论”的观点是：人怀着各种不同的需要和动机加入工作组织，但最主要的需要乃是实现其胜任感;胜任感人人都有,它可能被不同的人用不同的方法去满足;当工作性质和组织形态适当配合时,胜任感是能被满足的(工作、组织和人员间良好配合能引发个人强烈的胜任动机);当一个目标达到时,胜任感可以继续被激励起来,目标已达到,新的更高的目标就又产生。

复杂人假设认为:人的需要是多样的,每个人的需要都各不相同,需要的层次也因人而异,并随着发展条件而变化;人在同一时间内有各种需要和动机,会发生相互作用,并结合为统一整体,形成错综复杂的动机模式;人在组织中的工作和生活条件是不断变化的,因此会不断产生新的需要和动机;一个人在不同单位工作或同一单位的不同部门工作,会产生不同的需要;由于人的不同,同一管理方式会有不同的反应,所以没有特定的管理方式对任何组织都适用。

持这种假设的管理者认为:管理方法和技巧必须随时、随地、随人、随境不断变化,强调管理者必备的最重要的能力体现在鉴别情景、分析差异、诊断问题的洞察力上。

复杂人假设是一种权变的理论,较为灵活,但问题的关键在于如何能在合适的时候选择运用合适的方式。

第二节 管理的职能

管理职能(Management functions),是指管理者为实现有效管理所应具备的管理功能。20世纪初叶,法国工业家亨利·法约尔提出,所有的管理者都履行着五种管理职能:计划(Plan)、组织(Organize)、指挥(Command)、协调(Coordinate)和控制(Control)。1955年加利福尼亚大学的两位教授哈罗德·孔茨(Harold Koontz)和西里尔·奥唐奈(Cyril O'Donnell)采用计划、组织、人事、领导和控制五种职能作为管理教科书的框架,并在此后的20年中,他们合著的《管理学原理》(*Principles of Management:An Analysis of Managerial Functions*)一书成为销量最大的管理教科书。时至今日,最普及的管理教科书仍按照管理职能来组织教学内容。在具体管理活动中,管理表现为许多具体的职能,许多管理学者对之做过各种不同的划分,但大多只是阐述中的表达繁简不同,没有实质性的差异,如本书将职能精简为四个基本职能:计划、组织、领导和控制。作为管理者,无论处于何种级别,也无论其组织的大小及组织的性质如何,都需要履行管理职能。管理者履行这些职能的良好程度决定了其组织的效率和效益。我们下面扼要地阐述一下管理职能的内涵。

1. 计划职能(Planning),是指管理者事先对未来应采取的行动所作的谋划和安排。包括选择合适的组织目标,制订战略方案以实现这些目标,以及将计划逐层展开,形成协调各种资源和活动的具体行动方案。任何管理活动都是从计划开始的,计划是管理的首要职能。

2. 组织职能(Organizing),是指管理者有效组织和调配资源,形成一个有机整体,实施计划任务。它包括决定组织要完成的任务是什么,谁去完成这些任务,这些任务怎么分类组合,谁向谁报告,以及各种决策应在哪一级上制定。管理者建立一个工作关系构架——组织结构来协调和激励组织成员努力实现组织目标。

3. 领导职能(Leading),是指管理者建立有效的组织指挥体系,指导、激励与协调组织成员。管理者要及时根据外界环境的变化,指示组织内的所有人适应环境,采取适当的行为，完成组织任务。管理者利用权力、影响、愿望、说服力和沟通等技能来协调个体和组织行为，激励、调动组织成员的积极性、创造性，并给予他们发展的机会。管理者应从整体出发，调节组织内部各级各部门工作，调节组织的各项活动，使组织各子系统建立良好的配合关系，消除工作中的重复、脱节现象和存在的矛盾，选择有效的沟通渠道，解决组织成员之间的冲突，使组织内有一个良好的工作氛围，从而降低内耗，有效地实现组织目标。

4. 控制职能(Controlling)，是指管理者按目标计划制定管理标准，对过程和结果进行控制，及时纠偏，保证组织目标的实现。管理者要制定必要的管理标准，进行事前、事中和事后的控制，进行有效的组织绩效监控，督促组织内成员尽自己的努力按照既定的目标与计划做好自己专职范围的工作，并及时纠正偏差，使组织回到正确的轨道上来。在控制过程中，管理者要评价组织在多大程度上实现了目标以及采取了什么样的行动来保持和提高业绩。例如，管理者要从整体上来监控个人、部门和组织的业绩，从而考察他们是否达到了所要求的业绩标准，如果没有达到标准，管理者要采取措施努力提高业绩。为了进行控制，管理者必须决定要对哪些目标进行评价——诸如产量、质量或顾客的响应度——然后他们必须设计出信息和控制系统，为绩效评估提供所需的数据。

管理各职能之间是相互联系、相互制约的(参见图 1-1)。管理正是通过计划、组织、领导、控制这些基本过程来展开和实施的。为了达到组织目标，管理者首先要根据组织内外部环境条件，确立组织目标，并制订出相应的工作计划与行动方案；其次，管理者要进行组织工作，落实计划，充分调动组织成员的积极性，加强领导工作；最后，管理者要控制偏差，确保各项工作的顺利进行。

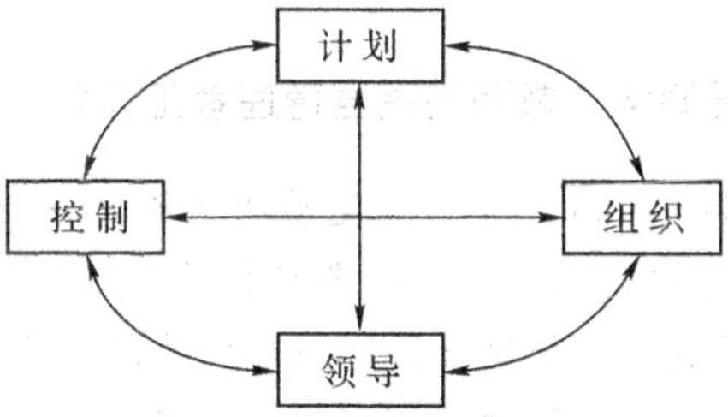

图 1-1　管理职能关系图

【案例 1.2】

戴尔电脑公司[①]

1984 年，戴尔电脑公司 CEO——19 岁的迈克尔·戴尔(Michael Dell)通过组装个人电脑并直接卖给消费者，发现了进入个人电脑市场的机会。戴尔开始计划如何实现他的想法。首先，他确定了他的目标是销售价格便宜的个人电脑，以瓦解诸如 IBM、苹果电脑等公司的高价位。继而，他使目标细化，决定绕过昂贵的电脑商店而用电话直接向消费者销售电脑，并以低成本获得电脑组件，扩大产品知名度。最后，他分配有限的资金来购买劳动力和其他资源，执行计划，使他制造销售个人电脑的梦想成真。戴尔的理念非常简单：按照客户要求

① 资料来源：http://www.dell.com.cn。

制造计算机，并向客户直接发货，使戴尔公司能够最有效和明确地了解客户需求，继而迅速做出回应。这个直接的商业模式消除了中间商，这样就减少了不必要的成本和时间，让戴尔公司能更好地理解客户的需要。这种直接模式允许戴尔公司能以富有竞争性的价位，为每一位消费者定制并提供具有丰富配置的强大系统。通过平均四天一次的库存更新，戴尔公司能够把最新相关技术带给消费者，而且远远快于那些运转缓慢、采取分销模式的公司。由于被业界接受的戴尔直接模式，信息技术变得更加强大，易于使用，价格更能接受，从而为客户提供充分利用这些强大的、全新工具的机会，以改善他们的工作和生活。戴尔公司在进入新的标准化产品的领域包括网络服务器、工作站、移动产品、打印机和其他电子部件也非常成功。今天，在全球销售的5台基于标准技术的计算机产品中就有1台来自戴尔。经过不断的艰苦努力，戴尔公司保持了增长性、利润率、资本流动性的平衡，为股东带来了高额的回报，并在计算机的一些领域一直居领先世界地位。戴尔公司于1992年进入《财富》杂志500家之列，戴尔因此成为其中最年轻的首席执行官。戴尔公司2007年名列《财富》杂志美国500家的第48位，《财富》全球500家的第154位。

问题：

1. 戴尔是如何运用管理职能管理戴尔电脑公司的？
2. 戴尔是如何将其经管理念转化为有效的运行模式的？
3. 戴尔的直接模式有什么优点？

【案例 1.3】

爱德华·戴明的高层管理者工作要点①

爱德华·戴明(Edwards Deming)是质量运动的主要倡导者之一，他曾提出用于指导高层管理者的14个要点：(1)创建改进产品与服务目标的连续性；(2)采用新的管理哲学；(3)停止依赖大规模检查；(4)不能只用价值来评价经营成效；(5)持久并永远改进生产和服务系统；(6)建立在职培训的现代方法；(7)建立领导关系；(8)驱散恐惧；(9)打破人员之间的障碍；(10)减少针对劳动力的口号、训诫和要求；(11)削减数量配额；(12)消除树立劳动自豪感的障碍；(13)建立富于活力的教育和培训程序；(14)采取行动，实现变革。

问题：

你能否理解各要点的内容？你能否识别出每个要点下潜藏了哪几种管理职能？

第三节　管理学的研究框架

管理学(Management)是一门系统研究管理活动的基本规律和一般方法的科学。它以一般组织为研究对象，探讨和研究管理的基本概念、原理、方法和程序。管理作为一门科学

---

① 资料来源：http://www.lii.net。

来研究始于近代。近百年来，随着社会的不断进步，科学技术的飞速发展，以及管理活动内容的日益丰富，管理在人们的实际生活中和生产过程中的作用越来越受到广泛关注和重视。这就为全面地、系统地研究管理活动过程中的客观规律和一般方法提供了必要的条件和基础，从而使管理学的研究不断得到充实和发展。

一、管理学的特点

一般说来，管理学具有以下几个特点：

（一）一般性

管理学的一般性表现为它的普适性。管理学是以管理学科的基本原理、基本理论作为研究对象的，研究的是管理的一般问题，对各层次、不同组织、不同专业内容的管理具有一定的普遍适用性。不同行业、不同部门、不同性质的组织，其具体管理业务的方法和内容可能很不相同，并由此形成了许多专门性的管理学科，如企业管理、学校管理、行政管理、工业管理、农林管理、工程管理、科技管理、财政管理、城市管理、社团管理、国民经济管理、图书管理、档案管理等等。有些是以营利性组织为研究对象的，如工商企业管理；有些是以非营利性组织为研究对象的，如学校管理、社团管理、行政管理等；有些是研究宏观经济的管理问题，如国民经济管理学等；有些是研究地区与产业组织管理问题，如城市管理、行业管理等；有些是研究微观层次单一组织中的管理问题，如营销管理、物流管理、生产运营管理等。尽管不同组织不同层次的管理，其具体的管理问题不尽相同，但其工作中表现出来的管理具有许多一致之处。管理学作为一般管理学，它区别于"企业管理学"等专门的管理学科，是通过研究所有管理活动中的共性原理的基础理论学科，为各门具体的或专门的管理学科奠定了共同基础。

（二）综合性

管理学的综合性表现为：在内容上，它需要从社会生活的各个领域、各个方面以及各种不同类型组织的管理活动中概括和抽象出对各门具体管理学科都具有普遍指导意义的管理思想、原理和方法；在方法上，它需要综合运用现代社会科学、自然科学和技术科学的成果，来研究管理活动过程中普遍存在的基本规律和一般方法。管理活动是很复杂的活动，影响这一活动的因素是多种多样的，除生产力、生产关系的基本因素外，还有一些自然因素，以及政治、法律、社会、心理等等社会性因素。因此，要搞好管理工作，必须考虑到组织内部和组织外部的多种错综复杂的因素，利用经济学、数学、生产力经济学、工程技术学、心理学、生理学、仿生学、行为科学等的研究成果和运筹学、系统工程、信息论、控制论、电子计算机等最新成就，对管理进行定性的描述和定量的预测，从中研究出行之有效的管理理论，并用以指导管理的实际工作。

（三）实践性

管理学的实践性表现为其理论来源的实践性和应用的实践性。管理学是为管理者提供从事管理的有用的理论、原则和方法的实用性学科。管理学的各种理论都来源于实践，管理学的应用也归于实践。管理学的建立和发展，有其深刻的历史渊源，它是对前人管理实践、经验和管理思想、理论的总结、扬弃和发展。理论的作用在于指导实践，由于管理对象的复杂性和管理环境的多变性，管理知识在运用时具有较大的技巧性、创造性和灵活性，管理学必须通过大量的实践不断更新、完善，并将随着经济的发展和科技的进步而进一步发展。

二、管理学的研究框架

由于管理学应用的目的不同，管理学者们从不同的角度对管理学进行了研究。

1. 从历史和学派的角度，着重研究管理实践、思想、理论的形成、演变、发展。特点是以管理理论的演变发展为基本框架，以工业工程学、经济学、心理学、社会学、数学、统计学等多种学科对管理的贡献和实际管理经验的理论概括为主要内容，以古典管理学派、行为科学学派、管理科学学派、组织理论学派等的基本理论为基础来组合管理知识。

2. 从管理过程和职能的角度，着重研究管理的过程与职能。特点是以管理的过程与职能为体系建立管理学框架，以管理理论为内容来组合管理知识，这种体系被称为管理过程理论（Management process theory）。

3. 从管理者的角度，着重研究管理的职能，管理者面临的问题，管理者应具备的素质，管理者在执行各项职能中的原理、方法与技巧，领导特性与领导艺术。

4. 从管理活动的角度，着重研究管理的目标，管理面临的基本问题，管理的环境、战略与决策、解决问题和实现目标可利用的资源、解决问题的方法，管理活动的组织实施和控制、结果的管理。

5. 从管理对象的角度，着重研究不同组织如营利性组织、非营利性组织、政府机构的组织目标、组织的生存与发展、组织文化、组织运行特点与管理特点，研究管理对象——人的个体与群体需求、行为动机和行为特点，研究激发与发挥个体与群体主动性、积极性和创造性的方法，研究管理对象中信息、物资、资产、资金等资源的管理特点和管理方法。

6. 从管理方法的角度，着重研究管理的各类有效方法、手段及其运用，如目标管理法、专家预测法、头脑风暴法、决策树法、全面质量管理法、全面预算法等。

三、管理学的学科特点

管理学的特点决定了管理学学科具有以下特点：

（一）管理学是一门边缘科学

由于管理学的理论基础包含自然科学和社会科学两大门类的理论知识，管理学的内容十分广泛，渗透了多门学科的知识。因此，管理学是一门地地道道的边缘科学。管理学的研究者是在许多学科的交界领域辛勤耕耘，对各相关学科的知识必须兼收并蓄，才能建立起完善的管理科学体系。

（二）管理学是一门应用科学

科学结构学认为，科学可以分为基础科学、技术科学和应用科学三个门类。基础科学是以自然现象和物质运动形式为研究对象探索自然界发展规律的科学，如数学、物理学、化学、天文学、地学、生物学等学科；技术科学是研究技术理论和专业技术的科学，如计算机科学、机电工程学、化学工程学、海洋工程学等学科；而应用科学是指直接服务于生产或其他社会实践的科学，包括研究应用理论和应用技术的科学。管理学是研究应用管理理论和管理方法来直接促进生产力发展的科学，属于应用科学的范畴。

（三）管理学是一门软科学

软、硬科学之分是借用了计算机科学中“软件”与“硬件”之术语衍生而来的。计算机的硬件是指运算器、存贮器、控制器、输入输出设备等具有物质形态的设备和装备；软件是指操纵、指挥和控制计算机运算的各种算法语言、命令、指令、数据库等智能形态的技术系统。人们将具有物质形态的工程科学称为硬科学，而将具有智能形态的信息科学称为软科学。管理学是研究人、财、物等有形资源和信息、规划、决策、预测等无形资源的合理利用的科学，但研究对象及其成果却不是有形物质的本身，而是合理利用这些资源的原理、原则、战略、方案、程序和方法。因此，管理学是一门软科学。

（四）管理学是一门不精确的科学

在设定条件下能得到确定结果的学科称为精确的学科。如数学就是一门精确的学科，只要给出必要而充分的条件或一定的函数关系，按相应的法则、定理来进行演算，一般就能得出确定的结果。管理学则不同，在完全一致的条件下，却可能产生相差甚远甚至截然相反的结果。

四、管理学与其他学科的关系

从上述管理学研究的对象可以体会到，管理学是在自然科学和社会科学两大领域的交叉点上建立起来的一门综合性交叉学科，管理学研究涉及面广，涉及数学（概率论、统计学、运筹学等）、社会科学（政治学、经济学、社会学、心理学、人类学、生理学、伦理学、哲学、法学）、技术科学（计算机科学、工业技术等）、新兴科学（系统论、信息科学、控制论、耗散结构论、协同论、突变论），以及领导学、决策科学、未来学、预测学、创造学、战略学、科学学等。下面我们举例简要讲述一下管理学与哲学、经济学、伦理学、系统科学、自然科学、社会学等学科的关系。

哲学是关于世界观的学说，是系统化、理论化的世界观。世界观是人们对整个世界的总体看法和基本观点。在人类社会的发展过程中，人们不断地认识世界和改造世界，对世界的认识由局部到整体、由现象到本质，逐步形成对整个世界的总的看法和根本观点，这就是世界观。人们对世界的看法和观点加以分析、归纳、抽象、论证，形成的理论体系，就是哲学。人们对世界的看法和观点直接决定着人们用什么方法去认识世界、改造世界，也就是说有什么样的世界观就有什么样的方法论，世界观与方法论是统一的。管理学研究的理论基础是哲学，这是因为管理的最主要因素是人，人们的世界观、价值观决定了管理方式与方法的选择。如管理中人性的假设、组织的文化建设、领导方式的选择、决策和激励方式的运用都与价值观等一些哲学问题有关。好与坏的价值判断，它来源于人生观、世界观、道德观，没有明确的价值判断就不可能有明确的管理思想。

经济学是研究稀缺资源如何有效配置以达到帕累托最优状态，研究如何利用稀缺资源来满足人类无限的需要。经济学追求社会整体的效率与公平，以提高社会公共福利为宗旨，为政府制定政策提供依据。甚至可能试图降低某些企业甚至行业的利润率，以实现公众利益的最大化。如在市场经济中，人们根据市场上的价格信号引导、决定自己的行为。当供大于求时，价格要下降，供给量减少，需求量增加，资源退出；当求大于供时，价格要上升，供给量增加，需求量减少，资源进入。价格就像一只“看不见的手”在指挥着资源的流动与配置。亚当·斯密认为，最能满足人类生活的经济体制是让人们自由劳动和自由竞争的市场机制。但微观经济学中的“看不见的手”产生效用有赖于以下几大假设：经济信息完全的对称，充分竞争市场，规模报酬不变或递减，没有任何外部经济效应，交易成本可忽略不计，经济当事人完全理性。但这几大假设在现实世界中是不完全成立的，所以市场机制这只神奇的手就会失灵。于是凯恩斯提出了要政府伸出"看得见的手"，通过政府行为、政策、法律、制度等对经济社会活动进行一定的干预。但宏观经济学研究的"看得见的手"同"看不见的手"一样，由于信息的不完全，人类认识的局限性和政府人员也不是个个超凡脱俗，加上政府要处理问题的复杂性，也会失灵。管理学是研究组织效率的提高和组织目标的实现问题，研究组织及组织内部资源配置的构造、过程、方式、方法的学科。管理学以个别企业、组织为研究对象，虽然也要兼顾社会的整体利益，但其重点却是为组织利益服务，为决策提供依据，以提高单个组织竞争力，改善组织业绩。关心如何面对同样的行业结构和宏观环境建立组织独特的竞争优势。由于管理者是指挥各种资源以实现既定目标的人，决定购买生产产品或服务过程中所使用的投入要素，决定组织资源的配置与利用，负责制定生产价格或质量等要素决策，使厂商的利润最大或组织目标得以最大实现。因此，管理学研究与经济学密切相关。

管理经济学是经济理论与管理实践的桥梁，是研究如何把西方传统的微观经济学的经济理论和分析方法运用于企业管理实践的应用科学。管理经济学能为管理者提供有关决策制定过程的经济思维的概念框架，培养管理者的经济直觉感，以在市场经济条件下提高管理决策的能力与水平。

道德与伦理问题和管理问题密切相关，管理学、经济学与伦理学的关系是学术界一直在探讨的问题。1998 年诺贝尔经济学奖得主阿巴蒂亚·森在《伦理学与经济学》一书中提出，从亚里士多德开始，经济学就具有两种根源，即两种人类行为的目的：一种是对财富的关注，一种是更深层次上的目标追求。由此产生两种方法：一种是工程学的方法，也就是数学的、逻辑的方法；一种是伦理的方法。这两种根源或方法，本来应是平衡的，但不同学者重视的方面有所不同。从亚里士多德到亚当·斯密，比较注重伦理问题，而威廉·配第、大卫·李嘉图等更注重工程学方面。现代经济学则大大发展了工程学方面，而忽略了伦理方面。作为学科研究对象，为了使逻辑有效，经济学研究往往假设人们的行为是受完全理性支配的。但具体的人却是活生生的、有情感的、有许多非理性特征的，人们的感情、意志、理想和道德，在行为中也会起巨大作用，单纯的工程学或逻辑方法往往难以解释清楚。管理学则认为，人们的行为不能摆脱伦理道德的约束，人们的感情、意志、理想、道德、伦理等应考虑在人类行为中，它们会影响人们的决策与行为方式。虽然每个人都有追求合法状态下自利的自由，但这并不意味着这种追求就一定是伦理正当。当这种追求损害他人和社会的利益时，就违背了伦理正当，从而成为应受到谴责的不道德行为。管理学强调具有伦理学的方法。例如在企业中，经营者的决策、员工的行为都受到道德、伦理的制约和影响，人们的创造能力不仅取决于知识和技术水平，也取决于是否具有勇于奉献的道德水平。在非营利性组织的管理中，伦理学的应用更为突出。

系统科学以系统及其机理为对象，研究系统的类型、性质和运动规律的科学，是一门高度数学化的学问。系统的基本观点是，一个系统是由许多相互关联又相互作用的部分所组成的不可分割的整体，较复杂的系统可进一步划分成更小、更简单的次系统，许多系统可组织成更复杂的超系统。系统具有以下特征：整体性、相关性、目的性、环境适应性、动态性、有序性等。系统有自然系统和人造系统、实体系统和抽象(概念)系统、静态系统和动态系统之分。系统科学是以系统思想为中心的一类新型的科学群，它包括系统论、信息论、控制论、耗散结构论、协同学以及运筹学、系统工程、信息传播技术、控制管理技术等等许多学科在内，是 20 世纪中叶以来发展最快的一大类综合性科学。这些学科是分别在不同领域中诞生和发展起来的，如系统论是在20世纪30年代由贝塔朗菲(Ludwig Von Bertalanffy，1901—1972)在理论生物学中提出来的；信息论则是申农(C. E. Shannon，1916—2001)为解决现代通讯问题而创立的；控制论是维纳(Norbert Wiener，1894—1964)在解决自动控制技术问题中建立的；运筹学是一些科学家应用数学和自然科学方法参与第二次世界大战中的军事问题的决策而形成的；系统工程则是为解决现代化大科学工程项目的组织管理问题而诞生的；耗散结构论、协同学等则是理论物理学家为解决自然系统有序发展的控制问题而创立的。它们本来都是独立形成的科学理论，但它们相互间紧密联系，互相渗透，在发展中趋向综合、统一，有形成统一学科的趋势。因此国内外许多学者认为，把以系统论为中心的这一大类新兴科学联系起来，可以形成一门有着严密理论体系的系统科学。系统科学为管理学的研究提供了方法，我们把管理中的组织体系视作一个有机的、人造的、动态的系统，管理自身是一个抽象的系统。如美国管理学者彼得·圣吉(Peter M. Senge)1990年著的《第五项修炼》(*The Fifth Discipline*)一书，就将系统动力学与组织学习、创造原理、认知科学、群体深度对话和模拟演练游戏融合，发展出一种新型的组织蓝图——学习型组织(参见本书第三章第三节)。

人类历史每一次的重大进步毫无例外地是由自然科学的突破推动的，自然科学的发展改变了人类的生活、生产方式，也改变了管理的资源和环境。如蒸汽机的发明，带动了冶金、煤矿和纺织业的发展，大大改善了运输条件，提高了工业的用铁量，使生产和市场的规模扩大，也促进了工业生产从工场手工业向机器大工业的发展，促进了科学管理的诞生和发展。又如电话、无线通讯、电视、卫星转播、国际互联网、汽车、飞机的发明和应用，掀开了一页页人类社会沟通、信息传播、运输的新篇章，使地球变小，跨地域的管理变得便捷。同样，计算机、信用卡、机器人的发明，改变了生产、交易和管理的方式，全自动流水线、计算机辅助设计、信息管理系统、资源管理系统等先进生产与管理系统大量利用，一下子便受到零售商的青睐，美国的零售行业因此进入一个高速增长期。

社会学是从社会的整体角度分析研究社会关系的各个层面、各种表现及其变化发展的规律，研究如何使人全面发展，如何使经济社会协调发展的一门学科。企业组织或非营利性组织总是处于一定的社会之中，人也是处于一定的社会之中。因此，研究管理离不开对社会的研究。管理学往往借用社会学的研究成果，同样管理学的研究成果也常常用于社会学中。

第四节　管理学的学习方法

一、学习管理学的重要性

(一)管理对社会发展的重要性

管理是人类不可缺少的重要活动，管理在现代社会中的地位和作用决定了学习管理学的必要性和重要性。科学技术进步决定了社会生产力水平，从而推动社会发展的进程。但是，仅有先进的科学技术，没有先进的管理水平，没有相应的管理科学的发展，先进的科学技术就无法得到有效的推广和运用，它的作用也得不到充分的发挥。因此，在当代，人们普遍认为，先进的科学技术和先进的管理科学是推动现代社会发展的“两个车轮”，缺一不可。这一点，已为许多国家的发展经验所证明。随着未来社会共同劳动规模的日益扩大，劳动分工协作更加精细，社会化大生产日趋复杂，管理也更加重要。

（二）学习管理学对个人发展的重要性

所有组织的所有层次都需要管理者，无论是政府机构、社会团体、企业、医院都需要具有管理才能的各类人员。任何组织的成功都有赖于有效的管理。为了使组织能有效地达到目标，组织需要各级成员在组织运行中讲究工作的效率与效益。一位优秀的企业首席执行官（CEO）能拯救一个濒临破产的公司，一位出色的将军能挽回战争的败局，一位杰出的市长能使城市繁荣兴旺……而他们成就的取得与其管理才能密切相关。当你要从一位普通的销售代表晋升为销售主管，从一位技术职员晋升为技术开发部经理，从会计师晋升为会计部负责人，从一位文员晋升为办公室主任，你同样需要掌握管理技能。管理技能能帮助你成就事业，学习管理学将为你的人生发展打下良好的基础。

【案例 1.4】

艾科卡[①]

李·艾科卡（Lee Iacocca）1924 年出生于美国的艾伦敦，青少年时期即胸怀大志，勤学善思，以全优的成绩完成大学学业，大学毕业后考入了福特汽车公司。1946 年，艾科卡仅是一名见习工程师。1949 年担任地区经理。1956 年，在福特汽车公司的销售额大幅下降之际，艾科卡的“56”型车计划使福特公司多销售了 75000 辆汽车。1960 年，艾科卡担任部门总经理，他一心想设计出世界汽车市场上前所未有的精彩之作。为此他出国考察，搞车型比较，市场调查，开民主会，做广告宣传。1965 年，艾科卡精心设计策划的“野马”车投产，并在第一周创下 400 万人求购的纪录，他也因此被人们冠以“野马”之父。1965 年，艾科卡出任公司的轿车和卡车系统副总经理，他继续花费巨大精力于车型的改造上。1968 年投产的“马克 3”型车又大获成功，成为艾科卡的又一次成功之作。由于他多次大胆地提出新的思路，使福特汽车的销路始终保持畅通，他为福特汽车公司实现了每年盈利 18 亿美元的目标。

1978 年，由于他与福特公司总裁亨利·福特产生矛盾，最终不得不离开为之奋斗了 30 年的福特汽车公司。1979 年他被即将破产的克莱斯勒汽车公司聘为总裁。就在他来到克莱斯勒公司当天，公司宣布连续三个季度亏损，累计达 1.6 亿美元。他还发现，这个公司的 35 个副总经理各自为政，没有一个真正的委员会机构来进行各方面的协调，没有统一的计划，更缺少一套控制财务的完整制度，甚至有些人对汽车经营一窍不通而占据着相当重要的职位。此时，克莱斯勒前景非常黯淡。

艾科卡执掌帅印后，开始逐步对公司进行整顿。他令人难以置信地带头只拿一美元年薪（他在福特公司的年薪是 100 万美元），公司的 1700 名高级职员和众多工人都减了薪水，关掉了 20 个工厂，解雇了上千人，这期间艾科卡可谓度日如年。艾科卡的做法为社会所误解，新闻界大做文章，颇有置其死地而后快的劲头儿。下决心要使克莱斯勒公司走出困境的

① 摘自：艾科卡、诺瓦克：《艾科卡自传》，河北科学技术出版社 1984 年版；王玮：《汽车神话》，北京大学出版社 1998 年版。

艾科卡，面对重重困难，他咬紧牙关，哪怕困难再大也决不退缩。为求得政府给予贷款保证，他不得不因而坐在证人席上，屈尊接受高高在上的国会议员没完没了的“审问”；同时，为了获得足够资金，他和国内外400家银行周旋、谈判、签约，文件多达10000份，摞起来足有7层楼高，单是印制最后协议书就用掉了约200万美元。

艾科卡临危受命，在他的智慧、果断和拼搏精神下，可容纳一家6口、轻快省油的家庭小轿车很快问世了，并以极快的速度抢占了市场，几年内使公司绝处逢生。1980年公司扭亏为盈；1982年盈利11.7亿美元，还清了13亿美元的短期债务；1983年盈利9亿美元，提前7年偿还了15亿美元政府贷款保证金，发行股票2600万股，仅数小时就被抢购一空；1984年克莱斯勒盈利24亿美元，这比克莱斯勒汽车公司60年利润的总和还要多！艾科卡不仅拯救了克莱斯勒，也为自己赢得了巨大的声誉。公司不仅重振了美国汽车业在世界市场上的雄威，而且上缴几亿元利税，为美国经济的回升立下了汗马功劳，艾科卡本人则成为美国家喻户晓的“民族英雄”。1984年4月，美国《时代》周刊的封面上刊登了他的肖像，通栏大标题是：“他说一句话，全美国都洗耳恭听！”

正如艾科卡所言：“要干出点事来，虽然不是轻而易举，但只要你锲而不舍，努力发奋，便会惊异地发现，在一个自由的社会里，只要你想得到，就一定能办得到。”“我懂得了不可绝望，哪怕天崩地裂；我懂得了世上没有免费的午餐；我懂得了辛勤工作的价值。”

1984年底，《艾科卡自传》一书问世，作者以饱蘸感情的笔触，叙述了他的成功与挫折，欢乐和烦恼。此书成为1985年和1986年最畅销的书，迄今仍风靡全球。

问题：

1. 艾科卡的经历给你什么启示？
2. 你认为艾科卡获得成功的最关键因素是什么？

二、管理学学习的方法

管理学既是一门科学又是一种艺术。学管理，首先要培养自己正确的人生观与价值观，树立正确的观念并将之作为工作及生活的准则；其次要掌握管理学的基本概念与理论；最后要理论联系实际。

(一)管理学的理论学习

理论学习是培养管理人员的重要手段之一。只有掌握扎实的管理理论与方法，才能更好地指导实践，并可缩短或加速管理者的成长过程。管理学发展已有近百年的历史，中外管理学者与企业管理的实践者已积累了大量的经验和理论，研究人员还在不断地根据最新的实际总结推出新的管理理论，其中的许多理论已为实践证明具有广泛的应用面和实用价值，能良好地指导管理工作。

当今社会，人们已意识到大学教育的必要性，大学必要的课程教学如《管理学》、《战略管理》、《市场营销学》、《管理沟通》、《运营管理》、《人力资源管理》等都为经营管理打下必要的理论基础。事实上，新生具有发展潜力的企业及大公司的CEO基本上都具有大学以上的学历或经过MBA相关课程的培训。对于一个管理者，不断学习新的管理理论吸收新的管理思想是必要的。目前社会上一些针对企业管理的专业培训机构也很受欢迎。一些有志向的高层管理者重返校园研读EMBA课程。一些大机构与大企业制订详细的培训计划，向其管理者提供相关管理课程。作为管理技能的资源，教学的主要好处是可以学习一个得到良好开发的课程，熟悉基本的管理理论与当前研究的新思想与新成果，但其不足之处是大学的管理教学通常过于宽泛，只是提供一些管理的普遍思想与常规方法，很难针对个体进行教育，也缺乏针对特定问题的技巧。另外，管理工作中有许多方面的问题尽管在书本中已作解释与讲述，但真正能否理论联系实际并活学活用还有依赖于个体的理解能力、掌握水平和经验基础。

【案例 1.5】

按照教科书进行管理的女性首席执行官(CEO)[①]

马丽萨·贝丽萨里奥曾是欧洲最受人欢迎的主管之一。她是领导一家意大利主要工业企业的第一位妇女。这家企业是由国家控制的意大利最大的电信设备制造商，而她的经历是国际性的。她自都灵大学获得经济学与工商企业管理学位后便在奥利维蒂公司电子部工作。当奥利维蒂公司把其数据处理机组售给通用电气公司时，她便到美国迈阿密工作，从事通用电气公司全球计算机营销战略事务。她离开了通用公司之后，便到奥利维蒂公司主管公司计划。她作为电信设备公司的首席执行官，改变了公司状况，赢得了利润(这家企业在过去曾经巨额亏损)。她的管理方法是以"彻底的教科书"方法为特征。像 GTE 公司、国际商用机器公司(IBM)、美国电话电报公司(AT&T)和其他欧洲及日本企业都对她感兴趣，乐意聘用她。

问题：

1. 马丽萨·贝丽萨里奥按照教科书进行管理取得了成功，为什么？
2. 有些管理人员认为管理是不能教学的，你的看法如何？

(二)管理学的实践提高

管理学是一门实践性很强的学科，由于管理工作的对象包括组织中的人，同时管理问题和管理环境千变万化，因而还应以探讨研究的态度来学习，通过理论与实践的结合，使管理理论在实践中不断地加以检验，从而深化认识，发展理论。

在具备基本素质的前提下，实践是培养管理者的最好方式。只有在实践中，管理者才有机会面对生动的情境，运用管理知识和技能，分析、解决各种管理问题；只有在实践中，管理者才有机会面对复杂的情境，发挥人际理解能力、组织理解能力、影响能力，协调、处理和发展内外部关系。实践是管理者最好的老师，也是检验、衡量和评估管理者素质的最好途径。

美国商学院管理学教授列文斯敦，在他担任某研究所所长和管理系统公司总经理期间，通过对大量获得 MBA 的人在实际管理工作中的情况进行调查发现，这些管理者在学校里的成绩同管理上获得的业绩之间并无直接关系。他认为，如果学术成绩能与事业上的成功相等，这个受过良好教育的经理便是一位神话中的人物了。所以，实践活动对管理者的培养非常重要。

在实际工作中，工作轮换是一种很好的实践学习方法。所谓工作轮换是指将管理者从一个岗位调到另一个岗位以扩展其经验的培训方法。以使其全面了解整个组织的不同的工

---

① 哈罗德·孔茨、海因茨·韦里克：《管理学》，经济科学出版社 1998 年版，第 68 页。

作内容，得到各种不同的经验，这种方法可以使管理者逐步学会按照管理原则而不是某一职务方面的技术问题来思考问题，为今后在较高层次上的任职打好基础。

一对一的在职培养方法是另一种很好的实践学习方法，如担任副职、助理等头衔。安排在副职岗位上的人会成为其上级的接替者。训练就是指在副职上的管理者通过同有经验的上级一起工作，观察和学习上级管理行为，或被授予一定的权限去解决一些实际问题，从而达到学习与培养的目的。

从错误中学习是很重要的。中国有句古语："人非圣贤，孰能无过？"人在工作和生活中犯错误是正常的。对于一位新的管理者来说，许多事情需要学习，难免会犯些错误，应尽量通过组织的教育与指导及自身的学习，避免犯大错。对于一位老管理者来说，需要创新，创新就需要去尝试前人没有做过的事，就有可能会犯错。关键在于要善于从错误中分析失败的原因，避免犯第二次同样的错误。能从自己的和别人的失败中吸取教训的人是聪明的人，这也是管理的一种学习方法。

在自己的工作岗位上大胆地实践与运用管理理论并开展创新是一种最好的实践学习方法。每一个岗位都包括大量需要管理改善的地方，只要用心去发现、去实践、去创新，就会积累管理经验，收到管理成效。

如英国思想家查尔斯·汉迪(Charles Handy，1932—)撰写了多部具有影响力的管理学著作，如《理解组织》(*Understanding Organizations*，1976)成为很多管理者的必读书，《管理之神》(*Gods of Management*，1986)通过详细的推理揭示了公司的文化。《非理性时代》(*The Age of Unreason*，1989)和《空闲的雨衣》(*The Empty Raincoat*，1994)是他两部最重要的著作，在这部著作中他表示当今企业和管理者在对企业进行管理的过程中，急切需要进行根本性、改革力度的改变。他曾经说："我的大部分知识都不是通过规规矩矩的课堂学习得出的，而是从失败和意外等实际经验中总结出来的，是从细小问题的解决过程中学习到的。"又如浙江的许多企业家如万向集团董事长鲁冠球、青春宝集团董事长冯根生等都是从实践中学习的代表。

老子曰："合抱之木，生于毫末；九层之台，起于累土；千里之行，始于足下。"管理者的培养也是一样，要从小事做起，要靠日常点点滴滴的积累。

【案例 1.6】

张瑞敏的管理哲学[①]

张瑞敏的管理哲学是：日本管理(团队意识和吃苦精神)＋美国管理(个性舒展和创新竞争)＋中国传统文化的管理精髓。张瑞敏的管理哲学是出自管理理论与实践的良好结合——从实践上升到理论再指导实践。

他的管理哲学中，有一些非常生动的内容，例如"吃休克鱼"、"OEC 管理法"等。

在中国，人们往往将企业间的兼并收购比喻为"吃鱼"，或是"大鱼吃小鱼"(大企业兼并小企业)，或是"小鱼吃大鱼"。在市场经济发达的国家，企业的兼并经过三个阶段：第一个阶段是大鱼吃小鱼，亦即弱肉强食；第二个阶段是"快鱼吃慢鱼"，技术先进的企业吃掉落后的

---

① 资料来源：http://www.haier.cn.

企业；第三个阶段是"鲨鱼吃鲨鱼"，亦即强强联合。但是在中国，国企之间的兼并，却不会出现这三种情况，因为是国有的，企业只要有一口气，就不会被吃，且"小鱼不觉其小，慢鱼不觉其慢，各得其所"（张瑞敏语）。"死鱼"就根本不能吃。这是中国的国情决定的。张瑞敏的管理哲学正是建立在这个基础上的，既不能吃活鱼，又不能吃死鱼，惟有吃"休克鱼"。

所谓"休克鱼"是指企业的表面死了，但是肌体还没有坏，只是处于休克状态，企业的管理有严重问题，停滞不前。在短短的几年里，海尔通过资产重组、控股联营，兼并盘活亏损总额5.6亿元的18个企业，以无形资产盘活有形资产18.2亿元。海尔吃"休克鱼"式企业兼并的管理经验被编入哈佛商学院教材，张瑞敏也因此成为第一个走上哈佛讲坛的中国企业家。

1989年海尔在张瑞敏的领导下创造了OEC管理法(Overall Every Control and Clear)，即"日事日毕，日清日高"，也就是每天的工作每天完成，每天工作要清理并要每天有所提高。OEC管理法是一种全方位优化管理方法，在海尔企业文化中发挥关键的作用，曾获得国家企业管理创新"金马奖"、企业改革"风帆杯"，朱镕基总理曾批示在全国推广这种管理经验。

OEC管理法由三个体系构成：目标体系、日清体系和激励机制。首先确立目标，总目标是"日高"，即企业管理水平和企业综合素质水平以及员工个人素质持续提高；日清是完成目标的基础工作，通过在每天(Everyday)的日常工作中，全面控制企业里每个人(Everyone)每件事(Everything)的具体行为过程，使企业日常工作达到有序状态和受控状态；日清的结果必须与正负激励挂钩才有效。用海尔的话讲就是"总账不漏项、事事有人管、人人都管事、管事凭效果、管人凭考核"。

OEC管理法的思想基础是"斜坡球体论"，即：企业在市场中的位置如同斜坡上的小球，要使小球不下滑就必须对小球有个止动力，止动力就是基础管理；仅有止动力，也不一定发展，发展需要上升力，上升力来自差距，而差距取决于目标在质和量方面的不断提高，也就是说上升力来自创新。明确了目标，认清了差距，也就产生了缩小这种差距的动力。OEC模式就是根据市场竞争，不断调整提高的目标，不断强化基础管理，使企业在市场竞争中取胜。通过实施OEC管理法，逐步实现"事事有人管，人人都管事"、"人尽其才，物尽其用，钱用其值"的管理目标。

OEC管理法包含着三个基本原则：一是闭环原则，即凡事都要讲究善始善终，都必须有一个PDCA循环（即：计划—实施—检查—总结）的过程，达到螺旋式上升的目的；二是比较分析原则，纵向与自己的过去比，横向与同行业比、与同类企业比、与相关部门比、与其他员工比，认识到没有比较就没有发展的道理；三是不断优化的原则，根据木桶理论，找出薄弱项，并及时整改，以期提高全系统的水平。

张瑞敏对当前国际管理的发展趋势非常注意，也善于从中吸取可以为己所用的东西。近年来，他加强企业内部的调整，发展注重国内外并重，并且加快发展网上商务。张瑞敏极其强调速度，认为速度就是生命。海尔和中国建设银行合作，建立了支付网络，加快了物流和商流的速度。

问题：

1. 查阅海尔公司的网站，总结海尔公司的管理特色。
2. 斜坡球体论对你有什么启示？你是否将之用于你学习的管理？
3. OEC管理法的优点是什么？你认为这种方法可在哪些场合推广应用？
4. 在管理实践中，为什么既要注重理论学习又要学会在实践中创新？

(三)案例教学法

案例教学法是通过一个具体案例情景的描述,让学生了解案例的背景资料,引导学生对这些特殊情景进行讨论,用管理理论分析管理中的实际问题,并寻求解决问题的一种教学方法。

案例教学法,着眼点在于学生创造能力以及实际解决问题的能力的发展,而不仅仅是获得那些固定的原理、规则,因而不是要求学生去寻找绝对正确的、一致的答案,实际上管理方法也不存在绝对正确的答案,存在的只是可能正确处理和解决问题的方法,而解决问题的方法是对还是错,很难简单地断论。案例教学法通过引导学生对具体的特殊性的实际案例进行讨论分析,启发学生研究实际问题,提出自己的见解,作出合理的判断和决策,藉以提高学生独立思考、分析问题、解决问题的能力,是一种"做中学"的形式,让学生在情境体验中获取知识,增进才干。案例教学法由于经常需要进行团队合作,以团队形式开展,并要求学生上台讲解观点,因此不仅可以让学生获得知识,而且有利于培养学生团队合作能力,提高其表达讨论技能,增强面对困难的自信心。

案例教学方法有多种类型,如有描述案例和分析型案例,有简单案例和复杂案例,有站在当事人立场分析的案例和站在局外人角度分析的案例等。

简单的案例分析,所花时间比较少,一般为描述性案例,多运用在课堂讲解中。老师给学生分发的案例,往往是被简化的,有针对性的,学生往往是站在客观的、局外人的角度,来讨论案例发生的事件,运用管理的一般原则和原理,对问题进行分析,提出解决问题的方法。

复杂的案例分析,要花大量的时间,一般是综合性较强的分析型案例,多运用在课后作业,案例一般取材于真实的经营环境,采用相似的组织机构、人员关系和时间,运用同样的资源约束、竞争压力、数据和信息,训练学生。学生在案例中充当管理者角色,设身处地地面对和处理各式各样的管理问题,学生需要发现问题、分析问题和解决问题,这种方法对提高学生综合管理能力很有帮助。

哈佛大学在管理学案例教学上有非常成功的经验,哈佛商学院的课程是以案例分析为主的。哈佛大学的案例分析教学法,是力图把学生置于一个实际经营者的立场上,从实战的环境出发,来学习什么是经营和如何经营。学生在案例课前投入大量的时间进行准备,一般需要花两个小时以上的时间,要对老师发给的讲义和资料进行详细的分析,做出笔记,并要搜集与准备相关资料。为了保证这些案例教学的质量,哈佛大学所有案例通常要讲两三节课,每一节课 80 分钟。每节课开始,任课教授首先指定一个学生起来说明案例,分析问题并提出解决问题的手段,或者指出实现公司目标的方法和途径。所给时间一般是 10～20 分钟。然后其他学生从自己的角度来分析同一个案例,阐述自己的看法、分析、措施,以及在哪些地方自己有比第一个发言者更好的决策。

(四)模拟教学法

模拟教学法的一种是采用计算机虚拟现实技术,应用所学知识对现实的商业和企业中复杂的信息流和市场变化进行模拟,作出相应的决策,以此达到培养学生解决实际问题的能力。这是从案例教学中发展出来的,利用计算机模拟一些管理情景用来培训管理者。这种方法的培训速度更快,对教师依赖性更小。不足之处是硬件和软件费用较高。目前,美国企业每年将数十亿美元投入到这种培训方法。光盘、交互声音系统及其他装置正在革新这种培训方式。

模拟教学法的另一种是角色扮演，即设定一个最接近现在状况的培训环境，指定参加者扮演某种角色，借助角色的演练来理解角色的内容，从而提高主动地面对现实和解决问题的能力。管理者不是通过听说如何处理一个问题，甚至也不是讨论如何处理问题，而是通过实际去做来提高技能，提高观察力和解决问题的能力。

【案例 1.7】

学以致用　知行合一[①]

通过运用知识，David Sun 同他的搭档 John Tu 创建和发展了金士顿科技公司(Kingston Technology)。他们运用知识，是一个相当简便易行和无意识的过程。Sun 坚信："做了，就会明白。"就是说，经理人如果经常寻求员工的投入和反馈，就会懂得哪些管理措施切实可行，哪些需要调整或予以废除。他认为自己的管理方式行之有效，理由是他的员工能对所承担的设计和调试工作各负其责。诚如 Sun 自己所说："就按他们对你说的那样去做就足够了。"已经成功地在美国分厂中推行精益生产技术的本田公司(Honda)，也信奉通过直接的实践经验来开发和传播知识。为了加强质量，该公司推行了一种缩短开会研究而延长直接观察时间的方法。这种方法背后的理念是：亲眼目睹质量问题的人，更有可能对该问题做出系统的分析和更准确的交流，从而更主动地去寻求补救措施。像金士顿和本田这样的成功公司常常备受推崇。而许多经营管理类书籍也以较大篇幅描述"成功公司如何运作"的经验，当然，这些信息也许有些帮助，但是如果仅仅靠阅读、参加培训班或者大学学位课程进行学习，那么你们以及你们公司所取得的进步也就仅限于此了。诚然，你和同事们能借此掌握一些概念和知识架构，但并不意味着你们就具备了学以致用的能力。那是因为，"知"与"行"之间只存在某种松散的、不完全的联系。

另一个从实践中学习和认知的范例，来自美国军队和其他一些军事组织。美军在非作战状态时仍然坚持进行作战训练，其中很多训练让士兵按照实战的要求来完成，即在军事演习、科目训练和其他实况演练时，士兵必须反复操练实战时所必需的动作。一些卓有远见的公司，包括摩托罗拉(Motorola)和通用电气(GE)在内，都在研究美军的国家训练中心，将之作为领导力和学习的思想源泉之一。

对于一个公司来说，无论它属于何等规模、何种类型，从具体的实践、实际的行动甚至是失败的教训中获取知识，都是不可或缺的方法。但遗憾的是，许多经理人宁愿去对问题进行反复讨论、界定和分析根由，也不直接去解决它。导致这种情况发生的原因之一，就是将空谈等同于实际行动的倾向。实际上，事情只有付诸实施，而且必须有人去做，才能够完成。

一个公司经营得好坏，通常在更大程度上取决于经理人将知识转化为实践的能力，而不仅仅取决于他知道该做什么。显然，知识和信息对公司的成败至关重要，不过，在当今世界上，知识的转移和信息的交流都空前地便捷，而且形形色色的机构专门从事经营诀窍的搜集和转让工作，因此各个公司在所掌握信息的多少方面其实相差无几，差别在于把知识转化为行动的能力。

---

① Jeffrey Pfeffer and Robert I. Sutton. The Knowing-Doing Gap: How Smart Companies Turn Knowledge into Action. Harvard Business School Press (Boston, MA 02163).

有没有一个简单的方法，将知识转化为实践呢？没有。这是因为仅仅改变一下成本控制、领导方法或者某项简单举措，并不能实现从知识到实践的转化。“知”与“行”之间的差距源于多个方面的因素，而了解这些因素及其彼此之间的相互关系，对高级经理人来说十分必要。有一些指导性的原则可以帮助你认清问题的根源。

第一点，同时也是最重要的一点：确定经营哲学。为什么在研究和参观本田、丰田、Saturn以及许多其他较为成功的公司之后，仍然没有几家公司领悟到其中的真谛，并进行经验复制呢？原因之一就是太多的经理人只“知其然”而“不知其所以然”，即都只想掌握具体操作技巧，而没有领悟一般性的行动准则。

丰田、Saturn、赛仕软件研究所(SAS Institute)以及其他一些行动导向的公司，并不是依靠什么特别的经营手段开始发家的，他们有的只是几条基本原则，也就是指导公司运作的经营哲学。爱依斯公司(AES)是一家跨国电力供应商，它有一套指导公司运作的核心价值观念，即乐趣、公平、完整协调和社会责任等4个方面。而赛仕研究所的管理思想则特别强调公正、平等地对待每一个人，并给予他们以信任和尊重。这些公司不断地学习、变革，能够同新员工有效地交流，使其适应工作的需要，不断扩大公司业务的覆盖范围。而且，它们在不断地吐故纳新和扩张版图时，还始终如一地坚持那些给公司带来辉煌的基本理念。

其次，认知也来源于实践以及教授他人的过程。教学是一种认知的过程，同样，从事实际工作、尝试做不同的事情和实验过程也都是认知的过程。本田公司强调，应该把员工分派到能够看到实际情况的位置上去。这其中折射出这样一种思想：观察、触摸以及近距离置身实际过程，都是真正地理解和认知事物的必要手段。

作为世界上最大也是最成功的产品设计咨询公司，IDEO产品开发公司则钟情于如下理念：最好的学习方法就是多去尝试，然后从中总结对错。正如该公司的行政总裁David Kelley所津津乐道的：“启发性的线索和错误胜过完美无缺的计划。”对于这种“在试验和失败中学习”的理念，该公司的工程师Peter Skillman是这样描述的：“我们的信条是尽快做出样品。而一旦有了思路，我们就立刻把它做出来，这样就可以进行观察、调试并加以总结。”在IDEO公司，Kelley、Skillman及其他一些人定期给管理人员、工程师、设计师等讲授课程，阐述公司的这种理念，让学员们在实际工作中加以应用，并将这种理念创造、传播给其他员工。

创立一种崇尚行动的文化，最关键的因素之一，就是公司在出现错误时该如何处理。任何行动，即便计划周密也可能犯错误。管理专家Warren Bennis和Burt Nanus断言，所有的学习过程“都会遇到这样那样的‘失败’，但人们可以从失败中进行再学习”。他们因此提出了一条适用于各类公司的普遍原则：“绝不要对合理的失败感到愤怒。”他们还引用了IBM公司创始人和行政总裁小Thomas Watson的故事：

IBM一位颇有前途的低层管理人员在进行一项风险投资时，使公司在这场投机中损失1000多万美元——这等于是一场灾难。当Watson将这名胆战心惊的经理叫到他的办公室时，这名年轻人突然说道：“我估计您希望我辞职，对吗？”Watson回答说：“小伙子，不必紧张，我们只不过是替你交了1000万美金的学费而已。”

一些公司善于处理“知”与“行”的关系，使两者的差距越来越小。这些公司的领导者认识到，他们最重要的任务并非必须制订战略性决策，而是要致力于建立起一套行动机制，去实现从“知”到“行”的有效转换。爱依斯公司的合伙创办人兼行政总裁Dennis Bakke指出，他在1997年只作过一次决策。当然他并非故弄玄虚，也不是在开玩笑。他深知自己不必了解每一件事，并一一决策，而应该去营造一个环境，让许多人都能"知行合一"。

一些公司制定各种各样的措施，强化内部竞争，比如搞业绩排名，嘉奖少数员工，以排他方式进行职位晋升，以及个人奖励和考核。这些措施导致员工的相互对立，并进而几乎不可避免地损害公司的业绩和员工的心态。

英国石油公司(British Petroleum)鼓励各经营单位之间相互学习，取长补短，同时责成高级管理人员开展工作，建立一种合作的文化氛围，以利于公司内部的交流学习。因此，该公司在20世纪90年代打了一场漂亮的翻身仗。赛仕研究所的人员流失率很低，因为谁都愿意在无须提防同事倾轧的环境下工作。与此形成对照的是，通用汽车公司(GM)的内部竞争机制导致生产效率低下，制约了公司的发展，职员们不愿意互相学习，也不愿意同内部竞争对手分享知识。

如果公司能够消除内部竞争和紧张气氛，那么化"知"为"行"就变得容易多了。而那种强调必须依靠内部竞争才能创造出高效益的观点，其实是混淆了激励和竞争的概念。

毫无疑问，有些人的确比其他人更擅长将知识用于实践，精神上也更健康，更善于自我调整，但这都不是问题的主要方面。有些公司能坚持不懈地将知识转化为实际行动，即使在发展壮大、招募新丁甚至兼并其他公司以后亦能如此。而另外一些公司空有许多既聪明又勤奋的优秀人才，却不能将他们的满腹经纶用于经营实践，给公司创造效益。公司之间出现这种差距的根本原因与各自的管理体制和具体措施有关，而不是因为员工质素有什么不同。

一流的公司能利用平常的员工创造出一流的成绩。而二流的公司拥有一流的人才，却在白白浪费他们的才干、洞察力和动力。

问题：

1. 分析管理实践对学习管理的重要性，你认为如何能快速提升管理者的管理经验和学以致用的能力？请列出你认为最有效的3种方法。

2. 管理者如何才能有效地从失败中学习到经验，变"失败"为"成功"之母？

3. 你认为一流的公司如何能利用平常的员工创造出一流的成绩？

【管理实践练习1】

开一家小超市

你决定在社区开一家小超市，总投资为30万元，请你思考并回答下列几个问题：

1. 将给企业确定怎样的组织目标？
2. 你认为小超市的主要竞争者是谁，它将有什么竞争优势？
3. 你计划如何配置与使用企业资源？
4. 你能列出一份工作计划吗？
5. 你认为在小超市管理过程中什么要素是最重要的？

【管理实践练习 2】

管理绩效

1. 选择一个组织（如学校、政府部门、企业）对其进行访问，列出其所用的各种组织资源，用 10 个指标描述该组织的管理绩效，并对其管理绩效进行评价。

2. 分别找出一家你认为是高绩效和低绩效的组织，并给出 5 个以上原因，说明为什么两者的绩效水平会出现如此差异。

3. 从网上或书上查阅一家我国成功的企业，总结其管理经验与特色，并说明其推广的价值。

4. 在网上查阅 3 家大型企业的网站，找出这些公司 CEO 的简历，看看他们接受过哪些正规的管理教育，你认为公司 CEO 需要接受多少正规的管理教育？为什么？

5. 采访本地一家组织的管理者，了解他如何执行管理活动的每一项职能和工作中所必需的技能。

6. 以小组（3～4 位同学）为单位，采用发散性思维，讨论如何才能有效地提高学习效益和效率。

7. 以小组（3～4 位同学）为单位，每个同学结合你日常工作或生活中的管理，想想有哪些值得推广的好方法，总结并阐述你的方法和价值，与小组的成员分享，并思考从其他组员的推广方法中你学到什么。

【复习思考题】

1. 什么是管理？你是如何理解管理的？
2. 管理的目的是什么？不同组织管理的目的有何不同？
3. 什么是管理的二重性，怎样理解管理的二重性？
4. 怎样理解管理的科学性和艺术性？
5. 管理的基本职能有哪些，它们之间有什么关系？
6. 管理学有哪些基本特点？
7. 什么是管理学的研究对象？
8. 管理学与其他学科有什么关系？
9. 为什么要学习管理学？如何有效地学习管理学？

第二章

管理者

管理大师德鲁克曾说:“管理者是事业的最基本的、最稀有的、最昂贵的,而且是最易消逝的资源……”管理者的工作保证了组织的有序运转。古话有“千军易得,一将难求”,现代社会没有良好的管理者队伍,就不可能有组织的兴盛和优良的业绩。

【本章要点】

1. 管理者的含义和类型
2. 管理者扮演的角色
3. 管理者的基本素质和技能
4. 管理者的培养

【案例 2.1】

企业需要怎样的管理者

某高科技企业集团,短短几年间,就在全国十余个城市设立分公司和办事处,面对规模的扩大,集团迫切需要一大批中层管理人员。然而,人才难找,是许多企业的难题,该集团也如此,找不到人才怎么办呢?只好提拔本企业员工。于是,一批从未担任过管理工作的年轻人被提升起来担任管理工作,大学刚毕业一年的张辰星便是其中之一。这位年轻的部门经理,信心十足,打算做出一番成绩。但不到一个月,张辰星就倍感困惑,毫无管理经验的他,不知道怎样主持会议、怎样分派任务、怎样激励下属……许多管理工作都不知如何下手。为此,他不得不买来一些管理书,按照书本上的方法去做。但书本上的知识毕竟与现实有一段距离。几个月下来,不但该部门的各项计划难以完成,张辰星也被部门里大大小小的事搅得筋疲力尽。这种现象不只发生在张辰星身上,在这批新上任的年轻管理者中,除了两三个人能将所在部门管理得有条不紊之外,其余的人都在管理过程中破绽百出……

问题:

1. 你认为企业需要什么样的管理者?
2. 怎样才能成为一个合格的管理者?

第一节 管理者的角色

一、管理者

现代社会是由各种各样的组织构成的，每个组织又是由人组成的。有组织的人类活动离不开管理，我们根据组织成员在组织中工作性质和地位的差异，把组织成员分成两种类型：操作者和管理者。

操作者(Operatives)，是管理指令的执行人，是管理活动的接受者。他们是这样的组织成员：在组织中直接从事某项具体的工作或任务，不负有监管其他人工作的职责。例如：汽车装配线上的装配工、医院里的医生、超市里的收银员、商场里的营业员、饭店里的厨师、公交司机等等。他们的任务就是做好组织所分派的具体的制造产品或提供服务的操作性事务。

管理者(Managers)，是指组织中管理指令的发出者，是管理活动的领导和组织者。管理者与非管理者之间的差别就是，“管理者是指挥别人活动的人”。①“管理者的任务是设计和维护一个环境，使在集体中工作的人员能完成他们的预定目标和任务”。② 他们是在组织中行使管理职能、指挥或协调他人完成具体任务的人，如企业的总裁和经理、医院的院长、军队的长官等等。一般对管理者的传统定义是，管理者是运用职位权力对人进行统驭和指挥的人。这种概念强调管理者必须拥有下属。

在传统的金字塔组织结构中，如图 2-1 所示，管理者处于操作者之上的组织层次，操作者处于基层。管理者和操作者之间的关系是非常密切的，两者的共同配合才能实现组织的目标。但在管理中常可见到：明明管理者让操作者去这样做，他也做了，可是结果却完全不同，不能达到目的。所以，管理者不仅要学会让部下知道做事的方法，而且一定要让他知道达到的目的是什么。管理者工作的关键是要操作者和你一条心。当然，某一岗位职务的人

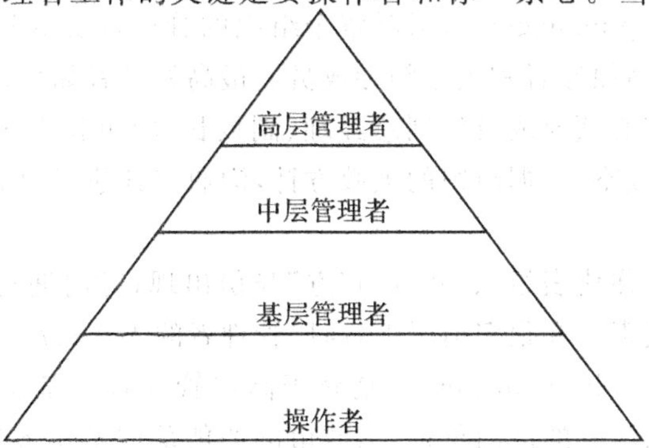

图 2-1 组织的层次

---

① 斯蒂芬·P·罗宾斯：《管理学》，中国人民大学出版社 1997 年版，第 5 页。

② 哈罗德·孔茨、西里尔·奥唐奈、海因茨·韦里克：《管理学》，中国社会科学出版社 1987 年版，第 8 页。

往往既是管理者也是操作者，他们除了指挥别人之外，也有可能承担某些作业性的职责。如商场中的班组长，除了有监管班组中的营业员工作的活动外，自己也要承担一些作业性的任务（售货等）。在现代团队组织中，更为强调团队领导的民主管理和成员的自我管理，管理者与操作者合二为一的现象更为普遍。彼德·德鲁克认为，在一个现代的组织里，如果一位知识员工能够凭借其职位和知识，对该组织负有作出贡献的责任，因而能实质性地影响该组织的经营能力及其达成的成果，那么他就是一位管理者。

二、管理者的类型

在一个组织中，有各种各样的管理者。每个管理者在组织中的作用和地位有所不同，拥有的权限和承担的责任也有差异。对管理者的分类可以按其所处的管理层次，纵向划分；也可以按其所从事管理工作的领域宽窄及专业性质，横向划分。

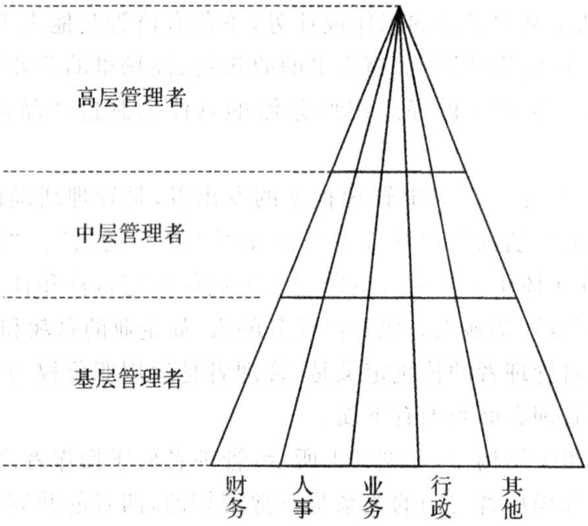

图 2-2 管理者的层次和管理内容

（一）纵向划分——按管理层次

1. 高层管理者（Top managers），指对整个组织的管理负责的管理者，是组织管理中的最高层执行者，包括最高领导者和核心领导成员。最高领导者如公司的总裁或总经理、学校的校长、城市的市长，核心领导成员如副总经理、副校长、副市长等等。他们的主要职责是，制定组织的总目标、总战略，掌握组织的大政方针，沟通与其他组织的联系，并评价整个组织的绩效。

高层管理者对外往往代表组织，并以“官方”身份出现；对内拥有最高职位和最高职权，并对组织的总体目标负责。在很多情况下，高层管理者的工作将决定一个组织的成败。

2. 中层管理者（Middle managers），是介于高层管理者与基层管理者之间的管理者。例如：公司的部门经理、学校的部门负责人、城市的职能部门负责人等等。他们的主要职责是，贯彻执行高层管理人员所制定的重大决策，监督和协调基层管理人员的工作。

与高层管理者相比，中层管理者更注重相关部门的管理事务，他们贯彻、执行高层管理者的意图，负责把任务落实到基层单位，并检查、督促和协调基层管理者的工作，确保任务的完成；他们要完成高层管理者交办的工作，并向他们提供进行决策所需的信息和各种方案。

简单地讲，就是上情下达，下情上呈，承上启下。中层管理者一般又可以分为3类：技术性管理者、支持性管理者和行政性管理者。

3. 基层管理者(First-line managers)，也称一线管理人员，是指组织中处于最低层次的管理者。例如：企业中的班组长、学校中的教研组长、机关里的科长等等。基层管理者所管辖的仅仅是操作者而不涉及其他管理者。他们的主要职责是，给下属操作人员分派具体工作任务，制订作业计划，直接指挥和监督现场作业活动，保证各项任务的有效完成。

与高层管理者和中层管理者相比，基层管理者所接到的指令更为具体、明确，更接近操作层面，所能调动的资源更为有限；对上他要报告任务的执行情况，反映工作中遇到的问题，并请求支持；对下他是下属的导师、教练和助手。

倒金字塔管理法(Pyramid Upside Down)

目前，很多公司采用的是“正金字塔”的管理方法。但是20世纪70年代末，瑞典的北欧航空公司总裁杨·卡尔松提出倒金字塔管理法。“倒金字塔”的构架是：

最上层：一线工作人员(现场决策者)；

中间层：中层管理者；

最下层：总经理、总裁(政策的监督者)。

那么，当时卡尔松为什么决定把这个颠倒过来呢？

20世纪70年代末，石油危机造成世界范围内的航空业不景气，瑞典的北欧航空公司濒于倒闭。在这个危急的时刻，杨·卡尔松担任了北欧航空公司的总裁。卡尔松来到北欧航空公司时，公司一片萧条，人心惶惶。卡尔松利用3个月时间，在仔细研究了公司的状况后向所有员工宣布，他要实行一个全新的管理方法。他给它起名字叫“Pyramid Upside Down”，我们简称倒金字塔管理法，也有人称之为倒三角管理法。

卡尔松发现要把公司做好关键在于员工，所以他把自己放在这个“倒金字塔”管理法的最下面，他给自己命名为政策的监督者，他认为公司的总目标一旦制定下来之后，总经理的任务是监督、执行政策，达到这个目标。那么中层管理人员不变，最上面这一层是一线工作人员，卡尔松称他们为现场决策者。北欧航空公司采用这种方法三个月之后，公司的风气就开始转变，卡尔松开始让员工感觉到，我是现场决策者，我可以对我分内负责的事情做出决定，有些决定可以不必报告上司。把权力、责任同时下放到员工身上，而卡尔松作为政策的监督者，他负责对整体进行观察、监督、推进。一年后，北欧航空公司盈利5400万美元。这一奇迹在欧洲、美洲等广为传颂。

(二)横向划分——按所从事管理领域和专业

1. 综合管理者(Synthesis managers)，他们负责管理整个组织或组织中某个部门的全部活动，是该组织或该部门的最高负责人或主管。例如企业总经理、工厂厂长、车间主任都是综合管理者。他们对整个组织或该部门目标实现负有全部的责任，而不是只对职能负责，拥有该组织或部门所必需的权力，有权指挥和支配该组织或部门的全部资源与职能活动。

2. 职能管理者(Function managers)，他们只负责组织内某种职能的管理。例如：企业的总工程师、工厂的设备维修部经理、车间的统计组组长，他们只负责组织中具体某项单一职能的管理，只对组织中某一职能或专业领域的工作目标负责，只在本职能或专业领域内行使职权、指导工作。职能管理者大多具有某种专业或技术专长。就一般组织而言，职能管理者主要包括以下类别：

(1)财务管理者。主要和组织的金融资源打交道，他们主要从事与资金筹集、预算、核算和投资、使用有关的管理工作。对工商类企业的领导者而言，财务知识是必不可少的。据统计，美国大公司负责人原先作过财务工作的约占20%。

(2)人事管理者。现在也称为人力资源管理人员，他们主要负责人力资源的规划、员工的招募和选任、培训和使用、绩效考核和奖惩等工作。

(3)业务管理者。他们主要负责计划、组织和控制日常业务活动的开展，对组织目标的实现负有直接责任。

(4)行政管理者。他们往往是通晓多种知识的全才，基本上对管理领域的各种工作都有了解并且熟悉。行政管理者并不专门从事某一特定的管理专业领域的工作，他们主要是做好后勤保障，以保证其他专业管理者和操作者专心于自己的工作，所以任何组织都少不了行政管理者和行政工作人员。

(5)其他管理者。由于社会上组织类型繁多，各种组织在发展目标、业务范围等方面存在着差异。所以除了上述分类之外，许多组织还有一些其他的专职管理人员。例如：企业中的研究开发人员、市场营销人员等等。

三、管理者角色

角色(Roles)原来指的是在戏剧舞台上依照剧本所扮演的剧中人物。管理者角色(Management roles)是指作为管理者在组织体系内从事各种活动时的立场、行为表现等的一种特性归纳。对于这方面的研究，著名管理学家德鲁克和明茨伯格都提出自己的观点。而明茨伯格更是对这方面的研究不断深入，从而在20世纪70年代形成了新的管理学派——经理角色学派，该学派主要对管理者所担任的角色进行分析，来考察管理者的职务和工作，以求提高管理效率。

美国著名管理学家德鲁克(Peter F. Drucker)1955年首先提出"管理者的角色"(The role of the manager)的概念，这一概念有助于我们对管理含义的理解。德鲁克认为，管理是一种无形的力量，这种力量是通过各级管理者体现出来的，所以管理者所扮演的角色大体上分三类。

1. 管理一个组织，求得组织的生存和发展。为了做好这方面的工作，管理者必须：(1)确定该组织是干什么的，应该有什么目标，如何采取积极措施实现目标；(2)求得组织的最大效益；(3)"为社会服务"和"创造顾客"。

2. 管理管理者。德鲁克认为，"正是对管理人员的管理才造就一个企业"。① 所以组织的上、中、下三个层次中，人人都是管理者，又都是被管理者，因此管理者必须：(1)确保下级的设想、意愿、努力能朝着共同的目标前进；(2)培养管理者的集体合作精神；(3)培训下级，使其管理工作的技能得到提高；(4)建立健全组织机构。

3. 管理工人和工作。这是管理者的基本职责，主要是激励组织成员发挥其创造的热情，求得组织的最佳效果。扮演好这一角色必须认识到两个趋势：一是关于管理工作，其性

① 德鲁克：《德鲁克管理应用词典》，九州出版社2000年版，第3页。

质是不断急剧变动的，工作的承担者既有体力劳动，又有脑力劳动，而且随着科技的发展，后者的比例会越来越大，因此管理的方式需要探索；二是关于人，要正确认识到处理好各级各类人员之间的关系已经变得越来越重要。

20 世纪 60 年代末期，亨利・明茨伯格(Henry Mintzberg)对 5 位高层管理者的工作进行了一项仔细的研究。在有关管理者的工作方面，他的发现向一些传统的观念提出了挑战。当时的人们认为“管理者是深思熟虑的思考者，在做决策之前，他们总是仔细和系统地处理信息”，①而明茨伯格在研究 5 位管理者的工作中却发现，管理者的工作琐碎、无固定模式、要面对突发事件，他们在工作中总是被各种各样的事情打断，这使他们无法静下心来思考，有半数的管理者活动持续时间少于 9 分钟”。② 明茨伯格经过大量的研究，1968 年完成了他的博士学位论文《工作中的经理——由有结构的观察确定的经理的活动、角色和程序》，在论文的基础上，1973 年出版了《经理工作的性质》(*The Nature of Managerial Work*)。这本书是明茨伯格的主要代表作，也是经理角色学派的主要著作。明茨伯格提出，管理者在工作中扮演了 10 种角色，这 10 种角色主要集中体现在三方面，他们是一个相互联系、密不可分的整体。即从管理者的“正式权威和地位产生三种人际关系角色，三种人际关系角色又导致三种信息角色，而这两方面角色又使管理者能发挥四种决策角色”。③ 他们之间的关系见图 2-3。

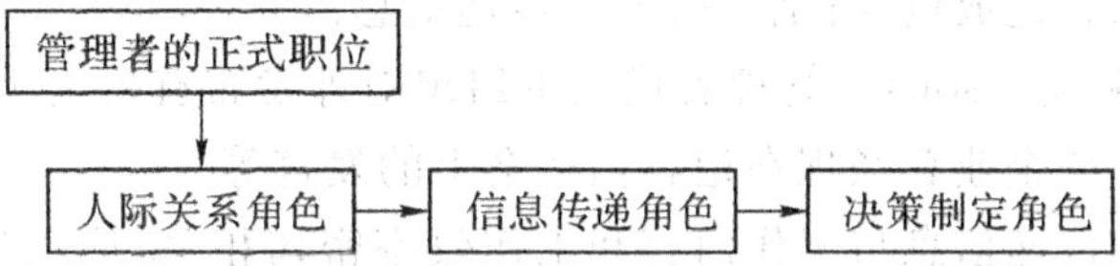

图 2-3　管理者角色间的关系

1. 人际关系方面的角色

人际关系角色(Interpersonal roles)指所有的管理者都要履行礼仪性和象征性的义务。如总统要进行国事访问，校长要给学生颁发毕业文凭，企业总裁要出席企业的庆典并讲话等。明茨伯格将之细分为三种角色：

(1)组织代表或挂名首脑(Figurehead)。管理者是其组织、部门或基层单位的负责人，这使他们的工作具有一种代表性。这种代表性体现于管理者可以在相应的社交场合和正式场合代表自己所在的组织(或部门或基层单位)参加一些活动、与对等的组织进行交往、在相应的文件上签字等。如公司的总经理出席员工的婚宴、生产副厂长带领其他企业的来访者参观生产车间、校长在学生的毕业文凭上签名等。这一角色十分重要，可以影响组织的形象。

(2)领导者(Leader)。管理者是管理活动的出发者，他们对下属负有管理的责任。这种角色体现于管理者要指挥和激励下属、安排每个人的工作、协调彼此关系、对下属进行培训、根据考核标准给予奖励或惩罚等。

(3)联络者(Liaison)。管理者在管理过程中主要是和人打交道。这种角色体现于管理者对内、对外的联系，特别是同外界的联系。对内管理者和上级、同级、下属有联系；对外负责和外界联系，通过发展外部的联络来获取所需的信息。

---

① 斯蒂芬・P. 罗宾斯：《管理学》，中国人民大学出版社 1997 年版，第 9 页。

② 亨利・明茨伯格：《经理工作的性质》，中国社会科学出版社 1986 年版，第 10 页。

③ 亨利・明茨伯格：《经理工作的性质》，中国社会科学出版社 1986 年版，第 10 页。

网络技术成为现代管理者的一项重要手段。通过电子邮件与互联网，各个层次的管理者都可以扮演挂名首脑的角色，并成为组织中树立恰当行为方式的典范。例如，许多领导人建立自己的博客网站，公开自己的邮箱，以便直接与组织内外部的人员沟通，并及时发布信息，扩大影响力。

2. 信息情报方面的角色

信息角色(Informational roles)指所有的管理者在某种程度上，都从外部的组织或机构接受和收集信息。管理者应对组织发展的相关信息具有很高的洞察力与敏感性，能主动积极地捕捉内外部信息。明茨伯格将之细分为三种角色：

(1)监听者(Monitor)。组织在运行时，情况总是处于不断地变化中，这就存在着大量的信息情报。这种角色体现于管理者不仅要接受他人传递的信息，还要去主动发现和搜集信息，以了解组织和环境中究竟发生了一些什么事情。信息的来源可以是调查研究的结果，社会公众的反馈，报刊、杂志、广播、电视、网络上的消息，出台的政策、法规，公布的统计数据、资料，竞争对手或相关组织的动向等。

(2)传播者(Disseminator)。管理者由于在掌握信息上的特殊地位，使他们能担任传播者的重要角色。这种角色体现于管理者就是把从下属那里获得的信息、从外部搜集并加工的信息传播给组织的其他成员，特别是向下属传达信息。

(3)发言人(Spokesperson)。管理者代表本组织对外发布有关组织的计划、政策、行动、结果等方面的信息。如企业总经理在记者招待会上的发言等。

由于获取信息和传递信息与工作内容和工作效率密切相关，信息技术对管理者信息角色的影响巨大。利用互联网技术进行全球范围内的监控、信息传递与交流已是大势所趋，信息技术也使管理者对整个组织的运行情况更为及时掌握并一目了然。

3. 决策方面的角色

决策角色(Decisional roles)指所有的管理者在其管辖的事项上必须进行决策拍板，决定目标、计划与行动方案。决策角色与管理者进行战略规划及利用资源所使用的手段密切相关。明茨伯格将之细分为四种角色：

(1)企业家(Entrepreneur)。管理者也是组织的领导人，这就要求他们扮演企业家的角色。这种角色体现于管理者要求其能捕捉到发展机会、确定组织的发展方向、进行战略决策，并承担责任。他们要不断地提出新的思路和方法来改进目前的组织状况。信息技术为管理者提供更多、更准确的信息，帮助他们更好地利用资源，作出更有效的决策。

(2)调解人(Disturbance handler)。组织中经常会产生矛盾和纠纷。这种角色体现于管理者要面对现实，解决矛盾和纠纷，排除障碍。

(3)资源分配者(Resource allocator)。组织的高效运转离不开资源的合理运用，而资源是有限的。这种角色体现于管理者要根据计划给有关部门调配各种资源，资源包括人、财、物、时间等方面。

(4)谈判者(Negotiator)。管理者所掌握的信息和在组织中的地位，决定了只有他们才能充当谈判者的角色。这种角色体现于管理者能代表组织的利益与各类人员和集体进行谈判，谈判的对象可以是外部的也可以是内部的。如管理者和企业内工会进行的薪酬谈判等。

管理者在这10项角色中，通过对各种内外关系的协调达到管理的作用。管理者面向内部的角色有领导者、企业家、调解人和资源分配者；面向外部的角色有组织代表(或挂名首脑)、联络者和发言人;兼顾内外协调的角色有监听者、传播者和谈判者。这10种角色表明,经理从组织的角色来看是一位全面负责的人,但事实上要担任一系列的专业化工作,既是通才又是专家。明茨伯格的理论比德鲁克的更加具体全面,也更加深刻,成为目前管理者角色理论的主流思想。

【案例 2.2】

管理者角色

张敏是一家造纸厂的厂长,这家工厂面临着一项指控:厂里排放出来的废水污染了邻近的河流。因此,张敏必须到当地的环保局去为本厂申辩。钱江城是该厂的技术工程部经理,他负责自己那个部门的工作与销售部门相协调。李民负责厂里的生产管理,他刚接到通知:每天向本厂提供包装纸板箱的那家供应厂商遭了火灾,至少在一个月内无法供货。而包装车间想知道,现在他们该干什么。李民说,他会解决这个问题的。最后一个是罗平,她负责办公室的文字处理工作。办公室里的员工为争一张办公桌刚发生了一场纠纷,因为它离打印机最远,环境最安静。

问题:

1. 请对照管理者角色分析,在这家企业里张敏、钱江城、李民和罗平各自扮演了什么角色?

2. 你认为张敏在本次事件处理中应做哪些工作,这些工作中他分别承担了什么角色?

四、管理者角色的变动

组织是各种各样的,管理者扮演角色的侧重点就有所不同,这就是管理者角色的变动。

(一)组织的规模不同,管理者角色不同

组织规模(Organitational sale),即组织的大小。组织的大和小是相对的,划分的标准也是多种多样的,例如组织成员的数量、企业的年销售收入、组织的总资产等。大规模的组织是复杂的、标准化的,其对社会的作用是巨大的。小规模的组织虽然规模小,但它们也不是微不足道的。小规模的组织是灵活的,能够迅速地对环境作出反应。组织的这些差异性,使身处其中的管理者扮演角色的侧重点存在着不同,如图 2-4 所示。

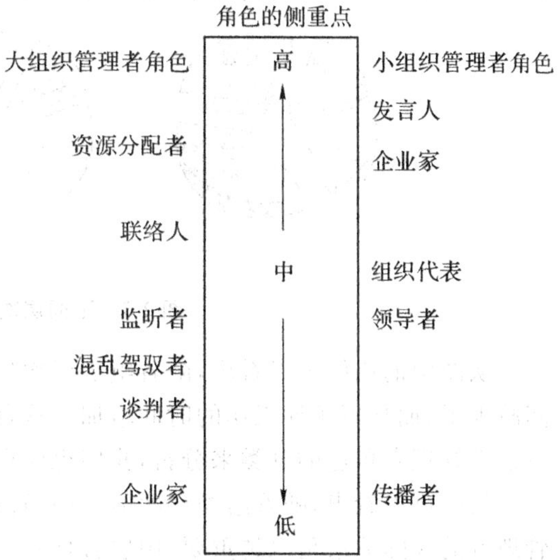

图 2-4 大组织和小组织中管理者角色的侧重点

从图可以看出,大组织管理者主要处理的是组织的内部事务,他们的首要角色是资源分配者(如怎样在组织单位内部分配现有的资源等),企业家角色对于大企业的管理者来说处于相对次要的地位。相比之下,小组织管理者的首要角色是发言人,他们需要花大量的时间和精力处理组织的外部事务，如他们要筹措资源，会晤银行家安排融资，寻求新的生意，寻找组织发展的机会，接待消费者，让外界的人了解本组织，促进变革等。不仅如此，在大组织管理者是结构化的和正规性的工作，而在小组织管理者往往是非正规性的，小组织管理者更可能是一个通才，他们的工作内容综合了大组织上至高层管理者、下至基层管理者的工作，控制则更多地依靠直接巡视。

【案例 2.3】

松下幸之助的名言

1918 年松下电器成立之初还是一个只有 3 人经营的小电料行，而现在它已成为世界著名的综合型的大型电子企业，工厂分布于 100 多个国家，在中国目前就已经拥有 81 家企业，10 万余员工。创造这神话般奇迹的就是松下电器公司的创办人松下幸之助，他被日本商界称为"经营之神"，他的经营理念、管理哲学一直被商业人士奉为经营秘诀，在全世界广泛流传。松下幸之助曾有一段名言：当你仅有 100 人时，你必须站在第一线，即使你叫喊甚至打他们；但如果发展到 1000 人，你就不可能留在第一线，而是身居其中；当企业增至 10000 名职工时，你就必须退居到后面，并对职工们表示敬意和谢意。

问题：

1. 从管理角度分析，松下幸之助的名言说明了什么？
2. 你认为管理者在转换管理层次时，应如何做好角色转换？

（二）管理层次不同，管理者角色不同

如前面所述，组织结构通常是金字塔式，可以分成三个管理层次。管理者的职责随着其在组织中层次的不同而不同。虽然管理者从事的都是计划、组织、领导和控制工作，但他们在每项工作上花费的时间是不同的，参见图 2-5。[①]

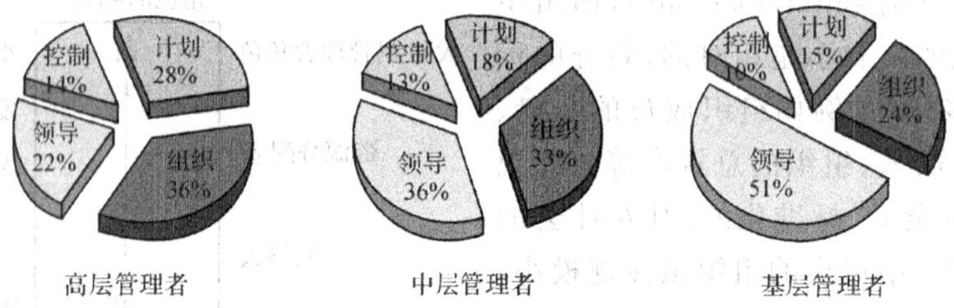

图 2-5 不同层次管理者的时间分配

从图中的比例可以看出，随着组织层次的降低，管理者从事计划、组织和控制工作的时间减少了，而从事领导工作的时间增加。这种变化体现了管理者工作的差异性。同样用明茨伯格管理者角色的分类来分析，我们也能得出类似的结论，见图 2-6。

从图可以看出，随着组织层次的提高，管理者的决策角色越重要；随着组织层次的降低，管理者的人际关系角色越重要；中层管理者承上启下的地位使其在三种角色方面的分配基本一致。

① 斯蒂芬·P. 罗宾斯：《管理学》，中国人民大学出版社 1997 年版，第 13 页。

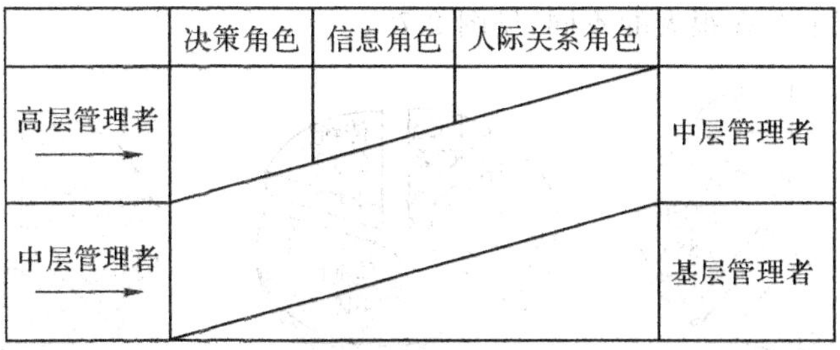

图 2-6 不同层次管理者的角色侧重

【案例 2.4】

一次混乱的培训活动

张明是一家电子公司的经理，他的工作态度非常严谨仔细，对公司的各项工作都事无巨细地从头抓到尾。前几个月公司要组织两个培训班，分别对经销商销售顾问和市场经理进行培训，这两个培训班的培训内容不一样，报到时间也不同。张明很重视这次培训，尽管公司有培训部，张明还是对大到培训课程内容设置、小到培训现场条幅悬挂等工作进行指导。在培训班报到那天，张明亲临现场，但是由于某种原因，报到人数没有达到理想状态。张明马上指示将两个班合并为一个班，以节省开销。已经报到的学员得知这一变更，怨声载道，全部怪罪培训部。张明竟然也在众人面前大声斥责培训部经理，质问为什么培训工作做得一塌糊涂。第二天，培训部经理就打了辞职报告。

问题：

1. 张明这样的管理方式对吗？培训部经理为什么要辞职？

2. 如果你是经理，你将如何安排本次培训？

（三）管理者的价值取向不同，管理者角色不同

价值取向（Value orientation）是指某个人或者团体在思考或行动的过程中，不自觉地遵从一组价值标准情况下所表现出的行为倾向。不同管理者价值取向的不同会导致其在工作中的侧重点的差异。

1988 年，弗雷德·卢桑斯（Fred Luthans）和他的副手从一个新的角度考察了管理者工作中的侧重点。传统中我们认为，在组织工作中最具成效的管理者，也是在组织中被提升得最快的人。但是卢桑斯却提出了不同的观点。他认为最有成效的管理者并不能带来职位的同等提高，从而提出了有效的管理者和成功的管理者的概念。所谓有效的管理者是指在工作绩效的数量和质量两方面俱佳，并且使下属感到满意并得到下属支持的管理者。所谓成功的管理者是指在组织中提升速度快的管理者。卢桑斯和他的副手研究了 450 多位管理者，他们发现管理者都是从事以下四种活动的：（1）传统管理：决策、计划和控制；（2）沟通：交换日常的信息和处理文书工作；（3）人力资源管理：激励、惩罚、处理冲突、配备人员和培训；（4）网络联系：社会活动、政治活动，以及与外界人事的联系。他们认为管理者的工作内容都是这 4 种活动，但是侧重点的不同就形成了有效的管理者和成功的管理者。研究表明，他们

的工作时间在分配上存在很大的不同，见图 2-7①。

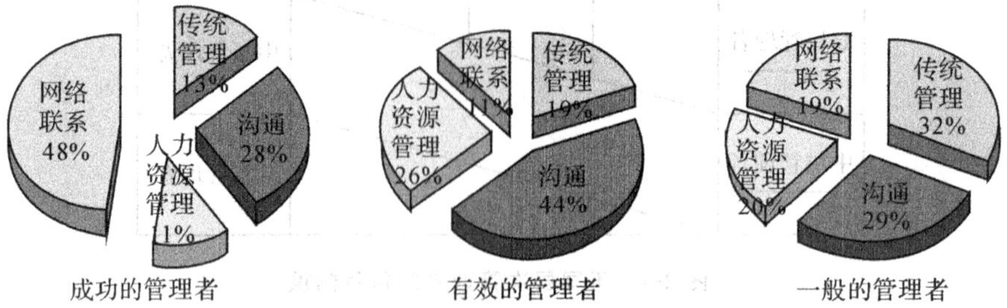

图 2-7 管理者活动的时间分配

图 2-7 中的数据表明，成功的管理者在时间分配上侧重于网络联系，而对人力资源管理活动所花费的时间最少；有效的管理者在时间分配中侧重于沟通，所以能取得好的工作绩效并得到下属的支持，但由于在网络联系上花费的时间太少，导致他们的晋升受阻。这项研究使管理者的提升是根据绩效来决定的观点遇到了挑战，同时也表明，社会交往和政治交往的技能对于管理者在组织中得到提升具有重要的作用。

在组织中，管理者工作的价值取向是各种各样的，是倾向于工作绩效还是提升速度，将决定其在不同工作上的投入度。

第二节 管理者的素质

素质是人在先天条件下，通过后天的教育训练和环境影响而形成的比较稳固的、且在比较长时间内起作用的基本品质，它是一个人行为的基础和根本因素。管理者素质(Stuff of managers)是指一个管理者应具备的各种条件在质量上的综合。管理者的工作决定了组织的成败，任何有成就的管理者都离不开其优良素质。管理者应该具备的素质很多，不同的管理岗位要求的素质又不尽相同，但有些素质是优秀的管理者应该基本具备的。国外对管理者各项素质的权重进行了统计分析，其结果参见表 2-1。

表 2-1 管理者的素质

要素类别	得分	累计	要素类别	得分	累计
事业心	20	20	献身精神	7	77
创新精神	15	35	忍受挫折	6	83
责任感	10	45	求知欲	5	88
顽强性	10	55	勤奋	5	93
人群关系	8	63	作风民主	4	97
自信感	7	70	自我批评	3	100

① 斯蒂芬·P. 罗宾斯：《管理学》，中国人民大学出版社 1997 年版，第 12 页。

我们也可将管理者的素质主要分为五方面，即品德素质、知识素质、智力和非智力素质、能力素质、体能素质。

一、品德素质

管理者的品德素质是指管理者思想、认识和品性等在行为、作风中的表现。包括：

1. 思想政治品德。管理者要对国家和社会具有高度的责任感和奉献精神。具备一定的政治思想素质，可以使管理者将个人利益同组织利益保持一致，顾全大局，顾全整体。

2. 道德情操。情操是比情感更高层次的一种人类感情，是情感的一种升华。人都是有感情的，当人们把对某一事物的炽烈情感和深刻的思想认识，与坚定的行为实践结合在一起的时候，情感就上升为情操了。所以，通常所说的高尚情操，主要是指道德情操。管理者在生活和工作中形成了各种道德情操，并用它来要求自己的行为。所以道德情操是衡量管理者素质的指标之一。主要要有明确的是非观念、遵纪守法、廉洁奉公、谦虚等。

3. 理想抱负。没有理想抱负的人是不可能有所作为的。管理者只有树立起一定的理想和抱负，才会有强烈的事业心和责任感，才会有干劲，才会对组织有所贡献。管理着的理想抱负主要指人对工作的责任感、人的进取性和坚韧性，在困难、压力和竞争的氛围中要勇往直前等。

4. 言行作风。管理者的言行作风会影响下属。俗话说的“上梁不正下梁歪”就体现了这一思想。所以管理者在工作中要善于调查研究，注意工作方法，讲求工作实效，要以身作则，言行一致，严于律己，宽以待人，作风民主，深入群众。

二、知识素质

知识是提高管理者素质的根本和源泉。知识素质是指管理者做好工作所必须具备的基础知识与专业知识。管理学是一门综合性很强的学科，这就要求管理者掌握多方面的知识。管理者要提高知识素质，必须设计好自身的知识结构。现代管理者的知识结构应是具有时间概念的“T”型知识结构，或称通才的动态结构，要求管理者的知识不仅要有深度和广度，还要有新度。知识体系参见图 2-8。

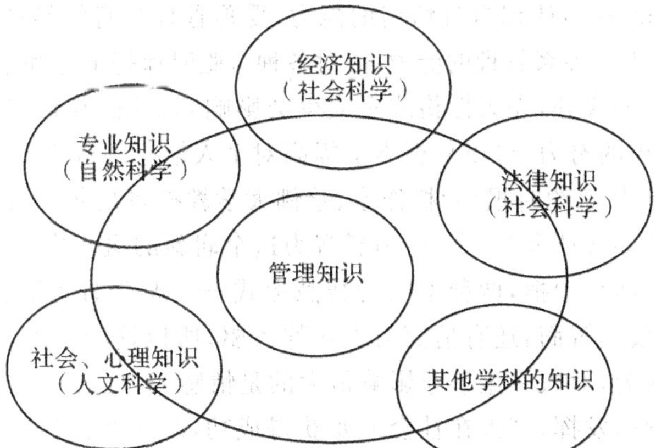

图 2-8 管理者的知识体系

掌握必要的管理理论和方法，了解管理理论的新发展，才能让管理者在工作中少走弯路，成为真正的管理者。掌握经济知识可以帮助管理者把握经济发展的规律。掌握专业方面的知识，有便于管理者了解经营业务与业务运行规律，了解本行业的科研和技术的发展情况。同样，管理者只有了解相关的政策法规，才能不违反国家的方针政策和法令法规，才能保证组织顺利发展，也才能维护自身合法权益。管理者的工作中心主要是和人打交道，因此掌握心理学方面的知识，可帮助协调上下左右的关系，做好人的工作。

“德才兼备”历来是衡量人的一个基本标准。宋朝司马光在《资治通鉴·周纪二》中论及德才关系时认为：“才者，德之资也；德者，才之帅也”，即德才不可分割，“德”靠“才”来发挥、体现，“才”靠“德”来统帅、指导。

三、智商和情商

美国著名心理学家桑戴克(E. L. Thorndike)的理论影响造成了智力商数(Intellegence Quotient，缩写 IQ)，即智商的观念在 20 世纪 20—30 年代的深入普及。智商是个人智力水平的数量化指标，反映的是一个人的智力程度，显示一个人做事的本领。智商决定了人理解和学习的能力、判断力、思维能力、记忆力和反应能力等。智商对管理者很重要。专家研究表明，智商在一定程度上受先天因素的制约，但后天环境的影响对于智商的提高也非常重要。根据研究，目前人的智慧一般仅启用了 10%左右，智商超人的天才也仅用了 14%左右。因此人的智商还有 90%左右未被启用。目前很多的科学家都在研究如何提高人类的智商，他们通过研究发现：运用心理诱导、专项训练、冥想静养、饮食营养、良好的环境教育等方法与措施有助于智商的提高。智商是管理者应具备的基础性素质。智商可以帮助管理者掌握所需的技术和工具，处理工作的各个方面。但是与单纯的认知能力或技术能力相比，管理者成功的决定性因素是情商，即领导者怎样处理自己与他人的人际关系。

20 世纪 90 年代初期，美国耶鲁大学的心理学家彼得·塞拉维和新罕布什尔大学的约翰·梅耶最早提出了情绪智能、情绪商数概念(简称情商)。所谓情商(Emotional Intelligence，缩写 EI)，也称“情感智力”，是一种理解、把握和运用自己及他人情绪的能力。国内也称其为 EQ(Emotional Quotient)，它是从 IQ 借用过来的，较为确切的说法应该是 EI。情商目前还很难测量，一般包括：认识自身情绪的能力，妥善管理自身情绪的能力，自我激励的能力，认知他人的能力，人际关系管理的能力，面对各种考验时保持平静和乐观心态的能力等。

情感智力有天生的成分，先天性格或多或少会影响到 EI 的高低，但这种影响并不是绝对的，通过后天有意识的努力，可以从根本上提高对个人情绪进行成熟调节的能力。

1995 年 10 月美国《纽约时报》专栏作家、哈佛大学教授丹尼尔·戈尔曼博士出版了《情绪智力——划时代的心智革命》一书，将情感智力这个崭新的概念作了更为详尽的论述。他认为，人有两个大脑，两个中枢，两种不同的智慧形式——理性的或情感的。人生成功与否取决于这两者，不仅仅是智商，还有情商与之并驾齐驱，所以这两方面是人才应当同时具备的两种素质。专家认为，对人一生事业影响最大的是情感智力而不是智商，情感智力的高低会直接影响个人智商的发挥。“人在社会上要获得成功，起主要作用的不是智力因素，而是情绪智能，前者占 20%，后者占 80%”。① 在美国，人们流行一句话：“智商决定录用，情感智

① 尼尔·M·格拉斯：《卓越管理的新思维》，中国标准出版社、社科文(香港)出版有限公司 2000 年版，第 1 页。

力决定提升”。IQ和EI对管理者而言，管理者应着重提高EI，在提高EI的前提下来提高IQ。如果用一句话来形容，就是：人才就像一朵美丽的花，智商可以使其更娇艳，情商则能使其结出硕果。

表2-2 戈尔曼提出情商研究的五个方面

认识自身的情绪	认识情绪的本质是EQ的基石。
妥善管理情绪	必须建立在自我认知的基础上。这方面能力较差的人常受低落、不良情绪的困扰，而能控制自身情绪的人则能很快走出命运的低谷，重新奔向新的人生目标。
自我激励	通过自我鞭策保持对学习和工作的高度热忱，这是一切成就的动力；通过自我约束以克制冲动和延迟满足，这是获得任何成就的保证。
理解他人情绪	这是了解他人需求和关怀他人的先决条件，戈尔曼用Empathy(同理心)来概括这种心理能力。“同理心”是同情、关怀与利他主义的基础，具有同理心的人常能从细微处体察出他人的需求。
人际关系管理	这种能力要以同理心为基础。恰当管理他人的情绪是处理好人际关系的一种艺术。这方面的能力强意味着他的人际关系和谐(人缘好，“会做人”的一方面)，或者适于从事组织领导工作。

四、基本技能

管理者的基本技能是指管理者把各种管理知识和业务知识用于实践中所表现出来的能力。美国管理学者罗伯特·L.卡茨(Robert L. Katz)在《哈佛商业评论》中发表了一篇名为《能干的管理者应具有的技能》的论文，他指出管理者必须具备三种技能，即技术技能、人际技能和概念技能。

(一)技术技能

技术技能(Technical skill)是管理者掌握和运用某一专业领域内技术、知识、方法和程序完成组织任务的能力。这是管理者对相应专业领域进行有效管理所必备的技能。管理者虽不能完全做到内行、专家，但必须懂行，必须具备一定的技术技能。特别是一线管理者，更应如此。管理者如果不具备这一技能，将很难与所主管的组织内的专业技术人员进行有效的沟通，也就无法对他们所管辖的业务范围内的各项管理工作进行具体的指导，并且会对他们决策的及时性、有效性造成不利的影响。管理者的技术技能可以通过学校专业教育或组织的在职培训获得。

(二)人际技能

人际技能(Human skill)，或称“人事技能”，是管理者处理人事关系的技能，主要包括：理解、激励和与他人相处的能力等。管理者除了领导下属人员外，还得与上级领导和同级同事打交道，还得学会说服上级领导，学会同其他部门同事紧密合作等，这些都需要人际技能。在以人为本的今天，人际技能对于现代管理者是一种极其重要的基本功。没有人际技能的管理者是不可能做好管理工作的。管理者的人际技能可以通过专业教育、培训以及从经验中获得。

(三)概念技能

概念技能(Conceptual skill)，或称“构想技能”，是管理者观察、理解和处理各种全局性的复杂关系的抽象能力。包括:感知和发现环境中的机会与威胁的能力;对全局性的、战略性的、长远性的重大问题处理与决断的能力;对突发性紧急处境的应变能力等。其核心是一种洞察力和思维力。这种技能对于组织的战略决策和发展具有极为重要的意义,是组织高层管理者所必须具备的,也是最为重要的一种技能。

研究表明,教育和经验有助于管理者获得这三种技能。对任何管理者来说,这三种技能都是应当具备的。一般来说,计划和组织工作需要良好的概念技能,而领导和控制工作需要更多的人际和技术技能,不同层次的管理者,由于所处位置、作用和职责不同,各层次管理者对管理技能需要有差异性,参见图 2-9。

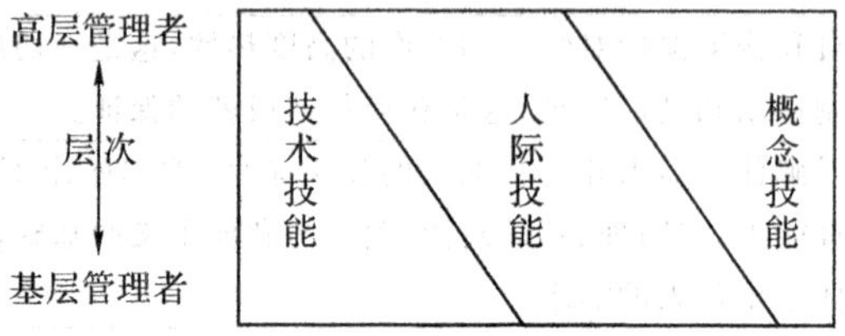

图 2-9 不同层次的管理者需要的管理技能的比例

从图中可以看出,高层管理者尤其需要概念技能。因为高层管理者面对的问题是全局的,更具有复杂性,牵扯的因素多、范围广,所以所处层次越高,对概念技能的要求越高。概念技能的高低成为衡量高层管理者素质高低的最重要的尺度。高层管理者可以充分利用其下属人员的技术技能,因而对其自身的技术技能要求不高。但在小企业中,技术技能对高层管理者可能仍是较为重要的。与之相反,基层管理者更重视的却是技术技能。由于他们的主要职责是现场指挥和监督,所以若不掌握熟练的技术技能,就难以胜任管理工作。相比之下,基层管理者对概念技能的要求就不是太高。由于管理者的工作对象都是人,人际技能对于各个层次的管理者来说都是重要的。特别是作为今天和未来的管理者,必须更加重视人际技能。这是因为现在的管理者和传统的管理者在工作方式上面有了很大的区别,见表 2-3。

表 2-3 你是哪种类型的管理者①

传统管理者	现代管理者
命令链	与任何可能将工作完成的人交往
接受,做重复性的工作	学习新的方式
要求长时间工作	要求结果
独占信息	分享信息
试图掌握一个重要的领域如营销或财务	试图掌握更宽系列的管理领域
更多单独做决策	邀请别人参加决策
向上看,寻求指令和答案	与他人质疑/合作协商以发现解决方案
认为其他人主要是老板和竞争者	在共同目标/相互尊重和信念交换基础上建立关系
认为自己是管理者或老板	认为自己是支持者或内部咨询者

① 托马斯·S.贝特曼:《管理学:构建竞争优势》,北京大学出版社科文(香港)出版有限公司 2000 年版,第 23 页。

五、体能素质

管理者的指挥、协调、组织活动不仅需要足够心智，而且消耗大量体力，因此，必须有强健的体魄，充沛的精力。

【案例 2.5】

优秀的管理者[①]

雅芳是全美 500 强企业之一，1886 年创立于美国纽约。作为世界领先的美容化妆品及相关产品的直销公司，雅芳拥有 4 万多名员工，2005 年销售总收入 80 亿美元，拥有 550 万名独立的销售代表的庞大网络，向全球 100 多个国家和地区的女性提供两万多种产品，包括著名的雅芳色彩系列、雅芳新活系列、雅芳柔肤系列、雅芳肌肤管理系列、维亮专业美发系列、雅芳草本家族系列、雅芳健康产品和全新品牌 Mark 系列，以及种类繁多的流行珠宝饰品。

雅芳(Avon)董事会主席兼首席执行官、华裔女强人钟彬娴女士荣获由美国《新闻与世界报道》杂志同哈佛大学联合评选的 2007 年度“全美最杰出的领导人”称号，也是《商业周刊》公布的 25 名 2002 年度全球“最佳总裁”人选之一，美国商界前 50 名最有影响力的女性。作为一家全球规模最大企业之一的 CEO。钟彬娴深知其中的艰辛，她曾感言道：“我深知肩上的担子很重，我不能让雅芳人失望。首席执行官的工作会令人有一种孤独感，并且工作的复杂程度日渐加大。然而无论多么艰难，我都会用心去经营雅芳的事业，它已成为我生命的一部分，而不仅仅是一份工作。”

钟彬娴 1959 年出生在加拿大东部城市多伦多的一个中产阶级移民家庭里，父亲是出生在香港的一名建筑师，母亲是出生在上海的一位化学工程师，她从小就受到了严格的教育。20 岁时就从美国普林斯顿大学毕业，获得英语文学优等学位。之后进入布鲁明岱百货公司工作，32 岁时便全面负责公司所有女装业务。1993 年与雅芳前 CEO 吉姆的一次会面时，吉姆办公室的饰板上印有 4 个足印：猿猴、赤足男人、男皮鞋和女高跟鞋。上面的题词很简单：领导权的演变。当时，《财富》评出的 500 强企业还没有一家是由女性领衔的，因为那时在各个行业都有一块透明的、限制女性上升的“天花板”。吉姆看着钟彬娴，说：“我完全相信，在未来的 10 年一定会有一位女性来领导雅芳。”钟彬娴根本没有想到，这个打破了玻璃天花板的女人，就是自己。

1999 年 11 月，雅芳公司第 4 季度的销售和盈利急剧下滑，致使股票猛跌了 50%。在过去的 10 年中，公司的年平均利润增长率仅为 4%。此后不久，公司首席执行官查尔斯·佩林引咎辞职。紧急关头，钟彬娴担任了 CEO 这一角色，她是雅芳公司百年历史上第一位华裔女性 CEO。那一年，她 40 岁。钟彬娴的压力是巨大的，很多人都在看着她。几乎没有一点经营经验的她却一下子要掌管一家拥有几百万名独立经销代表并在 137 个国家和地区开展业务的公司。

钟彬娴果敢行事，她能在短短的 15 分钟里批准一份详细的数百万美金的广告宣传计划

---

① 资料来源：http://www.chinaews.com.cn；http://www.avon.com.cn。

书。钟彬娴上任后的第一个举措就是重塑雅芳。一百年来，雅芳仅仅被定义为是一个专业化妆品公司。但在钟彬娴看来，雅芳应该是一个为女性服务的企业，为广大的女性提供更多经济独立和实现自我价值的机会。钟彬娴表示："我们为社区妇女创造机会和更多的收入，从而她们能够为家人带来更好的生活。"她积极为妇女争取福利，设立直销员贷款项目。此外，钟女士领导下的雅芳非常重视企业社会责任，先后捐赠4.5亿美元进行乳腺癌教育和研究，并发起反对家庭暴力的运动。她辞退了雅芳的广告代理商，并下令对包装进行全面的重新设计；摈弃了雅芳繁多的地区性品牌，代之以"雅芳色彩"这个国际品牌，雅芳的产品品种因此锐减了30%～40%。

身为女性，更能掌握将商品打进中产女性市场的窍门。她了解女性顾客在经济上未必能负担得起高档美容产品，但又渴求拥有这些品牌所带来的优雅感觉。于是，钟彬娴把雅芳的产品包装重新设计，务求看上去更时尚及有深度，然后安排在高级百货商店内的专柜售卖。为了更深切体会顾客的需要及销售经验，她又扮成雅芳的直销员，逐家逐户去做直销，从中听到不少有关客户对产品及服务的投诉，这些有助于她更了解公司的业务情况及问题所在。除了从"细眉细眼"着手外，钟彬娴亦大刀阔斧地决定把公司的产品研究及发展费用提高46%，并要求研究周期由3年缩至2年，以增加推上市场的产品种类。由于自知不是控制成本的专家，她特别聘请了专才来处理公司的制造及生产系统。结果，她成功地为公司节省了共4亿元的成本费。新雅芳彻底与沿袭了几十年的经营方式说再见了。这一转变的标志之一就是，全力进入传统的零售业。而在过去，雅芳由于担心与自己的销售代表相竞争而始终对零售业敬而远之。在大型购物中心设立的专柜正吸引着那些从未购买过任何雅芳产品的年轻一代。不仅如此，她还希望为工作繁忙的妇女们提供任何一种购买方式的选择：通过销售代表、商店或是在网上购买。

钟彬娴创下的业绩充分证明了自己的实力。钟彬娴担任CEO这一职位的第二天，雅芳的股票就上涨了23%。到2004年已连续5年以两位数字增长。2005年的秋天，时年49岁的钟彬娴面临着职业生涯最为严峻的考验：公司的销售收入增长下滑到只有5%，盈利毫无上升迹象，疲软的股市使得雅芳股价下跌超过30%。此时，钟彬娴受到大量来自分析家的批评，但她没有被困难压倒，相反，她大刀阔斧地精简管理层，为公司节省了3亿美元的开支。其后她决定把节约的资金投放于开发中国市场，并且加大广告投入。经历了两年政策整改后的雅芳，销售额呈现两位数增长，股价也从2005年的低位水平上升了40%。

身为华裔的钟彬娴继承了中华民族谦逊的品格。她认为她需要一个全新的思维模式，问自己："作为企业的领导者，我是否已经做到足够谦逊，是否打破了过去五年陈旧的思维模式？"她认为自身的革新与企业的革新同样重要，雅芳需要进行发展战略的变革。钟彬娴认为她一直被"不断创新，不断变革"的激情所推动着，而在雅芳，她发现了将这种激情化为实践的机会。她说："在雅芳，我的目标是要让广大女性实现自强自立，让她们学会开启自己的事业，有了经济基础才能给孩子更好的教育。"

问题：

1. 你认为钟彬娴成功的关键是什么？她有什么与众不同之处？

2. 你认为要成为一位出色的CEO，前期应做什么准备？

第三节 管理者的培养

松下幸之助有一句名言：松下生产人，同时生产电器。由此可见，人才的培养甚至比产品的生产更重要。人的素质和能力虽然与先天的禀赋有一定的联系，但是依靠后天的学习和锻炼是可以改造和培养的。管理者素质更是直接关系到一个组织的成败，所以，通过培养提高管理者素质的工作就显得更加重要。

管理者的工作需要管理者和组织双方共同的努力。如果管理者抱着"混日子"的想法，就会缺乏自我发展和提高的动力，也就不会自觉主动地采取行动提高自身素质；反之，如果管理者有强烈的进取心，但组织不创造机会，不提供应有的支持，管理者就会受到打击。所以，管理者的培养只有在管理者和组织都认可的情况下才能取得好的效果。

一、管理者培养的基本途径

管理既是一门科学，又是一门艺术。美国管理大师彼得·德鲁克说过："如果你理解管理理论，但不具备管理技术和管理工具的运用能力，你还不是一个有效的管理者；反过来，如果你具备管理技巧和能力，而不掌握管理理论，那么充其量你只是一个技术员。"所以优秀的管理者就必须在具有管理理论的同时，也能在实践中很好地运用管理理论和技能。为了有好的效果，培养管理者的基本途径就是学习和实践。

（一）通过学习提高管理者的理论和技能水平

管理是一门科学，是指它以反映客观管理规律的管理理论和方法为指导，有一套分析问题、解决问题的科学方法论。自从有了人类活动，管理就产生了。管理学则是工业革命发展的产物，在100多年的理论与实践的互动中，人们经过无数次的失败和成功，通过从实践中收集、归纳、检测数据，提出假设，验证假设，从中抽象总结出一系列反映管理活动过程中客观规律的管理理论和一般方法。管理者可以通过学习来掌握这些理论和方法，用来指导自己的管理实践。

学习可以说是提高管理者素质最根本的途径。正如孔子所言："好仁不好学，其蔽也遇；好知不好学，其蔽也荡；好信不好学，其蔽也贼；好直不好学，其蔽也绞；好勇不好学，其蔽也乱；好刚不好学，其蔽也狂。"管理者要在工作中获得成功，通过自学或教育培训，进行有关管理知识的学习是非常重要的。据统计，世界上最早开展工商管理硕士（MBA）学位教育的美国哈佛商学院，30％的MBA毕业生25年后都成为公司的总裁、董事长、合营企业或自办企业业主。20％的MBA毕业生在美国500家最大的公司担任高层要职。而美国500家大财团中2/3的决策经理有哈佛商学院的学习背景。目前，我国的许多大学都设立了管理学院，培养专业的管理人才，各种管理的培训班在社会上也层出不穷。随着社会的需求，我国对高层次管理人才的教育也日益重视。一些重点大学纷纷开展工商管理硕士（MBA）和高级管理人员工商管理硕士（EMBA）的教育。

管理者学习的过程可以分为两个阶段：一是继承性学习阶段，也就是对学习内容的吸收阶段；二是创造性学习阶段，是对学习内容的深化阶段，也就是要用所学到的新知识、新观点对自己原有的知识、观点进行分析、鉴别。创造性的学习对管理者特别重要。第一个阶段学习的目的是使管理者能够继承已有的管理经验,但如果只停留在这一阶段,缺乏创造,只可能是一个平庸的管理者。

【案例 2.6】

从模仿到创造

明末名画家陈洪绶从小学绘画就不恪守死规则。有一次,他到杭州府学去拓印李公麟所绘的七十二贤人石刻,他关起门来临摹了十几天,把石刻全部画下来请别人看,并问:“画得怎么样?”那人说:“画得很像了。”他听了很高兴。又临摹了十多天,再拿去给别人看,又问:“画得怎么样?”别人回答说:“不像了。”他却更加高兴。这是因为经过多次临摹,他已经改变了传统的画法:把圆的变成了方的,把整的画成了散的,人们辨认不出来了。

陈洪绶学画经历了两个阶段:第一阶段为模仿;第二阶段为创造。为了继承前代宝贵经验,模仿是很有必要的。但创造更重要,如果仅停止在模仿阶段不前进,模仿得再好也是没有出息的。陈洪绶之所以成为一代名画家,就是他不仅模仿,而且创造。作为管理者的学习,这点也同样重要。

问题:

学管理与学绘画有何相通之处,你从上述故事中得到什么启示?

(二)通过实践提高管理能力

管理是一种艺术。管理的艺术性就是强调实践性,没有实践则无所谓艺术。管理者必须通过管理实践,在实践中发挥自己的积极性、主动性和创造性,因地制宜地将管理知识与具体管理活动相结合,才能成为优秀的管理者。

实践可以说是培养管理者的核心。但是要有好的培养效果,必须以学习为前提。管理的科学性与艺术性是不可分离、互相补充的。管理者只靠背诵管理原理、原则来进行管理活动,就如同医生只靠背医书给病人诊断疾病一样,将必然是脱离或忽视现实情况的无效活动;而没有掌握管理理论和基本知识的主管人员,在进行管理时必然是靠碰运气,靠直觉或过去的经验办事,很难找到对管理问题的可行的、令人满意的解决办法。所以,只通过学习是不可能培训出优秀的管理者,学习只是为培养管理者在理论知识方面打下坚实的基础。实践才是培养管理者的最好方式。只有在实践中,管理者才有机会面对生动的情境,应用管理知识和技能,分析、解决各种管理问题;只有在实践中,管理者才有机会面对复杂的情境,发挥人际理解能力、组织理解能力、影响能力,协调、处理和发展内外部关系。实践是管理者最好的老师,也是检验、衡量和评估管理者素质最好的途径。

【案例 2.7】

有效的管理者①

“我们为什么需要有效的管理者?谁是管理者?管理者工作中面临着哪些现实问题?

---

① 摘自德鲁克:《有效的管理者》,求是出版社 1985 年版。

有效性是可以学会的吗?"德鲁克[①]在最有影响的著作《有效的管理者》一书中,告诉人们:管理者的效率,往往是决定组织工作效率的最关键因素;并不是高级管理人员才是管理者,所有负责行动和决策而又有助于提高机构工作效能的人,都应该像管理者一样进行工作和思考。

德鲁克认为:"在现代组织中,每个知识工作者都可以成为一名管理者,他可能会被推上负责的岗位,凭借着自己的地位或知识,为真正改善组织的运作能力并获得成果作出自己的贡献。"

德鲁克认为,管理者一般分为两种类型。一类管理者总是忙忙碌碌,但是通常没有什么绩效。他们总是公务缠身:记笔记,参加无数的会议,不停地出差;总是有许多想法——差不多每天一个新想法。今天他们可能想着成本节约的问题,明天也许在盘算着举办一个大型的公关活动。他们浪费了自己的大部分时间和精力却一事无成,大多数管理者都属于这一类型。另外一类管理者,他们冷静而深入地思考问题,然后埋头完成那些重要的工作任务。他们工作踏实而有条理。他们在一段时间内只集中精力完成一项任务,在第一项任务做完后,才着手完成下一项任务。他们才是卓有成效的管理者。他们只做正确的事情,而不会浪费时间和精力。集中资源于重要的事情,是卓有成效的关键所在。

德鲁克认为,一位卓有成效的管理者,一般具有以下6个特征:(1)重视目标和绩效;只做正确的事情。有效的管理者要把力量用在获取成果上,而不是工作本身。在开始一项工作的时候,他们首先想到的问题是:"人们要求我取得什么成果?"(2)一次只做一件事情,并只做最重要的事情,分清主次和轻重,能坚决地抛弃没有价值的过去。他极为审慎地设定自己的优先顺序,随时进行必要的检讨,决然地抛弃那些过时的任务,或者推迟做那些次要的任务;他知道时间是他最为珍贵的资源,必须极为仔细地使用它,知道把时间用在什么地方。关于利用时间,他提供了简便易行的办法:记录时间、安排时间和集中时间。把管理者对时间的分配情况记录下来,然后问一下这样的问题:"这件事如果根本不做,会出现什么情况呢?"如果没什么,就不去做;"哪些事是可以让别人办,效果也一样好的?"如果有,就安排给别人;"我是否浪费了别人的时间而无助于发挥人家的有效性?"如果有,减掉这样的事。(3)作为一名知识工作者,他知道自己所能作出的贡献在于:创造新思想、远景和理念;他的原则是:我能作哪些贡献?为了达成整体目标,我如何激励他人作出自己的贡献?他的目标在于:提高整体的绩效。他尝试建立一个有绩效的团队;他知道每个人都有能力作出更多的贡献,他会不断地给自己以及与其共事的人树立更远的目标,以提高自己和他人的工作水平。有效的管理者把工作建立在优势上——他自己的优势,他的上级、同事和下级的优势以及形势的优势,不把工作建立在弱点上。配备人员,用人所长,看他是否具备完成这项任务的能

---

① 德鲁克(Peter F. Drucker)是当代国际上最著名的管理学家。1909年出生于奥地利首都维也纳的一个贵族家庭,先后在德国和英国边工作边学习,1929年成为伦敦一家国际性银行的报纸通讯员和经济学者。1937年移居美国,终身以教书、著书和咨询为业,在美国曾任美国通用汽车公司、克莱斯勒公司、IBM公司等大企业的顾问,美国佛蒙特州的本宁顿学院的政治和哲学教授,纽约大学商学院管理学教授,纽约大学高级教授,加利福尼亚州克拉蒙研究院的社会科学克拉克讲座教授。德鲁克于1945年创办了德鲁克管理咨询公司,自任董事长。他著作有:《工业人的未来》(1942年)、《管理实践》(1954年)、《公司的概念》(1962年)、《有效的管理者》(1967年)、《为明日培养企业领导》(1969年)、《管理:任务、责任、实践》(1973年)、《旁观者》(1979年)、《新现实》(1989年)、《非营利机构的管理》(1990年)、《后资本主义社会》(1993年)、《经济人的末日》(1995年)、《剧变时代的管理》(1995年)等。

力和素质，而不是看他是否让自己喜欢。(4)在选用高层管理者时，他注重的是出色的绩效和正直的品格。他能敏锐地感觉到为一个关键职务选用人才，是一项非常艰巨的任务。这种用人的决策至关重要，必须经过相当长时间的深思熟虑。在这一点上，卓有成效的管理者也知道，还没有人能永无过失。他无需过分顾忌人际关系，因为他知道这种关系是组织运作的副产品。如果给人一个合适的工作任务和必要的工具，就会自动地生成良好的人际关系；他不与那些他选拔出来的人选保持过分亲密的关系，并尽量避免形成派系和关系网。他与自己的下属保持一定距离，为的是使自己能够不偏不倚、合理地衡量他们的绩效；他知道人无完人，即使是最有能力的人也有弱点。他关心的是一个人能做什么，而不是他不能做什么。他致力于充分集中人员的知识和技能，利用这些优势达成组织的目标。(5)他知道增进沟通的重要性，他有选择性地搜集所需要的信息。他知道有些事物不能被量化，而过多的信息会导致混淆和混乱。(6)他只做有效的决策。有效的决策常常是根据"不一致的意见"做出的判断，而不是建立在"统一的看法"基础上的；快速做出的许多决策都是错误的决策；所需要的决策，为数不多，但却是根本性的决策；所需要的是正确的战略，而不是令人眼花缭乱的战术。

德鲁克对绩效评估有着独到深刻的见解。他认为绩效评估的目的必须是积极的，为的是发现每个员工的成绩，以及哪些方面做得非常出色。绩效评估不应该去评估某个人的潜能，潜能是根本无法评估的。一句话，绩效评估必须强调人的优点。德鲁克建议管理者在做绩效评估时，应该问4个问题：(1)"哪方面的工作他做得比较出色？"(2)"哪方面的工作最能发挥他的长处？"(3)"若想充分发挥他的长处，他还需要学习或者获取哪些知识？"(4)"如果我有一个孩子，我是否愿意让他/她在这个人手下工作？"如果愿意，是什么原因？如果不愿意，又是什么原因？

德鲁克还认为，卓有成效是可以学会的。在他的著作中，谈及美国一家制药公司的高级管理者，由于他的专注，取得了极为卓越的成就。在短短十年中，他将一个小型公司转变成了一个大型跨国公司。最为引人注目的是：他本人既不是一位化学家也不是一位科学家。最初的几年中，他专注于搞研发工作。后来，他开始组建一个大型跨国公司，并最终制定了新型战略计划，以适应现代医疗体制不断增长的需求。所以，卓有成效是可以学会的。这只是一个实践的过程。

【案例2.8】

查克·斯通曼的一天[①]

这一天是星期二，早晨5点28分，查克开车上班，从家里开车到上班地点只需15分钟。查克是勒那食品公司奥马哈工厂的经理，手下管着650名工人。勒那公司生产牛肉产品，以私有商标卖给六七十家大型超级市场连锁店。

查克今天早上的心情特别好，最近的生产率报告表明，奥马哈工厂超过了堪萨斯城工厂和伯明翰工厂，成为公司人均劳动生产率最高的工厂。经过10个月的经营，奥马哈工厂已

① 资料来源，斯蒂芬·P. 罗宾斯：《管理学》(第四版)，中国人民大学出版社2003年版。有删减。

成为公司所属7家工厂中获利最多的工厂。昨天，查克在与上司的通话中得知，他的上半年绩效奖金为23000美元，而过去，他最多只拿到过8500美元。

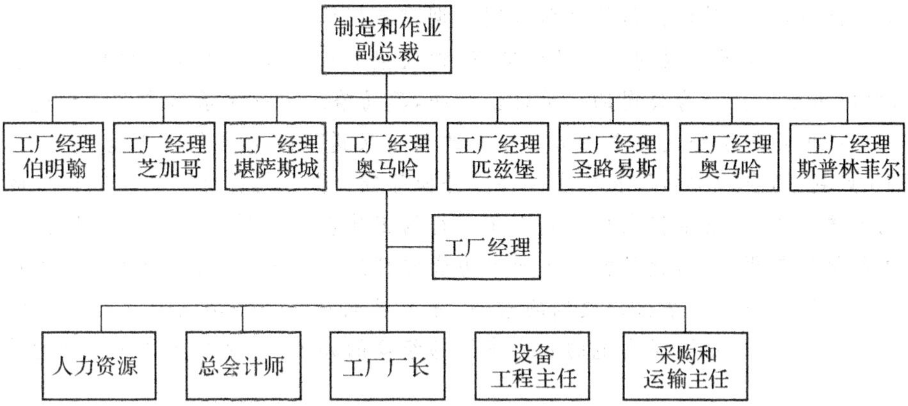

图 2-10　勒那食品公司组织图摘录

查克决定今天要把手头的许多工作清理一下，像往常一样，他总是尽量做到当日事当日毕。除了下午3:30工厂有一个工作会议以外，其他时间都是空着的，因此他可以解决许多重要的问题。他打算仔细审阅最近的审计报告并签署他的意见，并仔细检查一下工厂全面质量管理计划的进展情况。他还打算开始计划下一年度的资本设备预算，离申报截止日期还有不到两个星期了，他一直抽不出时间来做这件事。查克还有许多重要的事项记在他的"待办"日程表上：他要与工厂厂长讨论几个员工的投诉；写一份10分钟的演讲稿，准备应邀在星期五的商会会议上致辞；审查助手草拟的贯彻美国职业安全健康法的情况报告，工厂刚接受过安全检查。

5:45查克到达工厂，他还没走到自己的办公室，就被会计总监贝斯拦住了。查克的第一个反应是：她这么早在这里干什么？很快他就搞清楚了。贝斯告诉他工资协调员昨天没有交上来工资表，贝斯昨晚一直等到10点，今天早上4:30就来了，想在呈报的最后期限之前把工资表造出来。贝斯告诉查克，实在没办法按时向总部上报这个月的工资表了。查克做了个记录，打算与工厂的总会计师交换一下意见，并将情况报告给他的顶头上司——公司副总裁。查克总是随时向上司报告任何问题，他从不想让上司对发生的事情感到突然。

随后，在办公室里，查克注意到计算机在闪烁，一定是有什么新到的信息。在检查了电子邮件后，查克发现只有一项需要立即处理。他的助手已经草拟出下一年度工厂全部管理者和专业人员的假期时间表，需要查克审批。处理这件事只需10分钟，但实际上用了查克20分钟的时间。

现在首先要办的事是资本设备预算，查克在计算机上开始计算工厂需要什么设备以及每项的成本是多少。这项工作刚进行了1/3，查克便接到工厂厂长打来的电话。电话中说在夜班期间，三台主要的输送机有一台坏了，维修工要修好它得花费45000美元，这些钱没有列入支出预算，而要更换这个系统大约要花费120000美元。查克知道，他已经用完了本年度的资本预算，于是，他在10点安排了一个会议，与工厂厂长和工厂会计师研究这个问题。

查克又回到资本设备预算工作上，这时工厂运输主任突然闯入办公室，他在铁路货车调度计划方面遇到了困难，经过20分钟的讨论，两个人找到了解决办法。查克把这件事记下来，要找公司的运输部长谈一次，好好向他反映一下工厂的铁路货运问题，其他工厂是否也存在类似的问题，什么时候公司的铁路合同到期重新招标。

看来打断查克今天日程的事情还没有完，他又接到公司总部负责法律事务的职员打来的电话，他们需要数据来为公司的一桩诉讼辩护，奥马哈工厂一位前雇员向法院起诉公司歧视他。查克把电话转接给人力资源部。查克的秘书又送来一大叠信件要他签署。突然，查克发现10点到了，会计师和厂长已在办公室外面等候。3个人一起审查了输送机的问题并草拟了几个选择方案，准备将它提交到下午举行的工作会议上讨论。现在是11:05，查克刚回到资本预算编制程序上，就又接到公司人力资源部经理打来的电话，对方花了半小时向查克说明公司对即将与工会举行的谈判的策略，并征求他对特别与奥马哈工厂有关的问题的意见。挂上电话后，查克下楼去他的人力资源部经理的办公室，他们就这次谈判的策略交换了意见。

查克的秘书提醒他与地区红十字运动的领导约定共进午餐的时间已经过了，查克赶紧开车前往约定地点，好在不过迟到了10分钟。

下午1:45，查克返回办公室，工厂厂长已经在那里等候他。两个人仔细检查了工厂布置的调整方案，以及通道面积是否符合专为残疾雇员制定的法律要求。会议的时间持续得较长，因为中间被三个电话打断。现在是3:35，查克和工厂厂长穿过大厅来到会议室，工作会议通常只需要1个小时，不过，讨论劳工谈判和输送系统问题的时间拖得很长。这次会议持续了2个多小时，当查克回到办公室时，他觉得该回家了。他和安妮今晚要在家中招待几位社区和企业的领导人。

开车回家的时间对查克来说仿佛用了1个小时而不是15分钟，他已经精疲力竭了。12个小时以前，他还焦急地盼望着一个富有成效的工作日，现在这一天过去了，查克不明白："我完成了哪件事？"当然，他知道他干完了一些事，但是本来有更多的事他想要完成的。是不是今天有点特殊？查克承认不是的，每天开始时他都有着良好的打算，而回家时都不免感到有些沮丧。他整日就像置身于琐事的洪流中，中间还被不断地打断。他是不是没有做好每天的计划？他说不准。他有意使每天的日程不要排得过紧，以使他能够与人们交流，使得人们需要他时他能抽得出时间来。但是，他不明白是不是所有管理者的工作都经常被打断和忙于救火，他能有时间用于计划和防止意外事件发生吗？

问题：

1. 用管理角色理论分析查克一天的活动。
2. 查克的工作有效吗？为什么？
3. 结合管理者的基本技能来分析，查克要成为更好的管理者应做什么？

【管理实践练习1】

提高工作效率

杰克·韦尔奇曾言："你要勤于给花草施肥浇水，如果它们茁壮成长，你会有一个美丽的花园，如果它们不成材，就把它们剪掉，这就是管理需要做的事情。"结合德鲁克的论述，你分析一下你的工作状况，作出是否高效的判断。

列出你目前在进行的所有项目，并按重要程度排序，再重新分配你的时间，列出工作计划，实施后是否提高了你的效率。

【管理实践练习 2】

培养有效的时间管理

时间管理指管理者为工作分配优先次序、有效率完成工作和适当授权的能力。管理者必须在组织中扮演众多不同的角色，必须掌握各种不同的管理技能。此外，管理者的时间总是非常紧张，充满了复杂的、不可预测的和临时的任务。明茨伯格在其《经理工作的性质》一书中对 CEO 的工作情境进行了描绘：一周平均有 4 个晚上在加班，可能是在办公室、应酬生意往来或在家办公。由于在一天的时间里需要完成大量的临时工作，因此他们在工作日内的时间非常分散。经理们每天介入的事情在 237～1073 件之间，平均数字是 650 件(即使每天工作 10 小时，每分钟要处理 1 件以上)！他们手上的工作被打断，一整天得不到休息，一到办公室就开始工作往往直到深夜。他们的生活受工作时间表的支配。管理者的工作性质要求管理者具备在一天之内"换档"工作的能力和高效利用时间的能力。

管理顾问富兰克林·科维在其《高效能人士的 7 个习惯》一书中开发了一种对任务优先进行分类的方法。他使用"急迫"(Urgent)和"重要"(Critical)描述任务的性质。"急迫"是指必须立刻完成的任务，有时限的任务。"重要"是指任务对你的工作和生活的重要程度，或在关键方面所产生的影响度，他将任务分成四个象限：急迫的、重要的、既急迫又重要的、既不急迫也不重要的。他指出绝大多数人在急迫的任务上花费了的时间，而正确的做法是专注于重要的任务。他强调说，专注于急迫任务的人固然能完成工作，但可能忽略重要的方面，例如长期规划。重效率的管理者能平衡花在急迫任务和花在重要任务上面的时间。

1. 访问富兰克林·科维公司的网站 www. fanklincovey. com。点击(Effectiveness zone)，然后选择"评估区"(Assessment sector)。进行急迫性分析测试，这一简单的测试需要 10 多分钟时间。分析你的测试结果，对你现在使用时间情况进行评价并提出改进建设。

2. 按科维四个象限对你的所有任务进行划分，并将计划花费的时间进行评估，按时间有效管理的原则重新计划。

【管理实践练习 3】

1. 找出一个现实的管理者，进行跟踪分析或采访，观察他们的工作时间安排，并给出建议。

2. 采访本地一家组织的管理者，了解他执行管理活动时所扮演的角色。

3. 查阅你未来向往工作的一家类似组织，分析其组织结构，并分析你在不同层次作为管理者(高层管理者、中层管理者和基层管理者)应从事的工作和应扮演的角色。

4. 网上查阅 5 家大企业的网站及有关他们 CEO 的相关报道，比较一下他们的 CEO 有什么共同点，你认为成为一名优秀的 CEO 需要具备什么素质与技能？

5. 你想成为一名高效的出色的管理者吗？你想如何实现你的目标？请列出你的具体措施。

【复习思考题】

1. 谁是管理者？管理者的类型有哪些？
2. 何谓管理者角色？请列出管理者要扮演的角色。
3. 有效的管理者和成功的管理者有何不同？
4. 何谓情感智力？情感智力包括哪些方面？
5. 管理者的技能有哪些，不同管理层次对所需技能有何侧重？
6. 如何培养管理者？

第三章

管理思想的演变

随着社会的发展，人们不断地对管理实践进行研究和总结，形成了各种管理思想。了解管理思想的演变，有助于我们深刻领悟管理的本质、管理的特性和管理的规律。

【本章要点】

1. 管理历史的价值
2. 管理思想发展的基本脉络
3. 各管理学派的基本观点和代表人物
4. 未来管理的基本发展趋势

【案例 3.1】

中国古代管理实践

在宋真宗祥符年间，皇城失火，宏伟的昭君宫被烧毁。真宗命令一个叫丁渭的大臣用25年时间修复。这在当时是一个浩大的工程，不仅要进行完整的施工设计，还要清理废墟、挖土、烧砖、运输材料。丁渭对此提出了一举三得的方案：先在宫殿前的街道挖沟，把取出的土烧成砖瓦；再把京城附近的汴水引入沟渠，形成运河，用船把各地的木材石料等建筑材料运到宫前，解决了运输问题；最后沟渠撤水，把清墟的碎砖烂瓦就地回填，修复原有的街道。这个方案高效合理地同时解决了三个问题。

第一节 早期管理思想

人类的管理活动源远流长。在古代，世界各国就已经有了许多成功的管理实践，体现了人类对管理活动的渐进认识和创造性。埃及金字塔、巴比伦古城、我国的万里长城等，都是古代人民勤劳智慧的结晶，也是历史上伟大的管理实践。但是，早期中外管理思想的发展是较为缓慢的。长期以来，管理被认为是一种技能而不是一门科学，因而没有形成系统的管理理论。18世纪开始的工业革命使工厂成为工业生产的主要经营组织，生产力的发展水平和劳动方式的变化必然对管理提出新的要求，从而使管理思想的发展进入了一个活跃的时期。

一、古代管理活动和管理思想

在远古时代，狩猎往往由一群人共同完成，一些人举着火把，一些人抛掷石块，还有一些人拿着木棒。这是由于他们认识到单个人没有这种能力，只有许多人同时从事这一活动，才能既保全自己，又捕获猎物。这种相互配合的活动实际上就是最初的管理活动。管理活动随着人类文明开化在世界各地先后出现了一些萌芽。

（一）国外古代管理活动与管理思想

国外比较有代表性的管理活动体现在古希腊和古罗马的管理实践中，这些古代城市国家创建了政治、商业和军事活动的各种组织，并对组织实施了管理。如在罗马帝国初期，由于疆域辽阔，更多地实行地方分权，这便于适应地方的特点，但削弱了中央的控制力。公元284年戴克利先成为皇帝后，实行了一种把中央集权控制与地方分权管理很好地结合起来的连续授权制度。他把整个帝国分为101个省，这些省归并为13个区，再进一步归并为4个大区。皇帝兼任一个大区的领导，再委派3个助手分别管辖其余的3个大区，大区的首脑再授权给总督管辖各区，总督授权省长管辖各省。省长只管民政，而不能统帅军队。这样，省长既无法以军队来反抗中央政权，又能根据当地的特点来治理本省。这种把集权和分权很好结合的政权组织形式使罗马能号令整个帝国并保持帝国的稳定，这种设计精密的组织结构也极大地方便了沟通和控制。

古代人类在社会实践中体现了丰富的管理思想，而在流传至今的一些书籍中也不乏管理的思想。

历史上有关管理思想的最早记载，可以追溯到《旧约全书》的《出埃及记》中。希伯莱（今犹太）人的领袖摩西在率领希伯莱人摆脱埃及人的奴役而出走的过程中，他的岳父叶忒罗对他处理政务事必躬亲、东奔西忙的做法提出了批评，说："你这种做事的方式不对头，你会累垮的。你承担的事情太繁重，光靠你个人是完不成的。"并向他建议："你应当从百姓中挑选出能干的人，封他们为千夫长、百夫长、五十夫长和十夫长，让他们审理百姓的各种案件。凡是大事呈报到你这里，所有的小事由他们去解决，这样他们会替你分担许多容易处理的琐事。如果你能这样做事，这是上帝的旨意，那么你就能在位长久，所有的百姓将安居乐业。"[①]这位叶忒罗可以说是人类最早的管理咨询人员了。他建议摩西采用的，就是我们现在常用的授权原理和例外原理，同时也体现了现代管理当中的管理宽度原理。

古希腊流传至今的第一部经济专著《经济论》，其作者色诺芬（Xenophon，约公元前430—前350年）在书中还提出管理的中心任务是加强人的管理这一重要思想，这一点意义非常重大，在当时的奴隶制社会里，奴隶被看成是会说话的工具，而根本就不作为人来对待。色诺芬的主张无疑从客观上否定了奴隶制的基础，也为今后管理思想的发展奠定了思想基础。此外，色诺芬对劳动分工作了如下论述："在制鞋工厂中，一个人只以缝鞋底为业，另一个人进行剪裁，还有一个人制造鞋帮，再由一个人专门把各种部件组装起来。"这里所遵循的原则是：一个从事高度专业化工作的人一定能工作得最好。他的这一管理思想与后来科学

① 《圣经·出谷记》18:25—26。

管理的创始人泰勒的某些思想非常接近。

古希腊著名的唯心主义哲学家、思想家柏拉图(Plato,公元前427—前342年)在其著作《理想国》中写道:"我们不必对大城市中的物品比小城市中的物品更好这一点感到奇怪。在小城市中,同一个人既要做床,又要做门窗,做犁耙,做桌椅,常常还做房屋等等,一个要做这么多东西的工人是不可能样样都做得好的。而在大城市中,一个人可以只从事一种行业,有时只是从事一种行业的一个分支。一个工人做男鞋,另一个工人做女鞋;一个工人只是缝鞋,另一个工人只是切皮;如此等等。一个只从事这样一种有限范围的工作的工人,必定能在工作上取得出色的成就。"由此,他得出的结论是每个人必须在国家里面执行一种最适合于他天性的职务,这体现了劳动分工和专业化的思想。

柏拉图的弟子亚里士多德(Aristotle, 公元前384—前322年)在他的著作《政治学》中写道:"从来不知道服从的人不可能是一位好的指挥官。"这揭示了管理者和被管理者的关系问题。他认为一切具体事物都可归结为由"形式"和"质料"构成的。其中"形式"是事物的目的因和动力因,因此是积极的、能动的因素,而"质料"即物质则是消极的、被动的因素。亚里士多德肯定具体事物的运动变化发展是真实的,认为它们的这种运动变化发展就是"质料"实现的"形式",即尚未体现某种形式的质料体现这种形式的过程。他把这个过程称为"潜能"向"现实"转化的过程。亚里士多德的这一思想实质上揭示了管理的矛盾的运动变化和发展过程,即"目的→物质+管理→新的目的"的过程。

(二)中国古代的管理活动和管理思想

中国的文化源远流长,我们的祖先有着丰富的管理实践。

万里长城始建于公元前200多年,动用人力几十万,历时10年。东起河北省的山海关,西至甘肃省的嘉峪关,横跨7个省份,蜿蜒于崇山峻岭中长达6700公里。据《春秋》记载,当时的计划十分周密细致,不仅计算了城墙的土石方量,连所需的人力、材料,以及从何处征集劳力,他们往返的路程,所需口粮,各地应担负的任务也都明确分工。这是古代中国人管理实践的最好证明。

中国作为四大文明古国之一,文化博大精深,在管理思想的发展史上占有重要地位。中国古代的许多学者和著作都论及管理的重要思想。管理思想多散见于各种古籍中,许多著作对当代管理实践仍有重大的指导意义。

《易经》的原理贯穿天、地、人三才之道,凝聚着中国文化在漫长的文明发展过程中对自然和人生规律探索的经验成果。《易经》的核心就是把对世界的认知和自身的价值,在实践操作的基础上密切结合的一种决策管理模式,包含着许多具体的经营策略,涉及预测、计划、决策、组织、沟通、变通、控制、用人原则等诸多现代管理学中关注的问题。

《论语》是儒家文化的主要代表孔子的著作。"仁"是儒家的核心哲学思想。儒家强调"为政以德","正人正己",讲究"诚"、"信"。如"富与贵是人之所欲也,不以其道去之,不处也;贫与贱是人之所恶也,不以其道去之,不去也。"又如其"修身、齐家、治国、平天下"的观点,阐明国家、家庭与个人的关系。"知止而后有定,定而后能静,静而后能安,安而后能虑,虑而后能得。物有本末,事有始终,知所先后,则近道矣",具有目标管理的思想。

《孟子》是孔子之后最大的儒家学者孟子的著作。孟子发展了孔子以"仁"为核心的管理思想,从他的政治、伦理主张出发,提出要把仁心推己及人,要保持人与人之间的和谐关系,以达到群体的安定协调。这种思想与今天的团队意识有异曲同工之妙。

《老子》是道家文化的主要代表老子的著作。道家管理思想的最高原则是“道法自然”、“无为而治”，强调人的行动及其指导思想必须顺应自然，必须符合自然的要求，而不是主观随意地蛮干、胡为。如“上德不失德，是以有德；下德不失德，是以无德。上德无为，而无以为；下德为之，而有以为。”“无为”就是要求管理者要善于抓大事，把具体的工作分配给具体的机构和人员去做，不需事必躬亲。

《孙子兵法》是杰出的军事家孙武的著作。包含有大量战略与战术思想，如“知己知彼，百战不殆”、“谋定后动”、“因变制胜”等。

《周礼》对封建国家管理体制进行了理想化的设计。该书第一次把中国官僚组织机构设计为 360 职，并规定了相应的级别和职数，层次、职责分明，体现了中国古代组织管理思想。

除了上述著作之外，《韩非子》、《齐民要术》、《管子》、《商君书》、《荀子》、《天工开物》、《贞观政要》、《资治通鉴》、《三国演义》等著作中都体现了丰富的管理思想。

二、工业革命时期的管理思想(管理萌芽阶段)

在中世纪，统治当局的黑暗及宗教势力的迫害给西方社会的发展施加了极大的压力，管理思想的发展也受到一定的压抑，但并不是没有任何建树。进入工业革命时期，由于生产力的发展，管理思想有了新的发展。

18 世纪 60 年代以后，西方国家开始进行工业革命(又称产业革命)。工业革命最早发生在英国。这场革命使以手工业为基础的资本主义工场向采用机器的资本主义工厂制度过渡。工业革命带来了生产技术和生产关系的重大变革，使生产力有了较大的发展。随之而来的是管理思想的革命，计划、组织、控制等职能相继产生。企业规模不断扩大，劳动产品的复杂程度与工作专业化程度日益提高，企业经理人员也逐渐摆脱了其他工作，专门从事管理。

(一)主要代表人物和管理思想

从 18 世纪 60 年代开始，为了解决工业革命所带来的管理问题，许多学者从自己的学科出发来进行管理方面的研究，但是在这一时期并没有形成系统的管理理论。这一阶段对后来的管理思想影响较大的代表人物如图 3-1 所示。

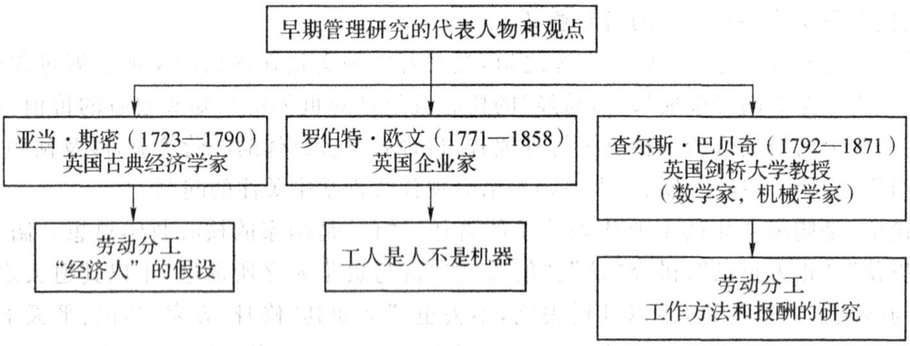

图 3-1 早期管理研究的代表人物

1. 亚当·斯密(Adam Smith，1723—1790)，英国古典经济学家。在 1776 年发表了他的代表作《国民财富的性质和原因的研究》(简称《国富论》)。该著作不但对经济和政治理论的发展有着突出贡献，对管理思想的发展也有重要的作用。亚当·斯密的主要观点是：

(1)认为劳动是国民财富的源泉,只有减少非生产性的劳动,增加生产性的劳动,同时提高劳动者的技能,才能增加国民财富。

(2)强调劳动分工(Divide of labor)对劳动生产力提高的重要性。书中以制针为例说明了劳动分工给制造业带来的变化。根据斯密的描述,如果一名工人没有受过专门的训练,恐怕一天也造不出1枚针来;而通过合理的分工,并借助新的机器,平均每人每天可以生产4800枚针。斯密认为劳动分工之所以能大大提高生产效率,主要有三个原因:一是增加了每个工人的技术熟练程度;二是节约了从一种工作转换为另一种工作所需要的时间;三是发明了许多便于工作又节约劳动时间的机器。

(3)提出了"经济人"的观点。他认为,企业家的目的是获得最大限度的利润、工人的目的是获得最大限度的工资收入,企业家和工人追求的都是金钱,所以经济因素是管理中刺激人的积极性的惟一因素。

2. 罗伯特·欧文(Robert Owen,1771—1858),英国空想社会主义的代表人物,同时也是19世纪初期最有成就的实业家之一。在1820年发表了他的代表作《致拉纳克郡的报告》。欧文的主要观点是:

(1)关心影响劳动生产率的人的因素,把工人比喻为有生命的机器,维护好机器并使其效率高、寿命长,这样可以获得更多的利润;

(2)灵活、稳健的人事管理政策(不虐待、不解雇工人,改善劳动条件和生活条件,提高工资,工厂主和工人要和睦相处);

(3)鼓励竞赛精神,以此来代替残酷的惩罚。

欧文比较早地注意到企业中人力资源的重要性,他的这一思想后来发展成了行为管理思想。欧文被称为"人事管理之父"。

3. 查尔斯·巴贝奇(Charles Babbage,1792—1871),英国剑桥大学教授,著名数学家、机械学家,世界上第一台计算机的发明者。被后人称为"计算机之父"。在1832年发表了他的代表作《论机器和制造业的经济》,书中对专业化分工、机器与工具的使用、时间的研究、批量生产、均衡生产、成本记录作了充分的论述。他是工业革命后期对管理思想贡献最大的人。查尔斯·巴贝奇对管理思想所做的巨大贡献,使他被称为科学管理思想和定量管理思想的鼻祖。其主要观点是:

(1)进一步发展亚当·斯密劳动分工的原理。他分析了劳动分工能提高劳动效率等问题,并引入脑力劳动之中。

(2)管理中的机械原理。他发明了计数机器,专门计算生产作业中各种数据,如计算工人的工作量、原材料消耗、工具的有效利用等。

(3)提倡劳动协作,认为工厂主与工人的利益是一致的。

(4)提出用利润分配制度(即工资奖金制度)来谋求劳资之间的调和。

(二)工业革命时期的管理思想的特点

这一时期的学者从不同的角度提出了一些管理思想,但并没有形成一种系统化的理论体系。

在这一阶段,管理思想呈现出以下特点:

- 管理指导思想:认为人是懒惰的,要强制管理。
- 管理重点:解决分工和协作的问题,侧重研究通过分工和协作来保证生产顺利地进行，减少资金消耗，提高工人的日产量指标，获得更多的利润。

- 管理方式：家长式，由资本家直接担任。
- 管理依据：凭个人的经验和感觉来进行管理。
- 人才培养方式：师傅带徒弟，代代相传。

第二节 古典管理理论

工业革命以后，社会、政治、经济、技术所发生的变化和发展，以及组织规模的扩大和人们的价值观念、思想、意识、文化当中出现的新概念，产生了巨大的推动力，促使人们日益重视管理。美国和欧洲相继有人在社会经济发展和总结前人管理的基础上，提出了比较系统的管理理论。古典管理理论(Classical management perspective)，指 19 世纪末 20 世纪初在美国、法国、德国等西方国家形成的有一定科学依据的管理理论。其代表人物和理论如图 3-2 所示。

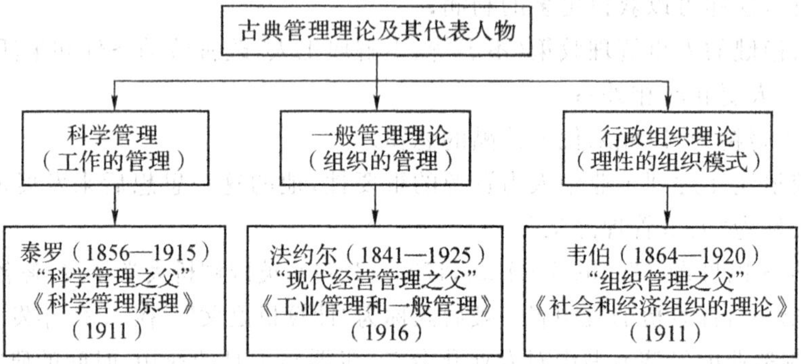

图 3-2 古典学派及其代表人物

一、“管理运动”的产生

管理运动是人们对管理重要性的认识，以及由此而产生的对经济发展的重大影响的过程。这一运动的时间大约从 19 世纪末至 20 世纪 30 年代。工业革命发生在欧洲，一百年以后的“管理运动”却出现在美国，这是有其历史必然性的。

19 世纪末，美国南北战争结束，废除黑奴制，开发西部，提供了大量劳动力和广阔的市场。欧洲移民也把工业革命的种种结果带到美洲大陆，使得美国的商品经济、劳动分配、工厂制度得到了发展。1862 年出现了一种新的筹资形式——有限责任联合股份公司。美国的资本主义处于蓬勃发展时期。可是，当时管理仍是以传统的手工业方式为特点，工作时间长、效率低、工资也低，工人缺乏训练，雇主不懂得如何刺激工人提高劳动生产率。这一切使得美国经济的发展和企业中的劳动生产率远远落后于当时的科学技术成就和国内外经济条件所提供的可能性。据文献记载，许多工厂的产量都远远低于其额定生产能力，能达到 60％的都很少。

当时美国规模最大的公司是铁路公司。由于开发西部的客观需要，铁路发展非常迅速，人们在管理中碰到在小型企业中所未曾遇到的新问题。19世纪下半叶,《美国铁路杂志》的编辑亨利·普尔(Henry Pool)在该杂志提出了合理分工、严格制度、及时调度等措施,这些措施为大型企业的管理提供了经验,也促进了管理理论的形成。

工业中存在的问题类似于铁路。美国机械工程师学会则为解决这些问题发挥了一定的积极作用,其会员亨利·唐纳(Henry Downe)1886年发表论文《作为经济学家的工程师》,倡议发起运动把管理从工程学中独立出来发展为一门学科。刚入会不久的年轻人泰罗听了唐纳的发言,随后就和他的同代人提出了一套实际做法、观点和思想方法。这些被后人称为"科学管理",成为管理学产生的标志。但是,仅有少数有见识的工业家和工程师认识到科学管理的概念及其对经济发展的意义,还不足以形成一个管理运动,还必须通过一定的手段和方式向社会、向公众广泛宣传科学管理,这就是管理运动的"三次高潮"。

第一次高潮是1911年东方铁路公司提高票价的意见听证会和1912年美国国会为泰罗举行的听证会。当时东方铁路公司要提高客货运价,遭到货主和公众反对。马塞诸塞州州际商业委员会为此举行了一次听证会,公众方的律师布兰·戴维斯邀请泰罗等11位工程师作证,只要采用科学管理的技术和方法,铁路公司不必提高票价同样可以盈利。结果公众方胜诉,同时也将科学管理引入了社会。

第二次高潮是1920年美国通用汽车公司的改组。当时公司濒临倒闭,小斯隆就任总经理,对公司进行了大刀阔斧的改组,实行"集中政策控制下的分权制",形成了一种新的组织结构——事业部制。通用汽车公司很快恢复元气,他们依靠的不是技术,而是管理与组织,因而也认识到管理的范围不仅仅是生产管理,而是要比这大得多。

第三次高潮是1924—1932年梅奥在美国西方电气公司霍桑工厂进行的试验,提出要注意人的因素,开辟了管理研究的新思路。

管理运动改变了人们的观念,引起了人们思想上、观念上的转变,对经济的发展起了重要作用。管理运动为管理学的形成和发展奠定了基础,它所提倡并被普遍接受的观点"保存、调研、合作、渐进"已经在人们心中、在社会土壤中扎下了根。

二、泰罗的科学管理理论

泰罗(Frederick W. Taylor,1856—1915),出生于美国费城一个富有的律师家庭,中学毕业后考上大学法律系,但不幸因眼疾而被迫辍学。1875年,他进入一家小机械厂当学徒工,1878—1897年间转入费城米德瓦尔钢铁厂,从机械工人做起,先后被提升为车间管理员、小组长、工长、技师、制图主任和总工程师,并在业余学习的基础上获得了机械工程学士学位。1898—1901年间,受雇于伯利恒钢铁公司继续从事管理方面的研究。1901年后,他更以大部分时间从事咨询、写作和演讲等工作,来宣传他的一套管理理论——"科学管理",即通常所称的"泰罗制"(Taylor's Principles)。

在米德瓦尔钢铁厂的实践中,泰罗感到当时的企业管理当局不懂得用科学方法来进行管理,而工人则缺少训练,没有正确的操作方法和适用的工具,这都大大影响了劳动生产率的提高。为了改进管理,从1881年开始,他进行了一项"金属切削试验",由此研究出每个金属切削工人工作日的合适工作量。受雇于伯利恒钢铁公司期间,又进行了著名的"搬运生铁块试验"和"铁锹试验"。这些实验奠定了泰罗的理论基础。1911年,他发表了代表作《科学管理原理》(*The Principle of Scientific Management*)。泰罗在书中提出的理论奠定了科学管理理论(Scientific management theory)基础,标志着科学管理思想的正式形成,他因而被誉为科学"管理之父",后人还把这一称号刻在他的墓碑上。

泰罗希望工作是一个非人性化的科学过程,他在仔细研究工作后,试图寻找出完成任务的最佳方法,并发展成固定的模式,通过对工人的训练让他们遵循,以此提高效率。他认为,如果一个能力很强的人不花费一定的时间去研究为什么自己的工作进度很慢,那么他很难证明自己一直都在努力工作,而没有偷懒。

泰罗的科学管理试验

搬运生铁块试验

泰罗在伯利恒钢铁公司时,该公司有75名工人负责把92磅重的生铁块搬运30米的距离装到铁路货车上。他们每天平均搬运12.5吨,日工资1.15美元。泰罗找了一名工人进行试验,试验搬运姿势、行走速度、持握的位置对搬运量的影响以及多长的休息时间为好。经过分析确定装运生铁块的最佳方法和57%的时间用于休息,使每个工人的日搬运量达到47~48吨,同时使工人的日工资提高到1.85美元。

铁锹试验

伯利恒钢铁公司当时的铲运工人拿着自家的铁锹上班,这些铁锹各式各样、大小不等。当时公司的物料有铁矿石、煤粉、焦煤等,每个工人的日工作量为16吨。泰罗经过观察发现,由于物料的比重不一样,一铁锹的负载大不一样。如果是铁矿石,一铁锹有38磅;如果是煤粉,一铁锹只有3.5磅。那么,一铁锹到底负载多大才合适呢?经过试验,最后确定一铁锹21磅对于工人是最适合的。根据试验的结果,泰罗针对不同的物料设计不同形状和规格的铁锹。以后工人上班时都不自带铁锹,而是根据物料情况从公司领取特制的标准铁锹,工作效率大大提高。堆料场的工人从400名~600名降为140名,平均每人每天的操作量提高到59吨,工人的日工资从1.15美元提高到1.88美元。

切削金属试验

从1880年下半年开始,泰罗在米德维尔钢铁厂进行了一系列实验,"以测定在切割钢铁时所使用的工具应以怎样的角度和形状为佳,同时还要测定切割钢铁的恰当速度"。在开始这些实验时,泰罗以为实验不会超过6个月。但结果大出他的预料,实验断断续续进行了26年,一直到伯利恒才最终完成。这一实验先用了一台直径66英寸的镗床,又陆续配备了10台实验机器,共记录了3万~5万次实验,把80万磅以上重量的钢铁切成了碎屑,共耗费了15万~20万美元的经费。这一实验是为了回答两个问题:为了能在最快的时间内完成工作,车床的转速应该多快才算合适?进刀量应该多深才算合适?这两个问题是任何一个车工在干活时都会遇到的。听起来十分简单,但实验表明,在不同情况下,要正确地回答这两个问题,就必须解决一组复杂的数学难题,其中必须判断12个独立变量的影响。实验提供了大量数据后,数学家巴思很快就搞出来一个专用的快速计算尺。使用这个计算尺,任何车工,不论他是否懂得数学,都能在半分钟内确定出切削金属的最佳方法。切削金属的实验表明,把工作设计交给工人,实际上是一种不负责任的做法。按理说,每个车工都应该用最佳方法操作,但是,上面所说的这个实验,最佳方法竟然要用26年的实验,还要有相关专家的研究,这是车工自己所做不到的。如果单凭经验,只能达到"会做"，但不能达到"最佳"。所以，对于工作的计划、安排，以及操作动作设计，是不能由工人自行进行的，必须由懂得管理和科学技术的专家进行。

泰罗科学管理理论的要点：

1. 科学管理的中心问题是提高劳动生产率。泰罗毕生致力于研究如何提高效率，包括管理人员和工人的工作效率等。他在书中写道："科学管理的根本就在于此，因为科学管理如同节省劳动的机器一样，其目的正在于提高每一单位劳动力的产量。"①

2. 工作定额原理。为了发掘工人们劳动生产率的潜力，就要制定出有科学依据的工作量定额。定额可以通过调查研究的方法科学地加以确定。为此，他提出了时间和动作研究的方法。所谓时间研究，就是研究人们在工作期间各种活动的时间构成，它包括工作日写实与测时。所谓动作研究，就是研究工人干活时动作的合理性，即研究工人在干活时其身体各部位的动作，经过比较、分析之后，去掉多余的动作，改善必要的动作，从而减少人的疲劳，提高劳动生产率。

3. 能力与工作相适应。为了提高劳动生产率，必须为工作挑选"第一流的工人"。第一流的工人需要具备两个条件：一是具有做某种工作所需要的能力；二是愿意从事该种工作。泰罗认为，管理当局要努力把"科学和科学地选择、培训出来的工人结合在一起"。②

为此，企业管理当局要根据人的能力和天赋把他们分配到最适合的工作岗位上去，而且还要对他们进行培训，激励他们尽最大的力量来工作。

4. 标准化原理。工人在工作时要采用标准的操作方法，而且工人使用的工具、机器、材料和所在工作现场环境等等都应该标准化，以利于提高劳动生产率。

5. 差别计件工资制。一种刺激性的工资报酬制度。泰罗认为，要在科学地制定劳动定额的前提下，采用差别计件工资制来鼓励工人完成或超额完成定额。如果工人完成或超额完成定额，按比正常单价高出25%计酬。如果工人完不成定额，则按比正常单价低20%计酬。这种工资制度对工人和雇主都是有利的。

6. 职能化原理。主张计划与执行相分离，实行职能工长制。企业成立计划部门，负责进行调查研究，并根据调查结果确定定额和标准化的操作方法、工具，负责拟订计划并发布命令和指示。工人和工头只负责执行，即按照计划部门制定的操作方法和指示，使用规定的标准化工具从事实际操作，不得自行改变。

7. 例外原则。所谓例外原则，即企业的高级管理人员把一般的日常事务授权给下级管理，自己只处理例外事项，如企业的发展战略、重要人事任免等。

8. 精神革命。工人和雇主两方面要从对立转向合作，共同为提高劳动生产率而努力。泰罗认为双方在科学管理中所发生的精神方面的伟大革命是双方都不把盈余的分配当作头等大事，而把注意力转到增加盈余量上来，直到盈余大到这样的程度，以致不必为如何分配而争吵。他们会看到，只要他们停止互相争夺，转而并肩朝同一方向努力，他们的共同努力所创造的盈余的确是令人震惊的……足够给工人大量增加工资，并同样地给制造业者大量增加利润。这也就是通常所说的"大饼原理"，即只有大家共同把饼做大以后，每个人才能分到更多。

---

① 泰罗：《科学管理原理》，中国社会科学出版社1984年版，第185页。

② 泰罗：《科学管理原理》，中国社会科学出版社1984年版，第246页。

【案例 3.2】

联合包裹服务公司的管理

联合包裹服务公司（United Parcel Service）是1907年作为一家信使公司成立于美国的，当时的办公室只是厕所大小的一间地下室。经过一百年的发展，UPS目前已经成为一家全球性的公司，是世界上最大的空中和地面包裹递送公司，其商标是世界上最知名、最值得景仰的商标之一。2007年UPS公司的营业收入是497亿美元，全球雇员425300人。它每年向美国各地和200个以上的国家和地区递送的包裹和文件几乎达到几十亿件。UPS的成功离不开它的管理。

UPS雇用了几十万员工，平均每天将一千多万件包裹发送到美国各地和200多个国家和地区。为了实现他们的宗旨"在邮运业中办理最快捷的运送"，UPS的管理当局系统地培训他们的员工，使他们以尽可能高的效率从事工作。UPS的工业工程师们对每一位司机的行驶路线都进行了时间研究，并对美中运货、暂停和取货活动都设立了标准。这些工程师记录了红灯、通行、按门铃、穿过院子、上楼梯、中间休息喝咖啡的时间，甚至上厕所的时间，将这些数据输入计算机中，从而给出每一位司机每天中工作的详细时间标准。

为了完成每天取送130件包裹的目标，司机们必须严格遵循工程师设计的程序。当他们接近发送站时，他们松开安全带，按喇叭，关发动机，拉起紧急制动，把变速器推到1挡上，为送货完毕的启动离开做好准备，这一系列动作严丝合缝。然后，司机从驾驶室出溜到地面上，右臂夹着文件夹，左手拿着包裹，右手拿着车钥匙。他们看一眼包裹上的地址把它记在脑子里，然后以每秒钟3英尺的速度快步走到顾客的门前，先敲一下门以免浪费时间找门铃。送货完毕后，他们在回到卡车上的路途中完成登录工作。

问题：

1. 结合科学管理理论分析联合邮包服务公司的成功。
2. UPS动作研究管理经验能否运用到你的日常管理中？请结合一项工作进行分析。

泰罗的科学管理理论在20世纪初得到了广泛的传播和应用，影响很大。因此在他同时代和他以后的年代中，有许多人丰富和发展了"科学管理理论"。其中比较著名的追随者有：

1. 亨利·甘特（Henly Gantt，1861—1919），美国管理学家、机械工程师，是泰罗在米德瓦尔钢铁公司和伯利恒钢铁公司的亲密合作者。他发展了泰罗某些最初的思想。如他提出了"计件奖励工资制"，除了按日支付有保证的工资外，超额部分给予奖励，这样，完不成定额的可以得到原定的日工资。引入了一种对领班的奖金制度，只要领班手下所有的工人都完成了定额，不仅工人而且领班本人都可得到一份额外的奖金。除此之外，甘特的最大贡献是创造了"甘特图"，在纵坐标轴上表示出所计划的工作，在横坐标轴上表示时间，可方便地用于工期安排和控制，为以后的"关键路线法"打下了基础。

2. 弗兰克·吉尔布雷斯（Frankand Gilbreth，1868—1924）和莉莲·吉尔布雷斯（Lilian Gilbreth，1879—1972）夫妇，是泰罗最杰出的追随者。弗兰克·吉尔布雷斯曾是位建筑承包商，于1912年聆听了泰罗的演讲后，与他的心理学家夫人莉莲一起致力于研究科学管理。他们做的最著名的实验是关于省略砌砖动作的研究。通过研究，把砌外墙砖的动作从18个减少到4个，砌内墙砖的动作从18个减少到2个，并开发出一种新的堆放砖的方法，将产出提高 200%。吉尔布雷斯夫妇首先使用摄影的方法来记录和分析工人的动作，寻找出合理的最佳动作，纠正工人在操作中的多余动作，来提高工作效率。他们设计出一套称之为基本动作元素的体系来标识手的 17 种基本动作，研究起来更精确。弗兰克·吉尔布雷斯毕生致力于动作研究(Motion study)，用减少劳动中不必要的动作来提高效率，所以他被后人誉为“动作研究之父”。他们将许多管理观念应用到自己家中，并且在其著作《儿女一箩筐》中介绍了他们用科学管理方法抚养并训练 12 个子女进行高效工作的经验。

泰罗的追随者为数众多，如爱默生(Harrington Emerson，1853—1931)在科学管理上也有杰出的贡献。尽管泰罗的追随者在许多方面不同程度地发展了“科学管理”理论和方法，但总的来说，他们和泰罗一样，研究的范围始终没有超出劳动作业的技术过程，没有超出车间管理的范围。

虽然科学管理理论在历史上第一次使管理从经验上升为科学，具有重大的意义。但这一理论研究者们把人看成单纯追求金钱的“经济人”，重视技术因素，而不重视人的社会因素，相信一个问题只存在一种最佳的处理方法，它使人和工作实现最佳配合，行为结果取决于实际操作过程。由于泰罗自身的经历使其对管理较高层次的研究相对较少，这使得科学管理理论又有很大的局限性。

到 1910 年，泰罗的科学管理系统已经闻名遐迩，并在很多领域被忠实全面地加以实行。但是，还有许多组织的管理者对这些原理进行有选择的实施，而这一行为最终导致了诸多问题。例如，一些管理者通过科学管理提高了绩效，却没有如泰罗倡导的那样与工人共享这一收获，工人们发现他们的绩效提高了，可薪水还是老样子。同时，工人们也意识到工作绩效的提高意味着更少的工作机会和更大的失业威胁，因为重组后的工作系统只需要更少的工人。而且，专门化、简单化的工作往往是单一乏味的重复性工作，很多工人对此日益厌倦。科学管理使工人的工作更加辛苦而收入却没有相应增加，对管理者更加不信任。所以，这些工人抵制这种新的科学管理技术，有时甚至对管理者隐瞒其岗位知识以保护其工作和收入。

由于不能够使工人积极主动地实行科学管理这一新技术，一些组织提高了工作过程的机械化程度。例如，亨利·福特为其工厂引进流水线的原因之一，就是因为他认识到，当流水线控制着工作速度(而不是由工人自己决定)的时候，人们就会被推动以达到他们认为不能达到的更高的工作速度。查理·卓别林在其著名的电影《摩登时代》里抓住了大批量生产这一特点。在电影里，卓别林扮演一个与机器控制的速度进行战斗的工人。亨利·福特也采用了科学管理的原理，来确定流水线上每一个工人应该完成的工作，以最后决定适应机器生产系统所需要的劳动分工的最佳方式。

科学管理是具有很强生命力的理论，它对后来的许多管理思想产生了影响，许多学者在此基础上进行了深入的研究，管理科学学派也是在其基础上发展而成的。

【案例 3.3】

实践中的福特汽车公司①

亨利·福特(Henry Ford)及“T 型车”(Model T)一直是现代工业时代的象征。即便是

---

① 资料来源：http://www.ford.com；http://www.pcauto.com.cn。

福特的对手——通用汽车公司随后的发展与成功，在很大程度上也要归功于福特，因为面临T型车威胁的通用公司必须有所创新。可以说，亨利·福特的管理方法和他注重的管理理论是早期管理理论的典型范例——富有建设性，同时又很不完善。

亨利·福特生于1863年，父母是贫穷的爱尔兰移民，从小生活在密歇根乡间的农场上。他对机械很着迷，修理任何机器都很拿手。1903年他创建了福特汽车公司(Ford Motor Company)，到1908年，T型车诞生。

20世纪初刚开始有汽车的时候，汽车是地位和财富的象征，只属于富翁们。福特要改变这一点：T型车是属于大众的——几乎任何人都买得起。他明白，制造这种车的惟一办法就是高产量、低成本。福特致力于提高效率，将所有可能的环节机械化，并把工作划分成最小的单元。一名工人重复做同一项工作，生产的不是一个成品部件，而是整个生产过程不可缺少的一道工序；未完成的部件传给下一名工人，由他来完成接下来的工序。福特能使效率惊人地提高：生产第一辆T型车虽然花了12.5小时，而仅12年后的1920年，福特每分钟就有一辆T型车出厂。到汽车相当普及的1925年，福特的生产线则以每5秒钟1辆的速度源源不断地输送着T型车。

然而，工厂的机械化也有负面效应。工作越紧张，工人就越牢骚满腹。1913年，人员离职率达38%，因为工人不能承受巨大的工作压力。为了招到最好的员工，激励他们更卖力气，以保证生产线的正常运转，福特将工人每天工作时间从9小时减少到8小时，并且将每天的基本工资从2.5美元加倍到5美元，这种做法在当时尚无先例。薪水翻番一经宣布，就有成千上万的人到福特找工作。为了维持秩序还出动了警察，他的新方法被称为“福特制”。

但是，福特表面上的慷慨后面却伴随着对于资源(人力、物力)的高度控制。他雇用了几百名检查员来监督工人，不仅在工厂里，也在工厂外。在工厂里，管理是严密和限制性的。工人不允许离开他们的流水线位置，不允许说话。他们的工作就是全神贯注于手上的任务，很少有工人能适应这一系统，他们只能用嘴角“说话”，就像口技演员一样，这种说话方式被人们称为“福特嘴唇语言”。福特关于控制的极端方式使他与管理者之间的冲突越来越大，管理者经常因为与福特意见不一致而被解雇。这样，许多有才能的人都离开了福特，加入了竞争对手的公司。

福特1945年去世时身价超过6亿美元。他在美国工业和美国社会发展中留下了不可磨灭的印记。他的名字成为大批量生产和现代管理理论发展的代名词。

问题：

1. 分析福特公司“T型车”生产方式的产生背景。

2. 分析福特生产方式的优点和弊端。

三、法约尔的一般管理理论

法约尔(Henri Fayol，1841—1925)出生于法国一个小资产者家庭。1860年从圣艾帝安国立矿业学院毕业后进入法国一流的康门塔里—福尔香堡采矿冶金公司工作，成为一名采矿工程师。不久被提拔为该公司一个矿井的经理，1888年出任该公司的总经理。当时这家公司正面临着破产的危机，法约尔用新的管理方式挽救了危机，现在这个公司仍然是法国中部最大的采矿和冶金集团的一部分，在法国产业史上留下了光辉的业绩。1918年他辞去矿业公司的总经理，开设了“管理研究所”。以后，他不仅把他的管理理论应用于企业的经营，也为在军队组织和行政机构中的普及和应用进行不懈的努力。

法约尔和泰罗都是同时代的杰出人物，也是管理科学的奠基人之一。他跟泰罗的背景、经历不同，研究的视角有所不同。泰罗是以普通工人的身份进入工厂的，他研究的是车间层的管理，采用的是科学方法；法约尔作为公司的高层领导，将其 39 年的经验经过升华，研究的是所有管理者的活动，理论适用于各种组织。法约尔的著述很多，1916 年法国矿业协会的年报公开发表的《工业管理和一般管理》(*General and Industrial Management*)是其最主要的代表作，标志着一般管理理论的形成。法约尔是直到 20 世纪上半叶为止，欧洲贡献给管理运动的最杰出的大师，被后人尊称为"现代经营管理之父"。

法约尔一般管理理论的要点：

1. 企业职能不同于管理职能。他认为任何企业都有六种基本活动或职能：技术、商业、财务、安全、会计、管理，管理活动只是其中之一。在各类企业中，下属人员的主要能力是具有企业特点的职业能力；而较上层人员的主要能力是管理能力，并且随着地位的上升，管理越重要。

2. 管理要素。管理这一职能活动是由五项管理职能组成的：计划、组织、指挥、协调和控制。计划是管理职能中一个重要的要素。企业职能和管理职能之间的关系见图 3-3。

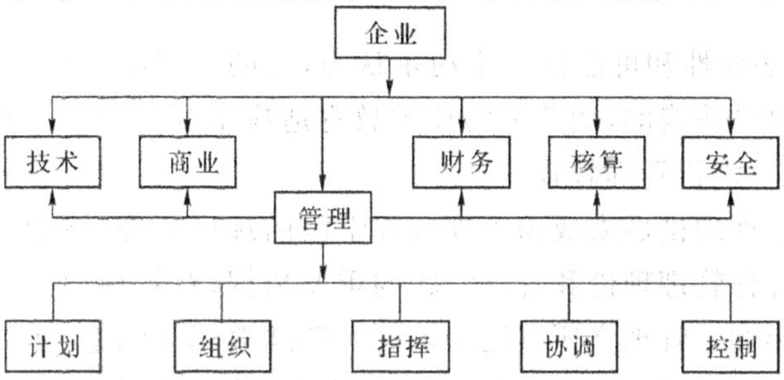

图 3-3 企业职能和管理职能的关系

3. 管理的十四项原则。法约尔强调指出，这些原则在管理工作中不是死板和绝对的东西，是灵活的，是可以适应于一切需要的，要真正用好它们，就需要在实践中积累经验，掌握好尺度。管理的十四项原则见表 3-1。

表 3-1 法约尔的管理 14 项原则

分工	工作需求被分工，雇员应该精通工作中某一方面的内容，这样能够实现专业化，提高生产率。分工是各种机构、团体、组织中进行管理活动所必不可少的工作。
职权与职责	管理部门有权发号施令。在行使职权的同时，必须承担相应的责任，有权无责或有责无权都是组织上的缺陷。
纪律	雇员必须遵守和尊重组织的规则。纪律是企业领导人同下属人员之间在服从、专心、干劲、举止和尊重等方面达成的一种协议。组织内所有成员通过各方所达成的协议对自己在组织内的行为进行控制，它对企业的成功与否极为重要。执行纪律要严明、公正。
统一指挥	组织内每一个人只能服从一个上级并接受他的命令。
统一领导	指一个组织对于目标相同的活动，只能有一个领导，一个计划。
个人利益服从整体利益	个人和小集体的利益不能超越组织的利益。当两者不一致时，主管人员必须想办法使他们一致起来。
人员报酬	报酬与支付的方式要公平，给雇员和雇主以最大可能的满足。

续表

集中化	权力的集中或分散的程度。要根据各种情况，包括组织的性质、人员的能力等，来决定“产生全面的最大收益”的那种集中程度。
等级链	在管理机构中，最高一级到最低一级应该建立关系明确的职权等级系列，这既是执行权力的线路，也是信息传递的渠道。一般情况下不要轻易地违反它。但在特殊情况下，为了克服由于统一指挥而产生的信息传递延误，法约尔设计出一种“跳板”，也叫“法约尔桥”(Fayol bridge)。
秩序	组织中的每个成员应该规定其各自的岗位，“人皆有位，人称其职”。
公平	主管人员对其下属仁慈、公平，就可能使其下属对上级表现出热心和忠诚。
人员的稳定	人员不断变动，工作将得不到良好的效果。避免人员快速流动，因为企业需要时间把他们培养成熟练技术人员。
首创精神	允许员工发起和实施他们的计划，管理者应当鼓励员工的创新精神和创造性，这是提高组织内各级人员工作热情的主要源泉。
团结精神	管理者应当保持和维护每一集体中团结、协作、融洽的关系，特别是人与人之间的相互关系。

4. 管理教育的必要性和可能性。法约尔认为，人的管理能力可以通过教育来获得，企业对管理知识的需要是普遍的，而单一的技术教育适应不了企业的一般需要。应尽快建立管理理论，并在学校中进行管理教育。

法约尔的一般管理理论后来成为管理过程学派的理论基础(该学派将法约尔尊奉为开山祖师)，也是以后各种管理理论和管理实践的重要依据，对管理理论的发展和企业管理的历程均有着深刻的影响。管理之所以能够走进大学讲堂，全赖于法约尔的卓越贡献。因此，继泰罗的科学管理之后，一般管理也被誉为管理史上的第二座丰碑。

四、韦伯的行政组织理论

韦伯(Max Weber，1864—1920)出生于德国一个有着广泛的社会和政治关系的富裕家庭，1882 年进入海德堡大学学习法律，以后先后就读于柏林大学和哥丁根大学。先后担任过柏林大学教授、主编、政府顾问和作家，是德国著名的社会学家，他对法学、经济学、政治学、历史学和宗教学都有广泛的兴趣。他在管理理论上的研究主要集中在组织理论方面，在代表作《社会组织与经济组织》中提出了所谓理想的行政组织体系理论，因此而被誉为“组织理论之父”。

韦伯行政组织理论的要点：

1. 权力论。韦伯把社会所接受的权力分为三类：第一类是理性—法律的权力(合法权力)，是指由社会公认的法律规定的或者掌有职权的那些人下命令的权力；第二类是传统的权力，是由历史沿袭下来的惯例、习俗而规定的权力；第三类是超凡的权力，是以对某人的特殊和超凡的神圣、英雄主义或模范品质的崇拜为基础的。韦伯认为，在这三类权力中，传统权力的效率较差，超凡权力则过于带感情色彩并且是非理性的，所以这两种权力都不宜作为行政组织体系的基础，只有理性—法律的权力(合法权力)才能作为这种基础。

2. 理想的行政组织体系。所谓“理想的”，是指这种组织体系并不是最合乎需要的，而是组织的“纯粹的”形态。韦伯就理想的行政组织体系的管理制度、组织结构提出了具有深刻影响的思想。其主要观点见表 3-2。

表 3-2　韦伯理想的行政组织体系的特征

明确的分工	每个职位的权力和义务都应有明确的规定，人员按职业专业化进行分工
权力体系	组织内的职位按照等级来组织，每个下级应当接受上级的控制和监督
人员的任用	组织人员的任用要完全根据职务要求，通过正式考试和教育训练来实行
规章纪律	管理人员必须严格遵守组织中规定的规则和纪律以及办事程序
职业管理人员	管理人员有固定的薪金和明文规定的升迁制度，是一种职业管理人员
非人格性	组织中人员之间的关系完全以理性准则为指导，只是职位关系而不受个人情感的影响，组织内部是这样，组织与外界的关系也是如此

韦伯吸收了泰罗的一些管理思想，认为如果存在最佳的工作方法，那么也一定存在运营一个组织的最佳方法。他认为，最佳的组织形式是机械式的组织形式，理想的行政组织体系和其他组织形式相比具有能够取得高效率的特点，能够通过简练、高速、明确、持续、严格的上下级关系减少矛盾、降低物耗和节约人员成本。韦伯的理论，对泰罗、法约尔的理论是一种补充，对后来的管理学家们，尤其是组织理论学家则有很大的影响。

五、古典管理思想的特点

古典管理理论的杰出代表从不同的方面对管理思想和管理理论的发展做出了卓越的贡献，并对管理实践产生深刻影响，它确立了管理的基本过程、职能和技能，为后来的组织管理和管理科学的发展打下了基础。局限性在于它适用于静态和稳定的组织，难以应用于今天变化的和复杂的组织，将雇员看成是工具而不是资源。这一阶段管理思想的特点是：

- 管理重点：如何提高效率。
- 管理依据：用科学的管理代替经验管理。
- 管理方式：聘请受过训练的管理专家代替家长式管理。
- 管理地位：管理学成为一门独立的学科。
- 培养方式：通过专门训练培养经营管理专家。

第三节　行为科学理论

古典管理理论的研究对管理的理论和实践都产生了深远的意义，但是他们的理论是基于这样一种假设，即人是“经济人”。他们强调对工人进行严格的控制和动作规范化，工人成了机器的附属品，引起了工人的强烈不满，受到工人抵制。这使得对新的管理思想、管理理论和管理方法的寻求与探索成为必要。20 世纪 20 年代美国学者创立了人际关系学说，这一学说以后发展成为行为科学理论(Behavioral science theory)，在 20 世纪 50 年代初期开始受到欢迎。其代表人物和理论如图 3-4 所示。

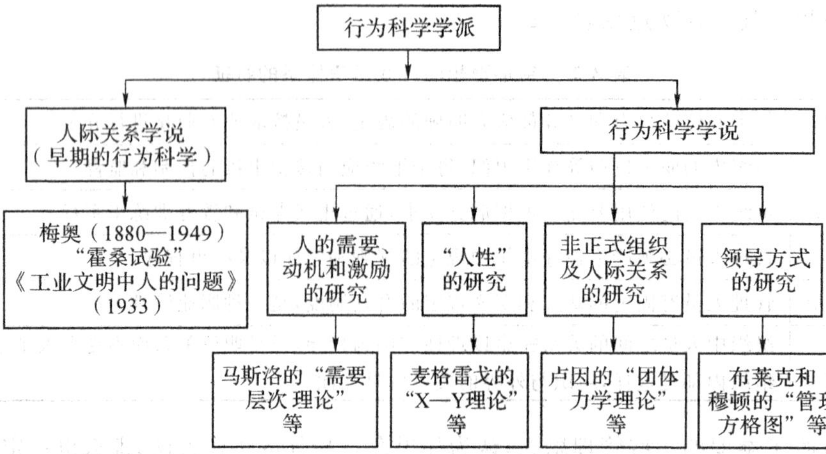

图 3-4 行为科学学派

一、梅奥的人际关系学说

梅奥(George Elton Mayo,1880—1949)是原籍澳大利亚的美国行为科学家,曾获逻辑和哲学博士学位。1924—1932 年间,美国国家研究委员会和西方电气公司合作,由梅奥负责进行了著名的“霍桑试验”,即在西方电气公司所属的霍桑工厂,为测定各种有关因素对生产效率的影响程度而进行的一系列试验,由此产生了人际关系学说。试验分四个阶段。

第一阶段:工场照明试验(1924—1927 年)。试验将一批工人分为两组:一组为“试验组”,让工人在不同照明强度下工作;另一组为“控制组”,工人在照明度始终保持不变的条件下工作。但是照明度的变化对生产率几乎没有什么影响。这个试验似乎以失败告终。但这个试验得出结论:工场的照明只是影响工人生产效率的一项微不足道的因素;生产效率仍与某种未知因素有关。

第二阶段:继电器装配室试验(1927 年 8 月—1928 年)。测试各种工作条件(材料供应、休息时间、作业时间、工资等)的变动对小组生产率的影响,以便能够更有效地控制影响工作效果的因素。试验的结论是,这些因素对生产率很少或没有多大影响,但似乎由于督导方法的改变,使工人工作态度也有所变化,产量有所增加。

第三阶段:访谈计划(1928—1931 年)。两年内他们在上述试验的基础上进一步开展了全公司范围的普查与访问,调查了 2 万多人次,发现所得结论与上述试验所得相同,即“任何一位员工的工作绩效,都受到其他人的影响”。

第四阶段:接线板接线工作室试验(1931—1932 年)。以集体计件工资制刺激,企图形成“快手”对“慢手”的压力以提高效率。试验发现,工人既不会为超定额而充当“快手”,也不会因完不成定额而成“慢手”,当他们达到他们自认为是“过得去”的产量时就会自动松懈下来。试验的结论是,车间里除了存在按照公司编制建立的正式组织外,还存在因某些因素而形成的非正式组织,这些非正式组织有时会严重影响工作效率。

根据霍桑试验,梅奥于 1933 年出版了《工业文明中人的问题》一书,提出了与古典管理理论不同的新观点,主要归纳为以下几个方面:

1. 工人是“社会人”。作为复杂社会系统成员,金钱并非刺激积极性的惟一动力,他们还有社会、心理方面的需求，因此社会和心理因素等方面所形成的动力，对效率有更大影响。

2. 企业中存在着"非正式组织"。以前的管理理论只注意到正式组织结构的作用。霍桑试验发现，除了存在正式组织之外，还存在着非正式组织。非正式组织是企业成员在共同工作的过程中，由于具有共同的社会感情而形成的非正式团体。这种无形组织有它特殊的感情、规范和倾向，左右着成员的行为。

3. 新型的领导在于通过对职工"满足度"的增加，来提高工人的士气，从而达到提高效率的目的。以前的管理理论认为效率的提高主要依靠生产作业的安排和科学技术的应用。霍桑试验则认为效率的升降，主要取决于工人的士气，而士气的高低，则取决于社会因素特别是人群关系对工人的满足程度，即他的工作是否被上级、同伴和社会所承认。满足程度越高，士气也越高，生产效率也就越高。所以，领导的职责在于提高士气，善于倾听下属职工的意见，使正式组织的经济需求和工人非正式组织的社会需求之间保持平衡。这样就可以解决劳资之间乃至整个"工业文明社会"的矛盾和冲突，提高效率。

4. 霍桑效应。试验表明，工人对于新环境的好奇与兴趣，可以导致较佳的成绩，至少在最初阶段是如此。

梅奥的理论虽然存在一定的局限性，主要表现为过分强调非正式组织的作用；过多强调感情的作用；过分否定经济报酬、工作条件、外部监督、作业标准的影响等。但是梅奥的人际关系理论为管理思想的发展开辟了新的领域，标志着管理的研究开始转向人的因素在组织中的作用。梅奥的人际关系学说是早期的行为科学，在"霍桑试验"的影响下，美国一些企业设立专门的机构，负责研究和处理"工业关系"，一些大学设立相应课程，1949 年在美国芝加哥召开的一次跨学科的会议上，首先提出"行为科学"这一名称，在 1953 年美国福特基金会召开的各大学科学家参加的会议上，正式定名为行为科学。

在梅奥之后该理论的研究主要集中在四个领域：有关人的需要、动机和激励的问题；有关所谓"人性"的问题；有关非正式组织及人际关系的问题；有关领导方式的问题。这些理论有马斯洛的需要层次理论、赫茨伯格的"激励因素—保健因素理论"、斯金纳的"强化理论"、弗罗姆的"期望理论"、麦格雷戈的 X—Y 理论、卢因的"团体力学理论"、布莱克和穆顿的"管理方格图"等，参见图 3-4。这些研究中的一些理论将在本书的第十一章、第十二章中详细介绍。

【案例 3.4】

一个服装企业的问题

赵亮是一家服装企业的总经理，该企业主要生产女装。赵亮管理该企业是井井有条，有严明的纪律，有一定的奖励政策，生产上也较有序。在过去的五年里，每年的销售量都有较大幅度的增长，工人也经常加班加点工作。但是，今年的情况发生了很大的变化，到十月份，累计销售量比去年同期下降 15%，生产量比原计划减少 12%，缺勤率比去年高 18%，迟到早退现象也有较大幅度的增加。赵亮反思，在宏观市场没有发生多大变化的情况下，这种问题的发生，很可能与管理有关，但他不能确定发生这些问题的真正原因，也不知道应该怎样去改变这种情况。赵亮决定去向管理专家请教。

问题：

1. 你作为管理专家，从行为科学角度分析，你认为该企业在管理上可能存在什么问题？

2. 你认为赵亮应从哪几个方面入手提高管理水平。

二、麦格雷戈的X—Y理论

第二次世界大战后的一系列研究揭示了对于工人态度和行为的假设，即所谓“人性”假设对管理行为的影响。麦格雷戈的X—Y理论(Theory X and Theory Y)是最具代表性的。

麦格雷戈(Douglas Mcgregor，1906—1964)是美国麻省理工学院教授，他在1957年发表的《企业的人性面》一文中提出著名的“X—Y理论”。

麦格雷戈称传统的管理观点为X理论，他们对人性的假设条件是：(1)员工通常是懒惰的，天生不喜欢工作，只要可能，他们就会逃避工作。(2)由于员工不喜欢工作，因此必须采取强制措施或惩罚办法，迫使他们实现组织目标。(3)员工只要有可能就会逃避责任，安于现状。(4)员工是“经济人”，将选择在经济上获利最大的事情来做。(5)个人与组织目标总是相矛盾的，因此，组织对员工必须严加管制。

因此，X理论条件下管理人员采取“胡萝卜加大棒”的管理方式：(1)设计、调整工作环境以实现对工人行为最大化的控制，并使工人对工作速度的影响降到最低。(2)必须让工人去做对组织成功是必要的事情。(3)制定具体、严密的规章规范、标准操作程序、技术规程要求员工执行。(4)管理者要应用组织赋予的职权，要求员工服从并适应工作和组织要求。(5)以金钱报酬换取员工的服从。信奉X理论的管理者认为他们的角色就是对工人严格监督，以保证工作的正常进行和产品的质量。福特就是信奉X理论的管理者典型。

麦格雷戈提出的Y理论认为：(1)工作于人而言可能是种享受，也可能是种惩罚，因此，员工并非天生一定就不喜欢工作，而是要看环境而定。(2)没有人喜欢外来控制和惩罚，人们希望实行自我管理和自我控制，如果员工对某些工作作出承诺，他们会进行自我指导和自我控制，以完成任务。(3)一般而言，每个人不仅能够承担责任，而且会主动寻求承担责任。(4)绝大多数人具备做出正确决策的能力，人在解决组织难题的时候，大都充满活力、想象力和创造性。(5)人不仅是“经济人”，还是“社会人”，人和组织的目标在适当的机会下能融合为一。

因此，Y理论条件下管理人员应采取的管理方式是：(1)创造使人发挥才能的工作环境，使员工在为实现组织的目标贡献力量时，能实现自己的个人目标。工作环境中的不合作现象，并不是源于工人的本性，而是取决于管理者如何创造性地看待人力资源的潜力。(2)管理者的角色是辅助者、帮助者和训练者。管理者的任务就是创造一个能够激励员工致力于组织目标，并为员工提供可以发挥其想象力、创造性以及自我管理的机会。(3)相信工人能够被激发来帮助实现组织目标，激励的方式是采用给员工更多的信任、更多的职责和自主权，实行员工的自我控制，自我管理，参与决策，分享权力。

麦格雷戈认为，“X理论”已经过时，只有“Y理论”才能在管理上取得成功。

三、行为科学理论的特点

行为科学理论的产生和发展是现代化大生产发展的必然产物。它把社会学、心理学、人类学等学科的知识导入管理领域，推动了管理思想由僵化的专制式管理方式向灵活、激励式的管理方式的转变。开创了管理领域的一个独具特色的学派。

行为科学理论通过对人类个体、群体、组织行为的研究，揭示了人类行为的一般规律，认为人的行为动机和需要是非常复杂的，人们工作不仅仅是为了物质利益。行为科学的研究重点是人的动机、人的需求、人的行为的激励和领导方式等问题。它强调管理要以人为中心，重视职工多种需要的满足。

行为科学理论当今发展成组织行为学(Organizational behavior)，组织行为学是一门涉及心理学、社会学、人类学、经济学和医学等研究的交叉学科，采用整体的行为研究方法，对个体、群体和组织的行为进行研究，内容包括工作满意度、人际关系冲突、组织结构设计、领导与激励等。

行为科学理论对组织中的激励、群体互动和其他人际关系进行了深入的研究，为组织行为学的产生与发展奠定了基础，深化了人力资源的概念，认识到组织中人类行为的复杂性，并关注组织中的人对管理的意义与影响。其局限性在于组织中人行为的复杂性令行为可预测性和可控性下降，从而使许多行为科学家的研究成果在现实管理中没有很好地或使管理者很愿意地去运用。这一阶段管理思想的特点是：

- 管理重点：组织中人的行为。
- 管理依据：人的需要与动机。
- 管理方式：领导与激励。

【案例 3.5】

惠普公司的经营之道[①]

惠普公司创建于 1939 年，是一家电子产品测量系统、计算机系统及通信系统的设计、制造和服务供应商，服务范围涉及工业、商业、工程、科学、医学及教育等多项领域，产品包括计算机、计算机外围设备、电子测试/测量仪及系统、网络产品、电子医疗设备、化学分析仪器及系统、计算器以及电子元件等，共达 25000 种之多。惠普公司是世界上最大的电脑公司之一，也是美国最大的信息产品公司之一，还是世界最大的计算机厂商之一。惠普公司的管理者是 Y 理论的一贯的实践者。

创始人比尔·休利特(B. Hewllet)和戴维·帕卡德(D. Packard)创造了著名的“惠普经营之道”(HP Way)的管理哲学：以人为本，强调体谅和尊重的态度对待每一个人，并对贡献给予承认。惠普公司的信念应该是：相信任何人都愿意努力工作，并能创造性地工作，只要赋予他们适宜的环境，他们就一定能成功。

惠普公司在经营上采用长期雇佣政策，为了不解雇员工，惠普做出了极大的努力，在员工人数需要减少时，公司不是解雇员工，而是降低工资、减少每日工作时间，直到市场对公司的产品需求上升为止，这一政策提高了员工对公司的忠诚度。

惠普公司认为每个员工都是惠普团队的一员，他们强调加强员工沟通的重要性，认为组织等级内的横向沟通，不仅仅是纵向沟通，对于创造一个鼓励创新的环境是至关重要的。为了鼓励处于不同等级的员工之间的沟通与合作，惠普公司鼓励员工不拘常规，如管理者和员工相互之间都是直呼其名，包括对公司的创始人休利特和帕卡德，公司里称他们为比尔和戴夫。并

---

① 资料来源：http://www.hp.com。

且，比尔和戴夫还是“起动式管理”的先驱。鼓励人们四处走走，以了解其他人都在做些什么。这样，他们可能发现新的产品开发或项目合作的机会。比尔和戴夫认为，员工应该花15%的时间在他们选定的新项目上，并鼓励员工将设备与零部件带回家，利用自己的业余时间进行装配实验。工程师将他们手头的工作放在桌上，任何人都可以看到他们在做什么，并能从中学到一些东西，或者提出自己的改进意见。公司根据鼓励、激发下属创新热情的能力来对管理者进行选拔和提升。惠普公司的管理者希望能够激发每一位员工的创新热情，并创造一种基于合作的团队或家庭的氛围。

公司的创建人有一条著名的企业用语，叫“你就是公司”。这句话的意思是：每一位员工都要站在企业的立场、角度去想问题、解决问题，和公司融为一体；反之，公司对每一位员工看得和公司一样的重要，把每一位员工的利益等同于公司的利益。

惠普公司的实践成果是有目共睹的。人们有理由相信，新的惠普公司将沿着“惠普之道”继续走下去。

问题：

1. 请用麦格雷戈的X—Y理论分析惠普公司的“人性假设”。
2. 分析公司“以人为本”经管理念与其管理方式的关系。

第四节　现代管理思想

20世纪中期到80年代，由于自然科学技术的日新月异，生产力迅速增长，组织规模不断扩大，生产国际化进程加速，给管理工作提出新的问题。管理领域以外的一些专家，如社会学家、数学家、经济学家等纷纷加入研究管理的队伍，他们从不同的角度，用不同的方法进行研究，出现了诸多管理理论的新派别。这些学派互相补充，从不同角度阐明现代管理的有关问题，从而形成了现代管理思想。

一、管理理论丛林

面对现代管理理论研究“百家争鸣，百花齐放”的繁荣景象，美国管理学家罗德·孔茨(Harold Koontz)把此形象地称为“管理理论丛林”(The management theory of jungle)。在1961年孔茨认为当时的管理学有六大流派或研究方法(Schools)：管理过程学派(The management process school)；经验或案例学派(The empirical or The excase approach)；人际行为学派(The human behavior school)；社会系统学派(The social system school)；决策理论学派(The decision theory school)；数量学派(the mathematics school)。至1980年，他在《再论管理理论丛林》的论文中提出，有代表性的管理理论学派至少有11个大学派，见表3-3所示。

表 3-3 "管理理论丛林"的 11 个学派

学派名称	理论观点及代表人物
管理过程学派	在法约尔管理思想的基础上发展起来的，主要研究管理的过程和职能。代表人物：孔茨和奥唐奈。
人际关系学派	管理工作总是通过人去完成的，因此必须围绕人与人之间的关系这个核心来进行研究。代表人物：马斯洛、赫茨伯格、布莱克和穆顿。
群体行为学派	同人际关系学派关系密切，容易混淆。但它关心的是群体中人的行为，而不是人际关系，着重研究各种群体行为方式。它也常被叫做"组织行为学"。代表人物：梅奥、卢因和阿吉里斯等。
经验(或案例)学派	管理学者和实际管理工作者通过研究各式各样的成功和失败的管理案例，就能理解管理问题，自然地学会有效地进行管理。代表人物：杜拉克和戴尔。
社会合作系统学派	将组织看做是一种社会系统，是一种人的相互关系的协作体系，组织是社会大系统中的一部分，受到社会环境各方面因素的影响。管理人员的作用就是要围绕着物质的、生物的和社会的(群体的相互作用、态度和信息)因素去适应总的合作系统。代表人物：巴纳德。
社会技术系统学派	是社会系统学派的进一步发展。认为在管理中只分析社会系统是不够的，还需要研究技术系统对人的影响，只有使社会系统和技术系统两者协调起来，才能解决这些矛盾从而提高劳动生产率，而管理者的一项重要任务就是确保这两个系统相互协调。代表人物：特里司特及其同事。
系统管理学派	以一般系统论为理论基础来研究管理问题。该学派的主要内容包括系统观点、系统分析和系统管理三方面。代表人物：卡斯特和罗森茨威克等。
决策理论学派	在社会系统学派的基础上发展起来的。认为管理的关键在决策；决策是一个复杂的过程；决策分程序化决策与非程序化决策；决策的满意行为准则；管理是设计决策系统；强调决策者的作用。代表人物：西蒙。
管理科学学派	把管理看成是一个数学模型和程序的系统。利用有关的数学工具，借助于模型可以把问题用它的基本关系和选定目标表示出来，着重于定量研究。代表人物：伯法。
权变理论学派	管理不可能存在着一种通用程序，它完全依环境、自身的变化而变化。代表人物：卢桑斯。
经理角色学派	通过观察经理的实际活动来明确经理角色的内容。代表人物：明茨伯格。

(一)管理过程学派

该学派是在法约尔管理思想的基础上发展起来的，主要研究管理的过程和职能。其代表人物是美国的哈罗德·孔茨(Harold Koontz)和西里尔·奥唐奈(Cyril O'Donnell)。该学派的基本研究方法是：首先把管理人员的工作划分成一些职能，然后以管理职能为框架进行研究，从丰富多彩的管理实践中探求管理的基本规律。孔茨、奥唐奈合著的《管理学》是战后这一学派的代表作，他们主张把管理划分为 5 项职能：计划、组织、人事、领导、控制。这个学派把它的管理理论建立在以下 7 条基本信念的基础上：(1)管理是一个过程，可以通过分析管理人员的职能从理性上很好地加以剖析。(2)可以从管理经验中总结出一些基本道理或规律。这些就是管理原理。它们对认识和改进管理工作能起一种说明和启示的作用。(3)可以围绕这些基本原理开展有益的研究，以确定其实际效用，增大其在实践中的作用和适用范围。(4)这些原理只要还没有被证明为不正确或被修正，就可以为形成一种有用的管理理论提供若干要素。(5)就像医学和工程学那样,管理是一种可以依靠原理的启发而加以改进的技能。(6)即使在实际应用中由于背离了管理原理而造成损失,但管理学中的原理,如同生物学和物理学中的原理一样,仍然是可靠的。(7)尽管管理人员的环境和任务受到文化、物理、生物等方面的影响,但管理理论并不需要把所有的知识都包括进来才能起一种科学基础或理论基础的作用。

(二)人际关系学派

该学派是从20世纪60年代的人类行为学派演变来的。基本思想是,管理工作总是通过人去完成的,因此必须围绕人与人之间的关系这个核心来进行研究。这个学派的学者大多数受过心理学方面的训练,把有关的社会科学原有的或新近提出的理论、方法和技术用来研究人与人之间和人群内部的各种现象,从个人的品性动态一直到文化关系,无所不及。他们注重管理中"人"的因素,认为人们在为实现目标而结成团体一起工作时,应该互相了解。

(三)群体行为学派

该学派同人际关系学派关系密切,容易混淆。但它关心的主要是群体中人的行为,而不是人际关系。它以社会学、人类学和社会心理学为基础,而不以个人心理学为基础。它着重研究各种群体行为方式。它也常被叫做"组织行为学"。这里的组织可以是公司、政府机关、医院或任何一种事业中一组群体关系的系统或模式。最早的代表人物和研究活动是梅奥和霍桑试验。20世纪50年代,美国管理学家克里斯·阿吉里斯(Chris Argyris)提出"不成熟—成熟交替循环的模式",参见本书第十一章。

(四)经验(或案例)学派

该学派通过分析经验(常常就是案例)来研究管理。其依据是,管理学者和实际管理工作者通过研究各式各样的成功和失败的管理案例,就能理解管理问题,自然地学会有效地进行管理。最早提出这一见解的是美国哈佛大学的几位教授。很多学者认为,严格地说,该学派的主张实质是传授管理知识的一种方法,称为"案例教学"。代表人物有戴尔(Ernest Dale),代表作有《伟大的组织者》、《管理:理论和实践》等;德鲁克(Peter Drucker),代表作有《有效的管理者》等。

(五)社会合作系统学派

该学派从社会学的角度来分析各类组织。该学派将组织看做是一种社会系统,是一种人的相互关系的协作体系,组织是社会大系统中的一部分,受到社会环境各方面因素的影响。管理人员的作用就是要围绕着物质的、生物的和社会的(群体的相互作用、态度和信息)因素去适应总的合作系统。美国的切斯特·巴纳德(Chester Barnard)是该学派的创始人,他的著作《经理的职能》对该学派有很大的影响。该学派的理论有以下一些要点:

1. 正式组织的存在有三个条件:共同的目的、协作的愿望和信息的沟通。

2. 组织继续生存将取决于在组织实现目标的过程中是否使成员树立达到个人的目的,取决于组织对环境适应的程度。

3. 经理人员的职能有三条:建立和维持一套信息传递的系统;善于激励组织成员为实现组织目标而作出贡献;确定组织目标。

(六)社会技术系统学派

该学派的创始人是特里司特(E. L. Trist)及其在英国塔维斯托克研究所中的同事。他们通过对英国煤矿中长壁采煤法生产问题的研究,认为在管理中只分析社会系统是不够的,还需要研究技术系统对人的影响。他们发现，企业中的技术系统（如机器设备和采掘方法）对社会系统有很大的影响。因此，必须把企业中的社会系统同技术系统结合起来考虑，而管理者的一项主要任务就是要确保这两个系统相互协调。因此，该学派主要研究工业工程学、人一机工程等方面。

（七）系统管理学派

第二次世界大战之后，企业组织规模日益扩大，企业内部的组织结构也更加复杂，从而提出了一个重要的管理课题，即如何从企业整体的要求出发，处理好企业组织内部各个单位或部门之间的相互关系，保证组织整体的有效运转。以往的管理理论都只侧重于管理的某一个方面，它们或者侧重于生产技术过程的管理，或者侧重于人际关系，或者侧重一般的组织结构问题。为了解决组织整体的效率问题，20 世纪 60 年代系统理论（The theory of system management）于是产生了。

该学派主要代表人物是卡斯特（Fremont E. Kast）、罗森茨韦克（Jame E. Rosenzweig）等美国管理学家。理查德·约翰逊、弗里蒙特·卡斯特和詹姆斯·罗森茨韦克于 1963 年共同撰写了《系统理论与管理》一书，比较全面地阐述了管理的系统理论。1970 年卡斯特和罗森茨韦克又合作出版了《组织与管理——系统方法与权变方法》一书，进一步充实了这一理论。卡斯特和罗森茨韦克认为："必须以整个组织系统作为研究管理的出发点，应该综合运用各个学派的知识，研究一切重要的分系统及其相互关系。"

该学派把一般系统理论应用到组织管理之中，运用系统研究的方法，建立起系统模型，从系统的角度分析和研究组织的管理活动和管理过程，解决管理问题。该学派的主要内容包括系统观点、系统分析和系统管理三方面。主要观点是：

(1)组织是一个由人、财、物、任务、信息等相互联系的要素构成的开放性系统。由若干子系统组成。根据需要和不同的分类标准，可以把子系统分为目标子系统、技术子系统、社会心理子系统、组织结构子系统和外界因素子系统等多种类型，子系统还可以再分解。

(2)组织的子系统之间相互依存，局部最优并不等于整体最优。组织内子系统协同工作力求获得协同效应，即获得比子系统单独工作更大的成功。例如迪斯尼的电影、主题公园、电视节目和商品特许相互之间都有互惠的作用。公司还可以从电影音乐、电脑游戏和其他特许权如午餐盒、服装、玩具等中获得额外的收益。协同也是宝洁公司收购吉得公司、百事可乐公司收购肯基公司的重要目的。对于经理人来说，协同是一个重要概念，它可以创造出和谐的气氛。

(3)组织是一个开放的系统，同外界环境系统相互作用，并不断地自我调节以适应环境的变化。当组织不再关注环境的反馈并作出适当的修正时，它就会陷入失败。熵（Entropy）是反应系统衰落的正态过程的概念。从系统管理的观点看，管理的主要目标就是不断赋予组织活力，减少组织中的熵。

孔茨承认每一个学派都对管理理论的发展作出了贡献，但仍指出，不应把管理内容和管理工具混淆起来。例如，不应将行为科学学派、数量学派等等同于管理，而应将它们视为管理人员的工具。"毫无疑问，运筹法之类的数学方法和模型制作方法是完全适用于企业管理科学理论中的计划和控制领域的，多数企业管理学家都懂得这一点"。因此，孔茨的结论是管理学是在走向分歧，而并不是在走向统一。"无疑形成一种适用的管理理论和科学的进程是缓慢的，无疑我们仍旧未能就管理的科学基础获得明确的认识，也还不能清楚地表达合格管理者的确切含义”。[1]

在孔茨去世之后，他的同事海因茨·韦里克(Heinz Weihrich)继续了管理理论丛林的分类，他认为在孔茨对管理理论进行分类以来，这个“丛林”里的“植物”生态结构发生了一些变化，一些新的理论或方法发展了，但管理学理论的发展，仍然具有“丛林”的特色。

【案例 3.6】

法国骑兵和马木留克骑兵

埃及的马木留克骑兵，可能是世界上最专业的骑兵。在公元 1798 年，马木留克骑兵被入侵的法国军队两次重创后而逐渐覆没，埃及的马木留克王朝也随之灭亡了，而这支法国远征军的统帅就是拿破仑。拿破仑曾在一则日记中描述过马木留克骑兵与法国骑兵之间的战斗情形，法国骑兵骑术不精但纪律严明；马木留克骑兵骑术和剑术都很精湛，但缺乏纪律和组织性，两军对垒时，“2 个马木留克骑兵绝对能打赢 3 个法国兵；100 个法国兵与 100 个马木留克兵势均力敌；300 个法国兵大都能战胜 300 个马木留克兵，而 1000 个法国兵总能打败 1500 个马木留克兵”。针对这种情况，马克思也曾评价说：“许多人的协作，许多人力量的融合，会产生一种新的力量。”

问题：结合有关的管理理论分析这个案例说明了什么道理。

(八)决策理论学派

该学派的观点是，决策是管理的主要任务，因而应集中研究决策问题，而管理是以决策为特征的，所以管理理论应围绕决策这个核心来建立。这一学派是在社会合作系统学派的基础上发展起来的，他们把第二次世界大战以后发展起来的系统理论、运筹学、计算机科学等综合运用于管理决策问题，形成了一个有关决策过程、准则、类型及方法的较完整的理论体系。主要代表人物是曾获诺贝尔经济学奖的赫伯特·西蒙(Herbert Simon)。其理论要点如下：

(1)决策贯穿于管理的全过程，管理就是决策。

(2)决策是一个复杂的过程，包括四个阶段：搜集情况阶段；拟定计划阶段；选定计划阶段；评价计划阶段。

(3)在决策标准上，用“令人满意”的准则代替“最优化”准则。

(4)组织的决策根据其活动是否反复出现，可分为程序化决策和非程序决策；根据决策条件可分为肯定型决策、风险型决策和非肯定型决策。每一种决策所采用的方法和技术都是不同的。

(九)管理科学学派

尽管各种管理理论学派都在一定程度上应用数学方法，但只有管理科学学派把管理看成是一个数学模型和程序的系统。第二次世界大战时期，英国为解决国防需要而产生运筹学，发展了新的数学分析和计算技术，例如线性规划、排队论、博弈论、系统分析等，这些成果应用于管理工作就产生了管理科学理论。这一理论的代表人物是美国学者伯法(E. S. Buf-

---

① Harold Koontz and Heinz Weihrich. Management. 10th edition. New York: McGraw-Hill Inc. , Ch. 2, 1993.

fa)等人，这个学派的人士有时颇为自负地给自己取上一个“管理科学家”的美名。这些人的一个永恒的信念是，只要管理、组织、计划、决策是一个逻辑过程，就能用数学符号和运算关系来予以表示。但从本质上来说，它是泰罗的科学管理理论的继承和发展。

管理科学理论是指以现代自然科学和技术科学的最新成果(如先进的数学方法、电子计算机技术以及系统论、信息论、控制论等)为手段，运用数学模型，对管理领域中的人力、物力、财力进行系统的定量的分析，并作出最优规划和决策的理论。它的提出使管理从以往定性的描述走向了定量的预测阶段，同时它的应用对管理水平和效率的提高也起到了很大作用。目前较为成熟的管理科学模型有：决策理论模型、盈亏平衡点模型、库存模型、网络模型、排队模型、资源配置模型、对策模型等。

管理科学理论发展到今天，存在着研究侧重点不同的许多分支。主要的见表 3-4所示。

表 3-4 管理科学理论的研究分支

定量管理	运用线形规划、排队理论等数学技术来帮助管理者进行决策。
运作管理	为管理者提供工作设计与研究、设施选址规划与布置、库存管理、生产计划编制、项目管理等定量化的研究方法，用来分析组织生产系统任何一方面。
全面质量管理	采用统计技术和计算机技术对组织的投入、转化和产出活动进行分析，以提高产品质量。
管理信息系统	以人为主导，利用计算机硬件、软件、网络通信设备以及其他办公设备，进行信息的收集、传输、加工、储存、更新和维护，以企业战略竞优、提高效益和效率为目的，支持企业的高层决策、中层控制、基层运作的集成化的人机系统。

(十)权变理论学派

权变理论(The theory of contingency)又被称为“随机应变法”、“情况决定论”、“管理情景论”或“形势管理论”等等，是 20 世纪 70 年代在美国形成的一种管理理论。美国管理心理学家约翰·莫尔斯(J. J. Morse)和杰伊·洛希(J. W. Lorscn)，他们在 1970 年的《超 Y 理论》一文和 1974 年出版的《组织及其他成员：权变法》一书就提出权变的观点，认为没有什么一成不变的、普遍适用的最佳的管理方式，必须根据组织内外环境自变量和管理思想及管理技术等因变量之间的函数关系，灵活地采取相应的管理措施，管理方式要适合于工作性质、成员素质等。这一学派的代表人物是美国尼布拉加斯大学教授卢桑斯(Fred Luthans)，他在 1976 年出版的《管理导论：一种权变学》一书中系统地概括了权变管理理论。

该学派认为：在给定的情境下，适当的管理行为取决于这一情境下的独特要素。强调管理者的实际工作取决于所处的环境条件，管理者要根据组织所处的内外部条件随机应变，没有什么一成不变、普遍适用的“最好的”管理理论和方法。

【案例 3.7】

该不该罚款

天杭是一家纺织公司，王明是公司的经理，这家公司经过几年发展已经粗具规模，该公司的精神是：团结、守纪、高效、创新，严格管理和团队协作是该厂两大特色。该公司规定：员工迟到和早退一次罚款 50 元。2008 年 1 月 12 日，全国范围内的“雪灾”让该市遇到了历史上少有的大雪天气，路面积雪和结冰严重，全市的交通几乎陷入瘫痪，结果当天全厂有90%的职工迟到。针对这种情况，王明做出决定，迟到员工一律免罚20元，并宣布当天提早下班2小时，以方便职工。

问题：王明的处理对吗？请结合有关的管理理论说明你的理由。

（十一）经理角色学派

该学派是20世纪70年代在西方出现的最新的一个管理学派，且同时受到管理学者和实际管理者的重视。该学派主要通过观察经理的实际活动来明确经理角色的内容。也有人对经理（从总经理到领班）的实际工作进行研究，但把这种研究发展成为一个众所周知的学派的却是明茨伯格。加拿大管理学家亨利·明茨伯格是该学派的主要代表人物，1973年出版的《经理工作的性质》是他的主要代表作，也是经理角色学派最早出版的经典著作。（参见本书第二章第一节）

虽然孔茨的"管理理论丛林"对现代管理思想有了较为完整的总结，但还是有些管理思想没有被提及。

【案例3.8】

管理理论真能解决实际问题吗？①

海伦、汉克、乔、萨利4人都是美国西南金属制品公司的管理人员。海伦和乔负责产品销售，汉克和萨利负责生产。他们刚参加过在大学举办的为期5天的管理培训班学习。在培训班里主要学习了权变理论、社会系统理论和一些有关职工激励方面的内容。他们对所学的理论有不同的看法，正展开激烈的争论。

乔说："我认为社会系统理论对于像我们这样的公司是很有用的。例如，如果生产工人偷工减料或做手脚的话，如果原材料价格上涨的话，就会影响到我们的产品销售。系统理论中讲的环境影响与我们公司的情况很相似。我的意思是，在目前这种经济环境中，一个公司会受到环境的巨大影响。在油价暴涨时期，我们当时还能控制自己的公司。现在呢？我们要想在销售方面每前进一步，都要经过艰苦的战斗。这方面的艰苦，我们大概都深有体会吧？"

萨利插话说："你的意思我明白。我们的确有过艰苦的时期，但我不认为这与社会系统理论之间有什么必然的联系。我们曾在这种经济系统中受过伤害。当然，你可以认为这与系统理论是一致的。但是我并不认为我们就有采用社会系统理论的必要。如果每个东西都是一个系统，而所有的系统都能对某一个系统产生影响的话，我们又怎么能预见到这些影响呢？所以，我认为，权变理论更适合我们。如果你所说的事物都是相互依存的话，系统理论又能帮我们什么忙呢？"

海伦对他们这样的讨论表示有不同的看法。她说："对社会系统理论我还没有好好地考虑。但是，我认为权变理论对我们是很有用的。虽然我们以前亦经常采用权变理论，但是我却没有意识到自己是在应用权变理论。例如，我有一些家庭主妇顾客，听到她们经常讨论关

---

① 吴照云：《管理学》，经济管理出版社2003年版，第63—64页。

于孩子和如何度过周末等问题，从她们的谈话中我就知道她们要采购什么东西了。顾客也不希望我们'逼'她们去买她们不需要的东西。我认为，如果我们花一两个小时与他们交谈的话，那肯定会扩大我们的销售量。但是，我也碰到一些截然不同的顾客，他们一定要我向他们推销产品，要我替他们在购物中做主。这些人也经常到我这里来走走，但不闲谈，而是做生意。因此，你们可以看到，我每天都在应用权变理论来对付不同的顾客呢。为了适应形势，我每天都在改变销售方式和风格，许多销售人员都是这样做的。"

汉克显得有些激动地说："我不懂这些理论是什么东西。但是，关于社会系统理论和权变理论的问题，我同意萨利的观点。教授们都把自己的理论吹得天花乱坠，他们的理论听起来很好，但是无助于我们的管理实际。对于培训班上讲的激励因素我也不同意。我认为，泰罗在很久以前就对激励问题有了正确的论述。要激励工人，就要根据他们的工作支付他们的报酬。如果工人什么也没有做，就不用付任何报酬。你们和我一样清楚，人们只是为钱工作，钱就是最好的激励。"

问题：

1. 海伦、汉克、乔和萨利的观点有什么不同？
2. 你认为管理理论与实践有什么关系？

二、管理思想的新发展

进入20世纪80年代以后，随着全球经济的发展，组织管理的实践，促成了管理新思想的不断涌现。具有代表性的有：

(一)战略管理理论

20世纪60年代末到70年代初，随着市场经济的发展，科技不断进步，市场竞争愈演愈烈，而资源供应却日益紧张。一些管理学家开始重点研究如何适应充满危机和动荡的环境的不断变化，谋求企业的生存发展，并获取长远的竞争优势。在这种背景下，来自战争的词汇"战略"开始引入管理界。

安索夫(Ansoff)1965年出版的《公司战略》，开了战略规划的先河。1975年安索夫的《战略规划到战略管理》出版，标志着现代战略管理理论体系的形成。该书将战略管理明确解释为"企业高层管理者为保证企业的持续生存和发展，通过对企业外部环境与内部条件的分析，对企业全部经营活动所进行的根本性和长远性的规划与指导"。他认为战略管理与以往经营管理不同之处在于面向未来，动态地、连续地完成从决策到实现的过程。它是有关企业长远和全局发展的谋划与策略。1980年，迈克尔·波特(M. E. Porter)的《竞争战略》一书，把战略管理的理论推向了新的高峰，书中许多思想被视为战略管理理论的经典。20世纪90年代以来，战略管理理论又有了新的发展，主要表现在对于战略联盟的研究、基于信息技术(IT)的战略管理研究、核心能力理论的研究等。参见第五章第一节。

(二)组织文化

20世纪70年代，在石油危机的冲击下，美国企业的竞争能力被大大削弱。而第二次世界大战的战败国之一日本，经过短短的二三十年的发展，迅速成为世界经济强国之一。许多美国学者在对日、美两国的企业进行比较分析之后，提出了有关文化的理论。1980年美国《商业周刊》的一期报道中首先使用了"企业文化"，而后被企业界和理论界认同。由于组织文化的特殊功能，所以这种管理理论一经问世，很快就被世界各国所接受。1981年和1982

年期间，美国先后出版了4部重要的著作，威廉·大内(William G. Ouchi)的《Z理论——美国企业怎样迎接日本的挑战》、理查德·帕斯卡尔(Richaud T. Pascale)和安东尼·阿索斯(Antony G. Athos)的《日本企业管理艺术》、特伦斯·迪尔(T. Dill)和爱伦·肯尼迪(A. Kennedy)的《企业文化》、托马斯·彼德斯(Thomas Peters)和小罗伯特·沃特曼(Robert Waterman Jr.)的《追求卓越——美国管理最佳公司的经验》，标志着组织文化理论的诞生。

组织文化是指组织在长期的生存和发展中所形成的为组织多数成员所共同遵循的基本信念、价值标准和行为规范。组织文化包含精神文化、制度文化和物质文化三个部分。详细内容请参见第四章第三节。

(三)组织再造

“再造工程”这个术语源于电子业，意思是将原有的电子产品拆开，设计出更好的版本。将再造工程这个词引入到组织，其含义是，管理人员应该一切从头开始，对组织现在用来进行价值创造和运作的程序方法重新加以考虑和设计，丢弃那些落后于信息时代的东西。詹姆斯·钱皮(James Champy)的定义是：为了飞跃性地改善成本、质量、服务、速度等重大的现代企业的运营基准，对工作流程进行根本性重新思考并彻底改革。

20世纪80年代，随着人们受教育水平的日益提高，信息技术革命使组织的经营环境和运作方式发生了很大的变化，而西方国家经济的长期低增长又使得市场竞争日益激烈，企业面临着严峻挑战。有些管理专家用3C理论阐述了这种全新的挑战，即顾客(Customer)、竞争(Competition)和变化(Change)。顾客：买卖双方关系中的主导权转移到了顾客一方。竞争使顾客对商品有了更大的选择余地；随着生活水平的不断提高，顾客对各种产品和服务也有了更高的要求。竞争：技术进步使竞争的方式和手段不断发展并发生了根本性的变化，越来越多的跨国公司在逐渐走向一体化的全球市场上，展开各种形式的竞争，美国企业面临日本、欧洲企业的竞争威胁。变化：市场需求日趋多变，产品寿命周期的单位已由“年”趋于“月”，技术进步使企业的生产、服务系统经常变化，这种变化持续不断。因此在大量生产、大量消费的环境下发展起来的企业经营管理模式已无法适应快速变化的市场。

面对这些挑战，组织只有在更高水平上进行一场根本性的改革与创新，才能在低速增长时代增强自身的竞争力。在这种背景下，结合美国企业为挑战来自日本、欧洲的威胁而展开的实际探索，1993年美国麻省理工学院教授迈克·哈默(Michael Hammer)与詹姆斯·钱比出版了《再造公司》(*Reengineering the Corporation*)一书，总结了过去几十年来成功企业的经验，阐述了生产流程、组织流程在企业决胜于市场的决定性作用，提出了应对市场变化的新方法——公司再造，在企业界和管理界引起广泛重视。由于为再造工程所做出的理论贡献，海默本人被美国《商业周刊》评为20世纪90年代最具影响力的“四大管理宗师”之一。

哈默和钱皮认为，过去我们习惯用亚当·斯密的劳动分工论来把业务流程划分为许多活动，这样可以达到专业化，提高效率，但同时也导致分工细、部门多、层级多、流程长，不适应日新月异变化的环境。20年来，没有一种管理思潮能将美国的竞争力倒转过来，包括目标管理、多样化、Z理论、零基预算、价值分析、分权、质量圈、追求卓越、结构重整、文件管理、走动管理、矩阵管理、内部创新及一分钟决策等。因此，他们提出为了能够适应新的世界竞争环境，组织必须摒弃已成惯例的运营模式和工作方法，从根本上反思业务流程，重新设计组织的经营、管理及运营方式。该理论的核心思想是根本重新思考，彻底翻新作业流程，以便在现今衡量表现的关键上，如成本、品质、服务和速度等获得戏剧性的改善。组织的再造工程是一种涉及业务流程彻底再设计的跨职能的创新。它将导致组织结构、文化、信息技术的同时变更，并在客户服务、质量、成本、速度等方面引起绩效的重大改善。思想包含四个关键词：根本、彻底、戏剧性、流程。20 世纪 90 年代，很多美国公司都在尽力地实施重大的企业组织再造工程，更多的公司对一个或若干特殊流程进行了再造。美国企业组织发现，在后工业社会中传统的做事方式已经不再有效，组织的再造工程是公司用来驱使自身迎接新经济挑战的一种方式。在实践中，凡是获得流程再造成功的企业，无一不在效益上得到巨大的提高。如 IBM 信用公司通过流程改造，实行一个通才信贷员代替过去多位专才并减少了九成作业时间的故事广为流传。①

组织再造主要涉及三个关键要素：找出组织的独特优势、评估核心的生产过程和进行横向组织设计。独特优势是指，与自己的竞争者相比，组织在哪些方面更具有优势。比如，优越的仓储条件、效率更高的分配系统、素质高的销售队伍以及更为先进的技术支持。找出组织所具有的独特优势，这对于组织的成功起着引导性的作用。管理人员需要评估组织核心的生产过程。这些核心过程对于组织取得独特优势具有明显的价值。这种过程就是指把物质材料、资本、信息、劳动力转化成顾客所需要的产品或服务的过程，当组织被看做是由一系列过程组成时——从战略计划到售后服务，管理人员就可以判断出每一个过程对组织取得的独特优势具有何种程度的重要。

组织再造要求管理人员围绕横向过程重新设计组织，这就意味着组织要引入多功能的自我管理团队，同时也意味着要最大限度地削减管理人员的数量。

大凡经历过组织再造工程而仍然保住自己职位的员工会发现，他们所做的工作不再是原先所做的工作，新的工作一般需要更广泛的技能。这包括：需要与顾客和供应商保持更多的接触；做挑战性更强的工作，承担更大的责任，取得更高的报酬。为忍受新工作带来的不稳定性和焦虑感，他们不得不抛弃长期以来所得到的工作经验，以及长期形成的正式社交关系网。

组织的再造工程主要关注的是企业组织整体和根本的运作方法，认为某些企业在运作上相当落后，有一些过时的制度和工作流程，这些不合潮流的或不合环境需要的地方不能局部性及分割性地处理，因为可能涉及基本的价值观和经营哲学，因而需要重新反省，做彻底的变革，才能有效地提高生产力。组织的再造工程在本质上意味着采用全新的方式，抛弃所有有关现在如何工作的概念；着眼于如何更好地设计工作流程以取得更好的绩效，其思想在于消除工作流程中的死角和时滞。在实际经济生活中，成功的组织再造工作是顾客驱动的。例如，从外到内审视工作流程，对公司组织意味着通过减少一些工作将有关成本削减到零，这些工作在组织内部受到关注但并不能够给顾客增加价值，比如职员与职员之间的事务、群体之间的转接等。

当组织的再造工程驱使公司按照消费者的价值观重新检查工作和工作流程时，组织更有可能围绕组织的关键性目标和核心竞争能力来组织设计流程。当然，组织的再造工程会在组织结构、文化、信息系统方面为组织带来一些根本性的变化。

在组织结构方面，由于再造工程要重新审查跨职能边界的工作流程，因此总是会引起组织结构向更为横向式的结构转变。不少公司将其职能式、层级式组织转变为一种围绕顾客

---

① 郭咸纲：《西方管理思想史》，经济管理出版社 2002 年版，第 418 页。

服务而设计的组织结构，组织的管理层级因此大大减少。经过组织的再造工程之后，组织结构更为扁平化，管理层级减少，撤除了一些检查或重复工作的职位，并放宽了总部对地区事业部一级的集中控制。伴随着对工作流程转变的设计，组织从纵向到横向得到了发展，这种工作流程的转变使组织由注重职能转向注重流程。

在组织文化方面，当公司扁平化，更多的权力转向下层时，公司文化便发生变化，低层的员工被授予决策权，并对绩效的改进负有责任。信任和对过失的宽容正在成为组织的核心文化价值观。由于再造工程，在转变行为的过程中可能出现组织核心文化价值重塑的问题。在一些公司，团队被授予有关如何更好地为顾客服务的决策权，在组织内部进行质疑与实验成为文化的一部分。

在组织的管理信息系统方面，在传统组织结构的公司中，管理信息系统一般将职能部门内的人员联系起来。但是随着工作流程向过程而不是职能的转变，管理信息系统也需要跨越部门边界。不少公司进行了组织管理信息系统的再造，将其订购、生产和发货过程的时间大大缩短；有的公司对管理信息系统进行了重新设计，以使接受采购的顾客服务代表能够迅速从公司员工的个人电脑或工作站中获得下列资料：顾客情报、最新发明信息、定价数据以及世界范围的配送日程安排等。

在企业再造取得成功的同时，另一部分学者也在探讨其在企业实施中高失败率的原因。有学者认为企业再造理论在实施中易出现的问题在于：(1)流程再造没有考虑企业的总体经营战略思想；(2)忽略作业流程之间的联结作用；(3)没有考虑经营流程的设计与管理流程的相互关系。有些管理学者通过研究流程重建的大量实例，针对再造工程的理论缺陷，发展出一种被称为“流程管理”(Manage through process，MTP)的新方法。其内容是以流程为基本的控制单元，按照企业经营战略的要求，对流程的规划、设计、构造、运转及调控等所有环节实行系统管理，全面考虑各种作业流程之间的相互配置关系以及与管理流程的适应问题。可以说，MTP是再造工程的扩展和深化，它在企业经营活动的所有流程实行统一指挥，综合协调。因此，作为一个新的管理理论和方法，企业再造仍在继续发展。

【案例 3.9】

福特汽车公司流程再造

在福特汽车公司的北美公司，其采购付款业务的流程最初是这样设计的：先由采购部将订单发送到供应商，同时将订单副本交给财会部；当供应商将货品运抵厂里后，验收单位将有关收货情况，详细登录在表格上并转交给财会部，同时供应商也会开立发票。

如果这3种购货文件相互吻合，那么财会部便会如数签发支票付款给供货方。由于业务流程十分复杂，如图3-5(a)所示，公司财会部配备了500多名工作人员，还是忙得晕头转向。后来，福特公司打破了“收到发票后才支付货款”的规定，而改为“验收货品后就支付货款”。由于取消了供应商开立发票，并将之与订货单和验收单相核对的要求，新的业务流程就相当简单：采购部在发送订货单给供货方的同时，一并将资料输入电脑联网数据库；在供应商将货品运抵验收部时，验收员利用电脑查询，看货品是否与数据库中的叙述吻合。如果吻合，验收员便收下货物，并将货品已收到的信息输入电脑数据，通过电脑内部的数据交换处理可直接签发支票给供应商。这样，以往由财会部负责的付款工作，现在改由验收人员利用电脑来处理，财会部几乎无需插手整个采购付款过程，从而实现了大幅度减员的目标，如图3-5(b)所示。比如，福特公司引擎事业部就因此将财会人员减至原来的1/20，整个北美公司财会部人员由500名减至125名。

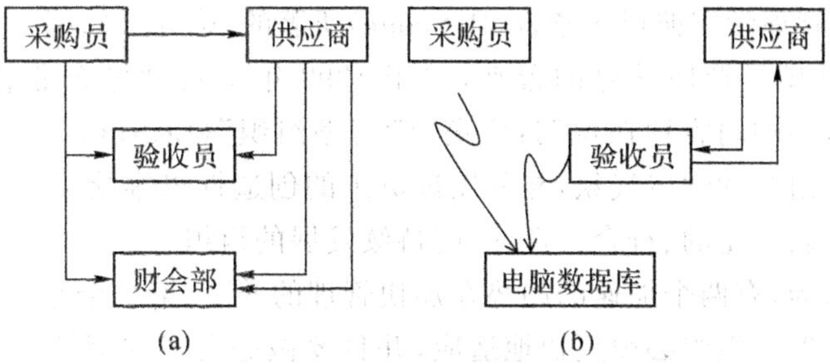

图3-5　福特汽车公司采购付款流程改革前后对比

【案例3.10】

海尔业务流程再造

1998年海尔开始实行国际化战略，在此之前海尔保持了从1984创业年平均82.8%的增长速度，公司已经发展成为国内家电行业首位。就在海尔的成功经验被国内外企业关注和学习的同时，海尔集团CEO张瑞敏却酝酿一场新的革命。1998年9月8日，一场再造运动在海尔集团内部开始了！

在一次关于"业务流程再造"的高级经理人培训会议上，海尔集团CEO张瑞敏提出了一个像脑筋急转弯的问题："石头怎样才能在水上漂起来?"在与会者众说纷纭之后，张瑞敏给出他的答案："《孙子兵法》上说：'激水之疾，至于漂石者，势也。'速度决定了石头能否漂起来。网络时代，速度同样决定了企业能否越上新的高峰！"这句话揭示了海尔"业务流程再造"是解决企业的循环与周转的速度问题。

海尔追求的速度目标就是实现"三个零"：零库存、与用户零距离、零营运资本。而海尔就是通过再造一个以订单信息流为中心的市场链流程来实现这一目标的。通俗地说，企业流程设计就是一切围绕着客户需求来运转。这好比一部出租车，乘客就是订单，乘客一上车(预交订货款)，发动机就要转(采购、配送)、方向盘要瞄着目的地丌(生产、配送)。

海尔"业务流程再造"主要是从采购和销售这一资本循环的两个重要环节入手。海尔采购和配送，过去是各个事业部各自采购，现在成立物流本部，实行集团统一采购。这一改革效果显著：不仅降低采购成本和减少了库存，并且通过择优采购使零部件产品质量整体提高。海尔的销售过去是在市场上布阵上各自为政，造成资源浪费。再造则进行商流整合，使全国销售人员减少了30%，全国的营销网络增加到2000多家。这一改革使营销成本降低，与用户实现零距离，对客户需求快速反应。海尔接到客户订单，在10天内即可完成从采购、制造到配送的全过程，而一般企业完成这个过程要36天。通过改革，海尔与商家之间实现了现款现货，资金周转速度快了，不良资产少了。

问题：结合公司再造理论来分析海尔成功的原因。

(四)学习型组织

20世纪80年代末，信息化和全球化浪潮迅速席卷世界，跨国公司力量逐日上升，跨国经营也成为大公司发展的重要战略，跨国投资不断增加。知识经济的到来使信息与知识成为重要的战略资源，而信息技术的发展又为获取这些资源提供了可能。顾客的个性化、消费的多元化决定了企业只有合理组织全球资源，在全球市场上争夺顾客，才有生存和发展的可能。1990年，美国管理学家彼得·圣吉(P. Senge)所著的《第五项修练——学习型组织的艺术与实务》出版，引起了管理学界的轰动，并于1992年荣获世界企业管理协会最高荣誉奖——开拓奖。该书的内容旨在说明：所谓"学习型组织"(Learning organizations)是指通过培养弥漫于整个组织的学习气氛，充分发挥员工的创造性思维能力而建立起来的一种有机的、高度柔性的、扁平化的、符合人性的、能持续发展的组织。

彼得·圣吉认为，有两个加速的趋势在加快管理的变革：第一个是经济全球一体化的竞争加快了变化的速度。组织必须更快地适应，并且要做好更多的事情。第二个趋势是组织技术的根本变化。传统的组织设计是用来管理以机器为基础的技术，它需要对物质资源进行稳定、有效的利用，诸如大众化生产。然而，新组织却是以知识为基础的，也就是说，组织设计的目的是用来处理思想和信息的。每一位员工都是一项或几项概念性工作项目的专家，他们不是为了效率而奋斗，以知识为基础的公司中的所有员工都必须不断地学习，并且能够识别和解决在其活动的领域中出现的问题。企业惟一持久的竞争优势源于比竞争对手学得更快更好的能力，学习型组织正是人们从工作中获得生命意义、实现共同愿望和获取竞争优势的组织蓝图；要想建立学习型组织，系统思考是必不可少的"修炼"。也就是说，组织只有主动学习，才能适应变化的环境。"应变的根本之道是学习"！在这个新的世界秩序中，管理者的责任是创造组织的学习能力。

彼得·圣吉提出了学习型组织的五项修炼，认为这五项修炼是学习型组织的技能，这"五项修炼"即在组织中建立共同愿景、自我超越、团队学习、改善心智模式和系统思考，在企业中建立一个相互关照、彼此通融的"学习型组织"，使组织形成"学习—持续改进—建立持续性竞争优势"的良性循环。未来真正杰出的企业.将是能够设法使各阶层人员全心投入，并有能力不断学习的组织。如何建立学习型组织呢？前提是进行如下五项修炼：

第一项修炼：自我超越(Personal mastery)。这是"学习型组织的精神基础"。[①] 强调组织成员应能不断认识自己，认识外界的变化，不断给予自己新的奋斗目标，全身心地投入、不断创造、不断超越，成为终身的学习者。

第二项修炼：改善心智模式(Improve mental models)。心智模式是一个人在长期的生活时间中日积月累形成的。心智模式是根深蒂固于心中，影响我们如何了解这个世界，以及如何采取行动的许多假设、成见，甚至图像、印象等，它在不知不觉中影响个人的思维方式和行为方式。书中强调组织成员要善于改变传统的认识问题的方式和方法，要用新的眼光看世界。

第三项修炼：建立共同愿景(Building shared vision)。组织有一个能实现的共同愿景，就一定能鼓舞人心，凝聚一群人，就能长久不衰。进行这项修炼的目的是强调把组织建成为一个生命共同体，包括远景、价值观、目的和使命、目标等内容。一个团体内整合共同愿景，涉及发掘共有"未来景色"的技术，它帮助组织培养其成员主动而真诚地奉献和投入。

第四项修炼：团队学习(Team learning)。目的是为了使组织成员学会集体思考，以激

---

① 彼得·圣吉：《第五项修炼》，上海三联书店1998年版，第8页。

发群体的智慧。团队学习是一种集体进行的修炼，一般采用“深度汇报”和“讨论”两种不同的团队交谈方式。由于团队成员理解彼此的感觉和想法，因此，能凭借完善的协调和一体的感觉，发挥出综合效率。团队的智慧总是高于个人的智慈。当团队真正在学习的时候，不仅团队能产生出色的效果，其个别成员的成长速度也比其他的学习方式更快。

第五项修炼：系统思考(System thinking)。强调把组织看成是一个系统，并把它融入社会的大系统中，考虑问题既要看到局部，又要看到整体；既要看到当前，又要看到长远。但对于身处局部的个人来讲，要能把握住系统的整体、全局的变化是很困难的，但我们又非得这样做不可。因此，这项修炼就是让人与组织形成系统观察、系统思考的能力，并以此来观察世界，从而决定我们正确的行动。彼得·圣吉等人十分重视第五项修炼，并认为它高于其他四项修炼。他认为系统思考是将其他各项修炼整合成一体的理论与实务，防止组织在真正实践时，将各项修炼列为互不相干的名目或一时流行的时尚。少了系统思考，就无法探究各项修炼之间如何互动。系统思考强化其他每一项修炼，并不断地提醒我们，融合整体能得到大于各部分加总的效力。系统思考语言具有三个基本元件：不断增强的回馈、反复调节的回馈及时间滞延。彼得·圣吉用这三个基本元件，提出了系统思考的若干基本模式：成长上限、舍本逐末、反应迟缓的调节环路、目标侵蚀、成长与投资不足、恶性竞争等。这些基本模式在企业中具有普遍的适用性。许多企业应用这些基本模式检视并调整其发展状况，并取得了极大的成功。

学习型组织具有如下几个特征：

(1)组织成员拥有一个共同的愿景。组织的共同愿景来源于员工个人愿景而又高于个人愿景，它是组织中所有员工共同愿望的景象，是他们共同的愿景，它能使不同个性的人凝聚在一起，朝着组织共同的目标前进。

(2)组织由多个创造性个体组成。在学习型组织中，团队是最基本的学习单位，团队本身应理解为彼此需要他人配合的一群人，组织的所有目标都是直接或间接地通过团队来达到的。

(3)善于不断学习。这是学习型组织的本质特征：一是强调“终身学习”(Lifelong learning)；二是强调“全员学习”；三是强调“全过程学习”；四是强调“团体学习”；五是强调“E化学习”(E-learning)，即电子化学习或网络化学习型组织通过保持学习的能力，及时铲除发展道路上的障碍，不断突破组织成员的极限，从而保持持续发展的态势。

(4)“地方为主”的扁平式结构。传统的企业组织通常是金字塔式的，学习型组织的结构则是扁平的，即从最上面的决策层到最下面的操作层，中间相隔的层次极少，它尽最大可能将决策权向组织结构的下层移动，让最下层单位拥有充分的自决权，并对产生的结果负责，从而形成以“地方为主”的扁平化组织结构。

(5)自主管理。“自主管理”是使组织成员能够边工作边学习并使工作和学习紧密结合的方法。通过自主管理，可由组织成员自己发现工作中的问题，自己选择伙伴组成团队，自己选定改革、进取的目标，自己进行现状调查，自己分析原因，自己制定对策，自己组织实施，自己检查效果，自己评定总结。团队成员在“自主管理”的过程中，能形成共同愿景，能以开放求实的心态互相切磋，不断学习新知识，不断进行创新，从而增加组织快速应变、创造未来的能量。

(6)组织的边界将被重新界定。学习型组织的边界的界定，建立在组织要素与外部环境要素互动关系的基础之上，超越了根据职能或部门划分的传统“法定”边界。

(7)员工家庭与事业的平衡。学习型组织努力使员工丰富的家庭生活与充实的工作生活相得益彰。学习型组织对员工承诺支持每位员工充分地自我发展，而员工也以承诺对组织的发展尽心尽力作为回报，这样，个人与组织的界限将变得模糊，工作与家庭之间的界限也将逐渐消失，两者之间的冲突必将大为减少，从而提高员工家庭生活的质量和谐的家庭关系、良好的子女教育和健全的天伦之乐，达到家庭与事业之间的平衡。

(8)领导者的新角色。在学习型组织中，领导者是设计师、仆人和教师。领导者的设计工作是一个对组织要素进行整合的过程，他不只是设计组织结构、组织政策与策略，更重要的是设计组织发展的基本理念；领导者的仆人角色表现在他对实现愿景的使命感，自觉地接受愿景的召唤；领导者作为教师的首要任务是界定真实情况，协助员工对真实情况进行正确、深刻的把握，提高他们对组织系统的了解能力，促进每个人的学习。

彼得·圣吉关于管理者如何培养学习能力的观念涉及组织自身的特征。在学习型组织中，每个人都要参与识别和解决问题，使组织能够进行不断的尝试，改善和提高它的能力。学习型组织的基本价值在于解决问题，这意味着要以独特的方式识别并满足顾客新的需要。组织通过确定新的需要并满足这些需求来提高其价值。它常常是通过新的观念和信息而不是物质的产品来实现价值的提高。

创建一个学习型组织，结合组织的具体环境不断把五项修炼运用于组织的实践中，不断学习并把学习成果用于指导组织的实践是提升组织素质的基本途径。在组织学习方面，联想集团是一个成功的典范。联想集团创建于 1984 年，经过短短 20 多年的发展，联想集团经营取得了巨大的成功，其关键因素除了市场因素、优秀领导团队等，富有特色的组织学习实践也是一个重要因素。联想集团的组织学习实践主要包括组织学习方式、学习机制和保证与促进学习机制三种。其中组织学习方式可概括为三种：(1)从合作中学习，如与惠普、英特尔、微软、东芝等世界 500 强企业保持良好的合作关系，从合作中学习合作企业的优势与长处；(2)向竞争对手和向顾客学习等；(3)从集团过去实践中所获得的经验中学习。为了把组织学习真正落实到实践中，联想集团确立了会议、教育和培训、领导议事机制、委员会和工作小组等多种学习机制，同时，通过建立共同愿望、塑造企业文化、领导以身作则、及时调整组织结构、建立健全管理制度、提高知识收集、传播和利用知识管理等保证与促进机制来推动组织的学习，在提升企业员工能力与素质的基础上，使得联想能够顺应环境的变化，健康成长。

【案例 3.11】

微软公司的学习型组织

微软公司 1975 年创办之时，人员只有 3 人，收入只有 16000 美元。如今，公司总裁比尔·盖茨已经成为世界首富，微软被称为“致力于 PC 软件开发的迄今为止世界上最大最富有的公司”。在对微软应用部门进行的一次调查中，有 88%的雇员认为微软是该行业的最佳工作场所之一。可以说，对于这样一个快速发展的公司来说，微软的人员管理是成功的。而这一切离不开微软学习型组织的建立。

为了建立学习型组织，微软提出三种学习方式：自我批评的学习、信息反馈的学习和交流共享的学习。为此，微软提出了四个原则：

一是系统地从过去和当前的研究项目与产品中学习。对应开展了五大活动：(1)事后分析活动。要求每个项目组、每个部门开发一个产品、完成一个项目都要写一份事后分析报告，着重揭露存在的问题，通过自我批评进行学习。(2)过程审计。审计过程是一个技术交换的过程，是发现先进典型的过程，是学习的过程。(3)休假会活动。每年一次，主要目的是交流信息、对付难题、提高技巧、学习文件。(4)小组间资源共享活动。鼓励不同部门的人员在不太正式场合经常交流，部门内部和部门之间定期或不定期的午餐会，或者通过电子邮件进行互访交流。(5)"自食其果"活动。要求自己的员工首先使用自己开发的产品，通过这样来进行自我反思、自我批评，从而得到学习。

二是通过数量化的信息反馈学习。把产品的质量问题分为四个不同程度的要求：整个产品不能使用；一种特性不能运行，并无替代方案；一个产品不能应用，但是可以替代；表面的、微小的问题。微软规定要把产品的质量信息公布于众，使公司有关部门的员工从中知道问题的严重性，经过反思，找出问题的关键所在。

三是以客户信息为依据进行学习。微软想尽办法获得外部学习资源，这是它成功的秘密武器。比如：为了鼓励用户提意见和咨询，产品售出 90 天内，电话费由微软付款。虽然电话费相当可观，但就是为了要发挥用户信息这个重要的学习资源。

四是促进各产品组之间的联系，通过交流共享学习成果。采取了三个措施：(1)成立共同操作、沟通系统。(2)开展相互交流活动。(3)开展"东走西瞧"活动。要求员工工作时间到各产品开发组之间多走一走、看一看，起到沟通、交流、相互学习的作用。

问题：

1. 微软提出的三种学习方式各有什么价值？你能否将之用于你的工作与学习中？

2. 你从微软的"自食其果"活动和"东走西瞧"活动中得到什么启示？

3. 结合学习型组织的理论分析微软成功的原因。

(五)战略联盟

战略联盟(Strategic alliance)可能是当今国际化运作中最时髦的方式。典型的战略联盟包括特许经营(许可证)、合资企业、企业联合、虚拟组织等。战略联盟是一种非股权联合的企业联合模式，它的出现可以用参与联盟的各企业能力的杂交产生的互补性价值，通过联盟网络获得的竞争力和资源的共享、知识的可传递性来解释，托马斯 G. 卡明斯(Cummings, 1956)将其称为"跨组织系统"(Transorganizational systems)，彼得·德莫克(Drucker, 1988)将其称为"网络组织"。这些新型组织具有无边界、无等级、动态性、高度灵活的特点。战略联盟可以有多种表现形式，常见的有：

(1)许可证(License agreement)。它从 20 世纪 90 年代开始被一些制造型公司采用，它可以使企业快速地、低成本地使用新技术，在全球销售盈利中获得竞争优势。利用许可或特许经营，企业可以通过快速地、低成本地使用新技术，扩大销售量来获得成本领先地位；或者通过许可证形成的技术创新、品牌或特殊服务来强化产品某一方面的特性，以此来增加客户价值。

(2)合资企业(Joint wenture)。它是由两个或两个以上的公司作为出资人共同创建的独立经营实体。这是战略伙伴共同承担开发成本，进入新市场的另一种途径。进入 21 世纪，许多企业利用合资企业作为组织系统锁定战略模式或战略选择的突破口，它不仅考虑组织产品和客户的范围,考虑了整个系统创造价值的所有要素,尤其要强调的是,这些要素中除了竞争对手、供应商、客户、替代品之外,还包括生产补充品的企业。

(3)企业联合型组织(Consortia)。考虑到新技术的成本,企业联合型组织可能是知识经济时代的潮流。企业联合型组织特别是在下面三种情况下更具有其独特的优势:一是企业联合型组织之间的竞争是基于技术标准的竞争。在新兴的产业中,不同的技术为市场份额而进行竞争,其竞争的结果常常依赖于采纳何种技术标准的企业数量。接纳为企业联合体的企业越多,协作网络的外部效应就越大,这样企业联合体就具有"协作网络扩散效应":企业联合型组织卖出采用某种技术标准的机器设备越多,那么,就需要更多的特定软件来支持这种技术,反过来又会增加该技术设备的销售。二是全球性规模的重要性为企业联合型组织协作网络的创造同样提供了一个理由,即与当地公司多方的联系可以降低大规模生产条件下的成本或能够在不同国家获得不同的技能及资产。三是新技术的发展起到了创建跨越多个行业业务体系的作用。企业联合体协作网络使每个特定技术领域的专家更容易合作并发掘新的市场机会,如多媒体企业联合体协作网络,它是在计算机技术基础上融合电子通信、电视及视听等技术形成的。企业联合体正在取代个体组织之间一对一的竞争,独立公司间的联合将走到一起以共享技能、资源,共担成本,共同开发市场,这将是知识经济时代企业竞争的潮流。在这种情况下,组织的管理者不仅要学会竞争,也要学会合作。

(4)虚拟组织(Virtual organization)。虚拟组织是一种企业联台形式,在美国被日益广泛采用,并为未来的国际竞争提供了一条可行的道路。虚拟组织是指由多家独立的企业为抓住和利用混沌、快速变化的市场机遇,在紧密合作和高度信任的基础上,利用现代信息技术,集成各自的优势资源,形成一个没有界限的、超越约束的、统一指挥的组织。虚拟组织主要有两大类:一类是非资本虚拟。即将生产、销售、研究开发的有关环节委托给其他组织去做,相互之间无资本联系。如耐克公司自己主要从事鞋品的研究开发,而把鞋品的生产和销售委托给其他有实力的企业去做。不用一台生产设备,耐克总公司缔造了一个遍及全球的帝国。一双耐克鞋,生产者只能获得几个美分的收益,而凭借其在全球的销售,耐克总公司却能获得几十甚至上百美元的利润。另一类是资本虚拟。如借用自己的控股和参股公司的力量,来完成某些生产制造和营销服务的功能。虚拟组织与传统企业不同。在传统的企业概念下,企业都有研究、设计、生产、营销、人事、财务等完整的功能,而虚拟组织是仅仅保留某些关键功能,而其余的一些功能则被虚拟化,它是一种围绕自身的核心能力,以现代通讯技术、信息存储技术、机器智能产品为依托,借用外部力量(比如生产商、供应商、经销商等)来形成一种网络化的动态合作经济实体,合作目的达到后,合作关系随即解散。虚拟组织看上去像是个整体,但实际上是由几个独立的组织所组成,来分担不同的生产经营管理功能。

1990 年《哈佛商业评论》第 6 期发表文章《公司核心能力》,作者建议公司将经营的焦点放在不易被抄袭的核心能力上,由此引发后来的"虚拟组织"热。1994 年出版的由史蒂文·L·戈德曼(S. L. Glodman)、罗杰·N·内格尔(R. N. Nagel)及肯尼斯·普瑞斯(K. Preiss)合著的《灵捷竞争者与虚拟组织》是反映虚拟组织理论与实践的较有代表性的著作。

(5)价值网络(Value network)。价值网络的产生源于在价值系统中不同利益主体的价值偏好和价值结构。或者说,价值网络是由利益相关者之间相互影响而形成的价值生成、分配、转移和使用的关系及其结构。长期以来,企业领导者的工作重点是制定战略,并对企业的价值链(Value chain)进行定位。但是在今天,这种关于价值创造的基本逻辑已经开始改变。新锐的企业领导者已经把价值链放在一边了，转而去营造价值网络。他们进行战略分析的重心，已经不在企业，甚至不在产业，而在于构建整个价值创造机制和系统。他们认识到，当今经济发展中的两大资源是企业组织的知识能力（或能力要素）和企业的关系要素（顾客），这就要求他们运用高效率的信息技术，不断重组企业的经营业务系统，重新排列各个经营角色在自己价值网络中的地位和作用。

价值网络是由效用体系、资源选择、制度与规则、信息联系、市场格局和价值活动等基本要素构成的系统。价值网络不仅仅反映了组织间物质活动的联系，而且从组织间的效用联系、资源选择、与市场和组织内制度相联系的网络制度与规则、信息联系等方面构成了价值创造系统。价值网络使组织间联系具有交互、进化、扩展和环境依赖的生态特性，扩大了企业的动态发展空间，从而促进价值创造，改进价值识别体系，扩大资源的价值影响。

（6）价值星系（Value constellation）。所谓的价值星系是一个企业间的中间组织，是一个企业引力集合的创造价值的系统。这个系统的各成员，包括作为“恒星”企业的经纪人公司、模块生产企业、供应商、经销商、合伙人、顾客等，共同“合作创造”价值，通过“成员组合”方式进行角色与关系的重塑，经由新的角色，以新的协同关系再创价值。

哥本哈根商学院客座教授、哈佛大学访问学者理查德·诺曼和法国尖商学院管理学与人力资源学教授拉菲尔·拉米雷兹（Normann and Ramirez，1993）在《从价值链到价值星系：设计互动战略》一文中指出：“更多的是，成功的公司不仅仅是增加价值，它们重新发明价值。一个成功的企业，战略分析的重心，并非只界定某特定产业或企业，而是必须聚焦于创造价值的系统（The value-creating system）本身。在系统内与不同的经济行为主体——供应商、商业伙伴、同盟者、顾客等一起工作，共同创造价值，通过‘成员组合’方式进行角色与关系的重塑，经由新的角色，以新的协同关系再创价值。”诺曼和拉米雷兹主张，以互联网为“促成技术”进行知识交流，厂商与顾客的关系重新组合，与供应商、合作者、战略联盟、竞争对手、员工、顾客等共同创造价值，各产业成员组成共创价值、共享成果，如星系四周密布网状价值链的价值星系。这就形成了横向、纵向交织的网状形态的、全社会各行各业的价值链交织在一起的更为复杂的价值星系。企业不能够再被简单地理解为传统的线性结构价值链，而是陷入一种结构更为复杂的、包含多个产业的价值星系。像思科、戴尔、苹果公司、耐克、美国第三大计算机制造商 Gateway、家具制造商 Mille SQA、在家交货创新者 streamline.com、瑞典家具制造商宜家等公司，已走在了创建价值星系的前列。价值星系是围绕处于中心位置的顾客而构成的。价值星系能及时捕捉顾客的真实需求，并将其用数字化方式传递给其他网络伙伴；信息与材料流的路径是与不同的顾客群的服务需求和优先权相连的。顾客——供应商关系是一种共存、交互作用的增值关系。

价值星系模式优于基于供应链思想的传统业务模式。主要体现在如下几个方面：①与客户保持一致（Customer-aligned）。客户选择引发价值星系中的采购、生产与交货活动。不同的客户群接受定制服务“包”的定制化解决方案服务；客户指挥价值星系，而不是供应链产品的消极接受者。②合作与系统化（Collaborative and systemic）。公司致力于使供应商、客户甚至竞争对手构成一个共同增值的价值星系；每一种活动都被委派给能最有效地完成它的合作伙伴。运营活动的许多重要部分被委派给专业提供商；因为合作、广泛的交流与信息管理，使得整个价值星系能完美无缺地交付产品。③敏捷（Agile）与可伸缩（Scalable）。对需求变化、新产品上市、快速增长或供应商网络再造的响应，都是通过敏捷的生产、分销和信息流设计来保证的。受实体限制的约束被减少或消除。经营资金要求减少，流程时间和步骤被压缩，有时可撤除传统供应链中的某个层次。在实体或虚拟的价值星系中，每项工作都是可伸缩的。④快速流动(Fast flow)。订单—交货(Order-to-delivery)循环迅速，并压缩了循环时间，可靠而且方便地快速交货意味着能准时、完整地将订货送到客户的工厂、办公室或家中，时间是按小时或按天度量，而不是按周或按月度量。同时，它还意味着为公司极大地降低了库存。⑤数字化(Digital)。电子商务是一种重要方法。除互联网外，信息流设计及其智能应用，是价值网的核心。新的数字信息通道连接和协调公司、客户及供应商的种种活动。基于规则的工具代替了许多经营决策，精选的实时分析软件能使经理迅速做出决策。

(六)标杆管理

标杆管理(Benchmarking)又称基准管理，是在20世纪70年代末由美国施乐公司(Xerox)首创，后经美国生产力与质量中心(American Productivity & Quality Center，APQC)系统化和规范化。按照美国生产力与质量中心对标杆管理的定义，标杆管理是一个系统的持续性的评估过程，通过不断将企业流程与世界上领先地位的企业相比较，已获得帮助企业改善经营绩效的信息。具体地说，标杆管理是企业将自己的产品、服务、生产流程、管理模式等同行业内或行业外的企业做比较，并以此为基准与本企业进行比较、分析、判断，借鉴学习他人的经验从而使自己企业得到不断改进，进入或赶超一流公司，创造优秀业绩的良性循环过程。标杆管理是改善自身的不足，从而提高竞争力，追赶或超越标杆企业的一种良性循环的管理方法。通过学习，企业重新思考和改进经营实践，这实际上是模仿、学习和创新的过程，创造自己的最佳实践。

1976年以后，一直保持着世界复印机市场垄断地位的施乐公司遇到了来自国内外，特别是日本竞争者的全方位挑战；佳能、NEC等公司以施乐的成本价销售产品且能够获利，并且产品开发周期比施乐短50%、开发人员比施乐少50%，一时间施乐的市场份额从82%直线下降到35%。施乐公司面对竞争者的威胁，开始向日本企业学习，开展了广泛而深入的标杆管理。施乐通过对比分析、寻找差距、调整战略、改变策略、重组流程，取得了非常好的成效，把失去的市场份额重新夺了回来。成功之后，施乐公司开始大范围地推广标杆管理，并选择14个经营同类产品的公司逐一考察，找出了问题的症结并采取措施。随后，摩托罗拉、IBM、杜邦、通用电气等公司纷纷仿效，实施标杆管理，在全球范围内寻找业内经营实践最好的公司进行标杆比较和超越，成功地获取了竞争优势。就此，西方企业开始把标杆管理作为获得竞争优势的重要思想和工具，通过标杆管理来优化企业实践，提高企业经营管理水平和市场竞争力。根据美国1997年的一项研究报告表明，1996年世界500强企业中有近90%的企业在日常管理活动中应用了标杆管理，其中包括AT&T、柯达、福特、IBM、施乐。

标杆管理本质是一种面向实际、面向过程的以方法为主的管理方式，它与全质量管理(TQC)流程再造思路相似。基本思想是系统优化，不断完善和持续改进。而且标杆管理可以突破企业的职能分工界限和企业性质与行业局限，它重视实际经验，强调具体的环节、界面和流程，因而更具有特色。同时，标杆管理也是一种直接的、中断式的、渐进的管理方法，其思想是企业的业务、流程、环节都可以解剖、分解和细化。企业可以根据需要，或者修正整体，或者先学习片段再学习整体，或者先从“整体”把握方向，再从“片段”具体分步实施。标杆管理是一种有目的、有目标的学习过程。通过学习，企业重新思考和设计经营模式，借助先进的模式和理念，进行本土化再造，创造出适合自己的全新最佳经营模式。这实际上就是一个模仿和创新的过程。通过标杆管理，企业能够明确产品、服务或流程方面的最高标准，然后做必要的改进来达到标准。标杆管理是市场经济发展的产物，是一种摆脱传统的封闭式管理方法的有效工具。

作为一种优秀的管理方法和管理工具，标杆管理的作用主要表现在以下几个方面：

(1)通过标杆管理，企业可以选择标杆，确定企业中长期发展战略，并与竞争对手对此分析。创定战略实施计划，并选择相应的策略与措施。

(2)标杆管理可以作为企业业绩提升与业绩评估的工具。通过辨识行业内外最佳企业业绩及其实践途径，企业可以制定业绩评估标准；然后对其业绩进行评估，同时制定相应的改善措施，企业可以明确本企业所处的地位、管理运作以及需要改进的地方，从而制定适合本企业的有效发展战略。

(3)标杆管理有助于企业建立学习型组织。实施标杆管理，有助于企业发现在产品、服务、生产流程以及管理模式方面存在哪些不足，并学习“标杆企业”的成功之处，再结合实际，将其充分运用到自己的企业当中。

【案例 3.12】

美孚石油标杆管理

美孚石油(Mobil)公司是世界上最著名的公司之一。在 1992 年，它的年收入就高达 670 亿美元，这比世界上大部分国家的收入还高，真正是富可敌国。不过，美孚的进取心是很强的，还想做得更好。于是他们在 1992 年初做了一个调查，来试图发现自己的新空间。当时美孚公司询问了服务站的 4000 位顾客什么对他们是重要的，结果发现：仅有 20%的被调查者认为价格是最重要的。其余的 80%想要三件同样的东西：一是快捷的服务，二是能提供帮助的友好员工，三是对他们的消费忠诚予以一些认可。

美孚把这三样东西简称为速度、微笑和安抚。美孚的管理层认为：论综合实力，美孚在石油企业里已经是顶级的了，但要把这三项指标拆开看，美国国内一定还有做得更好的其他企业。美孚于是组建了速度、微笑和安抚三个小组，去找速度最快、微笑最甜和回头客最多的标杆，以标杆为榜样改造美孚遍布全美的 8000 个加油站。

经过一番认真地寻找，三个标杆都找到了。速度小组锁定了潘斯克(Penske)公司。世界上赛车运动的顶级赛事是一级方程式赛车，即 F1 赛车。潘斯克公司是给“印地 500 大赛”(美国汽车大赛)提供加油服务的。在电视转播“印地 500 大赛”时，观众都目睹到这样的景象：赛车风驰电掣般冲进加油站，潘斯克的加油员一拥而上，眨眼间赛车加满油绝尘而去。美孚的速度小组经过仔细观察，总结了潘斯克之所以能快速加油的绝招：这个团队身着统一的制服，分工细致，配合默契。而且潘斯克的成功，部分归功于电子头套耳机的使用，它使每个小组成员能及时地与同事联系。于是，速度小组提出了几个有效的改革措施：首先是在加油站的外线上修建停靠点，设立快速通道，供紧急加油使用；加油站员工佩戴耳机，形成一个团队，安全岛与便利店可以保持沟通，及时为顾客提供诸如汽水一类的商品；服务人员保持统一的制服，给顾客一个专业加油站的印象。“他们总把我们误认为是管理人员，因为我们看上去非常专业。”服务员阿尔比·达第茨说。

微笑小组锁定了丽嘉一卡尔顿酒店作为温馨服务的标杆。丽嘉一卡尔顿酒店号称全美最温馨的酒店，那里的服务人员总保持招牌般的甜蜜微笑，因此获得了不寻常的顾客满意度。美孚的微笑小组观察到，丽嘉一卡尔顿酒店对所有新员工进行了广泛的指导和培训，使员工们深深铭记：自己的使命就是照顾客人，使客人舒适。小组的斯威尼说："丽嘉的确独一无二，因为我们在现场学习过程中实际上都变成了其中的一部分。在休息时，我准备帮助某位入住旅客提包。我实际上活在他们的信条中。这就是我们真正要应用到自己的业务中的东西，即那种在公司里，你能很好地服务你的客户而带来的自豪。那就是丽嘉真正给我们的魔力。在我们的服务站，没有任何理由可以解释为什么我们不能有同样的自豪，不能有与丽嘉一卡尔顿酒店一样的客户服务现象。"微笑的标杆找到了。现在，用加油站服务生约翰的话说："在顾客准备驶进的时候，我已经为他准备好了汽水和薯片，有时我在油泵旁边，准备好高级无铅汽油在那儿等着，他们都很高兴——因为你记住了他们的名字。"

全美公认的回头客大王是"家庭仓库"公司。美孚于是把它作为标杆。他们从"家庭仓库"公司学到：公司中最重要的人是直接与客户打交道的人。没有致力于工作的员工，你就不可能得到终身客户。这意味着要把时间和精力投入到如何雇用和训练员工上。而过去在美孚公司，那些销售公司产品，与客户打交道的一线员工传统上被认为公司里最无足轻重的人。安抚小组的调查改变了美孚公司以往的观念，现在领导者认为自己的角色就是支持这些一线员工，使他们能够把出色的服务和微笑传递给公司的客户，传递到公司以外。

美孚在经过标杆管理之后，他们的顾客一到加油站，迎接他的是服务员真诚的微笑与问候。所有服务员都穿着整洁的制服，打着领带，配有电子头套耳机，以便能及时地将顾客的需求传递到便利店的出纳那里。希望得到快速服务的顾客可以开进站外的特设通道中，只需要几分钟，就可以完成洗车和收费的全部流程。这样做的结果是：加油站的平均年收入增长了10%。

问题：

1. 你认为你可以从美孚的标杆管理中学到什么？
2. 为你自己日常管理设定一个标杆进行学习。
3. 为取得最好的结果，你认为实施标杆管理需要注意什么问题？

（七）六西格玛管理方法

六西格玛管理方法(Six sigma discipline)在20世纪80年代中期由美国摩托罗拉公司(Motorola)首创，并在20世纪90年代末形成一股风靡世界的管理热潮。

六西格玛管理方法之所以成为一股风靡世界的管理热潮，是与企业效益的提高分不开的。20世纪80年代中期，摩托罗拉开始推行六西格玛管理方法。1987—1989年，质量水平提高了10倍，并于1988年获得了首届美国国家质量奖（马尔科姆·鲍德里奇奖）。1989—1991年，质量水平又提高了10倍，并在4年时间内节约了22亿美元。20世纪90年代中期，联合信号、通用电气等国际知名公司开始推行六西格玛管理方法，并取得了显著的经济效益。尤其是美国通用电气公司，时任总裁的杰克·韦尔奇在六西格玛管理方法的推行方面力度非常大，成效卓著，公司业绩的增长震撼了华尔街。20世纪90年代末期到21世纪初，世界上的知名公司纷纷引入六西格玛管理方法，如美国的福特(Ford)、戴尔(Dell Computer)、卡特彼勒(Caterpillar)，韩国的三星、LG，日本的东芝(Toshiba)等，并且绝大多数公司取得了明显的收益，由此掀起了六西格玛的管理热潮。

美国管理专家罗纳德·D.施尼(Snee，1993)将六西格玛管理方法定义为："寻求同时增加顾客满意和企业经济增长的经营战略途径。”美国管理咨询顾问托马斯·派兹德克(Pyzdek,1996)认为:“六西格玛管理方法是一种全新的管理企业的方式。六西格玛主要不是技术项目,而是管理项目。”我们认为六西格玛管理方法是一套系统的业务改进方法体系,是旨在持续改进企业业务流程,获得和保持企业在经营上的成功并将其经营业绩最大化的综合管理体系和使企业获得快速增长的经营方式,是实现客户满意的管理方法。它通过系统地、集成地采用质量改进流程,实现无缺陷的过程设计,即面向六西格玛的设计(Design for six sigma,OFSS),并对现有过程进行过程定义(Define)、测量(Measure)、分析(Analyze)、改进(Improve)、控制(Control),简称 DMAIC 流程,消除过程缺陷和无价值作业,从而提高质量和服务、降低成本、缩短运转周期,达到客户完全满意,增强企业竞争力。实质上,六西格玛管理方法只是一个代名词,其含义是客户驱动下的持续改进。其方法体系的运用不仅局限于解决质量问题,而且包括业务改进的各个方面,包括时间、成本、服务等各个方面。其方法体系也不仅仅是统计技术,而是一系列的管理技术和工业工程技术的集成。

六西格玛(Six Sigma)的名字源于统计学,六西格玛是对过程质量特性值变异的衡量。如果过程质量特征值服从正态分布,六西格玛是正态分布(Normal distribution)的标准差,如公差范围处于质量特征值分布的左右两侧 6 倍标准差(六西格玛)的位置,即使考虑过程分布均值出现一些漂移(一般假设 1.5 倍六西格玛),出现缺席的概率也不过是百万分之三点四。因此,六西格玛代表了一个很高的质量水平。其含义远远超出了其统计意义。可以这样说,六西格玛管理方法是一种以顾客为导向的持续改进的管理模式。

六西格玛管理方法具有以下特点:

(1)比以往更广泛的业绩改进视角,强调从顾客的关键要求以及企业经营战略焦点出发,需求业绩突破的机会,顾客和企业创造更大的价值。

(2)强调对业绩和过程的度是,通过度量,提出挑战性的目标和水平对比的平台。

(3)提供了业绩改进方法。针对不同的目的与应用领域,这种专业化的改进过程包括:六西格玛产品/服务过程改进 DMAIC 流程、六西格玛设计 DFSS 流程等。

(4)在实施上由“倡导者”(Champion)、“黑带大师”(MBB)、“黑带”(BB)、“绿带”(GB)等经过培训职责明确的人员作为组织保障。

(5)通过确定和实施六西格玛项目,完成过程改进项目。每一个项目的完成时间在 3～6 个月。

(6)明确规定成功的标准及度量方法,以及对项目完成人员的奖励。

(7)组织文化的变革是其重要的组成部分。

六西格玛管理方法的魅力在于它是企业取得和保持竞争优势、获得突破性业绩改进的管理模式。从六西格玛管理方法的本质来看,六西格玛管理方法体现了科学管理方法在企业系统和集成的应用。

(八)无边界管理

无边界管理(Borderless management)是由美籍日本管理学家、资深管理顾问大前研一(Ohmae,1990)在 1990 年提出来的。这一概念提出的背景是,随着经济全球一体化的趋势和世界各国经济的高度互相关联,跨国企业和国际管理都必须注意如何战略性地分布企业的地理布置和市场范围,因此,在全球范围内的管理系统的复杂性就由此而产生。大前研一提出无疆界世界这一概念,指出跨国公司在全球战略方面,不应囿于疆界,总部不一定要设立于自己的国家,而生产、营销、科研等也可以战略性地分布于全球各地,管理人员应以"全世界"作为经营的范围,而非某一个特点的国家或地区。这一概念对于全球化战略的制定、国际多元化投资等问题有深远的影响。

这里,应当注意全球化战略与多国化战略是不同的。按照大前研一的说法,公司进入国际范围(无疆界世界)进行经营的一个重要战略问题是:是否以及什么时候使用一种全球化战略,而不是多国化战略。全球化战略意味着产品设计和广告在全世界范围内是标准化的。多国化战略意味着在每一个国家所进行的竞争与其他国家是彼此独立的。舒曼特拉·高沙尔和克里斯多弗·A. 巴特列特(Ghoshal and Bartlett,1989)认为新的复兴的组织形式可以并且正在显现。对这种形式来说,重要的是对于世界不同地区的跨国公司的认识,它们有着各自的管理传统,每个企业都有一个基本的竞争优势来源。高沙尔和巴特列特认为,全球竞争正迫使许多这样的公司转型为跨国公司(Transnational corporate)。这些公司既要考虑到当地的实际情况,又要考虑到全球效益。另一个需要考虑的是技术转移问题,力争做到更好、更廉价、更迅速。"越国"企业是一个网络工程,组成网络的各单位各具特色,互不相同。工程既着重考虑了各地企业之间经营一体化的联系,也考虑了本部。子公司以前仅是总公司的一只胳膊,现在一跃成为总公司的宝贵财富。发达的制造技术可以渗透到任何条件许可的地方。但必须时刻关注如何从各地的具体业务中发掘出可以推广至全球范围内的商业机会。

由于全球化的考虑,企业要面对多元化(Diversity)和多文化(Multiculturalism)的问题,企业内可能有多民族的人共同工作,这些经济、文化、价值观不同的人如何共事、合作是管理学所关注的课题。严格地说,从跨国家或跨文化(Cross-culture)的角度来看,不同国家或地区之间,管理行为是有差别的,而其主要原因在于文化的差异。在这种情况下,可以说管理是有文化界限的。不同国家内人的行为,不同文化氛围的组织管理,分歧(Divergence)的趋势强于聚合(Convergence)的趋势,因为组织内人员的文化特质难以改变。荷兰国际管理学家、心理学家吉尔特·霍夫斯泰德(Hofstede,1984)在其著作《文化的重要性》一书中指出:"在一个社会中,管理受到其自身文化环境的巨大束缚,因为不可能在没有深入了解人们的价值、信仰和表达方式的情况下协调他们的行动。"霍夫斯泰德的结论建立在大量研究的基础上。他在交叉文化管理上的成果《文化的重要性》中包含了在六十多个国家的十多万次调查。

荷兰文化专家冯斯·琼潘纳斯追随着霍夫斯泰德的脚步,采用了一种类似的强迫性方法进行问卷调查。霍夫斯泰德研究基础的规模过大,导致了对其可管理和可用程度的质疑。冯斯·琼潘纳斯的课题是关于文化差异的全球化。我们是怎么想的?在某个特定环境下我们会怎么做?它会如何影响我们管理企业的方法?全球化管理的基本技巧是什么?冯斯·琼潘纳斯写道:"如果想理解其他文化,首先就必须懂得文化是一系列规则和方式。在一个特定的社会发展进程中,其文化也逐渐演化成型,并成为社会据以解决各种反复出现的问题的标准。"冯斯·琼潘纳斯认为:"国际化的经理人需要的不只是对文化差异的理解。他应该尊重差异,调和文化交叉难题,并对因此形成的多样性善加利用。国际化经理人应该调和文化难题。"他进一步说到,对于个体、组织、团体和社会而言,惟一正确的方式就是协调。"我们假设那些能够较好协调的社会在创造财富方面也会比较出色。就是说,越来越多成功的公司属于那些能够有效协调的公司。"冯斯·琼潘纳斯进一步指出:"全球化才刚刚开始,人们会逐渐理解其中的奥妙。"美国著名的管理学者、管理咨询顾问汤姆J.彼得斯是琼潘纳斯《跨越文化浪潮》一书热情的评论家，彼得斯称它是一部名著："文化优越感是错误的。如果你带着敏感和开放的耳朵——禅宗师父们称之为初学者的思维，去到别人的地方，你至少做对了一半。我认为琼潘纳斯是对的，他说我们不应控制他人的文化。即永远保持着初学者的思维是成功所必需的——少一些压力——在整个地球村中处理问题。"

无疆界世界导致了有关全球工作团队(Global team)概念的特殊问题。团队成员和成员必须学会适应他人的文化价值观和背景，学会在通常是高速变化的条件下与别人进行协作。一种称为GRIP的全球团队效率模式，主张团队应注重在四个关键方面提高共识：目标(Goal)、关系(Relationship)、信息(Information)与工作流程(Process)。这样才能使团队在高度的协作中拧成一股绳，对全球团队的需求和应用很可能将扩大。如果团队成员能够将他们不同的背景和利益融合成一种团队文化，而这种文化关注的焦点是为组织的全球目标服务，这种团队将会大大提高公司的全球竞争力。

三、管理学的现代性、超现代性与后现代性

随着知识经济时代的到来和新技术革命的发展，建立在工厂化背景下的管理学研究向着什么方向发展的问题已经成为管理学发展的重要课题。进入新世纪，管理学发展的焦点已不再是各理论流派在20世纪60～80年代"管理理论丛林"的理论流派之争，而是现代性(Modernity)、超现代性(Hyper-modernity)与后现代性(Post-modernity)之争，核心是管理学未来的发展方向和发展模式问题，它直接关系到管理学在21世纪的发展与演变。

现代性、超现代性与后现代性是一种属性，但这种属性与管理、组织等实体、过程、关系和运动结合，就构成了现代管理学(Modern management)、超现代管理学(Hyper-modern management)和后现代管理学(Post-modern management)。由此，今天的管理学研究领域中出现了坚持管理学的现代性、超现代性与后现代性三种不同的发展模式，形成了现代管理学的持续学派(Continuing school)、超现代学派(Hyper-modern school)与后现代学派(Post-modern school)三大学派并存的格局。

(一)现代管理学学派

现代管理学学派核心内涵最集中地体现在西方管理启蒙思想中，寻求对已有的管理理论进行适当的修正。在管理学研究领域内，围绕着"人—组织—技术"以及它们之间的关系来进行建构的。认为对这三个要素排列的顺序以及它们之间关系的认识不同，就形成了现代管理学"丛林"的各个理论流派。认为管理学研究的主要内容是：资本主义工厂制度造就的现代组织，以及按照其价值观、组织目标、组织结构、管理机制和管理原则确立的以人为主体中心的理性主义与个体主义、集权主义等基本价值，即西方管理启蒙思想所强调的科学精神和人文精神。基本观点是：管理学追求的终极目标始终是对科学、效率和效能的追求，主张在理性基础上吸收人本主义范式的内容来消解互联网的发展和新经济对管理学发展的冲击。认为管理学发展问题的核心是：如何在现代管理学的理论框架下对其进行适当的修正，使其适应后工业社会环境的问题。该学派主张管理学应当坚持对科学主义范式追求的理想，通过时间的隧道，使管理理论缓慢地、自然而然地、平稳地取得根本性进步。

现代模式建立在两种支配性论断的基础上：其一，建立在泰勒主义或是新泰勒主义的科学主义范式基础之上。泰勒主义倾向于强调确定性、稳定、有序、均匀和平衡，过程具有可逆

性(Reversibility),科层制度的"永恒不变"、内部稳定的等级制和人性的X理论的假设。各种假定都是以这样的基本信念为中心的,即相信在某个层次上组织及其管理是简单的,而且被一些时间可逆的基本定律所支配。因而,管理学既具有普遍性原理的适用功能,又具有对未来的预言功能。其二,建立在人际关系学派的人本主义范式基础之上。人本主义范式以新康德主义(Neo-kantianism)、现象学(Phenomenology)、诠释学(Interpretation)等哲学思潮为理论基础,强调管理学与自然科学的差异,认为组织及其管理现象的本质是人的主体精神的外化或客体化,是"精神世界"和"文化世界"。因此,认识组织及其管理现象不能用反映的方式,更不能用自然科学的方法,惟一可行的是"理解"、"感受"、"分析"或"解释"。管理学研究对象是"一种个别的、仅仅一度发生于一定时间内的事件",它只能运用"个别化方法"去进行研究。这两个支配性论断可以看成是管理学启蒙范式的核心,现代管理学不断地在对这个启蒙范式进行修正和改善,这些修正的目的就是使它更加名副其实。可以这么说,今天这种启蒙范式仍然在不断地影响着管理学的发展。这种情况引起了明茨伯格、布坎南、奎因、埃克尔斯等人的忧虑。明茨伯格等人提出理性与直觉的结合来取代现代管理的理性范式,奎因则主张管理学发展模式的合理的逻辑渐进主义(Logical incrementalism),埃克尔斯等人则主张用生物学隐喻来取代理性范式的机械论隐喻。管理学界一般把它们归为后理性主义(Post-rationalism)。

现代管理学学派主张管理理论应当缓慢地、自然而然地、平稳地取得根本性进步。这种进步表现在系统管理学派用开放系统取代古典管理学的封闭系统;用肯尼斯 J. 阿罗的有限理性(Bounded rationality)取代古典管理学的理性主义;用赫伯特 A. 西蒙的"管理人"与合理化或是满意解取代古典管理学的"经济人"和最大化或最优化;用动态均衡取代古典管理学的静态均衡;用团队管理范式取代高度科层化、严格的等级层级、规章制度以及非人性的、正式的关系的科层制组织范式;以垂直整合组织形式的解体和组织灵活性的日益加强,大型组织缩小规模,合同承包越来越多地被采用作为特征,将组织分散为更具自主性经营单位的"后福特主义"(Post-fordist)组织结构模式取代大规模提供标准化产品以及控制市场的"福特主义"(Fordist)生产方式;以包含自主性(Autonomy)、知识工人(Knowledge workers)、授权(Empowerment)、扁平型组织结构(Flat structure)、有机体(Organism)、员工自我控制(Self-control)、任务导向(Task orientation)等概念的"基于知识的,本质上是自我传导的"组织范式取代传统泰勒主义的"他组织"或"被组织"范式;等等。

(二)超现代学派

超现代学派以美国管理学家汤姆·彼得斯(Tom J. Peters)为代表。

彼得斯在其与小罗伯特·沃特曼合作的《追求卓越》(*In Search of Excellence*,1982)中把高生产率归功于个体企业的特质。彼得斯认为,我们正处在"一个自相矛盾的时代"(The age of paradox),新组织架构范例都是以没有明显结构而著称,像CNN、ABB这样的企业,通过高度灵活的架构,随时调整,适应了商业需求。自由流动、不受限制、无规则的、简单但复杂,这些都是未来看似自相矛盾的架构,"明天,卓有成效的组织在每一天都会有所不同。"在《混沌中的生机》(*Thriving on Chaos*,1988),彼得斯指出:"没有卓越的企业",因为《追求卓越》所描述的多数企业的运营都不再是处于平均水平之上。换言之,他最初的理论是一个失败,《追求卓越》中所提到的企业的成功看来都是偶然的。"过去曾假定为稳定的、可预测的环境已不存在,需要将混沌当成是一种既定的条件,学会在混沌之中求生机。"几年之后,彼得斯出版了《解放型管理》(*Liberation Management*,1992)一书,他反复强调了"时尚"这个概念,"我们如今都身处在米兰高级时装和好莱坞电影业之中","这本书的全部活力都来自一个词,那就是时尚。计算机和微处理器的生命周期已经从年压缩到月。"具有新的模式的组织快速发展,并保持下去,努力在市场上搜寻着能够显示自己独特之处的新领域。在这本书中,彼得斯阐述了后现代企业及管理的一些特点:推崇混乱、学习乐于冒险;四大短命——短命组织、短命组合、短命产品、短命市场;不要时钟,不要办公室,只要绩效;解放员工,鼓励释放创业活力;组织解体,走向人人做项目之路;摒弃垂直整合,走向网络联盟。彼得斯十分推崇麦肯锡的管理模式。他说:"麦肯锡任何一个地方都像一个动物园。事实上,我花了10年时间才认识到这家组织奇怪的知识商团。以传统标准来评判,这里管理十分'差劲'。例如,没有工作说明书,没有组织图,没有年度目标,业绩评估制度也深奥难懂。但在今天由知识创造附加值的时代,它几乎成为每家公司的楷模。"[①]《解放型管理》(中文版153页)提出了言之较易,却行之极难的迈向优质管理的两个步骤:一是为组织设定明确的任务或目的;二是给人们实践和失败的机会。通过允许失败,员工们将找到获得成功的新方法,这不仅是为他们自己,也是为了整个组织。他认为,我们告别了命令和控制的时代,迎来了一个以"好奇、创造力和发挥想象力的新时代"。

超现代学派认为组织管理实践中存在着偶然性、随机性、非理性和不确定性,不确定性并不排斥确定性,确定性中包含着不确定性,或者说不确定性是绝对的,确定性是相对的。主张接受超现代性所带来的危机,强调在混沌中求发展,通过建立一种认同感来承认非理性、不确定性、偶然性和瞬时性的价值,不断地破坏所有的障碍和藩篱,用解放型管理学和追求标新立异来取代现代模式。

超现代学派的兴起是与社会经济的发展密切相关的。信息技术的革命、互联网的发展和新经济的兴起,催生了企业组织经营模式的变革,使原有的建立在工厂化背景下的理代管理学理论显得不适应了。要适应未来竞争的需要,管理学必须摧毁确定性和时间可逆性在管理学范式中的主导地位,建构管理学理论的新范式。如果说现代管理学的特点是需要管理事物和人,超现代管理学的特点则是需要处理复杂性和混沌。超现代管理学隐含的管理含义是"通过把企业理解为复杂系统,经理们就能改善决策,就能找出创新的解决办法",超现代管理学是"用来说明产业的动态演变和随从人员间复杂相互作用的一个极富有前景的框架(Promising framework)和通过把概念化产业(Conceptualizing industries)视为混沌系统,使能开掘出大量的管理含义(Managerial implications),对混沌系统来说,长期预测几乎是不可能的,重大变化的发生是不能预期的。由此可以得出,灵活性和适应性对组织的生存是基本的。不过,混沌系统展示出一定程度的有序性。它能使短期预测成为可能,并且有可能辨别出内在的样式(Underlying patterns)"。超现代管理学范式主要集中于对组织及其管理实践中广泛存在的不确定性和复杂性问题的研究,在研究中引进协同论(The synergetics)、耗散结构论(Dissipative structure)、突变论(Catastrophe theory)、分维论(Dimensions theory)、分形论(Fractal theory)、超循环论(The hypercycle)、混沌论(Chaos theory)和模糊论(Ambiguity)等前沿学科的理论,力图使在超现代旗帜下开展的复杂性范式的各项研究取得突破。这些研究对整个管理学所产生的震撼,丝毫不小于20世纪早期的科学管

---

① 汤姆·彼得斯:《解放型管理》,中信出版社2006年版,第153页。

理(Scientific management)和人际关系学说(The human relations)。

超现代学派认为,今天西方现代管理学的学术危机来源于一个世纪前的选择。这种选择强调脱离语境的文本和脱离综合的分解。这种方法只教人们解构世界,却不教人们如何将解构了的世界整合复原。萨姆·E.奥维曼(Overman,1996)认为:“传统的社会科学方法是否能处理今日管理所面临的复杂而不确定的问题呢?科学逻辑和方法与管理理论和实践的结合,并不太多且成问题,因为科学探索的过时模式已减缓了我们前进的步伐!混沌和量子理论复杂性的新科学提供了有价值的隐喻与方法,连同自组织概念,耗散结构和动力学复杂性向下世纪的管理研究议程提出挑战。”英国牛津大学管理学教授维尔莫特(Willmott,1994)认为,面对超现代性带来的危机,所有的管理学权威和管理学范式都变得漏洞百出,甚至滑稽可笑。也正如爱尔兰管理学家查尔斯·汉迪(Handy,1989)所言:“我们过去习以为常的东西开始动摇,未来的形态就掌握在我们这些雕塑者手中,我们为自己而雕塑未来。”

现在,人们已经认识到,偶然性、不确定性与确定性一样,都是客观存在。在一定的条件下,确定型系统也会表现出不确定的行为,即随机的、原则上无法预测的行为。这就是混沌。随着研究的深入,人们发现,对不确定性和时间不可逆性探索的旅程将会越发艰难,留给我们的将是更多的疑问,而不是解决之道。管理学范式向不确定性(Uncertainty)和时间不可逆性(Irreversibility)方向转变,既富暗示性,也具有现实性。不确定性明确表示管理学范式不能通过短时间的分析而找出解决企业组织及其管理问题的灵丹妙药;不可逆性表明,管理学并不具备整体的可预测功能,只有局部的预测功能。

(三)后现代学派

后现代学派的选择就是要寻找一种激进的后现代模式(Post-modern model),挑战二元论的理论和实践。所谓的后现代性,是指西方管理理论的发展状态、理论实践、管理机制与组织文化在知识经济时代的重大变迁、转折。这一观点在 20 世纪 80 年代已经开始进入管理领域,到 20 世纪 90 年代中期,这种对于现代管理学基础的严重挑战或所谓的后现代管理模式被人们重视,并对当今西方现代管理学形成一定的强烈冲击。

后现代学派认为,客观的、公正的管理学认识论基础是不存在的,事实和知识是一种科学理性的权威产物的观点应当受到置疑,人们应当认识到在认识论上存在着相对性和复合性。既然我们对世界的看法不再存在毋庸置疑的固定基础,笛卡尔关于认识者与认识物的二元论观点就被这样一种观点取代:管理学知识是随组织及其管理的演化而发展的。

后现代管理模式的核心是消解、破坏和批判现代管理思想,尤其是科学主义模式的思想和方法。主要表现为对管理的理性主义和管理的普遍主义的否定,反对用单一的、确定不变的逻辑和公式来阐释和衡量现实世界,在方法论上反对管理学研究的独断论和实证技术方法的霸权,主张方法论的多元化(Diversification)和差异性(Differentiation),主张对所有的权威和不同学派奉行怀疑主义。

严格地说,后现代管理学并不是一个新的时代,而是要重写现代管理学所代表的某些特征。应当看到,在那些严谨的源流思想家那里,并没有一场“后现代管理学”对“现代管理学”的革命召唤,也没有以后现代管理学替代现代管理学的宏伟纲领。事实上,这些后现代管理源流思想家之间有不小的差异,有些甚至是相互对立的。他们各自从不同方面对管理启蒙以来的管理理性主义传统提出了不同性质的问题,有些是建设性的,有些是挑战性的、解构性的和颠覆性的,但其中没有任何一位管理学家把自己的理论视为彻底瓦解这一传统的“思想武器”，也从未声称能够全面取代管理理性主义在组织及其管理等各个方面的实践。后现代学派的目的是要动摇管理实践与解释之间的那种通常习以为常的推导关系，特别是20世纪初以后发展起来的现代管理理论与实践，解构以各种管理原则、管理方式和技巧及其隐含的人际关系准则来确立管理学应包含的世界观的思维方式。后现代学派的管理学家高举反传统、反权威的旗帜，力图颠覆和解构现代管理学的理论体系。后现代学派强调组织及其管理的每一个对象、它所处的环境或包括主客体关系在内的“关系”，以及它的由来或“记忆”，都不是相同的，不具有明确的边界或时段，对它们的研究都有各自的环境和游戏规则。因此，管理学的普遍性特征并不存在，管理的普遍性理应受到挑战。

从某种意义上说，后现代管理模式是一种反传统的人本主义，其方法论则将人性与科学、竞争与协作看成是互补的整体，力求进行整合，并用伙伴关系和信任机制取代企业之间的对抗、规则与人性的对立、厂商与顾客的对立，以及竞争对手之间的相持。这种思维方式颇似中国古代哲学的“天人合一”、“和而不同”的思想。在后现代管理学家眼中，现代管理学的“知识”根本就不能称为“真理”，而是“信息知识”，它只有与特定文化背景下的具体管理问题相结合才具有知识和真理的特性；“事实”根本就不是“事实”，而是“迹象”，它是那些使用它们的人所赋予的意义。不同的人在不同的文化背景下对同样的“事实”具有不同的意义，所以，现代管理学除了在“暂时稳定”和“在使用中不断构造”的意义存在之外，不存在持续而长久的含义。当然，后现代模式并不否定现代模式的价值和用处，而是在现代模式中寻找“合理性”，这不是为新的思维和行动寻找坚实的基础，只是寻找一种“合理的”出发点。后现代学派强调，管理学的性质具有两个特征：其一，强调管理学是历史科学的，而不是逻辑的、整体的，也不是分析的、定性的和定量的；其二，管理学者进行管理学研究的身份不是观察者(Observer)，也不是以观察者身份的参与者(Participant as observer)，而是参与者或以参与者身份的观察者(Observer as participant)来进行管理学研究的，其角度是认为组织的概念和边界是研究者与实际操作者共同建构的行为空间，有关组织的概念和边界的知识本身就是社会建构的产物。

不可否认，管理学当前占主导地位的思维方式正在显现出一些以往没有认识到的缺陷。人们正在认识到，在很多重要的组织及其管理实践方面，传统管理学的理论已经不能很好地进行解释了。如我们对组织及其管理的了解具有局限性，包括人、组织的构成、自然和社会环境在内的所有复杂性动态系统在本质上具有的不确定性，还没有完全被我们认识，组织中人的选择和目标的多样性我们还没有完全揭示。今天，管理学发展的历史背景和动力因素也不同于过去。随着知识经济时代的到来和新技术革命的发展，建立在工厂化背景下的管理学向着什么发展方向的问题，已经成为管理学发展的重要课题。这需要我们不断地站在历史和今天两个不同的角度，从系统整体的视角出发，关注管理学的发展模式与发展方向。[①]

① http://www.chinesemanagement.com.cn。

【案例 3.13】

IBM的管理模式①

美国国际商用机器公司(IBM)创立于1911年,最初它只是一个生产计时器、穿孔卡、统计分类机、称量器具等产品的名不见经传的小公司。1924年改为现在的名字。几十年来,IBM公司在小沃森称之为"信念的力量"的鼓舞下,力求尽善尽美的服务,终于使之成为当今美国最大的电子公司,并在计算机领域居于世界领先地位。IBM是全球IT第一巨头,在过去半个多世纪中遥遥领先,与第二名拉开极大的距离,人称"蓝色巨人"。长久以来,IBM就是计算机的代名词。IBM无论在美国国内,还是在世界上,都取得了极大的成功,有着极其深远的影响。IBM目前拥有全球雇员30万多人,业务遍及160多个国家和地区。2000年,IBM公司的全球营业收入达到880多亿美元。

IBM公司的创始人是被列为美国企业史上10大名人之一的托马斯·沃森(老沃森)。老沃森对公司的最重要贡献是为IBM公司奠定了一个基调,培养了独特的企业风格。他提出了公司经营三方针:为了顾客的利益;为了员工的利益;为了股东的利益。老沃森采用家长式的管理风格,在公司中他简直就是"上帝"。老沃森系推销员出身,他工作艰辛,曾经失业,因此十分了解一般工作人员的最严重困难是职业保障。为此,IBM公司制定了职业保障政策,采取了美国少有的终身雇用制。这一政策获得雇员们的衷心拥护,并大大促进了雇员对企业的忠诚和对工作的献身精神。为避免雇员由于经理人员的偏袒或个人好恶而受到不公平待遇,在老沃森的倡导下,IBM公司推行所谓"开门政策",公司雇员有所不满,可随时向公司最高领导反映,这最终成为公司中一种正规的制度。这种政策本身,便会对管理人员产生一种温和的影响。随后,在IBM公司的工厂中取消了计件工作,雇员的成绩根据其对公司的总体贡献进行评定。所有这些政策,充分发挥了公司全部雇员的精力和才能,显著提高了雇员的士气和工作效率,也给公司本身带来了勃勃生机,对公司的发展产生了深远的影响。

老沃森的经营思想是力求使公司在各方面的工作都尽善尽美。他希望并且要求所有雇员在任何工作中,都应该有杰出的表现。他经常告诫公司人员:"订出完善的目标而未能达到,总比订出不完善的目标而轻易达到为佳。"正是由于公司敢于负担看来是不可能完成的任务,敢于做他人认为不能做到的事,才使IBM公司脱颖而出。1914年,IBM公司只有雇员1200人,年营业额300多万美元;到1937年,公司的规模扩大了10倍,人员增加到1万,营业额达到3000万美元。1945年,IBM公司终于发展成为本行业中规模最大的公司。

由于第二次世界大战对计算技术的强烈需求,1944年,IBM公司曾在人力、财力上支持哈佛大学的艾肯研究成功了世界上第一部可进行四则运算的全自动继电器计算机。差不多就在同一时期,美国宾夕法尼亚大学的莫克利和埃克特在陆军部的资助下,也在研究采用电子管的电子计算机。1945年底,一部划时代的电子计算机——埃尼阿克诞生了。

在事业发展顺利的公司里,人们习惯于认为自己的判断总是正确的。当时,没有人预见到计算机的无限前景,一般人认为世界上只需要四五部计算机就够了,老沃森也未能免俗。

① 资料来源:http://www.ibm.com。

当莫克利和埃克特自己开办的公司经营失败，两人联袂相投 IBM 公司时，竟遭到老沃森的拒绝。1950 年，他们的公司被兰德公司收购。翌年，第一台民用计算机尤尼瓦克便移交美国人口普查局使用，并率先开辟了计算机商用市场。这一事件使得 IBM 失去了一些老主顾，也使 IBM 公司落在了对手的后面。

面对这一巨大的挑战，老沃森的长子小沃森（也叫托马斯·沃森）面对现实，提出了研制新计算机的对策。老沃森果断地采纳了儿子的建议，并挑选出一名最优秀的行政人员负责这一任务。1952 年，IBM 推出了每秒运算 16000 次的 701 型大型计算机，随后又陆续推出了 702、704 和 705 等一系列电子管计算机。1956 年，IBM 公司便又远远超过了对手。也是从这时起，开始了 1956—1973 年的小沃森时代。

小沃森生于 1914 年，年轻时就读于私立学校和布朗大学。那时他就是一个很有思想的青年。1937 年，大学毕业的小沃森作为普通推销员进入 IBM 公司，很快便成为公司的一名得力推销员，并荣幸地加入了公司的“百人俱乐部”。第二次世界大战中，具有驾驶私人飞机 1000 小时经历的小沃森志愿参加了空军，曾获中校军衔。这段军队生活的锻炼，培养了小沃森的冷静头脑和坚定不移的性格。

复员回到公司后，小沃森晋升很快，1946 年成为董事，1952 年出任总裁。1956 年老沃森去世后，小沃森成为公司首席执行委员、公司最高领导人，成为 IBM 公司的第二代首脑人物。

小沃森继承了父亲的优良经营思想，并把这些思想总结为 IBM 公司之所以获得成功的 3 条信念：(1)尊重个人。在 IBM 公司的管理工作中，这一点始终处于主导地位。保障每个人的职业，尊重他们的人格，并注意培养他们。(2)尽善尽美地为顾客服务。“IBM 意味着服务”，是 IBM 公司最成功的广告。公司通过提供最佳的服务以获得良好的信誉。(3)尽最大努力做好工作。这是使得其他两条信念得以有效贯彻的力量所在。另一方面，面对周围新的挑战，小沃森在坚持贯彻企业“信念”的同时，大胆地对公司进行了改革。

过去，IBM 公司还是一个较小规模的企业，产品品种的改变也比较缓慢，公司实际上只由几个行政人员管理。但是，随着时间的推移，企业经历了急剧的变化，带来了大批的新技术、新产品和新的市场，公司的规模也有了迅速的扩大，以往的由一人作出决定的集权式结构显然不能应付。因此小沃森认识到，必须从根本上变革公司的管理结构，以适应新的形势。1956 年底，小沃森召集了公司的 100 名左右最高级人员，在弗吉尼亚州的威廉斯堡连续举行了 3 天会议，会上作出了从中央集权式经营转为分散经营的重大决定。当时的报纸幽默地报道说：“会议开始时，公司总部还像一块岩石，到大家出来时，公司便散开了。”

在 IBM 公司的历史上，这是一次划时代的会议。会议决定公司组成 6 个独立经营的事业部和 1 个世界贸易公司，所有这些部门都有相当大的独立自主性。组织结构分散的目的，是把业务部门分成多个较易管理的单位，以确保在最合适的时间和地方作出决策。公司还组成了审查各部门长期计划和重大决定的管理委员会，其成员是董事会主席、总裁以及 6 名其他最高级行政人员。同时，小沃森在自己周围聚集了一批专门人才，负责向管理委员会提供咨询和建议。其中有通晓计量经济学的经济学家，有运筹学家，还有由优秀技术人员组成的技术专家团，他们作为公司的神经中枢，积极地开展工作。

1958 年，小沃森又进行了另一项大胆的改革，即在 IBM 公司的工厂中取消了小时工资制，使 IBM 公司的每一名职工都纳入薪金制，从而取消了蓝领职工与白领职工之间的最后一项差异。这件事对于公司人员的意义，可与第二次世界大战后所做的任何革新相比，它给公司带来了任何其他方法都不可能代替的良好人际关系和高昂的士气。

使 IBM 成功的不是技术上的创新而是其营销和服务。在计算机出现的早期，就提供硬件而言，各家公司大体相当，但涉及设备的安装和服务时，许多公司就自愧不如了。早期的计算机是电子管式的。一个限制的因素就是需要找人来使这些机器运转。为满足这一需求，IBM 转而求助于多所大学。一个新的职业也就诞生了，那就是程序员或系统工程师。

每当面对重大的挑战，小沃森始终表现出现代企业家所必须具备的巨大魄力和冷静头脑。20 世纪 60 年代初，公司又遭到其他计算机公司的巨大挑战，同时本公司内部由于机型不统一，也存在着自相竞争等严重问题。对此，有人提出了通用 360 系列计算机计划，但全面实施这项计划需投资 50 亿美元，相当于美国研究原子弹的费用，由一家公司承担确实存在很大的风险。公司内部对此意见分歧，讨论再三决心难下。面对这种情况，小沃森果断地起用了坚强不屈、经验丰富的副总裁利阿森领导这一计划。经过 4 年的不懈努力，1964 年终于向世界宣布了计算机史上划时代产品——IBM360 系列计算机研制成功。自此，世界计算机界无不向 IBM 看齐，完全巩固了 IBM 公司在计算机领域的统治地位。1971 年，小沃森因心脏病发作病倒后退居执委会主席，1973 年又根据他亲手制定的 60 岁退休的规定从领导工作岗位上完全退了下来。

小沃森的努力，为 IBM 公司计算机事业的发展奠定了坚实的基础。进入 20 世纪 70 年代后，IBM 公司又陆续开发了 370 系列、303x 系列和 4300 系列计算机，对世界计算机界产生了很大的影响。但是，IBM 公司的成功，特别是 360 系列计算机的成功，使公司产生了自满情绪，因此只注意了大型通用机的研制、生产，而忽视了小型机、微型机的市场潜力，使公司的事业遭到侵蚀。但 IBM 公司毕竟有它的传统，自 1980 年起，它又在各个领域努力开发新产品，积极提高生产自动化能力，公司又向前迈出了巨大的步伐。1981 年，IBM 公司进入个人计算机市场，并开发了 16 位机，率先进入微型机的高级机时代。在不到两年的时间里，IBM 公司便超过了同行业中的苹果、坦迪等先驱公司。目前，在世界个人计算机市场上，它已掌握了 30％的市场占有率。

IBM 公司短期内在个人计算机领域获得如此巨大的成功，其原因主要有以下 6 点：(1)设计先进。公司从 1981 年进入微型机市场，即首先采用 16 位微处理器，从而大大提高了产品性能。(2)公开。软件公司一反以往保密的做法，及早公布产品规格，使一般软件公司都能据此编写软件，这样做十分有利于产品的推广、使用，并且能够以本公司产品为基础，形成软件标准。(3)多渠道销售。公司除自销外，还通过百货公司、零售公司多方推销。(4)自动化生产。公司重视高度自动化工厂的建设。在生产线上，大约每 45 秒即可生产一台计算机。(5)杀价进攻。在产品供不应求时即主动大幅度降价，以提高竞争能力。(6)采取风险管理。给公司内个人计算机开发小组以极大的自主权，公司只提供充足资金，很少进行干预，从而大大促进了开发小组的工作积极性。

1984 年，IBM 公司从业人员已近 37 万人，年销售额达 460 亿美元，在美国最大的 500 家制造公司中名列第 5 位。目前，全球约有 150 家较具规模的计算机公司在竞争世界市场，仅 IBM 一家就占有市场的 50％，在美国和世界计算机市场中，IBM 公司始终雄踞盟主地位。

20 世纪 80 年代末，IBM 开始战略调整。(1)精简组织。1986 年至 1991 年，IBM 在世界范围内裁员6万人。(2)集中经营范围。IBM卖掉了许多非计算机经营项目,复印机分部于1988年卖给柯达公司,与打字机、键盘、个人打印机相关的企业于1991年卖给克莱顿——杜彼利埃公司,ROLM电讯公司分两次于1988年和1992年卖给西门子公司。(3)调整结构,扩大分公司自主权。1991年,公司投入30亿美元改建费用,重新调整它的9个分部,各分公司自主经营。(4)扩大战略联盟。20世纪90年代,IBM各系统集成包括许多主要战略联盟,其中有西尔斯、王安及苹果等公司。1991年,IBM与德国西门子和日本东芝合资开发分离记忆集成块。IBM还拥有价值1亿美元的法国布尔集团公司的股票。1991年,IBM多媒体集团与时代沃纳公司就一个可行的电视—计算机联机项目进行合作开发。

1993年IBM公司宣布由路易斯·郭士纳(L. Gerstner)接任董事长兼首席执行总裁。这是IBM董事会为挽救败局实行的“跨行业拜帅”——郭士纳是著名的“食品大王”,原任职于美国最大的RJR食品烟草公司,只有起用这样的人才方能革除陈规陋习,带来与传统彻底决裂的契机。受命于危难之际的郭士纳,头顶着沉重的压力走马上任,他要动真格地重组IBM。郭士纳一反公司传统,半年之内果断裁员4.5万人。他彻底摧毁了旧的生产模式,下令停止了几乎所有的大型电脑生产线,打烂一切不必要的坛坛罐罐。同时,在公司如此困难之际,他还调动资金新建了北卡罗那州的PC电脑生产工厂,发誓要让IBM在PC电脑市场上重振雄威。他对技术部门说:“IBM过去在封闭和专有的舞台上扮演过角色,今天,只有傻瓜才会这样干。”他甚至下令取消穿着蓝色西装的限制,“蓝色巨人”将一改过去单色调,呈现出缤纷的色彩,不再允许老态龙钟的慢节奏。通过大刀阔斧的改革,1994年,IBM公司获得了自90年代以来第一次赢利30亿美元。初步扭转亏损局面后,郭士纳把发展目标定位于互联网络。1995年,郭士纳首次提出“以网络为中心的计算”(简称NCC),他认为网络时代是IBM重新崛起的最好契机。1995年6月5日,郭士纳以一项大胆的举措把电脑业界惊出一身冷汗:IBM斥巨资35.3亿美元强行收购了莲花(Lotus)软件公司,写下了现代商业史上极其精彩的一笔。有人形容IBM的收购计划为“如同时钟里发条与齿轮般的精确”。郭士纳看中的是网络软件Notes。郭士纳说:“莲花Notes将是IBM发展战略关键的组成部分。”他通过调查得知,莲花公司凭借Notes控制了34%以上的企业网络市场,IBM收购到Notes,将以最短的时间,从最快的捷径突进网络,世界再也不敢轻视这家正在转型的老牌公司。IBM向网络战场的两个侧翼同时发动攻势:高端大型服务器和低端PC台式终端机、笔记本电脑;正面战场则以工作站为主攻方向,RS/6000工作站电脑一炮打响——它的另一名称叫“深蓝”,击败棋王卡斯帕洛夫的传奇故事,使它成为网络时代最伟大的英雄。1995年,“蓝色巨人”重新焕发出昔日的风采,营业额首次突破了700亿,这个数字是微软公司的7倍,过去不景气的PC电脑销售额也上升了25%。郭士纳指出:“本行业一个最重要的事情,是每隔10年左右,你就有机会重新划分竞争领地。我们眼下就正处于重新划分的阶段,未来的赢家和输家都产生于此。”他代表IBM公司向世界宣布:“蓝色巨人”渴望最终打赢这场他们曾经输掉的战争。

进入21世纪之后,IBM的领导层又发生了一次变化,Samuel J. Palmisano于2000年做了IBM的总裁,两年后,接任CEO。2002年10月,IBM在全球提出了对信息产业发展具有前瞻性的“电子商务随需应变”(e-business on demand)理念,再次引爆了IT的革命。IBM为“随需应变”时代的企业勾画出蓝图:“当企业能够整合横跨其内部的各业务流程,以及与关键合作伙伴、供应商和客户之间的业务流程,即所谓整合端到端的业务流程,它就能对客户需求、市场机遇以及外来威胁做出快速灵活的反应。"IBM 正在调动全球及所有部门的力量，帮助客户向"随需应变"的企业转型。2006 年，IBM 公司的全球营业收入达到 914 亿美元。

问题：

1. 试比较老沃森与小沃森管理上的不同，分析他们各自管理成功的要素。
2. 随着管理环境的变迁，IBM 是如何调整管理模式顺应时代发展的？
3. 郭士纳为什么要向 IBM 的传统挑战？
4. 若你是 IBM 的 CEO，你认为 IBM 以往在管理上的做法哪些可沿用？为什么？

【管理实践练习 1】

管理模式设计

设想你是一家设计大学管理学教学用的计算机软件公司的创建人，公司产品销售很好，在短短的 1 年内公司的销售额已达到 750 万元，人员也扩大到 50 人，企业正处于一个快速发展的阶段。由于这方面的软件市场正在扩大，许多大公司，特别是原来只为企业提供管理软件服务的大公司也转向开发这一业务，你公司面临的竞争也正在加剧。请你结合管理理论，为你的公司设计一套合适的管理模式，其中包括：管理的风格、管理的基本制度、管理的组织结构。

【管理实践练习 2】

用一下科学管理的方法

以 4～6 名同学小组为单位，观察一下每位同学早上起床到整理床铺，完成洗漱，用秒表记录时间，观察所有的动作，研究分析完成相应工作应由哪些基本动作组成，每一动作的要求是什么，需要花多少时间，研究每个同学中哪些是错误动作、多余动作，哪些动作不标准，哪些动作花时过多。每一小组进行讨论研究，在剔除所有不必要的动作之后，把完成这项任务必需的动作按顺序列出组合成一个操作步骤，写上动作的要求和你们能做到的最短时间。对小组的同学进行训练，使所有的同学能在规定的时间与要求下完成任务。

【管理实践练习 3】

1. 在图书馆或网上查阅古代我国儒家、法家、墨家的相关管理思想，列出其主要观点，并说明哪些观点具有现实价值，对当今管理仍有指导意义。

2. 以 3～5 位同学为一个小组，查阅一位管理学者的思想，描述其思想产生的背景、主要观点、理论假设、局限性和现实应用案例，将有关资料做成 PPT 进行课堂交流。

3. 阅读一本你认为较好的管理学名著，列出其主要观点和你的读后感。

【复习思考题】

1. 试述早期管理思想的发展，并分析管理思想发展缓慢的原因。
2. 科学管理理论、一般管理理论、行政组织理论的要点有什么？
3. 什么是霍桑试验？人际关系学说的主要观点是什么？
4. 行为科学理论的研究方向主要有哪些方面？各自的代表人物和理论有哪些？
5. 管理科学理论对关系理论做出了什么样的贡献？其主要内容是什么？
6. 什么是“管理理论丛林”？谈谈你对这种现象的认识。
7. 什么是权变理论？其主要的思想是什么？在实践中是否可以加以运用？
8. 随着社会的发展，管理有哪些新的思想出现？这些思想形成的原因是什么？

第四章

管理环境

随着社会的发展,人们不断地对管理实践进行研究和总结,形成了各种管理思想。了解管理思想的演变,有助于我们深刻领悟管理的本质、管理的特性和管理的规律。

管理工作是在一定的环境条件下开展的。环境既提供了机会,也构成了威胁。环境是组织生存的土壤,它既为组织活动提供条件,也必然对组织的活动起制约作用,组织所面临的环境会影响管理行为和方式的选择,管理的有效性依赖于管理者对环境的洞察和了解,去发现机会和规避威胁,管理的方法和技巧必须因环境的变化而变化。

【本章要点】

1. 管理环境的分类及其含义
2. 环境因素的分析
3. 组织文化
4. 组织的社会责任
5. 管理道德
6. 全球化环境下的管理

【案例 4.1】

温水中的青蛙

美国康乃尔大学的研究人员做过这样一个实验:在锅里加满冷水后,把一只青蛙放进去,然后慢慢加热。水开始是凉的,变温的速度很慢,青蛙觉得比较适应和舒服,并不想跳。随着水温逐渐升高,感受到危险的青蛙决心努力跳出热锅,但为时已晚。最后,活蹦乱跳的青蛙被烫死。相反,把青蛙扔进一口沸水锅里,受到强烈刺激的青蛙奋力一跳,成功地保住了性命。实验简单,但给人的启示却很多。古人云:“有无相生,难易相成,长短相形,高下相倾,前后相随。”要避免出现青蛙的“温水效应”,就要善于居安思危。

问题:

1. 你认为我们的生活中存在类似青蛙的“温水效应”现象吗?
2. 你认为如何才能使组织保持对环境变化的敏感性,请列举 5 种策略。

第一节 管理环境及其分类

一、管理环境

管理环境(Organizational environment)是指存在于一个组织内外部的影响组织业绩的各种力量和条件因素的总和,包括组织外部环境和内部环境。组织是一个开放的系统,它和环境存在着相互交换、相互渗透、相互影响的关系,管理环境的特点制约和影响管理活动的内容和进行,管理环境的变化要求管理的内容、手段、方式、方法等随之调整。为提高管理效率,达成其管理目的,管理者必须了解组织的内外部环境因素,掌握环境变化的信息,拥有驾驭环境的能力,趋利避害,抓住机会。

二、管理环境的分类

(一)按影响因素分

管理环境影响因素可分为组织外部环境和内部环境两大类。

1. 外部环境

外部环境(External environment)是组织之外的客观存在的各种影响因素的总和。根据影响因素对组织业绩影响程度不同,可分为一般环境因素和特殊环境因素。一般环境因素(General environment),又称宏观环境因素,一般包括政治法律、经济、文化、科学技术、自然等因素。一方面,这些影响因素往往是不以个别组织的意志为转移的,具有一定的不确定性;另一方面,这些因素虽然影响不是直接的,但都有可能对组织产生某种重大的影响,能使组织面临极大的风险。因此,管理者必须加以认真分析和研究,不可掉以轻心。特殊环境因素(Specific environment),又称任务环境因素(Task environment)或微观环境因素,是指对组织目标的实现有直接影响的那些外部因素,包括资源供应者、竞争者、服务对象(顾客)、政府管理部门及社会上的各种利益代表组织。对任何一个具体的组织,其特殊环境因素会与其他组织不同。一个组织发展的不同时期其特殊环境因素也不同,管理者对本组织特殊环境因素的了解和把握情况往往会直接影响管理效益,管理者对特殊环境因素的变化也更为敏感。外部环境与管理相互作用,一定条件下甚至对管理有决定作用。外部环境制约管理活动的方向和内容。无论什么样的管理目的,管理活动都必须从客观实际出发。脱离现实环境的管理是不可能成功的。"靠山吃山,靠水吃水"一定程度上反映了外部环境对管理活动的决定作用。同时,外部环境影响管理的决策和方法。当然,管理对外部环境具有能动的反作用。

2. 内部环境

内部环境(Internal environment)是指组织内部的各种影响因素的总和。它是随组织产生而产生的,在一定条件下内部环境是可以控制和调节的,包括组织文化(组织内部气氛)和组织经营条件(组织实力)两大部分。一般而言,每一组织有其独特的组织文化和特有的经营条件,管理者要根据本组织的实际情况,制订相应的组织目标和发展战略。组织内部因素不仅与外部环境因素一样，将影响一个组织目标的制订和实现，而且还将直接影响该组织管理者的管理行为。一方面，管理是对组织内部环境中各个因素的管理；另一方面，业已存在的内部环境因素是实施管理的条件，在一定时间范围，管理只能在内部环境因素确定的条件框架内展开。

- 管理环境
  - 外部环境
    - 一般环境因素：间接影响组织业绩的外部因素
    - 特殊环境因素：直接影响组织业绩的外部因素
  - 内部环境
    - 组织文化：间接影响组织业绩的内部因素
    - 经营环境：直接影响组织业绩的内部因素

（二）按环境变化与复杂程度分

依据企业所面临环境的复杂性（指环境构成要素的类别与数量）和动态性（指环境的变化速度及这种变化的可观察和可预见程度）这两项标准，将管理环境分为四类：(1)低不确定性——简单和稳态的环境；(2)较低不确定性——复杂和稳态的环境；(3)较高不确定性——简单和动态的环境；(4)高不确定性——复杂和动态的环境。

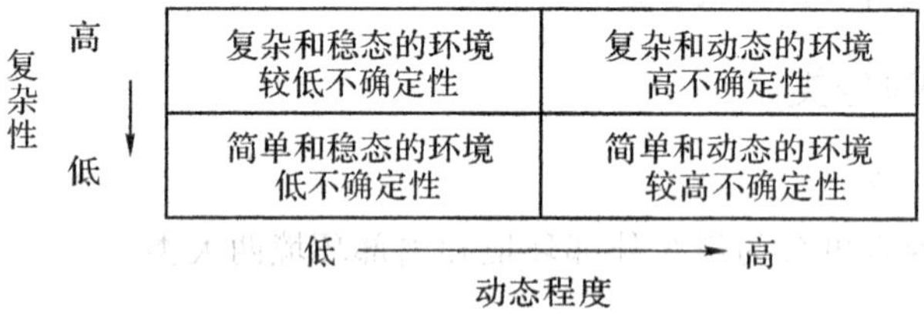

图 4-1　环境的分类

1. 简单/稳态的环境。组织所处的环境影响因素不多且相对稳定，环境因素较长时期内不会有很大的变化，如电力、铁路、橡胶企业的环境。这类组织一般是远离最终消费者和技术变化较慢的企业，具有“垄断”地位的公共服务企业，或给大公司长期配套原料的企业。环境分析的技术和知识相对简单，主要借助历史数据来分析。

2. 复杂/稳态环境。组织所处的环境影响因素多，管理人员很难把握哪些环境变量是最重要的影响因素，但环境变化不大相对稳定，如零售业、宾馆业、展览业、汽车等的环境。如汽车制造业，必须与众多的供应商、管理者的消费群体打交道，但汽车的造型和结构并没有发生本质性的改变。这类环境分析的最主要工作是确定一定时间环境的主影响因素，并深入分析其影响度。

3. 简单/动态环境。组织所处的环境影响因素不多，但这些因素会随着时间变化而变化，且变化明显，幅度较大，如家电行业、保险行业、食品制造业、服装业等。如果环境变量随时间具有明显的规律性时，就可以通过简单的技术和方法来加以处理。例如，人口出生率是决定学校、健康保险和医院规模的主要环境变量，但由于我国实行计划生育的基本国策，人口出生率与死亡率、育龄妇女、老龄人口数存在较强的相关性，所以可以通过统计推断来预测未来一段时期内我国人口的增加数。虽然我国的食品总量是可预测的，但由于消费者的口味变化很快，竞争激励，因此食品制造企业常处于这种环境中。如果环境变量随时间无规律变化时，管理人员要将重点放在考虑未来的环境状况，而不仅仅是放在过去的环境状况上。在做类似分析时，虽然没有简单易行的方法可以使用，但管理人员仍然可以通过一些结构化分析方法对环境变量的重大变化做出可能的推断，估计几种可能的状态等。

4. 复杂/动态环境。组织所处的环境影响因素多，变化大，不确定性高，难应付，如期货业、出口贸易行业、IT产业等。如eBay、阿里巴巴和亚马逊网上书店这种基于互联网的企业其环境是具有很大不确定性的，属于这类环境。在这种环境中，影响组织的环境因素错综复杂，而且随着时间而不断发生变化。有时某一种因素起主导作用，在另外一些时候其他因素又上升为关键因素，而且这种变化是如此之快，以至组织很难及时分析清楚环境变化。

随着世界经济全球化和一体化过程的加快，以及全球信息网络的建立与不断完善，组织环境的总体变化正在向复杂/动态环境发展。当然，对于一个组织处于何种环境并不是固定不变的，环境变化会使组织对环境更加难以预测和把握，因而对管理人员提出了更高的要求。组织发展的关键在于精心培育核心能力，保持战略的灵活性，同时建立资源缓冲地带，以预防环境急剧变化可能带来的威胁。

第二节 外部环境因素分析

任何一个组织都不是孤立存在的，是整个社会大系统中的一个子系统，总是与社会方方面面有着千丝万缕的联系，总要与它周围的环境发生这样或那样的联系。换句话说，组织的生存和发展要受到其所在环境的影响和制约。而且一般说来，环境的影响力量远远比某一个组织对环境产生的影响要大。正因为如此，对一个组织来说更重要的是认识所在环境的特点和适应它的变化，而不是改变它。大量研究表明，宏观环境变量对企业发展的影响在多数情况下可能比企业的内部管理和行业变量更为广泛和深刻，尽管其中的一些影响可能是间接的，并经过较长时期才显现出来。

一、一般环境因素分析

一般说来，一般环境（宏观环境）因素分析可采用PEST分析法。PEST（Political，Economic，Social，Technological）分析法是指从政治、法律、经济、社会文化和科学技术等角度，分析环境变化对本组织的影响的一种方法。

（一）政治与法律环境

政治与法律环境是指一个国家或地区的政治制度、体制、方针政策、法律法规等方面环境因素。主要是指法律、政府机构的政策法规以及各种政治团体对组织活动所采取的态度和行动及其他的一些重大政治事件。政治与法律环境的变化显著地影响着组织行为和利益。

首先，法律系统和国家政策会在一定程度上规定组织可以做什么或不可以做什么。任何一个国家都会管制其国内的组织。如国家会对企业产品有质量的要求，对其排污有指标限制等。其次，政府会出台一些政策支持或反对一些组织的活动，如对企业使用绿色技术进行减免税收的鼓励，而对垄断产业的产品定价进行限制。最后，政治的稳定性将影响企业的规划。如一个国家或地区政治与社会稳定是大多数企业顺利进行营销活动的基本前提，而内战、频繁的罢工或与外部的武装冲突往往使企业经受萧条和倒闭的痛苦，除非是靠战争发财的军火商人或是靠战乱投机的贩毒集团等等。一个国家和地区内发生的一些重大活动和事件也总是直接或间接地影响企业的经营计划和策略。

组织应通过研究政治环境，了解国家和政府当前禁止组织做什么，允许组织做什么，鼓励组织做什么，保证组织行为在正当合法、符合国家和社会利益、利于自身发展的情况下进行。

政治与法律环境对组织的影响特点是：

1. 直接性。国家政治环境直接影响着组织的设立与运行。

2. 难于预测性。对于一个小组织来说，很难预测国家政治环境的变化趋势。

3. 不可逆转性。政治环境因素一旦影响到组织，就会使组织发生十分迅速和明显的变化，而这一变化往往是组织驾驭不了的。

国内政治环境分析的主要因素：(1)政治制度；(2)政党和政党制度；(3)政治性团体；(4)党和国家的方针政策；(5)政治气氛。

国际政治环境分析的主要因素：(1)国际政治局势；(2)国际关系；(3)目标国的国内政治环境。

法律环境分析的主要因素：(1)法律规范。与企业经营密切相关的经济法律法规，如《公司法》、《中外合资经营企业法》、《合同法》、《专利法》、《劳动法》、《反不正当竞争法》、《商标法》、《税法》、《企业破产法》等。(2)国家司法执法机关。在我国主要有法院、检察院、公安机关以及各种行政执法机关。如与企业关系较为密切的行政执法机关有工商行政管理机关、税务机关、物价机关、计量管理机关、技术质量管理机关、专利机关、环境保护管理机关、政府审计机关。此外，还有一些临时性的行政执法机关，如安全、环境、卫生、物价等临时检查组织等。(3)法律意识。法律意识是法律观、法律感和法律思想的总称，是人们对法律制度的认识和评价。法律意识，最终都会物化为一定性质的法律行为，并造成一定的行为后果。(4)国际法所规定的国际法律环境和目标国的国内法律环境。

(二)经济环境

经济环境是指构成组织生存和发展的社会经济状况和国家经济政策。社会经济状况主要指国民收入、国民生产总值及其变化情况，以及通过这些指标能够反映的国民经济发展水平和发展速度。国家经济政策是国家履行经济管理职能，调控国家宏观经济水平、结构，实施国家经济发展战略的指导方针。

企业的经济环境主要由社会经济结构、经济发展水平、经济体制和宏观经济政策等4个要素构成。社会经济结构指国民经济中不同的经济成分、不同的产业部门以及社会再生产各个方面在组成国民经济整体时相互的适应性、量的比例及排列关联的状况。社会经济结构主要包括5方面的内容，即产业结构、分配结构、交换结构、消费结构、技术结构，其中最重要的是产业结构。经济发展水平是指一个国家经济发展的规模、速度和所达到的水准。经济体制是指国家经济组织的形式。经济体制规定了国家与企业、企业与企业、企业与各经济部门的关系，并通过一定的管理手段和方法，调控或影响社会经济流动的范围、内容和方式等。经济政策是指国家、政党制定的一定时期国家经济发展目标实现的战略与策略，它包括综合性的全国经济发展战略和产业政策、国民收入分配政策、价格政策、物资流通政策、金融货币政策、劳动工资政策、对外贸易政策等。

例如，低利率水平和宽松的信贷政策会刺激房地产业的销售量，快速的经济发展水平与高国民收入也会促进房地产业的发展，而在经济危机或萧条时期一般房地产业也比较低迷。

(三)社会文化环境

社会文化环境包括一个国家或地区的社会性质、人们共享的价值观、人口状况、教育程度、风俗习惯、宗教信仰等各个方面。包括人口、文化和物质三个方面。

人口因素是企业最关注的社会环境因素之一。人口是大多数产品消费市场构成的关键要素,对企业战略的制定有重大影响。例如,人口总数直接影响着社会生产总规模;人口的地理分布影响着企业的厂址和销售市场选择;人口的性别比例和年龄结构在一定程度上决定了社会需求结构,进而影响社会供给结构和企业生产的产品结构;人口的教育文化水平直接影响着企业的人力资源状况;家庭户数及其结构的变化与耐用消费品的需求和变化趋势密切相关,因而也就影响到耐用消费品的生产规模等。对人口因素的分析可以使用以下一些变量:出生率和死亡率,人口的平均寿命,人口的年龄和地区分布,人口在民族和性别上的比例变化,人口在地区教育水平和生活方式上的差异等。

文化因素对组织的影响是间接的、潜在的和持久的。文化的基本要素包括哲学、宗教、语言与文字、文学艺术等,它们共同构筑成文化系统,对组织文化有重大的影响。哲学是文化的核心部分,在整个文化中起着主导作用。我国的传统哲学基本上由宇宙论、本体论、知识论、历史哲学及人生论(道德哲学)5个方面构成,它们以各种微妙的方式渗透到文化的各个方面,发挥着强大的作用。宗教作为文化的一个侧面,在长期发展过程中与传统文化有着密切的联系,在我国文化中,宗教所占的地位并不像西方那样显著,宗教情绪也不像西方那样强烈,但其作用仍不可忽视。语言文字和文学艺术是文化的具体表现,是社会现实生活的反映,它对企业职工的心理、人生观、价值观、性格、道德及审美观点的影响及导向是不容忽视的。组织对文化环境的分析过程是企业文化建设的一个重要步骤,组织对文化环境分析的目的是要把社会文化内化为组织的内部文化,使组织行为符合环境文化的价值检验。

物质因素对组织与企业的生存和发展具有直接的影响。几乎所有企业的生产经营活动都与物质环境息息相关,企业和组织的运行离不开原材料、设备、能源和水资源等。一方面,随着工业生产活动范围的不断扩大,土地超载、耕地锐减、水土流失、森林赤字、淡水资源紧缺、不可再生的有限资源短缺、环境污染等问题日益突现;另一方面,人口和需求的大量增长,刺激企业和社会过分依赖大规模的开采消耗自然资源获得增长,其结果已导致资源的削弱、退化甚至枯竭。今后,各种资源的短缺将对企业的生产和经营活动形成很大的制约,同时有关环境保护的立法也对企业提出了很多新的要求。可以肯定,以单纯地消耗大量自然资源,来追求企业发展的经营模式将迅速被淘汰。如何以最低的环境成本确保自然资源可持续利用,将成为企业和社会发展过程中所面临的一大难题。

【案例4.2】

人口变化对企业的影响

目前世界上人口变化的主要趋向是:(1)世界人口迅速增长,已突破65亿,这意味着消费将继续增长,世界市场将继续扩大。在我国,劳动就业压力将长期存在,同时,随着人口增长,耕地减少,我国农村剩余劳动力将向非农产业转移。(2)发达资本主义国家的出生率开始下降,儿童减少,这种趋势一方面对以儿童为目标市场的企业是一种环境威胁,另一方面年轻夫妇可以有更多的闲暇和收入用于旅游、在外用餐、文体活动等,因此可为相应的企业带来市场机会。(3)许多国家人口趋于老龄化，在我国也有这种趋向，老年人市场正在逐步扩大，老年人的消费能力也在逐渐增强，因此，企业应当认真研究老年人市场的问题。(4)许多东方国家的家庭状况正在发生变化：家庭规模向小型化方向发展，几世同堂的大家庭大为减少。(5)在西方国家，非家庭住户也在迅速增加，非家庭住户包括单身成年人住户、暂时同居户和集体住户。

问题：

1. 人口变化将对哪类企业产生影响？

2. 选择一个你熟悉的企业，分析人口变化将对其产生的具体影响。

(四)科技环境

科技环境指的是组织所处的社会环境中的科技要素及与该要素直接相关的各种社会现象的集合。大体包括4个基本要素：社会科技水平、社会科技力量、国家科技体制、国家科技政策和立法。社会科技水平指科技研究的领域、科技研究成果门类分布及先进程度和科技成果的推广与应用。社会科技力量指一个国家或地区的科技研究与开发的实力。科技体制主要指科技机构的设置原则与运行方式、科技管理制度、科技推广渠道等。国家的科技政策和立法指国家对科技事业的相关立法和管理政策。

企业在进行技术环境分析时需要回答的有关技术的关键性问题有：

1. 公司拥有的主要技术是什么？
2. 公司生产产品、生产过程、业务活动主要采用了何种技术？
3. 这些技术对公司的重要程度如何？
4. 外购的零件及原材料中包含了哪些技术？
5. 上述外部技术中哪些是至关重要的？为什么？
6. 企业是否能持续地利用这些外部技术？
7. 这些技术曾经发生过何种变革？是哪些公司开创了这种变革？
8. 这些技术在未来可能会发生何种变化？
9. 公司在以往对关键技术进行了哪些投资？
10. 公司在技术上的主要竞争者以往的和计划的投资内容和投资方式如何？
11. 公司在产品的研制与设计、工艺、生产及服务等各方面进行了哪些技术投资？
12. 公司的技术对于各种应用的重要程度如何？
13. 在这些技术应用方面的投资会在多大程度上扩大企业的产品市场、增加企业盈利、增强企业的技术领先优势？
14. 对这些应用至关重要的其他技术有哪些？
15. 在各种应用中，不同的技术有哪些区别？相互竞争的技术有哪些？
16. 决定各种技术各自替代优势的因素是什么？

如今，我们已逐步从工业经济时代进入知识经济时代，经济发展从依靠自然资源、矿产资源、能源和资本为主逐步转移到主要依靠科学技术。变革性的技术正对社会发生着巨大的影响，技术成为决定人类命运和社会进步的关键所在。像经济环境一样，技术环境变化对企业的经营活动有直接而重大的影响。因此，世界上成功的企业无一不对新技术的采用予以极大的重视。与经济因素不同的是，当一种新技术给某一行业或某些企业带来增长机会的同时，可能对另一行业形成巨大的威胁。例如，晶体管的发明和生产严重危害了真空管行业；电视的出现使电影业受到沉重的打击；高性能塑料和陶瓷材料的研制和开发严重削弱了钢铁业的获利能力。

科技的高速发展像一把双刃剑，正如小说家狄更斯对第一次产业革命时代的英国所描述的："这是一个最坏的时代，/这是一个最好的时代，/这一个令人绝望的冬天，/这是一个充满希望的春天。/我们面临什么也没有，/我们面临什么都有。"因此，企业要密切关注与本企业产品有关的技术，和它们现有水平、发展趋势及发展速度，不仅要关注新材料、新工艺、新设备等硬技术，而且也要关注管理思想、管理方法、管理技术等软技术。

需要人们引起特别关注的是互联网和电子商务对社会的影响。事实证明，当今社会人们已经很难预测哪里还会出现新的商机，因为商机无处不在，无时不可能发生。例如，亚马逊的原始模式为全球最大的书店，拥有250万册销售量。但是他们很快地发现自己出售或者说顾客需求的是信息而不是传统概念的书。从1994年秋天开始，他们开通了亚马逊网(WWW.amanzon.com)，开展网上订购业务。1997年，亚马逊网卖出了它的第100万册书，这一刻它的销售额达到1.48亿美元，平均每年增长8倍。如今，亚马逊网公司注重在每时每刻通过网络与电子邮件的形式给客户最新的客户感兴趣的信息。这种与客户广泛的信息即时交流将帮助他们更好、更快、更直接地了解客户的需求，帮助公司更准确地确定目标市场，从而在扩大业务的同时大大节约成本。

二、特殊环境因素分析

不同的组织有不同的特殊环境，与一般环境相比，特殊环境对组织的影响更为直接和具体。对大多数组织而言，其特殊环境因素主要包括资源供应者、服务对象(顾客)、竞争对手、战略合作伙伴、政府相关管理部门和社会特殊利益团体。

(一)资源供应者

一个组织的资源供应者(Suppliers)是指向该组织提供各种所需资源的人或单位。这里所指的资源不仅包括设备、人力、原材料、资金，也包括信息、技术和服务等。对大多数组织来说，金融部门、政府部门、股东是其主要的资金供应者，学校毕业生就业部门、劳动人事部门、各类人员培训机构、人才市场、职业介绍所是其主要的人力资源供应者，各新闻机构、情报信息中心、咨询服务机构、政府部门是主要的信息供应者，大专院校、科研机构、发明家是技术的主要源泉。如麦当劳从可口可乐公司购买软饮料。

由于组织在其运转的每一个阶段中，都依赖于供应者的资源供应，一旦主要的资源供应者发生问题，就会导致整个组织运转的减缓或中止。因此，为了使自己避免陷入困境，管理者必须对供应商的情况有比较全面的了解和透彻的分析。组织对供应商管理的目的，一是确定在哪些条件下对哪些资源可以自行解决而哪些需要外购来解决；二是要确定哪些供应商是优质的供应者，能提供低价高质能满足需要的资源；三是如何与优质的供应者建立长期互利的关系。

(二)服务对象(顾客)

服务对象或顾客(Customers)是指一个组织为其提供产品或劳务的人或单位。如企业的客户、商店的购物者，学校中的学生和毕业用人单位、医院的病人、图书馆的读者等，都可称其为相应组织的服务对象。

任何组织之所以能够存在，是因为有一部分需要该组织的产出的服务对象的存在。如果一个组织失去了其服务对象，该组织也就失去了其自身存在的基础。一个企业如果其生产的产品无人问津，就必然走向破产；一个政党如不能为人民谋利益，公众就会抛弃它，这个政党也就会萎缩乃至消亡。

组织的服务对象是影响组织生存的主要因素，而任何一个组织的服务对象对组织来说又是一个潜在的不确定的因素。对于一个企业来说，最令其不安的莫过于顾客采取了它所不期望的行为，如许多顾客突然开始购买竞争对手的产品，要求它提供更好的服务或更低的价格等。

顾客的需求是多方面的且会经常改变，针对顾客的不同特点和市场环境的变化，想要成功地拥有顾客，管理者就必须深入市场，分析顾客，根据顾客需求的变化，及时推出新产品、新服务，满足顾客的要求。顾客分析的目的在于了解顾客为什么选择某一产品或服务，吸引顾客的是因为价格低、质量高、快速送货、可靠的服务、有趣的广告，还是推销人员的能干？如果企业不知道哪些因素吸引顾客，以及他们的选择将来可能如何变化，那么，企业最终将会失去市场上的优势地位。

【案例 4.3】

火鸟的兴衰

庞蒂亚克(Pontiac)，美国密歇根州一座城市之名。1893 年，爱德华·非在这里建立了“庞蒂亚克轻便马车公司”；这是因为当时汽车外形沿用了马车的造型，故汽车也称“无马的马车”或“轻便马车”。1900 年起爱德华·非致力于汽车研究，于 1907 年 8 月创立了奥克兰汽车公司；1908 年首次推出 4 缸发动机轿车，功率大，很有竞争力，因而得到了迅速的发展。1909 年加入通用汽车公司，并推出了欧克兰 6 缸轿车。1926 年 1 月在纽约汽车展览上，以“庞蒂亚克”命名的轿车“6 缸之冠”亮相，大受人们赞赏。因此，“庞蒂亚克”名声大振，1932 年正式使用庞蒂亚克的汽车商标。

20 世纪 50 年代中期，美国人的想法在改变，对于汽车市场他们渴求令人心动的车型。这种渴求愈来愈明显，他们希望在驾车时能表现自我、体现自身的价值。庞蒂亚克收到了最后通牒——或者改革，或者消亡。1955 年，庞蒂亚克准备用全新的 V8 发动机推出一款新车。1959 年，全新的庞蒂亚克问世了。比起路上跑的同级车，它更长、更宽、更粗犷。其强劲的风格大受欢迎，而且“宽轮距”成为庞蒂亚克的标志。由此，“宽轮距”庞蒂亚克时代开始了。1966 年庞蒂亚克首席设计师杰克·汉伯(Jack Humbert)给新车加上了一个分叉的前部、散热格栅及保险杠，还降低了车身，加装了拉力赛车用的宽胎，并且赋予这款庞蒂亚克一个趴伏、有力的外形。他们把这款车叫做火鸟(Firebird)。1967 年，当第一台火鸟跑车在街上奔驰，他是否能够继续生存还是个很大的疑问。但是，这辆时髦、极具运动感的篷顶小客车后来证明了是让庞蒂亚克公司起死回生的关键。它是“你能够卖给老年人一辆年轻男人的汽车；但是，你不可能让年轻人来买一台老年人开的汽车”理念的一个完美表现。火鸟顶级车是火鸟 400 型，装备了 335 马力的 GTO 发动机。无论火鸟装备什么样的发动机，每次看到它就像看到一种体格强壮、颇似男子汉的车趴伏在四个轮子上，立刻使你觉得这是一辆令人振奋的庞蒂亚克。为了保持火鸟的顶级地位，1969 年公司推出了特别版的火鸟——

“跨越美国”。显眼的白底和蓝条纹使人一眼就能从大街上认出它来。

正当庞蒂亚克准备推出第三代火鸟时,石油输出国组织欧佩克(OPEC)宣布石油禁运,美国经济陷入了危机。人们开始质疑拥有和驾驶大马力高油耗的跑车是否明智。但出乎大家意料的是,火鸟车的销售上升了59%。有人说,火鸟车迷们即使是不得不将车放在车库里而改骑自行车也要买一辆。到1978年为止,火鸟一直热销,甚至为满足更加严格的燃油经济性要求而不得不采用较小的发动机也没有减弱它的热销。

庞蒂亚克自信火鸟在1980年的销售会继续上升,但上涨的油价与车价使买主望而却步,汽车行业与火鸟陷入了一场灾难。为了重振销售,庞蒂亚克于1982年推出了一款完全改头换面的火鸟。这是一款流线型的车,大灯内藏,前脸后缩,后背精练,装有扰流杆。该车可选装三种不同的悬架,操控性有很大改进。但该车缺乏庞蒂亚克或火鸟车的精髓——高性能。一些人说,庞蒂亚克迷路了。

庞蒂亚克认识到了这一问题,并开始认真寻找既能兼顾燃油经济性和排放要求又能满足车迷的办法。为了提升火鸟的形象并庆祝“跨越美国”车的20年历史,庞蒂亚克从别克分部借用了1500型3.8升涡轮增压V6发动机,将其植入速度赛车。庞蒂亚克的工程师们加大了涡轮增压发动机的马力,一辆时速为150英里的火鸟诞生了,立刻成为一款经典跑车,但令许多车迷失望的是庞蒂亚克决定放弃这台发动机。1991年款火鸟重新设计,比1990年多卖出30000辆火鸟车。

“火鸟”已经成为美国文化不可分割的一部分。2003年通用汽车公司宣布停止生产庞蒂亚克“火鸟”,并关闭生产该款车的加拿大魁北克圣泰雷斯汽车厂,“火鸟”退出了历史舞台,“火鸟珍藏版”作为其退出历史舞台的告别之作。通用公司将停产原因归咎于1990年以来跑车销量高达53%的惊人萎缩,运动型多功能汽车和敞篷小型载货卡车(皮卡)的流行使传统的大马力跑车风光不再。

问题:

1. 分析“火鸟”的发展史与顾客需求的关系。

2. 分析环境变化对“火鸟”的影响。

(三)竞争对手

一个组织的竞争对手(Competitors)是指与其争夺资源、服务对象的人或组织。任何组织,都不可避免地会有一个或多个竞争对手。这些竞争对手不是相互争夺资源,就是相互争夺服务对象。

基于资源的竞争一般发生在许多组织都需要同一有限资源的时候,最常见的是人才竞争、资金竞争和原材料竞争。对经济资源的竞争可能来自不同类型的组织。资源紧缺时,竞争将加剧,价格会上扬,组织营运成本就会上升。

基于顾客的竞争一般发生在同一类型的组织之间,或许这些组织提供的产品或服务方式不同,但它们的服务对象是同一的,就同样会发生竞争。例如航空部门与铁路运输部门之间、铁路与公路运输部门之间就可能为争夺货源和乘客而展开竞争。

竞争也不仅限于国内,随着中国对外开放政策的实施,国内的各类组织不仅面临着来自国内组织的竞争,而且还将直接面临来自国外组织的竞争。在这种情况下,国内的竞争者之间有时可能会出现某种程度的联合,以对抗来自国外的竞争。

没有一个组织在管理中可以忽视竞争对手,否则就会付出沉重的代价。竞争对手是管理者必须对其有所了解并及时做出反应的一个重要环境因素。

行业内各企业的竞争激烈程度主要取决于以下6个因素：

1. 竞争者的数量多少及力量对比。一个行业内的企业数目越多，行业竞争越趋于激烈。若一个行业内企业数不多，但各个企业都处于势均力敌的地位，也会导致竞争的激烈。

2. 市场增长率。市场增长率低的行业，有可能导致竞争加剧；反之，则有可能竞争不激烈。

3. 固定费用和存储费用的多少。固定费用高的行业迫使企业要尽量利用其生产力。当生产力利用不足时，企业宁愿削价扩大销售量也不愿让生产设备闲置，因而使企业间的竞争加剧。在存储费用高或产品不易保存的行业，企业急于把产品卖出去，也会使行业内竞争加剧。

4. 产品特色与用户的转换成本。若行业内用户的转换成本较低，则竞争就会比较激烈。反之，若用户转换成本较高，行业内各企业的产品各具特色，那么，竞争就不会那么激烈。

5. 行业的生产能力。若由于行业的技术特点和规模经济的要求，行业内的生产能力大幅度提高，这将导致一段时期内生产能力相对过剩，造成竞争加剧。

6. 退出壁垒。所谓退出壁垒是指退出某一个行业所要付出的代价，它包括：(1)未用资产，退出该行业时，企业将蒙受重大损失；(2)退出的费用，包括人员安置、库存物品处理的费用等；(3)策略性影响，如企业形象对企业营销、财务方面的影响等；(4)心理因素，如经理人员或员工不愿退出该行业等。

我们可以将主要竞争对手分为三类：现有竞争对手、潜在竞争对手和替代品制造商。

对现有竞争对手分析主要包括：(1)行业内竞争的基本情况分析；(2)主要竞争对手的实力分析；(3)竞争对手的发展方向分析。对一个企业的竞争实力强弱，可以用相对于行业平均水平的销售增长率、市场占有率、产品获利能力等指标加以考察。

潜在竞争对手(Potential competitors)也是潜在的行业新进入者。这些新进入者大都拥有新的生产能力和某些必需的资源，期待能建立有利的市场地位。新进入者加入该行业，会带来生产能力的扩大，带来对市场占有率的要求，这必然引起与现有企业的激烈竞争，使产品价格下跌；另一方面，新加入者要获得资源进行生产，从而可能使得行业生产成本升高，这两方面都会导致行业的获利能力下降。新进入者的进入行业的可能性大小，主要取决于两个方面：一是现有企业可能做出的反应；二是由行业特点决定的进入难易程度(包括规模经济因素、产品内在差别化特性、先入者优势这三大方面)。

某一行业有时常会与另一行业的企业处于竞争的状况，其原因是这些企业的产品具有相互替代的性质。替代产品的价格如果比较低，它投入市场就会使本行业产品的价格上限只能处在较低的水平，这就限制了本行业的收益。本行业与生产替代产品的其他行业进行的竞争，常常需要本行业所有企业采取共同措施和集体行动。对替代品制造商分析主要包括两方面内容：一是确定哪些产品可以替代本企业提供的产品；二是判断哪些类型的替代品可能对本行业和本企业经营带来威胁。

(四)战略合作伙伴

战略合作伙伴(Strategic partners)，又称战略联盟，两家或更多家企业联合共同签订战略合作关系。如麦当劳与沃尔玛公司达成协议，在沃尔玛公司的一些店内开设小型的麦当劳餐厅；与迪斯尼公司达成协议，在麦当劳店内促销迪斯尼产品与电影，而在迪斯尼主题公园内设立麦当劳餐厅和售货亭。

（五）政府管理部门

政府管理部门（Governments）主要是指国务院、各部委及地方政府的相应机构，如工商行政管理局、税务局、卫生防疫站、烟草专卖局、物价局等。政府管理部门拥有特殊的官方权力，可制定有关的政策、法规，规定价格幅度，征税，对违反法律的组织采取必要的行动等，而这些对一个组织可以做什么和不可以做什么以及能取得多大的收益都会产生直接的影响。任何一个组织都不可以超越法律之外，这是因为法规的影响不仅仅限于时间和金钱，它还缩小了管理者可斟酌决定的范围，限制了可行方案的选择。

（六）利益团体

利益团体（Interest groups）是指试图影响组织的集团，如妇联、工会、消费者协会、环境保护组织等。它们虽然没有像政府部门那么大的权力，却同样可以对各类组织施加相当大的影响。它们可以通过直接向政府主管部门反映情况，通过各种宣传工具制造舆论以引起人们的广泛注意。事实上，有些政府法规的颁发，部分的是对某些社会特殊利益代表组织所提出的要求的回应。

由上可见，任何组织都不是孤立的。组织把环境作为自己输入的来源和输出的接受者，组织也必须遵守当地的法律，并对竞争做出反应。正因为如此，供应者、服务对象、政府机构、社会特殊利益团体等可以对某一个组织施加压力，而管理者也必须对这些环境因素的影响做出适当的反应。

【案例 4.4】

美国金融危机给世界带来的经济影响

美国“次贷危机”是从 2006 年春季开始逐步显现的，逐渐发展成影响全球的金融危机。愈演愈烈的金融危机引发了世界的金融动荡，严重影响到了全球经济的健康发展，从华尔街到全世界，金融危机让世界经济走向低迷。

回顾一下，这场危机的引发因由及转化过程。

2000 年，由于累积多年的互联网泡沫破裂，美国经济陷入衰退。为拯救美国经济，时任美联储主席格林斯潘从 2000 年 5 月开始连续 11 次降息，将联邦基准利率从 6.5%下降至 2003 年 6 月的 1%。但随着美联储大幅降低利率，房地产价格也继续上涨，按揭贷款不断上升，次贷规模不断扩大，次级债的发行推动了金融机构的房地产按揭贷款规模。2003—2006 年四年美国平均房价涨幅超过 50%，1995—2006 年房价翻了一番多，次级贷款市场迅速发展。当时，全美抵押贷款规模约 10 万亿美元，而次级抵押贷款就达 1.5 万亿美元左右。由于担心房地产市场泡沫过大，自 2004 年 6 月开始，美联储连续加息 17 次，联邦基准利率从 1%提至 5.25%。2006 年 6 月以后，美国房地产价格出现了负增长，抵押品价值下降，加重了购房者的还贷负担，美国住房市场大幅降温。不断上升的利率和下降的房价使很多次级抵押贷款市场的借款人无法按期偿还借款，债务违约开始出现并上升，不少次级抵押贷款机构因此陷入严重财务困难，甚至破产。当这些贷款变成坏账时，危机爆发了。

2007 年 3 月，美国第二大次级抵押贷款机构新世纪金融公司濒临破产，美国股市首次因次级抵押贷款市场危机而出现大跌。6月,美国第五大投资银行旗下基金因涉足次级抵押贷款债券市场出现亏损,再次引起美股大跌。8月6日,美国第十大抵押贷款机构——美国住房抵押贷款投资公司向法院申请破产保护,成为继新世纪金融公司之后美国又一家申请破产的大型抵押贷款机构。8月8日,美国第五大投资银行贝尔斯登宣布旗下两只基金受次贷危机影响倒闭。8月9日,次贷危机波及其他西方市场,法国巴黎银行宣布暂停旗下三只涉足美国房贷业务的基金交易;欧洲中央银行宣布向相关银行提供948亿欧元资金,此举导致欧洲股市重挫。8月13日,日本第二大银行瑞穗银行的母公司瑞穗集团宣布与美国次贷相关损失为6亿日元。日、韩银行已因美国次级房贷风暴产生损失……

2008年3月,美国第五大投资银行"贝尔斯登"被"摩根大通"收购。9月7日,有美国房贷市场半壁江山的美国五大银行之二的"房利美"及"房地美"被美国政府接管,宣告这两个银行正式破产。2008年9月15日,美国第四大投资银行"雷曼兄弟银行"申请破产保护同日,第三大投资银行"美林投资银行"被美国银行收购。9月21日,美国的第一大投资银行"高盛银行"和第二大投资银行"摩根士丹利银行"转型为银行控股公司。9月16日,美国的最大保险公司也是世界最大的国际保险集团公司"美国国际集团(AIG)"宣布已到危急关头。9月25日,美国最大储蓄银行"华盛顿互惠银行"被美国联邦监管机构接管,正式成为美国的国有资产。9月29日,美国的"美联银行"被"花旗银行"正式收购……

危机爆发后,企业在公司债市场、股市和货币市场均出现融资困难,这将对整个经济活动产生紧缩影响。对普通消费者来说,信贷紧缩和股市的进一步下跌将对消费产生影响,从而触发经济的真正衰退。对于金融危机对美国经济的影响,联合国全球经济监测部主任洪平凡打了这么一个比喻:美国经济就像一个人的身体,金融业是心脏,资金是血液,实体经济是身体其他器官。金融业遭到重创如同一个人得了心脏病,心脏供血不足,其他器官就会疼痛或者萎缩。从这个比喻上不难理解,金融业对实体经济最直接、也是最大的影响是"惜贷"。也就是说,银行不愿意向企业提供贷款,或者提高贷款利率。面对筹资困难以及利率提高,实体经济的运行规模不可避免地会出现萎缩。尽管美联储以及其他主要央行在不断地调低基准利率水平,但决定企业筹资成本的市场利率却不降反升。对于美国这样一个依赖信贷消费带动经济增长的经济模式来说,金融危机对实体经济的第二个影响是消费萎缩。普遍出现资金短缺的金融系统在限制企业贷款的同时,也在减少消费信贷,导致消费支出减少。有数据显示,因潜在的购车人无法获得贷款,通用、福特、克莱斯勒三大汽车巨头亏损连连,业绩惨淡,金融危机更使其面临前所未有的生存危机。美国2008年9月汽车销售下降至16年来的最低点,10月份通用公司销量大跌45%。2008年第三季度,通用亏损了42亿美元,福特则亏损了28.8亿美元。美国业内人士普遍认为,2008年是二十多年来美国汽车销售情况最差的一年。此外,正常的社会消费能力也在下降。据统计,美国9月就业岗位减少了将近16万个,为2003年以来的最大降幅。不难理解,这失业的16万人只能是减少各种日常支出才能继续生活。而对于没有失业的人来说,投资股市和基金的钱越来越少、自己未来的薪水只降不升、生活成本的增加等等,都会让人们不由自主地捂紧了钱包。表现这一状况的是零售业销售情况,美国9月零售销售月降1.2%,是3年来的最大降幅。金融危机对实体经济的还有一个影响是投资需求下降。从银行贷款难或者贷款利率高,人们就不会愿意投资,新企业不会开工、也不会有新的工作岗位、现有企业不会扩大生产规模。或许可以这么理解:投资下降就意味着经济不会产生新鲜血液了……

美国金融危机的影响绝不仅限于美国，它以很快的速度波及全球，对全球经济产生连锁影响。正如洪平凡主任接受新华社记者采访时说："在经济全球化程度不断提高的今天，地区经济之间难以完全脱钩，全球经济恐怕将不得不面对'环球同此凉热'的现实。"

问题：

1. 搜集有关这次金融危机的相关事件及对全球经济影响的相关资料。

2. 结合一个国内的行业(如房地产行业、汽车行业)，分析本次危机对它的影响。

3. 你认为金融危机对中国银行业产生了什么影响，银行企业应如何作出积极响应应对环境变化？

第三节　组织文化

管理内部环境包括组织文化和经营条件。组织文化(Organizational culture)是组织在长期的发展过程中逐步形成和发展起来的日趋稳定的独特的价值体系，包括价值观、组织精神、伦理道德准则、组织素养、行为规范、群体意识等。组织文化使组织中具有不同背景或不同等级的人具有共有的价值体系。组织经营条件是指组织所拥有的各种资源的数量和质量情况，包括人力资源、资金实力、科研力量、信誉等。由于不同的组织经营条件包括的内容各不相同，因此在本书中，只讨论组织文化及其对管理的影响。

一、组织文化特征

我们知道，每一个人都具有某些心理学家所说的"个性"。一个人的个性是由一套相对持久和稳定的特征组成的。当我们说一个人热情、富有创新精神、轻松活泼或保守时，我们正在描述他的性格特征。一个组织也同样有自己的个性，这种个性我们称为组织文化特性。

一般我们很难用规范性的方法来测量组织的文化。美国管理学家斯蒂芬·P.罗宾斯提出了评价一个组织文化的10个特征指标：

- 雇员的同一性。雇员与作为一个整体的组织保持一致的程度，只体现出他们的工作类型或专业领域的特征。
- 团体的重要性。工作活动围绕团队组织而不是围绕个人组织的程度。
- 对人的关注。管理决策要考虑结果对组织中的人的影响程度。
- 单位的一体化。鼓励组织中各单位以协作或相互依存的方式运作的程度。
- 控制。用于监督和控制雇员行为的规章、制度及直接监督的程度。
- 风险承受度。鼓励雇员进取、革新及冒风险的程度。
- 报酬标准。同资历、偏爱或其他非绩效因素相比，依雇员绩效决定工资增长和晋升等报酬的程度。
- 冲突的宽容度。鼓励雇员自由争辩及公开批评的程度。
- 手段——结果倾向性。管理更注意结果或成果，而不是取得这些成果的技术和过程的程度。

◆ 系统的开放性。组织掌握外界环境变化并及时对这些变化做出反应的程度。[①]

组织文化是这10个特征的一种复合体，是相对稳定和持久的。就像个性的相对稳定与持久一样，这些特征综合在一起，创造出高度多样化的组织。

二、组织文化的来源

一个组织的文化常常反映组织创始人的远见使命，因为创始人有着独创性的思想，所以他们对如何实施这些想法存在着倾向性，他们不为已有的习惯或意识所束缚。创始人通过描绘组织应该是什么样子的方式来建立组织早期的文化。由于新组织的规模较小，从而使得创始人能够使他的远见深刻地影响组织的全体成员。所以，一个组织的文化是以下两方面相互作用的结果：(1)创始人的倾向性和假设；(2)第一批成员从自己的经验中领悟到的东西。组织文化是以组织内成员特别是创始人已有的思想为基础，通过组织运行和实践逐步形成的。

IBM公司的托马斯·沃森(Thomas Watson)、联邦捷运公司的费雷德里克·史密斯(Frederick Smith)、丰田公司的丰田佐吉和联想公司的柳传志等，都是对塑造组织文化有不可估量的影响的企业创始人。沃森尽管早已于1956年去世了，但他关于研究开发、产品质量、雇员着装及报酬政策的主张，至今仍体现在IBM公司的日常经营中。联邦捷运公司自诞生之日起，创始人史密斯所号召的勇于进取、敢于承担风险、专注于创新以及强调服务的观念，一直是该公司的核心主题。

【案例4.5】

丰田公司的企业文化[②]

丰田是世界十大汽车工业公司之一，日本最大的汽车公司，创立于1933年。丰田公司的三个椭圆的标志是从1990年初开始使用的。标志中的大椭圆代表地球，中间由两个椭圆垂直组合成一个T字，代表丰田公司。它象征丰田公司立足于未来，对未来的信心和雄心。

丰田生产方式(TPS)是日本丰田汽车公司积累多年经验而形成的思想体系，是丰田公司创造的以消除浪费、降低成本为目的，以准时化(JIT，Just in time)和自动化为支柱，以改善活动为基础的生产管理的方式、方法。由于该方式方法不仅能使企业不断提高生产效率增加效益，而且还能满足消费者对质量和快速交货的要求，已成为丰田“制造产品”的根基，所以在世界上所有的丰田工厂，包括天津的丰田集团的各个合资公司，都无一例外地采用了这一生产方式，并得到了全球企业广泛的学习与推广。

丰田生产方式和企业文化的形成与丰田佐吉、丰田喜一郎和大野耐一三位杰出的人物密切相关。

丰田汽车集团的创始人丰田佐吉是自动纺织机的发明者。1902年，他发明了一种纺织机：无论是经线还是纬线，只要有一根断线，织机就会自动停下来。他的发明打开了自动纺织业的大门，使得一名操作者可以同时看管几十台纺织机。直到100年后的今天，这种装置

---

① 斯蒂芬·P.罗宾斯：《管理学》，中国人民大学出版社1997年版，第59页。

② http://www.toyota.com.cn。

仍然被大型织机所沿用，足以看出佐吉这项发明的影响及深远程度。而正是这种“一旦发生次品，机器立即停止运转，以确保百分之百的品质”的思考方式，形成了今天丰田的生产思想的根基。

20世纪30年代，丰田汽车集团建立了汽车厂，佐吉的儿子丰田喜一郎进行了新的探索。

当丰田喜一郎开始研制汽车时，美国的通用汽车公司和福特汽车公司早已成为举世闻名的大企业了。在大量生产技术和市场运作方面，两家公司的实力足以让世界上其他的所有汽车生产厂家望尘莫及。20世纪初期，美国福特公司为了降低成本，开发出了“少种大量”的生产汽车的方式，这个方法已深植于美国的社会之中，影响着美国企业的文化。

战后头几年，日本经济处于一片混乱之中，对于原本就相当落后的日本汽车工业，公司员工无不对其发展前景深感担忧。丰田喜一郎将战后的日本经济与英国的情况进行对比后，曾讲过这样一番话：“英国的汽车产业也同样面临着许多困难。英国汽车工业的命运完全取决于美国汽车厂家对小型汽车感兴趣的程度。我坚信只要我们的全体职工和设计人员以高质量的原材料和零部件为起点设计出高品位的小型轿车并将其商品化，就肯定能闯出一条自己的发展之路。今后，集结全体员工的能力和智慧，研制不亚于外国名牌甚至可以名扬世界的汽车是我们义无反顾的选择。”

喜一郎远赴美国学习福特公司的生产系统。归国时，他已经完全掌握了福特的传送带思想并下定决心在日本的小规模产量汽车生产中加以改造应用。喜一郎的办法是，在装配生产线的各工序，只在必要的时候，提供必要数量的必要零件。因此，每一道工序只是在下一道工序需要的时候，才生产所需种类和数量的零部件。生产和输送在整条生产线上，同时协调进行，在每一工序中和不同工序间都是如此。喜一郎就这样奠定了JIT基础。

大野耐一是将丰田生产方式完整的过程中最大的功臣，后来成为丰田执行副总裁。20世纪后半期，在整个汽车市场进入了一个市场需求多样化的新阶段，而且对质量的要求也越来越高，如何在“多种少量”的生产方式下，开发出降低成本的方法，成为企业研究的新课题。大野耐一等人意识到，美国汽车工业的生产方式虽然已很先进，但需采取一种更灵活，更能适应市场需求的能够提高产品竞争力的生产方式。大野1956年访问美国时，得到了关于的JIT全新观念。大野到美国是为了参观汽车厂，但他的最大发现却是美国超级市场。当时，日本还没有什么自选商店，因此大野感触很深，他惊异于消费者能够按他们的需求量选择他们需要的商品，非常羡慕超级市场这种简单、有效和有节奏的供货方式，从美国超级市场中得到启示改进生产方式。大野耐一综合了单件生产和批量生产的特点与优点，创造了一种在多品种小批量混合生产条件下高质量、低消耗的生产方式即准时生产(JIT)。

JIT生产方式的基本思想是只在需要的时候，按需要的量，生产所需的产品，也就是追求一种无库存，或库存达到最小的生产系统。JIT生产方式以准时生产为出发点，首先暴露出生产过量和其他方面的浪费，然后对设备、人员等进行淘汰、调整，达到降低成本、简化计划和提高控制的目的。在生产现场控制技术方面，JIT的基本原则是在正确的时间，生产正确数量的零件或产品，即时生产。它将传统生产过程中前道工序向后道工序送货，改为后道工序根据看板向前道工序取货。看板系统是JIT生产现场控制技术的核心，但JIT不仅仅是看板管理。

JIT的目标是彻底消除无效劳动和浪费，具体要达到以下目标：

一是废品量最低。JIT要求消除各种引起不合理的原因，在加工过程中每一工序都要求达到最高水平。二是库存量最低。JIT认为，库存是生产系统设计不合理、生产过程不协调、生产操作不良的证明。三是准备时间最短。准备时间长短与批量选择相联系，如果准备时间趋于零，准备成本也趋于零，就有可能采用极小批量。四是生产提前期最短。短的生产提前期与小批量相结合的系统，应变能力强，柔性好。五是减少零件搬运，搬运量低。零件送进搬运是非增值操作，如果能使零件和装配件运送量减少，搬运次数减少，可以节约装配时间，减少装配中可能出现的问题。六是批量小。为了达到上述目标，JIT对产品和生产系统设计考虑的主要原则有以下三个方面：1）当今产品寿命周期已大大缩短，产品设计应与市场需求相一致，在产品设计方面，应考虑到产品设计完后要便于生产。2）尽量采用成组技术与流程式生产。3）与原材料或外购件的供应者建立联系，以达到JIT供应原材料及采购零部件的目的。

JIT可以使生产资源合理利用，包括劳动力柔性和设备柔性。当市场需求波动时，要求劳动力资源也作相应调整。如需求量增加不大时，可通过适当调整具有多种技能操作者的操作来完成；当需求量降低时，可采用减少生产班次、解雇临时工、分配多余的操作工去参加维护和维修设备。这就是劳动力柔性的含义；而设备柔性是指在产品设计时就考虑加工问题，发展多功能设备。JIT强调全面质量管理，目标是消除不合格品，消除可能引起不合格品的根源，并设法解决问题。JIT中还包含许多有助于提高质量的因素，如批量小、零件很快移到下工序、质量问题可以及早发现等。

丰田公司的使命是：为"通过汽车、创造富裕的社会"而不懈努力，作为被国际社会信赖的"优秀企业公民"，追求人与社会、环境的和谐，力争长期稳定的可持续性发展。丰田的基本理念是：遵守国内外的法律法规，通过公开、公正的企业活动争做得到国际社会信赖的企业公民；遵守各国、各地区的文化习俗，通过扎根于当地社会的企业活动为当地经济建设和社会发展作出贡献；以提供环保且安全的产品为使命，通过所有的企业活动为创造更美好、更舒适的生存环境和更富裕的社会而不懈努力；在各个领域不断开发和研究最尖端的科学技术，提供能满足全球顾客需求且充满魅力的产品和服务；以劳资相互信赖、共同承担责任为基础，营造出能够最大限度发挥个人创造力和团队力量的企业文化；通过全球化的创造性经营努力实现与社会的协调发展；以开放性的业务往来关系为基础，致力于相互切磋与创新，实现共生共存、长期稳定发展的良好关系。21世纪，丰田公司以"Innovation into the Future"为主题，倡导企业应该追求的形象与改革，制定了丰田的全球目标。2007年丰田全球汽车达936万余辆。

问题：

1. 思考企业领导人对企业文化建设的影响作用。
2. 你认为JIT思想对企业员工行为会有什么影响？
3. 你认为丰田公司的企业理念有什么特色，它兼顾了哪些要素？

三、组织文化的类型

各类不同的学者分析组织文化得出的结论是不同的，如美国哈佛大学教授泰伦斯·迪尔及麦肯锡管理咨询公司顾问艾伦·肯尼迪在他们的著作《企业文化——现代企业的精神支柱》一书中，将组织文化分成4种类型。

（一）硬汉式组织文化

硬汉式组织文化形成于高风险、快反馈的组织，比如建筑、整容、广告、影视、出版、体育运动等方面的组织。这种组织文化恪守的信条是：要么一举成功，要么一无所获。因此，员工具有冒险精神，都想干一番大事业。这种组织失之于缺乏恒心，短视，人事变动大，内部不够团结。

（二）“拼命干、尽情玩”文化

这种文化形成于风险极小、反馈极快的组织，比如计算机公司、汽车批发商、房地产经纪公司等。这种文化对人的要求是：干的时候拼命干，玩的时候尽情玩；对人友好，善于交际，树立“发现需要并满足它”的牢固信念。

（三）攻坚文化

攻坚文化形成于风险大、反馈慢的组织，比如石油开采、飞机制造、大型机器制造等。这种文化对人的要求是：凡事应该仔细权衡和深思熟虑，一旦下定决心，就不要轻易改变初衷，而且要坚定并善于自我导向，即使在没有或几乎没有反馈的情况下也具有实现远大志向的精神和韧性。

（四）过程文化

过程文化形成于风险小、反馈慢的组织，比如银行、保险公司、金融服务组织、公共事业公司、政府机关等。过程文化对人的要求是：遵纪守时，谨慎周到。在这些组织中，等级森严，人们看重地位、礼节甚于工薪，有一种锲而不舍的精神。但是，人们普遍存在自卫心理，谨小慎微。

【案例 4.6】

不同的企业文化

A 企业是一中型的出口型按单生产的制造企业。该企业制定有许多规章制度，并强调制度的严格执行；每一个员工都有其特定的、具体的工作目标，管理者严格管理员工以确保不发生偏差；大部分基层员工对其工作几乎没有任何决策权，有任何不平常的问题，都必须向其上司报告，由上司来决定如何处理，要求所有的员工都必须按正式的权力线进行信息传递；管理人员对生产过程实行严格的控制，管理人员都要按一定的程序先在基层各个部门锻炼，成为多面手而不是专业人员；组织高度赞扬和奖励的是努力工作、团结协作、不犯错误和忠诚。

B 企业是一家迅速发展、非常成功的会计师事务所，已有 200 多个员工。这个企业规章制度很少，企业鼓励员工自己解决问题，但当他们需要帮助时，可随时向其上司请教；各部门之间分工明确；组织鼓励员工开发其专业技能，人际之间和部门之间存在不同意见或差异被认为是正常现象；组织根据管理者所在部门的业绩和该部门与组织其他部门之间的配合情况来评价管理者；晋升和奖励倾向于那些为组织做出最大贡献的员工，即使他有不同的观点，异于常人的工作习惯或独特的个性。当庆祝的时刻来临时，职工举行隆重的聚会。出众的业绩会得到热烈的宣传，并在全体职工面前得到确认。

问题：

这两家企业文化的差异性，你认为他们各自的特点和长处是什么？

四、组织文化的培养

一般来说，培养组织文化包括以下六个环节。

（一）分析与诊断

首先应全面搜集资料，对组织现存的文化进行系统分析，自我诊断。看看组织创建以来，已经形成了什么样的传统作风、行为模式和特点；现有文化中哪些是积极向上的，哪些是保守落后的；哪些是应该发扬的，哪些则应该摒弃的。

（二）条理化

在分析诊断的基础上，进一步归纳总结，把组织最优秀的东西加以完善和条理化，用富于哲理的语言表达出来，形成制度、规范、口号、守则。

（三）自我设计

在现有组织文化的基础上，根据本组织的特色，发动组织全体成员参与组织文化的设计。通过各种设计方案的归纳、比较、融合、提炼，集组织员工的信念、意识和行为准则于一身，融共同理想、组织目标、社会责任和职业道德于一体，设计出具有特色的组织文化。

（四）倡导与强化

通过各种途径大力提倡新文化，使新观念人所皆知，深入人心。在组织管理过程中，通过各种手段强化新的价值观念，使之约定俗成，得到广大成员的接受和认可。

（五）实践与提高

用新的价值观指导实践，在活动中进一步把感性的东西上升为理性的东西，把实践的东西变成理论的东西，把少数人的看法变为全员的观念，不断提高组织文化的层次。

（六）适时发展

在组织不同的发展阶段，组织文化应有不同的内容和风格，应当根据形势的发展和需要，使组织文化在不断更新中再塑和优化。

【案例 4.7】

向部下灌输“企业文化”

在松下公司，有两种特点鲜明的训练：一种是基本技能的训练；另一种是按照松下的价值观进行训练。这种价值观在一个人的整个生涯中，从学徒时期就开始反复灌输直到退休。新雇佣的人，要连续地进行灌输。工作小组内的成员至少每隔一个月就要求在小组内做一次 10 分钟的报告，介绍本公司的价值观及其与社会的关系。

松下对企业文化灌输的重视，反映在他的这句名言中：“如果你因诚实而犯了一个错误，公司是非常宽容的，把这个错误当作一笔学费来对待并从中吸取教训。但是如果你背离了公司的原则，你将受到严厉的批评（这里意指解雇）。”

美国迪斯尼公司则把企业文化的灌输称为“第一号传统课”。这堂课一般要进行一整天。在这一天里，要向新招聘来的职工不断地讲解迪斯尼的宗旨和经营方法。从副总裁到入口处收票的业余兼职短工，谁都不许免修这门课。迪斯尼要求这些新雇员要懂得一些关于本公司的历史和成就、管理风格等的知识，然后才能真正去开始工作。公司还要求每个人讲明公司各单位——营业、游览场所、饮食、市场经营、财务、商品销售、娱乐等各部门之间的关系，以及这些部门和“前台表演”之间的关系。换句话说，这就是我们大家该怎么一起来把这台戏唱好，这就是你在这整幅大画里要扮演的角色。

许多优秀的公司都想方设法保证让它们的员工适应自己的那套文化传统。美国德尔塔航空公司对于前来申请谋职的人，一开始就进行了仔细的长时间筛选。例如，空中小姐就是从上千名申请者中选出来的，经两次面试之后，还要送到公司的心理学家贾纳斯博士那里去做心理测验。

企业文化的灌输，使员工在精神上同企业连成一体，同心协力，团结合作，与企业同呼吸、共命运。正如一位公司经理所说的：“几乎我们所有的人员都是带着把公司作为他们的终身事业这种思想来工作的。我们的政策是合理的，绝大多数人在理解这些政策以后都投入这项工作。我们强烈地感受到要把我们的观点教给他们。要把文化上的复杂情况传给新经理，不仅需要时间和各种各样的经验，而且还需要他们有学习的愿望。一个希望在公司中终身工作的新雇员很可能有兴趣了解公司的微妙事物。”①

问题：

1. 这些公司向员工灌输“企业文化”有什么作用？

2. 比较上述公司的“企业文化”灌输方式，你有何更好的方式？

五、组织文化对管理实践的影响

要使一个组织团结成一个整体，组织文化的灌输是必不可少的。组织的精神、文化不可能在职工中自然而然地形成，需要对他们进行组织信仰、观念的灌输。这是组织管理的一个根本任务。因为组织文化确立了对人们应做什么、不应做什么的约束，所以它与管理者尤其相关。松下幸之助认为，一个人在组织中的终生经历对其个性的形成有着不可磨灭的影响，企业有不可推卸的义务去帮助员工陶冶他的内心世界。的确，一个成功的组织背后都拥有一个非常丰富的、持续多年的价值、信念和教义的传统，这些称之为组织文化的东西对组织制定战略和实施战略都会产生重大影响。

组织文化的约束很少是清晰的，也没有用文字写下来，甚至很少听到有人谈论它们，但它们确实存在，而且组织中所有的管理者很快就会领会“该知道什么和不该知道什么”。就如英国学者诺斯科特·帕金森(Northcote Parkinson，1910—1993)提出的：不论生产力是否提高，企业都存在一种内部推动力，甚至在毫无收益的情况下，员工的数量也会不断增加，从而为彼此带来并不必要的工作，使得每一个人看上去似乎更加忙碌。人们尽管可以提前完成某项任务，但还是习惯性地要用全部允许的时间来完成，即所谓的“磨洋工”，这导致成本高于收入。又例如，你将会发现下述价值观并没有明文规定，但每一种价值观确实来自一个真实的组织。

- 即使你不忙，也要看上去很忙。
- 如果你承担风险并失败了，你将为此付出昂贵的代价。
- 在你作决策前，要经过你的老板，以使他不感到惊讶。
- 我们的产品质量水平只需达到竞争迫使我们达到的程度。

---

① 吴照云：《管理学》，经济管理出版社2003年版，第88—89页。

◆ 在过去使我们成功的因素，将会促进我们未来的成功。

◆ 如果你想取得优异的成绩，你必须是团队的一员。

这些价值观与管理行为间的联系是相当直观的。如果一个工商企业的文化支持这样的观点：削减费用能带来利润的增加，以及低速平稳增长的季度收入，能给公司带来最佳利益的话，那么在这种情况下，管理者不可能追求创新的、有风险的、长期的或扩张的计划。如果一个组织的文化是以对雇员的不信任为基础的话，管理者更可能采用独裁式的领导方式，而不是民主的方式。原因何在呢？因为文化把什么是恰当的行为传递给了管理者。[①]如表 4-1 所示，管理者任务的主要领域受到他所处的组织文化的影响。

表 4-1 组织文化对管理决策的影响

计划	计划应包含的风险度 计划应由个人还是群体制定 管理者参与环境扫描的程度
组织	雇员工作中应有的自主权程度 任务应由个人还是小组来完成 部门经理间的相互联系程度
领导	管理者关心雇员日益增长的工作满意度的程度 哪种领导方式更为适宜 是否所有的分歧(甚至是建设性的分歧)都应当消除
控制	是允许雇员控制自己的行为还是施加外部控制 雇员绩效评价中应强调哪些标准 个人预算超支将会产生什么反响

第四节 社会责任与管理道德

香烟生产满足了有烟瘾人的需要，却导致更多的癌症；钢铁厂为顾客制造高质量的钢铁型材的同时，产生噪音、高温和有毒气体；快餐行业提供的汉堡包、油煎食品和内馅可口便利却不够营养、不利健康；许多企业在给地方政府创造税收和解决就业的同时，却以大肆破坏环境为代价……这些问题都涉及公司的社会责任和管理道德问题。为了帮助管理者进行正确的决策，有必要就这两个问题进行阐述。

第二次世界大战之前，公司的社会责任和管理道德问题并没有引起人们的重视，我国广泛讨论这一问题只是近十几年的事。随着时代的变迁、社会问题的突现，人们开始对组织的社会公益性行为有所期盼，有所要求。如人们要求公司不仅提供满足消费者需求的产品或服务，而且要考虑消费者的长远利益和长期的社会福利。企业为了获得公众的广泛支持，在进行组织行为决策时也主动承担一些社会责任，如从事慈善事业、提高产品安全保障、减少

---

① 斯蒂芬·P.罗宾斯：《管理学》，中国人民大学出版社 1997 年版，第 62—63 页。

环境污染等等。

一、什么是社会责任

社会责任(Social responsibility)是一种组织追求有利于社会的长远目标且不是法律和经济所要求的义务。这一定义假设组织遵守法律,并追求自身利益。我们的前提是,所有的组织(承担社会责任的和不承担社会责任的)都会遵守社会颁布的所有法律。同时,这一定义将组织看做一种道德机构,在努力为社会作贡献的过程中,它必须分清正确的和错误的行为。管理者应该认识到组织对社会系统会产生许多影响,这种影响应当在组织所有的行动中给予恰当的考虑和平衡。组织作为社会的一分子,应当承担一部分社会责任。1999 年 1 月,联合国前秘书长科菲·安南在瑞士达沃斯世界经济论坛上提出了"全球协定"倡议,并于 2000 年 7 月在联合国总部正式启动。该协议号召企业尊重人权,保障工业健康和安全标准,以及注重环境保护,为许多组织制订了担负起全球社会责任的参考框架。

无论是一个企业、一家医院或一所大学,它对社会所要承担的责任可能在两个领域中产生:一是组织对社会的影响,它确定了组织能够对社会做些什么事,不做有害于社会的事;另一是组织对社会的贡献,确定了组织做些什么有利于社会的事。

社会责任不同于社会义务(Social obligation)。社会义务是组织为负法律规定必须履行的社会责任。它是组织参与社会的基础,如一个企业当它符合其经济和法律责任时,它达到了法律的最低要求。

社会责任不同于社会响应(Social responsiveness)。社会响应是指一个组织适应变化的社会状况的能力。社会响应能为管理者作决策提供指南。社会责任加入了一种道德规则,要求组织决定什么是对的、什么是错的,促使人们从事使社会变得更美好的事情,而不做那些有损于社会的事情。

例如,假设一家多产品公司的社会责任是生产合格的安全产品。同样,这家公司随时对其生产的每件不安全品做出反应:它一旦发现产品不安全,就立刻从市场上撤回;那么,在收回了 10 次后,公司只能被认为具有社会响应能力,并不能认为已承担了社会责任。当一个公司达到政府设立的污染控制标准时,它只是履行了其社会义务。因为法律规定公司不能污染环境。杜邦公司为雇员提供了照顾小孩子的设施,为中国多家大学提供"杜邦奖学金"奖励有志学子,则是一种社会责任行为。

有人认为对企业而言,社会响应比社会责任更明确、更可实现。社会响应使管理者对社会具有敏感性,而且更愿意认识到流行的社会准则,然后改变其社会参与方式,从而对变化的社会状况做出积极反应。

【案例 4.8】

企业是否需要主动承担社会责任

持古典经济观的人认为,今天的大部分经理是职业经理,即他们并不拥有他们经营的公司,他们是雇员,对股东负责。因此,他们的主要责任就是按股东的利益来经营业务。股东们只关心一件事:财务收益率。当经理将组织资源用于"社会产品"时,他们是在削弱市场机制的基础,是以资产的再分配为付出代价。因为采取的每一项社会责任行动都要付出一定的成本。如果社会责任行为降低了利润和股息,那么股东受损失。如果必须降低工资和福利来支付社会行为,那么雇员受损失。如果用提价来补偿社会行为,那么消费者受损失。如果市场不接受更高的价格,销售额便下降,那么企业也许就不能生存。在这种情况下,组织的全部组成要素都将受损失。在一个竞争的市场中,存在着种种压力使得投资基金流向能获得最高回报率的地方。如果担负社会责任的公司不能将高社会成本转嫁给消费者,而不得不在内部吸收这些成本的话,它的回报率将会降低。经过一段时间,投资基金就会从担负社会责任的公司中流出来,被吸引到那些不需承担社会责任的公司中,因为后者将会提供更高的回报率,企业将会面临竞争威胁。

持社会经济观的人认为时代变了,社会对公司的预期也在变化,公司不再是只对股东负责的独立实体了,它还要对建立和维持它们的更大的社会负责。一位支持者认为:"利润最大化是公司的第二位目标,而不是第一位目标,公司的第一位目标是保证自身的生存。"

再看美国曼维尔公司(Manville)。大约60年前,曼维尔公司的高层管理者发觉,其产品——石棉会引起致命的肺病。作为一项政策,管理当局决定隐瞒由此而受到影响的雇员的情况。原因何在?利润!他们认为这样可节省一大笔钱。结果造成许多工人过早死亡。1982年该公司为了避免成千件潜伏着的与石棉有关的诉讼被迫申请破产。在1988年,该公司重整旗鼓,但却背上了与石棉案有关的沉重债务。为了补偿受害者,曼维尔公司同意设立个人伤害安置信托基金,以现金、债券及公司至2015年的每年20%的年利润,建立了一项26亿美元的基金。

社会经济观的支持者认为,古典派的主要缺陷在于他们的时间框架。管理者应该关心长期的资本收益率最大化。为了实现这一点,他们必须承担社会义务以及由此产生的成本。他们必须以不污染、不歧视、不从事欺骗性的广告宣传等方式来保护社会福利,他们还必须融入自己所在的社区及资助慈善组织,从而在改善社会中扮演积极的角色。①

表4-2 社会责任的两个对立观点

支持强化社会责任的观点	反对强化社会责任的观点
问题是由企业造成的,企业应当出力解决或减少社会问题的制造	企业在社会中的责任是在合法的情况下为股东创造利润
企业也是社会公民	参加社会问题的解决会赋予企业过多的权力
企业通过拥有解决问题所需的资源,特别是能够较有效地减少问题的制造	可能会产生利益冲突,在冲突情况下,企业决策自然会放弃社会责任
企业、政府和民众是大众的社会合作者	企业缺乏管理社会问题的专长

问题:

这两种不同观点,你比较赞同哪种观点,为什么?

二、企业如何承担社会责任

企业社会责任(Corporate social responsibility,简称CSR)是指企业管理者对社会进步、社会环境及其利益相关者所承担的一种管理责任。各国公司法越来越强调公司目标应

① 斯蒂芬·P. 罗宾斯:《管理学》,中国人民大学出版社1997年版,第94—96页。

是营利性与承担社会责任的并重，在追求利润最大化的同时应该兼顾社会效益。我国新实施的《公司法》在明确规定公司规范运行的同时，也强化了对公司的社会责任的要求。

(一)企业责任与利益相关者

企业利益相关者(Stakeholders)是指与企业利害攸关的个人和团体。这些企业利益相关者中包括股东、管理人员、非管理员工、客户、供应商及该企业所在地的社区，甚至所在国家的全体公民。为了能够生存和兴旺起来，一家企业必须有效地做到使它的利益相关者获益。股东们想要分红；工人和管理人员想拿薪水和得到稳定的工作；顾客则想买到高质量、价格合理的产品。如果这些利益相关者得不到应得的利益，他们很可能不再支持该企业。相应地，股东们会卖掉他们持有的公司股份；工人和管理人员会跳槽到别的公司另谋职业；顾客们则会购买其他企业的产品。

利益相关者中的管理人员决定该企业应追求怎样的目标以最大限度地实现利益相关者的利益，以及如何最有效地利用现有资源来达到这一目标。在做出上述决定之前，管理人员往往要权衡包括他们自己在内的各个利益相关者的利益。

利益相关者对企业社会责任的要求有：

1. 股东：股票的升值；丰厚的股息；小股东决策权与知情权。

2. 职工：较高的收入水平；稳定性工作；良好的工作环境；有提升的机会和发展的空间；有较好的福利；能实现自己的理想；参与公司决策。

3. 供应者：保证付款的时间；遵守合同条款；良好的信誉；有较大的需求量。

4. 消费者：保证商品的高价值、高质量；服务便捷；良好的信誉。

5. 竞争者：公平竞争；市场分割；价格同盟；联合竞争。

6. 行业协会：积极参与者；公司声誉；协会贡献；支持协会协议。

7. 政府：支持政府政策；遵守法律和规定；税收贡献大；社会贡献大；技术先进。

8. 社区：有较强的环境保护意识；就业贡献大；税收贡献大；积极参与社会捐献。

但是，在企业决策的过程中，各个与企业利害相关的团体的利益总是相互矛盾的，不可能有一个能使每一方都满意的方案。因此，一个高层管理者应该知道哪些团体的利益是要特别重视的，不同的决定会帮助或损害不同的利益相关者。

【案例 4.9】

企业社会责任缺失现象

自从 2007 年 5 月 18 日，国内大量诺顿杀毒软件用户集体出现系统瘫痪。事后诺顿杀毒软件的开发公司赛门铁克公司承认，诺顿在升级病毒库时，误把 WindowsXP 的几个关键系统文件当成病毒删除，才导致此事件。诺顿误杀事件发生之后，赛门铁克公司先后在官方网站发布公告来解释误杀事件，然而在公告中，中国用户看到的都是技术语言，并没有反思和道歉。在接下来的几天中，中国用户和媒体针对赛门铁克的态度进行了严厉的批评，在网络上搜索诺顿，铺天盖地都是负面消息。在一片质疑的声浪中，赛门铁克公司终于在 5 天之后，也就是 5 月 23 日召开了记者发布会，正式向中国用户道歉。但是对大家普遍关心的赔偿问题一直采取回避态度。很多用户表示，赛门铁克公司的做法，很明显是对消费者的蔑视。

2007年5月，联合利华(中国)有限公司涉嫌违法排污被安徽合肥市的环保局责罚10万元罚款，并责令企业补交排污费4.7万元。5月24日，国家环保总局检查组现场监测发现，联合利华(中国)有限公司排放废水COD浓度为379毫克/升，属超标排放，遂责令该企业按照目前污水处理设施的处理能力进行限产减排，确保污水排放符合要求。

2007年10月10日下午，《北京晚报》记者来到星巴克咖啡中关村家乐福店，在点了一杯咖啡之后，只见服务员把冲调咖啡的勺子和温度计放在了旁边一个碗口大小的小水池子里。与一般水池不同的是，这个小水池的龙头是一直开着的。据服务员介绍，按照公司的规定，为保持咖啡冲调餐具的绝对干净，水池的水在营业期间必须一直开着。这就意味着，按照规定，这个水龙头每天要流16小时的水。“洗漱完了之后要关水龙头。”这个连小学生都懂的道理在北京这个缺水城市显得尤为重要，但星巴克却不能做到。北京美大星巴克咖啡有限公司客服部一位负责人介绍，在北京星巴克的每个咖啡店内都有一个冲奶勺的水龙头。根据星巴克总部的要求，这个水龙头在营业时间是不能关闭的。像这样的一个水龙头，一般一天要流1吨到2吨水，而星巴克在北京的连锁店有50多家。那么，一天就要流掉近百吨水。据了解，这些水用的都是自来水，冲洗后直接当污水排走了。这位负责人还说，在此前，他们也没有考虑到浪费的问题。①

问题：

1. 什么原因造成企业社会责任的缺失？

2. 企业经营者损害消费者利益会带来什么后果？

3. 如何才能提高企业的社会责任意识？

(二)企业为何要承担社会责任

企业为什么以及如何承担社会责任，美国学者戴维斯提出了自己的看法，这种看法被称为“戴维斯模型”。其具体内容如下：

1. 企业的社会责任来源于它的社会权力。由于企业对诸如少数民族平等就业和环境保护等重大社会问题的解决有重大的影响力，因此社会就必然要求企业运用这种影响力来解决这些社会问题。

2. 企业应该是一个双向开放的系统，即开放地接受社会的信息，也要让社会公开地了解它的经营。为了保证整个社会的稳定和进步，企业和社会之间必须保持连续、诚实和公开的信息沟通。

3. 企业的每项活动、产品和服务，都必须在考虑经济效益的同时，考虑社会成本和效益。也就是说，企业的经营决策不能只建立在技术可行性和经济收益之上，而且要考虑决策对社会的长期和短期的影响。

4. 与每一活动、产品和服务相联系的社会成本应该最终转移到消费者身上。社会不能希望企业完全用自己的资金、人力去从事那些只对社会有利的事情。

5. 企业作为法人，应该和其他自然人一样参与解决一些超出自己正常范围之外的社会问题。因为整个社会条件的改善和进步，最终会给社会每一位成员(包括作为法人的企业)带来好处。

---

① “07/08跨国公司社会责任缺失案例”，中国企业报2008-02-29。

【案例 4.10】

三鹿毒奶粉事件

2008 年 9 月 8 日甘肃《兰州晨报》等媒体首先以“某奶粉品牌”为名，爆料毒奶粉事件。三鹿稳坐泰山，一副事不关己的样子。9 日，国家质检总局组织开展调查，对产品进行抽样检验。9 月 11 日，三鹿作为毒奶粉的始作俑者，被新华网曝光。同时，7 名患儿的父母联名写下了申请书，上书甘肃省卫生厅，要求彻查病因。10 时，三鹿集团通过人民网公开回应：三鹿是奶粉行业品牌产品，严格按照国家标准生产，产品质量合格，目前尚无证据显示这些婴儿是因为吃了三鹿奶粉而致病。如果真的有这样的问题，相信质检部门会查个水落石出。……“我们可以肯定地说，我们所有的产品都是没有问题的！”成为三鹿各方对事件的统一回应口径。20 时 50 分，中国卫生部发布消息：经调查，高度怀疑石家庄三鹿集团股份有限公司生产的三鹿牌婴幼儿配方奶粉受到三聚氰胺污染。三聚氰胺可导致人体泌尿系统产生结石。21 时 30 分，三鹿集团股份有限公司发布产品召回声明，称经公司自检发现 2008 年 8 月 6 日前出厂的部分批次三鹿婴幼儿奶粉受到三聚氰胺的污染，市场上大约有 700 吨。9 月 12 日，新华社发布消息：针对“肾结石婴儿”事件，13 时，卫生部新闻发言人毛群安接受记者专访时表示，由卫生部牵头的联合调查组已赶赴奶粉生产企业所在地，会同当地政府查明原因，查清责任，并将严肃处理有关责任人。15 时，三鹿集团品牌管理部苏长生发布消息，三鹿奶制品的蛋白质含量目前依靠检测氮含量，奶农向鲜奶中添加三聚氰胺来提高氮含量。由于目前对三聚氰胺的监测没有标准，因此三鹿集团也没有监测。16 时，中国消费者协会副秘书长武高汉接受记者采访时表示，消费者可以依法通过各种途径维权索赔，中消协一定会帮助消费者。河北省石家庄市委、市政府召开紧急会议，要求立即收回全部可疑产品。18 时，甘肃省委要求在甘肃酒泉生产三鹿奶粉的分公司停止生产、停止销售、彻底检查，对所有食用过该产品的婴幼儿要组织体检。21 时，中国卫生部表示，受污染奶粉致婴幼儿泌尿系统结石事实初步认定。9 月 13 日，国务院对三鹿牌婴幼儿奶粉事件做出六项决定。一是立即启动国家重大食品安全事故Ⅰ级响应，成立由卫生部牵头、质检总局等有关部门和地方参加的国家处理三鹿牌婴幼儿奶粉事件领导小组。二是全力开展医疗救治，对患病婴幼儿实行免费救治，所需费用由财政承担。三是全面开展奶粉市场治理整顿，由质检总局负责会同有关部门对市场上所有婴幼儿奶粉进行全面检验检查，对不合格奶粉立即实施下架。四是尽快查明婴幼儿奶粉污染原因，组织地方政府和有关部门对婴幼儿奶粉生产和奶牛养殖、原料奶收购、乳品加工等各环节开展检查。五是在查明事实的基础上，严肃处理违法犯罪分子和相关责任人。六是有关地方和部门要认真吸取教训，举一反三，建立完善食品安全和质量监管机制，切实保证人民群众的食品消费安全。9 月 15 日，石家庄三鹿集团股份有限公司向因食用三鹿婴幼儿配方奶粉导致的患儿及家属道歉：“‘三鹿牌婴幼儿配方奶粉’重大安全事故，给众多患儿及家属造成严重伤害，我们非常痛心！三鹿集团向你们表示最诚挚的道歉！……”

9 月 16 日，国家质检总局公布了全国婴幼儿配方奶粉三聚氰胺专项检查阶段性结果：在对 109 家企业的 491 批次产品进行排查检验后发现，有 22 家企业的 69 批次产品检出了含量不同的三聚氰胺。其中，蒙牛、伊利、雅士利、圣元、南山等国内知名品牌赫然在列，石家庄三鹿牌婴幼儿配方奶粉三聚氰胺含量最高达2563mg/kg，其他产品在0.09～619mg/kg之间。9月23日，中国总理温家宝说，“一个企业家身上应该流着道德的血液。只有把看得见的企业技术、产品和管理，以及背后引导他们并受他们影响的理念、道德和责任，两者加在一起才能构成经济和企业的DNA。”

12月27日，中国乳制品工业协会的消息，三鹿集团股份有限公司等22家责任企业愿意向患儿主动赔偿，对近30万名确诊患儿给予一次性现金赔偿。国产乳品尤其是奶粉遭受重大冲击，此次事件的最大受益者是多美滋、美赞臣、惠氏、雀巢、雅培等外资奶粉品牌。

问题：

1. 查阅此次毒奶粉事件相关报道，对其产生的原因与影响进行评述；
2. 企业缺乏社会责任与企业家缺乏管理道德将会对社会带来什么后果？
3. 作为一件严重的社会紧急危机事件，企业、行业协会、政府是如何作出响应的？采取了什么措施；
4. 结合案例，分析为什么管理者会做与社会与职业道德相悖的事情？
5. 从此次事件中，若作为政府或企业管理者，你会得到什么启示？

（三）企业如何对社会负责的行为

一家企业对社会负责承诺的程度和采用的方法有很大的不同。

1. 障碍法

障碍法（Obstructionist Approach），管理者不愿对社会负责，对其不道德甚至违法的行为采用隐瞒的方法，不让企业其他利益相关者和社会知道。障碍法是最被动的方法，一般组织不会采用这种方法，这种企业没有长远眼光。一旦发生不道德或违法事件时，他们通常的反应是否认与避免为自己的行为负责，如三鹿集团股份有限公司的行为，又如美国安然公司及其审计公司安达信公司会计师事务所，两家公司曾一次次否定关于行为不当以及故意破坏重要法律和财务文件的行为。但民众压力、社会舆论、政府部门和法律机构会使企业最后对其行为负责。

2. 防御法

防御法（Defensive Approach），管理者严格遵守法律的要求，但他们也不会做出任何法律规定以外的对社会负责的行为，一旦需要在道德问题上做出选择，这些管理者还是会以牺牲其他利益相关者为代价，把自己的利益摆在首位。这一方面最接近于反对强化企业社会责任的意见，这些企业的经营者们认为自己的工作就是赚钱。这类企业会按政府机构的要求安装污染控制装置，但不会安装稍贵或一些更好的、能进一步减少污染的设备。采取这一方法的企业一般会承认自己的错误并采取适当的改进行为，他们认为合法是持续经营的前提。

3. 接纳法

接纳法（Accommodative Approach），管理者竭力平衡不同利益相关者的要求，承认有必要对社会负责并使行为合乎法律规定和道德规范。这类企业不仅会符合法律和伦理的要求，而且会有选择地超出这些要求，主动提高责任标准。如在没有强制性要求的情况下，许多企业会响应政府的号召，或在一些组织的引导和倡导下，给汶川地震地区捐物捐钱，给企业的农民工交纳社会保险。但其行为不是主动的，或在预算内开支，有计划的。

4. 主动法

主动法（Proactive Approach），管理者就是积极主动地对社会负责的一批人，他们竭尽全力了解不同利益相关集团的需要，并主动承担社会责任。他们的社会责任最高，他们将自己看成是社会公民，认为主动承担社会责任是自己企业的天责，他们将企业的目标与社会责任联系在一起，积极寻找贡献的机会。如中国平安保险公司、中国工商银行等都在一些公益事件上主动承担社会责任的事迹。

虽然利润一直是企业最根本追求的一个因素，但许多公司的经营者已经意识到，追求绿色经营，富有社会责任感，会给企业带来长远的利益。如通用电器公司(GE)对外宣扬公司通过支持环保事业——减少浪费、循环使用、减少有害物质的使用或降低能耗等，来提高企业的绩效。英国石油巨头BE公司创建替代能源事业部。沃尔玛公司拥有美国最庞大的卡车车队，从而提出努力将卡车燃油效率提高一倍的目标。一些小型企业正成为环保产品的生产商，并从中获得市场机会。事实上，从长远意义来说，富有社会责任感的企业可获得持续的发展优势；与社会责任感较差的竞争对手相比，投资风险较小，盈利能力较高，拥有较忠诚的员工和较好的声誉；能与包括顾客和供应商在内的利益相关者建立长期的贸易关系；能受到当地居民和政府的欢迎，鼓励他们进驻所在的城市，还提供一些激励企业发展的措施，如降低税收、提供土地资源、新建公路和其他公共基础设施；也能使包括企业股东在内的所有利益相关者受益最大。

如果采用绿色技术能够给企业带来利润的增加，则企业经营者们即使为了企业的利益也会实施这些技术。当然，这样做是两全其美的事情，既符合地球上所有人的利益，也符合企业的利益，这样的公司会有很大的发展机会和发展空间。

ISO14000、OHSAS 18000和SA8000

1. ISO14000

近代工业的发展过程中，由于人类过度追求经济增长速度而忽略环境的重要性，导致水土流失、土地沙漠化、水体污染、空气质量下降、全球气候反常、臭氧层耗竭、生态环境严重破坏……环境问题已成为制约经济发展和人类生存的重要因素。

各国政府非常重视环境问题，纷纷制订环境标准，各项标准日趋严格，出口商品因不符合标准而蒙受巨大经济损失。环境问题已成为绿色贸易壁垒，成为企业生存和发展必须关注的问题。

考虑到零散的、被动适应法规要求的环境管理机制不足以确保一个组织的环境行为不仅现在满足，将来也一直能满足法律和方针所提出的要求，企业没有持续改进的动力，国际标准化组织(ISO)成立了ISO/TC207环境管理技术委员会，在汲取世界发达国家多年环境管理经验的基础上制定并颁布ISO14000环境管理系列标准。

ISO14000包含了清洁生产的内容，包括：环境管理体系(EMS)、环境审核(EA)、环境标志(EL)、环境行为评价(EPE)、生命周期评估(LCA)、术语和定义(T&D)、产品标准中的环境指标等。目的在于控制污染、保护环境，实施经济的可持续发展，提高企业的环境管理水平。

ISO14000已经成为一套目前世界上最全面和最系统的环境管理国际化标准，已经成为打破国际绿色壁垒、进入欧美市场的准入证，并引起世界各国政府、企业界的普遍重视和积极响应，认证的企业可以节能降耗、优化成本、制造“绿色产品”，满足政府法律要求，避免因环境问题所造成的经济损失，改善企业形象，提高企业竞争力，减少环境风险，实现企业永续经营。

2. OHSAS 18000

OHSAS18000 全名为 Occupational Health and Safety Assessment Series 18000，是一国际性安全及卫生管理系统验证标准。为国际上普遍采用的职业安全与卫生管理体系认证标准。20 世纪 80 年代末开始，发达国家希望能在相同成本下参与竞争，反对第三世界国家使用廉价的童工、恶劣的生产环境生产低成本产品进行不平等竞争，世界各国政府也日益重视减少工伤事故和职业病，一些发达国家率先开展了研究及实施职业安全健康管理体系的活动。国际标准化组织(ISO)及国际劳工组织(ILO)研究和讨论职业安全健康管理体系标准化问题，许多国家也相应建立了自己的工作小组开展这方面的研究，并在本国或所在地区发展这一标准，为了适应全球日益增加的职业安全健康管理体系认证需求，1999 年英国标准协会(BSI)等 13 个组织提出了职业安全卫生评价系列(OHSAS)标准，即 OHSAS18001 和 OHSAS18002，OHSAS18000 秉承了 ISO14000 标准成功的思维及管理(PDCA)模式，标准要求组织建立并保持职业安全与卫生管理体系，识别危险源并进行风险评价，制定相应的控制对策和程序，以达到法律法规要求并持续改进。

OHSAS18000 认证企业可以提升公司的企业形象，顺应国际贸易的新潮流，突破贸易壁垒，避免职业安全卫生问题所造成的损失，减少企业经营的职业安全卫生风险，善尽企业的社会责任，达到企业永续经营。

3. SA8000

社会道德责任标准 Social Accoutability 8000 或简称 SA8000，是世界上第一个社会道德规范国际标准。

为了配合国际主要买家对社会责任管理体系的需求，国际社会责任管理体系组织(Social Accoutability International)的咨询委员会集合了来自工会、人权组织、儿童权益组织、非政府组织、企业等代表，于 1997 年 10 月订立。该标准依据《国际劳工组织公约》、《联合国儿童权利公约》和《世界人权宣言》等劳工问题准则，保护人类基本权益。

SA8000 标准的主要内容包括：童工(Child Labour)、强迫性劳工(Forced Labour)、健康与安全(Health & Safety)、组织工会的自由与集体谈判的权利(Freedom of Association and Right to collective Bargaining)、歧视(Discrimination)、惩戒性措施(Disciplinazy Practices)、工作时间(Working Hours)、工资(Compensation)、管理体系(Management Systems)。SA8000 认证的企业可以提升公司的企业形象，向客户和公众展示良好的社会责任管理表现，从而获利更多的市场机会。

三、管理道德

所谓道德(Ethics)，就是依靠社会舆论、传统习惯、教育和人的信念的力量去调整人与人、个人与社会之间关系的一种特殊的行为规范。管理道德(Management ethics)是指组织在管理过程中自觉遵守的各种行为准则和规范的总和。道德规范是组织文化的重要内容，可以帮助人们在管理工作过程中做出符合道德标准的反应，可以指导管理人员在不同的情况下做出合理的决定，也可以帮助管理人员做出能满足不同利益相关者根本利益的最佳决定。

道德规范建立在是非判断基础的标准和规则上。一个组织的道德规范的产生往往取决于社会道德、职业道德、组织成员特别是领导者的个人道德。

社会道德(Societal ethics)取决于一个社会的法律、风俗等因素,不同的社会阶段、不同的社会体制、不同的社会阶级、不同的国家,社会道德内容是不同的。如封建社会统治者为确保皇权的神圣不可侵犯,宣扬"君让臣死,臣不得不死"的社会道德观。

职业道德(Professional ethics)就是同人们的职业活动紧密联系的符合职业特点所要求的道德准则、道德情操与道德品质的总和。职业道德不仅是从业人员在职业活动中的行为标准和要求,而且是本行业对社会所承担的道德责任和义务。如教师要遵守教书育人、为人师表、"有教无类"、"学而不厌,诲人不倦"的职业道德;医生要遵守救死扶伤的职业道德;科学研究人员要尊重事实,向社会公布符合事实的研究结果;等等。职业道德调节职业交往中从业人员内部以及从业人员与服务对象间的关系,如职业道德规定了教师怎样对学生负责、医生怎样对病人负责、企业员工如何对顾客负责等。

个人道德是指导个人与他人交往时的个人标准和价值观。个人道德的形成一般会受其家庭、朋友和成长环境等因素的影响。不同个体的个人道德往往有很大的差异。如在动物保护主义者眼里,使用动物充当化妆品安全测试对象是不道德的;而在另一些人眼中,这些行为很可能是可以接受的。在一个组织内部,高层管理人员的个人道德对于该组织道德规范的形成起着举足轻重的作用。

通过了解一个组织的社会道德、职业道德和个人道德,可以分析该组织道德规范的发展过程。这种道德规范往往在该组织的管理人员和工人做出可能影响其他企业利益相关者利益的决定时,产生一定影响。在世界经济一体化和国际国内竞争日趋激烈的大环境下,组织的道德规范已成为组织生存力与竞争力的源泉,许多国际性大公司和国内优秀企业都有自己的企业道德规范,或把培育企业道德规范作为主要目标。

【案例 4.11】

强生公司的企业信条[①]

19世纪末,美国内战期间,一位著名的英国医生——约瑟夫·李斯特,发现了手术室内通过空气传播的细菌,率先创立了"看不见的细菌"这一学说。在当时,担任过战地医疗工作的罗伯特·伍德·强生(James)将军,成为最早慧眼认同李斯特这一理论学说的人。1886年,强生和他的两个兄弟在美国新泽西州的新布鲁斯威克,共同开创了一个全新的事业——生产无菌外科敷料,并正式创建了强生公司(Johnson & Johnson)。他们雇佣了14名员工,并在同行业中始终保持着领先地位。随着业务的扩大与发展需要,强生自20世纪20年代开始陆续在美洲、欧洲、非洲、亚洲与澳大利亚等地区相继成立新国际性公司,生产高品质的健康产品,推动着全球的健康发展。经过一百多年不曾松懈地努力与创新,至今,强生已在全球57个国家建立了230多家分公司,产品畅销于175个国家和地区,拥有约11.6万余名员工,成为目前世界上最具综合性、分布范围最广的健康护理产品制造商和相关服务提供

① 资料来源:http://www.xian-janssen.com.cn。http://news.sina.com.cn。

商，生产及销售产品涉及消费品及个人护理产品、医药产品和医疗器材及诊断产品市场等多个领域。2005年，强生公司的全球销售额为505亿美元。20世纪80年代初强生公司进入中国市场。1985年，强生在中国成立了第一家合资企业——西安杨森制药有限公司，生产药品。随后，分别于1992年、1994年、1995年和1996年，成立了强生(中国)有限公司、强生(中国)医疗器材有限公司、上海强生制药有限公司以及强生视力健商贸(上海)有限公司等。

强生公司在1943年建立了一个"信条"，在强生精心经营百年间保持不变的原则与理念中，尤为显著的是"我们的信条"。强生及其所有分公司最醒目位置悬挂的从来不是市场任务，亦非营运周期或营利数据，而始终是仅有一页的、语言简洁纯朴的——《我们的信条》。它有目共睹，它深入每个强生员工的心中。在过去60年间，它已被翻译成36种语言，遍布世界地区。信条真挚教诲每一位员工，首先关注客户，关注世界上所有的医生、护士及父母们；其次，关注自己的员工，并尊重他们的尊严和价值；另外，也关注我们的社会，时刻提醒自己为社会作出贡献，维护我们所共有的财产；最后，关注股东的利益，给股东们合理的回报。信条不仅仅为了保证公司必不可少的对产品质量精益求精，而且激励每个人在这个结构松散的组织里为共同的目标而奋斗。

《我们的信条》

我们相信我们首先要对医生、护士和病人、
对父母亲以及所有使用我们的产品和接受我们服务的人负责。
为了满足他们的需求，我们所做的一切都必须是高质量的。
我们必须不断地致力于降低成本，以保持合理的价格。
客户的订货必须迅速而准确地供应。
我们的供应商和经销商应该有机会获得合理的利润。

我们要对世界各地和我们一起共事的男女同仁负责。
每一位同仁都应视为独立的个体。
我们必须维护他们的尊严，赞赏他们的优点。
要使他们对其工作有一种安全感。
薪酬必须公平合理，
工作环境必须清洁、整齐和安全。
我们必须设法帮助员工履行他们对家庭的责任。
必须让员工在提出建议和申诉时畅所欲言。
对于合格的人必须给予平等的聘用、发展和升迁的机会。
我们必须具备称职的管理人员，
他们的行为必须公正并符合道德。

我们要对我们所生活和工作的社会负责，对整个世界负责。
我们必须做好公民——支持对社会有益的活动和慈善事业，
缴纳我们应付的税款。
我们必须鼓励全民进步，促进健康和教育事业。

我们必须很好地维护我们所使用的财产，
保护环境和自然资源。

最后，我们要对全体股东负责。
企业经营必须获得可靠的利润。
我们必须尝试新的构想。
必须坚持研究工作，开发革新项目，
承担错误的代价并加以改正。
必须购置新设备，提供新设施，推出新产品。
必须设立储备金，以备不时之需。
如果我们依照这些原则进行经营，
股东们就会获得合理的回报。

强生公司认为：在强生百余年的发展历史中，他们始终保持着对社会公益的关注和高度的社会责任意识。这种关注与对社会责任的意识，体现在：要求高质量产品，具有环境保护意识，在工作与家庭领域都充当着安全可靠的健康服务提供者角色，推动健康事业的进步，同时关注我们每一个人对共同生存、工作环境的需要。每位员工都受到强生信条的鼓舞和指引，将社会公益事业视为要职，视为己任。无论对哪一领域付出的关注、开展的公益项目，强生都尽力帮助健康事业的促进、保健基础设施的提高，并不断寻求最适宜的方法，使明天的生活变得更加健康美好。

但强生公司也出现过一些始料不及的事情。1982 年 9 月 29 日至 30 日，芝加哥地区有 7 人因服用“泰诺”止痛胶囊（公司主打产品之一，用于治疗头痛，年销售额达 4.5 亿美元，占强生公司总利润的 15%）而死于氰中毒。一时舆论大哗。“泰诺”胶囊的消费者十分恐慌，94%的服药者表示绝不再服用此药。医院、药店纷纷拒绝销售泰诺。在泰诺危机中，公司推出 4 大措施：一是在全国范围内立即收回全部“泰诺”止痛胶囊，价值近 1 亿美元，并投入 50 万美元利用各种渠道通知医院、诊所、药店、医生停止销售。二是以真诚和开放的态度与新闻媒介沟通，迅速地传播各种真实消息，无论是好消息还是坏消息。三是积极配合美国医药管理局的调查，在 5 天时间内对全国收回的胶囊进行抽检，并向公众公布检查结果。四是为“泰诺”止痛药设计防污染的新式包装，以美国政府发布新的药品包装规定为契机，重返市场。1982 年 11 月 11 日，强生公司举行大规模的记者招待会。会议由公司董事长伯克亲自主持。在此次会议上，他首先感谢新闻界公正地对待“泰诺”事件，然后介绍该公司率先实施“药品安全包装新规定”，推出“泰诺”止痛胶囊防污染新包装，并现场播放了新包装药品生产过程录像。美国各电视网、地方电视台、电台和报刊就“泰诺”胶囊重返市场的消息进行了广泛报道。事实上，在中毒事件中回收的 800 万粒胶囊，事后查明只有 75 粒受氰化物的污染，而且是人为破坏。公司虽然为回收付出了 1 亿美元的代价，但其毅然回收的决策表明了强生公司在坚守自己的信条：“公众和顾客的利益第一”。这一决策受到舆论的广泛赞扬，《华尔街周刊》评论说：“强生公司为了不使任何人再遇危险，宁可自己承担巨大的损失。”事件发生 3 个月后，“泰诺”市场占有率恢复到危机前的 95%，1 年后又占据了市场的领先地位，重新赢得了公众的信任。

2005 年 3 月 17 日印度马哈拉施特拉邦食品与药物管理部门官员表示，经测试发现强生婴儿油中含有液体石蜡油，而在强生婴儿发油、护肤液和洗发液中也发现“对婴儿有害的矿物油和化学成分”。印度当地官员表示，强生公司不取消“婴儿使用”标志，其产品将在马哈拉施特拉邦禁售。同时还建议印度联邦政府在全国范围内禁止这些强生产品使用“婴儿使用”标志。……

问题：

1. 强生公司的企业信条在企业经营中起什么作用？
2. 为什么许多跨国公司竭力地想将自己打造成一个合乎道德的公司？
3. 为什么一些大企业还时而出现危害顾客利益或社会利益的不负责任的行为？
4. 你从强生公司的危机处理上得到什么启示？
5. 你认为企业经营中应如何承担社会责任？

第五节　全球化环境下的管理

一、全球化环境

全球化是指社会经济体系、政治体系的非国家化和全球一体化的过程。这种政治和经济结构重组对于经济、人类安康以及环境的影响引起了社会广泛讨论。今天，已经有越来越多的管理者意识到全球化环境对组织生存与发展的影响。经济的全球化，国际货币基金组织(IMF)为其定义为：“全球各国因商品与服务的跨境交易及国际资金流动，在数量与多样性方面日渐增加，加上科技更快速和广泛的传播，从而使得国与国之间日益在经济上互相依存。”

经济全球化有3个层次的含义：一是出现了全球性的经济问题；二是从全球的角度分析问题；三是动员全球的力量解决问题。

有学者认为，在18世纪末或19世纪初，西、葡、英、荷等国靠着坚船利炮建立起横贯全球的贸易帝国，就标志着全球化趋势已有呈现。20世纪30年代，由于美国经济危机引发的世界经济衰退，使得各主要西方国家退守本国市场。当时有学者认为，国际市场会带来贫穷的煎熬和失业的痛苦。第二次世界大战后，贸易保护主义衰落，西方发达工业国致力于消除壁垒以使货物、服务和资本在国家之间自由流动，跨国集团日渐盛行，西方国家加强国际经济贸易交流，降低国家间的市场壁垒，全球经济进一步融合，从而奠定了当代全球化的基础。全球化已成为难以逆转的世界潮流。

【案例4.12】

住友公司的非管理瓶颈[①]

1993年夏季，摧毁日本一家塑料厂的爆炸使世界电子行业醒悟到其脆弱。被烧毁的这

---

① 斯通纳・弗里曼等：《管理学教程》，华夏出版社2001年版，第103页。

家工厂隶属于住友化学公司，该厂生产占世界约65%的环氧树脂，这种化学产品用于把大多数计算机芯片封装在塑料包装里。由于这一事件，计算机内存芯片的现货价格立即上涨50%，全世界的计算机购买者眼睁睁看着价格飙升。

单一供应商负责一种关键电子部件如此之多的生产量表明电子行业内存在“瓶颈”。当有限数量的供应商为整个行业提供关键的几项产品时就存在瓶颈，整个行业及其用户甚至更大范围的经济中均可能由于瓶颈的存在而面临危机。

在电子行业，这样的瓶颈似乎不是有意造成的。作为激烈竞争、成本削减和全球合并的结果，零部件供应商纷纷退出市场，在某些情况下，只剩下少数的两三家能生存下来。通过对知识产权进行严格保护，并对研究和开发进行巨额投资，一些大制造商迫使小厂商退出了市场。彼得·沃尔夫是东京吉德皮布迪公司的一位分析员，他问：“你要做什么？推荐(住友化学公司的)多样化生产和提高成本吗？”只有一家行业供应商或只有有限的两三家供应商能使那家供应商的经验曲线得到迅速提升并且会有效地压低成本。

回过头来，住友现在承认，他们将其他对手挤出市场的努力招来了相反的结果，公司与其他日本企业的关系妨碍了价格的提高，因此也阻碍环氧树脂的盈利性，因此，环氧树脂不仅几乎全部集中在一家供应商，而且注重盈利使得该供应商将生产集中在一个工厂生产。当那家工厂爆炸时，该供应商和相关行业损失惨重。

问题：

1. 请你列出造成瓶颈问题的主要原因。

2. 有人可能会认为这个瓶颈问题与住友化学公司的管理没有关系，而与处于瓶颈中的公司的管理有关。你的观点是什么？

二、全球化环境下的管理

组织应对环境的变化，一般有三类方案可供选择：一是适应环境；二是影响环境；三是重新选择新环境。采取各种积极的措施，改变自身能力与资源条件，随着世界经济全球化的趋势加强，越来越多的公司从事跨国贸易和投资，转变为国际性企业，在全球观念下制定战略。由于各国之间存在文化、体制、法律和经济发展水平等方面的差异，要求国际性企业的管理者对这些差别具有敏锐的感觉，并针对这些差别采取适当的改革和策略。

【案例 4.13】

高露洁—棕榄公司的全球化[①]

1806年，在纽约布鲁克林，一个叫威廉·高露洁的美国人以自己的名字注册了一家公司，以生产牙膏开始了毕生为之奋斗的事业。1890年，高露洁走出美国本土拓展全球业务。1953年，在与棕榄公司合并后，正式使用高露洁—棕榄公司(Colgate-almolive)名称。经过近200年的风雨历程，如今它生产的个人护理用品已经销售到世界200多个国家和地区，雇员总数达40000人，成为销售额达94亿美元的全球消费品公司，在口腔护理、个人护理、家

---

① http://www.colgate.com。http://www.scientrans.com。http://wiki.mbalib.com。托马斯·S. 贝特曼：《管理学》，北京大学出版社2001年版，第216页。

居护理和宠物食品等方面生产高品质消费品，其中有很多是广大消费者耳熟能详的全球著名品牌，如高露洁、棕榄、洁齿白、Ajax、Protex、Fab、Irish Spring、Mennen 和 Science Diet 等等。由于高露洁—棕榄公司销售额中的70%来自国外市场，管理者既要了解国外的情况又要熟悉新业务。因为大约1/4的国外(多数在发展中国家)业务是在过去5年中新建立的，所以录用、培训和留住全球管理者和雇员的挑战加强。公司有三个核心企业价值观的承诺，即关爱、全球协作和不断完善。公司的目标是：利用技术为消费者(无论他们住在哪里)创造出能够继续提高其生活质量的产品。公司的工作重点是：保持全球范围的不断成功和使公司更加强大。目前，高露洁牢牢地占据全球牙膏产品40%市场份额，凭借几乎是单一品牌逐鹿全球市场，以95亿美元营业额让对手敬畏。高露洁仅有25%的营业额来自美国市场，其余的统统来自国外。公司在外国市场，尤其是一些增长迅速的新兴市场，也同样能延续美国式的神话。例如在中国，高露洁的市场占有率就从1995年的12%上升至2000年的25%。2003年，高露洁在中国大陆市场规模已经做到30亿元人民币，生产牙膏产品有7亿支。2003年，宝洁在中国大陆市场年营业额为75亿元人民币，宝洁为完成这75亿动用了十几个品牌，而高露洁30亿元营业额只由高露洁一个品牌来完成。

在高露洁，人才被认为是最大的财富，认为成功是公司在全世界人才共同努力的结果。公司努力将自己打造成最适于工作、培养和留住人才的地方。成立了以“营造最佳工作环境”项目命名的计划。他们为员工提供培训、教育和发展机会以促进个人发展和业务水平提高，实施“关怀备至、团队合作和不断完善”的各种行为和活动，让员工意识到每个人是同一团队的一部分，要为共同的目标一起努力，这一点很重要。提倡工作与个人生活的有益平衡，创造奖惩激励的工作环境，按劳分配，认可突出的表现。推行“在管理中加入理解与尊重”文化，促进工作交流，使人员保持联系，营造信任和团结的环境。高露洁的每一个人都有义务履行“在管理中加入理解与尊重”的五原则：有效沟通，给予和寻求反馈，珍视个人贡献，促进团结精神，以身作则。

高露洁—棕榄公司高层管理者的组合给公司开创了一个国际化的良好开端。过去的首席执行官中有来自美国以外的国家，所有的高级管理人员都能讲两种以上语言。公司2/3的雇员都在美国以外的地方工作，60%的外派人员来自美国以外的地方，公司竭尽全力地吸引和开发那些想在世界上任何地方工作的人员，全球市场计划是公司在全球录用和配备人员所做的努力之一。该计划吸收大约15名极具潜力的工商管理硕士毕业生，在18至24个月内让他们在每一个不同的部门轮岗。新录用的人员获得全球业务开发的经验并在公司总部完成一定工作后就被派往国外，这一计划的成功实际上超出了其他人员培训的价值，它还成为一个非常好的征募办法，因为每年有15000名多候选人申请这15个空缺。一旦被录用，雇员们都分配给各种任务，有长期的、短期的和临时的。公司还发起了能力计划、绩效/潜力计划和工作经历跟踪计划，以考核每一个人的发展。这些计划根据每个人的兴趣和能力因人而异。总之，高露洁—棕榄公司的最终目的是要培育将来成为公司领导人的国际管理人员核心队伍。

公司于1999年11月建立了高露洁全球供应链管理系统。在该系统中，高露洁确定了三个主要的供应链战略。首先是推出VMI(供应商控制库存)项目，大幅削减渠道的库存和循环时间。其次，高露洁实施了一个跨边界资源计划，将地域性模式拓展为全球性模式。这种模式转型可以提高企业的预测能力，减少非盈利股份，凝聚资产，平衡公司全球业务。最后，高露洁还将实施一个与下游企业的协同计划系统，用来管理供应链中的市场需求和协调各项活动。在高露洁内部，公司将根据 VMI 提供的每日消费需求与库存信息对各消费者中心进行补充。VMI 商业程序每天将来自消费分销中心的库存量和需求信息传递到 MYSAP SCM，对需补充的订单数进行统计。MYSAP SCM 能够对企业生产能力信息进行综合，以确定生产需求和供应短缺情况。随后，补充订单通过 EDI 传回给消费者以确认，从而处理顾客的要求。MYSAP SCM 使高露洁能更加准确地契合供给与需求，最终降低了成品库存，提高了在产订单和已完成订单的达成率，缩短了补充循环的时间。高露洁的跨地域资源利用系统(CBS)将需求和全球资源信息整合在一起，使以前的月度预测发展成为每周的订货补充。新的补给制度是由客户订单流量来驱动的，通过高露洁在世界各地的分销中心直接传递给供应商。CBS 商业控制程序也由 MYSAP SCM 支持，根据每日需求信号和库存量对补货订单进行计算，使供需更加吻合，更加适应特殊订单要求，同时减少了不准确预测产生的影响，进而降低了成品库存、减少了补充订单的循环次数、大幅提高了企业内部补充和用户订单中的在产订单和已完成订单的达成率。此外，通过使用功能强大的补货系统，高露洁还提高了订单的实现率和资本使用效率。最后，高露洁供应链战略的三个主要组成部分由 MYSAP 实时集成模式进行支持，股票、订单和其他市场指数都能实时地在顾客、企业内部、ERP 系统和 MYSAP SCM 之间更新，确保迅速得到各种能够影响计划的指数。供应链信息可见度的提高，意味着可以得到准确、及时、一致的数据信息来支持各种规划决策。通过采用供应链管理系统，高露洁提高了市场竞争力，同时进一步加强了他在价格战、全球业务拓展和市场推广中的强大优势，这些商业优势使高露洁的业务成本逐渐降低。此外，高露洁通过电子商务还进一步加强了企业内部整合，密切了合作伙伴和客户之间的关系。

问题：

1. 高露洁—棕榄公司在价值观、目标和工作重点上是如何关注全球化的？对经营有什么影响？

2. 高露洁—棕榄公司是如何体现对人才的重视的？

3. 高露洁—棕榄公司在适应全球化经营上做了哪些工作？

4. 全球化对一个企业的发展具有什么战略意义？

5. 请你在互联网上查找有关该公司在中国发展的资料，写出你得到的启示。

【管理实践练习 1】

汽车的变迁

一开始是厢式休闲旅行车，然后是巨大的皮卡和油老虎 SUV(多功能运动车)。最后就连美国陆军使用的悍马也成了民用车。之后汽车款式的外形是越来越大，但在近几年，情况已发生了一些变化，许多消费者正在寻找小型车。销售最热闹的车款是丰田的新威姿、起亚的锐欧、雪佛兰的乐骋、日产的新骐达、宝马的酷派等，宝马的酷派甚至要等三个月才能提车。请你查阅有关资料并分析为什么小型车又被消费者热捧。假如你是宝马酷派的产品线负责人，你认为酷派在未来的生命力如何？如何才能保持产品的市场占有率？你会做哪些方面的改进？如果你是浙江吉利汽车公司的一位企划人员，经理要你说明为什么小型车会在世界流行及中国小型车市场分析，你会如何开展工作？请你列出分析的内容提纲和将采用的工作方法。你认为酷派有模仿价值吗？

【管理实践练习 2】

1. 请你分析一下 2008 年的美国金融危机对美国与世界经济产生的影响和对中国企业产生的影响？

2. 选择一个你熟悉的组织，请列出其任务环境中的因素，并分析各因素给企业带来的机会与威胁。

3. 从网上查阅你未来想从事工作的组织，仔细分析其各种环境因素，将它们分类列出，并提出具体的例证说明每一种要素对组织的影响。分析判断该组织环境的变化程度与复杂程度，确定其不确定情况。

4. 寻找两家同一行业的企业，查阅它们的网站，研究两家企业的文化异同，并加以点评。

5. 请登录 www.hoovers.com。在搜索栏中键入一家企业的名称，查阅该企业的概况和其竞争对手的资料。

6. 作为一个组织，你就读于大学或你工作的单位主要利益相关者有哪些？每一个利益者群体从该组织中能获得什么利益？它们对组织有什么要求？他们能给予组织什么帮助？

7. 本世纪以来，许多企业丑闻被揭露出来，一方面说明企业的管理道德问题越来越引起人们的关注；另一方面，也说明到目前为止，许多企业对社会责任问题仍不重视、不强调，从未在战略决策中加以考虑。如果你是一家企业的 CEO，你认为企业对待社会责任问题的立场应该是如何的？什么样的社会项目企业会给予资助？

【复习思考题】

1. 什么是管理环境？管理环境由哪几部分组成？
2. 举例说明哪些组织受外部环境的影响较大。
3. 常见的组织外部环境因素有哪些？它们怎样影响组织业绩？
4. 一个组织怎样才能对自身的环境做出正确的评估？
5. 怎样才能保证你所在组织所需资源的及时稳定供应？
6. 什么是组织文化？组织文化如何影响管理实践？
7. 运用组织文化的 10 个特征对你所在的组织进行分析。
8. 企业文化怎样与企业竞争优势连接？
9. 影响社会责任和管理道德的因素有哪些？
10. 说明为什么全球化是一种挡不住的趋势。

第二篇

战 略 与 计 划

第五章

战略与决策

对于主管人员来说，战略与决策是最重要、最困难、最花时间精力和最冒风险的事情。也因为如此，战略决策活动引起了诸多学科，如管理学、心理学、社会学、数学以及计算机科学等的极大关注。

【本章要点】

1. 战略管理的重要性
2. 战略管理的内容
3. 战略的层次
4. 战略的过程
5. 战略制定与实施
6. 预测的基本方法
7. 决策的类型
8. 决策的方法

【案例 5.1】

草船借箭

东汉末年，孙、刘联手抗曹，诸葛亮到江东做帮手，孙权手下的周瑜少年得志，不服其才，有意刁难，他命诸葛亮 3 日之内造出 10 余万枝雕翎箭，误期则斩。谁知诸葛亮却满口应承。第一日、第二日，诸葛亮并无动静，只问鲁肃借了 20 只快船，每船上配 30 个士兵。船以青布为幔，并各束草人千余个，分布船的两边。到第三日四更时分，诸葛亮密请鲁肃到船中，同去取箭。当夜江上大雾迷漫，诸葛亮命军士将船直向曹营开去，并大力擂鼓助威。鲁肃大惊失色，说道："倘曹兵齐出，如之奈何？"诸葛亮笑道："吾料曹操于重雾之中必不敢出。吾等只顾酌酒取乐，待雾散便回。"曹操见重雾迷江，船上人影绰绰，怕有埋伏，令将士不要轻动，召集了万余弓箭手乱箭射之。一时箭如雨发，箭中草人，自然深入而不落，草人上满布雕翎箭。渐渐日高雾散，诸葛亮令收船急回，并叫士兵高喊："谢丞相箭！"等曹操醒悟过来，诸葛亮的船早已到了 20 里之外。待士兵上岸搬箭交纳，足有十五六万。这事令周瑜喟然长叹："诸葛亮神机妙算，吾不如也！"

问题：诸葛亮为什么能成功？其决策时考虑了什么要素？

第一节 战 略

一、战略的含义与特征

(一)战略的含义

战略(strategy)是指在环境分析的基础上对组织作出的统领性、全局性、长远性发展规划。“战略”一词来自希腊语“Strategia”,原意为“将兵术”或“将道”,1688 年被引入英语词汇中,后来演变成军事术语,指军事将领指挥军队作战的谋略。在中国,“战略”一词历史久远,“战”指战争,“略”指谋略,意指谋、猷、韬略、方略、兵略等。春秋时期孙武的《孙子兵法》是中国古代著名的战略著作。“运筹于帷幄之中,决胜于千里之外”讲的就是战略取胜的道理。

“战略”一词与企业经营管理联系起来被广泛使用起源于 20 世纪上半叶。20 世纪 30 年代至 50 年代,西方企业进入大规模营销阶段。在这个阶段,消费出现了某种程度的饱和,市场需求出现多样化,由数量要求转向质量要求。企业之间竞争加剧,买方市场逐步形成。特别是 20 世纪 60 年代,西方企业进入“后工业化时代”,西方社会经济环境有了进一步变化,物质生活更加丰富,消费需求不再是生活必需品,而是追求文化、娱乐、服务、高消费;技术进步改变了整个经济结构;生态环境变化和资源短缺已引起普遍关注;一国经济走向全球经济,国际竞争激烈;各国政府加强了对经济和企业的干预。这些变化,使得企业经营成败与社会环境的联系更加密切。因此,从 20 世纪 50 年代开始,就有不少企业注意到了长期规划和企业战略的重要性。

20 世纪 60 年代,西方企业已普遍关注战略问题。1962 年美国管理史学家阿尔弗雷德・钱德勒(Alfred Chandler)在其重要著作《战略和结构》(*Strategy and Structure*)中研究了 1850—1920 年间最主要的几大公司。他认为:战略是最重要的,只有在这个基础上,企业才能够确定最有效的结构方式,从而成功。钱德勒的课题进一步引起了人们对战略的重视。1965 年安索夫(Ansoff)的著作《公司战略》(*Corporate Strategy*)对商界也具有十分重要的影响力,把战略思考推到了一个新的领域,他研究了 1948—1968 年间美国公司的业绩,总结出:在明确的战略指导下的公司业绩,往往比哪些在偶然性决策指导下的公司的业绩要高出许多。之后他又在其《战略管理》(*Strategic Management*,1979)和《推行战略管理》(*Implanting strategic Management*,1984)中强化了这个概念。曾在通用电器公司担任过战略研究员的澳大利亚人布卢斯・亨德森(Bruce Henderson)在 1963 年创立了波士顿顾问公司(BCG),在 5 年后成为咨询公司的龙头老大,被称为“能够为客户提供最佳战略的公司”。亨德森认为:战略能够创造持续、真实的价值。真实价值需要具备长久的竞争力,如果缺乏战略,即使企业遇到机会,也无法把握它并获取成功。

到 20 世纪 80 年代,企业战略问题进一步发展成为“公司文化”问题,标志着西方企业管理出现了新的变化,进入了“战略制胜”的新阶段。这一时期最有影响力的人物是哈佛大学教授迈克尔・波特(Michael Porter)。1980 年波特出版了《竞争战略》(*Competitive Strate-*

gy)一书，该书不是像以往许多学者的著作只是从管理理论的边缘蜻蜓点水地进行战略论述，而是直接进入战略的中心问题，他试图解决有关战略的一个最明显的问题，即企业如何获得长期的竞争优势，提出了一般竞争战略和五种竞争力。1985 年他出版了《竞争优势》(*Competitive Advantage*)一书，指出企业可以通过三种方式获得竞争优势，即低成本战略，在既定的市场成为成本最低的产品生产商或供应商；差异化战略，成为与众不同的产品生产商；集中化战略，成为领先的生产者，在市场中赢得众人瞩目的地位。波特使用价值链分析一个企业的内部流程和组织中不同部门之间的关系，以此确定如何实现价值与增加价值。1990 年波特出版了《国家竞争优势》(*The Competitive Advantage of Nations*)一书，研究了世界上最顶尖 8 个国家的经济竞争力，提出了国家钻石结构，指明了影响国家竞争力的四个因素：资源、相关和辅助性的产业、需要国内客户和国内部分对手。加拿大学者亨利·明茨伯格(Henry Mintzberg)在战略管理的研究上也有重要的贡献。1994 年出版了《战略策划的浮沉》(*The Rise and Fall of Strategic Planning*)一书，提出了一些与众不同的想法。他认为的战略家不是那些不懂得从日常生活中体会快乐的人，相反，他们把自己沉浸在日常生活中，从日常生产中抽象出战略信息。

(二)战略的特征

战略的特征主要可以概括为以下几个方面：

1.全局性。战略是从全局出发，总体地研究组织所要解决的基本方针问题。也就是说，它是从组织所涉及的各个方面出发，考虑组织发展所要达到的目标，所要解决的重点，所要经过的阶段以及实现这些要求所采取的力量布置和重大对策。因此制定战略要运用系统的观点、整体的观点、动态平衡的观点和协调的观点，把企业的各个方面有机地联系起来。

2.长远性。战略所规定的目标，是组织在较长时期内经过努力才能达到的目标，它体现了组织对未来的设想。它的着眼点不在当前，而在未来，着眼于长远利益。因此，实现组织战略是一项长远而艰巨的任务。

3.相对稳定性。战略的全局性和长远性，就决定了战略的相对稳定性。如果组织的战略反复无常，那么就失去了战略的意义。当然，相对稳定并不等于固定不变，因为组织的外部环境和内部条件是在不断变化的，所以战略也应适应情况的变化，主动进行调整，以保持战略与内外环境之间的动态平衡。

4.政策性。战略的政策性有双重含义，一方面是指组织在制定和实施战略的过程中，必须始终遵守国家的法律和政策；另一方面，组织的战略一经制定，就成了指导组织各项工作的纲领性文件，组织的各项工作就必须为实现其战略而服务。

5.风险性。因为组织的外部环境和内部条件是不断变化的，特别是组织外部环境的变化具有随机性、不确定性，而且有一些因素具有组织不可控性，所以，就带有一定的风险性。

6.竞争性。战略是竞争的产物，正如没有战争就没有战略一样，没有竞争就没有组织的战略。一个组织的战略往往是针对竞争对手的优势和劣势及其正在和可能采取的行动而制定的。对于一个组织来说，内部的薄弱环节或某些方面管理不善的问题通常可以容忍，至少暂时可以容忍。相反，如果组织相对于竞争对手的地位恶化，则将危及组织的生存。因此，战略具有明显的竞争性。

【案例 5.2】

老鼠与米缸的故事

一只小老鼠在一个偶然的机会,找到了一缸满满的米。不久前,它刚刚离开妈妈开始自食其力,也刚刚经历了一段短暂的饥饿痛苦。现在它感到很高兴,体会到妈妈让它自行觅食是对的,现在不用和它的兄弟姐妹们分享妈妈带回的有限的食物了。“看来寻找食物也并不是一件很难的事情,那米缸很满,足足可以让我享受一辈子,”小老鼠心里想着。小老鼠过起了安逸的生活,它饿了便吃,吃饱了就睡……

米缸里的米一点点地下降,可小老鼠并没有察觉,对它来说似乎周围没发生什么变化……

有一天它忽然发现米缸见了底,米缸里的米不知什么时候变少了,它开始慌张了起来,想去寻找新的食物,可米缸四周光溜溜的,它怎么爬也爬不上去……

最后,小老鼠饿死在米缸里。

问题:

1. 请问小老鼠出了什么问题?

2. 结合一些企业存在的同样问题,谈谈你的体会。

二、战略的内容

战略是由很多具体的内容所组成的,包括从目标到实现措施的一系列系统设计方案。一个完整的战略规划方案一般都包括战略意图、战略方针、战略目标、战略步骤、战略重点和战略措施等基本内容。

(一)战略意图

战略意图(Strategic intent)是指组织为实现其愿景(Vision)和使命(Mission)而表现出的战略理念。它体现组织的追求,是战略的灵魂。

(二)战略方针

战略方针(Strategic guideline)也称战略指导思想(Strategic guiding thoughts),是指指导战略的制定和实施的基本思想和原则。它是整个战略的总纲,决定着战略的目标。制定战略方针应当紧密结合外部环境和内部条件,扬长避短,勇于开拓。

(三)战略目标

战略目标(Strategic objectives)是指组织在战略时期内所要达到的期望值或标准。它高度地概括了实施战略所要达到的基本要求。战略目标是战略构成的实质性内容和核心,决定着战略重点、战略阶段和战略措施。如果没有战略目标,也就无所谓战略步骤、重点和措施,从而也失去了行动方向。

(四)战略步骤

战略步骤(Strategic step)是指实施战略的阶段。战略步骤按时间来划分,一般可间隔3~5年,每个战略阶段有相应的阶段目标。阶段目标是战略总目标的分解和落实,其内容应更为具体与明确。不同阶段的目标应有不同的侧重,组织通过各阶段目标的实施,最终实现战略总目标。

（五）战略重点

战略重点（Strategic Focus）是指对实现战略目标具有关键作用的环节。明确战略重点有助于集中优势力量解决关键性问题。战略重点选定后，还要正确选定战略突破口。战略突破口是战略重点的关键部位，只要突破这个部分，全局就会向战略目标推移。

（六）战略措施

战略措施（Strategic measure）是指实现战略目标与战略重点的对策，包括政策、策略、方法等。战略措施是实现战略目标与战略重点的保证。

三、战略的层次和类型

（一）战略的层次

企业总体经营战略分三个层次：公司层次战略、经营单位战略和职能战略。三个层次的战略都是企业战略管理的重要组成部分，但侧重点和影响的范围有所不同。

1. 公司层次战略

公司层次战略（Corporate-lever strategy），指对企业内外环境进行深入调查研究的基础上，对市场需求、竞争状况、资源供应、企业实力、国家政策、社会需求等主要因素进行综合分析后，所确定的统率和指导企业全局和长远发展的谋划和方略。按企业所处的经营态势分有：发展型战略、稳定型战略和紧缩型战略；按企业经营领域分有：专业化战略和多元化战略；按企业资源配置和增长方式不同分有：粗放型战略和集约化战略。

2. 经营单位战略

经营单位战略（Business-lever strategy），又称业务战略（Strategy business unit，SBU）和竞争战略（Competitive strategy），指经营单位在总公司或集团公司总体战略的指导下，为实现总公司发展目标，对所从事的某一经营事业的发展作出的长远性谋划和方略。可分为成本领先战略、差异化战略和集中化战略。

3. 职能战略

职能战略（Functional-lever strategy），指为了保证企业总体战略和经营单位战略的实现，运用各种专业的职能，使企业开展经营活动更加有效地适应内外环境的要求所制定的长远性谋划和方略。

（二）战略的类型

1. 发展型战略、稳定型战略和紧缩型战略

发展型战略也称成长性战略或进攻型战略，是一种充分利用外部环境所提供的机会，通过大量投资以求得企业在现有规模的基础上向更高一级期望目标发展的战略，其特点如扩大生产规模为现有产品开拓新的市场、产品和技术创新提升竞争能力、联合兼并实现一体化、多元化等。该战略采用积极进攻态度的战略形态，主要适合行业龙头企业、有发展后劲的企业及新兴行业中的企业选择。

稳定性战略，也称维持战略或防御型战略，是一种保持现有产销规模、市场占有率和稳固现有竞争地位的战略。这种战略的特点是：企业对过去状况的满足决定继续追求与过去相同或相似的目标，每年取得的成就能够大体按过去的成长速度增长，继续用与过去相同的产品和服务来满足客户的需要。一般适应于外部条件相对稳定，内部条件又没有明显的优劣势或者在资金、技术、原材料供应等还不具备发展条件的企业。

撤退型战略，也称为退出战略或收缩型战略。是采取保守经营态度的战略形态，退出不合适的经营领域，如剥离、抽资转向或清算等。主要适合处于市场疲软、通货膨胀、产品进入衰退期、管理失控、经营亏损、资金不足、资源匮乏、发展方向模糊的危机企业选择。可分为转移战略、撤退战略、清算战略三种战略形式。转移战略是通过改变经营计划、调整经营部署，转移市场区域（主要是从大市场转移到小市场）或行业领域（从高技术含量向低技术含量的领域转移）的战略；撤退战略是通过削减支出、降低产量，退出或放弃部分地域或市场渠道的战略；清算战略是通过出售或转让企业部分或全部资产以偿还债务或停止经营活动的战略。收缩型战略的优点是通过整合有效资源，优化产业结构，保存有生力量，能减少企业亏损，延续企业生命，并能通过集中资源优势，加强内部改制，以图新的发展。其缺点是容易荒废企业部分有效资源，影响企业声誉，导致士气低落，造成人才流失，威胁企业生存。该战略需要把握的重点是：调整经营思路、推行系统管理、精简组织机构、优化产业结构、盘活积压资金、压缩不必要开支。

2. 专业化战略和多元化战略

(1)专业化战略

专业化战略(Strategy of specialization)，是指企业将其资源集中起来，运用某种专项技术生产某种专用产品并推向某个细分市场。该战略能充分利用企业在这个特定领域内的优势，扩大产品或劳务的销售额或市场占有率，以获得较好的利润率。

采用该战略便于集中整个企业的力量和资源，有条件钻研以致精通有关的技术、市场、用户、同行竞争等方面的情况，以提高企业实力，争得某种竞争优势。同时，在发展中需要追加的资源相对较少，业务的高度集中带来了管理上的方便，经营效果也易于评价。集中经营某种业务的这些优点，往往能使高度集中的专业化的小企业发挥重要作用，使这种“小型巨人”成为经营多种业务的大公司的有力竞争对手。如丰田(TOYOTA)公司专注于汽车的设计与生产，通过精益求精地向消费者提供富有吸引力的汽车取得了成功；高露洁(Colgate)公司专业化于口腔护理产品生产，仅凭几元钱一支的牙膏和牙刷也能跻身于世界500强之列，而专业化正是高露洁成功的关键因素。

当然，集中经营也有相当多的缺点和风险。由于全部的力量和资源都投进针对某个市场层面的某种产品，一旦市场需求发生变化、技术革新或新的替代产品的出现而需求下降时，企业就会受到严重的冲击。因此，采用专业化战略的企业对此应有所防范，既要有一定的应变能力，又要有在一定时期内对低发展速度、低盈利的承受能力。

(2)多元化经营战略(Strategy of diversification)，又称多角化经营战略，是指一个企业同时经营两个或两个以上行业的拓展战略。如汽车制造厂生产汽车，同时也生产拖拉机、柴油机等。主要包括四种形式：垂直多元化、水平多元化、同心多元化、综合多元化。

①垂直多元化(Vertical diversification)战略，又称一体化经营战略和垂直多角化经营战略，也称为纵向一体经营战略，是指企业利用社会化生产链中的直接关系来扩大经营范围和经营规模，在供产、产销方面实行纵向或横向联合的战略。可分为前向一体化战略(Forward integration strategies)和后向一体化战略(Backward integration strategies)。前向一体化是指原料工业向加工工业发展，制造工业向流通领域发展，如钢铁厂设金属家具厂和钢窗厂等。后向一体化多角经营，指加工工业向原料工业或零部件、元器件工业扩展，如钢铁厂投资于钢矿采掘业等。特点是：原产品与新产品的基本用途不同，但它们之间有密切的产

品加工阶段关联性或生产与流通关联性。一般而言,后向一体化多角经营可保证原材料、零配件供应,风险较小;前向一体化多角经营往往在新的市场遇到激烈竞争,但原料或商品货源有保障。

②水平多元化(Horizontal diversification)战略,也称水平多角化经营战略,指企业生产新产品销售给原市场的顾客,以满足他们新的需求;或企业开发新市场,将同样的产品卖给不同的客户。如某食品机器公司,原生产食品机器卖给食品加工厂,后生产收割机卖给农民,以后再生产农用化学品,仍然卖给农民。又如麦当劳开设新的连锁分店。特点是:原产品与新产品的基本用途不同,但它们之间有密切的销售关联性。

③同心多元化(Concentric diversification)战略,也称同心多角化经营战略,指企业利用原有的生产技术条件,制造与原产品用途不同的新产品。特点是:原产品与新产品的基本用途不同,但它们之间有较强的技术关联性。

④综合多元化(Conglomerate diversification)战略,也称整体多角化经营战略,指企业向与原产品、技术、市场无关的经营范围扩展。如美国国际电话电报公司的主要业务是电讯,后扩展经营旅馆业。整体多角化经营需要充足的资金和其他资源,故为实力雄厚的大公司所采用。

多元化经营战略适合大中型企业选择,该战略能充分利用企业的经营资源,提高闲置资产的利用率,通过扩大经营范围,缓解竞争压力,降低经营成本,分散经营风险,增强综合竞争优势,获得协同优势,集团化进程。但实施多元化战略应考虑选择行业的关联性、企业控制力及跨行业投资风险。例如,由广州白云山制药厂为核心发展起来的白云山集团公司,在生产原药品的同时,实行多种类型组合的多角化经营。该公司下设医药供销公司和化学原料分厂,实行前向、后向多角化经营;下设中药分厂,实行水平多角化经营;下设兽药厂,实行同心多角化经营;还设有汽车修配服务中心、建筑装修工程公司、文化体育发展公司、彩印厂、酒家等实行整体跨行业多角经营。

3. 成本领先战略、差异化战略和集中化战略

(1)成本领先战略

成本领先战略(Overall cost leadership strategy)是指企业通过加强成本控制,使企业总体经营成本处于行业领先水平的战略。成本优势的来源与企业的经营水平有关,企业可以从多条途径获得成本的下降,如追求规模经济实施大规模生产与销售、向下移动学习曲线、拥有专利技术、提高自动化程度、获得低价原材料、优化设计原料和生产成本、采用扁平化管理降低管理费用、业务外包、使用廉价的劳动力等。企业必须寻找和探索降低成本的一切来源,强调从一切来源中获得规模经济的成本优势或绝对成本优势。成本领先战略的关键在于利用其成本上的领先地位来取得竞争的优势,这与在市场销售上采取的低盈利低价格的策略是截然不同的。成本领先战略的成功取决于企业日复一日的实际实施该战略的技能。成本是不会自动下降为领先水平的,它是持之以恒的实施的结果。

实行成本领先战略的企业的优势是显而易见的,由于企业的成本优于同行业中的其他企业,所以产品在以行业平均价格进行销售时,企业取得的利润就高于同行业的平均水平。尤其在行业内进行削价竞争时,由于销售价格的降低,其他企业的盈利降低甚至接近于零或负,这时低成本的企业还存在盈利的空间,其低成本的地位即转为高收益。另外,如果企业的产品销售保持的是行业的平均盈利率,那么企业的产品的市场的表现则是更低的销售价

格，这无形中能够增强产品的竞争力，所以成本领先战略是企业最普遍最通用的竞争战略之一。它可以使企业形成进入障碍，减少潜在竞争者的加入；可以增加企业的讨价还价能力，能比竞争对手更容易与供应商与购买者合作；能降低替代品的威胁。

(2)差异化战略

差异化战略(Differentiation strategy)，是企业将提供的产品或服务差异化，采取的有别于竞争对手经营特色，形成产业范围中具有独特性的战略。实现差异化战略可以有许多方式，如产品、技术、设计、特征、定位、营销模式和方式、工艺、外形、品牌、服务方式、形象、发展策略等。非常重要的是，企业创造的与竞争对手的差异必须易于分辨并获得顾客的认可。

实现产品差异化有时会与争取占领更大的市场份额相矛盾。它往往要求公司对于这一战略的排他性有思想准备，即这一战略与提高市场份额两者不可兼顾。较为普遍的情况是，如果建立差异化的活动总是成本高昂，如广泛的研究、产品设计、高质量的材料或周密的顾客服务等，那么实现产品差异化将意味着以放弃成本优势为代价。然而，即便全产业范围内的顾客都了解公司的独特优点，也并不是所有顾客都愿意或有能力支付公司所要求的较高价格。因此，实施差异化战略的企业要获得战略上的成功，就必须认真研究顾客的需求和行为，了解他们对产品或服务的看法，如什么是重要的，什么是有价值的，愿意支付多少；了解竞争者的满足消费者需求的方式；评价企业自有资源与差异化战略的匹配程度，整合企业资源并选择合适时机准确融入差异化。

(3)集中化战略

集中化战略(Focus strategy)，又称专一化战略，是企业通过集中资源形成专业化优势(服务专业市场或立足某一区域市场等)的战略。集中化战略是主攻某个特殊的顾客群、某产品线的一个细分区段或某一地区市场。专一化战略可以具有许多形式。公司业务的专一化能够以更高的效率、更好的效果为某一狭窄的战略对象服务，从而超过在较广阔范围内竞争的对手们。迈克尔·波特认为这样做的结果，是公司或者通过满足特殊对象的需要而实现差别化，或者在为这一对象服务时实现了低成本，或者两者兼得。这样的公司可以使其盈利的潜力超过产业的普遍水平，这些优势保护公司抵御各种竞争力量的威胁。

【案例 5.3】

宝洁公司的发展战略①

美国宝洁公司(P&G，Procter & Gamble)是世界最大的日用消费品公司之一，全球雇员近 10 万，在全球 80 多个国家设有工厂及分公司，所经营的 300 多个品牌的产品畅销 160 多个国家和地区，其中包括洗发、护发、护肤用品、化妆品、婴儿护理产品、妇女卫生用品、医药、食品、饮料、织物、家居护理及个人清洁用品。在中国，宝洁的飘柔、海飞丝、潘婷、舒肤佳、SKII、玉兰油、护舒宝、帮宝适、品客、碧浪、得宝、汰渍和佳洁士等已经成为家喻户晓的品牌。2008 年《财富》杂志最新评选出的全球 500 家最大工业/服务业企业中，宝洁排名第 79 位，销售额近 765 亿美元。宝洁公司在全球 80 多个国家和地区拥有 138000 名雇员。宝洁的宗旨是在现在和未来的世世代代确保每个人有更高的生活质量。

---

① http://www.ficc.cn/n537c84.aspx。http://www.pg.com。

英格兰移民威廉·波克特(William Procter)在美国辛辛那提市(Cincinnati)从事制造蜡烛的生意。与此同时，爱尔兰移民詹姆斯·甘保(James Gamble)也在该市学习制造蜡烛。后来他们凑巧娶了两姐妹，他们的岳父说服两个女婿成为合伙人。1837年4月12日，他们开始共同生产销售肥皂和蜡烛。8月22日，两方各出资3596.47美元，正式确立合作关系，并于10月31日签订合伙契约，在辛辛那提市成立宝洁公司(Procter & Gamble，以两个合伙人的名字命名)。

19世纪60年代，星月标志出现在所有公司产品以及来往文件上。1859年，宝洁年销售额首次超过100万美元，公司员工发展为80人。

20世纪初期，为了满足日益增长的国内市场需求，宝洁开始在辛辛那提以外设厂。1915年，宝洁首次在美国以外的加拿大建立生产厂。1930年，宝洁在英国购买了Thomas Hedley有限公司，建立第一个海外分支机构。到1931年，宝洁公司创立了专门的市场营销机构，由一组专门人员负责某一品牌的管理，而品牌之间存在竞争。这一系统使每一品牌都具有独立的市场营销策略，宝洁的品牌管理系统也正式诞生。1933年，由宝洁赞助播出的电台系列剧"Ma Perkins"在全美播出，大受欢迎，"肥皂剧"也因此得名。1937年，宝洁创立一百周年纪念，年销售额达到2.3亿美元。1946年，宝洁推出被称做"洗衣奇迹"的Tide(汰渍)。汰渍采用了新的配方，洗涤效果比当时市场上所有其他产品都好。卓越的洗涤效果及合理的价格使汰渍于1950年成为美国第一的洗衣粉品牌。它的成功为公司积累了进军新产品系列以及新市场所需的资金。在汰渍推出后的几年里，宝洁开拓了很多新的产品领域。第一支含氟牙膏佳洁士得到美国牙防协会首例认证，很快就成为首屈一指的牙膏品牌。公司的纸浆制造工艺促进了纸巾等纸制品的发展。宝洁发明了可抛弃性的婴儿纸尿片，在1961年推出帮宝适。公司原有业务的实力不断加强，同时开始进军食品和饮料市场，最重要的举措是于1961年收购了Folger's咖啡，推出第一种织物柔顺剂Downy。为拓展全球业务，宝洁开始在墨西哥、欧洲和日本设立分公司。到1980年，宝洁公司在全世界23个国家开展业务，销售额直逼110亿美金，利润比1945年增长了35倍。

1980年，宝洁已发展成为全美最大的跨国公司之一。通过收购Norwich Eaton制药公司(1982)和Rechardson-Vicks公司(1985)，公司活跃于个人保健用品行业；通过80年代末90年代初收购了Noxell、Max Factor、Ellen Betrix公司，宝洁在化妆品和香料行业扮演着重要角色。这些收购项目也加快了宝洁全球化的进程。为了充分发挥跨国公司的优势，宝洁建立了全球性的研究开发网络，研究中心遍布美国、欧洲、日本、拉美等地。1983年宝洁推出了一种优质妇女个人卫生用品Always，又名Whisper(护舒宝)，该品牌在1985年成为同类产品全球市场的领先品牌。1985年，宝洁购买Richardson Vicks公司，扩展成药保健用品市场。公司又购买了Mefumucil、Dramamine和Icy Hot三种品牌，成为最大的非处方类零售成药制造商。1986年宝洁首创一种新的技术，使消费者可以采用洗发水和护发素二合一的产品来同时清洗和护理头发。Pert Plus，又名Rejoice飘柔洗发水迅速成为世界上领先的洗发香波品牌之一。1987年，宝洁创立150周年纪念，公司在"财富杂志"全球500强企业排名榜上被列入全球最大50家企业的行列，并且是这50家企业中历史最长的第二家公司。宝洁收购了欧洲的Blendax系列产品，包括Blend-a-med和Blendax牙膏。1988年宝洁公司在广州成立了在中国的第一家合资企业——广州宝洁有限公司，从此开始了宝洁投资中国市场的历程。目前，宝洁公司已陆续在广州、北京、上海、成都、天津等地开设了十几家合资、独资企业。宝洁在华投资总额已逾10亿美元，拥有约4000名员工。

经过多年的竞争，宝洁公司在20世纪90年代进入了平台期。国内与国际扩张的速度有所减慢。1990年宝洁购买Shulton's Old Spice产品系列，扩展男士个人护理用品的生意。1991年，宝洁购买了Max Factor和Betrix，进一步扩展公司的化妆品和香水生意。宝洁购买捷克的Rakona，建立在东欧的第一间分公司。同年，在其他东欧国家如匈牙利、波兰和俄罗斯设立分公司。1993年，宝洁在日本神户，日本的总部和技术开发中心落成。1996年宝洁推出一种无热量的食用油——Olean，用于各种咸味小吃。Olean获得美国食物和药物管理局的检验认可。Olean使消费者能够尽情享受小吃，而不用担心发胖。1997年宝洁公司收购了Tambrands公司和它旗下的全球知名品牌Tampax(丹碧丝)，扩展其妇女卫生用品市场。宝洁公司和赫斯特Marion Roussel公司签订全球性的协议，共同营销Actonel—宝洁公司的一种骨骼保健新药物。1998年宝洁Olean新厂落成投产，他们制定了一组严格的全球增长目标与计划。宝洁公司在全世界70多个国家经营业务，产品畅销140多个国家和地区。1999年，公司收购了lams公司，开始进军宠物保健和营养产品领域。Lams公司是一家在高档宠物食品行业处于领先地位的公司，另外，公司收购Recovery工程公司，并运用公司在水处理方面的技术，开发了PUR品牌水过滤系统。同年，宝洁重新推出原Richardson-Vicks公司的Pantene-Pro-V(潘婷)品牌。此品牌迅速成为世界上生意发展最快的洗发香波产品。2000年，宝洁公司推出reflect. com，一个互动性网上商务美容公司。美国FDA通过了防治骨质疏松症的新药——Actonel。作为发明者的宝洁公司将与Aventis制药集团共同营销这一新药品。

为了扩大增长，宝洁公司必须找出新的增长点，新的增长点代表着企业服务中的缝隙，它们与公司当前产品有关而尚未得到开发的新的销售地区和具有高速成长的有潜力的产品，开始对新的相关产品的开发；另一方面，公司进一步细分市场，将市场转向发展中的经济体。2000年，宝洁开始将现有的产品延伸，并推向市场。如全新的止痛药Thema Csre。2001年，宝洁公司从施贵宝公司收购了全球染发、护发领导品牌伊卡露系列。伊卡露是全球染发、护发领导品牌，年销售额达16亿美元。2005年将玉兰油引进西班牙。宝洁发现有一位意大利的教授完善了一项用喷墨打印机和可食用颜料在糕点上印制图案的技术，一个月后，品客印画薯片上市，每一片都印有滑稽的图片。同年，公司还收购了吉利。2007年的年报显示，在过去的5年间，公司三成以上的重要增长来自这些市场，而这些市场的贡献还在加大。在过去的一个财政年度，宝洁将近40%的销售增长来自发展中国家市场。

问题：

1. 宝洁公司在战略制定上有什么特点？其全球战略是如何实施的？

2. 宝洁公司是如何实施其多元化战略的？

3. 在你看来，宝洁公司实施其发展战略，特别是全球战略正确吗？为什么？

4. 宝洁公司在中国发展应考虑什么问题？细分观察一下你熟悉的一个宝洁产品品牌，你认为它与竞争对手相比有什么优势与弱势？

5. 如果你是宝洁公司CEO，你认为宝洁公司下一步发展方向是什么？应着重注意什么问题？

四、战略分析法

(一)SWOT 分析法

制定战略常用的一种方法是 SWOT 分析法。SWOT 是优势(Strengths)、劣势(Weaknesses)、机会(Opportunities)和威胁(Threats)四个词的首字母组合。SWTO 分析法,又称态势分析法,是在基于组织战略目标,系统评价组织内部的优势与劣势及环境中的机会与威胁,从而选择最佳战略的方法。SWOT 分析法是 20 世纪 80 年代初由美国旧金山大学的管理学教授海因茨·韦里克(Heinz Weihrich)提出。SWOT 分析法可以帮助企业把资源和行动聚集在自己的强项和有最多机会的地方。

SWOT 分析法主要有以下几个方面的内容:

1. 分析环境因素

运用各种调查研究方法,分析出公司所处的各种环境因素,即外部环境因素和内部能力因素(参见本书第四章)。

外部环境因素包括机会因素和威胁因素,是外部环境对公司的发展直接有影响的有利和不利因素,属于客观因素。具体地,机会是指对公司行为富有吸引力的领域,在这一领域中,该公司将拥有竞争优势,包括:新产品;新市场;新需求;外国市场壁垒解除;竞争对手失误等。威胁是环境中一种不利的发展趋势所形成的挑战,如果不采取果断的战略行为,这种不利趋势将导致公司的竞争地位受到削弱,包括:新的竞争对手;替代产品增多;市场紧缩;行业政策变化;经济衰退;客户偏好改变;突发事件等。

内部环境因素包括优势因素和弱点因素,是公司在其发展中自身存在的积极和消极因素,属主动因素。具体地,优势是指一个企业超越其竞争对手的能力,包括:有利的竞争态势;充足的财政来源;良好的企业形象;技术力量;规模经济;产品质量;市场份额;成本优势;广告攻势等。虽然竞争优势实际上指的是一个企业比其竞争对手有较强的综合优势,但是明确企业究竟在哪一个方面具有优势更有意义。因为只有这样,才可以扬长避短,或者以实击虚。劣势指一个企业弱于其竞争对手的能力,包括:设备老化;管理混乱;缺少关键技术;研究开发落后;资金短缺;经营不善;产品积压;竞争力差等。由于企业是一个整体,而且竞争性优势来源十分广泛,所以,在作优劣势分析时必须从整个价值链(Value chain)的每个环节上,将企业与竞争对手做详细的对比。如产品是否新颖、制造工艺是否复杂、销售渠道是否畅通,以及价格是否具有竞争性等。如果一个企业在某一方面或几个方面的优势正是该行业企业应具备的关键成功要素,那么,该企业的综合竞争优势也许就强一些。需要指出的是,衡量一个企业及其产品是否具有竞争优势,只能站在现有潜在用户角度上,而不是站在企业的角度上。

2. 构造 SWOT 矩阵

将调查得出的各种因素根据轻重缓急或影响程度等排序方式,构造 SWOT 矩阵,见图 5-1。在此过程中,将那些对公司发展有直接的、重要的、大量的、迫切的、久远的影响因素优先排列出

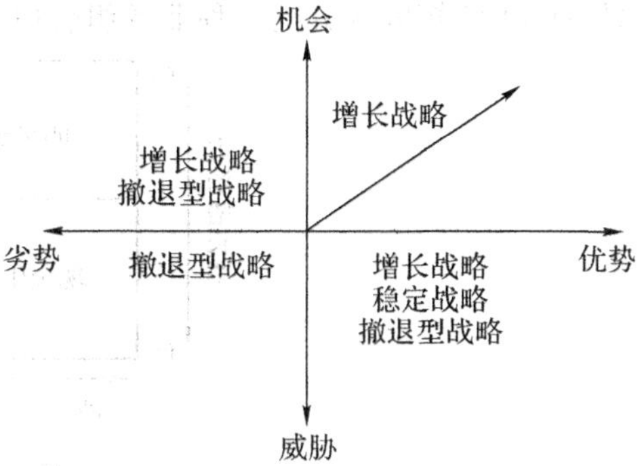

图 5-1 SWOT 矩阵图

来，而将那些间接的、次要的、少许的、不急的、短暂的影响因素排列在后面。

3. 制订行动计划

在完成环境因素分析和SWOT矩阵的构造后，便可以制定出相应的行动计划。制订计划的基本思路是：发挥优势因素，克服弱点因素，利用机会因素，化解威胁因素；考虑过去，立足当前，着眼未来。运用系统分析的综合分析方法，将排列与考虑的各种环境因素相互匹配起来加以组合，得出一系列公司未来发展的可选择对策。

SWOT分析法的优点在于：考虑问题全面，是一种系统思维，优劣势分析着眼于企业自身的实力及其与竞争对手的比较，而机会和威胁分析着眼于外部环境的变化及对企业的可能影响上。在分析时，将所有的内部因素(即优劣势)集中在一起，对这些因素进行评估，不仅考虑到历史与现状，而且兼顾未来发展问题，并可以把对问题的"诊断"和"开处方"紧密结合在一起，条理清楚，便于检验。

(二)波士顿矩阵

波士顿矩阵(BCG Matrix)，又称四象限分析法，是把企业经营的全部产品或业务的组合作为一个整体，分析企业相关业务之间现金流的平衡问题，从而找出企业资源的产生单位或最佳使用单位的方法。波士顿矩阵是制定公司层战略最流行的方法之一。该方法是由美国大型商业咨询公司——波士顿咨询集团(Boston Consulting Group，BCG)在上世纪70年代初开发的一种规划企业产品组合的方法，试图解决如何使企业的产品品种及其结构适合市场需求的变化；同时，如何将企业有限的资源有效地分配到合理的产品结构中去的问题，以保证企业收益。只有这样，企业的生产才有意义，企业才能在激烈竞争中取胜。

波士顿矩阵认为一般决定产品结构的基本因素有两个：市场引力与企业实力。市场引力包括企业销售量(额)增长率、目标市场容量、竞争对手强弱及利润高低等。其中最主要的是反映市场引力的综合指标——销售增长率，这是决定企业产品结构是否合理的外在因素。企业实力包括市场占有率，技术、设备、资金利用能力等，其中市场占有率是决定企业产品结构的内在要素，它直接显示出企业竞争实力。销售增长率与市场占有率既相互影响，又互为条件：市场引力大，销售增长率高，可以显示产品发展的良好前景，企业也具备相应的适应能力，实力较强；如果仅有市场引力大，而没有相应的高销售增长率，则说明企业尚无足够实力，则该种产品也无法顺利发展。相反，企业实力强，而市场引力小的产品也预示了该产品的市场前景不佳。

通过以上两个因素相互作用，会出现四种不同性质的业务类型，形成不同的业务发展前景，即BCG矩阵区分出4种业务组合(见图5-2)。

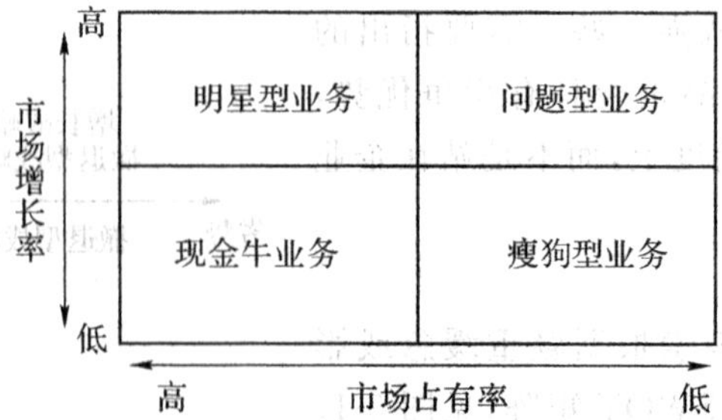

图 5-2 波士顿矩阵图

1. 问题型业务

问题型业务(Question marks),指高市场增长、低市场占有率的业务。这类业务,通常是处于最差现金流量状态,是一些投机性产品,带有较大的风险。这些产品可能利润率很高,行业的市场增长率高,但企业占有的市场份额很小,需要大量投入才能发展业务,以便跟上迅速发展的市场,并超过竞争对手。

“问题”非常贴切地描述了公司对待这类业务的态度,因为这时公司必须慎重回答“是否继续投资,发展该业务”这个问题。只有那些符合企业发展长远目标、企业具有资源优势、能够增强企业核心竞争力的业务才得到肯定的回答,得到肯定回答的问题型业务适合于采用战略框架中提到的增长战略,目的是扩大市场份额,甚至不惜放弃近期收入来达到这一目标,因为问题型业务要发展成为明星型业务,其市场份额必须有较大的增长。没有发展前途的问题型业务则适合采用收缩战略。

2. 明星型业务

明星型业务(Stars),指高市场增长、高市场占有率的业务。这类业务的产品处于快速增长的市场中,公司产品处于并且占有支配地位的市场份额。明星业务在增长和获得上有着极好的长期机会,但它们是企业资源的主要消耗者,需要大量的投入,也许会或也许不会产生正现金流量。明星型业务是由问题型业务继续投资发展起来的,可以视为高速成长市场中的领导者,它将成为公司未来的现金牛业务。

3. 现金牛业务

现金牛业务(Cash cows),指低市场增长、高市场占有率的业务。这类业务处于成熟的低速增长市场中,市场地位有利,盈利率高,本身不需要投入,反而能为企业提供大量的资金,用于支持其他企业的发展。处在这个领域中的产品产生大量的现金量,但未来的增长前景是有限的。现金牛业务适合采用战略框架中提到的稳定战略,目的是保持市场份额,增加收益。

4. 瘦狗型业务

瘦狗型业务(Dogs),指低市场增长、低市场占有率的业务。这类业务处于饱和的市场中,市场竞争激励,获利能力低甚至是亏损的。产品既不能产生大量的现金,也不需要投入大量现金,这些产品没有希望改进其绩效。其实,瘦狗型业务通常要占用很多资源,如资金、管理部门的时间等,多数时候是得不偿失的。但就像一个人养了多年的狗一样恋恋不舍而不忍放弃。瘦狗型业务适合采用战略框架中提到的收缩战略,目的在于出售或清算业务,以便把资源转移到更有利的领域。

BCG 矩阵的精髓在于把战略规划和资本预算紧密结合了起来,把一个复杂的企业行为用两个重要的衡量指标来分为四种类型,用四个相对简单的分析来应对复杂的战略问题。该矩阵帮助多种经营的公司确定哪些产品宜于投资,宜于操纵哪些产品以获取利润,宜于从业务组合中剔除哪些产品,从而使业务组合达到最佳经营成效。

(三)GE 矩阵

GE 矩阵(GE Matrix),又称麦肯锡矩阵(Mckinsey Matrix)或行业吸引力矩阵。是1970 年由美国 GE 公司和麦肯锡顾问公司共同研发而成,在企业制定发展战略或投资组合过程中,用来分析和选择业务组合。GE 矩阵以市场吸引力及企业相对竞争力为两个主轴,纵轴用多个指标反映产业吸引力,横轴用多个指标反映企业竞争地位,同时增加了中间等级，根据吸引力及竞争力的不同，分为高、中、低三个档次，这样分为九个单元的矩阵（见图5-3）。GE矩阵可以说是为了克服BCG矩阵缺点所开发出来，由于GE矩阵使用多个因素，可以通过增减某些因素或改变它们的重点所在，很容易地使GE矩阵适应经理的具体意向或某产业特殊性的要求。

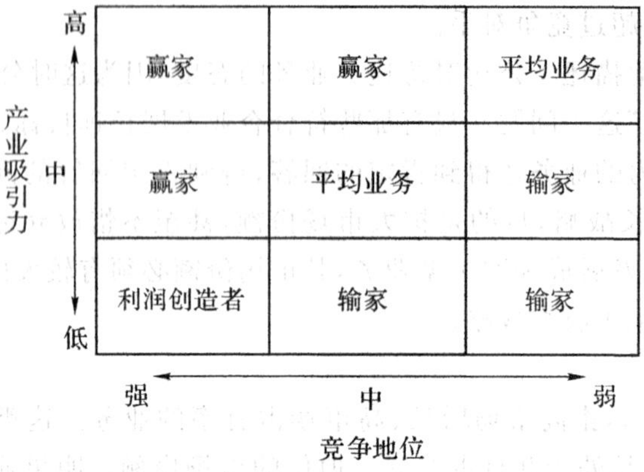

图5-3 GE矩阵图

落在右上角三个格区域的细分市场可以看做是成长发展型的市场，值得投资，应加强市场渗透、市场开发和产品开发，或者采取前向、后向、横向一体化的行动。对于对角线上的细分市场，是应该采取专业化，或聚焦市场，以维持市场地位和保持盈利，购并、市场渗透和产品开发是经常采取的行动。右下角三个格区域的细分市场，是应该收获或剥离的市场，应减少投资，并尽可能地从中得到收获。

五、战略的制定、实施和控制

（一）战略的制定

战略制定（Strategy formulation）是指组织为实现其战略愿景，在分析环境的基础上，考虑其优劣势，发现机会与威胁，制定战略规划。成功的组织战略是在对组织外部环境和内部条件变化进行科学预测和客观分析的基础上，由组织领导和员工经过深思熟虑、反复比较各类方案后制定出来的。

首先，应建立战略规划组织。制定组织战略是一项非常复杂的系统工程，要做好它，必须有相应的组织和人员的保证。随着社会的发展，制定战略工作越来越成为一种专门的活动，越来越需要有组织、有领导地进行。在通常情况下，组织应建立起一个专门的规划组织。这个组织的最高负责人，一般由组织的最高领导人担任。下设规划工作班子，一般由有关方面的领导和各方面的专家组成。这个班子应设在组织的最高参谋部门，并赋予它平衡各业务部门的权力。大量事实已证明，建立一个正式的专门的战略规划工作班子，可以大大提高战略规划制定工作的科学性和连续性。

其次，应当遵循制定战略的科学程序。制定战略规划，必须遵循科学的程序。一般地说，战略制定程序依次包括以下几个相互衔接的环节：(1)确定战略方针；(2)进行战略环节分析；(3)确定战略目标；(4)划分战略阶段；(5)明确战略重点；(6)制定战略对策；(7)进行战略规划平衡；(8)组织规划的评价和控制。经过评价，如果战略方案被否定，就要重新回到确定战略宗旨的环节上来，再按它以下的各个环节进行下去；如果战略方案得到肯定，即可付诸实施。

再次，制定战略必须集思广益。战略是一种整体性的谋划，战略规划工作是一种创造性的劳动，它要求人们必须广泛地收集各种新观念、新方案，并对各种不同的乃至相互冲突的见解和方案加以比较论证，这样才能保证战略选择的正确性。因此，要制定出好的战略规划，就必须集思广益，鼓励百家争鸣，鼓励各方面的人员广泛参与战略规划的制定工作。也就是说，制定战略一定要走群众路线，要坚持领导、专家和群众三结合的方针。

最后，要对已制定的战略进行合理评价。确定战略评价标准一般可考虑以下六个要素：(1)战略的内部统一性，即战略内部各部分内容，必须相互配套和衔接，形成一个统一体；(2)战略与环境的适应性，战略与环境的关系好比数学上的函数关系，环境相当于自变量，战略相当于应变量，这意味着战略是环境的函数。这就要求一旦环境发生明显的变化，就应对战略作相应的调整，以便继续保持战略与环境的适应性；(3)战略执行中的风险性，战略在执行过程中是有风险的，注重评估战略风险大小很有必要；(4)战略中的时间性，战略的实现是一种长期运行过程的结果，在整个战略期内要尽量避免剧烈和频繁的战略改革和大量的人事变动，朝令夕改的战略会带来严重的后果；(5)战略与资源的配套性，战略的实现必须由资源作保证，包括人、才、物、信息等资源；(6)战略的客观可行性，战略是对未来发展前景的设想，但这种设想不是空中楼阁，而是立足于现实，以科学预测为依据，因此具有可行性和可操作性。

(二)战略的实施

战略实施(Strategy implementation)是指将战略规划导向为战略行为。战略实施是战略管理过程的行为阶段。

战略实施是一个自上而下的动态管理过程。所谓“自上而下”，主要是指将战略目标和方案中的行动进行层层分解。首先要进行空间分解，即把战略方案的内容按职能部门进行分解，再由职能部门分解到具体的执行单位和个人，形成一个各层有分工、各级相连接的责任体系；其次要进行时间上的分解，将战略分解为几个实施阶段，每个实施阶段都有分阶段的目标，即把战略方案的长期目标分解为各个短期目标，再把短期目标分解为更短期的目标，如年、季行动指标，并为战略行为编制可操作性的执行计划，使战略细化成各个部门可以具体操作的业务。在这一阶段上，管理者要通过员工培训，将组织战略的理想内化为组织成员的实际行动，调动成员实现战略的积极性和主动性，树立信心，认清形势，认识战略实施的重要性、必要性和迫切性，获得全体成员特别是关键执行成员的理解和支持。所谓“动态”主要是指战略实施的过程中，常常需要在“分析—决策—执行—反馈—再分析—再决策—再执行”的不断循环中达成战略目标。

战略的有效实施，必须建立一个高效率的组织机构。高效率的组织机构必须具备三个基本要素：(1)目标明确。只有明确了战略目标，并有为实现这种战略目标而奋斗的组织机构，才能高效率地进行工作。(2)相互协调。相互协调的前提是目标一致，在这个前提下就要相互信任，特别是上级对下级一定要有一个信任的态度，不信任是不可能协调的。(3)合理授权。各种组织机构都有一定的权限，凡属于该组织机构权限以内的事，就应由这个组织机构去做，要把这种做事的权力交给他们。上级不专权，下级不越权，各负其责。对上级来说，凡是下级应该做的事，就大胆地让他们去做，这叫合理授权。

(三)应急战略

应急战略(Emergent strategy)是组织在特定的情况下,还没有制定具体的战略或原有战略不能实施下,所制定的资源分配战略方案。一般情况下,组织制定的战略也称预定战略(Deliberate strategy),其制定和实施的过程是理性、系统和有计划的,但有时环境会发生迅速巨大的变化,因此有时不得不制定应急战略。

(四)战略控制

战略控制(Strategic control)是指建立战略控制系统、监控绩效和评估偏差、控制及纠正偏差,以达到战略目标的实现的过程。战略控制主要工作是建立有效的战略控制系统,在战略的实施过程中,检查组织为达到目标所进行的各项活动的进展情况,评价实施组织战略后的绩效,并将既定的战略目标与绩效标准相比较,发现战略差距,分析产生偏差的原因,纠正偏差,使战略实施更好地适应内外环境,保证战略目标得以实现。

日本战略思想家大有研一(Kenichi Ohmaw)在《战略家的思想》(*The Mind of the Strategist*)中提出:"在战略思考中,人们首先要对某一个环境的特征有清晰准确的了解,然后尽可能地发挥人的智力因素,采取最有利的方式来对这些因素进行重组、再现。现实世界中的现象和事件往往与设计的模型不相符。因此,最可靠的方式是把所有因素都集合在一个体系中作整体分析,而不是做人为割裂的分析。而且人的大脑是精妙的工具,我们应该充分发挥它的聪明才智。"①

【案例 5.4】

雀巢公司的发展战略

瑞士雀巢公司发展到 20 世纪 70 年代末和 80 年代初时,世界爆发了严重的危机,雀巢也受到了巨大的影响,经营一度出现停滞不前甚至滑坡的局面。这时马歇尔出任公司总裁。他敏锐地发现:广大消费者的口味越来越世界化。根据这一情况,他提出了把食品按各地不同的口味略加调整及改进,并开发在世界各地畅销的新型食品的设想。这个设想最终迎来了雀巢的重新崛起。

80 年代中期,雀巢公司经过调查发现:欧美的物质水平发展很高,但一些有钱、有闲阶级的人士情感十分空虚,把精神寄托在小猫小狗的身上。他们对待小动物宠爱有加,呵护备至。马歇尔感到,如果经营与这些动物的衣食住行、生老病死有关的行当,肯定有厚利可图。据这一判断,雀巢公司开发了"宠物食品"。短短几年时间,雀巢公司生产和销售的"宠物食品"就占了 75%的市场。

2008 年在三聚氰胺事件后,中国乳品行业遭遇了前所未有的挑战下,雀巢公司在北京投入 7000 万建研发中心。雀巢全球集团首席执行官保罗薄凯表示:"雀巢产品在发展中国家的潜在用户超过 10 亿,其中中国等国家的市场最为重要。""中国对我们太重要了,它具有巨大的成长潜力。""包括中国在内的新兴市场,将是今后雀巢增长动力所在,我们将加大对这些新兴市场的研发、产品投入。""投资标志着雀巢对中国及中国消费者的长期承诺。"中心力图向其运营公司提供确保食品最高品质和安全所需的尖端科技,解决中国消费者特殊的

---

① Kenichi Ohmaw: The Mind of the Strategist, McGraw-Hill, New York, 1982.

营养需求,研究营养学、生命科学、食品技术以及食品的加工和包装,采用不同的方法包括使用中国的传统食材来研究对消费者健康有益的三个关键方面——生长发育、健康老龄和体重管理,以便使其获得对中国消费者特殊营养需求的独特而专有的洞察力,从而获得更大的中国市场。雀巢此举充分显示了其对中国市场前景的看好,及市场对其发展的重要战略意义。

问题:

1. 雀巢公司发展战略的成功是基于其对市场具有敏锐的洞察力,请你思考企业如何培养市场洞察力。

2. 雀巢公司投资中国研发中心具有什么战略意义?请分析为什么。

3. 你若作为中国的同类企业领导者,将如何应对雀巢公司的竞争?可采用哪些具体的措施?

第二节　预　测

一、预测的含义与分类

(一)预测的含义

预测(Forecasting)就是对未来环境和事件进行科学的预计。这种估计不是凭空臆测,而是根据事物的过去和现在推测它的未来,由已知预计未知。

预测与计划都同未来有关,但预测不同于计划,计划是对未来的行动部署,预测则是对未来事件的陈述。预测要说明的问题是将来会怎么样,即在一定的条件下,采取或不采取某些措施和行动,估计将会发生什么变化。而计划要说明的问题是要使将来成为怎样,即应当采取什么措施和行动来改变现存的条件,并对未来做出安排和部署以达到预期的目的。预测的主要作用在于:(1)帮助人们认识和控制未来的不肯定性,使对未来的无知降到最低限度;(2)使计划的预期目标与可能变化的环境和约束条件互相协调;(3)事先估计计划实施后可能产生的后果。

预测是一门科学,也是一门艺术。预测的依据是对客观事物变化规律的正确认识,它可以采集历史数据并用某种数学模型来外推将来。从这个意义上说,预测是一门科学。由于事物的发展变化受到多种可能因素的影响,这就使得预测不仅要运用合理假设、逻辑推理和科学的分析方法,还要依赖于预测者本人的专业知识、经验、判断能力,以及从所搜集到的不完整的数据和资料中提取有用信息的能力,利用主观或直觉对未来作出预期判断。因此,预测又被看做是一门艺术。

(二)预测的分类

预测可以从不同的角度进行分类。常见的主要有以下几种分类方法:

1. 按预测时间的长短,可以将预测分为长期预测、中期预测和短期预测。一般地说,长期预测的时间在 5 年以上,中期预测的时间在 1 年以上 5 年以下,短期预测的时间在 1 年以内。

2. 按预测的对象大体上可以将预测分为经济预测、技术预测和社会政治预测等。经济预测又可分为宏观经济预测和微观经济预测。宏观经济预测是为制定国民经济规划、区域经济计划和宏观经济政策服务的，主要预测最终产品的社会需求量以及各种非生产性的需求等。微观经济预测主要是指从企业经营的角度所作的各种经济预测，其中主要是市场预测。技术预测主要是指对未来技术发展趋势所作的预测。社会政治预测主要是指对社会和政治的未来发展趋势所作的预测。

3. 按预测的性质不同，可以划分为定性预测、定量预测和综合预测。定性预测是指根据事物（预测对象）的性质、特点、历史和现状，运用逻辑推理的方法，对事物进行非数量化的分析、推测、判断事物的发展趋势。这种预测主要依靠预测者的经验和综合分析能力，而不是靠统计资料数据，因此，又称"直观预测法"或"判断式预测法"。定量预测是指根据事物存在的数量关系，借助数学模型，对事物的发展趋势做出预测。综合预测是指结合上述两种预测方法进行的预测。这种预测能集定性和定量预测的长处，是实际工作中运用最为广泛的一种方式。

二、预测的步骤

不论什么类型的预测，采用什么方法，预测的步骤或程序都是基本相同的，大致可以分为以下几个主要步骤。

（一）确定预测目标

预测首先必须明确规定预测的目标，即搞清预测要达到什么样的目的，解决什么问题，预测的对象是什么。预测的范围、时间等事项，要求翔实具体，避免流于空泛。同时，为了使预测目标具体化，要拟定切实可行的预测计划。如果预测的目标定得不恰当、不正确，必将使预测走向歧途，以致造成浪费和损失。

（二）搜集和分析有关资料

广泛地搜集和分析有关资料是预测的重要环节。因此，在明确预测目标之后，就必须根据预测目标的要求，广泛搜集所需要的历史和现实资料，并对资料进行科学的分析，找出其发展变化的规律性。在搜集资料的过程中，应注意资料的真实性和可靠性；在对资料进行分析时，应排除偶发事件，剔除一些由偶然因素造成的不适用的数据。

（三）选择预测方法

通过分析资料和推理判断，揭示所预测现象的变化规律。根据其规律，选定适当的预测方法进行预测，这是预测的关键。选择何种预测方法，主要根据占有资料情况和要求的预测误差而定。因此在搜集资料的过程中，就应考虑预测误差的要求和预测方法的选择。因为不同的误差要求，不同的预测方法，所用的数据资料均有所不同。对预测目标做出预测推断，有赖于预测者的经验判断或利用统计、数学方法建立数学模型。因此，对同一预测目标，应允许运用多种预测方法进行预测，以便于相互比较、分析和修正，使预测结果更加准确。

（四）评价预测结果

对得到的初步预测结果，要进行多方面的评价和检验，才能最终使用。检验与评价预测初步结果，通常有理论检验、资料检验和专家检验。

（五）编写预测报告

根据预测报告的不同读者对象，编写不同类型的报告，可以附上必要的预测图表，以便直观形象地反映预测结果。

三、预测的方法

到目前为止，世界各国总结的预测方法已相当丰富。但从最为概括的意义上讲，可以将预测方法分为定性预测方法和定量预测方法。

（一）定性预测方法

定性预测（Qualitative forecasts），也称“经验判断法”，是预测者依据已有的历史资料和现实资料，依靠个人经验和综合分析能力，对预测对象未来的发展变化趋势做出判断，并以此为依据做出预测。这类预测方法适用于缺乏历史资料，或影响因素比较复杂，或对主要影响因素难以定量分析，或预测期较长远的情况。这类方法的特点是直观简单，费用较低，但需要预测者具有丰富的经验。定性预测的具体形式很多，这里主要介绍以下几种：

1. 德尔菲法

德尔菲法（Dalphi method）是依据系统的程序，采用专家匿名发表意见的方式，通过多轮次反复征询、归纳、修改多名专家预测意见，最后汇总成基本一致的看法作为预测的结果的预测方法。德尔菲法是美国兰德公司（Rand Corporation）在 20 世纪 40 年代末期首创的一种预测方法。德尔菲（Dalphi）是古希腊传说中的神谕之地，城中有一座阿波罗神殿可以预卜未来，故借用其名。

这种方法的实施要点是：

（1）组织者明确问题，设计问卷（如预测意见表）；

（2）向组织外若干选定的专家（一般不少于 15 人）邮寄背景材料和问卷；

（3）请专家背靠背地（匿名）独立完成问卷，对需要预测的问题提出意见，按规定时间将预测表返回；

（4）组织者经过汇总归纳整理后，将第一轮结果、各专家的意见和第二轮的问卷分寄给各专家，专家们也可索要补充背景资料，以便进一步修正预测；

（5）每个专家再独立完成问卷，许多专家会吸收他人的想法与信息，对原有的结果进行调整；

（6）如此反复数次，直至专家们意见大致趋于一致时，即可依此结果作为预测结论。

这种方法预测结果往往较为可靠，具有广泛的应用性。

如某书刊经销商采用德尔菲法对某一专著销售量进行预测。该经销商首先选择若干书店销售经理、书评家、读者、编审、销售代表组成专家小组。然后将该专著和一些相应的背景材料发给各位专家，要求专家成员分别给出该专著最低销售量、最可能销售量和最高销售量三个数字，同时说明自己作出判断的主要理由。专家只与预测工作人员联系，反馈结果，不与其他专家组成员联系或讨论。工作人员将专家们的意见收集起来，归纳整理后返回给各位专家，然后要求专家们参考他人的意见对自己的预测重新考虑。专家们完成第一次预测并得到第一次预测的汇总结果以后，在第二次预测中作出修正。重复进行第三次，第四次……在专家意见基本一致时，汇总预测结果作为最终预测结果。

为了提高德尔菲法的预测效果，一方面要慎重地挑选专家组成员；另一方面要将征询的问题限制在以下几个方面：（1）对预测期间提出各种课题的重要性进行评价；（2）对课题范围内各种事件发生的可能性和发生的时间进行评价；（3）对各种科学技术决策、技术装备、课题任务等之间的相互关系和相对重要性进行评价；(4)对为了达到某个目标，需要采取的重大措施以及这些措施实施和完成的可能性和必要性进行评价。另外，在提出问题时，应该考虑到如何获得同类的和可以相互比较的回答，以便于在专家调查的最后阶段对评审资料进行数字处理和汇总。

德尔菲法与其他许多预测方法不同，不是非要以唯一的答案作为最后结果。其目的只是尽量使多数专家的意见趋向集中，但不对回答问题的专家施加任何压力。这种方法允许有合理的分歧意见。兰德公司对德尔菲法的特征有过这样的说明：让做出相当极端答案的人负责说明自己的意见，这会对那些没有确实可靠消息的人产生影响，使他们改变自己的估计而向中间靠拢；同时，也会使那些持不同意见又觉得自己有充分论据的人倾向于保留他们原来的看法，并为其辩护。

德尔菲法的缺点是，对专家水平的信赖度较高，对预测问卷设计要求也较高，问题的两意性会使预测结果变得不可靠。这些都需要预测者对选择专家、提出问题和每一轮调查表的设计特别注意。

2. 集合意见法

集合意见法(Gathering ideas)是将与预测内容有关的人员集中起来进行讨论，每人提出自己的意见，由决策者集中起来，并根据每人的身份、工作性质、权威性等因素，对各种意见进行分析整理，最后汇总成一个集体的预测意见作为结论。这种方法的好处是，相互启发，互为补充，简便易行，没有复杂的计算。对成立不久，缺乏历史资料的企业来说，此法值得采纳。

3. 头脑风暴法

头脑风暴法(Brainstorming)，是利用群体优势激发创造性发散思维，尊重集体智慧，采用禁止批评方式克服权威干扰，从而产生创新性方案的方法。这一方法是美国创造学家亚历克斯·奥斯本(Alex Faickney Osborn，1888—1966)在1939年首先提出的。当时他为了使本公司的广告能提出更好的创意而首创这一方法，并在1953年将该法丰富和理论化。这种方法的基本点可以归为“开动脑筋、互相启发、集思广益”。在典型的头脑风暴会议中，一些人围桌而坐，组织者首先明确地向大家阐明问题，然后成员在一定的时间内畅所欲言，自由地发表自己的想法，组织者鼓励每个成员都参与发表任何各类的方案和奇谈怪论，可暂时不考虑方案的可行性，鼓励在他人想法的基础上进行联想并创造出自己新的方案，不得评议方案，禁止批评，鼓励提出尽可能多的不同方案，组织者将所有的方案记录下来，留待之后分析选用。由于头脑风暴法尊重集体智慧，容易产生思想火花，具有良好的创新力，所以在企业界受到普遍重视和较广泛的应用。

这种方法的实施要点是：

(1)实施方法：采用会议形式。

(2)参加人员：5～12人，会议参加人的地位最好是同等的，以免一部分人被另一部分人的权威所慑服。

(3)会议时间：60～120分钟。

(4)会议形式：由主持者说明所要解决的主题是什么，然后，所有与会人员充分发表自己的看法。有时会议主题事先通知，有时则不通知，因为事先通知使人有所准备，但又容易约束人的思想。

(5)创造气氛：如利用圆桌，使人感到人人处于平等地位，甚至在桌上放名牌，给人以庄重的感觉等。

(6)为了促使这种方法成功，应遵循以下几条规定：不许对别人设想进行讨论，不许私下交换；每人发表意见时，其他人应全神贯注，不许提出集体或权威的看法，以免阻碍个人的思考。

(7)记录所有方案，以备后用。

4.名义群体法

名义群体法(Nominal group technique)是采用会议的方式，在方案制订过程中限制讨论，像参加传统委员会会议一样，群体成员必须出席，但他们独立思考，发表自己的想法。

这种方法的实施要点是：

(1)组织者先阐明问题，即需要预测或决策的问题；

(2)每个成员根据自己的经验写下预测的结论或对问题的看法；

(3)每个成员将自己的想法提交给组织者，成员一个接一个地向大家阐述自己的想法，组织员将之记录下来，可用活动挂图或黑板让成员将思想表达更充分明了；

(4)组织大家开始讨论，并对各种想法进行分析，汇总成几个典型的方案，并编号；

(5)每个成员将各已编号的方案进行排序，最后选出排序最高的方案。

5.电子会议法

电子会议法(Electronic meeting)是一种名义群体法与复杂的计算机技术结合的群体决策方法。在使用这种方法时，每人同时有一个与中心计算机相连接的终端。群体成员将自己有关解决政策问题的方案输入计算机终端，然后将它投影在大型屏幕上或计算机页面上，个人评论和票数统计。这一方法的优点是比传统的面对面的会议快，节约经费，可以远距离进行，可以匿名或公开身份。缺点是信息不如面对面的沟通所能得到的信息丰富。

(二)定量预测方法

定量预测方法(Quantitative forecasts)，又称"分析计算法"或"统计预测法"，是在占有比较完整的历史统计资料的基础上，通过对数据的整理分析，运用一定模型对预测对象的未来发展趋势做出定量测算的一种方法。定量预测有很多种，按照处理资料的不同，可分为时间序列法和因果分析法。

1. 时间序列法

时间序列法(Time series analysis)又称"历史延伸法"或"外推法(Extrapolation)"，是根据历史统计数据的时间序列，对未来的变化趋势进行预测。除了语言所能描述的直观的变化趋势外，大多数变化趋势包含在用统计数字组成的时间序列中。一般来说，时间序列由四种变化成分组成，即长期趋势变化、季节变化、周期变化和随机波动。长期趋势如国民生产总值的增长趋势、社会商品零售总额的增长趋势等；季节变化尤其对一些季节性的消费品的需求来说表现得最为明显，例如饮料、服装、化妆品等；周期变化是比季节变化更长期的、规律性的、循环出现的变化，例如经济周期、粮食产量的周期变化，甚至服装式样的流行也存在着某种周期性的规律。这三种变化，对预测的目的来说都是非常重要的。一些简单的预测模型可以用来预测趋势的变化，例如指数平滑模型、移动平均模型等；而要同时预测季节性变化和周期性变化，则要用到一些更复杂的模型技术，如回归—滑动平均模型、高阶指数平滑模型等。随机变化成分是无法预测的，它是混在时间序列中的一种"噪音"，必须设法将其滤除，以免影响预测结果的精度。

预测时间序列中包含的变化趋势是大多数企业进行销售预测时的主要工作。这方面简单而常用的方法是指数平滑法(Exponential smoothing technique)。指数平滑法是布朗(Robert G. Brown)提出的，他认为：时间序列的态势具有稳定性或规则性，所以时间序列可被合理地顺势推延；最近的过去态势，在某种程度上会持续到最近的未来，所以将较大的权数放在最近的资料。最简单的指数平滑公式如下：

$$Y_{t+1} = Y_t + \alpha(X_t - Y_t)$$

式中：Y_{t+1}——对下一期的预测值；

Y_t——上一期对本期的预测值；

X_t——本期的观察值；

α——平滑系数($0 \leqslant \alpha \leqslant 1$)

采用上述指数平滑公式进行预测时，关键在于确定 α 的数值，其作用是对本期观察值与预测值之差进行适当的修正。一般当实际观察数据波动得比较厉害时，α 值应选择得小一些，以便将随机干扰去除；否则，可以选得大一点，具体选取应视实际情况而定。

2. 因果分析法

因果分析法(Causal factor analysis)，也称"相关分析法"、"回归分析预测法"，是依据数理统计中的回归分析理论和方法，找出因变量与自变量之间的依存关系，建立预测目标与影响因素之间关系的数学模型，并据此进行预测的方法。因果分析法包括一元线性回归分析预测法、一元非线性回归分析预测法、多元线性回归分析预测法、多元非线性回归分析预测法等。

因果分析法的步骤：在进行定性分析的基础上，确定有哪些可能的相关因素；然后收集这些因素的统计资料；应用最小二乘法等，求出各因素(参变量)之间的相关系数和回归方程。根据这个方程就可预测未来。凡求一个变量对另一个变量的回归分析问题叫做"一元回归分析预测法"，凡求一个变量对另外几个变量的回归分析问题叫做"多元回归分析预测法"。

(1)一元回归方程为：

$$Y = a + bX$$

式中：Y——因变量，预测值；

X——自变量，影响因素；

a, b——回归系数。

(2)多元回归方程为：

$$Y = b_0 + b_1 X_1 + b_2 X_2 +, \cdots, b_p X_p$$

式中：Y——因变量，预测值；

$X_1, X_2, \cdots, X_p$——自变量，影响因素；

b_0——常数；

$b_1, b_2, \cdots, b_p$——Y 对 $X_1, X_2, \cdots, X_p$ 的回归系数。

几乎任何英明的决策都要依赖于预测，任何一个组织的任何一项重大决策都会进行预测，但没有一种预测方法会绝对有效，任何预测都存在着误差。因此，无论使用何种方法进行预测，预测的结果只是管理者进行决策时的参考依据。

第三节　决　策

一、决策的概念和理论发展

（一）决策的概念

决策（Decision making），简单而言，可理解为对某一事情做出决定。但严格地讲，它有狭义和广义之分。狭义的决策是指为实现一个目标，从几种可以相互替代的行动方案中选定一个满意方案的行为，也就是通常所说的“拍板”、“决断”或“决定”。广义的决策是指人们为了实现特定的系统目标，根据客观条件，通过调查研究，在掌握大量有关信息和经验的基础上，借助一定的方法和手段，通过准确地计算、比较和判断，从提出的若干备选方案中选择一个合理或满意方案的完整动态过程。也就是说，广义的决策是一个过程，不是决策者一次性的瞬间行为。

这一概念包含着以下几个要点：(1)决策必须要有一个明确的目标，没有目标，就无从决策；(2)决策必须要有两个以上可供选择的可行方案，如果可行方案只有一个，就没有选择的余地了，也就无所谓什么决策，而只是一种简单的处理活动了；(3)决策必须通过各种科学的预测方法，掌握事物发展规律，使未来的不确定性最小化，因为客观事物的发展是有规律的，但是人们的认识是有局限的，用局限的认识去干预和控制事物的发展，自然存在着风险和不确定性，因此，我们在做出决策之前，必须认真细致地做好调查研究工作，尽可能较为透彻地掌握事物发展的规律性，使未来的不确定性降低到最小的限度，这样就可以减少因决策失误而造成的损失；(4)选择方案的原则是“满意”或“合理”。每一个可行方案对目标的实现都会有利弊或优缺点，因此我们必须对每一个可行方案进行技术经济效果和所能带来的潜在问题进行分析和判断，比较各个可行方案的优劣，最后从若干可行方案中选择一个较为合理或满意的方案。

（二）决策的理论发展

决策作为一种理智的选择行为，早就存在于人类社会活动中。在我国历史上，孙膑为田忌赛马所献的计策，诸葛亮未出茅庐做的《隆中对》都是脍炙人口的决策案例。但是，由于科学技术发展水平的限制，长期以来，人们只能凭借智慧和经验进行决策。

科学技术的发展，促使决策日益丰富和发展，由经验决策发展为科学决策。18 世纪末期，一些资本主义国家相继出现了大型企业，经营管理的实践迫切需要有一套指导企业决策的理论。20 世纪 30 年代，美国学者切斯特・巴纳德（Chester I. Barnard）等人，首先把决策的概念引入企业经营管理的研究中。20 世纪 50 年代，科学技术迅猛发展，出现了控制论、信息论、系统论、未来学等综合学科，又出现了电子计算机，为决策的定量分析创造了有利条件；另一方面，心理学、社会心理学在研究人类决策活动中的心理因素和社会因素方面也取得了重大成就，为研究决策提供了新的思路。在上述科学技术发展的基础上，赫伯特・西蒙（Herbert Simon）等人对决策理论进行了开创性研究，建立了科学决策的理论体系。

1. 古典决策理论

古典决策理论(Classical decision theory)又称规范决策理论,是基于“经济人”假设提出来的,代表人物有英国经济学家杰里米·边沁(Jeremy Bentham,1748—1832)、美国科学管理学家泰罗(Frederick W. Taylor)等,主要盛行于1950年代以前。英国经济学家约翰·斯图亚特·穆勒(John Stuart Mill,1806—1873)在其1836年发表的《论政治经济学的定义》一文中指出,经济人是对经济生活中一般的人的抽象,经济人有两大特征:一是自私,即人们的行为动机是趋利避害,是利己的;二是完全理性,即每个人都能够通过成本—收益或趋利避害原则来对其所面临的一切机会和目标及实现目标的手段进行优化选择。因此古典决策理论认为:人是坚持寻求最大价值的经济人,经济人具有最大限度的理性,应该从经济的角度来看待决策问题,作为决策者的管理者是完全理性的(理性假设 Assumptions of Rationality),决策的目的在于为组织获取最大的经济利益,在决策者充分了解有关信息情报的情况下,是完全可以作出完成组织目标的最佳决策的。古典决策理论下建立的决策模型称古典决策模型(Classical decision-making model)。

理性假设决策存在以下几点的前提:(1)问题清楚,无歧义,决策者拥有与决策情型有关的完整信息;(2)决策者具有足够的才能,能制定合理的决策标准,列出所有可供选择的可行方案,并能预见各种方案可能的结果;(3)决策者具有一贯和明确的偏好,目标明确,标准确定,对各种方案可明确排序;(4)没有时间与成本的约束;(5)决策者总能选择出利益最大化的最佳方案。事实上,当决策者面临的决策问题简单、有明确的目标,可选择的方案很少,时间压力很少,决策成本低时,决策者可遵循理性假设,采用古典决策理论进行决策。但由于古典决策理论理性假设忽视了非经济因素在决策中的作用,将环境与决策人设定得过于理想,从而在应用上具有很大的局限性。只有深入分析,我们就会发现现实中存在着众多影响决策的因素,如:决策者获得和处理信息的能力有限,信息掌握并不充分和精确;决策者制定的标准常常是模糊的,受个人情感或偏见的影响;决策者不仅受经验、习惯的制约,而且受群体思维的影响,有时并不能作出明智的选择;决策的时间是有限的,决策者往往被限制在很有限的时间内必须作出决策;决策的成本是决策的制约条件,决策者必须在有限的资源条件下作决策。

2. 行政决策理论

行政决策理论形成于20世纪30~40年代。首先提出行政决策观点的是美国学者L.古立克(L. Gulick)。他在《组织理论》一文中认为决策是行政的主要功能之一。其后,美国学者切斯特·巴纳德在《行政领导的功能》一书中,认为行政决策是实现组织目标的重要战略因素。这些观点对后来行政决策理论颇有影响。但行政决策理论体系的形成,并使其在行政学中占有重要的地位,则是由美国著名管理学家、行政学家和心理学家赫伯特·西蒙实现的。1944年,他先在《决策与行政组织》一文中提出了决策理论的轮廓。3年后,他出版了《行政行为——在行政组织中决策程序的研究》,成为决策理论方面最早的专著。他认为人的实际行动不可能合乎完全理性,决策者是具有有限理性的行政人,不可能预见一切结果,只能在供选择的方案中选出一个“满意”的方案。“行政人”对行政环境的看法简化,往往不能抓住决策环境中的各种复杂因素,而只能看到有限几个方案及其部分结果。事实上,理性程度对决策者有很大影响,但不应忽视组织因素对决策的作用。此后,他继续研究决策理论和实际决策技术(包括运筹学、计算机学),为决策学成为新的管理学科奠定了基础。到80

年代,赫伯特·西蒙进一步对"有限理性"进行研究,发表了关于有限理性的论文。他列举了几种对客观理性决策构成挑战的情况:一是风险与不确定性的情况。客观理性决策只能适用于具有确定性和无风险的行动,但是,绝大多数的行动和政策选择都是具有高度风险和不确定性的。二是高度复杂性的情况。客观理性的决策所使用的完备性的计算往往只适用于解决包含因素比较少的公共政策问题,但是,实际需要解决的公共政策问题却是异常复杂的,它超出了一般的计算能力。三是客观理性的决策往往只适用于少量决策者的政策决定。当存在多个有利益矛盾的决策主体时,就会产生相互竞争与博弈的情况。行政决策理论另一些代表人物有美国组织学者詹姆斯·马奇(James G. March)和美国政治经济学者 C. E. 林德布洛姆(Charles Edward Lindblom)等。马奇承认个人理性的存在,并认为由于人的理性受个人智慧与能力所限,必须借助组织的作用。通过组织分工,每个决策者可以明确自己的工作,了解较多的行动方案和行动结果。组织提供个人以一定的引导,使决策有明确的方向。组织运用权力和沟通的方法,使决策者便于选择有利的行动方案,进而增加决策的理性。而衡量决策者理性的根据,是组织目标而不是个人目标。林德布洛姆的理论基点不是人的理性,而是人所面临的现实,并对现实所作渐进的改变。他认为决策者不可能拥有人类的全部智慧和有关决策的全部信息,决策的时间、费用又有限,故决策者只能采用应付局面的办法,在"有偏袒的相互调整中"作出决策。该理论要求决策程序简化,决策实用、可行并符合利益集团的要求,力求解决现实问题。这种理论强调现实和渐进改变,受到了行政决策者的重视。

3. 行为决策理论

行为决策理论(Behavioral decision theory)萌芽于 20 世纪 50 年代,起步始于阿莱斯悖论和爱德华悖论的提出,是针对古典决策理论不足和弊端及难以解决的问题另辟蹊径发展起来的。前期的一般研究范式为:提出有关人们决策行为的假设——证实或证伪所提出的假设——得出结论。研究框架基于认知心理学,认为人的判断和抉择过程实际是信息处理过程,该过程有四个环节(信息获取、信息处理、信息输出、信息反馈)。主要研究内容是探索和描述人们在"判断"和"抉择"中是如何具体实施每一个步骤的。研究方法是心理学实验方法,通过心理学实验探索人们在进行判断和抉择背后的心理因素,然后就这些心理因素对决策行为中的判断和抉择的影响进行理论探讨,进而探索和描述人们在"判断"和"抉择"中是如何具体进行每一个环节的。

从 20 世纪 70 年代中期到 80 年代中后期,行为决策已经成为一门独立的研究学科,主要研究方法涵盖了观察法、调查法、访谈法和实验法,成果在经济、金融和管理等领域广泛应用。研究对象扩大到决策过程的所有环节,即情报阶段、设计阶段(包含判断)、抉择阶段和实施阶段,对决策行为中各个阶段中人们是如何具体地完成这一阶段进行了深入的探索,并取得丰富的研究成果。Kahneman 和 Tversky 于 1979 年提出的"前景理论(Prospect theory)"是建立基于对人们实际决策行为的描述。经过大量实验研究,他们总结发现了许多偏离传统最优行为的决策偏差。如不确定性效应(Certaintyefect)、反射效应(Reflection efect)、锚定效应(Anchoringefect)、后悔值理论、过分自信等现象,在总结实验成果的基础上提出了充分展示人类决策行为复杂性和不确定性。他们运用心理学对传统经济学进行大胆创新,修正了传统经济学的基本假设,开创了研究的新领域。Kahneman 也由于在该领域杰出的贡献而获得 2002 年诺贝尔经济学奖的殊荣。

20世纪80年代中后，行为决策理论研究的主流是概括行为特征，提炼行为变量，然后将其运用到理性决策的分析框架之中。决策模型不仅考虑客观的备选方案以及环境对它们的影响，而且包含了决策者认知局限性、主观心理因素以及环境对决策者的心理影响等因素。这样得到的模型普适性更强，具有代表性的研究至少包括BSV模型、DHS模型、HS模型、BHS模型等。主流研究范式为：识别传统决策模型及其假设——揭示由于人的认知能力、心理因素所导致的理论和实际不一致现象——归纳行为特征，增加和修正行为变量，得到新的决策模型——对新模型进行实证检验，寻找该模型的新推论，并论证其对谬与否。

行为决策理论的特点：(1)出发点是决策者的决策行为；(2)研究集中在决策者的认知和主观心理过程，关注决策行为背后的心理解释，而不是对决策正误的评价；(3)从认知心理学的角度，研究决策者在判断和选择中信息的处理机制及其所受的内外部环境的影响，进而提炼出理性决策理论所没有考虑到的行为变量，修正和完善理性决策模型。

行为决策理论的主要内容：(1)人的理性介于完全理性和非理性之间。即人是有限理性(Bounded rationality)的，这是因为在高度不确定和极其复杂的现实决策环境中，人的知识、想象力和计算力是有限的。(2)决策者在识别和发现问题中容易受知觉上的偏差的影响，而在对未来的状况作出判断时，直觉的运用往往多于逻辑分析方法的运用。所谓知觉上的偏差，是指由于认知能力的有限，决策者仅把问题的部分信息当作认知对象。(3)由于受决策时间和可利用资源的限制，决策者即使充分了解和掌握有关决策环境的信息情报，也只能做到尽量了解各种备选方案的情况，而不可能做到全部了解，决策者选择的理性是相对的。(4)在风险决策中，与经济利益的考虑相比，决策者对待风险的态度起着更为重要的作用。决策者往往厌恶风险，倾向于接受风险较小的方案，尽管风险较大的方案可能带来较为可观的收益。(5)决策者在决策中往往只求满意的结果，而不愿费力寻求最佳方案。导致这一现象的原因有多种：一是决策者不注意发挥自己和别人继续进行研究的积极性，只满足于在现有的可行方案中进行选择；二是决策者本身缺乏有关能力，在有些情况下，决策者出于个人某些因素的考虑而作出自己的选择；三是评估所有的方案并选择其中的最佳方案，需要花费大量的时间和金钱，这可能得不偿失。

行为决策理论抨击了把决策视为定量方法和固定步骤的片面性，主张把决策视为一种文化现象。例如，威廉·大内(William Ouchi)在其对美日两国企业在决策方面的差异所进行的比较研究中发现，东西方文化的差异是导致这种决策差异的一个不容忽视的原因，从而开创了决策的跨文化比较研究。

4.博弈论

决策理论的另一重要分支即现代博弈论。博弈论(Game theory)，有时也称为对策论，或者赛局理论，是研究具有斗争或竞争性质现象的理论和方法。博弈论思想古已有之，古代的《孙子兵法》、《巴比伦法典》都涉及博弈论的内容。博弈论作为独立学科研究起步于20世纪初，最初主要研究象棋、桥牌、赌博中的胜负问题，现已发展成一门较完善的学科，在管理学、经济学、政治学、国际关系学、生物学、计算机科学、军事战略和其他很多学科都有广泛的应用。

博弈论的研究始于策墨洛(Zermelo，1913)、波雷尔(Borel，1921)及冯·诺伊曼(Von Neumann，1928)，后来由冯·诺伊曼和奥斯卡·摩根斯坦(Von Neumann and Morgenstern，1944，1947)概括了经济主体的典型行为特征，提出了标准型、广义型与合作型博弈模型、解的概述和分析方法，奠定了博弈率与经济博弈论的理论基石。约翰·福布斯·纳什（John Forbes Nash，1950，1951）和阿尔伯特·塔克（Albert Tucker，1950）发展并奠定了现代非合作博弈论的理论基石。莱因哈德·泽尔腾（Reinhard Selten，1965）将纳什的均衡概念引入动态分析，提出了"精炼纳什均衡"概念，约翰·C. 海萨尼（John C. Harsanyi，1967，1968）则提出了不完全信息博弈和贝叶斯均衡概念，纳什、海萨尼、泽尔腾这三人同时因为他们对博弈论的突出贡献而获得1994年诺贝尔经济学奖。克瑞普斯（Kreps）、威尔逊（Wilson）、米格罗姆（Milgrom）、罗伯茨（Robeits）1982年对动态不完全信息模型及声誉问题的研究取得了丰硕成果，建立了著名的"四人帮模型"，1996年，维克里（William Vickrey）和莫里斯（James Mirrlees）也因对非对称信息博弈论和激励性经济理论等做出的重要贡献，而获得诺贝尔经济学奖。美国斯坦福大学 M. Elisabeth、Pate Cornell 和 Peter J. Regan 对快速时变系统的动态风险决策进行了多年研究，建立了一套以决策分析和人工智能方法为基础的风险测度模型和决策模型框架。英国学者 Ralph L. Kliem 和 Irwin S. Ludin 提出采用系统方法来进行风险决策，并提出了判别、分析和控制不同风险的理论框架和实用方法。

一个完整的博弈包含六个要素：

（1）局中人（Players）。也称博弈方，是指一场竞赛或博弈中，能够独立决策、独立行动并承担决策结果的决策权的参与者成为一个局中人，如个人、企业或国家等。两个局中人的博弈现象称为"两人博弈"，比如柯达公司与富士公司的竞争。多于两个局中人的博弈称为"多人博弈"。博弈参与人越多，情况越复杂，结果越难以预料。

（2）策略（Stratetactics）。是指各博弈方可选择的策略集合。如果在一个博弈中局中人总共有有限个策略，则称为"有限博弈"，否则称为"无限博弈"。

（3）得益（Payoffs）。一局博弈结局时的结果称为得失。每个局中人在一局博弈结束时的得失，不仅与该局中人自身所选择的策略有关，而且与全局中人所取定的一组策略有关。所以，一局博弈结束时每个局中人的"得失"是全体局中人所取定的一组策略的函数，通常称为得益函数。

（4）次序（Orders）。各博弈方的决策有先后之分，且一个博弈方要作不止一次的决策选择，就出现了次序问题；博弈中各博弈方行动的顺序对博弈的结果会产生重大影响，其他要素相同但次序不同，博弈的利益就不同。

（5）信息（Informations）。博弈中有关敌对我策略以及各博弈方利益的信息。知己知彼，百战不殆。

（6）均衡（Equilibrium）。指相关量处于稳定值。所谓纳什均衡（Nash Equilibrium），它是一稳定的博弈结果。在一策略组合中，所有的参与者面临这样一种情况，当其他人不改变策略时，他此时的策略是最好的。也就是说，此时如果他改变策略，他的得益将会降低。在纳什均衡点上，每一个理性的参与者都不会有单独改变策略的冲动。但纳什均衡点定义只局限于任何局中人不想单方面变换策略，而忽视了其他局中人改变策略的可能性。因此，在很多情况下，纳什均衡点的结论缺乏说服力。塞尔顿（R. Selten）在多个均衡中剔除一些按照一定规则不合理的均衡点，从而形成了两个均衡的精炼概念：子博弈完全均衡（Subgame perfect equilibrium）和颤抖的手完美均衡（Trembling hand perfect equilibrium）。

【案例 5.5】

数字化仪表板[①]

高级管理人员，特别是CEO们负责把握企业的方向，设定战略目标，制定战略规划，开展战略决策。今天的技术已经能够让每位管理者接入公司数据库中的信息。但是，在这个问题上出现了一种争议。CEO们或其他高管们应当自己从电脑中获得有效决策的数据，还是应当依靠下级的书面或口头的汇报？

传统上，高管们不需要电脑。宽大的桌子上只有部电话，这是一种象征，说明高管们的工作主要是深思和沟通，而不是数据挖掘。通用电器公司的杰夫·伊梅尔担心如果高管们总是在电脑前，可能会丧失对大局的掌控。因此，他依靠下属搜集信息、解释数据，然后报告给他。

许多现代的CEO对电脑非常熟悉，对技术也很在行。数字化仪表板(Digital dashboard)是适用于高管的一款先进工具，它可以采集和组合关键的信息片段。关键绩效指标在电脑屏幕上一览无余，从而迅速掌握企业运行的概况，可以帮助制定和评估战略目标及制订战略计划。

Verizon通信公司设计了一种系统，还可以让高管实时进行监控。例如，绿色代表状况良好，黄色代表状况需要注意。甲骨文公司的拉里·艾里森、微软公司的史蒂夫·鲍尔默等都使用数字化仪表板。

但是，使用数字化仪表板的前提是企业已经将销售、利润、库存、资源等数据进行了整合。与20世纪70年代开发的笨拙的决策支持系统不同，数据化仪表板是用户友好界面型的，使用时不需要特别的培训，管理者可以快速审视概要，然后深入研究具体的问题，查阅具体的数据。许多管理者对这一工具极为欢迎，管理顾问劳伊说："只有能够测量才是可以管理的。"数字化仪表板的另一项优势是数据分享，这对于群体决策极有帮助。

问题：

1. 如果你是CEO，你会主动去使用数字化仪表板吗？为什么？

2. 你认为在使用数字化仪表板进行问题判断和决策时应注意些什么？

3. 你认为在未来的决策中有多大程度可依赖于电脑进行？人脑如何才能与电脑有机结合对复杂问题进行决策？

二、决策的分类

决策所要解决的问题，涉及组织管理的各个方面，内容非常广泛。从不同的角度可以把决策分为不同的类型。

（一）战略决策和战术决策

按所解决问题在组织中的层次或地位不同，可以分为战略决策和战术决策。

1. 战略决策

战略决策(Strategic decision)是指确定组织远景规划的重大的方向性决策。战略决策

① 里基·W.格里芬：《管理学》，中国市场出版社2008年版，第167页。

重点是解决组织与外部环境的关系问题，解决全局性、长远性、战略性的重大决策问题。如企业中的投资方向与生产规模的选择、生产布局和厂址的选择、重大的组织变革、新产品的选择等。这类决策事关组织全局，其正确与否，对组织整体利益、发展速度以及前途影响极大，一般多由高层决策者作出。

2. 战术决策

战术决策(Tactical decision)是指为实现战略决策而进行的短期具体决策。战术决策重点是解决如何组织、动员内部力量的问题，如企业中的日常生产任务的分配、储备控制、质量控制、劳动力的控制与调配等。这类决策虽然不直接决定组织的全局，但它的正确与否，将在很大程度上影响组织目标的实现程度和组织管理效率的高低。战术决策一般由企业中层管理人员做出，战术决策要为战略决策服务。

(二)程序化决策和非程序化决策

按问题出现的重复程度和解决问题经验的成熟程度不同，可以分为程序化决策和非程序化决策

1. 程序化决策

程序化决策(Programmed decision)是对组织管理过程中经常重复出现的例行性问题按组织事先确定的程序所做的决策。程序化决策主要是解决结构性的问题(Structured Problems)，这类问题直观、经常出现、容易判断、有明确的目标、已有解决的方法和程序，管理人员可以凭借以往的决策经验特别是组织的决策要求与程序来解决问题。管理者日常工作中的大部分决策都属于这一类。管理者要经常分析日常工作中出现的问题，并对问题进行归纳，对经常出现的结构性问题制定解决问题的方案和政策，使决策过程标准化、定型化、程序化。当组织管理中的例行问题出现而需要决策时，组织成员可遵循条规，按例进行。如驾驶者遵循交通规则闯红灯，交警会依据规定对其进行处罚。处罚决策是程序化决策。

2. 非程序化决策

非程序化决策(Nonprogrammed decision)是对组织管理过程中的例外情况或不经常出现的问题所进行的决策。非程序化决策主要是解决非结构性的问题(Unstructured problems)。这类问题往往是新的、不确定的、难以判断的，不常出现，具有很大的偶然性和随机性，如由于客观环境条件和组织改革与发展所带来的非常规性问题。对这类问题进行决策，无先例或无章可循，无法采用常规办法和已有的程序。非程序化决策的效果如何，主要取决于决策者的创新精神、领导气魄、个人经验判断和决策方法的科学化程度。如为支援四川汶川大地震的灾后重建工作，一些企业作出捐赠上亿巨款的决策是非程序化决策。

(三)确定型决策、风险型决策和不确定型决策

按决策者掌握信息的完备程度不同，可分为确定型决策、风险型决策和不确定型决策(见图 5-4)。

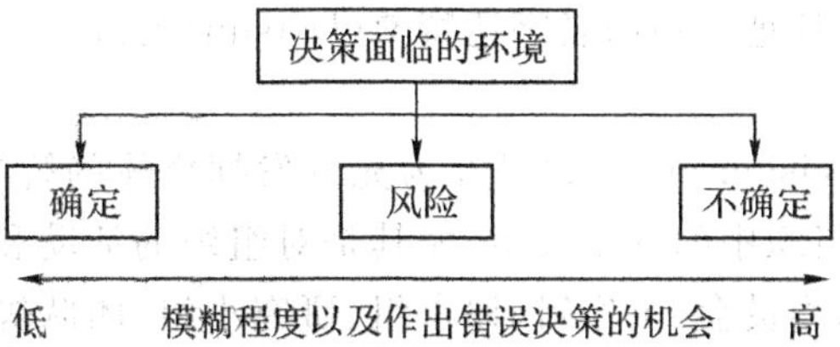

图 5-4　决策环境

1. 确定型决策

确定型决策(Decision making under certainty)是指决策者对所需各种信息比较确定的情况下进行的决策。这种决策涉及的每一个行动方案所达到的效果都可以确切计算出来,因此可以根据决策目标做出肯定的选择。这种决策,约束条件明确,目标明确,各种变量及其相互关系是可计量的,能建立起确定的数学函数模型,运筹学、运用线性规划等方法可求出最优解。例如某企业作一个短期的投资,有三个方案可选择,年获利率分别为4.5%、5.0%和6.5%,其他条件和风险相同,很明显获利率最高的方案为最佳投资决策方案。又如一辆邮车要从一个城市到另外十个城市巡回一次,其路线就有10×9×8×…×3×2×1=3628800条,仅利用经验从中选出最短路线就不容易,但可运用线性规划来选择最佳方案。

2. 风险型决策

风险型决策(Decision making under risk)是指对未来的环境情况不太清楚和肯定,但能运用调查和统计分析手段确定其发生概率情况下所进行的决策。由于不论选择哪一个方案,效果都无法准确地预料,都要承担一定的风险,所以这类决策具有一定的风险性,称之为风险型决策。由于不同自然状态下的概率值,一般是以过去的历史资料为依据,通过统计分析求得,所以又称“统计型决策”。如粮食期货商在进行期货买卖时,会对来年影响粮食生产与供应的各种要素进行预测,统计分析各种情况发生的概率,估计风险并借助数学模型进行风险决策。

3. 不确定型决策

不确定型决策(Decision making under uncertainty)是指决策者在决策过程中面临许多环境的不确定因素并不能确定其发生的概率情况下进行的决策。这类决策面临的环境往往比较复杂多变,预测难度大,因此决策的风险性也最大。只有把科学方法与决策者的经验结合起来,才有可能做出比较正确的选择。

(四)个人决策和群体决策

按决策主体不同,可分为个人决策和群体决策。

1. 个人决策

个人决策(Personal decision making)是指管理者凭借个人的判断力、知识、经验和意志,用个人决定的方式作出的决策。个人决策一般用于日常工作中程序化的决策和管理者职责范围内的事情的决策。个人决策的优点是决策速度快,能迅速解决问题。缺点是对决策者要求高,由于决策者个人的价值观、态度、信仰、背景、知识与能力有一定的局限性,限制了决策者解决问题的思路、类型、方法和能力,使个人决策难以应对复杂的问题。如日产汽车的前首席执行官Katsuji Kawamata就是一个独裁的领导者,他很自负,认为自己具有独立经营日产汽车公司的能力,他几乎包揽了所有的决策,而其中的很多决策都被后来的事实证明是错误的,这其中包括把公司的名字达特桑(Datsun)改为日产(Nissan)的决策。

2. 群体决策

群体决策(Group decision making)是在为充分发挥集体的智慧的基础上,由多人共同参与方式作出的决策。组织中的许多决策,尤其是对组织的活动和人事有极大影响的重要决策都是由集体制定的,委员会、工作组、评审组、研究小组、团队等类拟的组织作为制定决策群体决策的组织存在于各种组织中。研究表明,管理者40%或更多的时间花费在开会上，其中的大部分时间是在研究问题、找出解决问题的方案、决定如何制定实施方案和对以往的决策进行总结与反思上，事实上他们在进行群体决策。群体决策因其特有的优势得到了越来越多决策者的认同并日益受到重视，这是因为决策者面临的内外部环境日益复杂多变，许多问题的复杂性不断提高，对于那些复杂的决策问题，往往涉及目标的多重性、时间的动态性和状态的不确定性，要求综合许多领域的专门知识才能解决问题，这些跨领域的知识往往超出了个人所能掌握的限度，个人的能力远远不能驾驭。总之，群体决策的优点是能集思广益，群策群力，“三个臭皮匠赛过诸葛亮”，克服个人局限性，提供更多的决策信息，产生更多更可行的备选方案，增加方案的可接受性，减少决策失误。缺点是决策耗时，速度慢，决策责任分散甚至不明确，群体成员心理相互作用影响，易屈于权威或大多数人意见，形成“群体思维(Groupthink)”[①]，影响决策的结果，损害决策的质量。

（五）直觉决策和逻辑决策

按决策方式不同，可分为直觉决策和逻辑决策。

1. 直觉决策

直觉决策(Intuitive decision making)是决策者基于其经验、能力运用直觉进行决策的过程，是一种个人的定性决策。直觉(Intuition)是一种潜意识，是人脑高速分析、反馈、判别、决断的过程，体现为敏锐的洞察力，它是基于人类的职业、阅历、知识和本能存在的一种思维形式，具有迅捷性、直接性、本能意识等特征。在人类的行为方式中，最复杂的是直觉，最简单的也是直觉。产生直觉的能力并不完全是天赋的，它可以通过后天的努力和锻炼逐渐得到增强。对一个有经验的管理者，在环境存在高不确定性、变化迅速难以科学预测、决策信息有限、决策时间紧迫、决策目标复杂时，通常会运用经验凭直觉迅速地作出决策。在管理过程中，绝大多数决策过程管理者都会部分地运用直觉作出决策。管理决策者的经验越丰富，直觉决策的次数越多越正确，直觉决策的效果越好，管理决策者的水平越高。

2. 逻辑决策

逻辑决策(Logical decision making)是决策者基于系统性的、详尽的问题分析或识别，基于对环境的信息的调查分析与数据处理，基于多种备择方案制定与评估进行逻辑比较和择优的决策的过程。

除上述分类外，决策还可以按决策问题在组织中的地位划分为高层决策、中层决策和基层决策；按决策实施时间划分为长期决策、中期决策和短期决策；按决策目标的数量划分为单目标决策和多目标决策；按决策主体划分为个人决策和集体决策；按管理职能划分研究发展决策、营销决策、技术决策、财务决策和人事决策等。

【案例 5.6】

阿斯旺水坝的灾难

具有世界级规模的埃及阿斯旺水坝在 20 世纪 70 年代初竣工了。表面上看，这座水坝

① 群体思维是指以不对决策相关信息作出正确评估为代价，简单地追求意见的一致性，从而导致出现有缺陷或者有偏差的决策的现象。最初由 Janis 于 1972 年提出，他在通过对一些执行问题解决任务的小群体行为的观察，提出了一系列的假设，并将这些假设综合后称之为群体思维。随后，Janis 运用群体思维概念解释了一些美国历史上失败的高层政治和军事决策事件，例如 20 世纪 60 年代的越南战争、1972 年尼克松的水门事件等。

给埃及人带来了廉价的电力，控制了水旱灾害，灌溉了农田。然而，实际上却破坏了尼罗河流域的生态平衡，造成了一系列灾难：由于尼罗河的泥砂和有机质沉积到水库底部，使尼罗河两岸的绿洲失去肥源——几亿吨淤泥，土壤日益盐渍化；由于尼罗河河口供沙不足，河口三角洲平原向内陆收缩，使工厂、港口、国防工事有跌入地中海的危险；由于缺乏来自陆地的盐分和有机物，致使沙丁鱼的年获量减少1.8万吨；由于大坝阻隔，使尼罗河下游的活水变成相对静止的“湖泊”，使血吸虫病流行。埃及造此大坝所带来的灾难性后果，使人们深深地感叹：一失足成千古恨！

问题：

1. 是什么原因导致埃及建造阿斯旺水坝决策的失误？

2. 你认为建设阿斯旺水坝的决策时应考虑哪些因素？

三、决策的程序

要使决策有效就必须遵循科学的决策程序。总的来说，决策程序大体上可分为三个基本阶段：确定决策目标阶段、探索和拟定各种可行方案阶段、选择合理方案阶段。这三个阶段分别称为参谋活动、设计活动和选择活动。这是任何完整的决策过程所必不可少的，否则就不能认为是合理的。

具体地说，决策程序一般可以分成如下几个主要步骤：

(一)明确问题

一切决策都是从问题开始的，如果没有需要解决的问题，也就不需要进行决策了。决策者要在全面调查研究、系统搜集环境信息的基础上发现差距，并找出关键性问题和认准问题的要害。要找出为什么要针对这个问题而不是针对其他问题做决策的理由。关键问题抓不准或者问题的要害抓不准，就解决不了问题，所作的各种决策就不可能是合理、有效的。

(二)确定目标

决策目标是管理者希望通过决策活动所要取得的成果或所要达到的预期状态。目标是决策的方向，没有目标的决策是盲目的决策。决策目标的正确与否对决策的成败关系极大，决策目标选择不准确，势必导致决策的失误。在确定决策目标的时候必须注意以下几个方面的问题：

1. 决策目标必须建立在必要和可能的基础上。在确定决策目标之前，必须弄清组织内外的各种形势怎样，建立这样的目标是否必要，达到目标所必须具备的条件是否成熟等一系列问题。

2. 制定决策目标必须明确具体，尽可能量化，以便于用来衡量决策的实施效果。对于那些难以量化的目标，可以采用间接表示的方法使其数量化，如用百分比法、评分法等。一般地说，越是近期目标，就越要求明确具体，远期目标则允许有一定的模糊性。

3. 在进行多目标决策时，必须分清决策目标的主次。要通过剔除从属目标，削减重复目标，合并类似目标，以及把次要目标降为约束条件的办法，尽量减少决策目标数量；对保留下来的目标还可以根据重要性的大小区分为必须达到的目标和希望达到的目标，以保证决策者抓住关键，解决决策的核心问题。

(三)探索拟定各种可行性方案

可行性方案的拟定是决策的关键，因为可行性方案的数量和质量对最后做出合理的决策有重大的影响。可行性方案要具备三个条件:(1)能够保证决策目标的实现;(2)组织外部环境和内部条件都有可行性;(3)具有排他性。

探索可行性方案同样也是一个决策过程,这一过程可以分为四个具体步骤:(1)方案的初步设想;(2)方案设计;(3)方案的可行性分析;(4)方案设计的改进及可行性方案的最终确定。

方案设想要依据三个基本要素:(1)决策目标,方案的设想必须以实现决策目标为出发点;(2)外部环境,方案的设想一定要充分利用外部环境提供的条件,充分运用外界的情报信息;(3)组织内部条件,在方案的设想过程中,一定要充分熟悉组织的内部条件并加以充分的利用。

方案的设计和论证要解决四个问题:(1)这个方案的具体结构是什么?(2)这个方案有哪些约束条件?(3)这个方案执行的最好结果与最坏结果怎样?各自发生的概率有多少?(4)应变措施及细节是否完善?设计过程与论证过程是同时进行的,论证会给修改设计提出课题和指明方向,改进设计后还要重新论证分析。这样反复多次,方案才最后形成。

(四)可行性方案的评价

对可行性方案的评估不能凭个人的主观好恶,而应采取科学的态度,依据科学的标准来进行。综合评价各个方案的技术合理性、措施可操作性、经济时效性、环境适应性以及它对社会和生态的影响,分析各个方案可能出现的问题、困难、障碍、风险,并制定相应的防范、应变措施。经过以上分析评价,就可以对每个方案的利弊长短有一个结论,并可据此进行选择。

(五)选择满意方案

在对各个可行性方案分析评价的基础上,决策者最后要从中选择一个满意方案。方案的选择一般有以下几种做法,即经验判断淘汰法、排队归类法、数学分析法和试验法等。

1. 经验判断淘汰法。这是根据人们的实践经验和判断能力来选择方案的方法。这是选择决策方案的一种基本方法。如果决策问题不太复杂,可以运用此法直接做出决策。但有的决策涉及许多问题、目标、变量、标准和方案,对此直接根据经验进行方案选择比较困难,因而就要借助于“有限合理性”的选择标准,淘汰一些方案。具体的淘汰办法是,根据部分条件和标准,对全部方案筛选一遍,淘汰不能达到要求的方案,从而缩小选择范围。

2. 排队归类法。就是把可行性方案按优劣顺序排队,然后筛选。或者将可行性方案划分为几大类,然后采用从上到下分组淘汰,或者用自上而下先归类后选择的办法进行淘汰。这种办法的优点是比较简便、迅速。

3. 数学分析法。有些决策方案可用数学方法计算出它们的结果,这些方案的变量与变量、变量与目标的关系能用模型表示。还有些决策问题,它们的控制变量为连续型的,无法靠人的经验来选择,这就要用数学分析方法选择。数学分析方法在决策中的运用,历史并不长,但发展非常迅速。它可以使决策达到准确、优化。但是直到目前为止,还有许多复杂的决策问题,数学方法仍解决不了。尤其是牵涉到较多的社会因素、人的因素及心理因素的决策,数学方法也无能为力。

4. 试验法。有些场合下,只有经过实际的实施和验证,才能把握方案的效果。这时试验就是非常必要的。有时则是因为方案实施后的影响过于巨大,从而有必要通过局部试验对方案的效果有一个大致的把握后,再决定是否可以全面实施。当然,这种方法也有其局限性，如有时试验费用太高，有时即使是经过试验的东西仍然可能是存疑的，因为未来不可能是现在情况的简单重复。

（六）方案的实施与反馈

选择决策方案以后，决策过程并未结束，要使决策变为现实，达到预期目标，必须把决策的内容具体化，落实到有关责任部门和人员，制定实施决策的规划和期限要求，解决有关问题。同时，决策者还必须对决策实施情况进行跟踪检查，根据反馈信息对决策不断地进行调整。由于客观环境的复杂性和决策者认识能力的局限性，决策者所做出的决策不符合或不完全符合实际的情况常有发生，需要不断对方案进行修正。

科学的决策理论认为，对实施方案的反馈调节，是决策过程不可分割的一部分。决策的目的在于实施，而实施又反过来检查决策是否正确。某项特定的决策，是“决策—执行—再决策—再执行”这样的动态过程中一个特定的环节。

决策过程的最后一个步骤是从反馈中进行学习。高效的管理者总是会对以前的经验和教训进行反思、总结，通过对决策结果的分析，从过去的失败和成功中获取经验，提高决策质量和决策水平。

KT 决策法

KT 决策法是由美国人查尔斯·H·凯普纳(CharlesH. Kepner)和本杰明·特雷高(Benjamin B. Tregoe)两人合创研究发明的，KT 取自两人的名字字母。

在出版于 1965 年的《理性经理人》一书中，凯普纳和特雷高提出了制定有效决策的三个主要组成部分：对所要完成的任务目标的认识程度；对备选方案进行评估的质量；对采用其他方法可能导致的后果的了解程度。

KT 法强调问题诊断必须符合条理化的逻辑步骤，问题诊断分为三个步骤：

第一步，确认问题，即确认有无问题及问题在哪里。在公共决策中，问题的含义是“实际状态与期望状态间存在的需要缩小或消灭的差距”，为此必须知道实际状态、期望状态和差距三方面；

第二步，问题诊断，即界定问题，通过准确查明差距的真相程序及其发生的时间和地点，以便把问题的范围与界限弄清楚；

第三步，原因分析。KT 法强调一是要从变化与差距中寻找原因；二是要对推断原因作出必要的验证；三是对于构成因果链关系的情况要从表面原因入手找到终极原因为止。

KT 决策法的分析步骤：

一是准备一份含有行动方案和行动结果的决策声明；

二是确认战略需求(必需)、行动目标(期望)及限制条件(局限)；

三是对各项目标配以权重，逐一排序；

四是产生选择方案；

五是在客观基础上，对各选择方案进行打分；

六是计算各选择方案的加权分值，找出分值最高的前两项或前三项；

七是识别这些高分值方案的负面影响，并对这些影响发生的可能性(高、中、低)及严重性(高、中、低)进行评估；

八是根据上述评估结果，从这几项高分选择方案中做出最终唯一选择。

【案例 5.7】

英国石油公司的决策审核小组

英国石油公司(BP)是世界上最大的石油公司之一,不管是在与 Amoco 公司的合并之前还是之后。几年之前,英国石油公司的高层管理者认识到,他们没有能够从过去的决策中进行学习。为了弥补这一不足,高层管理者在伦敦的公司总部设立了决策后的评价小组,这一小组的目标是对重要的决策进行回顾评价,以确定是否能从成功或失败中学习到经验与教训,并通过这些信息来改善公司以后的决策质量,提高决策水平。

这一小组由 5 位管理者组成,他们向公司董事会负责。小组每年只对有限的重大决策项目进行审计。因为审计需要足够的信息也要花费金钱,在决策项目审计时,小组被赋予了充分的自由。决策审核小组为英国石油公司节省了数百万美元。如在一次审计中,小组发现公司正蒙受上百万美元的损失,于是审计小组建议公司成立一个独立的小组来对承包商进行评估。

问题:

1. 分析英国石油公司决策审核小组的作用。
2. 你在日常工作中如何从以往的决策中进行学习?

四、决策的方法

随着决策实践和决策理论的发展,人们创立了许多可行的科学决策方法。至今,已基本形成两大类:一类是定性决策方法,一类是定量决策方法。从决策方法的发展趋势看,这两种方法不存在谁替代谁的问题,而是相互补充,密切结合。长期以来,我们习惯于传统式拍脑袋的经验决策,决策失误较多,造成了很大的损失。因而,我们必须运用新的决策方法进行决策,把定性分析方法与定量分析方法有机地结合起来。

(一)定性决策方法

定性决策方法(Qualitative decision making method),也称为决策的"软"技术,是决策者根据所掌握的信息,通过对事物运动规律的分析,在把握事物内在本质联系基础上进行决策的方法。核心是,在决策过程中充分发挥人的智慧、知识和经验,决策者根据已知情况和现有的资料,提出决策目标、方案、参数,并做出相应的评价和选择。

定性决策由于依赖于决策者的经验,往往会导致决策者在处理备选方案相关信息或制定决策的过程中产生系统误差。所谓系统误差(Systematic error)是指人们对信息的理解和判断习惯性地发生的偏差,从而导致决策失误。能对管理者决策方式有负面影响的偏差主要有四种:(1)前提假设偏差(Prior hypothesis bias)。对于两个变量之间的关系有着强烈的先期认识的决策,即便有证据证明他们的这种认识是错误的,一旦决策者先入为主,则很难改变。此外,决策者还倾向于收集和使用与他们的先期认识相一致的信息,而忽略与这些认识不一致的信息。(2)代表性偏差(Representativness bias)。很多决策者会不恰当地从一个小样本甚至从一个典型的案例中归纳某种结论,并将其推广到普遍的情况,从而产生偏差。(3)控制错觉(Illusion of control)。决策者特别是高层管理者会高估自己对各种活动和事件的控制能力,容易夸大自身的价值,过度自信,从而导致做出不正确的决策。(4)升级承诺(Escalating commitment)。在一项行动方案开始实施并已投入大量资源以后,一些管理者会进一步增加对先期项目的资源投资,使反馈回来的信息表明这个项目正在实施。因为管理者试图用这种方式证明起初的决策并没有错。显然,某一个项目的个人情感在左右着决策者的分析,从而导致这种升级承诺现象的出现。决策者决定增加对一项计划的资金投入和时间投入,而不顾这样的做法明显是非法的、不道德的、不经济的或者是不可行的。事实上,最为明智的决策应是减少投入或者干脆停止实施。如何才能使管理者认识到自己的偏差,提高决策能力和解决问题的能力?有效的方法,一是明确自己的决策风格,二是借助于群体决策。

为克服完全依靠决策者个人的局部经验进行决策的弊端,定性决策方法往往是在对决策过程进行全面系统分析的基础上,依靠专家的集体力量和智慧开展决策。群体决策时可借助头脑风暴法、专家意见集体法、名义群体法、电子会议法、德尔菲法等方式开展。

通常定性决策方法运用得当,不仅可以灵活简便、省时省力地进行决策,而且有利于调动决策参与者的积极性,有利于决策的执行。定性决策缺点是,由于缺乏严格论证,主观成分比较强,有时还会因为参加决策者的知识类型太一致而使决策意见带有很大的倾向性;同时由于传统的观念往往占有优势,很可能使决策趋于保守。因此,我们不能单靠这种方法,还必须结合运用定量的决策方法。

(二)定量决策方法

定量决策方法(Quantitative decision making method),也称决策的"硬"技术,是建立在数学模型基础上的决策方法。其核心是,把决策的变量与变量以及变量与目标之间的关系用数学关系表示出来,建立数学模型,然后根据决策条件,通过计算求得结果。复杂的问题要运用电子计算机作为辅助手段。这种决策方法主要适用于重复出现能够计量的程序性决策。定量决策方法采用何种数学工具,主要取决于决策问题本身所包含的变量多少,决策环境的不确定程度以及是静态分析还是动态分析等三方面因素。下面我们根据决策者掌握信息的完备程度介绍几种常用的定量决策方法。

1. 确定型决策方法

确定型决策方法,是指一个方案只有一种结果的决策。这种决策法一般可以根据已知条件,直接计算出各个可行方案的结果,凭借结果判断方案的优劣,从而确定最优方案。确定型决策方法一般用于程序化的、业务性的、短期的决策。例如,用量本利分析法进行产量决策和利润决策;用线性规划进行用料决策和运输决策;用存储模型进行采购批量和制造批量决策;等等。这里仅简要介绍一下量本利分析法的基本原理。

量本利分析法,又称"盈亏平衡分析法",是一种简便、有效、使用范围较为广泛的确定型定量决策方法。它根据与决策方案有关的产量(销售量)、成本(费用)、盈利的相互关系,分析决策方案对企业盈亏产生的影响,然后根据分析的结果来评价选择决策方案的一种定量决策方法。

量本利分析法的基本原理是边际分析理论。用的具体方法是,将企业的生产总成本(费用)分为固定成本(费用)和变动成本(费用),观察产品销售单价与单位变动成本的差额,若前者大于后者,便存在"边际贡献"。当总的边际贡献与固定成本相等时,恰好盈亏平衡。

这时每增加一个单位产品,就会增加一个边际贡献的利润。

固定成本与变动成本划分的依据是成本与产品产量(或销售量)的关系。总固定成本是指在一定的产量范围内，不随产量变动而变动的成本之和，是即使产量为零也要照常支出的总费用。如厂房和机器设备的租金、折旧费、水电费等。但从每单位产品的分摊额来看，则产量增加，单位成本降低；产量减少，则单位成本增加。

总变动成本是指随产量变动而变动的成本之和。如原料、燃料、直接人工费等。但是从单位产品来看，这类成本都是基本不变的。

量本利分析的中心内容是盈亏平衡点的确定与分析。盈亏平衡点上的产量其销售收入与总成本相等。在这点上，销售收入补偿变动成本后刚好等于固定成本，即利润为零。确定盈亏平衡点就是找出这一点所对应的产量(销售量)或销售额。确定盈亏平衡点的方法有图解法和公式法。

(1)图解法。以 Y 轴表示收入或成本，以 X 轴表示产量，绘成直角坐标图，将销售收入线、固定成本线、总成本线标到坐标图上，只要单位售价大于单位变动成本，则销售收入线与总成本线必能相交于某一点，这就是盈亏平衡点。具体见图 5-5。

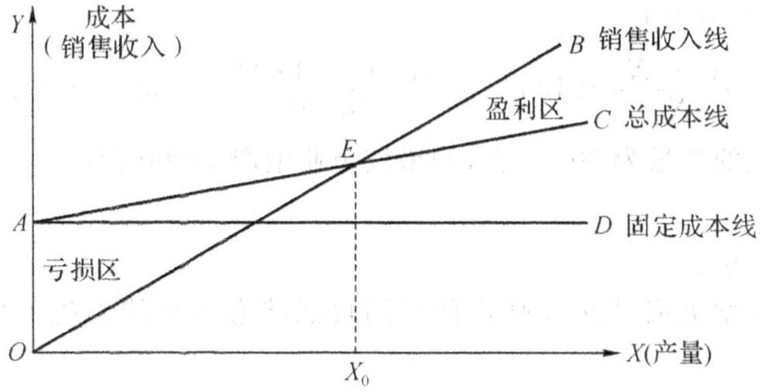

图5-5　盈亏平衡分析图

图中，OB 为销售收入线；AC 为总成本线；AD 为固定成本线；E 为盈亏平衡点；OEA 为亏损区；BEC 为盈利区。由图可知，当产量(销售量)低于 X_0 时，企业处于亏损状态；当产量(销售量)大于 X_0 时，企业才有盈利。

(2)公式法。分为产量计算法和销售额计算法。产量计算法的公式为：

$$X_0 = \frac{F}{P - C_v}$$

式中：F 为固定成本；P 为销售单价；C_v 为单位变动成本；X_0 为盈亏平衡点时的产量。

销售额计算法适用于企业固定成本和变动成本难以按产品种类划分的多品种生产企业。其计算公式为：

$$S_0 = \frac{F}{1 - \frac{C_v}{P}}$$

式中：S_0 为盈亏平衡点时的销售额；其他同上式。

量本利分析法在决策中的应用：

(1)企业经营安全边际分析。经营安全边际分析是通过计算经营安全率来判断企业经营状况的重要方法，首先是测量保本点销售量，用 X_0 表示；然后测算实际销售量，用 X_1 表示；经营安全率用 L 表示。计算公式：

$$L = \frac{X_1 - X_0}{X_1} \times 100\%$$

上式中的 X_1-X_0 为安全余量，余量越大，说明企业经营越安全，经营情况越好；越接近零，说明企业经营状况越差；小于零，说明企业发生亏损。关于经营安全率可供参考的经验数据如下：

经营安全率%	30%以上	25%～30%	15%～25%	10%～15%	10%以下
经营安全状况	很安全	较安全	过得去	要警惕	危险

例 5-1：某企业生产一种新型小家电，售价为每台 400 元，固定费用总额为 420 万元，每台小家电的零件费为 160 元，人工工资为 40 元，其他费用 60 元。试求：1)盈亏平衡点的产量；2)如果该企业只能生产 48000 台这一小家电，能否盈利？其经营安全性如何？

解：设盈亏平衡点的产量为 X_0

$$X_0=\frac{F}{P-C_v}=\frac{4200000}{400-(160+40+60)}=30000(\text{台})$$

设企业经营安全率为 L

$$L=\frac{X_1-X_0}{X_1}\times 100\%=\frac{48000-30000}{48000}\times 100\%=37.5\%$$

答：盈亏平衡点的产量为 30000 台；如果该企业生产 48000 台这一小家电，能盈利，其经营安全性很好。

2. 风险型决策方法

如前所述，风险型决策是在预测几种不同自然状态下可能发生的概率基础上进行的决策。

风险型决策一般具有以下特征：(1)具有决策者期望达到的明确目标；(2)存在着不以决策者的主观意志为转移的两种以上的自然状态；(3)根据不同自然状态，具有可供选择的两个以上的行动方案；(4)不同行动方案在不同自然状态下的损益值，可以计算出来；(5)决策者虽然对未来可能出现何种自然状态不能确定，但其出现的概率是可以大致估计出来的。凡具备以上特征的决策，就是一个风险型的决策。

选择风险型决策方案有很多标准，但应用最普遍的是损益期望值标准。损益期望值标准，就是依据不同自然状态下的概率计算出各种方案的期望值，以此为标准，选择收益最大或损失最小的决策方案为最佳决策方案。

风险型决策问题常用的决策分析方法主要有：期望值法和决策树分析法。这里仅就决策树分析法作一介绍。

决策树分析法是运用树状图形分析和选择决策方案的决策方法。即通过决策树图形，把各种可行方案、可能出现的自然状态，各种自然状态出现的概率及产生的后果，简明地绘制在一张图表上，使决策问题的表达方式生动形象、清晰明了，便于研究讨论和修改补充。决策树分析法一般适用于比较复杂情况下的决策。

(1)决策树的构成要素

决策树的构成有四个要素：决策点、方案枝、自然状态结点、状态(概率)枝。见图 5-6。

决策树以决策点为出发点，引出若干方案枝，每条方案枝代表一个可行方案。方案枝的末端有一个状态结点，从状态结点引出若干概率枝，每条概率枝代表一种自然状态，概率枝上标明每一种自然状态的概率和收益值。这样层层展开，形如树状，故名决策树。

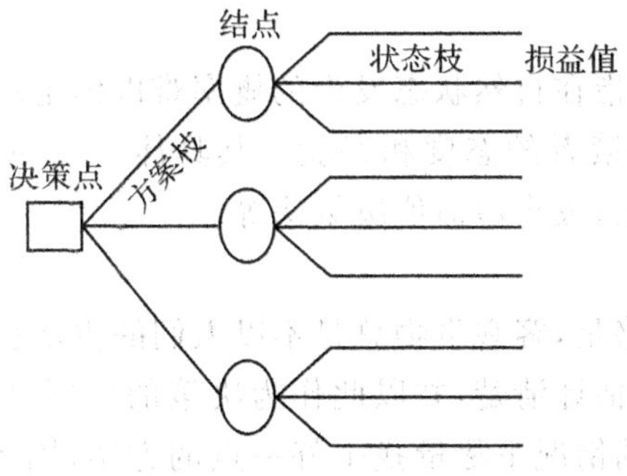

图 5-6　决策树

(2)决策树分析法的基本步骤

第一步,绘制决策树图形,并在图上标明有关的各种情况,如在方案枝上标明方案,在概率枝上标明各种自然状态及其可能发生的概率等。绘图的前提是对决策条件进行细致分析,确定有哪些方案可供决策时选择,以及各种方案的实施会发生哪几种自然状态。如遇多级决策,则要确定是几级决策,并逐级展开。

第二步,计算期望值。期望值的计算要由右向左依次进行。首先将每种自然状态收益值分别乘以各自的概率,再乘以决策有效期限,最后将各概率枝的值相加,标于状态结点上。

第三步,剪枝决策。比较各方案期望值,如方案实施有费用发生,则应将状态结点值减去方案费用再进行比较。凡是期望值较小的方案枝一律剪掉,最后只剩下一条贯穿始终的方案枝,其期望值最大,将此最大值标于决策点上,即为最佳方案。

例 5-2:某房地产开发公司准备开发建设住宅小区。预计房地产销售有两种可能:销路好,其概率为 0.7;销售差,其概率为 0.3。且可采用的方案有两个:一是大面积开发建设住宅,需要投资 5000 万元,销路好赢利 2000 万元,销路差亏损 400 万元;二是先小面积开发,需投资 3000 万元,销路好赢利 900 万元,销路差赢利 500 万元。两个方案的建设经营期限为 5 年。试进行方案选择。

根据条件绘制决策树,参见图 5-7:

方案 1,$E_1=(2000\times0.7-400\times0.3)\times5-5000=1400$(万元)

方案 2,$E_2=(900\times0.7+500\times0.3)\times5-3000=900$(万元)

选择大面积开发方案。

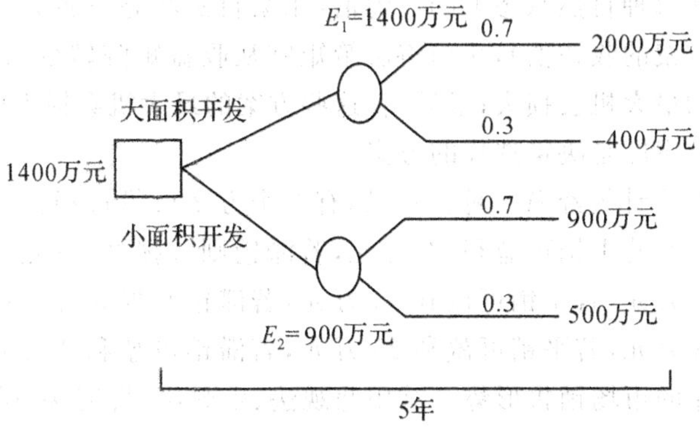

图5-7　决策图

3. 不确定型决策方法

不确定型决策方法，是指在自然状态发生的概率难以确定的情况下的决策。因此，最佳方案的选择，主要取决于决策者的态度和经验。其具体方法一般有悲观决策法、乐观决策法、折衷法、机会均等决策法、最小后悔值决策法等。

(1)悲观决策法

悲观决策法的基本思路是，客观事物总是不以人们的主观意志为转移的，所以为了保险起见，应把事情的最坏结果估计清楚，并以此作为决策的依据，因而称之为悲观决策法。但该方法又主张在各种最坏的情况下尽量找个好一点的方案，因此又叫"小中取大法"。运用此法进行决策时，首先要确定每一可行方案的最小收益值，然后从这些最小收益值中选出一个最大值，与该最大值对应的方案就是决策所选择的方案。

(2)乐观决策法

乐观决策法的思想基础是对客观情况总是抱最好的希望，对每一件事情都有较高的期望值，因而称之为"乐观决策法"。它总想在各种最好的情况下，找出一个最好的方案，因此也称之为大中取大法。运用此法进行决策时，首先要确定每一可行方案的最大收益值；然后，在这些方案的最大收益值中选出最大值，与该最大值对应的方案就是决策所选择的方案。由于根据这种原则决策也可能得到损失最大的结果，因而也称之为"冒险法"。

(3)折衷决策法

这种方法是在上述两种方法之间进行折衷。其基本假设是最好的自然状态和最差的自然状态均有出现的可能。因此，在运用此法进行决策时，决策者首先给最好自然状态一个乐观系数，给最差自然状态一个悲观系数，两者之和为1；然后用最好自然状态下的期望收益值(收益乘以乐观系数)加上最差自然状态下的期望收益值(收益乘以悲观系数)，得出各方案的收益期望值；收益期望值最大的方案就是决策所选择的方案。

(4)机会均等决策法

也叫"等概率法"。这种方法假定各种自然状态发生的可能性是相同的，通过比较每一个方案的损益值的平均值来进行方案的选择。在利润最大化目标下，选择平均利润最大的方案；在成本最小化目标下，选择平均成本最小的方案。

(5)最小后悔值决策法

最小后悔值决策法的思想基础是，决策者在制定决策后，如果情况未能符合理想，必将会有一种后悔的感觉，因此，应设法使这种后悔的感觉变得最小。运用此法进行决策时，首先要计算出各方案在每种自然状态下的后悔值(用某自然状态下各方案的最大收益值减去同一自然状态下各方案的收益值)，从而将决策矩阵从收益矩阵转变为机会损失矩阵；然后确定每一可行方案的最大机会损失；最后，在这些方案的最大机会损失中，选择一个最小值，与该最小值对应的方案即是决策选择的方案。

例 5-3：某零售商店计划经营一种新产品，有 3 个方案可供选择：一是大量经营，若商品畅销，可盈利 100 万元，若平销可盈利 50 万元，若滞销则亏损 20 万元；二是中批量试销，若商品畅销，可盈利 80 万元，若平销可盈利 30 万元，若滞销亏损 5 万元；三是小批量试销，若商品畅销，可盈利 48 万元，若平销可盈利 25 万元，若滞销可盈利 8 万元。根据目前市场状况无法估计这种商品的市场销售形势。试用悲观法、乐观法、折衷法(乐观系数 0.7，悲观系数为 0.3)、机会均等法、最小后悔值法进行决策。

解：

（单位：万元）

方案＼自然状态	畅销	平销	滞销	悲观法	乐观法	折衷法
大量经营	100	50	－20	－20	100*	100×0.7－20×0.3＝64*
中量经营	80	30	－5	－5	80	80×0.7－5×0.3＝54.5
小量经营	48	25	8	8*	48	48×0.7＋8×0.3＝36

悲观法选择小量经营方案；乐观法选择大量经营方案；折衷法选择大量经营方案。

（单位：万元）

方案＼自然状态	畅销	平销	滞销	等概率法
	1/3	1/3	1/3	
大量经营	100	50	－20	(100＋50－20)/3＝43.33
中量经营	80	30	－5	(80＋30－5)/3＝35
小量经营	48	25	8	(48＋25＋8)/3＝27

等概率法选择大量经营方案。

（单位：万元）

方案＼自然状态	畅销	平销	滞销	后悔值法
大量经营	100(0)	50(0)	－20(28)	28
中量经营	80(20)	30(20)	－5(13)	20*
小量经营	48(52)	25(25)	8(0)	52

后悔值法选择中量经营方案。

对于不确定情况下的决策问题，采用不同的决策方法所得到的结果并非完全一致，并且难以判别哪个方法好，哪个方法不好。因为它们之间没有规定统一的评比标准。另外也都缺乏客观标准作为依据，而是依据决策者对各种自然状态的看法而定。因此，为了提高科学决策的水平，必须设法测定各种情况发生的概率。

【案例 5.8】

迅雷的发展

2003 年 1 月两位美国杜克大学计算机硕士邹胜龙和程浩创立迅雷时，甚至拼凑不出注册公司所需的 5 万元钱。研发迅雷的过程是一段艰苦的日子，公司只有不到 10 人，包括邹胜龙和程浩在内的每个人都要编写源代码，经常写到夜里一两点。公司在经济上也相当窘迫，只能给工程师提供 2000～3000 元的月薪，两位创始人则是分文不取。经过痛苦的半年做电子邮件服务之后，他们决定转型做下载。

“那就做下载引擎，互联网五大杀手级应用，门户、邮箱、搜索、即时通讯、下载。其他都有主流提供商了，这个没有，我们就做这个。”程浩说。有“网络女皇”之称的摩根士丹利著名分析师米克(Mary Meeker)在2002年发布研究报告预言，互联网继邮件、浏览器之后的杀手级应用(killer application)将是“SFO”——搜索(search)、发现(find)和获得(obtain)，“迅雷做的就是最后一项工作，而谷歌(Google)和百度在前面都获得了成功！”程浩说。随着互联网宽带的发展，越来越多上网的人不再满足于仅仅在网站上浏览新闻或者聊天，逐渐对网络游戏、电影和电视产生巨大需求。

2003年10月国际风险投资商IDG决定给他们第一笔投资的时候，当时每天的客户增长还上不了千，而IDG提出的要求是一年的用户推广要达到300万人。而作为其早期种子投资的IDG，是第一家进入中国的国际风险投资机构，在腾讯、百度、3721、搜狐、携程等一大半著名的互联网企业中，都是他们所投资过的企业，项目获得IDG的投资，就等同于打开了国际资本市场的大门。

2004年，迅雷提出与金山软件公司合作，金山总裁雷军之前还从没有听说过“迅雷”这款下载软件，不过他还是同意试用一次迅雷。雷军找来一位运营副总裁，让他用迅雷和另一款下载软件同时进行下载速度测试，那位副总很快带来了一个让雷军瞠目的结果，迅雷的下载速度居然比对方快了20倍。其实当天的网络环境也帮助了迅雷，迅雷平时自己的测试速度一般是比对方快5～10倍。很自然，金山成为了迅雷最早的网络游戏合作伙伴之一。在获得了金山这家一线网游公司的青睐后，迅雷紧接着与其他各大网络游戏厂商一一达成协议。只用了一两个月，迅雷的下载量就由最初的两三百次增加到每天1万次，在半年多时间内，迅雷拥有了最早的300万用户，到现在，迅雷新增用户中的30%依然来自于此。

2005年5月，IDG又联合晨兴投资1000万美元。中国互联网络信息中心(CNNIC)在2005年12月的第17次调查显示，宽带上网网民数有6430万，与上年同期相比增长50.2%，迅雷占所有网民中的比例已经达到57.9%。

正值迅雷少年得志，欲展宏图之际，与华军软件园间的一场争端，成为其发展之路上的第一次考验。2005年6月初，国内最大的免费软件下载网站“华军软件园”宣布对一款名为“迅雷”的软件“暂停提供下载”。在公开声明中，华军指责“迅雷”盗链了其网站下载资源，使网站利益受损。随即，迅雷公司在官方网站进行反击，否认自己有盗链的行为，并认为这是华军等下载网站对自己的恶意诽谤。这一所谓的华军“封杀”迅雷事件立即成为各大电脑网站的热门论题，华军和迅雷的支持者们纷纷发帖子反驳对方。通过百度，用“封杀迅雷”做关键字来搜索，相关文章达12万多篇。然而，正当国内众多媒体密切关注事件进展之际，6月8日，迅雷与华军已迅速达成和解，并发表联合声明，表示双方将会加深发展合作方式，实现下载网站和下载软件的共赢。至于具体的合作方式，双方均表示暂时还不方便透露。短短十来天，一场国内知名IT企业间拔剑相向，分成两大阵营，正当人们以为事件将快速激化向更深发展时，突然间，就被迅雷给巧妙地化解了。

2005年，迅雷营业收入越过1亿元人民币大关，三年营业收入平均增长率986.65%。据iResearch的统计，2006年11月，中国使用下载工具的网民达到8400万人。其中迅雷软件用户比例达到64.1%。下载软件在网民中如此高的渗透率，吸引了许多投资公司和网络巨头的关注，而且这个行业自身的整合和重组也开始出现。

迅雷是一个做下载软件的公司，唯一的优势就是一个字——“快”。程浩指出：“我们当时和flashget比较，几乎所有的东西都比不过它，我们比它bug多，我们惟一的优势就是快。

迅雷一直强调的是'技术为王',特别重视产品质量控制。在技术上,我们的下载软件最突出的就是速度快,所以,虽然我们最初的产品存在很多不足,但却让用户体验到前所未有的速度,这也会是未来迅雷持续的核心竞争力。"速度不仅是迅雷击败对手的法宝,也成为公司的一种生存理念。迅雷的多元业务会始终围绕核心竞争力。迅雷的未来是向国际化和多终端覆盖方向发展,只要有数据流的地方就有迅雷,而且迅雷的技术不只用在网络上,还会应用在电视和手机上。从 2006 年 6 月开始,快速发展的迅雷已经走上了第二阶段。

2007 年 1 月 Google 收购迅雷股份的消息得到证实。此次入股迅雷,是谷歌继 2004 年投资百度后,在中国市场公开的第二笔投资。有分析人士认为,谷歌入股迅雷,目的是借助迅雷强大的用户群推广其搜索工具栏,借以提高用户粘性,在本土与百度开展竞争。而迅雷则有意收购 BitComet,收购的搭线人就是迅雷和 BitComet 的共同投资方 IDG。数字杂志平台商 ZCOM 也收购了老牌下载软件 FlashGet 和 VeryCD(Emule)。盛大则是收购了比特精灵。这一系列的动作,都显出互联网对下载工具平台的重视。而基于下载工具庞大用户流的可能盈利模式在 2007 年初步成型,该产品和已有互联网服务的整合和渗透会成为主流。

问题:

1. 分析迅雷公司决策成功的主要原因。
2. 分析迅雷公司的主要环境因素,主要风险因素及发展的机会。
3. 你认为迅雷公司在未来发展中,应采取什么样的战略行动。

【案例 5.9】

李嘉诚父子的胜利①

亚洲的一些经济评论家认为,香港以李嘉诚为代表的那些靠地产、航运、港口致富的传统型富豪,将很快被知识经济时代所淘汰。但是……

世纪之交的三大神话

第一大神话,一只"橙子"值千亿。1996 年,李嘉诚控股的"和记黄埔"在英投资,组建了电讯公司 ORANGE(橙子)并上市,总投资 84 亿港元。在此之前,ORANGE 经营一直亏损,1998 财政年度的亏损为 98 万英镑,但电讯业务渐入轨道,客户基础不断扩大,成为英国排名第三的移动电话经营商。在此基础上,和记黄埔决定分拆上市,赚回 41 亿港元特殊收益,将以前投资收回过半。1999 年,又以 1130 亿港元为代价,出售ORANGE4 成多股份给德国电讯财团,并与该财团进行换股,成功入主德国电讯财团,成为单一持股的最大股东。在这笔交易中,李嘉诚的成本几乎是零,而回报是 1000 多亿港元的现金和大笔的股权。

第二大神话,盈动演出"蛇吞象"。1999 年 5 月 3 日,李嘉诚的小儿子李泽楷旗下的盈科拓展集团收购了原来市值不足一亿港元的壳股"得信佳",将其改名为盈科数码动力(简称盈动),复牌后,股价由 6.8 港元一路飙升,直至 28.5 港元,在短短 10 个月内,市值升至 2200 亿港元,市值居全港第 6 位。其后,盈动在资本市场上动作频频,颇有呼风唤雨之势。

① 代凯军:"李嘉诚父子的胜利",见《管理案例博士评点》,中华工商联合出版社 2000 年版。

2000年盈动斥巨资收购香港电讯。香港电讯是一家上市公司，市值为3140亿港元，购并后的新公司市值将近5400亿港元，成为香港第三大互联网公司。

第三大神话，"汤姆"出世万人空巷。眼见父亲和弟弟成为新的"网络英雄"，李家传统产业的接班人李泽钜也坐不住了，李泽钜早就想通过长江实业、和记黄埔投资10亿美元搞一个综合性门户网络。1999年12月7日，他花了2000万港元终于从美国vortexx那里买到了他想要的域名：www.Tom.com。12月16日正式推出，其注册用户短短两个月里就超过了4万人，新生的汤姆备受关爱，香港创业板为它预留了8001的号码，联交所先后豁免了对该公司经营超过两年，上市申请满25个交易日等例行要求，将其公众股以最快的速度推向市场。2月23日汤姆出售4.28亿新股，香港上演了万人空巷认购汤姆的场面，认购人数超过40万，超额认购约为1500倍，超过两年前疯狂抢购"北京控股"的水平，1.78港元的招股价，被"一级半"市场狂炒到10港元，上市首日终盘价飙升335.4%，创下创业板上市首日涨幅的纪录。美国《时代》杂志(TIME)和美国世界新闻网最近评出"2003年全球最具影响力企业家"，共有来自全球电信、汽车、媒体、食品及金融等行业的20位企业家入围。其中，长江实业副主席李泽钜和万向集团总裁鲁伟鼎成为仅有的两名杀进龙虎榜的中国面孔。他运营的和记黄埔除了在传统项目房地产上有颇多建树外，同时控制着欧洲第三代移动电话网和世界最大的港口运营业。和记黄埔在香港的业务涉及电讯传播网、超市和药店等。2007年10月，39岁的李泽钜下注加拿大航空公司，成为加航的最大单一股东。

为什么要购并香港电讯

李泽楷曾表示，香港电讯的现有人才是吸引他并购香港电讯的原因，这个说法应该不会是言不由衷，但是，它恐怕不是最主要的原因。

在了解了盈动的发家过程之后，我们才能分析它为什么要花大价钱和别人抢购香港电讯。最乐观的估计是，盈动目前每股净资产不超过0.7港元。"数码港"本身是个地产项目，一次性开发完后就基本上没有多少油水了，而且，该项目的效益得等到数年后才能看到，所以，盈动很可能在2000年还是亏损的，如果是赢利了，其市盈率将要高达数千倍。

对一个传统企业来说，这样的经营状况根本不足以支持那么高的股价。要维持高股价，对盈动来说，只有两条路：其一，继续高高地扛着互联网新经济的大旗，维持一个"高科技"的形象；其二，迅速地产生一定的利润，维持"高成长"的形象。

在这一条路上，盈动可以说几乎发展到了极致。好在香港人炒股惟美国人之马首是瞻，美国的互联网企业既有亏损的，也有高达数千倍市盈率的，这帮了盈动不少忙。

入主得信佳之后，盈动不断地和世界著名高科技企业换股，不断地并购和发起成立互联网公司，一次又一次地强化了自己"高科技"的形象。

未来的盈动也许会类似于一个大型风险投资基金，不断地投资和并购高科技企业，在条件成熟的时候，再把某些公司推到资本市场上去，就像SOFTBANK投资雅虎一样。

除了"高科技"的形象外，盈动另外一笔宝贵财富则是它聚集了一大批优秀人才，其中包括前香港联交所行政总裁、盈动副主席袁天凡，原香港电讯管理局总监、盈动总经理艾维朗，此外还有从数码通挖过来的伍清华等。

但是，这一切说得再好也都是"概念"的成分多一些，对偏好实在的人来说，显得不是那么有吸引力，这也是大东电报局为什么不大愿意接受盈动股票的原因。

所以，对盈动来说，迅速提高业绩就显得非常重要。要提高业绩，最现成的办法就是购并盈利能力比较强的企业。

香港电讯显然是一个比较合适的并购对象，首先因为电讯与互联网的联系本来就比较紧密，并购这样一个企业并不会对盈动“高科技”的形象有很大的负面影响；另一方面，香港电讯的盈利能力很强，如果能把其一部分业绩注入盈动，至少在账面上看来，盈动的业绩得到了迅速的改善。

一个20多倍市盈率的企业(香港电讯股价20多港元，每股盈利1港元左右)和一个数千倍市盈率企业的结合(如果盈科不再亏损，并因此而有了所谓的市盈率的话)，势必会大大改善后者的财务报表。这恐怕是盈动并购香港电讯的根本动因。

走向多元开放的家族资本

李氏家族的成功，主要并不是由于其家庭制的管理，恰恰相反，正是跳出家庭管理的公司制，才是不断提高产业层次、扩大产业规模、实现跳跃式发展的重要因素。李氏家庭的长江实业从开始募股，进而上市，成为社会公众性公司，已有数十年之久。现在李氏控股8家上市公司，在经营管理方面，发生了三大变化：一是由传统的资产所有权和经营权同一的家庭管理，向两权分离的公司制管理转变。董事会集体决策，总经理负责日常管理，已形成制度。

一是作为董事长，李嘉诚本人除从长江实业公司领取不到5000港元的薪金之外，从不到其他上市公司领薪。当然，作为股东，碰上好年景，他1年从这些公司分到的红利就达1.6亿美元。李嘉诚曾说：“贵为天子，未必是贵；但是，贱如匹夫，不以贱也。关键是看你一生所做的事，所讲的话，怎样对人对事。这个是我自己领悟出来的，若自己能够在这个世界上，对其他需要帮助的人有所贡献，这便是内心的财富。这个才是真财富，因为金钱的财富，今天可能涨了，身价高很多，明天掉下去，可能一夜之间减少一半，这种例子有的是。但只要你做些让世人得益的事，这就是真财富，任何人都拿不走。”

二是知人善任。李嘉诚用人之道，非常卓越。元老重臣经验丰富，老成持重，但拙于开拓，缺乏闯劲。创业之初，需要忠心耿耿、同甘共苦的人员。随着事业的扩大，事业处于上升期，则单凭这些便不够了，需要勇于开拓者，十分需要年轻人的闯劲。企业越来越大，就需要科学管理，需要专才，要有一些有才干的外国人加入，便于开拓国际市场。

三是高薪聘请高级管理人才，包括上市公司总经理、非出资人担任的独立董事，以提高公司的经营决策水平和管理效益。李氏资产庞大，经营项目林林总总，如果不是旗下不乏业务专才和管理专家，单凭其父子3人，是怎么也管不过来的，一个人纵使浑身是铁又能打多少钉？更何况从传统的产业层次转向以高科技为主的新型产业，更加离不开学有专才的科技精英。舍得出高薪借用外脑，是李嘉诚家庭资本得以蓬勃发展的要诀。

四是积极谋求向社会资本开放，这是李嘉诚家庭资本迅速扩张的重要途径，也是近期连续成功创造网络神话的关键因素。过去，一些华人家庭企业不愿意与人合资，更不愿意上市融资，主要是怕别人会来分享企业利润，肥水流向外人田。李嘉诚家庭不是这样。拿李泽楷来说，他的盈科数码动力借壳上市和购并香港电讯，无异于空中着陆，靠的是资本市场的支持。

盈动的前身市值不足1亿港元，并没有任何实质性业务，自盈动推出发展数码港计划，并成功借壳上市之后，短短数月间，盈动概念成为香港股市一颗耀眼的明星，市值上升到2000多亿港元。尤其是此次盈动以小搏大，成为香港电讯最大的单一股东，取得了企业的控股权，更是商业领域中成功的蛇吞象个案。所以，与其说上帝使李嘉诚家庭靠网络火了起来，还不如说资本市场的魔棒使他们得以成功演绎收购兼并的神话。

2006年福布斯集团宣布，长江实业兼和记黄埔主席李嘉诚成为马康福布斯终身成就奖得主的第一人。这个以福布斯集团已故主席命名的奖项，旨在表扬杰出企业英雄对商界的毕生不渝的贡献，亦是给予个别企业家的环球商业成就的最高荣誉和无可置疑的肯定；最重要的是，得奖者必须能明确展示及体现自由企业的理念。福布斯说："环顾亚洲，甚至全球，只有少数企业家能够从艰困的童年，克服种种挑战而成功建立一个业务多元化及遍布全球五十四个国家的庞大商业王国。李嘉诚在香港素有'超人'的称号。事实上，全球各地商界翘楚均视他为拥有卓越能力、广阔企业视野和超凡成就的强人。"李嘉诚说："我很荣幸得到福布斯杂志和福布斯家族颁发这个奖给我。我们在企业精神、公益和服务等各方面的信念一致，理念的认同对我来说别具意义。"根据福布斯2006年的富豪排行榜，李嘉诚位居华人首富，也是世界十大富豪，其财富估值逾188亿美元。

问题：

1. 李氏企业选择向新兴产业进军有何重大战略意义？
2. 你认为李氏企业的决策依据是什么？
3. 分析李嘉诚父子成功的原因，你认为对你有什么启示？

【管理实践练习1】

头脑风暴法

组成3～4个人的小组，指定一个发言人在指导教师提问时向全班报告你们小组的发现与结论。

你和你的伙伴试图在社区中心地带开设一家社区服务中心。困扰你们的问题是，这个城市已经有了很多功能类似的大小商店或服务点，假设你们拥有足够的资源，你们所面对的挑战是要决定什么样的经营形式与内容将是最可能成功的，既具有生命力，受消费者欢迎，又能为投资者带来足够的经济回报。

运用头脑风暴法来确定你们将开办的服务中心类型。具体步骤如下：

1. 小组集体花5～10分钟时间，来形成你们认为最可能获得成功的服务中心的类型。每位小组成员都要尽可能地富有创新性和创造力，对于任何提议都不能加以批评。
2. 指定一位小组成员把所提出的各种方案写下来。
3. 再用10～15分钟时间讨论各个方案的优点与不足。作为集体，确定一个使所有成员意见一致的最可能成功的方案。
4. 在做出你们的决策之后，对头脑风暴法的优点与不足进行讨论。

【管理实践练习2】

决 策

1. 某企业生产一种新型电机，售价为每台210元，固定费用总额为560元，每台生产成本为 150 元。试求:1)盈亏平衡点的产量;2)如果该企业预测市场能销 6000 台这一小家电,能否盈利? 其经营安全性如何?

2. 一家制造公司正在考虑扩大生产能力。它可以有以下几种选择:A 方案是不扩大生产能力;B 方案是新建一个小厂;C 方案是新建一个中型厂;D 方案是建一个大厂。新增加的设备将生产一种新型的医疗器材,目前该产品的潜力或市场还是未知数。如果建一个大厂且市场较好就可实现 1000 万元的利润。如果市场不好则会导致 300 万元的损失。如果市场较好,建中型厂将会获得 600 万元,市场不好则损失 200 万元。如果市场较好,建小型厂将会获得 300 万元,市场不好则损失 100 万元。最近的市场研究表明市场好的概率是 0.4,也就是说市场不好的概率是 0.6。请用期望值法与决策树法进行决策。

3. 某企业计划到海外开拓新市场,有三个方案可供选择:一是在 3 个国家销售,若商品畅销,可盈利 5000 万元,若平销可盈利 2000 万元,若滞销则亏损 3000 万元;二是选择在一个国家试销,若商品畅销,可盈利 2000 万元,若平销可盈利 1000 万元,若滞销亏损 500 万元;三是由国外代理销售,若商品畅销,可盈利 800 万元,若平销可盈利 500 万元,若滞销可盈利 300 万元。根据目前市场状况无法估计这种商品的市场销售形势。试用悲观法、乐观法、折衷法(乐观系数 0.7,悲观系数 0.3)、机会均等法、最小后悔值法进行决策。

【管理实践练习 3】

1. 网上查阅一个企业的战略案例,对该案例战略选择进行分析和评述。

2. 请分析一下你作出的最好决策与最差决策,并分析最好或最差的原因,分析一个你自己的决策风格,有无存在着决策中的认知偏差。

3. 对你未来的职业生涯或工作分析决策,制定决策目标,选择标准备选方案,分析你拥有的信息,作出方案选择并说明决策理由。

4. 网上搜集一下当地政府最近出台的政策,将之作为决策案例,分析这项决策的内容,为什么要出台这项政策,有无可替代的备选方案,这项决策考虑了哪些因素,存在着哪些不足,实施的效果会如何,会有什么障碍?

5. 假定有一家企业必须在两种优秀新产品部作出上市选择,因为企业没有充足的资金同时上马所有的产品,请问这家企业在面临这样决策时将会运用什么决策标准进行决策选择? 会运用什么客观数据进行? 会运用什么直觉判断?

【复习思考题】

1. 什么是战略? 它具有什么特征?
2. 一个完整的战略一般包括哪些内容?
3. 预测在管理中具有哪些作用?
4. 简述预测的主要步骤。
5. 什么是德尔菲法?
6. 简述头脑风暴法实施要点。
7. 简述决策的含义和主要步骤。

8. 战略决策与战术决策有何不同？

9. 如何区分程序化决策和非程序化决策？

10. 简述决策树的构成要素。

11. 悲观决策法、乐观决策法、最小后悔值决策法的决策目标分别是什么？

第六章

计 划

>>>>

计划是对未来行动的预先安排，是组织与外部环境联系的桥梁，也是连接可能与现实、今天与明天、现在与未来的桥梁。因此，计划工作质量的高低集中体现了组织管理水平的高低，并直接影响甚至决定着组织未来的前途和命运。

【本章要点】

1. 计划的概念
2. 计划的表现形式及类型
3. 计划工作的程序和方法

【案例 6.1】

为什么要制订计划

系统的计划能使错误仅停留于纸上，而不是犯在实施过程中。一个优秀的商业计划能使投资更为有效。一份创业计划书可以使创业者严格地、客观地从整体角度观察和把握创业思路、明确经营理念，以避免因企业决策不当导致巨大损失。创业者在搜集制订经营计划所需数据时，常常会发现自己要从事的事业并非如所设想的那样容易，创业者会根据实际情况采用不同的策略使创业活动更加可行。计划是创业者从创业热情下的直观感受向理性运作过渡的过程。经营计划也有助于增强管理人员和其他员工对企业战略目标的信心。这样，他们就能很好地向别人解释企业的目标，使得企业的经营计划及其依据容易得到充分理解和支持。经营计划使得企业外表和实质上都体现出管理的“深度”。这对于“单人乐队”向有规模的企业转变是绝对必要的。制订经营计划使你了解计划制订过程。实际上，正是这个过程本身而非其结果对企业长久健康至关重要。企业、企业的经营和竞争环境都是动态的。经营计划中列出的事件不可能每一件都会发生，但是经营计划制定过程中所得到的知识和理解将使企业有备于任何变化，并且能够及时调整自己。

问题：

1. 理解制订计划的重要意义，谈谈为什么计划是管理的首先职能？
2. 思考一下你曾经制订过的计划，它对你的行动起到什么作用？

第一节 计划概述

一、计划工作的含义

计划(Planning)有狭义和广义之分。狭义的计划是指制订计划，即根据实际情况，通过科学地预测，权衡客观的需要和主观的可能，提出在未来一定时期内要达到的目标，以及实现目标的途径。广义的计划工作包括制订计划、执行计划和检查计划执行情况三个紧密衔接的工作过程。它是使组织中各种活动有条不紊地进行的保证。计划工作还是一种需要运用智力和发挥创造力的过程，它要求高瞻远瞩地制定目标和战略，严密地规划和部署，把决策建立在反复权衡的基础上。

为了把计划工作做好，使编制的计划能够顺利实现，计划职能和管理的其他职能一样，必须按其基本原理、方法和技术去执行。实践表明，计划工作中的许多失误，就是因为对这些基本的东西缺乏了解所造成的。

二、计划的作用

一些管理人员和组织失误的原因通常不在于其技术能力，而是因为其缺乏有效的计划能力。这是因为计划在管理中有着特别重要的作用。

(一)指引方向

计划能使组织置身于复杂多变和充满不确定性因素的环境中而始终把其注意力集中在一定的目标上，使组织所有的行动保持同一方向；管理者可以根据计划来组织人员、分派任务，使组织的各项工作得到落实，从而保证组织目标的实现；能够使组织具有方向感和使命感。

(二)降低风险

计划是面向未来的，而未来永远充满变数。计划的前瞻性，使组织能够较早地预见未来的变化，早作准备，掌握主动，从而降低乃至消除不确定性，把风险降低到最小限度。

(三)提高效益

计划能从多条实现目标的途径中，通过技术经济论证和可行性分析，选择最适当、最有效的方案，从而减少浪费，以最低的费用或最高的效率实现既定的目标。计划能使组织未来的各项活动均衡发展，使组织中各成员的努力合成一种组织效应，从而大大提高工作效率并带来经济效益。

(四)便于控制

组织在实现目标的过程中离不开控制，而计划则是控制的基础。如果没有既定的目标和规划作为衡量的尺度，管理人员就无法检查组织目标的实现情况，也就无法实施控制。控制中几乎所有的标准都来自计划。

三、计划工作的内容

计划工作的主要内容可以通俗地概括为六个方面(5W1H),即:做什么(What to do it)、为什么做(Why to do it)、何时做(When to do it)、何地做(Where to do it)、谁去做(Who to do it)和怎么做(How to do it)。

可以把计划的内容简要地概括为六个方面,即:做什么、为什么做、何时做、何地做和谁去做,简称为“5W1H”。

(一)做什么(What)

要明确计划的目标任务和要求,明确每一个时期的中心任务和工作重点。例如,企业生产计划的任务主要是确定生产哪些产品,生产多少,合理安排产品投入和产出的数量与进度,在保证按期按量完成订货合同的前提下,使得生产能力得到尽可能充分的利用。

(二)为什么做(Why)

要明确设立目标任务的必要性,并论证实现目标任务的可行性。实践已反复证明,计划工作人员对组织设立目标任务的必要性和可行性了解得越清楚,认识得越深刻,就越有助于他们在计划工作中发挥主动性和创造性。正如通常所说的“要我做”与“我要做”的结果是完全不一样的,其道理就在于此。

(三)何时做(When)

选定计划实施的时机,以及规定计划中各项工作的开始和完成的进度,以便进行有效的控制和对能力资源进行平衡。

(四)何地做(Where)

规定计划实施地点或场所,了解计划实施的环境条件和限制,以便合理安排计划实施的空间组织和布局。

(五)谁去做(Who)

计划不仅要明确规定目标任务、地点和进度,还应规定由哪个主管部门负责。例如,开发一种新产品,要经过产品设计、样品试制、小批试制和正式投产等几个阶段。在计划中要明确规定每个阶段由哪个部门负主要责任,哪些部门协助,各阶段交接时由哪些部门和哪些人员参加鉴定和审核等。

(六)怎样去做(How)

制定实施计划的措施,以及相应的政策和规则,对资源进行合理分配和集中使用,对人力、生产能力进行平衡,对各种派生计划进行综合平衡等。

实际上,一个完整的计划还应包括控制标准和考核指标的制定,也就是告诉实施计划的部门或人员,做成什么样,达到什么标准才算是完成了计划。

【案例 6.2】

计划的要素

一家企业因为要上一个新的项目,急需筹措资金。他们想到了向银行贷款。企业厂长找到财务科长,向他做了这样的布置:“张科长,企业要上新的项目,需要资金,你也知道我们企业目前缺乏这笔资金。请你想办法从银行申请到贷款。”

问题：对于该企业厂长的这一指示，你觉得主要在哪方面还不够明确？

四、计划工作的性质

（一）目的性

任何组织或个人制定计划都是为了有效地达到某种目标。当然，在计划工作开始之前，这种目标可能还不十分具体。在计划过程的最初阶段，制定具体明确的目标是其首要任务，其后的所有工作都是围绕目标进行的。目标是计划的全部内容的核心，实现目标是计划的出发点和归宿点，没有目标就不成其为计划。

（二）首位性

由于管理的组织、领导、控制等职能都是为了保证目标的实现，它们只有在计划工作确定了目标之后才能进行，所以计划工作在管理的诸项职能中处于首要的地位。

计划工作具有首位性的原因，还在于计划工作影响和贯穿于组织工作、人员配备、指导和领导工作和控制工作中。

计划工作对组织工作的影响是，可能需要在局部或整体上改变一个组织的结构，设立新的职能部门或改变原有的职权关系。例如，一个企业要开发一种重要的新产品，可能要为此成立一个项目小组，并实行一种矩阵式的职权关系。

计划工作对人员配备的影响可能是需要委任新的部门主管，调整和充实关键部门的人员以及培训员工等。而组织结构和员工构成的变化，必然会影响到领导方式和激励方式。

计划工作和控制工作尤其密不可分。人们常常将这两项职能称为管理的一对孪生子，或称之为一枚硬币的两个面。从一定意义上说，计划和控制是同一活动的两个方面，没有计划就谈不上控制，控制就是纠正偏离计划的偏差，以保持既定的方向。而离开了计划的控制也是毫无意义的，人们如果不知道要到哪里去，当然也就无法知道自己是否正在走向要去的地方。

（三）普遍性

计划的普遍性表现在两个方面：首先，组织的任何管理活动都需要进行计划。计划涉及组织的各个层次、各个部门以至全体成员。其次，计划是所有管理者应有的功能。高层管理者不必要也不可能包揽组织内的全部计划工作，各层次的管理者都要根据其职责和权力制订相应的计划。也只有这样，才能充分调动各级管理人员的积极性，更好地贯彻执行计划。

（四）效率性

计划工作的任务，不仅要确保实现目标，而且要从众多方案中选择最优的资源配置方案，以求得合理利用资源和提高效率。用通俗的语言来表达，就是既要“做正确的事”，又要“正确地做事”。显然，计划工作的任务同经济学所追求的目标是一致的。计划工作的效率，是以实现组织的总目标和一定时期的目标所得到的利益，扣除为制订和执行计划所需要的费用和其他预计不到的损失之后的总额来定的。效率这个概念的一般含义是指投入和产出之间的比率。但在这个概念中，不仅包括人们通常理解的按资金、工时或成本表示的投入产出比率，如资金利润率、劳动生产率和成本利润率等，还包括组织成员个人和群体的动机和程度这一类主观的评价标准。所以，只有能够实现收入大于支出，并且顾及国家、集体和个人三者利益的计划才是一个完美的计划，才能真正体现出计划的效率。

（五）创造性

计划工作总是针对需要解决的新问题和可能发生的新变化、新机会而做出决定的，因而它是一个创造性的管理过程。计划有点类似于一项产品或一项工程的设计，它是对管理活动的设计。正如一种新产品的成功在于创新一样，成功的计划也依赖于创新。

【案例 6.3】

铱星缘何陨落

纽约当地时间 2000 年 3 月 17 日，一直苦苦支撑并已耗资高达 57 亿美元的美国铱星世界通讯公司没有能够捞到救命的稻草，不得不宣告破产。

据报道，在几家重要的投资人相继撤回投资之后，铱星世界通讯公司已经失去了继续维持经营的能力，在最后期限到来之际，该公司仍然没有找到一个有资格拯救它的“救星”，因此不得不开始进行破产清算。

负责卫星设备运营的摩托罗拉公司称，该公司将在一个星期内开始进行卫星脱离轨道的工作。据称，由于卫星脱离轨道后，将在太空中燃烧耗尽，因此该计划需要与美国政府的几个部门协商进行。摩托罗拉公司表示，它将在八九个月内将所有的卫星投放至较低的轨道上，估计完全燃烧殆尽需要 1 到 2 年的时间。

铱星公司是卫星移动通信业的开拓者，经营的是被认为前景光芒万丈的高新技术产业，公司的后台老板也多是财大气粗的大公司。如今落到这种地步，确实令人震惊，让人深思。

10 多年前，传统的移动电话还是一种稀罕的贵重商品，而且通话地域非常有限，地方蜂窝电话系统互不兼容。当时，摩托罗拉公司一位名叫巴里 · 伯蒂格的工程师准备去一个加勒比岛屿度假，但他做房地产生意的太太担心在那么偏远的地方通讯联络大成问题，因此加勒比之旅始终未能成行。然而伯蒂格的头脑中产生了一个梦幻般的想法：如果有一台在世界任何地方任何时候都能够通话的手机，该有多好！

他把这一想法告诉了公司的高层领导，得到了高度赞赏。1991 年摩托罗拉公司决定建立由 77 颗低轨道卫星组成的移动通信网络，它的目标是建立一个把地球包起来的“卫星圈”。并以元素周期表上排第 77 位的金属铱来命名该系统，后来卫星的数量减到了 66 颗，但铱星公司的名称继续沿用。

1997 年 6 月，铱星公司股票正式上市，受到投资者的疯狂追捧，股票价格从发行时的每股 20 美元飙升到 1998 年 5 月的 70 美元。

1998 年铱星公司实现了它的梦想——网络覆盖全球（包括南、北极及各大海域）。这一系统由每颗重 680 公斤的铱星组成，设计寿命为 5～8 年。这是世界上第一个大型低轨卫星通信系统，也是全球最大的无线通信系统，每年仅维护费就需几亿美金。

1998 年 11 月，铱星公司正式投入商业运营。当时，铱星的手机价格是 4000 美元，通话费每分钟 7 美元。在开业的前两个季度，铱星公司在全球只发展了 1 万个用户，而据铱星的估计，仅在中国市场其初期规模要达到 10 万个用户。这使得铱星公司在前两个季度的亏损即达 10 亿美元。

铱星系统自诞生后，殊誉不断。在美国科技产业颇有影响的《大众科学》，曾在 1998 年 12 月号刊登一篇年度 100 项最佳科技成果的文章，其中这样描述了获得电子科技大奖的

"铱星电话系统":独一无二的新型卫星电话系统——铱星系统,使移动电话用户能够从地球上的任何地方给其他任何地方打电话,而不必担心地方蜂窝电话系统互不兼容。数百位中国科学院院士也将其评为1998年世界10大科技成就之一。科索沃战争中,难民和军方都曾依赖它互递消息;1999年台湾大地震时,铱星系统及时地向外界发布了讯息。可以说,铱星在诞生之后,对人类的发展功不可没。

1999年8月13日,铱星公司宣布破产保护。其最大股东摩托罗拉公司两次投入近10亿美金;2000年2月6日,移动电话业的大亨克雷格·麦克考牵头的投资集团也准备对铱星公司注资6亿美元,但2月中旬,日本第三大电信公司、铱星日本公司的最大股东DDI宣布关闭日本铱星公司。于是,麦克考宣布停止对铱星公司的资金援助;而摩托罗拉公司绞尽脑汁的资产重组方案也告流产。这一连串的致命打击将铱星公司推向了悬崖。

2000年初,铱星公司降低资费:铱星的手机价格降为3000美元,通话费每分钟降为1.89美元。但仍未能扭转败局。在长达1年多的运行中,铱星只发展了7万用户。

"铱星"的"陨落"给其他正在发展卫星通讯的公司前景投下了浓重的阴影。设在伦敦的ICO全球通讯公司称其卫星网络将比铱星系统价格低但可靠性高。该公司原准备通过发行新股票筹集6亿美元资金,但发现没有多少投资者对其股票感兴趣,最后不得不取消股票发行。

经营高轨道通信卫星的国际卫星集团发言人特鲁西略在评论铱星事件时指出,这是一个有关新技术的一个警世故事。

问题:

1. 铱星公司的破产警示了什么?
2. 企业如何通过计划来避免出现重大危机?
3. 先进的技术一定能带来庞大的市场吗? 你有何见解?

第二节 计划的表现形式及类型

一、计划的表现形式

计划活动的结果表现为各种具体的计划形式。人们可能对诸如一个新工厂的建设计划、一种新产品的开发计划等计划形式比较熟悉,但实际上计划还可能表现为其他各种形式,如愿景、宗旨、使命、目标、战略、政策、程序、规则、规划、预算等。

(一)愿景

愿景(Vision),又称远景,是企业价值实现的蓝图。愿景回答了组织存在的意义,组织的性质,组织实现什么价值,为人类与社会带来什么样的贡献。它是组织最高层次的目标,也是组织远期计划的内容。如中国共产党的愿景是"实现共产主义";英特公司的愿景是"超越未来,发现并推动技术、教育、文化、社会责任、制造业及更多领域的下一次飞跃,从而不断地与客户、合作伙伴、消费者和企业共同携手,实现精彩飞跃。推进技术更迅速、更智能、更经济地向前发展,同时最终用户能够以前所未有的精彩方式应用技术成果,从而令其生活变得更惬意、更多彩、更便捷”[①]。华为公司的愿景是“丰富人们的沟通和生活”。愿景的设计是体现组织的根本价值观和核心理念的，高瞻远瞩，能生动描绘未来前景，考虑全面、鼓舞人心。

（二）宗旨

宗旨（Tenet）是一个组织最基本的目标，也就是一个组织何以存在的基本理由。一个组织的宗旨无非两类：要么是寻求贡献于组织之外的自然、社会；要么是寻求贡献于组织内部的成员的生存和发展。这两类宗旨是彼此相连、相辅相成的。组织为其宗旨存在，而不是相反。如中国共产党的宗旨是“全心全意为人民服务”；奥林匹克运动宗旨的内容是：使体育运动为人类的和谐发展服务，以提高人类尊严；以友谊、团结和公平竞赛的精神，促进青年之间的相互理解，从而有助于建立一个更加美好的和平的世界；使世界运动员在每 4 年一次的盛大的体育节日——奥林匹克运动会中聚会在一起。

（三）使命

使命（Mission）是组织所选定的服务领域或事业所必须承担的特定社会责任。例如一所学校和一家医院，同样服务于社会，前者的使命是教书育人，后者的使命是救死扶伤；一家工业企业和一家服务企业，同样为了创造利润，一家选择了提供工业产品，另一家选择了提供服务。确立了组织的宗旨以后，为了实现它，组织就必须选择特定的服务领域或事业。这里应该强调的是，使命只是组织实现宗旨的手段，而不是组织存在的理由。组织为了自己的宗旨，可以选择这种事业，也可以选择那种事业。如英特公司的使命是“成为全球互联网经济最重要的关键元件供应商，包括在客户端成为个人电脑、移动计算设备的杰出芯片和平台供应商；在服务器、网络通讯和服务及解决方案等方面提供领先的关键元件解决方案”。联想公司的使命是“为客户利益而努力创新创造世界最优秀、最具创新性的产品。像对待技术创新一样致力于成本创新，让更多的人获得更新、更好的技术，最低的总体拥有成本（TCO），更高的工作效率”。

（四）目标

目标（Goal）是组织从事这项事业的预期结果具体反映。组织的目标包括组织在一定时期内的目标以及组织各个部门的具体目标等两个方面的内容。对一家企业来说，在一定时期的目标通常表现为两个方面，即企业对社会作出贡献的目标和自身价值实现的目标。在通常情况下，人们可以将组织目标进一步细化，从而得出多方面的目标，形成一个相互联系的目标体系。

确定目标本身也是计划工作，其方法与制定其他形式的计划类似。从确定目标起，到目标分解，直至最终形成一个目标网络，不但本身是一个严密的计划过程，而且构成组织全部计划的基础。

（五）战略

战略（Strategem）是组织发展的行为总纲。清楚了组织的宗旨、使命、目标之后，人们还是不能清楚地描绘出一个组织的形象。一个组织应该是非常实际和具体的，而上述内容都非常抽象，因此，还要为实现组织的目标选择一个发展方向、行动方针以及各类资源分配方案的总纲。这个总纲就是我们所说的战略。只有在战略制定和实施之后，组织才由一个抽

---

① http://www.intel.com.

象概念变成具体的形态。当然，战略还不是具体说明组织如何去实现目标的，它的重点是指明方向和资源配置的优先次序。

战略总是针对竞争对手(在军队中是敌人)的优势和劣势，以及正在和可能采取的行动而制定的。优势地位的取得，取决于长期的准备和持续努力的结合，这都需要制定战略。对于一个企业来说，制定战略的根本目的，是使公司尽可能有效地比竞争对手占有持久的优势。因此，可以这样说，企业战略就是以最有效的方式，努力提高相对于竞争对手的实力。不仅企业需要战略，一个城市也要有城市的发展战略，一个国家要有国家的发展战略。

(六)政策

政策(Policy)是管理者决策时考虑问题的指南，政策的制定是为了规定组织行为的指导方针。政策有助于将一些问题事先确定下来，避免重复分析，并给其他派生的计划以一个全局性的概貌，从而使主管人员能够控制全局。制定政策还有助于主管人员把职权授予下级。

正因为政策是决策时考虑问题的指南，所以它必须有斟酌决定的自由。政策要规定范围和界限，但其目的不是要约束下级使之不敢擅自决策，而是鼓励下级在规定的范围内自由处置问题，主动承担责任，是要将一定范围内的决策权授予下级，这是政策和规则的主要区别。

任何组织为了确保其目标的实现，都应当尽量保证其政策具有一贯性和完整性，这样才能使政策深入员工的思想，形成一种持久的作用机制。政策多变，前后不连贯，只会促成员工和下级主管人员追求眼前利益的短期行为，即所谓“政多变，民多惑”。

(七)程序

程序(Programme)规定了解决某些经常发生的问题的标准、方法，是一种经过优化的计划。程序是指导如何采取行动，而不是指导如何去思考问题。程序的实质是对所要进行的活动规定时间顺序，因此程序也是一种工作步骤。制定程序的目的是减轻主管人员的决策负担，明确各个工作岗位的职责，提高管理活动的效率和质量。

程序是多种多样的。几乎可以这样说，组织中所有重复发生的管理活动都应当有程序。例如，在组织的上层主管部门应当有重大决策程序、预算审批程序、会议程序等；在组织的中层管理部门，应当有各自的业务管理程序；在组织中有些工作是跨部门的，如新产品的开发研制工作，则应当有相应的跨部门管理程序。一般来说，越是基层，所规定的程序也就越细，数量也越多。例如制造企业的工艺路线就是一种程序，它明确规定某个零件的加工顺序、使用的设备、加工的方法等，它对于保证零件的质量起着关键的作用。

管理的程序化是管理水平的重要标志，制定和贯彻各项管理工作的程序是组织的一项基础工作。

(八)规则

规则(Rule)是一种最简单的计划，它是对具体场合和具体情况下，允许或不允许采取某种行动的规定。规则常常与政策和程序相混淆，所以要特别注意区分。规则与政策的区别在于规则在应用中不具有自由处置权；规则与程序的区别在于规则不规定时间顺序，可以把程序看成是一系列规则的总和。规则和程序，就其实质而言，旨在抑制思考。所以，有些组织只是在不希望它的员工运用自由处理权的情况下才加以采用。

（九）规划

规划（Layout）是组织比较全面的长远的发展计划。组织规划的重点在于划分总目标实现的进度。规划有大有小，大的有如国家的经济社会发展规划，小的有如企业中质量管理小组的活动规划。组织的规划不仅包含组织的分阶段目标，其内容还包括实现该目标所需的政策、程序、规则、任务委派，所采取的步骤，涉及的资源等等。组织的规划是一份综合性的，但也是粗线条的、纲要性的计划。

大的规划往往派生出许多小的规划，而每个小的派生规划都会给总规划带来影响，它们相互依赖，相互影响。由于计划工作的质量总是取决于它的薄弱环节，所以，小规划不当或不周的后果会影响整个规划。甚至一个表面看来不重要的程序或规划，如果考虑不当，也会使一个重要的规划遭受失败。例如我国过去在基本建设中，曾提倡过一种“边勘测、边设计、边施工”的基本建设程序，其结果导致许多基本建设规划和工程实施的失败或返工。所以，使规划工作的各个部分彼此协调，需要有特别严格精湛的管理技能。

（十）预算

预算（Budget）是一种“数字化”的计划，把预期的结果用数字化的方式表示出来就形成了预算。它既可以用货币来表示，也可以用诸如工时、机时、产品单位或任何其他数字指标来表示。预算同时也是一种有效的控制手段，但制定预算显然属于计划活动的内容。预算也可以迫使企业事先对预期的现金周转量、费用和收入、工时或机时的利用进行数字上的安排和整理。预算工作的主要优点就在于促使人们去进行计划，同时，由于必须用数字来表示，所以它又有利于促使计划工作做得仔细和确实。一般来说，财务预算是组织最重要的预算，因为组织的各项经营活动几乎都可以用数字化、货币化的方式在财务预算表上体现出来。

二、计划的类型

按照不同的标准，可以将计划划分为不同的类型。各种类型的计划不是彼此割裂的，而是分别由适用于不同条件下的计划组成一个计划体系。

（一）按计划的重要性分类

从计划的重要性程度上来看，可以将计划分为战略计划和作业计划。

1. 战略计划（Strategic plans）是应用于整体组织的，为组织设立总体目标和寻求组织在环境中的地位的计划。

2. 作业计划（Operational plans）是规定总体目标如何实现的细节的计划。

战略计划与作业计划在时间框架上，在范围上和在是否包含已知的一套组织目标方面是不同的。战略计划趋向于包含持久的时间间隔，通常为 5 年甚至更长，它们覆盖较宽的领域和不规定具体的细节。此外，战略计划的一个重要任务是设立与组织的使命及长远目标相配合；而作业计划是与组织的短期目标相配合。

（二）按计划的期限分类

按计划的期限，可以将计划划分为长期计划、中期计划和短期计划。当然，计划期的长短是一个相对的概念。一般来说，期限在 5 年或更长期，而期限在 1 年以内的称为短期计划，介于两者之间的称为中期计划。

1. 长期计划（Long-term plans）主要回答两方面的问题：一是组织的长远目标和发展方

向是什么，二是怎样达到组织的长远目标。例如，一个企业的长期计划要指出该企业的长远经营目标、经营方针和经营策略等，一般包括：企业产品发展方向、企业的发展规模、科研方向和技术水平，主要的技术经济指标等内容。

2. 中期计划(Intermediate-term plans)来自长期计划，只是比长期计划更为详细和具体，它主要起协调长期计划和短期计划之间关系的作用。长期计划以问题、目标为中心，中期计划则以时间为中心，具体说明各年应达到的目标和应开展的工作。

3. 短期计划(Short-term plans)比中期计划更为具体和详细，它主要说明计划期内必须达到的目标，以及具体的工作要求，要求能够直接指导各项活动的开展。企业中的年度利润计划、销售计划、生产计划等都是短期计划。

大量统计研究表明，长期计划工作越来越受到人们的重视。"人无远虑，必有近忧"。那些有正式长期计划的公司，其成绩普遍胜过没有长期计划或只有一些非正式长期计划的公司。一个企业如果在新产品开发、技术开发、市场开发、人才开发方面没有长远规划的话，迟早会陷入困境。一个国家如果在科技进步、教育和能源交通等基础设施建设方面没有一个长远规划的话，其经济发展是不可能保持持久高速度的。

(三)按计划的对象分类

按计划的对象，可以把计划分为综合计划、局部计划和项目计划。顾名思义，综合计划涉及的内容是多方面的，局部计划只涉及某一特定的部门，项目计划则是为某项特定的活动而制订的计划。

1. 综合计划(Synthetize plans)一般是指具有多个目标和多方面内容的计划，就其所涉及的对象而言，它关系整个组织或组织中的许多方面，一般以整个组织为单位，着眼于组织整体的、长远的安排。如战略计划，它涉及整个组织发展的方方面面，一般由高层管理者制定。

2. 局部计划(Department plans)是在综合计划的基础上制订的，其内容专一性强，往往局限于某一特定的部门或职能，是综合计划的一个子计划，它既可能包含部门的分目标等战略性质的内容，也可能有各部门的工作方案等作业性的内容。如企业的销售计划、技术改造计划、设备维修计划等都是属于这一类型的计划，一般由中层管理者制订。

3. 项目计划(Project plans)是针对组织的特定活动所作的计划，例如某种产品的开发计划、企业的扩建计划等都属于项目计划。计划着眼于每个岗位、每个员工、每个工作时间单位的工作安排和协调，包括作业性的内容，一般由基层管理者或项目负责人制订。

(四)按计划对执行者的约束力分类

按计划对执行者的约束力可以将计划分为指令性计划和指导性计划。

1. 指令性计划(Specific plans)是由上级下达的具有行政约束力的计划，它规定了计划执行单位必须执行的各项任务，其规定的各项指标没有讨价还价的余地。比如，企业生产部经理打算使生产成本在未来一年中减少15%，他会制定明确的程序、预算方案以及日程进度表，这便是具体性计划。指令性计划要求明确，易于执行、考核及控制，但缺少灵活性。

2. 指导性计划(Directional plans)是指由上级给出一般性的指导原则，具体如何执行具有较大灵活性的计划。比如，集团公司总部会对旗下的各子公司下达降低成本的指导性计划，要求他们在一年内降低12%～18%，但每个子公司将根据要求和实际情况具体地制定其降低成本的目标与计划。指导性计划由于具有较大的弹性，会使计划执行与目标存在一定差异。

将计划按职能进行分类，有助于人们更加精确地确定主要作业领域之间的相互依赖和相互影响关系，有助于估计某个职能计划执行过程中可能出现的变化，以及对全部计划的影响，并有助于将有限的资源更合理地在各职能计划之间进行分配。

【案例 6.4】

壳牌公司的情境计划

在 1984 年，原油价格为每桶 30 美元，绝大多数分析人员和管理人员都认为到 1990 年将涨到每桶 50 美元。尽管有这样乐观的预测，荷兰皇家壳牌公司（Royal Dutch Shell）进行了一项情境计划的练习。管理者被要求运用情境计划对石油市场未来可能出现的各种情况进行分析，然后制订出一套计划，详细说明一旦未来真的出现某种情况他们将如何应对环境，并对其中的计划与威胁作出反应。

在这项练习中，他们假定原油价格下降到每桶 15 美元，然后要求管理人员提出在这种情况下应做出何种对策。公司管理者开始致力于制订一项由一系列建议组织的计划，包括一系列可实施的方案，包括通过采用新的技术降低开采成本、提高低成本的炼油设备的投资、卖掉不盈利的加油站等。

通过审议这些建议，公司高层管理人员得出结论：即便原油价格继续上涨，上述措施同样可使公司利润增加。所以，全心全意决定将这些计划付诸实施。20 世纪 80 年代末，原油价格果然下跌到每桶 15 美元。与其他竞争对手不同，壳牌公司早已采取了在低价原油市场上获取利润的一系列措施。结果，到 1990 年，壳牌公司的盈利水平是其竞争对手的两倍。2000 年世界石油价格涨到每桶 30 美元，壳牌公司获利丰厚。21 世纪初石油价格大涨，使其大受其益。情境计划在壳牌公司的成功对其他企业产生了影响，许多跨国公司纷纷仿效。

由于未来是不可预知的，进行计划的惟一合理方法就是首先对未来可能出现的状况进行各种假设，并在此基础上形成一组多样化的未来情境，然后根据不同的情境制定出各种各样的应对方案与计划，作为备用方案，一旦其中的情形出现，企业就能迅速作出反应，并能对一些较恶劣的形势进行事先预防。情境计划的优势在于不仅能够对充满不确定性的未来可能出现的挑战进行预测与预防，而且能激励管理者从战略角度进行思考，并将长远战略与目前的行为结合起来。

问题：

1. 情境计划是如何开展的？
2. 你认为实施情境计划应注意些什么？
3. 对你自己职业生涯计划进行一个情境分析，并制订情境计划。

第三节 计划工作的程序和方法

一、计划工作的程序

虽然计划的表现形式和类型各种各样，但科学地编制计划的工作程序却具有普遍性。一般包括以下内容：估量机会、确定目标、确定前提条件、拟订可供选择的方案、评价各种备选方案、选择方案、拟订派生(辅助)计划、编制预算等。

(一)估量机会

对机会的估量，要在实际工作开始之前就着手进行，它虽然不是计划的一个组成部分，但却是计划工作的一个真正起点。其内容包括：对未来可能出现的变化和预示的机会进行初步的分析，形成判断；根据自己的长处和短处搞清楚自己所处的地位；了解自己利用机会的能力；列举主要的不确定因素，分析其发生的可能性和影响程度；在反复斟酌的基础上，定下决心，扬长避短。例如某家公司的经营业绩出现了滑坡，主要原因是市场竞争过于激烈，供大于求；而公司的优势是在技术和生产管理方面均领先于竞争对手。因此，该公司的机会可以是通过继续压缩成本、降低售价来扩大销售，取得竞争优势。估量机会的工作就是根据现实的情况对可能存在的机会做出现实主义的判断。

(二)确定目标

计划工作的第一步，是在估量机会的基础上，为组织及其所属的下级单位确定计划工作的目标。在这一步上，要说明基本的方针和要达到的目标，说明制定战略、政策、规则、程序和预算的任务，指出工作的重点。

目标的选择是计划工作极为关键的内容，很难想象一份成功的计划会在选定的目标上存在偏差。在目标的制定上，首先要注意目标的价值。计划设立的目标应对组织的总目标有明确的价值并与之相一致，这是对计划目标的基本要求。其次要注意目标的内容及其优先顺序。在一定的时间和条件下，几个共存的目标各自的重要性可能是不同的，不同目标的优先顺序将导致不同的行动内容和资源分配的先后顺序。因此，恰当地确定哪些成果应首先取得，即哪些是优先的目标，这是目标选择过程中的重要工作。最后，目标应有其明确的衡量指标，不能含糊不清。目标应尽可能地量化，以便度量和控制。有些组织把诸如“我们的工作要取得突破性进展”、“我们的工作要再上一个新的台阶”这样一些口号性的话语作为计划的目标，而这些模棱两可的目标是很难用来衡量实绩的。

(三)确定前提条件

计划工作的第二步就是确定计划工作的前提条件。所谓计划工作的前提条件就是计划工作的假设条件，也就是计划实施时预期的内外部环境条件。计划实际上就是对未来条件的一种“情景模拟”，这种“情景模拟”能够在多大程度上贴近现实，取决于对它将要处在的环境和状态的预测能够多大程度上贴近未来的现实，也就是取决于计划的这一步骤的工作质量。

由于未来环境的复杂性，要搞清其每一个细节是不现实的，也是不经济的。因此，所要确定的计划工作前提必须限于关键性的、对计划的实施影响重大的那些因素。为了使组织的各个领域、各个部门的计划协调一致，各级各类管理人员所依据的计划工作前提条件也必须是协调一致的。

按照组织的内外环境，可以将计划工作的前提条件分为外部前提条件和内部前提条件；还可以按照可控程度，将计划工作前提条件分为不可控的、部分可控的和可控的三种前提条件。

外部前提条件多为不可控的和部分可控的，而内部前提条件大多是可控的。不可控的前提条件越多，不确定性越大，就越需要通过预测工作确定其发生的概率和影响程度的大小。

（四）拟订可供选择的方案

计划工作的第三步是探索和拟订可供选择的行动方案。一般来说，实现某一目标往往存在着多个可选择的方案。管理人员应当努力找出达到目标的各种可能途径，必须牢记这样一句格言：如果看起来似乎只有一种行动方案，这一方案很可能就是错误的，因为这容易使人们放弃探索更好的方案。但在实践中，通常的问题并不在于备选方案太少，而是我们面临的选择常常太多。这就要求主管人员通过初步的考察和计算，排除希望不大的那些方案，将备选方案的数目减少为最有成功希望的几个有限的方案。

（五）评价各种备选方案

确定了备选方案后，就要根据计划的目标和前提条件，通过考察、分析来对各种备选方案进行评价。评价实质上是一种价值判断。它一方面取决于评价者所采用的标准；另一方面取决于评价者对各个标准所赋予的权数。显然，确定目标和确定前提条件的工作质量，直接影响到方案的评价。一般来说，由于备选方案多，而且有大量的可变因素和限制条件，评价备选方案的工作往往是很复杂的，除了依靠管理者的经验和判断外，还常常需要借助于运筹学、数学方法和计算技术等各种手段来进行方案评价。

在对各种备选方案进行评价时要注意以下几点：(1)要特别注意发现每一个方案的制约因素或隐患。所谓制约因素，是指那些妨碍达成目标的因素。在评估备选方案时，对制约因素认识得越深刻，选择方案时的效率就会越高。(2)在评估时，也就是将一个方案的预测结果和既定目标进行比较时，既要考虑到有形的可以量化的因素，也要考虑到无形的不能量化的因素（即模糊性因素）。(3)要用总体效益观念来评价方案。要知道，对某一部门有利不一定对全局有利，对某项目标有利不一定对总体目标有利。

（六）选择方案

这一步实际上意味着进行决策或决断。管理人员或者依据自己的经验，或者通过对备选方案进行实验，或者对方案进行分析研究来做出选择。在对各种备选方案进行分析和评价的过程中，有时可能会发现两个或两个以上的方案是可取的。在这种情况下，必须首先确定采用哪个方案，而将另外的方案进行细化和完善，并作为后备方案。

（七）拟订派生（辅助）计划

在选定一个基本的计划方案后，还必须围绕基本计划制订一系列派生计划来辅助基本计划的实施。几乎所有的基本计划都需要派生计划的支持和保证，完成派生计划是实施基本计划的基础。例如，某企业在做出新建一个分厂的决策后，这个决策就成为制订一系列派生计划的前提，各派生计划都要围绕它来进行。如人员的招聘和培训计划、材料和设备的采购计划、广告宣传计划、资金筹措计划等等。

在这一阶段中要注意:(1)务必使有关人员了解基本计划的目标、指导思想和内容、计划前提等。(2)协调各派生计划,使其方向一致,以支持基本计划,防止仅追求本单位目标而妨碍基本目标。(3)协调各派生计划的工作时间顺序,例如制造与采购、加工与装配的时间配合,以及能源、交通运输、原材料在时间上的合理安排、统筹规划。

(八)编制预算

计划活动的最后一步就是要将计划方案转化为预算,使之数字化。预算是用数字形式表示的组织在未来某一确定期间内的计划,是计划的数量说明,是用数字形式对预期结果的表示。

这种结果可能是财务方面的,如收入、支出和资本预算等;也可以是非财务方面的,如材料、工时、产量等方面的预算。预算是汇总各类计划的工具,同时也是衡量计划执行情况的重要标准,因此预算又常常被看做是一种重要的控制手段。

由于实际情况总是在变化,所以预算在必要时也应有所变化,以便能更好地指导实际工作。

变动预算的方法有两种。一种是将预算与产量相联系,使预算随产量的变化而变动。另一种是滚动预算,即每隔一定时间就修正预算,使其符合新情况。

不管是建设一座新工厂,还是开发一种新产品,尽管所涉及的人力、资金或者所花费的时间会有所不同,而且有些计划比较简单,有些就比较复杂,但计划的步骤却是相通的,任何一个完整的计划活动都要遵循这些步骤。应该指出的是,计划过程中拟定可供选择的方案、对备选方案进行分析评价、选择方案这几个步骤,实际上也就是决策的过程。可见,决策是计划活动的核心。只有经过决策,即对资源和行动方向做出承诺之后,计划方案才能得以产生。

【案例 6.5】

日产的复兴计划

1999 年戈恩代表雷诺入主日产公司时,日产公司已经连续 26 年业绩下滑,连续 6 年亏损。公司的全球市场份额也正由 1991 年的 6.6%降至 4.9%,同期产量下降了 60 万辆,不含销售贷款的净负债额高达 2.1 兆日元,背负着 2.5 亿兆日元的巨额负债。正如日产副社长小枝至所言:“日产的社员们毫无危机意识,他们认为像日产这么大的公司怎么可能倒闭呢?即使有危险,政府和银行也会帮助他们的,因此他们根本没有把这个问题放在心上。但是 1997 年 11 月山一证券倒闭以后,他们才意识到日产再也不能继续依赖银行了,他们只能依赖他们自己。”卡洛斯·戈恩毫无疑问是日产的希望之星,如今,日产员工都亲切地称他为“我们的戈恩”。

戈恩认为,日产复兴的第一步是制定一份长期的利润计划。为了制定 2000 至 2005 年的日产复兴计划,他动用了 200 人,组成 9 个跨功能的工作组,采用自上而下和自下而上两种途径,参考了 2000 多条建议。

戈恩认为,解决问题的前提是发现问题,而如果没有真正发现问题,一切还只是零。戈恩上任后,对日产进行了巡视,他来到生产车间、职工食堂、代销商、海个分部,听取每一位职员对日产的复兴建议，其访谈人数超过了2000人。经过分析，戈恩认为，当时日产根本的问题在于：缺乏清晰的盈利目标；只注意跟着竞争对手，而对顾客关注不足；没有跨部门、跨市场及跨级别的合作文化；没有紧迫感；没有共同的抱负或长期计划。

戈恩在上任7个月后，推出了著名的"日产复兴计划"(Nissan Revival Plan，NRP)。他给日产订立了三个复兴目标：一是在2000财年扭亏为盈；二是2002财年令营业利润达到或超过销售额的4.5%；三是2002财年将汽车事业净负债降至7000亿日元以下。计划内容有：迅速推出一批新产品，以获得稳定的利润来源；重新设定财务战略，关闭工厂5家，裁减员工2.1万名，设计平台减至15个，卖掉非汽车制造部门，将13000多家零部件、原材料供应商压缩成600家，将占尼桑汽车成本60%的采购成本降低到20%，在3年内削减成本1万亿日元。戈恩说："日产的复兴计划让许多人感到疼痛，这是一种伴随着牺牲的疼痛，但是为了日产的再生，我们别无选择。""我们的改革只是手段不是目的。我们希望为日产注入新生命，让我们有能力生产一些真正伟大的汽车。""我明确地指出，我们日产人都有重建公司的责任，而且时间有限，为重建公司作贡献的机会掌握在所有员工手里，机会不会再次光顾不想有所贡献的人。""有人说我这是威胁，但这绝对不是威胁，这是现实。我自己要是完不成第一年的目标，我就会立马从CEO的位置上走开。"

戈恩所理解的日产复兴计划并不单是一个计划，而是一个复兴日产公司和品牌的过程。他说，制订计划只是工作的5%，落实计划是剩下的95%。

戈恩说，就算拥有丰富的资源，如果不把企业文化搞好也是徒然，一种好的企业文化能充分利用一个国家文化的优点。戈恩的思路是在改革中尽可能发挥日本文化中的高竞争力及团结精神。日本企业集团是一个大金字塔，内部有一套严密的组织机构、严格的办事程序，一旦决定，下级不得更改，即使错了也要错到底，升迁论资排辈。对此戈恩批评说，日产的组织僵化，已经坏死。戈恩认为没有什么是不可以打破的。他雷厉风行，快刀斩乱麻，减少决策人员，建立信息信箱，提高办事效率。戈恩坚决地认为应该以员工的工作表现作为他们晋升的标准。他说，"我们并非抗拒年功序列或工作经验，只是认为工作表现更为重要。"同时，戈恩决定将员工的薪酬待遇和他们的工作表现挂钩。据悉，目前日产公司的员工不仅可以取得约为年薪1/3的现金奖金，而且还可以获得公司的认股权。

职责不清晰是原来日产公司另一大管理问题。用戈恩的话说，在那里，"失败总是其他人的错误，这并非有人想找他人做替罪羊，主要是因为权责不清。"戈恩做到了使日产每一个经理都有清楚的权责，明确自己对公司的贡献，如果有问题发生，人们知道谁需要负责及谁需要采取补救行动。

日产还有一个涉及公司财务方面的观念——这在日本也很流行，就是生产企业会在关系密切的供应商公司拥有一些股权，以换取他们的忠诚与长期合作。戈恩加入日产时，公司至少有5千亿日元投资在数百家供应商公司中。戈恩看到，这些股权由于太分散，根本不能给日产带来管理方面的优势，而且，对于真正重要的供应商而言，他们需要的只是一个健康而值得信任的商业合作关系，根本不在乎日产是否持有他们的股份；而对日产而言，却意味着这么多本可以投入新产品开发的资金被无效地占用了。

戈恩意识到，只有员工拥护，改革才能顺利进行。戈恩说，我们希望日产复兴计划是日产自行创立、专门为日产而设计的。如果我们需要作任何改革，前提都是员工必须清楚其中的原因，这一点十分重要。他要求在改革进行的每一步，公司上下所有员工可以各抒己见，集思广益。公司成立的9个跨部门的小组，协助经理以新的思维方式考虑问题，激励员工为解决问题的出发点。激励员工包含4个因素：一是分享和交流。即让员工明白公司改革的出发点、目标、策略以及工作程序；二是言出必行。戈恩说，如果人们对自己所做的事情没有信心，就很能难激励他们。在公司刚刚推行复兴计划的前12个月，许多员工对公司能否扭转局面心存疑虑，但当日产2000财年显示良好的业绩时，信心就开始建立起来了；三是善于倾听员工意见。戈恩说，众口难调是很明显的道理，但只要肯倾听员工的意见，然后向他们解释为何不能采纳某些意见的原因，就会取得员工的理解并最终统一认识；四是信任员工。要让员工清楚地知道他们受到信任。但这还不够，戈恩说，还要恩威并施，通过调整待遇、提供奖金及改善工作环境，表示对工作表现良好的员工的肯定，同时放弃一些表现欠佳的员工。

计划实施获利了令人吃惊的成绩，2000年获利盈利已突破历史纪录，高达27亿美元。2001财年业绩表明，日产复兴计划提前一年实现了。其中公司利润率达到了7.9%。用戈恩的话说，日产复兴计划将日产公司从一家陷入困境的公司变成了一家健全的公司。

戈恩在2002年推出更加雄心勃勃的"日产180规划"，即今后3年时间，至少投入28个新车型，到2004年度末，销售量增加100万台，同时继续致力于降低成本，使综合销售营业利润率达到8%，汽车事业相关有利息债务为零。

戈恩在2004年公布了继"日产复兴计划"、"180规划"之后的新三年计划"日产增值(ValueUp)"。"日产增值计划"在盈利、增长和投资回报方面做出了具体的承诺，核心内容包括在三年期内，运营利润率在世界汽车商中每年均位居前列；到2008财年统计的日产全球汽车销量达到420万辆；在计划实施其间，除货币资金外的平均投资资本回报率达20%。"日产复兴计划现在已经完成了，"日产CEO卡洛斯·戈恩说道，"日产增值计划是一个目标明确的计划。在其实施框架下，我们将致力于在更广泛的世界市场为更多的用户、员工和股东创造更多的价值。这些都将成为日产史无前例的成就。"在这一计划中，中国市场是一个"跳板"。卡洛斯·戈恩明确锁定发展中国市场。

问题：

1. 日产复兴计划制订时考虑了哪些要素？
2. 日产复兴计划实施时戈恩采取了哪些措施，这些措施对计划实施起了什么作用？
3. 你认为戈恩是如何利用计划来推动日产的发展的？
4. 从日产的计划管理你学到了什么？

二、现代计划方法

计划制订效率的高低和质量的好坏在很大程度上取决于所采用的计划方法。计划工作的方法很多，这里仅简要介绍几种常用的有效方法。

(一)运筹学方法

运筹学实际上起源于20世纪初叶的科学管理运动。像F.W.泰罗和F.B.吉尔布雷斯夫妇等人首创的时间和动作研究，H.甘特发明的"甘特图"，以及丹麦数学家厄兰(A.K.Eelang)1917年对丹麦首都哥本哈根市电话系统排队问题的研究等，应当看做是最早的"运筹学"。第二次世界大战中，为适应战争的需要，发展出了现代运筹学的最成熟的一个分支：线性规划。随后，随着计算技术的进步和计算机的普及，像非线性规划、动态规划、整数规划、图论、排队论、对策论、库存论、模拟等一系列重要的分支也逐步发展和完善起来。

运筹学方法的核心是运用数学模型，力求将相关因素都转化为变量形式反映在模型中，然后通过数学或统计学的方法在一定的范围内解决问题。在计划工作中应用运筹学的一般程序，包括以下主要步骤：

1. 根据问题的性质建立数学模型，同时界定主要变量和问题的范围。为简化问题和突出重点影响因素，还需要做出各种假定。

2. 根据模型中变量与结果的关系，建立目标函数作为比较结果的工具。

3. 确定目标函数中各参数的具体数值。

4. 求解，找出使目标函数达到最大值（或最小值）的最优解，即问题的最佳解决方法。

运筹学方法被广泛运用于如何合理利用有限资源实现既定目标的问题，收到了很好的效果。但也有不少管理学家对运筹学的作用提出了怀疑，主要集中在两个根本问题上：一是针对模型的假设条件。为了建立模型的方便或降低模型的复杂程度，运筹学问题往往需要对原始问题进行若干的假设和抽象，以适合数理计算，这样的做法难免会导致“削足适履”之嫌，过多的假设可能会使结果高度失真而失去解决实际问题的意义；二是关于目标函数的结果问题。

运筹学方法最终要得到问题的最优解，而在管理的实践中，决策目标往往有多个，最终方案可能是多个目标的折衷。管理者追求的往往是从多个角度来看均“满意的解”，而非附着各种条件的“最优的解”。

（二）滚动计划方法

滚动计划方法（Rolling plans method）是按照“近细远粗”的原则制订一定时期内的计划，然后按照计划的执行情况和环境变化，调整和修订未来的计划，并逐期向后移动，把短期计划和中期计划结合起来的一种计划方法。滚动计划编制具有灵活性的、能够适应环境变化。管理者在制订计划时，计划活动越远，前提条件越难确定。为了提高计划的有效性，可采用滚动计划方法。滚动计划可以根据环境条件的变化和实际完成情况，定期地对计划进行修订，使组织始终有一个较为切合实际的长期计划作指导，并使长期计划始终与短期计划紧密地衔接在一起。

编制方法是：在已编制出的计划的基础上，每经过一段固定的时期（例如1年，这段固定的时期被称为滚动期）便根据变化了的环境条件和计划的实际执行情况，从确保实现计划目标出发对原计划进行调整。每次调整时，保持原计划期限不变，而将计划期限顺序向前推进一个滚动期。参见图6-1。

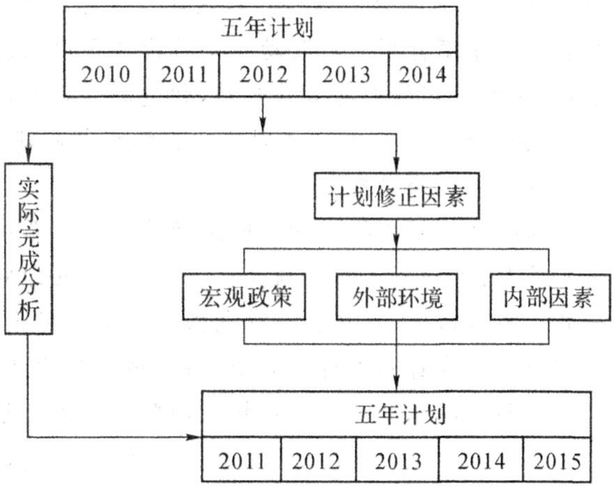

图6-1　滚动计划编制过程的示意图

【案例 6.6】

S公司的滚动计划

S公司是中国东部地区一家知名企业，原有的计划管理水平低下，粗放管理特征显著，计划管理与公司实际运营情况长期脱节。为实现企业计划制订与计划执行的良性互动，在管理咨询公司顾问的参与下，S公司逐步开始推行全面滚动计划管理。

首先，S公司以全面协同量化指标为基础，将各年度分解为4个独立的、相对完整的季度计划，并将其与年度紧密衔接。在企业计划偏离和调整工作中，S公司充分运用了动态管理的方法。

所谓动态管理，就是S公司年度计划执行过程中要对计划本身进行3次定期调整：第一季度的计划执行完毕后，就立即对该季度的计划执行情况与原计划进行比较分析，同时研究、判断企业近期内外环境的变化情况，根据统一得出的结论对后3个季度计划和全年计划进行相应调整；第二季度的计划执行完毕后，使用同样的方法对后两个季度的计划和全年计划进行相应调整；第三季度的计划执行完毕后，仍然采取同样方法对最后一个季度的计划和全年计划进行调整。

S公司各季度计划的制定是根据近细远粗、依次滚动的原则开展的。这就是说，每年年初都要制定一套繁简不一的四季度计划：第一季度的计划率先做到完全量化，计划的执行者只要拿到计划文本就可以一一遵照执行，毫无困难或异议；第二季度的计划要至少做到50%的内容实现量化；第三季度的计划也要至少使20%的内容实现量化；第四季度的计划只要做到定性即可。同时，在计划的具体执行过程中对各季度计划进行定期滚动管理。第一季度的计划执行完毕后，将第二季度的计划滚动到原第一计划的位置，按原第一季度计划的标准细化到完全量化的水平；第三季度的计划则滚动到原第二季度计划的位置并细化到至少量化50%内容的水平。依次类推。第二季度或第三季度计划执行完毕时，按照相同原则将后续季度计划向前滚动一个阶段并予以相应细化。本年度4个季度计划全部执行完毕后，下年度计划的周期即时开始，如此周而复始，循环往复。

其次，S公司以全面协同量化指标为基础建立了三年期的跨年度计划管理模式，并将其与年度计划紧密对接。

跨年度计划的执行和季度滚动计划的思路一致。S公司每年都要对计划本身进行一次定期调整：第一年度的计划执行完毕后，就立即对该年度的计划执行情况与原计划进行比较分析。同时研究、判断企业近期内外环境的变化情况，根据统一得出的结论对后三年的计划和整个跨年度计划进行相应调整；当第二年的计划执行完毕后，使用同样的方法对后三年的计划和整个跨年度计划进行相应调整。依次类推。

S公司立足于企业长期、稳定、健康地发展，将季度计划—年度计划—跨年度计划环环相扣，前后呼应，形成了独具特色的企业计划管理体系，极大地促进了企业计划制订和计划执行相辅相成的功效，明显提升了企业计划管理、分析预测和管理的水平，为企业整体效益的提高奠定了坚实的基础。

问题：

1. S公司解决了其发展中的什么问题？

2. 滚动计划的核心思想是什么？可在哪些场合使用？

3. 请你为自己所在的组织或你个人编制一个滚动计划。

（三）网络计划技术

网络计划技术（Network planning technology）是利用网络图表达计划任务的进度，并反映各项活动（作业、工序）之间的相互关系，在这个基础上进行网络分析，计算网络时间值，确定关键工序和关键线路，并利用时差，不断改善网络计划，从而求得工期、资源与成本的优化方案。网络计划技术是一种用于工程项目的计划与控制的一项管理技术，在计划执行过程中，通过信息反馈进行监督和控制，以保证达到预定的计划目标。

网络计划技术是在20世纪50年代末逐步发展起来的现代化管理技术，它起源于美国，1956年美国杜邦公司在制定协调企业不同业务部门的系统规划时，运用网络方法编制了第一个网络计划。依其起源可将网络计划技术分为关键路径法（Critical path method，CPM）与计划评审法（Program evaluation and review technique，PERT）。关键路径法是借助于网络表示各项工作与所需要的时间，以及各项工作的相互关系。通过网络分析研究工程费用与工期的相互关系，并找出在编制计划及计划执行过程中的关键路线。主要应用于以往在类似工程中已取得一定经验的承包工程，杜邦公司首先采用的是这一方法。计划评审法则注重于对各项工作安排的评价和审查。PERT更多地应用于研究与开发项目。1958年美国海洋武器局在制定研制“北极星”导弹计划时，同样应用了网络方法和网络形式，采用了计划评审法。网络计划技术一经提出，在美国很快得到了应用，并迅速推广到世界各国。1962年美国国防部规定，承包有关国防工程的单位都应采用网络计划技术来安排计划。

网络计划技术所具有的功能主要可以概括为以下几个方面：(1)能够显示出构成整个工程项目计划的全部工序和各工序的作业时间，这样便于了解计划全貌，掌握关键线路，控制工程进度，进行全面管理。(2)能够显示出各工序之间的相互依存制约关系，便于做好生产准备工作以及在生产过程中做到在时间、数量上的衔接和紧密配合。(3)可以区分关键工序和非关键工序，便于向关键工序要时间，向非关键工序要资源，使计划达到在时间、资源、成本上综合优化的目的。(4)可以利用计算机来进行运算，以利于有效地控制和监督计划实施。

网络计划技术的应用范围很广，特别适用于一次性工程或任务。工程规模越大，协作越复杂，采用网络计划技术就越有效，也越便于应用计算机进行数据处理，从而加速工程的进程。根据实践积累的数字统计，应用网络计划技术一般可缩短工期25%～50%，可降低成本30%左右，可提高劳动生产效率40%左右。

【案例6.7】

Google公司[①]

Google公司1998年9月7日以私有股份公司的形式创立，设计并管理一个互联网搜索引擎，总部位于加利福尼亚山景城（Mountain View），在全球各地都设有销售和工程办事处。1999年下半年Google网站启动，2004年8月19日Google公司的股票在纳斯达克

① http://www.hbsdi.com.cn。www.google.com。http://www.ad0.cn。

(Nasdaq)上市,成为公有股份公司。IPO 给了 Google 超过 230 亿美元的市场资本。大部分 Google 雇员立即变成了百万富翁。到 2006 年初,Google 公司的股票市值达 1000 亿美元。2007 年 Google 利润达 57 亿美元。

Google 创始人拉里·佩奇(Larry Page)和布林(Sergey Brin)是 1995 年在斯坦福大学遇到的,当时他们都是计算机科学专业的研究生。佩奇已经在进行一个软件项目的开发,通过爬行漫游珲建立网站检索——自动检查网站,在其中打到关键词和网站之间的联接。布林加入后,开发了一个对网站之间的关系做精确分析为基础的搜寻引擎,他的使用结果上胜于当时使用的基本搜索技术。当时项目被称作 BackRub 因为系统需要检查 backlinks(反向链接)去估计站点的重要性。他们试图向其他搜索企业授权这一技术,但却没有找到买家。由于深信得到从其他高相关网站得到最多链接的网页一定是最有关的页面,他们在投资银行家的帮助下,花了几年的时间进行改进和测试,这为他们的搜寻引擎打下了基础。

1999 年他们共同开发了全新的在线搜索引擎,然后迅速传播给全球的信息搜索者。2000 年,他们找到了一种盈利的商业模式:出售广告商链接位置和专门的搜索广告。由此起步,他们将 Google 打造成全球规模最大的搜索引擎。它提供了简单易用的免费服务,用户可以在瞬间得到相关的搜索结果。当您访问 www.google.com 或众多 Google 域之一时,您可以使用多种语言查找信息、查看股价、地图和要闻、查找美国境内所有城市的电话簿名单、搜索数十亿计的图片并详读全球最大的 Usenet 信息存档——超过十亿条帖子,发布日期可以追溯到 1981 年。用户不必特意访问 Google 主页,也可以访问所有这些信息。Google 搜索引擎以它简单、干净的页面设计和最有关的搜寻结果赢得了因特网使用者。Google 在检索中包括了 100 亿张网页,搜索服务的使用者每月多达 3.8 亿,来自 112 个不同的国家。Google 不仅仅是一家搜索引擎公司,它的服务还包括新闻、购物、本地企业、互动地图、讨论组甚至用户个人电脑中的主题,它还提供博客、基于网络的电子邮件、声讯服务和数字照片管理功能。

Google 公司选用"Google"一词用来代表在互联网上可以获得的海量的资源。2006 年 4 月 12 日,Google 公司宣布其全球中文名字为"谷歌",解释是"播种与期待之歌,亦是收获与欢愉之歌"。Google 的开发理念是打造"完美的搜索引擎",即"做到确解用户之意,切返用户之需"。Google 致力于成为这一技术领域的开拓者。为了实现这一目标,Google 坚持不懈地追求创新,而不受现有模型的限制,随时随地为人们提供快速准确而又简单易用的搜索服务。Google 使用 PageRank 技术检查整个网络链接结构,并确定哪些网页重要性最高。然后进行超文本匹配分析,以确定哪些网页与正在执行的特定搜索相关。在综合考虑整体重要性以及与特定查询的相关性之后,Google 可以将最相关最可靠的搜索结果放在首位。尽管 Google 已是全球公认的业界领先的搜索技术公司,但其目标是为所有信息搜寻者提供更高标准的服务。

这两位 30 岁不到的计算机科学家是如何创造这一奇迹的?他们又将把企业带向何方?他们没有受过正规的商业教育,有时他们表现得很天真,如他们常常会拒绝有经验的管理者的建议而执著于自己的非正统的方法,这也使他们犯一些错误。他们是具有管理天赋的人,能发挥自己的专长坚持在产品创新的第一线工作,他们为企业的每一项活动编制运算规则,如他们用运算规则保证拍卖广告的决策能获得最高的广告出价。他们为具有创新力的人士提供有利于创新的工作环境和文化。"玩和工作不一定是相互排斥的,我们可以一边编程一边传球。"他们通过从优秀学校中招聘人才和在线编程比赛筛选人才。他们创造小型的、灵活的团队进行团队自我管理。员工可以将20%时间用于自己选择的项目,许多具创意的项目就是这样做出来的。他们设置的绩效奖励很高,报酬水平也相当高,不过他们自己每年只拿1美元,而且没有任何资金、股票与期权。

他们在计划做什么,没有人知道。对大众而言,它是一个"黑箱子",他们不对外发布战略,"我们不谈战略……,正因为他是公司的战略,我们宁愿让外人看起来糊涂,也不让竞争对手知道我们下一步要做什么。"但人们知道Google已做的:2001年去科技产业找到了曾在Sun微系统和Novell任职的埃里克·施密特来做CEO。这位科技产业强人施密特则使Google发展成为互联网领域的巨无霸。自加盟Google以来,施密特一直以其创始人设定的战略目标为指导,利用公司的科技财富创造了一种网络搜索推动在线广告的商业模式。

2003年2月,Google接管了Blogger的所有者Pyra实验室。2004年初的一个最高峰时期,通过它的网站及其客户网站如雅虎,美国在线和CNN,Google处理了万维网上80%的搜寻请求。2005年12月20日,谷歌公司宣布斥资10亿美元收购互联网服务供应商"美国在线"5%的股权。2006年10月,Google公司以16.5亿美元,收购影音内容分享网站YouTube,这是Google有史以来最大笔的并购。2007年10月29日,Google公司在中国向二六五网络公司以约2千万美元的价格购得网域名称"g.cn",成为史上最短的网域注册名称。2008年9月3日,谷歌面向全球100多个国家推出"Google Chrome"浏览器。……

问题:

1. 你认为Google公司成功的关键是什么?

2. 从网上搜集Google公司、微软与雅虎的相关资料,分析一下微软与雅虎合并会对它产生的影响。如果你是Google公司的CEO,你会采取什么应对措施?

3. 你认为Google公司下一步的发展应着重考虑什么问题?

【管理实践练习1】制定计划

1.制定目标

列出你的主要目标	主要的	次要的
长期		
中期		
短期		

2. 制定时间分配

栏目一：列出你在一周内花在以下活动上的时间。		栏目二：在以下每日活动中花的时间乘以 5 或 7 来预算你一周内花在以下活动中的时间。	
上课/工作时间	________	交通时间(×5)	________
复习/总结时间	________	用餐/准备伙食时间(×7)	________
义务劳动时间	________	卫生清理(×7)	________
体育锻炼时间	________	睡眠(×7)	________
社交时间	________		
家务	________		
其他	________		
小计 A：	________	小计 B：	
A ＋ B ＝C：　　(小时)			
一周内有 168(小时)，腾出的时间：168－C＝ ________ (小时)			

3. 评估你的时间管理

- 你一般花多少时间完成你的重要工作？
- 你的时间分配是否按重要性优先的原则安排？
- 你的机动时间多吗？能否再提高你的各项工作的效率？

4. 列出你想在空余的时间内完成的四项活动

____

____

5. 制订计划

(1)学期或年度计划表(内容可粗略些)：

- 拥有一份学校的学期日历或单位年度的工作总安排表。
- 记录所有重要日期，如期中考试、期终考试、工作考核、假期时间等。
- 记录所有专项工作或活动的期限和社交活动的日期。
- 把这份计划表放置在你读书/工作的地点，时而参考和修改并记录你的进展。

(2)预定周计划表(要写得详细些)。填入所有正在进行中的活动，例如上课/工作时间、复习/总结时间、锻炼时间和社交活动时间等。

(3)实际周计划表。修改预定的周计划表，并加入细节。在评估你的时间分配时，确保自己按重要性优先原则：

- 能否有效地利用时间以达到最佳的效果？
- 能否在指定的时间内进行你的学习/工作？
- 能否改进你的安排吗？

(4)日计划表和"该完成的事项表"

- 在临睡前或早晨醒来时就拟定。
- 把当天欲完成的事项列出来。
- 完成某事项后,就在表上打钩,给自己一点成就感。

6.做计划的好处

- 完成计划时有了更大的成就感。
- 能提高学习与工作的效率。
- 你可以避免临时抱佛脚。

【管理实践练习 2】

1. 3～4 位同学组成一个小组,编制一个一天的班组春游计划,设定目标并制定具有方案,要有三个以上备选方案。

2.网上搜索三个企业的愿景、使命,分析一下它们有什么相同与不同之处。

3.访问一位管理者,请他谈谈其工作中计划的制订与实施情况,了解其应用什么方法,考虑哪些因素。

【复习思考题】

1. 如何理解"计划是管理的首要职能"?
2. 计划工作包括哪几方面内容?
3. 简述计划的性质及其具体含义。
4. 计划有哪些表现形式?它们之间存在着怎样的相互关系?
5. 计划有哪几种分类方法?
6. 计划编制过程中有哪些步骤?遵循计划编制流程为什么能提高计划工作的有效性和科学性?
7. 什么是滚动计划方法?
8. 什么是网络计划方法?

第三篇

组织与组织工作

第七章

组 织

我们总是依赖于组织完成伟大的事业，依赖于组织实现人生的价值。要想完成一项伟大的事业，必须组建一个具有生命力的高效组织。管理的作用是确保组织目标的实现。对于组织，生与死是永恒的管理主题，优胜劣汰，适者生存。组织惟有在不断的变革中才能发展壮大。

【本章要点】

1. 组织的含义
2. 组织的分类
3. 组织的创立
4. 组织目标
5. 目标管理
6. 组织的生存
7. 组织生存中的风险
8. 组织变革的动因
9. 组织变革的障碍
10. 组织发展

【案例 7.1】

有使命感才能快乐地工作

一个旅行团来到英国乡间的一家石板工厂参观，有位游客在隆隆的机器声中问一位面无表情的切石工人："你在做什么？"这位工人头也不抬地答道："我在切石板。"此游客又问附近的另一位工人："你在做什么？"这位工人抬起头来答道："我在赚钱养家。"此游客走到另一个工作区，见到一位精神抖擞、满面春风的工人，于是，又问道："你在做什么？"工人兴高采烈地答道："我在参与建造一座雄伟的教堂。"说完，又忙着向游客形容教堂的设计、建材……

请你分析工作与使命之间的关系，为什么使命感能给工作带来快乐？

第一节　组织概述

一、组织的含义

组织(Organization)是由两个或两个以上的个体，为了实现共同的目标而结合起来的一个行动一致的社会体。从管理学的角度上讲，组织是人们为了实现某一特定的目的而形成的系统集合，它由一群人组成，有一个特定的共同目的，有一个系统化的结构。

组织有一个共同的目标。当个人力量不足以达成某些特定目标时，就只能依赖组织起来的集体，组织是人们为实现特定目标的需要而成立的，所以共同目标的存在是组织存在的前提，没有共同目标，也就形不成组织。作为管理人员，要经常向组织成员强化共同目标的存在，鞭策组织成员为共同目标的实现而努力；同时，目标是组织的愿望和外部环境结合的产物，要维持组织的生存和发展，管理人员还必须根据环境的变化和组织的发展不断制订出新的目标。

组织有一个系统化的结构。譬如在自然科学领域，石墨与钻石都是由碳原子构成的，但两者的力量和价值简直不可相提并论。钻石为什么会比石墨坚硬？造成它们之间差异的根本原因就是原子间结构的差异：石墨的碳原子之间是“层状结构”，而钻石的碳原子之间是独特的“金刚石结构”。同样，组织是由个体聚集在一起形成的，但组织绝不仅仅是个体力量的简单集合。个体力量的集合可以形成一盘散沙，也可能成为一个团结的群体，一个以群体的力量去完成单独个体力量的简单总和所不能完成的任务的集体。为了实现组织任务，在组织内部进行分工与合作，明确不同层次的权力分配与责任制度，从而形成一个系统化的有机结构。组织的效率受制于组织结构的状态。

二、组织的作用

组织将个体集合在一起，依靠集体的力量去实现组织目标，从而避免集合在一起的个体力量相互抵消，而寻求对个体力量进行汇聚和放大的效应，这就是优良组织的两大基本作用。

(一)组织的力量汇聚作用

把分散的个体汇集为集体，用“拧成一股绳”的力量去完成任务，这就是组织的力量汇聚作用的表现。这是一种“相和”效果。

(二)组织的力量放大作用

比力量汇聚作用更进一步的，组织还应能发挥“相乘”的作用。古希腊著名学者亚里士多德曾提出一个有趣的论题：“整体大于各个部分的总和”。也就是说，组织起来的力量绝不仅仅等于个体力量的算术和，组织对汇聚起来的力量有放大和相乘的作用。通过组织的作用，达到的是“1+1>2”的效果。对于企业来说，只有借助组织的力量放大作用，才能取得“产出”大于“投入”的经济效益。

三、组织素质

所谓组织素质，是指一个组织所具有的潜在的品质与能力。潜在品质主要包括组织所具有的价值观、凝聚力与组织成员对于组织目标的认同感；潜在能力主要包括组织的智商、组织的学习能力和组织的应变能力。组织素质的具体内涵可概括为以下内容：

（一）组织价值观

所谓组织价值观，是指作为一个整体的组织成员的基本原则与存在的信念。组织价值观是由其成员共享的，并规范着管理者的目标行为取向。已有研究表明，组织价值观是与组织文化密切联系在一起的，它对组织的战略、竞争优势、激励方式以及组织变革与发展等产生直接的影响。如美国 IBM 公司的董事长托马斯·沃森认为："任何组织要生存和取得成功，必须有一套健全的信念和价值观，作为该企业一切政策和行动的出发点，公司成功的惟一最重要的因素是严守这一套信念，同时一个组织在其生命的过程中，为了适应不断改变的世界，必须准备改变自己的一切，但不能改变自己的信念。"

（二）组织凝聚力

所谓组织凝聚力，是一种向心力、吸引力，是组织成员之间关系的一种反映和表现，它包括每个组织成员之间的相互吸引力和整个组织对单个成员的吸引力。组织凝聚力的高低是决定组织能否完成工作任务以及完成效果好坏的关键因素。随着竞争的加剧，越来越多的组织引入员工辅助计划，建立员工俱乐部和组织员工球队，定期外出旅游等途径来提高组织成员的凝聚力。如诺基亚公司为了给员工创造一个良好的工作环境，激励员工，使其更好地发展，为员工设定了一系列的 LiveLife 活动，包括 health、finance、assist、learn 以及 leisure，这些人性化的福利使员工能够更好地工作，也有了更大的归属感。

（三）组织成员的忠诚度

组织成员对组织的忠诚包括态度忠诚及行为忠诚两部分。态度忠诚主要是组织成员对组织的价值观、目标等认同感，而行为忠诚主要是组织成员忠于职守、离职率较低等。随着组织之间竞争的加剧，组织的变革与发展，人力资源越来越在组织中发挥着举足轻重的作用，越来越多的组织开始用成员对组织的忠诚度来作为一个组织管理好坏的标志。一些人力资源主管把成员在组织中的成长历程分为招聘期、员工稳定期、离职潜伏期、辞职期和辞职后等五个阶段，并根据每一阶段的特点，采取相应的管理对策，以提高组织成员的忠诚度，取得了较好的效果。

（四）组织的智商

智商是描述组织或个人快速处理信息、有效决策和实施决策的能力。随着信息网络技术、知识经济的迅速发展，组织进入了所谓的"信息爆炸"时代，如何迅速有效地处理大量信息和提高决策速度等能力成为信息时代提高组织素质的关键。越来越多的学者运用"组织智商"来指一个组织的决策和解决问题的能力，它和该组织拥有的组织知识密切相关。那些善于从组织运作中总结经验、积累知识，并依此能够比其他组织更快地作出科学决策的组织，其组织智商相对就高，更能适应瞬息万变的环境。组织智商建设围绕着知识的积累和提高组织学习的能力，主要由知识管理、知识型员工开发、知识库建设、冲突管理与差异敏感专案管理、决策与解决问题能力专案管理及大脑联网六部分组成，其核心是如何有效地利用知识进行创新，促进组织内部的知识流通，提升成员获取知识的效率；对知识型员工的开发与管理；把一个大脑管多个大脑的旧管理方法变为多个大脑一起思考，一起解决问题、共同提高、能力上互补互学；各层次管理者之间不断提升协同能力，使他们的个体智慧能持续充分地融汇成（集体的）一种综合技能，从而提升企业共同思考、决策与解决问题的能力，使企业能聪明地决策，聪明地执行，聪明地纠偏，以及聪明地从自身操作过程中学习与提高等。

（五）组织的学习能力

当代社会科技发展日新月异，组织要在更为错综复杂、瞬息万变的环境下生存和发展，就必须能够从外部准确而及时地获取信息和知识，迅速调整自己的内部结构以适应环境的变化。这种持续的适应过程也是组织连续的学习过程。Teece 研究中注意到学习的一个基本性质，即它既是一个个体化的过程，又是一个组织化的过程。对于组织化过程的学习来说，它是一个社会或集体现象，它要求共同的交流基础和协调的探索程序。因此，组织的学习能力可概括为全体组织成员的个人学习能力以及在此基础上的组织成员共享学习成果的能力两部分，其中组织成员共享学习成果非常关键。只有共享学习成果，把个人的隐性知识转化为全体成员的显性知识，才能提高整个组织的工作效率，更好地适应环境的变化。

随着组织所面临的经营环境的不断变化，组织的学习能力成为组织不断创新的根源与驱动力，因此也越来越成为组织素质的一个重要组成部分。杰克·韦尔奇认为一个组织的学习能力是其竞争优势的核心，如美国的沃尔玛（Walmart）公司、日本的 Itoyokado 公司等通过组织学习，培育出其他企业难以模仿的核心能力，从而面临着激励的竞争环境但仍取得了较快的持续发展。

（六）组织的应变能力

组织的应变能力是指组织能够对外部环境的变化（如顾客需求的改变、新技术的发明等）迅速地做出反应，合理高效地运用和配置组织资源，以获得组织的持续发展。随着知识经济、信息经济的到来，越来越多的组织采用新技术或新的管理理论，如有的组织通过对组织结构的变革途径，采取扁平型组织以减少信息在高耸型组织结构中传递所带来的信息失真与低效率，同时加强组织成员之间的协作能力；有的组织采用柔性管理等方式来提高组织搜集与处理信息的效率，加快对市场的反应能力；有的组织通过流程再造，或采用信息管理系统（如 ERP 系统）等来整合整个供应链，提高整个供应链组织之间的协作能力等等，以达到提高组织应变能力的目的。

未来的竞争是组织的竞争，组织竞争力的本质是组织素质，而为了提高组织素质，就必须进行组织修炼。因此，只有围绕着组织素质的内涵进行不断学习，才能提升组织素质与提高组织的核心竞争力。具体而言，可以从通过建立学习型组织和组织创新等途径来达到目的。

第二节 组织的分类

一、组织的分类

由于人们社会活动的多样性，组织有多种类型：有营利性组织和非营利性组织，生产型组织和服务型组织，私人组织和公共组织，正式组织和非正式组织，实体组织和虚拟组织等。

（一）营利性组织与非营利性组织

营利性组织（Profit organization）是指以获取利润为主要目标的企业组织。虽然现代企业要承担相应的社会责任，但如果没有利润目标，企业也就失去了承担相应的社会责任的能力，甚至无法生存。所以，从某种意义上说，企业追求利润的动机不应单纯视为组织自私的动机。

非营利性组织（Non-profit organization，NPO）是指向社会公众提供服务，不以营利为目的，不为任何个人牟取私利的组织。这些组织往往为社会提供教育、医疗、安全、环保等服务。虽然非营利性组织在提供服务时也常常收取一定的费用，享受免税优惠，但这些费用主要是用于维持与发展组织。

（二）生产型组织和服务型组织

生产型组织（Production organization）是通过组织产品研发、生产、销售来获取利润的组织。在生产过程中，物体的物理和化学性能产生了某种变化，生产型组织使社会销售的产品更为丰富，具有更好的功能、更高的性价比，更能满足人们的需求。

服务型组织（Service organization）是向社会提供劳务、信息咨询、技术和教育等服务的组织。有一些是营利性组织如商业企业、修理企业、咨询服务企业等；也有一些是非营利性组织，如学校、医疗机构等。服务性组织能使社会产品得到更好的价值实现。

（三）私人组织和公共组织

私人组织（Private organization）主要指以个人为投资主体的组织。

公共组织（Public organization）是指那些致力于对社会中的公共事务进行管理并协调社会公共利益的组织。它一般由政府出资经营，政府机关单位和一些事业单位是最重要的公共组织。

（四）正式组织和非正式组织

正式组织（Formal organization）是为了有效地实现某一共同的目标，按照一定程序正式建立起来的人群集合体。正式组织具有严密的组织结构，有明确的指挥链、职权与责任关系、成员协调关系，其组织制度和行为规范对成员具有正式的约束力。社会系统学派代表者切斯特·巴纳德（Chester I. Barnard，1886—1961）认为正式组织有三个基本要素，即协作意愿、共同目标和信息沟通。

非正式组织（Informal organization）是人们在共同的工作生活中，以感情、喜爱、相互依赖及共同心理需要为基础而自发形成的群体。在任何一个组织中，都会产生一些非正式组织。非正式组织没有自觉的共同目标，也没有正式的组织结构，它是基于共同感情而建立起来的比较自然形成的团体。非正式组织的最大特性是感情的联系和快速的信息沟通。

（五）实体组织和虚拟组织

实体组织（Entitative organization）是指在社会有关管理机构注册登记并具有法人资格的组织。

虚拟组织（Virtual organization）指两个以上的独立的实体，为迅速向市场提供产品和服务，在一定时间内结成的动态联盟。如虚拟企业、虚拟社区、虚拟工作室、虚拟研究所等。它不具有法人资格，没有固定的组织层次和内部命令系统，组织结构是开放式的，成员可以遍布在世界各地，目前，它们往往利用因特网建立组织联系。

【案例 7.2】

虚拟企业(Virtual Enterprise)

1994 年,英国石油公司(British Petroleum)发起了一个称为虚拟工作组(Virtual Teamwork)的项目。这个项目的目标是通过先进的技术,建立一个跨越地理和组织边界的虚拟组织,达到将需要分享经验、技能和协同工作的雇员、承包人联结起来的目的。在 1995 年这个项目完成时,英国石油公司的员工可以通过远程电视系统相互协同工作。1995 年,英国石油公司的钻井船出现故障。在过去,要解决类似的问题需要专家乘坐直升飞机到现场解决问题,费用平均达到 150000 美元/天。在虚拟工作组投入使用之后,钻井船的工程师在一台小型摄像机面前检修有故障的设备,这台摄像机通过卫星通讯系统与英国石油公司虚拟工作组的基地相连。通过实时的电视系统,这些专家与船上的工程师共同诊断设备故障。故障在很短的时间内就能解决。通过虚拟工作组系统,英国石油公司大大降低了运营成本。①

近年来,从电脑芯片到飞机制造的各行各业,已出现了很多虚拟公司,许多企业使用虚拟组织提高工作效率。如福特汽车公司利用虚拟设计工作室为福特汽车设计新款式,它通过电子手段将世界各地的设计人员组合在一起。

请查阅有关虚拟组织的资料,分析虚拟组织的优点及组织运行的特点。

二、企业

(一) 企业的含义

企业(Enterprise)是从事生产、流通与服务等经济活动的营利性组织。

企业是人类经济活动发展到一定历史阶段的产物,是社会生产力发展到一定水平的产物。在资本主义社会之前,几乎没有严格意义上的企业。到了资本主义社会,尤其是英国工业革命之后,工场手工业逐渐代替了手工作坊,大批从事生产、流通、服务等活动的各种企业才如雨后春笋般地涌现出来。企业在经历了简单协作、工场手工业和机器大工业之后,发展成为高度社会化大生产的企业。从法律的角度看,凡是经合法登记注册、拥有固定地址而相对稳定的经营组织,都属于企业。对企业概念的基本理解:

1. 企业是在社会化大生产条件下存在的,是商品生产与商品交换的产物。
2. 企业是从事生产、流通与服务等基本经济活动的经济组织。
3. 就企业的本质而言,它属于追求盈利的营利性组织。

(二)企业的类型

企业根据不同的分类标准,可以有许多的分类形式。

1. 按组织法律形式分类

按企业组织法律形式划分,主要有:个人独资企业、合伙制企业和公司制企业。

(1)个人独资企业

个人独资企业(Sole proprietorship),又称个人业主制企业或个体企业,指由业主个人

---

① Don Cohen, Laurence Prusak, British Petroleum's Virtual Teamwork Program, http://academic.emporia.edu.

出资经营，经营成果归业主个人所有，由个人承担经营风险的企业。它是最古老、最简单的一种企业组织形式，也是民营企业主要的组织形式之一。一般规模较小，内部管理机构简单，主要盛行于零售业、手工业、农业、林业、渔业、服务业和家庭作坊等。法律依据是2000年1月1日开始实施的《中华人民共和国个人独资企业法》。

个人独资企业的特点是：①在法律上属自然人企业，不具有法人资格。业主对企业的债务负无限责任。当企业的资产不足以清偿其债务时，业主要以其个人财产偿付企业债务，直到债务偿清为止。这有利于保护债权人利益，因此不适宜风险大的行业。②企业的建立与解散程序简单。设立个人独资企业的条件：投资人为一个自然人；有合法的企业名称；有投资人申报的出资；有固定的生产经营场所和必要的生产经营条件；有必要的从业人员。③经营管理灵活自由。企业主可以完全根据个人的意志确定经营策略，进行管理决策。④企业的规模有限。企业主有限的个人财产、有限的工作精力和管理水平等都制约着企业经营规模的扩大。

个人独资企业的优点是：经营者与所有者合一，经营方式灵活，决策迅速，利润独享，保密性强，产权可以自由转让，有利于业主个人创业精神的发扬，业主会尽心竭力地把企业经营好。缺点是：难以筹集大量资金，发展空间受到严重制约，投资者风险大，企业连续性差。

(2)合伙制企业

合伙制企业(Partnership enterprise)，是由两人或两人以上的合伙人订立合伙协议，共同出资、合伙经营、共负盈亏、共担风险的企业组织形式。合伙人可以是自然人、法人和其他组织，有普通合伙企业和有限合伙企业两类。普通合伙企业由普通合伙人组成，合伙人对合伙企业债务承担无限连带责任。有限合伙企业由普通合伙人和有限合伙人组成，普通合伙人对合伙企业债务承担无限连带责任，有限合伙人以其认缴的出资额为限对合伙企业债务承担责任。以专业知识和专门技能为客户提供有偿服务的专业服务机构，可以设立为特殊的普通合伙企业。我国法律规定国有独资公司、国有企业、上市公司以及公益性的事业单位、社会团体不得成为普通合伙人。合伙人企业的合伙人数为2～50人，必须要有一个普通合伙人，合伙人以相互信任为纽带，是典型的“人合公司”。法律依据是2007年6月1日开始实施的《中华人民共和国合伙企业法》。

合伙制企业的特点是：①企业在法律上属自然人企业，不具有法人资格。普通合伙人对企业的债务负无限连带责任，有限合伙人以其认缴的出资额为限对合伙企业债务承担责任。有限合伙人不执行合伙事务，不得对外代表有限合伙企业。②相互代理。合伙企业的经营活动，由合伙人共同决定，合伙人有执行和监督的权利。合伙人可以推举负责人。合伙负责人和其他人员的经营活动，由全体合伙人承担民事责任。换言之，每个合伙人代表合伙企业所发生的经济行为对所有合伙人均有约束力。特殊的普通合伙企业一个合伙人或者数个合伙人在执业活动中因故意或者重大过失造成合伙企业债务的，应当承担无限责任或者无限连带责任，其他合伙人以其在合伙企业中的财产份额为限承担责任。在执业活动中非因故意或者重大过失造成的合伙企业债务以及合伙企业的其他债务，由全体合伙人承担无限连带责任。合伙人执业活动中因故意或者重大过失造成的合伙企业债务，以合伙企业财产对外承担责任后，该合伙人应当按照合伙协议的约定对给合伙企业造成的损失承担赔偿责任。③财产共有。合伙人投入的财产，由合伙人统一管理和使用，不经其他合伙人同意，任何一位合伙人不得将合伙财产移为他用。只提供劳务，不提供资本的合伙人仅有权分享一部分利润，而无权分享合伙财产。④利益共享。合伙企业在生产经营活动中所取得、积累的财产，归合伙人共有。如有亏损则亦由合伙人共同承担。损益分配的比例，应在合伙协议中明确规定；未经规定的可按合伙人出资比例分摊，或平均分摊。⑤相对不稳定。合伙制企业是根据合伙人之间的契约建立的，旧合伙人的退伙、死亡、自愿清算、破产清算等均可造成原合伙企业的解散。接纳新的合伙人加入时，必须重新确立一种新的合伙关系。另外，合伙制企业以合伙人之间的相互信任为纽带，一旦合伙人之间发生信任危机，这种合伙关系也将面临动摇。

合伙制企业与个人业主制相比，具有以下优点：①扩大了企业的筹资能力。由于众多合伙人共筹资本，企业资金来源扩大；合伙人共负偿债责任，减少了银行贷款的风险，使企业的筹资能力有所提高。②提高了企业的信誉。合伙人对企业盈亏负完全责任，这意味着他们以自己的全部家产共同为企业担保，因而有助于提高企业的信誉。③提高了决策水平。合伙制企业业主人数多，可以集思广益，并发挥各合伙人的不同专长，提高决策质量。

合伙制企业相对于公司制企业也有其自身的缺点：①筹资能力还是相对有限。合伙制企业虽然与独资企业相比有较强的筹资能力，但与公司制企业相比，筹资仍然受到很大的局限，很难与公司竞争。②容易造成决策延误。所有合伙人都有权参与企业的经营，重大决策都需要得到所有合伙人的同意，因而很容易造成决策上的延误。③风险较大。所有合伙人对企业债务负有无限连带清偿责任，这就使那些并不能控制企业的合伙人面临很大的风险。

(3)公司制企业

公司(Company)是由两个以上的股东以营利为目的，共同出资，依法定条件和程序设立，具有企业法人资格的一种企业组织形式。公司股东既可以是自然人，也可以是法人。与独资企业和合伙制企业不同，前者是自然人企业，而公司是法人企业。公司在法律上具有独立的人格，拥有独立的法人财产，能够以企业自己的名义独立地进行民事活动，享有民事权利，承担民事责任，股东以其出资额或所持股份为限对公司承担责任，公司以其全部资产对公司的债务承担责任。公司制企业可分为有限责任公司和股份有限公司两种。法律依据是2006年1月1日开始实施的《中华人民共和国公司法》。

公司制企业具有以下特征：①可实现股东所有权与法人财产权的分离。法人财产由众多股东共同出资组成。法人财产权是指对法人财产的支配权和使用权，它与对企业的经营管理权相一致。在公司制企业中，所有者不必亲自经营自己的财产，可以委托给企业经理人代为经营，从而使股东所有权与法人财产权相分离。股东作为出资者，享有最终的收益权。股东财产交给有经验、会管理的人去经营，比股东自己经营效益要好得多，从而在公司内部形成了两个不同层次的利益主体，即股东和公司经理人。②公司法人财产具有整体性、稳定性和连续性。整体性是指公司的财产不可分割。股东一旦投资到公司，就不能抽回其投资，只能转让。这样，公司的财产不因股东的变化而出现经常性的变化，保持了一定的稳定性。同时，股东的个人生命已经不影响公司的生命，公司的法人财产能保持连续性，只要公司存在，公司法人就不丧失财产权，股东变动不影响法人财产权的行使。③实行有限责任制度。一方面，股东以其出资额为限对公司的债务承担责任；另一方面，公司法人以其全部资产为限对公司债务承担责任。公司出现资不抵债时，以其全部财产作为赔偿，不牵涉公司以外他人的财产。实行有限责任制度，大大降低和分散了股东的投资风险，使投资者可以比较放心地把资本投给企业；同时，公司作为独立的法人，其承担的责任有限，有利于经营者放心大胆地经营企业，推动公司的快速发展。

有限责任公司(Limited liability company，LLC)，又称“有限公司”，是指由两个或两个以上股东共同出资，每个股东以其认缴的出资额为限对公司承担责任，公司以其全部资产对公司债务承担责任的法人企业。

有限责任公司的基本特征是：①有股东人数和注册金的限定，我国《公司法》规定为1～50人，法律对一人有限责任公司有特别规定。最低限额为人民币3万元，一人有限责任公司的注册资本最低限额为人民币10万元。②公司资本不划分为等额股份，不发行股票，公司向股东签发出资证明书，这种凭证不能自由流通；股东可按照实缴的出资比例分取红利，全体股东有约定除外。③股东不得抽逃出资，股权可以转让，但须在其他股东同意的条件下才能转让，而且公司原有股东在同等条件下对转让的股权有优先购买权；公司新增资本时，股东有权优先按照实缴的出资比例认缴出资，全体股东有约定除外。

有限责任公司的主要优点是：①设立程序简便，内部机构设置灵活，更适宜于中小规模企业的需要；②实行有限责任制度，股东投资风险降低，有利于吸引投资；③股东人数少，而且稳定，股东关心企业经营，有利于彼此之间沟通协调。主要缺点是：①由于不能公开发行股票，筹资范围和筹资规模较小，难以适应大规模生产经营活动的需要；②股权不能自由转让，影响了资本的流动性，从而影响社会资源的配置效率。

股份有限公司(Limited company，Ltd.)，又称“股份公司”，是由若干股东组成，注册资本由等额股份构成，并通过发行股票(或股权证)筹集资本，股东以其所认购股份对公司承担责任，公司以其全部资产对公司债务承担责任的企业法人。股份有限公司的设立有两种方式：发起设立和募集设立。发起设立要求发起人认购公司应发行的全部股份；募集设立按照股份的募集方式又可分为定向募集和社会募集两种。定向募集发行的股份由发起人认购一部分股份，其余股份不向社会公众公开发行，但可以向其他法人和本公司内部职工发行部分股份；社会募集发行的股份除由发起人认购外，其余股份应向社会公众公开发行。股份有限公司还可以按照公开程度分为非上市的股份公司和上市的股份公司。

股份有限公司的基本特征是：①有股东人数和注册金的限定，我国《公司法》规定应当有2人以上200人以下为发起人，其中须有半数以上的发起人在中国境内有住所。注册资本最低限额为人民币500万元。②公司全部资本划分为等额股份，股东权益根据所占有的股票数量计算，同股同权、同股同利。这是股份公司区别于其他公司形式的一个重要标志。③股份公司可以通过向社会发行股票筹集资本，股东不能退股，但可以通过自由买卖股票而转让股权。我国法律规定发起人持有的本公司股份，自公司成立之日起一年内不得转让。公司公开发行股份前已发行的股份，自公司股票在证券交易所上市交易之日起一年内不得转让。公司董事、监事、高级管理人员应当向公司申报所持有的本公司的股份及其变动情况，在任职期间每年转让的股份不得超过其所持有本公司股份总数的25%；所持本公司股份自公司股票上市交易之日起一年内不得转让。上述人员离职后半年内，不得转让其所持有的本公司股份。④公司股东以资本为纽带，是典型的“资合公司”。

股份有限公司的主要优点是：①筹资能力强。股份公司，特别是上市公司，通过发行股票广泛吸纳社会投资，大大提高了筹资能力，为公司获得大规模发展所需的巨额资本提供了可能。②股份有限公司实行资本证券化，股票可以自由交易，保证其资本的流动性，有利于社会资源的有效配置，有利于公司之间的竞争和经济结构的调整。③股份有限公司是典型的资合公司，公司所有权和经营权分离，由专业管理人员来经营管理公司，有利于提高管理水平和效率。④上市的股份公司向公众公开财务状况，有利于加强股东及社会公众对企业经营管理的监督。主要缺点是：①公司设立程序繁杂，不易组建。②上市公司要定期向社会公布财务状况，保密性差。(3)上市公司由于股票可以自由买卖，股东流动性大，公司难以控制。

【案例 7.3】

会计师事务所

我国目前成立的会计师事务所有合伙制和有限责任制两种。合伙制是负有无限责任的，会计师事务所若在经营过程中发生财务审计的违规违法行为，其会计师事务所的所有人员都将承担相应法律责任。与有限责任制的会计师事务所相比，无限责任制会计师事务所最大的不同就在于：前者违规违法后的最高赔偿金额，只需达到其注册资本金即可；而后者一旦发生赔偿，除了要把会计师事务所内的所有财产赔出外，其从业人员还要用自己的私人财产进行赔付，直到倾家荡产。此外，在组建方式上，无限制会计师事务所与有限责任制会计师事务所也有很大不同。

无限责任制会计师事务所不要求验资，但它必须由两个或两个以上具有 5 年以上从业经验的注册会计师作为发起人，而有限责任制会计师事务所要求的注册资本通常在 30 万元以上，有 5 名以上的股东及一定数量的专职从业人员。无限责任制会计师事务所的发展，可以有效地杜绝假账的发生。合伙制会计师事务所将成为这个行业未来的发展方向。

问题：

合伙企业与有限公司的主要区别是什么？为什么会计师事务所推行合伙制？

2. 按企业的组织形式分类

企业组织形式是指企业生产经营活动所采取的结构形态，它表明企业作为一个经济实体与社会发展联系的方式。企业按其组织形式不同可分为以下几种：单级企业、多级企业和企业集团。

(1)单级企业

单级企业是由一个生产经营单位构成的企业，如一个工厂或一个商场等。单级企业一般是由在经营上若干个有密切联系的部门组成。企业实行统一经营、统一核算。

(2)多级企业

多级企业的主要形式为总公司下设分厂与分公司。由于企业经营规模的扩大，企业内部按照专业化和经济合理的原则，将内部生产单位或经营部门设置成分厂或分公司，总公司对分厂或分公司实行统一经营、分级核算，并授予一定的对外经营事务的权利，但分厂或分公司不具有法人资格。

(3)企业集团

企业集团是指以一个或若干个实力雄厚的大企业为核心，以资本、产品、技术、契约等多种纽带，把多个企业单位联结在一起而形成的具有多层次结构的经济联合体。企业集团具有以下特点：(1)企业法律主体多元化。即企业集团是由多个法人企业联合组成的整体，不是单一的法人经济实体。(2)企业结构多层次。企业集团中的成员企业，按其与集团联系紧密程度的不同而分成总公司（核心层）、控股层（紧密层）、参股层（半紧密层）、协议层（松散层）等不同层次。核心层一般以实力最强或负有盛名的企业为核心，将生产技术业务相联系的若干工厂集合在一起组建总公司，具有法人地位；紧密层的企业一般与核心层企业在业务上有密切联系，并由核心企业控股。核心层在企业集团中处于支配地位，它与紧密层、半紧密层企业之间有资本联结纽带，与松散层之间有契约式的经济技术协作关系。半紧密层和松散层的企业虽属集团公司成员，但在经营上较为独立。（3）以资本联结纽带为主。企业集团成员企业间通过资本、产品技术、契约等纽带把它们联结成一个有机的整体。其中资本纽带是最重要的，它是实现集团公司内部与集团成员企业联结的有效方式。（4）具备一个实力雄厚、能起主导作用的核心。企业集团的核心层应是实力雄厚、具备法人地位、具有投资中心功能的经济实体，而不是行政性的公司。它具有资产实力、资金实力、技术及产品实力，能统一规划集团的投资活动。只有如此，核心企业才能在集团中真正发挥其主导作用。

3.按生产要素所占比重分类

按生产要素所占比重进行分类，企业可以分为：劳动密集型企业、资金密集型企业和知识密集型企业。

（1）劳动密集型企业

劳动密集型企业是指技术装备程度较低，用人较多，产品成本中劳动消耗所占比重较大的企业。换言之，劳动密集型企业是那种单位劳动力占用的固定资产少，劳动力成本占产品成本的比重大以及资本有机构成较低的企业。

（2）资金密集型企业

资金密集型企业，也叫“技术密集型企业”，是指所需投资较多，技术装备程度较高，用人较少的企业。资金密集型企业同劳动密集型企业相比，一般都劳动生产率较高，单位产品成本较低，竞争力较强。

（3）知识密集型企业

知识密集型企业是指综合运用先进科学技术成就的企业。这类企业拥有较大量的科技人才，需要花费较多的科研时间和产品开发费用，能生产高、精、尖产品。如宇航企业、IT 企业等。

4.按企业规模分类

按规模分类，企业可以分为大型企业、中型企业和小型企业。企业规模一般指企业的生产能力、机器设备的数量或装机容量、固定资产原值和职工人数等四个方面。划分企业规模的具体数值和内容重点，随着科学技术水平和生产社会化程度的不断提高以及行业的不同而有所变化。一般是以生产要素和产品产量集中程度为依据。我国按不同行业和部门，采取不同的标准来划分企业规模。对产品较单一的企业，以产品的生产能力为划分标准；对于产品品种繁多，难以按生产能力划分的，则以固定资产原值为划分标准。

5.按所属的经济部门分类

按所属的经济部门进行分类，企业可以分为工业企业、农业企业、商业企业、建筑安装企业、交通运输企业、金融企业、旅游企业、邮电企业、信息咨询企业等。这些企业形成国民经济的重要部门。

三、非营利性组织

非营利性组织（Non-profit organization，NPO）是指不以营利为目的，主要开展各种志愿性的公益或互益活动的非政府的社会组织。非营利性组织活跃在现代社会的各个领域，主要包括：环境保护、扶贫发展、权益保护、社区服务、经济中介、慈善救济等组织。

(一)非营利性组织的特点

1. 非营利性

非营利性组织不以营利为目的，不追求利润的最大化，组织的目标是获取社会效益、公共利益或组织的社会地位和作用。非营利性组织可以开设一定形式的经营性业务，但其经营收入只能用于组织所开展的各种社会活动及自身的发展壮大，不能视同利润在成员之间分配。非营利性组织也不得将组织的资产以任何形式转变为私人财产。

2. 非政府性

作为非营利的社会组织，区别于政府机构或其附属部门，是独立的自治性组织，属于民间的社会组织。它不能操纵政权力量，而只能采取各种竞争性的手段或社会捐赠，获取各种必要的资源。我们经常会看到非政府组织(Non-Governmental Organization, NGO)这一概念，它与非营利性组织是可以互换使用的，强调该类组织与政府组织的区别。非营利性组织也不同于政党组织和宗教组织。

3. 公益性或互助性

非营利性组织的目标是公益的或互助的，组织的内在动力是成员的利他主义精神和互助精神，成员由志愿者构成，提供社会公益性公共产品或互助性公共产品，如公害治理、植树绿化、会员福利等。志愿者组织(Voluntary Organization, VO)在内涵与外延上同非营利性组织是基本一致的，与非营利性组织相比它更强调志愿性的特征。

【案例 7.4】

组织的性质

某企业为了扩大企业的知名度和其他的一些原因，兼并了一个正为缺钱发愁的民办学校。兼并前，企业的董事长曾说："企业办学校就是为了回报社会，不是为了盈利，企业不仅不需要学校盈利，而且每年还会给学校贴补一定的资金，学校校长完全可按办学的原则行事。"两年之后，在一次董事会上，董事长说："作为企业，其各项投资必须获得经济效益，我们已对学校进行了大量的投入，学校必须快速走出亏损局面，变成自负盈亏的单位，最后必须创造一定的利润回报股东的投入。"校长感到有些茫然，他人生的目标就是要办一所一流的学校，教出一批优秀的学生。他只知道如何才能办一流的学校，不甚了解企业的运行规律，不知道如何才能给企业盈利，怎样才能使股东满意。

问题：

1. 企业与学校的运行方式有何不同？

2. 如果你是校长会怎么做？你认为应该如何处理企业与学校的关系？

(二)非营利性组织的主要领域与分类

在现实生活中，非营利性组织的形式表现是多种多样的，有协会、学会、研究会、联谊会、商会、会馆、学校、医院、福利院、文化馆、体育馆、博物馆、美术馆、文艺团体等。

1. 非营利性组织分布的主要领域

(1)环境保护。许多非营利性组织活跃在环境保护领域，如世界自然保护基金

(WWF)、地球之友(Friends of the Earth)、中国文化书院绿色文化分院(简称:自然之友)、北京地球环境文化中心(简称:北京地球村)、中华环保基金会、中国小动物保护协会、中国植物学会等等。非营利性组织从事的环保工作主要包括:一是自然生态的保护;二是资源保护;三是动物保护;四是污染治理;五是对污染受害者的救助等。

(2)扶贫发展。主要是对发展中国家和经济落后地区的救助贫困与促进经济社会发展,如国际农发基金、世界宣明会、中国扶贫基金会、中国国际民间组织合作会、爱德基金会、四川农村发展组织等。非营利性组织介入的扶贫发展领域主要包括:一是援助发展中国家农业的发展;二是援助贫困地区的公共设施建设;三是生存、技术、文化、教育等扶贫活动;四是实物或资金的直接资助活动等。

(3)权益保护。主要是指对弱势群体的权益保护。弱势群体指的是由于自然、生理以及社会等原因而不能像大多数人那样获得正常的生存与发展的机会,从而常常处于社会发展的边缘地带的人群,妇女、儿童、各种身体及智力残疾患者等均属于弱势群体。保护弱势群体的权益并帮助他们努力在社会中生存和发展,是许多非营利性组织积极致力的事业。这些非营利性组织有:救助残疾人的国际助残组织,非政府的妇女组织,各种疾病患者的无国籍医生组织等医疗救助组织,救助失学儿童的如中国青少年发展基金会等儿童救助组织等等。

(4)社区服务。非营利性组织提供各种社区服务。包括:社区医疗、社区护理、社区卫生保健、社区养老、社区文化休闲、社区消防、社区治安、社区管理、社区教育、社区娱乐、社区绿化、社区环保等等。如基督教男女青年会(YMCA/YWCA)。

(5)经济中介。一些非营利性组织从事经济中介活动,通过开展多种形式的交流、信息提供、行业协调和咨询活动,在经济领域发挥互助、共济、中介功能。这些非营利性组织主要包括:行会、商会、企业家协会等主要由经营者组成的经济中介组织;各种形式的工会等主要由劳动者组成的经济中介组织;以及律师事务所、会计师事务所、审计师事务所等专业性的经济中介组织。

(6)慈善救济。慈善救济组织通过捐赠的形式将财富集中起来,用于对穷人的各种施舍救济,特别是在发生饥荒、水灾、地震、战争等灾难的时候,慈善救济组织常常发挥积极的作用,对社会的影响力也很大。

2. 非营利性组织的分类

对非营利性组织进行合理的分类,有利于认识与研究非营利性组织的有关问题,各种学者也根据不同的研究需要对非营利性组织进行不同的分类。非营利性组织的分类在国际没有形成统一的标准,有些按单一的标准分类,有些按多元的标准分类。按单一标准分类简单,易于操作,在国际上也较为常用,如按照活动领域将非营利性组织分为环境类、人权类、妇女类等。

按多元标准分类较为复杂,但有利于对非营利性组织进行深入的研究。如卡曾斯·威廉斯(Cousins williams,1991)提出的非政府组织分类:一是根据非政府组织的活动导向,分慈善导向、服务导向、参与导向、能力建设导向四类;一是根据非政府组织的运作层次,分基于社区的组织、城市范围组织、全国性组织和国际性组织四类。约翰—霍普金斯大学萨拉蒙教授主持开展的非营利性组织国际比较研究项目中,提出并采用了非营利性组织国际分类(the International Classification of Nonprofit Organizations,ICNPO)。按这种分类体系,42个国家的非营利性组织的活动领域被划分为12个大类和26个小类,其依据的主要标准包括:活动领域、活动范围、活动方式、活动对象或受益者等。

美国流行的分类是将非营利性组织分为会员制组织和非会员制组织,再将后者分为服务型组织和资助型组织。

我国的非营利性组织归属民政部门登记管理,民政部将非营利性组织分为社会团体和民办非企业单位。前者进一步分为基金会、学术性社团、行业性社团、专业性社团、联合性社团等;后者进一步分为教育类、科技类、文化类、卫生类、体育类、社会福利类等,并在此基础上按照登记管理机关的级别区分为全国性组织和地方性组织。①

(三) 非营利性组织的设立与目标管理

我国现行的管理制度规定,注册管理及日常性管理实行登记管理部门和业务主管单位双重负责的体制。1998 年颁布《社会团体登记管理条例》和《民办非企业单位登记管理暂行条例》规定:国务院民政部门和县级以上地方各级人民政府民政部门是本级人民政府范围内非营利性组织的登记管理部门。负责非营利性组织的成立、变更、注销的登记或备案,对非营利性组织实施年度检查,对非营利性组织执行条例的情况进行监督检查,对违反条例的行为依法给予处罚。按照规定,国务院有关部门和县级以上地方各级人民政府有关部门、国务院或者县级以上地方各级人民政府授权的机构②,是有关行业、学科或者业务范围内非营利性组织的业务主管单位。业务主管单位负责非营利性组织筹备申请、成立登记、变更登记、注销登记前的审查;监督、指导非营利性组织遵守宪法、法律、法规和国家政策,依据其章程开展活动;负责非营利性组织年度检查的初审;协助管理部门及其他有关部门查处非营利性组织的违法行为;会同有关部门指导非营利性组织的清算事宜。

条例规定,对非营利性组织按照其开展活动的范围和级别,实行分级登记、分级管理的原则。全国性的非营利性组织,在两个以上省、自治区、直辖市开展活动的非营利性组织,其登记管理机关为国务院民政部门,相应地,其业务主管单位应当是中央一级的党政机关以及中央人民政府授权的机构;地方性的非营利性组织,由所在地人民政府的登记管理机关负责登记管理,相应地,其业务主管单位是所在地党政机关以及同级人民政府授权的机构,跨行政区域的非营利性组织,由所跨行政区域的共同上一级人民政府的登记管理机关负责登记管理,相应地,其业务主管单位是所跨行政区域的共同上一级党政机关以及同级人民政府授权的机构。③

为了避免非营利性组织之间开展竞争,条例规定禁止在同一行政区域内设立业务范围相同或者相似的非营利性组织④。但这种非竞争性的限制,在一定程度上也限制了非营利性组织的发展。

非营利性组织和企业、政府一样,是人类社会基本的组织形式之一。著名管理学家杜拉克曾说:非营利性组织在运作管理上堪称企业的楷模,因为它们不靠“利润动机”驱动,而凭借“宗旨”凝聚和引导。非营利性组织的宗旨与目标很大程度上决定了组织的凝聚力,对非营利性组织的发展至关重要。非营利性组织创业的领导者不仅要深谙宗旨,而且要身体力

---

① 王名:《非营利组织管理概论》,中国人民大学出版社 2002 年版,第 15 页。

② 根据条例及后来颁布的有关规定,授权成为全国性社会团体业务主管单位的包括中国社科院、全国妇联、残联、文联、作协等 22 家组织。

③ 《社会团体登记管理条例》第 6 条、第 7 条和《民办非企业单位登记管理暂行条例》第 5 条、第6 条。

④ 《社会团体登记管理条例》第 13 条和《民办非企业单位登记管理暂行条例》第 11 条。

行，用自己的言行感召和带动成员为组织的宗旨而奋斗。

【案例 7.5】

北京地球村[1]

廖晓义，1986 年毕业于中山大学。1990 年初，一个偶然的机会，她了解到中国的环境问题的严峻，深受震动，于是开始研究和撰写中国工业化的环境代价的论文，并作为环境影视的独立制片人，在 1993 年完成了电视片《绿色访谈录》。同年她赴美国自费拍摄电视片《地球的女儿》。她立志要行使作为地球的女儿保护地球的使命。1995 年回国，同年 12 月在中国教育电视台开办了环保专题节目《绿色文明与中国》。1996 年 3 月，创办了非营利性的民间环保组织——北京地球村环境文化中心（简称"北京地球村"），该组织致力于通过提高公民环境意识和加强大众参与以促进中国的可持续发展。

1996 年北京地球村帮助北京西城区大乘巷家委会建立了垃圾分类试点，并向各级政府送交垃圾分类提案。1999 年初，与北京宣武区政府和物业公司合作，在建功南里建立了绿色社区模式，即社区层面的环保设施和公民参与机制。为了将生活环保和社区环保带进农村，1999 年地球村在延庆县井庄镇碓臼石村，租了 2800 亩山林作为环境教育基地。农户实行垃圾分类，使用太阳能灯，种植无公害食品，使那片有着山地、林地、湿地、荒野及山泉小溪和 40 多户农户的小山村，发展成集农户环保、绿色旅游和环境教育培训为一体的生态区。2001 年，地球村与中国消费者协会共同策划的《千万个绿色志愿者在行动调查承诺卡》则对全国的消费者产生了影响。而"中国可持续消费论坛"使可持续消费由公民活动走上学术和政策研究的殿堂。

北京地球村相继撰写和出版了一系列倡导绿色生活方式的读物，包括与国家环保总局合作的《公民环保行为规范》、《儿童环保行为规范》以及《绿色社区指导手册》、《绿色之声环保歌曲集》和环境教育培训的系列光盘。

北京地球村宗旨是通过提高公民环境意识和加强大众参与，促进中国的可持续发展。北京地球村关注的领域有：可持续消费的理论与实践；绿色社区的建设与发展；生态修复与保护；青少年的环境教育与交流。

北京地球村具有理论研究、影视制作、社区教育和国际交流等综合能力，其工作受到国际社会和国际媒体广泛关注，2000 年度荣获世界著名的环境奖——苏菲奖。颁奖的理由是：(1)永远不知疲倦地推动中国公众参与环保运动，并卓有成效地提高了中国公众的环保意识，鼓励他们改变生活方式。(2)在动员中国大众参与环保，及加强民间组织与政府和媒体之间关于环保的建设性对话与合作中所表现出的能力。(3)通过北京地球村，使中国的民间组织、地方社区与国际社会加强联系，从而促进了中国民间环保事业的发展。(4)强调中国面临的综合环境挑战，主张加强污染控制和资源管理，倡导绿色生活，并为之做了大量工作。2001 年成为班克西亚国际奖得主，并成为十位"2001 年《中国妇女》时代人物"之一。2008 年廖晓义成为克林顿全球公民奖该年唯一得主（注：克林顿全球公民奖设立于 2007 年，每年颁发一次，以奖励四位在应对全球挑战中具有远见卓识的杰出领袖）。

---

① 资料来源：http://www.gvbchina.org.cn。

问题：

1. 组织创立者思想与组织的愿景与使命有什么关系？

2. 从地球村的创立与发展你得到什么启示？

3. 你有无参加非营利性组织，你了解该组织的宗旨吗？你为什么加入？

第三节 组织的创立

一、创业的条件

(一)梦想、灵感

伟大的事业往往是从一个梦想开始的。只有有了梦想，才会有梦想成真的可能。也正是因为有了梦想，创业者才能捕捉瞬间即逝的灵感，创立组织，进行艰苦的创业。

【案例 7.6】

芭比娃娃[1]

当年，孩子们的玩具都是些洋娃娃。一天，露丝·汉德勒突然看见女儿芭芭拉正在和一个小男孩玩剪纸娃娃，这些剪纸娃娃不是当时常见的那种婴儿宝宝，而是一个个少年，有各自的职业和身份，让女儿非常沉迷。"为什么不做个成熟一些的玩具娃娃呢？"汉德勒脑中迸发出了灵感。

露丝·汉德勒创立的美泰(Mattel)玩具公司于1958年推出了拥有完美的身材，金黄色的头发，清新的外貌，还有好几抽屉漂亮服饰的"芭比娃娃"，并申请了专利。从1960年至今，芭比在全球的销售已经超过10亿个，分布在150个国家，3岁到11岁的美国女孩，平均每人拥有10个芭比娃娃，意大利与英国女孩平均拥有7个，法国、德国女孩有5个，而亚洲地区的香港，每个小女生也平均拥有3个芭比。每年美泰玩具生产约150款芭比娃娃，其中有120款是新造型，这些造型除了跟着时装的潮流走，更重要的是随着时代女性角色演变而演变。作为世界上最成功的女孩玩具，芭比娃娃的影响力已经超越了玩具的概念，进而在大众心理和精英文化领域产生了深远的影响。在美国，"芭比"已经成为了一个可以进行多重解析的文化符号，成为一门"社会学"。

美泰玩具公司专门创办了《芭比时尚》杂志，兰登书屋不定期推出"芭比时尚指南"，比如《芭比的时装成功》、《芭比的甜蜜夏季》、《芭比的夏威夷假期》、《芭比简易食谱》。美泰玩具公司认为芭比娃娃不仅是一个漂亮的摩登女郎，他们一直努力把她塑造成一位智慧、独立、积极进取的时代女性，希望在她身上能够折射出社会的发展与女性的进步。在鼓励女人上班的60年代，芭比穿上了行政套装，挎起了公文包，包里有名片、信用卡、一份报纸以及一个计算器；当人类第一次登上月球时，芭比娃娃很快就成了一名宇航员；进入e时代，聪明的芭

① 资料来源：http://www.barbie.com。

比娃娃也开始给朋友发“e-mail”了。为促进民族团结，美泰玩具公司曾经推出“黑人芭比”、“拉丁芭比”、“日本芭比”和“中国芭比”，芭比所代言的民族有45种之多。多年来，芭比担当过100多个职业，包括时尚设计师、宇航员、动物医生和教师。为促进世界和平，芭比娃娃还担当联合国儿童基金会的“亲善大使”，并在1990年主持召开了自己的峰会，成为“第一个看到世界和平的人”。为唤起人们对残疾人的关注与同情，美泰玩具公司推出了“轮椅上的芭比”，产品新闻发布会就在因脑中风而靠轮椅代步的美国小姑娘汉纳·威瑟斯的家里举行。《商业周刊》在“2001全球最佳品牌”排行榜上对芭比品牌评价说：“她不仅是个玩具娃娃，她是美国社会的象征。”2001年，随着《芭比和胡桃夹子的梦幻之旅》的公映，芭比开始了她的表演事业。到现在，芭比已经主演了十几部电影。她实现着女人的梦想，谁是世界上最完美的女孩？答案是：芭比×60。也就是说，相当于把芭比娃娃放大60倍的女孩。芭比的美貌、魅力与独特感染力不断地让任何年纪的女孩都深深为之着迷。今天，她仍是全球最受欢迎与最负盛名的时尚主题娃娃之一。

2008年，公司启动了全新的BarbieGirls.com网站，孩子们可以在那里自行创建虚拟的芭比娃娃，并摆放在虚拟的商厦里。为女孩子们创设一个虚拟的网络社区空间，此举被视为是一次勇敢的尝试。公司推出MP3，在纽约玩具工业协会研究玩具流行趋势的专家瑞恩·莱斯说：“我认为我们手中拿着的是当下最热的产品”，“美泰等于让你买到了音乐、时尚玩偶及网上冲浪的乐趣——这些全都是当下女孩最热衷的，并与她们的生活息息相关的。”芭比娃娃造型的MP3音乐播放器可储存120首MP3或是240首WMA的歌曲。

问题：

1. 请你分析露丝·汉德勒的创业灵感与“芭比”的形象设计理念之间的关系。
2. 什么使“芭比”能得到如此大的市场，具有如此强的生命力？

（二）机遇

机遇是创业成功的一个关键因素。机遇是一种流淌在市场中的暗流，是打开未来市场的钥匙。

我们可以以各种不同的方式发现、创造和利用机遇。与消费者、商业伙伴以及技术人员交流，监控并评估目前市场上的产品，想想如何从新的角度来满足现有的需求或者如何改善现有产品，都能帮助我们发现机遇。环境的改变，如科技的新发现、新法规的出台、生活方式的变化、经济的反常甚至战争、自然灾难等等，总是能带来多种市场需求的变化，同时也带来了许许多多的组织发展机遇。我们若能认真思考新显现的事件和趋势，就可能从中发现机遇。

【案例7.7】

机 遇[①]

娇娃(Java)是一种互联网语言，它是为保障安全而设计的。在刚面市时，大家都认为它具有这种安全性，但Finjan公司创始人Shlomo Touboul并不这样认为。当他提到要开发

① 资料来源：http://www.finjan.com。

保障娇娃安全的产品时，人们都认为他疯了，于是他一个人埋头于自己的研究，最终他的成果能使用户免受侵入娇娃码系统的病毒的侵袭。而当一些普林斯顿的科学家们终于发现电脑黑客能够攻击娇娃的弱点时，他早已准备就绪并远远领先于那些可能的竞争对手了。

问题：

人们常言，机遇不会给没有准备的人。请你结合此案例分析机遇与获得机遇的关系。

（三）个人素质

创业者的行为方式往往成为创业企业的行为方式，创业者的素质决定了创业企业的兴衰。即使产业环境都很有利于创业者创业，创业的财务风险、经营风险、社会风险以及创业者本身存在的精神风险都依然存在，并时时考验着创业者。创业者是谨慎的冒险家，他能极力地降低风险，能承担压力。解决问题是创业者必备的一项素质。

当然，创业者还需要以下几个方面的基本要求：第一，良好的心理素质，这一点要求创业者具有足够的韧性和勇气。在开发产品和销售方面能够不畏惧挫折和失败。第二，兢兢业业的敬业精神。不畏惧辛劳的创业者才能够在初创时期，在人力资源和财务资源都很紧张的情况下，圆满地完成经营任务。第三，专业领域的知识，即使是以销售为主的企业，销售能力也显然是一个专业技能，而对于以研发为主的企业来说，拥有专业领域的知识与创新能力尤显重要。第四，管理技能，在创业失败的企业中，由于管理问题而失败的占据了很大的比例。管理是一门高深的学问，需要在实践中作出不断的总结和充实。

【案例 7.8】

创建 Facebook①

如果你在美国问一名大学生，“你加入 Facebook 了吗？”答案很可能是肯定的。Facebook 网站是哈佛大学二年级学生马克·祖克伯格（Mark Zuckerberg）于 2004 年 2 月创建的。祖克伯格注意到，每间宿舍楼都有姓名房间号对照表，但在整个学校中却没有总目录，这一缺陷阻碍了学生之间的交往。他说：“我一直喜欢找寻东西和运用计算机代码做些什么。因此我坐下来花了大约一周的时间建立了这个网站的基本框架。”祖克伯格是计算机神童，高中毕业时他拒绝了微软公司开出的 100 万美元的年薪而选择了就读于哈佛大学。

随着 Facebook 网站的成长，哈佛大学本科生推荐了越来越多其他学校的学生加入。2004 年 11 月，网站已拥有 100 万名使用者。又过了 18 个月，网站发展成拥有来自 2100 所大学和 22000 所高中的 700 万名会员。Facebook.com 是互联网上浏览量第 7 大的网站，而在大学生中排列第二，仅次于 Google。全美有 53% 的大学生加入了 Facebook。

Facebook 最初只是一个非商业性网站，但是随着它越来越流行，自然就开始需要资金支持。如果能够交出股权，风险资本家是很慷慨的。另一个办法是广告收入。Facebook 向网站上做飘浮广告的会员索取的费率很低，10000 次点击只要 5 美元。它还得到企业广告的支持，这是一项主要收入。

任何人只要邮箱中后缀带有.edu 都可以在 Facebook 上免费注册。Facebook 的系统允

① 里基·W.格里芬：《管理学》，中国市场出版社 2008 年版，第 225 页。

许会员交换照片和短信，还可以张贴个人信息或查看他人信息。Facebook 只向学生提供访问仅限，这样在一定程度上保证了会员的安全性。此外，会员接触他人必须经过论证机制，例如共同的朋友、校友或加入数以千计的由会员自己定义的群体。只要一进入这一网站，你会很容易体会它对大学生的吸引力。

网站由于不审查上的帖子，也招致了批评。太多的个人信息也带来了不少的麻烦，有人担心 Facebook 会助长盗窃身份或跟踪的行径。有些学校对 Facebook 上公布的学生不检点的个人行为实施纪律处分。Facebook 还成为警方的工具用于帮助侦破校园犯罪。Facebook 已经警告会员不要透露过多的个人信息并且将接触信息者限制在熟人中，但还是发生了一些令人恐慌的事件。美国劳工律师麦西亚森敦促 Facebook 会员要多加小心："Facebook 就像是 6 点档的新闻，一旦幕布揭开，人人都看得到。"

尽管如此，Facebook 在这一重要的人口年龄人群中受欢迎的程度有增无减。Facebook 成为企业收购的对象。在媒体巨头新闻集团以 5.8 亿美元收购 MySpace.com 之后，有传言说 Facebook 是下一个目标，但祖克伯格拒绝了 2006 年初的一项 7.5 亿美元的收购建议。他要价 20 亿美元。

祖克伯格坚持认为："我们做这个不是为了赚钱，而是为了打造一些非常酷的东西。" Facebook的确非常酷，但同时还热得发烫！

问题：

1. 请你分析为什么 Facebook 网站会成功？给出你的理由。

2. 祖克伯格为什么创业会成功？给出你的理由。

3. 你认为 Facebook 网站下一步发展应注意些什么？

二、创业团队

一项事业，一个人是不能完成的，需要有一个能同甘共苦的团队。选择企业的创业核心成员一般要注意以下几点：

（一）相互信任

创业之初，企业面临的不确定因素很多，许多创业者几乎是白手起家，有的对未来之路还不十分了解，失败是家常便饭，这时信任是很重要的。许多创业团队由挚友、亲人组成，最重要的原因是他们相互了解，容易相互沟通，相互信任。这种信任能帮助在创业团队成员之间建立患难与共、休戚相关的关系，在遇到问题和困难时不计较个人得失。

（二）对事业有热情

要选择对事业有热情的人加入团队，并且要使所有的人在企业初创时就有每天长时间工作的准备。任何人才，不管他的专业水平多么高，如果对创业事业的信心不足，将无法适应创业的需求，而这样一种消极的因素，对创业团队所有成员产生的负面影响可能是致命的。创业初期整个团队可能需要每天 16 个小时不停地工作，甚至在做梦的时候也会梦见工作。

（三）要有才能

一个优势互补的创业团队对于创业企业走向成功同样重要。创业前期风险本来已很大，因此讲求效率就显得特别重要，不能因碍于情面而放弃良才，使用庸才。

三、商业计划

（一）创业机会分析

创业的第一步是创业机会分析，包括对产品或服务的描述、对机会的评价、对企业家（你自己）的评价、将创意付诸实践的具体行动和所需资金。表 7-1 列出了机会分析中需要回答的问题。

表 7-1 创业机会分析

- 我的创意是要满足哪些市场需求？
- 对于这些市场需求我掌握了哪些观察资料？
- 哪些社会现象反映出了这些市场需求？
- 有哪些市场调查数据可以用来描述这些市场需求？
- 有哪些专利可以满足这些需求？
- 这一市场存在哪些竞争？我如何看待这些竞争行为？
- 国际市场情况如何？
- 国际竞争怎么样？
- 这种活动的盈利点在哪里？

（二）商业计划

有一位风险投资家曾讲："如果你想踏踏实实地做一份工作的话，写一份商业计划能迫使你进行系统的思考。有些创意可能听起来很棒，但是当你把所有的细节和数据写下来的时候，它自己就崩溃了。"

一份商业计划详细地讲述了一项业务背后的整体创业理念，要列出投资及其所处的市场环境、战略和未来导向，它通常包括市场营销、财务安排、产品制造以及人力资源安排等职能计划。商业计划迫使创业者对其创意进行系统的思考并形成书面报告，商业计划书可以帮你判断创建企业计划的可行性，指导你的计划和组织工作，帮助你筹集资金。那些潜在的投资人、供应商、顾客等都会关注商业计划，创业者也可以用它来证明自己有能力处理好新兴业务所面临的各种问题，并对它们加以管理。总之，创业计划书中必须说明三个问题：一是创立这家企业的目标和目的是什么？二是采用何种战略来实现这些目标和目的？三是将如何实施这些战略？表 7-2 列出了一份典型的商业计划书的要点。

表 7-2 商业计划书要点

1. 简介	1）未来展望及趋势
1）企业的名称和地址	2）竞争对手分析
2）主要负责人的姓名和地址	3）市场细分
3）企业的性质	4）行业预测
4）融资需求陈述	4. 风险投资概述
5）报告的保密性陈述	1）产品/服务
2. 执行概要（3～4 页）	2）企业规模
概括介绍整个商业计划	3）办公设备和员工
3. 行业分析	4）企业家的背景资料

续表

5. 生产计划	8. 风险评估
1)制造过程(转包数额)	1)评价企业弱点
2)工厂	2)新技术
3)机器和设备	3)应急计划
4)原材料供应商的姓名	9. 财务计划
6. 营销计划	1)预计收入
1)定价	2)现金流量预测
2)销售渠道	3)预计资产负债表
3)促销	4)盈亏平衡分析
4)产品预测	5)资金来源及运用
7. 组织计划	10. 附录(包括支持性材料)
1)有权形式	1)信件
2)合作人或主要股东的资格认定	2)市场调查数据资料
3)领导权限	3)租赁或合同
4)管理层背景	4)供应商的报价表
5)组织成员的任务和职责	

一份好的商业计划书要求：

1. 结构清晰，明了易读。商业计划必须有一个清楚的结构，使读者能够灵活地选择他们想要阅读的部分，使计划投资者能够在计划中找到他们所关注问题的答案。商业计划书的长度大约在20页，对任何能使投资者感兴趣的话题，都应充分而准确地阐述。

2. 具有说服力。投资者若有初步的兴趣，会仔细地审视计划书。计划书提供的资料和内容必须经得起推敲。要分析方案可能的弱点或不足，并指出弥补的方法或措施。

【案例7.9】

创业模式的不同

有一个小村庄，村庄里除了雨水没有任何水源。为了解决这个问题，村里的长者决定签订一份送水合同，以便每天都能有人把水送到村子里。有两个人愿意接受这份工作，于是村里的长者把这份合同同时给了这两个人。

得到合同的两个人中有一个叫艾德，立刻行动了起来，每日奔波于1公里以外的湖泊和村庄之间，用他的两只桶从湖中打水并运回村庄，再把打来的水倒在由村民们修建的一个结实的大蓄水池中。尽管这是一项相当艰苦的工作，但是艾德很高兴，因为他能不断地挣钱。

另外一个获得合同的人叫比尔。令人奇怪的是自从签订合同后比尔就消失了，几个月来，人们一直没有看见过比尔。这点更令艾德兴奋不已，由于没人与他竞争，他挣到了所有的水钱。比尔干什么去了呢？他做了一份详细的商业计划，并凭借这份计划书找到了4位投资者，他们一起开了一家公司，6个月后，比尔带着一个施工队和一笔投资回到了村庄。花了整整一年的时间，比尔的施工队修建了一条从村庄通往湖泊大容量的不锈钢管道，并向周围村庄推销他的快速、低成本并且卫生的送水系统。每送出一桶水他只赚1便士，但是每天他能送几十万桶水。所挣的钱便都流入了比尔的银行账户。

艾德在他的余生里仍拼命地工作，最终由于缺乏竞争力而被淘汰。

问题：

1. 创业设计的商业模式不同决定了盈利方式的不同，请你分析故事中两种商业模式的差异性。

2. 你认为创业模式设计中要考虑什么问题？

3. 若你是其中的一个合同人，你会有别于他们两者采用什么创新方式？

第四节 组织目标

众多的个体之所以能够聚集在组织中，相互协作，共同努力，就是因为他们有共同的目标。共同目标的存在是组织存在的前提。组织成员只有在明确组织目标的情况下才能感觉到个体对组织的重要性，其使命感也就油然而生。使命感使组织成员齐心协力，为完成组织目标而努力。

同途殊归

曾有人做过一个实验：成立三个小组，让小组成员分别向20公里外的一个村子步行。

第一组人对村庄的名称和路程一无所知，只告诉他们跟着向导走就行了。刚走了四五公里就有人叫苦，走了一半时有人几乎愤怒了，他们抱怨为什么要走这么远，何时才能走到。又走了几公里，离终点只剩三四公里时，有人甚至坐在路边不愿走了。坚持走到终点的只有一半人左右。

第二组人知道村庄的名字和路段，但路边没有里程碑，他们只能凭借经验估计行程的时间和距离。走到一半时，大多数人想知道他们已经走了多远，比较有经验的人说："大概走了一半。"于是大家又簇拥着向前走，当走到全程的3/4时，大家情绪低落，觉得疲惫不堪，而路程似乎还很长，当有人说："快到了。"大家又振作起来加快了步伐。

第三组人不仅知道村子的名字、里程，而且公路上每一公里就有一块里程碑，人们边走边看里程碑，每缩短一公里大家便有一小阵的快乐。行程中他们用歌声和笑声来消除疲劳，情绪一直高涨，所以很快就到达了目的地。

当人们的行动有明确的目标，并且把自己的行动与目标不断加以对照，清楚地知道自己的行进速度和与目标的距离时，行动的动机就会得到维持和加强，人就会自觉地克服一切困难，努力达到目标。因此，对组织来说，应该有明确的目标，并尽可能科学地将目标量化成各种指标来衡量目标实现的进度，即对目标进行科学的管理。

同样做一件事情，不同心态的人会以截然不同的态度、心情和方法去对待，其结果自然也就不同了，好的管理者能描绘出远景或近景，让所有员工能具有为公司理想、目标而共同努力的使命感。否则工作只是些重复的动作，或是赚钱的代名词，时间久了就成为一种压力，一种负担。有使命感才能快乐地工作。

一、组织目标的含义及类型

(一)组织目标的含义

目标是根据组织宗旨而提出的组织在一定时期内通过努力要达到的理想状态或希望得到的成果。组织目标是与组织宗旨相联系的。宗旨是组织存在的理由及理想，表明了一个组织存在对于社会的意义。例如：学校的宗旨是教书育人，医院的宗旨是救死扶伤，军队的宗旨是保家卫国，等等。组织宗旨是一个组织最基本的要素，它需要通过目标的具体化才能成为行动的指南。组织目标就是指一个组织在未来一段时间内要实现的目标。

【案例 7.10】

组织的目标体系

某大型炼油化工厂的宗旨是：源源不断地向社会提供经济发展所需的石油化工产品。而其总体目标是：合理组织生产，以最低的成本、生产更多的产品，以获取更多的利润。年度目标主要包括以下几个方面：

- 确保加工量达 100 万吨，力争突破 120 万吨；
- 年创利税 1 亿元；
- 主要装置的能耗降低 10%，环保合格率达 90%；
- 质量合格率达 100%，其中优质品率达 97%；
- 加强职工培训，实行全员持证上岗；
- 改善员工生活，增建职工住宅 1000 平方米；
- 提高企业知名度，进入中国石化总公司同行业综合指标评比前 3 名。

问题：

1. 目标应如何描述？
2. 组织目标体系应如何设立？

(二)组织目标的内容

每一个组织都有一系列要实现的目标，而且这些目标之间是相互关联的，都围绕着组织宗旨而展开。

对大多数组织而言，组织目标一般包括以下几个方面：

1. 生存目标

生存目标是一个组织为了在社会中得以存在所必须实现的基本目标，它由组织宗旨所决定，如学校向社会源源不断地输送人才，企业向市场提供社会消费所需的产品。生存目标是组织生存和发展的前提。

2. 经济目标

对于企业组织来说，经济目标主要指与经济效益有关的资金费用及其衡量指标，如产值、销售额、利润、成本、投资回报率等。对于非营利性组织来说，经济目标主要指费用的控制及资金的有效运用。

3. 市场目标

任何一个组织的存在都有其社会意义，即组织都是为了实现社会的某些需求而存在的。

组织所提供的产品或劳务能否被社会所接受，在市场中占有一席之地，决定着组织的生存和发展。如何吸引更多的服务对象，提高市场占有率，是每一个组织要考虑的问题。

4. 环境目标

组织处在社会环境之中，其行为必然会与外部环境相互影响。环境目标的内容很广，包括社会责任、组织形象、竞争地位等。

5. 员工目标

主要指组织中人力资源的管理问题，包括人员的招聘、培训、激励、奖罚、人际关系以及组织文化的建设等。

另外，国际许多战略目标研究人员在这方面都进行了深入的研究，提出了不少建议。例如，美国著名的管理学家彼特·德鲁克(Peter Drucker)认为，凡是成功的企业都在市场、技术、生产力、物质和金融资源、利润、人力资源、员工以及社会责任等方面有自己一定的目标，如表 7-3 所示。

表 7-3 德鲁克提出的经营成功的企业所包括的各种目标

市场方面	应表明本公司希望达到的市场占有率或在竞争中应占据的地位
技术改进与发展方面	对改进和发展新产品，提供新型服务内容的认识及其具体措施
提高生产力方面	有效地提高原材料的利用，最大限度地提高产品的数量和质量
物质和金融资源方面	获得物质和金融资源的渠道及其有效的利用
利润方面	用一个或几个经济指标表明希望达到的利润率
人力资源方面	人力资源的获得、培训和发展，管理人员的培养及其个人才能的发挥
职工积极性发挥方面	发挥工人在工作中的积极作用，激励和报酬等措施
社会责任方面	注意本公司对社会产生的影响，说明对社会应尽的责任

(三)组织目标的层次体系

为了使组织目标成为每个成员的行动指南，组织目标往往需要作进一步的分解，使组织中的不同层次和岗位的员工都了解，它们的任务是什么，它们应该怎样做才有助于组织总体目标的实现。因此组织目标往往要按其重要性或所涉及的范围大小进行分层，从广泛的目标到具体特定的个人目标，形成一个有层次的体系，如图 7-1 所示。

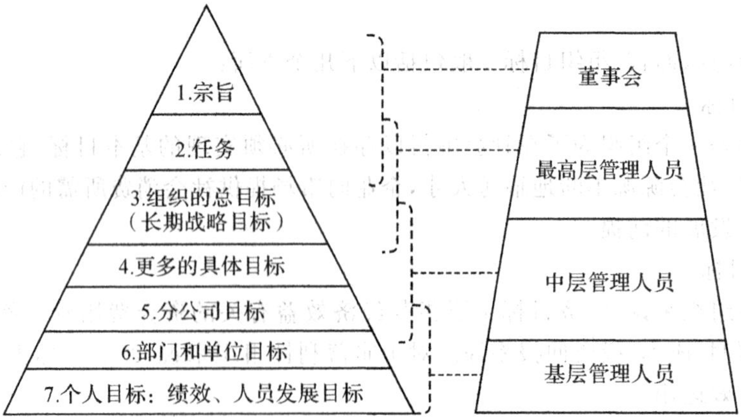

图 7-1 组织的目标体系与层级体系

二、组织目标的作用

组织目标对管理人员的各项活动都有很大的影响。目标的作用具体体现在以下几个方面：

(一)确认组织的存在

任何一个社会组织，不论是营利性的还是非营利性的，都存在于社会大环境之中，一方面需要外部环境提供其生存的资源，另一方面则必须向外部环境提供社会所需要的产品和服务。为此，组织必须有明确的宗旨或使命，以表明在既定环境中组织应当扮演的角色，并在此基础上确立明确而具体的企业目标，这样社会就倾向于承认这个组织的存在，市场问题和资源问题也就容易得到解决。因此，目标确认了组织的存在。

(二)指明工作方向

没有明确目标的组织，管理工作就失去了方向。在整个管理进程中，是目标维系着组织中的各个成员、各部门之间的相互合作、相互协调与相互监督，同时确认组织中每个成员、每个部门在实现总目标中的责任。正是目标把组织中各部门以及个人的努力汇集成一股强大的合力，保证总目标的最后实现。因此，对整个管理工作而言，目标始终起着决定行动方向的作用。如万向集团公司的经营目标：奋斗十年添个零。管理目标：人尽其才、物尽其用、钱尽其值、各尽其能。岗位目标：一天做一件实事，一月做一件新事，一年做一件大事，一生做一件有意义的事。

(三)检验工作成效

目标是检验和衡量工作成效大小、质量高低的标准。目标既是管理工作的出发点，又是归宿。一所学校究竟办得如何、质量怎样，一个企业经营效果如何，从管理的角度而言，最终还得以目标是否实现为标准。因此，目标是组织各个层次行动的准则，任何问题和矛盾的解决都应以是否有利于目标的实现来衡量。目标作为标准，为管理人员提供了衡量绩效的依据。

(四)调动工作积极性

目标有利于调动员工的积极性。组织作为一个整体，其目标的实现必须依靠全体员工协调一致的努力。这种努力从根本上来说，来自员工对目标的正确理解。对管理者而言，通过目标管理的方法可以把组织目标层层分解为每个部门甚至是每一名员工的具体责任，这样员工就会明确地认识到他们应该做哪些努力以及这些努力会带来什么样的价值，在目标的激励下他们会以一种更有效的方式努力工作。目标的作用还在于它能引导人们自我控制。这种自我控制可以转化为一种强大的推动力，激励人们最大限度地发挥主观能动性，为实现目标作出贡献。

【案例 7.11】

目标设定理论及其应用

埃德温·洛克(Edwin Locke)在1968年提出了目标设定理论，简称目标理论。洛克认为，给员工设定具体目标有助于提高绩效。埃德温·洛克与同事在经过大量的实验室研究和现场调查后发现，无论采取何种激励手段，都离不开目标设置，各种激励因素，多半也都是一定的目标，因此研究激励问题最根本的就是高度重视目标设置并尽可能设置合适的目标。那么，怎么才能知道目标是否合适呢？洛克认为可以从以下三个方面去研究：一是目标的具体性，即目标能够精确观察和测量的程度；二是目标难度，即目标实现的难易程度；三是目标的可接受性，即目标被员工认可的程度。他认为，难度较大的目标一旦得到员工的认可，往往会比容易的目标产生更高的绩效。而且，洛克认为，员工有绩效反馈比没有绩效反馈能表现出更高的绩效。随后几年的研究证实了洛克的观点。

目标设立理论表明，特别难的目标会比诸如"尽力而为"这样的模糊目标带来更高的产出。具体的目标本身似乎会起到内在的激励作用，并且鼓励员工去达到该目标。如果能力对目标的接受程度等变量不变，有证据表明，越难的目标会带来越高的绩效。当然，从逻辑上讲，可以假设容易的目标更容易让人接受。然而，员工一旦接受了一项难度较大的任务时，他将会努力工作，直到最终完成目标。最后，当人们获得关于目标进展情况的反馈时，他们会做得更好，因为反馈帮助人们识别自己所做的与实现想要做的之间还有一定差距。

英特尔公司是目标设定理论良好的实践者。公司每一个事业部、每一个部门、每一个人都必须制定年度与季度的目标，所有的目标都是以公司的方向与总目标为指导，每个季度后，每个人必须为自己的成果打分。公司认为要让每个人了解团队的方向，制定高目标，以量化的手法，务实地制定能够展现进度与成果的指标，这样，每个成员就能够站在自己的岗位上尽一己之力。为了让所有的人了解公司的目标方向，每一季度英特尔公司都为所有的员工举办公司的营运会议，在会议中宣布公司运营与市场竞争状况，还有当季度事业部计划完成情况，并讨论下一季目标。这样的会议目的是希望每一位员工的视野不只局限于自己的工作范围，而是能够着眼于公司的整体，并对未来方向有一致的步伐。这样，才能凝聚每一份力量，完成公司的整体目标。

英特尔习惯于为各个组织设定那种乍看之下让人觉得无法达成的"高目标"。如 1993 年，英特尔订立 PCI 晶片组的业绩目标是 100 万套；但部门经理依照他的经验预计是 20 万套。但担任 CEO 的格鲁夫指出，PCI 会广泛地被业界接受，所以 100 万套的销量不是天方夜谭。最后，一致同意，60 万套是一个可接受的目标。经过努力，在不断推出 PCI 新产品与新规格协助下，年底达到了预定的目标，每个人都洋洋得意。第二年，同一个经理，同一支团队，自发地提出了 500 万套的销售目标，这远远超过了格鲁夫的预期。而且，他们再次做到了，小组积极而自发地设定了高目标，并且实现了。

英特尔认为"看板管理"是驱动所有组员往同一个目标前进的最佳配合工具。英特尔将进度表张贴在会议室。每天，每个人都为各种进度雀跃不已，进度非常明确，销量、产量、库存量、成本等等最具体的指标，都一目了然，清晰可见。

问题：

1. 你认为目标对一个人的行为起什么样的作用？你是否为自己的发展设定了目标？
2. 对于一个组织而言，你认为如何才能将组织的目标转化成组织成员的个人目标？
3. 你认为英特尔实现的关键在哪里？英特尔的目标设定对你有什么启示？

三、目标管理

当一个组织确定了组织宗旨和组织目标以后，如何将组织的目标转换成各个部门以及各人的岗位目标呢？解决此问题一种较好的方法就是目标管理。

目标管理(Management by objectives，简称 MBO)是由美国著名的管理专家德鲁克在1954 年出版的《管理实践》一书中提出的一种管理方法。这种管理方法提出后，被许多西方国家组织广泛采用，逐步发展成为一种系统地制定目标，并据此进行管理的有效方法。

目标管理是一种很实用的管理方法，在美国最大的 500 家工业公司中大约有 40％的公司采用了目标管理，日本企业运用目标管理的比例就更高。

(一) 目标管理的概念及特点

目标管理是一种综合的以工作为中心和以人为中心的管理方法，它首先由一个组织中的上级管理人员与下级管理人员、员工一起制定组织目标，并由此形成组织内每一个成员的责任和分目标，明确规定每个人的职责范围，最后用这些目标来进行管理，并评价和决定对每一个部门和成员的奖惩。

目标管理的特点，主要表现在以下几个方面：

1. 明确目标

明确的目标要比只要求人们尽力去做更能创出高业绩，高水平的业绩也往往与高标准的目标相关，无论是组织或个人，明确目标都十分重要。

2. 参与决策

MBO 强调上级与下级共同参与制定组织目标及各对应层次目标，即通过上下协商，逐级制定出整体组织目标、经营单位目标、部门目标直至个人目标。因此，MBO 的目标转化过程，既是“自上而下”的，又是“自下而上”的。

3. 规定时限

MBO 强调时间性，制定的每一个目标都有明确的时间期限要求，如一个季度、一年、五年或任何其他适当的期限。在大多数情况下，目标的制定可与年度预算或主要项目的完成期限一致。但并非必须如此，根本的是要依据实际情况来定。在一般情况下，组织层次的位置越低，为完成目标而设置的时间往往越短。

4. 评价绩效

MBO 寻求不断地将实现目标的进展情况反馈给个人，以便他们能够调整自己的行动。管理人员鼓励下属人员对照预先设立的目标来评价业绩，进行差异分析，并以目标的完成情况作为奖惩的标准。

(二) 目标的设定

设定目标是一项困难的任务，它需要上级领导人员正确的指导与下属人员广泛的实践。设定目标时，可按 SMART 原则进行：

- Specify，明确指定目标，了解其目的；
- Measurable，目标应可具体衡量及评估；
- Achievable，目标应是可达到的，设立了达不到的目标，只能徒增挫折感；
- Reasonable，目标应是合理的、客观的，是员工能力上能负荷的工作；
- Timing，目标应是有时效性的，能及时完成。

目标的另一个原则是 KISS(Keep it super simple)，意即目标要简单明了，使全体员工易懂、易记，不至于产生误会。表 7-4 中所列出的指导方针对各类主管人员制定他们的目标会有所帮助。[①]

表 7-4 人员目标的检查表

1. 目标是否包括我的工作的主要特征？
2. 目标的数目是否太多？如果太多，能合并一些目标吗？
3. 目标是否是可考核的，亦即我知道期末是否已经实现了目标？
4. 这些目标是否表示了下列内容？
(a)数量(多少)；
(b)质量(如好到什么程度或具体的特征)；
(c)时间(何时)；
(d)成本(按什么成本)？
5. 这些目标是有挑战性的吗？尚合理吗？
6. 是否已给这些目标安排了优先程序(次序、侧重等)？
7. 这套目标是否包括：(a)改进工作的目标；(b)个人发展目标？
8. 这些目标是否同其他管理人员和组织单位的目标协调？它们是否和我们上级领导人的目标，我们部门的、公司的目标相协调？
9. 是否已将目标传达给所有需要掌握这种信息的人？
10. 短期目标是否与长期目标相一致？
11. 目标依据的假定是否已清楚查明？
12. 目标表达是否清楚并用文字写出？
13. 这些目标是否能随时提供反馈，从而采取必要的纠正步骤？
14. 所掌握的资源与权力是否足以去实现这些目标？
15. 是否考虑给予那些想实现目标的个人一些机会去提出他们的目标？
16. 分派给下属人员的责任是否都能控制？

（三）目标管理的过程

1. 目标管理的实施步骤

目标管理的推行应具备如下先决条件：适合组织的需求；无个人之间不健康的竞争，倡导团体参与设置目标；有充分的培训；相关部门参与评价这种方法的成果与可操作性。

目标管理实际上就是动员全体员工参加目标的制定并保证目标的实现。其过程大体分为以下几个步骤：

(1)目标制定。目标的确定是目标管理的关键。它一般采取自上而下和自下而上相结合的方式。首先由组织的最高管理层确定组织在未来一定时期内要达到的总目标。这是目标管理的中心内容。然后，经过上下协商，制定出与总体目标相一致的下属各部门及各人的分目标。总体目标指导分目标，分目标保证总体目标，组织上下都有自己的具体目标，从而形成一个完整的目标体系。

(2)组织实施。目标设定后，主管人员应放手授权给下级成员，靠执行者的自主管理去实现目标。在目标管理过程中，上级管理者应对每项目标和每个人的能力持信任态度，并对下属的工作进行指导、协助，提出问题、提供信息，创造良好的工作环境；而下属部门或人员

① 哈罗德·孔茨、海因茨·韦里克：《管理学》，经济科学出版社 1998 年版，第 101 页。

应独立地进行工作，自行决定完成目标的方法和手段，在目标规定的范围内自主地开展业务。

(3)定期检查。在目标实施过程中，应定期检查各项任务的进展情况，以便及时发现问题，采取相应的补救措施。在达到预定期限后，上级管理者必须和有关的下级或人员逐个地全面考核目标的完成情况，将其成果与原定的目标进行比较，据此给予奖惩。

目标管理的第一步是定义企业的目标。要对企业的方方面面做通盘的考虑，包括企业目前的现状以及未来的发展。考虑可能的风险，也要考虑机遇。主要目标要涵盖企业的主要领域，而且应该清晰明了，并提供能对实际工作做定期检查的基础和平台，以及进一步改进的措施。

2. 目标管理推行过程中常见的问题

应用目标管理也会出现一些问题，认识这些问题有助于我们提高工作质量。在实际工作中常出现的问题有：

(1)对目标管理的本质缺乏认识。对目标管理的认识往往需要一个过程，缺乏对目标管理基本思想的正确认识，常常会使目标管理走样，蜕变成为一种管理上的时髦或骗人的玩意儿。例如，有的管理者认为目标管理就是目标的制定和分解，因此，只注重对目标的制定和分解，而不注重人的积极性的发挥和在执行过程中对下属提供指导与帮助。

(2)在目标制定过程中草率行事。目标是目标管理的核心，没有目标不行，目标错了也不行。影响目标的因素往往很多，而多个目标之间也难以平衡，加上目标的确定需要上下反复讨论协商，需要耗费大量时间和精力，因而有的组织刚开始还比较认真，到后面就草率行事，把目标管理变成了数字游戏，或强迫下属接受其不同意的目标等，使目标管理失去了意义。

(3)管理人员难以转换角色。目标管理强调目标的实现主要依靠下级人员的自我控制和自我调节，管理人员的职责是及时进行监督检查，提供帮助和指导，而不是直接指挥下属的工作，但有的管理人员常常难以适应这种角色的转换，在具体行动过程中不时地插手下属的工作，指令下属应该怎么做，使下属左右为难，从而使目标管理的思想得不到落实。

(4)不按协议兑现奖惩。目标管理强调最终考核时要以目标的完成情况，按事先商定的协议予以奖惩。而在实际操作中，当下属完成任务的情况大大超出管理者事先的预料时，如果按协议兑现，要给予下属以较大的奖励或惩罚，这时，有的管理人员往往就会因各种原因而转换考核标准，不按协议兑现奖惩。长此以往，目标管理也就流于形式。

做好下列工作对实施目标管理有很好的帮助：

- 准备一份主要目标的简短说明。要清晰、具体和具有可操作性。
- 准备一份5～10年的战略规划，明确所有主要领域如市场营销、生产力的主要目标。
- 准备一份来年的相应的短期或战术规划，明确不同关键领域的目标。
- 与每一个经理人磋商，确定其管辖领域的目标，明确达到目标的绩效标准。当制度运转良好时，下级经理人不仅参与制定目标，而且会提出他们自己的意见和建议。
- 准备一份达到工作目标的改进计划。
- 建立合适的组织结构，比如加强销售力量。
- 及时向每一位经理人和低级经理人(主管)提供必要的信息，使他可以评估工作进度，并采取必要的补救措施。这就是目标管理和自我控制。

- 定期共同回顾经理人和他们助手的工作情况，如果有必要，就重新调整实现目标的工作方向。
- 制定培训经理人员的计划，使他们克服自身的弱点，发挥长处。
- 给经理人员适当的鼓励。

四、目标管理的优缺点

（一）目标管理的优点

在组织计划的实施过程中，目标管理形成了一个全员参与、全过程管理、全面负责、全面落实的立体管理体系，它的优点是非常突出的。

1. 强化激励

目标管理的一个最显著的特点是体现了参与管理的意识。由于员工参与了自己目标的制定，有机会将自己的想法加入计划中，目标体现了员工的个人需要，而更容易为员工所接受。在实现目标的过程中，员工能得到授权和来自上级的帮助，为了实现自己的承诺目标，将以极大的主动性和创造性去工作。由于员工参与成果的评价，而评价的标准是目标的达成程度，这种评价比较公正、客观，有利于个人工作能力的提高。基于成果的奖励无形中也会鼓舞士气。参与使员工了解到他们的工作直接关系到组织目标的实现，在这里，员工不再是被动地等待指示的盲从者，而是具有明确目的的个体。因此，目标管理提供了一个良好的激励氛围，使掌握了自己命运的员工对工作充满热情。

2. 实现有效管理

目标管理是一种结果式管理。这种管理迫使组织的每一层次、每个部门及每个成员首先考虑目标的实现，尽力完成目标。因为这些目标是组织总目标的分解，故当组织的每个层次、每个部门及每个成员的目标完成之时，也就是组织总目标的实现之时；在目标实施过程中，大家进行自我管理、自我控制，并进行定期检查，及时发现问题，及时进行调整。这样，既能协调企业的整体工作，又有利于组织长期目标的实现。

3. 形成有效控制

目标管理不仅提高了计划工作的有效性，而且有助于形成有效的控制。有效控制的前提条件之一就是必须有明确的、可考核的目标，目标是控制的量尺。目标管理中建立起来的环环相扣，彼此支持，有明确的可考核标准的目标是有效控制的最好工具。

4. 促进组织沟通和交流

目标管理明确了各类人员的角色，十分重视上下级之间的协商和意见交流，无论是目标的制定、实施，还是实施结果的评价，都不是只靠上级的严格管理和监督，而主要是靠员工独立自主地工作，从而使达到目标的措施有可靠的基础。

（二）目标管理的缺点

目标管理尽管有许多优点，但也有许多不足。对这样的不足如果认识不清楚，就可能导致目标管理的不成功。

1. 过多强调短期目标

大多数目标管理中的目标通常是一些短期的目标：年度的、季度的、月度的等等。短期目标比较具体，易于分解，而长期目标比较抽象，难以分解；另一方面，短期目标易迅速见效，长期目标则不然。所以，在目标管理方式的实施中，组织似乎常常强调短期目标的实现而对长期目标不关心。过多强调短期目标所导致的短期行为对长远目标的安排可能会带来不利的影响。

2. 目标设置困难

真正可用于考核的目标很难设定。一方面，目标的实现是大家共同合作的成果；这种合作中很难确定你做了多少、他做了多少，因此可度量的目标确定也就十分困难。另一方面，一个组织的目标有时只能定性地描述，定量是很困难的。例如，组织后勤部门的目标是有效服务于组织成员，虽然可以采取一些量化指标来度量，但完成了这些指标，却未必达成了“有效服务于组织成员”这一目标。

3. 缺乏灵活性

未来情况存在着许多不确定因素，因此目标要随着情况的变化而调整。但在目标管理执行过程中，管理人员对变动目标往往表现出迟疑和犹豫不决。一是如果目标经常变动，目标本身便无价值可言；二是若修订一个目标体系，所花费的精力可能与制定一个目标体系相差无几，牵涉面和付出代价较大。也正因如此，使得组织运作缺乏弹性，无法通过权变来适应变化多端的外部环境。

【案例 7.12】

昌九高速公路技改工作的目标管理

背景介绍：赣粤公司为彻底改变昌九路“永修路”的面貌，提升昌九路服务水平，投资9.86亿元完成昌九高速公路昌北机场枢纽以北114.536km的技术改造任务。2004年正式启动昌九高速公路技改工作，2004—2006年完成技术改造31.495km，为了加速完成剩余的83.041km，2007年昌九技改项目工作组被要求在“施工行车两不误”的条件下，用5个月时间，在9月30日前完成。

昌九高速公路是在背负“永修路”的社会舆论压力下进行的技术改造，省委省政府对该项目提出了“三年不小修、七年不中修、十年不大修”的目标，项目各方深刻认识到“质量责任重于泰山”，面临项目工期紧、新完工路段双倍低速交通流量、持续高温酷暑、交通安全维护、施工组织、材料备料、质量保障难度大等困难。

赣粤公司在昌九高速公路技改工作中，是如何成功地完成这个艰巨的任务呢？我们来看该项目的目标管理过程。

1. 统一认识，制定整体目标

充分认识到该次技改工作的重要性和统筹性。在“施工行车两不误”条件下，用5个月时间完成，整个过程就需要合理安排、统筹协调、有序进行。项目工作组由董事长黄铮同志亲任项目工作组主任，公司副总经理孙斌同志任项目工作组副主任，与各参与方统一认识，确立了昌九技术改造项目实现如期、优质、高效、廉洁、安全、环保地完成技改项目的目标。

2. 分解目标，有序实施

根据制定的目标，昌九技改项目工作组与相关的专家组、交通管理部门以及其他兄弟单位，进行了共同的探讨和商议，对相关目标进行分解，主要分为技术改造质量保障、“施工行车两不误”、项目内部管理和项目环保等几大块，确定和制定了相关的管理措施与办法。具体如下：

(1)技改质量保障方面，主要分为择优选择相关协作单位，保证材料质量和供应，保证施工质量管理

一是以招标方式，择优选择施工、监理和材料供应单位。昌九技改项目工作组根据便利交通维护、利于节约投资、利于项目管理、利于规模施工和便于施工组织的原则，以招标方式，在全省第一次代承包人进行了碎石采购招标，完成了路用碎石及重交石油沥青的公开招标工作。选取了9家碎石供应商、3家沥青供货商，提前开始进行备料；完成了施工监理的公开招标工作，择优选择了3家监理单位，提前施工单位进场监理材料供应，监控材料质量；完成了项目土建招标工作，合理缩短招标时间，采用邀请招标方式和综合评标法评标，邀请在省内高速公路建设、养护市场上取得阶段评比前三名的23家施工总承包一级企业，通过成本测算，合理确定标底，择优选择6家路面施工企业；2007年4月18日，完成了桥涵及交通工程施工公开招标，选取了3家桥涵加固单位和3家交通工程施工企业。优秀从业队伍的选择为全面完成技术改造任务打下了坚实的基础。

二是更新材料管理模式，严格监控原材料质量，科学保障材料供应。该次技术改造需用碎石140余万吨，沥青4万余吨，碎石备料直接关系项目成败，如何在有限的时间内打破常规，优质高效地备料成为项目管理的核心工作。主要做了以下三方面的工作。①提前为承包人完成备料场地建设，缩短驻地建设时间；②提前进行碎石材料备料，缓解施工控制瓶颈；③严格沥青供应链过程质量监控，确保沥青品质。

三是加强施工质量管理。①明确设计责任，进行目标配合比二次设计，以试验指导生产。很多地方新建或养护工程项目，往往由设计单位在施工图设计阶段就完成了材料组成和目标配合比设计，但因在设计阶段采用的沥青、碎石材料与施工期间实际采用的材料存在很大的差异性，往往不能有效指导生产，这也是部分公路路面质量不高的原因。昌九技改项目在突出原材料源头控制，保证一个路面单位只能采用一个合格料场材料，真正做到设计指导生产，试验指导生产，施工单位根据目标配合比完成生产配合比的设计，监理代表处同步完成生产配合比的验证。明确设计单位的目标配合比设计责任，要求其根据实际使用材料进行二次设计在江西为首例。②加强课题的试验研究，加强技术交底与培训，保证新技术、新材料的成功应用。昌九技术改造与新建工程相比有其特殊性，只有通过科技创新，利用和研发出一系列适合昌九技术改造的新技术、新材料，才能有效克服难题，柔性基层设计理念、陶粒式轻型混凝土技术、岩沥青改性技术桥梁整体顶升技术、彩色薄层铺装技术等一系列新技术的应用在江西乃至全国大部分均为首次，对项目业主、设计、施工单位、监理单位而言都是新课题，为此，项目工作组成立了课题攻关组，紧紧依靠试验监控手段，攻克一道道难关。③突出过程控制，引入业主“飞行检验”新机制，严格施工监控。项目在建立了政府监督、社会监理、企业自检三级质量保证体系的基础上，外委具备专业检测资格的检测机构每周“不定期、不定人、不通知”对各标段进行“飞行检验”，督促施工、监理单位建立健全质量保证体系。

(2)保障交通安全，实现“施工通车两不误”

昌九高速公路作为福银高速公路江西北段，是江西乃至北方各省南下的咽喉要道，历来被称为“江西第一路”，该路段日均交通量目前已达2.6万辆。按照省委、省政府的要求，昌九技术改造必须保证在通车条件下进行，而且施工期间不能出现恶性堵车事件，国内高速公

路大修和改扩建项目基本都是在封闭条件下进行的，毫无经验可以借鉴，这对仅5个月工期的昌九技术改造项目是一个非常严峻的挑战。具体的措施有：

一是详细踏勘路况，制定周密方案。工作组制定了“不出现超过半小时，里程不超过2km的恶性堵车事件”的交通维护目标，逐级启动紧急分流预案。

二是提前统筹全线的施工组织管理，保障线内施工区段交通畅通。

三是建立交警、路政、稽查、交通协管四级交通安全维护联动机制。

四是强化现场交通管理，畅通信息渠道，层层落实责任，保证“路畅人和”。

(3)加强内部组织管理

一是主要领导真抓实干，确保项目工期目标。由董事长和副总经理组成的项目工作组，带队常驻工地一线现场指挥，真抓实干，高效管理、决策果断、协调得力，为项目如期完工打下基础。

二是创新会议制度，严格安排工期。本项目工期紧、任务重，且施工相互影响、相互牵制，项目工作组牵头组织施工单位、监理单位统筹安排各合同段的施工组织设计，两次制订完善倒排工期计划，倒排总体施工计划细化到每道工序，细化至日计划，及时与施工单位签订目标责任状。为提高决策效率，项目工作组制定了“一周一碰头、一月一调度”的会议制度，及时了解周施工进度，及时调整下周施工计划，解决施工单位的困难，统筹协调项目各方的施工安排，通过人性化管理整体推进项目进展。

三是运用合同管理手段，打造阳光工程。首先，为规范资金管理，项目工作组对各施工、监理单位的银行账户进行网上监管，禁止施工单位提取大额现金，禁止将项目资金挪作他用，保证项目资金专款专用。其次，对路面主体工程，结合业主材料供应部、材料供应商、施工、监理单位四方签认的材料单，反算各单位的实物工程量，要求项目业主、设计单位、监理单位树立服务意识，限定计量支付的各级审批时限，严格审批变更，所有变更必须做到四方签认，必须做到“以人为本、热情服务、效率优先”，严厉惩处吃、拿、卡、要的腐败行为，切实做到项目“锻炼一批人，不倒一个人”。

(4)确保项目环保

保持环保理念，倡导文明施工。首先，树立“自然、和谐、环保、创新”新理念，项目树立了“不破坏就是最大的保护”的环保理念，要求施工单位自觉保护沿路的路容路貌，及时恢复沿线破坏的生态，及时恢复破坏的中分带绿化，及时恢复因路肩和水沟施工而破坏的边坡绿化，及时恢复取、弃土场植被并完成弃土场排水和护脚砌体设施，保持公路与环境的自然和谐。要求全体参建单位自觉维护路产路权，履行对护栏板、开口栅、隔离栅、苗木等的照管义务，不得在路基红线范围和视线可及范围内取土、弃土或弃施工垃圾。要求施工单位文明规范施工，不乱弃废土废料、对满载的施工运输车辆要加盖篷布，防止在高速公路上洒料，路面单位撒布透层、黏层油和摊铺油面前做好施工料篷、边沟覆盖，桥涵单位做好防撞墙保护，交通工程单位做好交通设施保护措施，防止施工污染，还车主用户一个良好的通车环境。

3.总结和评估

目标管理的结果：昌九技改项目工作组通过实施项目的目标管理，如期、优质、高效、廉洁、安全、环保地完成了技改项目，2007年9月底一条全新的昌九高速公路已呈现在社会公众面前，赣粤公司的昌九高速公路技改工作赢得了社会的赞誉。昌九技改项目工作组总结了这次技改工作，对新的管理方法、技术创新、管理模式都进行了经验总结，提交了相关报告。对参与目标管理的部门和单位，按照一定的参考标准进行了褒奖。

问题：

请你用目标管理理论对昌九技改项目工作组的目标管理进行剖析。

第五节 组织生存与发展

一、企业生命周期

《幸福》杂志1970年世界500强企业，到80年代初有1/3破产。500强平均寿命为40岁，跨国公司平均寿命为12岁，中国企业平均寿命为7.5岁，中国民营企业平均寿命只有2.9岁。到目前，全国的老字号企业已有70%“寿终正寝”。爱迪斯先生说：“成长和老化既不取决于企业大小，也不在于时间长短。百年老企业仍可灵活如初，年仅10岁的企业却可能官僚无比。”爱迪斯画了一条像山峰轮廓的企业生命周期曲线，参见图7-2。[①]

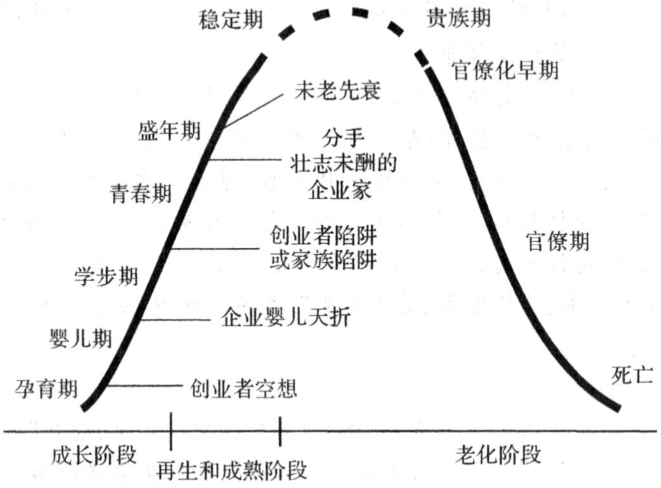

图7-2 爱迪斯的企业生命周期示意图

爱迪斯将企业的生命周期划分为三个阶段九个时期。即：成长阶段，包括孕育期、婴儿期、学步期；再生和成熟阶段，包括青春期、盛年期、稳定期；老化阶段，包括贵族期、官僚化早期、官僚期(含死亡)。

第一阶段(成长阶段)：孕育期强调的是创业意图和未来能否实现的可能性，创业者的动机不应当只是投资回报率，而更应当注意满足市场某种需求、创造附加值。孕育期关注的是你在想什么，企业意图是什么；婴儿期所关注的是你在干什么，企业需要更多的是脚踏实地的创业机会，这时所承担的风险也越来越大；一旦企业进入学步期，销售额节节上升，而且日见繁荣。这时，创业者和整个企业的全体员工都会豪情万丈，甚至会自认为无所不能。

成长阶段对许多企业来说是一道坎：新建公司的最初10年是“死婴率”最高的阶段，如

① 伊查克·爱迪斯：《把握变革》，华夏出版社1997年版。

同婴儿早期夭折。企业容易进入的陷阱有：一是缺乏战略性思维。从孕育期近乎疯狂的利润导向，到学步期销售导向(Selling orientation)的确立，资本源源不断地注入短期盈利较大的某一产品、某一行业领域。企业的行事原则是想方设法"榨干"机会，其典型的心态是："要是有机会赚大钱，那就赶快行动吧！"成长期的企业容易被眼前的机会所驱使，缺乏战略眼光；二是缺乏一种系统化的制度。如果说婴儿期是根据危机进行管理，在学步期管理则成为危机。刚刚创建的企业，往往缺乏明确的行为方针、系统的规章制度和健全的预算体系，除了家族式的创业主管以外，没有等级观念、没有组织系统图，企业往往表现出不稳定性，容易受挫折；三是缺乏一种科学化的授权体系。在成长期企业规模不断扩张的时候，创业者大多也是想授权给予下属的，授权的本意是由上到下的分配任务，并让下属对所承受的任务产生义务感，发挥下属的积极性。但结果常常事与愿违，产生离心力，成长期企业易成为"家族制"企业，而在一定程度上阻碍了企业的进一步发展壮大。

第二阶段(再生和成熟阶段)：这一阶段的企业得以摆脱创业者的影响而获再生，并不断走向成熟。在青春期，创业者在经历多次的危机后，开始学会授权。职业型的企业家也开始步入企业。企业也从以量取胜转向以质取胜，从苦干转向巧干。在盛年期，企业的灵活性和可控性达到平衡，出现了一些企业运作的理想化特征：一是企业的制度和组织结构完善；二是企业的创造力、开拓精神得到制度化保障；三是企业非常重视顾客需求，注意顾客满意度；四是计划能够得到不折不扣的执行；五是企业对未来趋势的判断能力突出；六是企业完全能够承受增长所带来的压力；七是企业开始分化出新的事业。总体上说，盛年期的企业富有进取心，具有奋发蓬勃的魅力，但是，这种巅峰状态需要精心呵护才能持久。否则，背离了创新精神，尽管企业还很强健，但内部却隐藏着衰退倾向。

在再生和成熟阶段，企业容易进入的陷阱有：一是企业控制权的"窝里斗"。如果企业接受了来自外部的职业型经理，极有可能出现创业者与新来经理间的控制权争夺，如果富有创新精神的创业者掌握控制主动权，他可能会炒掉新来的、但与创业者思路不合的经理；如果企业的外部董事掌握着控制权，新来的经理与董事会结成同盟，极有可能将富有创新开拓精神的创业者排挤出局。二是企业文化的重塑困难。企业文化变革意味着对根深蒂固的观念、习俗和行为提出挑战。在青春期，新来的职业型经理具备与原先创业者迥然不同的风格。为了弥补创业者的不足，他可能会变得重视制度、政策或者行政管理等，此时，新的企业文化的形成必然会对旧的企业文化产生强烈冲击，创业者会感到威胁，原来的企业员工更是会感到不可接受，于是冲突的结果使走马灯似的经理更换便成为现实。三是企业骄傲自满产生的冲动。

由于盛年期资金不再缺乏，企业越来越重视兼并扩张，倘若事先不能认真评估被兼并企业，极可能会拖累自己，迅速进入未老先衰的地步。1987 年，迈克尔·波特曾对美国 33 家公司在 1950—1986 年间发生的 2700 余起兼并做过分析，失败率(指公司倒闭率)在 50%～75%之间。

第三阶段(老化阶段)：企业一旦进入老化阶段，企业和员工的自我保护意识不断增强，与顾客的距离越来越疏远，体现企业活力的行为不见了。在贵族期，企业开始以自我为中心，给人以自以为是的感觉。它具有以下特征：一是钱越来越多地花在控制系统、福利措施和一般设备上；二是人们越来越强调做事方式，而不问所做的内容和原因；三是人们越来越拘泥于传统、注重于形式；四是企业内部越来越缺乏创新机制；五是越来越多的人信奉"别兴风作浪、少惹麻烦”。在官僚化早期，最为明显的行为特征是：企业内部冲突不断、谣言四起，企业各部门注意力集中到内部地位之争，人们强调更多的是谁造成了问题，而很少考虑去采取补救性措施以解决问题。官僚化早期爆发的问题如果日趋严重，企业自己把自己局限于一个狭窄的空间，最终进入死胡同。

应当说，企业老化衰退的危险信号是可以被人们所认识的。美国莱克斯肯传播公司总裁斯蒂芬·芬克认为以下一些情形必须引起企业警惕：一是危机逐步升级；二是妨碍了正常业务开展；三是损害了公司形象；四是影响公司净利润。令人惊愕的是：国内大多数企业对老化危机信号和老化危机的发生并没能引起足够重视，没有作出预见性对策。许多企业往往只是在濒临灭亡之际，期待着“救世主”降临以力挽狂澜。另据对500家拥有大量财富的公司调查表明：在那些对危机毫无准备的公司里，危机带来的影响比那些对危机有所防备的公司持续时间要长两倍半。

在老化阶段，企业容易进入的陷阱有：一是过于关注形式。贵族期的企业不愿承担风险，以企业安全为导向，企业极端讲究仪式，如衣着、称呼等。公司内部完全变得依赖于传统的能力(即“我们办事的方式”)，而无法做出适应性的调整(即“做正确的事”)。那种把哪怕错的事也做得很好，是非常危险的恶兆。二是创新精神受到排斥。企业老化往往是由创新精神减少引起的，创新精神的遏止、禁锢，只会加速企业老化的进程，长此以往，企业只有死亡。

据说这条曲线可以延续几十年甚至上百年，而实际上很多企业没有走完这条完美的曲线就消失了。有的仅仅几年、十几年，还在成长期就夭亡了。原因是企业成长中会遇到许多陷阱，企业没有跳过去。做企业的人都想赢，都想做长寿企业、百年企业。长寿企业有以下四个特征：(1)对周围环境非常敏感。适者生存，生存必须适应变化。环境具有不确定性，长寿的企业，总是能敏锐和准确地感受和把握环境变化，及时地做出反应，去适应各种变化，在变化中调整自己，因时制宜地找到自己的生存空间。(2)有凝聚力，员工有较强的认同感。每一个人都关心这个企业的发展，接纳它的文化，每一代管理者都把自己看成是这个链条上的一环。(3)宽容。很乐于接受来自各方面意见，对边缘化行为和大胆尝试十分宽容。(4)财政上的保守政策。他们很节俭，不随便装大方，以一种很古老的方式思考钱的意义，不必讨好第三方出资，知道资产保持一定节余的重要。这四个特征可以概括为：创新精神、文化力、人本意识和保守的财政政策。这是做企业的基本理念。如果说战略是定位和规则，理念就是思路和灵魂。死掉的企业各有各的原因，而成功的企业却大致相同。

企业生命周期理论至少为我们提供如下启示：一是企业有生有灭，这是一个客观规律；二是不同的企业具有不同的生命周期；三是特定的时空条件下，特定的企业处在生命周期特定的阶段；四是企业生命周期的不同阶段，应当采取不同的管理方法；五是通过企业文化的变革，人们可以让企业的盛年期驻留。作为职业型企业家，以经营管理好企业视为自己的神圣使命，让企业长盛不衰的出路在于：在分析企业生命周期所处阶段的基础上，根据特定阶段的特点，通过企业家的管理创新活动来实现。①

---

① 资料来源：http://www.chinazgo.com。

二、组织生存中的风险

随着市场经济的发展，企业将日益面临纷繁复杂的风险，这些风险有可能进一步导致企业生存危机。大部分失败的企业，事先都会有许多的征兆显示经营风险的存在与危机的降临，然而即使有少数管理者已微略察觉这些现象，也不会太留意。风险对所有的企业来说都是存在的，人们往往无法辨清危机逼近的时刻，无法认识这些危机的后果，或提出正确的对策。因此，我们必须了解组织可能面临的风险。

就某个企业而言，产生风险损失的原因来自经营管理活动的方方面面，如产品质量缺陷、生产设施不完备、产业公害、计算机事故、敌对竞争、产品假冒、故意破坏、谣传和恶意中伤、行贿和受贿、不正当降价、恐怖活动、经济诈骗、负责人能力和训练不足、经济制裁、专利和商标注册权的丧失、信息失误、自然灾害等。上述诸多问题的发生或许是偶然的，因为日常经营管理活动并非每天都能遇上此类问题，但毕竟存在发生的可能性甚至必然性。

与战略管理、分析战略发展机会和风险损失相比，风险管理侧重于对各种风险损失的分析和处理。所以必须予以准确识别风险。风险识别，即在损失风险刚出现或出现之前，就予以识别，以准确把握各种风险信号及其产生原因。企业经营者如不能正确、全面地认识企业可能面临的所有潜在损失，就不可能及时发现和预防风险，难以选择最佳处理方法。因此，风险管理的第一步就是要正确、全面地认识可能面临的各种潜在损失，即要把握原因，以利未雨绸缪。

企业所面临的风险及应对措施均多种多样，有些差异很大。一般而言，风险管理可采用以下几个步骤：风险识别与预警；建立预防体系；制定对策；建立风险管理组织；消除危机。

【案例 7.13】

华为的冬天[①]

在中国的“电子信息百强企业”排行榜上，华为的利润指标高居第一，2000 年实现利润 29 亿元，利润率为 19.08%，研发投入率为 13.62%。这些指标大大超过“百强”中营业收入排老大的中国普天信息产业集团——465 亿元的营业收入，利润 21.49 亿元，利润率 4.62%；排第二的海尔集团——406.28 亿元的销售收入，利润率为 3.36%，研发投入占收入比为 3.86%；排第三的联想集团——利润率 3.60%，研发投入占收入比 3.01%。

华为的观念：“资源是会枯竭的，惟有文化才会生生不息。一切工业产品都是人类智慧创造的，华为没有可以依存的自然资源，惟有在人的头脑中挖掘出大油田、大森林、大煤矿。”“文化，不仅仅包含知识、技术、管理、情操，也包含了一切促进生产力发展的无形因素。”

下面是华为最高领导人任正非写的题目为《华为的冬天》的文章摘要。

“比尔·盖茨曾经告诉他的微软，要时刻怀有‘距离破产只有 18 个月’的危机感。INTEL的格鲁夫称，只有偏执狂才能生存。

“公司所有员工是否考虑过，如果有一天，公司销售额下滑、利润下滑甚至破产，我们怎么办？我们公司的太平时间太长了，这也许就是我们的灾难。泰坦尼克号也是在一片欢呼

---

① 资料来源：http://www.gpc.com.cn。

声中出的海。而且我相信，这一天一定会到来。面对这样的未来，我们怎样来处理，我们是不是思考过？我们好多员工盲目自豪，盲目乐观，如果想过的人太少，也许就快来临了。居安思危，不是危言耸听。

“我到德国考察时，看到第二次世界大战后德国恢复得这么快，很感动。他们当时的工人团结起来，提出要降工资，不增工资，从而加快经济建设。如果华为公司真的危机到来了，是不是员工工资减一半，大家靠一点白菜、南瓜过日子，就能行？或者我们裁掉一半人是否就能救公司？如果这样就行的话，危险就不危险了。因为，危险一过去，我们可以逐步将工资补回来。或者销售增长，将被迫裁掉的人请回来。这算不了什么危机。如果两者同时都进行，都不能挽救公司，想过没有？

“10年来我天天思考的都是失败，对成功视而不见，也没有什么荣誉感、自豪感，而是危机感。也许是这样才存活了下去。我们大家要一起来想，怎样才能活下去，也许才能存活得久一些。失败这一天是一定会到来的，大家要准备迎接，这是我从不动摇的看法，这是历史规律。

“目前情况下，我认为我们公司从上到下，还没有真正认识到危机，那么当危机来临的时刻，我们可能措手不及。如果四面出现危机时，那我们可能真没有办法了。只能说‘你们别罢工了，我们本来就准备不上班了，快关机器，还能省点电’。如果我们现在不能研究出危机时的应对方法和措施来，我们就不可能持续存活下去。”

任正非从8个方面阐述了“怎样才能活下来”的方法。

1. 均衡发展，就是抓短的一块木板。不能靠没完没了的加班，一定要改进我们的管理。在管理改进中，一定要强调改进我们木板最短的那一块。因此要建立起一个均衡的考核体系，才能使全公司短木板变成长木板，桶装水才会更多。

2. 对事负责制。现在流程上运作的干部，他们还习惯于事事都请示上级。这是错的，已经有规定，或者成为惯例的东西，不必请示，应快速让它通过。执行流程的人，是对事情负责，这就是对事负责制。

3. 自我批判，是思想、品德、素质、技能创新的优良工具。要推行以自我批判为中心的组织改造和优化活动。自我批判不是为批判而批判，也不是为全面否定而批判，而是为优化和建设而批判。

4. 合理评价干部的有序、有效的制度。要坚定不移地推行任职资格管理制度，才会使有贡献、有责任心的人尽快成长起来。区别一个干部是不是一个好干部，标准有4个：第一，有没有敬业精神，改进了，还能改进吗？还能再改进吗？第二，有没有献身精神，我们的价值评价体系不可能做到绝对公平。一个干部如果过于斤斤计较，这个干部绝对做不好。第三点和第四点，就是要有责任心和使命感。

5. 不盲目创新。不要把创新炒得太热。不要随便创新，要保持稳定的流程。对一个正常的公司来说，频繁地变革，内外秩序就很难安定地保障和延续。一个有效的流程应长期稳定运行，不因有一点问题就常去改动它，改动的成本会抵消改进的效益。

6. 规范化管理。要继续坚持业务为主导、会计为监督的宏观管理方法与体系的建设。“业务为主导”，就是要敢于创造和引导需求，善于抓住机会。“会计为监督”，就是为保障业务实现提供规范化的财经服务。规范化是一把筛子，在服务的过程中也完成了监督。

7. 面对变革要有一颗平常心。利益分配永远是不平衡的。比如大方丈变成了小方丈，你的庙被拆除了，不管叫什么，都要有一个正确的心态来对待。

8. 模板化是所有员工快速管理进步的法宝。规范化管理的要领是工作模板化。什么叫规范化？就是我们把所有的标准工作做成标准的模板，就按模板来做。一个新员工，看懂模板，会按模板来做，就已经国际化、职业化。重复运行的流程，工作一定要模板化。一项工作达到同样绩效，少用工，又少用时间，这才说明管理进步了。

“危机并不遥远，死亡却是永恒的，这一天一定会到来。从哲学上，从任何自然规律上来说，我们都不能抗拒。只是如果我们能够清醒认识到我们存在的问题，就能延缓这个时候的到来。繁荣的背后就是萧条。没有预见，没有预防，就会冻死。那时，谁有棉衣，谁就活下。”

问题：

分析你自己面临的危机，结合上述内容，想想解决危机的方法。

三、组织的变革

组织变革(Organization change)是指组织在发展过程中，随着企业外部和内部环境的变化，对组织各项功能进行调整和修正，以适应环境的变化。由于组织的环境是会发生或多或少的变化，因此，组织也处于一种动态的发展中，时而小变，时而大变，从而适应环境。变革也可能涉及组织中的每个方面：工作计划、战略方案、部门结构、管理幅度、人员调整和集权与分权的调整。例如在2008年的金融危机中，许多中国企业削减了其出口销售人员而转向扩大国内销售力量。杰克·韦尔奇曾说：“人们总是问，‘变化结束了吗？我们现在能停下来吗？’你必须告诉他们，‘不，只是刚开始。’”

(一) 组织变革的动因

组织生存的环境发生变化，组织就必须进行变革。只有适应变化才会获得新的发展机遇。导致组织变革的外部环境变化的因素主要有：组织的外部环境的变化、组织内部条件的变化、组织自身成长的要求。读者可参考本书第四章组织环境的内容。

组织的外部环境的变化主要来自宏观环境中的一般环境与任务环境。诸如国民经济增长速度的变化、产业结构的调整、政府经济政策的调整、科学技术的发展引起产品和工艺的变革等。

组织内部条件的变化诸如：(1)组织目标改变。(2)技术条件的变化，如企业实行技术改造，引进新的设备要求技术服务部门的加强以及技术、生产、营销等部门的调整。(3)人员条件的变化，如人员结构和人员素质的提高，领导层的调整等。(4)管理条件的变化，如实行计算机辅助管理，实行优化组合。(5)组织运行政策的改变和内部运行机制的优化。(6)企业文化的改变等。

企业自身的成长要求组织处于不同的生命周期阶段有不同的领导方式，不同的组织结构，组织规模的扩张使组织的运行方式发生了很大的变化。如小企业成长为中型或大型企业，单一品种企业成长为多品种企业，单厂企业成为企业集团等。

(二)组织需要变革的征兆

一般来说，组织变革是一项“软任务”，即有时候组织内部的某些方面不合适，与环境不十分协调，但组织仿佛也能运转下去，但如果要等到组织无法运转时再进行组织变革就为时已晚了。因此，企业管理者必须抓住组织变革的征兆，及时进行组织变革。组织结构需要变革的征兆有：

1. 经营成绩的下降。如市场占有率下降、产品质量下降、消耗和浪费严重、企业资金周转不灵等。

2. 缺乏创新。如企业缺乏新的战略和适应性措施、缺乏新的产品和技术更新、没有新的管理办法或新的管理办法推行起来困难等。

3. 组织病症的显露。如决策迟缓、指挥不灵、信息交流不畅、机构臃肿、职责重叠、管理幅度过大、扯皮增多、人事纠纷增多、管理效率下降等。

4. 士气低落,不满情绪增加。如管理人员离职率增加、员工旷工率及病事假率增加等。

当一个企业出现以上征兆时,应及时进行组织诊断,用以判定企业组织结构是否有加以变革的必要。

(三) 组织变革的阶段

为了实现企业的发展,必须创造条件,根据环境的变化,及时实施组织的变革。组织的变革是一项复杂的系统工程,牵涉到组织内部上下左右各个方面,需要花费一定的时间,特别是重大的、根本性的变革必须依靠企业内部各方面的力量,调动各方面的积极性。组织的变革一般要经历四个阶段:

1. 认识阶段

认识是革新的前提,这一阶段是提出现存的主要问题,分析环境的变化,认识环境变化对组织带来的机遇和造成的威胁,同时指明变革的目标和方向,使各层次明确企业面临的处境、突出的矛盾和危机,使企业上上下下都意识到问题的深刻性和严重性,为转换和变革创造条件。这一阶段的关键,是主要管理者的作用。一个企业能否把握适当的时机,适应环境的变化,迅速调整自身,实现管理革新,关键在于主要管理者。主要管理者的预见能力、胆略和气魄,在这一阶段起决定性作用。提出问题的过程,在现实生活中往往伴随着对未来的预见和展望。

2. 探索阶段

在第一阶段工作重点是在充分的舆论准备前提下,从某一部门入手探索变革。就像中国古代的"庖丁解牛",必须找到一个切入口。在这一阶段,这些试验变革的部门是变革的主体,它们往往是组织中最易受环境变化影响的部门,它们的变革也预示着企业组织整体的转换方向,它们在变革中易获得突破取得成效,起到良好的示范作用。

3. 推广阶段

第三阶段是在组织中全面推广试点的成功经验,由点到面推开的阶段,使变革产生连锁反应。在这一阶段,主要管理者的职能是积极地提倡变革,引导变革的方向,为变革创造条件。一个手段是人事调整,促进变革缓慢部门的变革;另一个手段,是设法改变这些变革缓慢部门的外部条件,迫使它们采取变革措施。对那些处在变革过程末尾的部门,采用某些强制手段也是必要的。

4. 巩固阶段

这一阶段主要是根据组织新的发展机会和条件,重新打造组织文化,调整组织的经营战略,并据此确定相应的管理体系和方式方法,形成新的发展模式,使变革的成果得到巩固。这一阶段往往与前几个阶段配合,甚至同步进行。变革无论选择什么方向,都要经历模式转换过程。立足于原领域由原主营产品形成的经营体制、管理体系和思维方式、观念、视野,都需要根据新选择的发展战略经历一个变革和转换的过程。没有模式转换过程,变革就不可能彻底实现。

(四)变革的障碍

1. 意识障碍

对组织的老化视而不见。当老化的征兆出现时,企业往往不能对其有客观冷静的认识。特别是由于这种过程在渐进中缓慢发生时,某些时点上暂时的繁荣是这一过程中的一般现象时,企业往往容易在复杂的市场信息面前只注意那些对自身有利的征兆而忽略那些预示发展趋势的信息。因为这种判断事关企业自身,从一般习惯上企业不可能清醒地认识到自己的问题,正所谓"不识庐山真面目,只缘身在此山中"。

2. 惯性障碍

有些企业长期从事某一行业中某种产品的经营,本业意识很强,不相信因而也不敢在新领域尝试和探索,偶尔探索也达不到一定规模和程度,难见起色,反而更强化了其本业意识,这也是革新的一大障碍。人们一般有一种安于现状的特性。一旦人们熟悉了某种工作方式和人际关系后,就倾向于保持它,任何改变都会使他们感到是对原有安全的威胁,因而丧失原有的心理平衡。

3. 收益障碍

转移主营方向或开发新产品、更新换代,需要有较大的风险投入,短期内难获收益,而从老的行业中退出又有较高的退出成本,这是影响变革的一大障碍。

4. 个人障碍

组织成员出于各种个人原因,可能抵制或反对变革。个人的能力、态度、个性和期望都会导致他们反对变革。

(五)克服变革障碍的措施

1. 学习与引导

学习是改变传统的思想观念、价值结构、思维习惯和方式以及反应方式的过程。组织从一种体制环境转向另一种体制环境的过程中,学习增强了组织适应变化的能力。组织在变革过程中,事先宣布变革的计划,给员工时间来调整做事的方法,给予员工必需的学习辅助,让其能适应新的方式。组织变革中引导与沟通是十分必要的,在员工看来,事先了解变革是对其尊重的一种表现,也是体现其是组织一员的例证。在毫不知情的情况下改变员工的工作内容、部门归属、工作权限、工作报酬和工作条件都会引起员工的不满、怨恨甚至敌对。

2. 员工参与

参与是最有效克服变革阻力的方法。参与规划与实施的员工可以更好地了理解变革,由于有机会发表看法,甚至变革方案就出于自己的思考,员工更有可能自觉地参与变革过程,并将之作为有成就感的工作挑战,也会主动去修正变革过程中不合理之处。如3M公司将近年来1000万元的成本节省归功于几项重大的由员工参与的组织变革。

3. 力量分析

任何变革总是会有支持的力量和反对的力量。为了获得更多支持的力量,变革过程中要听取各方面的意见,分析与研究反对意见,尽量消除与减少由于错误理解而产生的反对力量,适度平衡利益。

4. 建立长效机制

使变革成为长远战略规划的一部分,成为一种制度。产生危机的一个重要原因是没有计划与预见力。没有规划的企业总是感到在不确定性条件下对未来无法把握、无法应付潜伏的危机。若将变革融合在组织的长远规划中，成为一种制度、一种常态，一则可更好地应对环境的变化，二则能使员工更好地更习惯地理解组织变革。

【案例 7.14】

日本企业竞争的诀窍

日本企业在国际市场成功的秘诀在于研究和开发的目标明确，它们在完善生产过程和产品研制方面投入的人力和财力大大多于西方国家。日本京都大学的山岛教授认为，把研究和开发力量集中于生产开发和生产技术，是日本企业成功的公开秘密。

在现代企业市场经营活动中，生产者利用常规生产系统和监督机制根本无法弄清需求预测中诸多无法把握的因素，更无法胜任缩短产品生命周期的任务。在成熟的市场和竞争激烈的情况下，只有灵活应变、提高生产效率才能解决上述问题。

在日本企业中流传着一句话：改进和修正。意思是不要大规模的革新，而是要在细小步骤上的不断改进。每一个企业都想连续不断地开发新产品，提高竞争能力。第二次世界大战后，特别是20世纪70年代以来，日本企业在努力使自己产品具有竞争能力的同时，主要集中精力改进生产技术，开展应用性技术的研究，从而成功地开发了一个又一个新产品，将科技优势和人才优势通过市场转化为生产优势和经济优势。

四、组织的发展

组织发展(Organizational Development)是一种长期的、全面的、更为复杂且代价更大的变革途径，其目的是使组织提升到一个更高的层次，同时显著地改进工作人员的工作效率和对工作的满意度。现代组织要生存就必须要发展，发展是硬道理。组织的发展是通过改变组织结构、提高管理技术、提高员工工作技能、更新产品、改善工作环境等来完成的。

组织的发展要解决两大问题：一是组织的生存权问题，组织必须拥有基本的能力才能在竞争环境中得到生存；二是组织的发展权问题，组织必须拥有自己明确的目标，拥有核心竞争力才能在竞争中胜人一筹，使组织发展壮大。

组织要不断向前发展，就必须致力于改变组织成员的工作态度，充分调动他们的积极性，促使他们广泛交往，协调好他们之间的人际关系，增强群体凝聚力，从而提高组织的效能。我们介绍几种组织的发展技术：

1. 团队建设

团队建设是指有意识地在组织中努力开发有效的自我管理的工作小组。团队建设的目标是提高团队内成员的效率，提高满意度，提高自我设定目标、改进工作的积极性。团队工作方式使团队成员更容易互助了解其他人是怎么想和怎么做的，通过高强度的互助，团队成员容易学会相互信任和坦率真诚。团队建设方案中的活动一般包括团队目标的设置、团队成员间人际关系的开发，明确各成员的任务和职责的角色分析以及团队过程分析等。用一些必须进行协作与成员依赖的项目进行团队训练是很有效的，如足球运动、篮球运动、集体项目等，员工们会在活动中体会到相互依赖、想到合作的重要性，也会体会到个人局部利益只有作必要的牺牲时才能获得整体利益的保全，才能提高团队成绩。

2. 诊断活动

分析与研究组织发展的现状与将面临的环境变化，从而研究组织是否要进行战略性调整或策略性的修正。诊断活动可借助于外部咨询者，也可由内部管理者进行，可借助问卷、调查表、访谈、档案资料和会议进行社会调查、市场调查、顾客调查和员工调查，了解组织环境与内部情况，查找需要改进的问题。如在对组织成员的态度进行评估中，需要确定员工态度和认识中存在的差距，可使用调查信息帮助消除这些差距。调查问卷通常分发给组织或部门的所有成员填写，问题包括成员对诸如决策制定、沟通效果、部门间的协调、组织的满意度、工作、同事及直接上司等广泛议题的认识与看法，将调查问卷统计处理后得到的数据制成表格再分发给有关的员工，使所提供的信息成为人们确定问题和解决问题的一个工具。

3. 敏感性训练

它是通过无结构小组的相互作用来改变人们行为的一种方法。在训练中，成员处于一个自由奔放的环境中，讨论他们自己以及他们的相互交往过程，并且有专业的行为学家稍加引导，为参与者创造机会，积极探讨他们喜欢的议题，表达自己的观点、信仰和态度。感性训练的目标是提高参与者对他人的移情能力、倾听能力，对个体差异的承受能力和改进冲突处理技巧，进而将个人和组织融为一体。

4. 群体活动

它是指试图改变不同工作小组成员之间的态度、成见和观念。例如，在一家公司中，工程技术人员认为会计部门是由一群害羞而保守的人组成，人力资源部门是一群"更关注受保护群体的员工感情不受伤害，而不是公司利益的极端自由主义者"构成。很显然，这些成见给部门间的协调活动会带来负面影响。要改善群体间不协调的关系，可以让他们集中到某个地方，让大家一起讨论两部门间的关系。首先，是让这两个部门各自列出困扰本部门的问题，以及他们本人可能困扰对方的问题；然后，双方开诚布公地交换彼此的看法，讨论有什么相似的认识及不同之处，不同点将得到特别的注意；接着，两部门考察存在差异的原因，提出解决两部门之间差异和冲突的方法，以改进部门间的关系。像这种"组际会"之类的组织发展技巧，在现代企业组织变革中日益引起管理者的关注。

5. 规划与目标设定

帮助员工特别是经理们提高规划与目标设定能力。其重点是个人与部门的规划与目标，帮助员工规划其个人的职业生涯，使个人的职业生涯与组织的目标相一致，能使个人的志向在组织的发展中得到实现。对于经理们则更要辅导其使个人的发展目标与组织的目标保持一致。职业规划能够帮助发现员工最感兴趣的东西并且帮助员工看到组织内部发展的机会，从而减少优秀员工的流失。

6. 流程再造

许多组织发展过程中重大与复杂的变革项目，涉及组织设计、技术和人员的变革，需要进行流程再造。ERP 是业务流程改变的共同平台，但应注意的是，流程再造比软件更新与信息系统更新要复杂得多。由于业务流程改造中从头开始的，不是以现有的组织假设为起点，也不是修修补补，而是从组织的愿景出发，从公司的战略出发，从为顾客提供最好的服务与如何化解竞争出发，力求改革公司现状。因此，改革的幅度较大，既要领导的高度重视，也要组织成员的充分参与与支持。

【案例 7.15】

百度的创业

百度(www.baidu.com)(Nasdaq:BIDU)是全球最大的中文搜索引擎。每分每秒,百度以超过亿计的中文网页,全球独有的"超链分析"技术,亚秒级的迅捷速度,庞大的服务器群,接受来自全球各个国家的中文搜索请求。每一年,通过对数十亿次搜索的响应,数千万的网民从百度分享到最纯粹的搜索体验,徜徉信息之海。百度公司是中国互联网领先的软件技术提供商和平台运营商。中国提供搜索引擎的主要网站中,超过80%由百度提供。

百度搜索引擎使用了高性能的"网络蜘蛛"程序自动地在互联网中搜索信息,可定制、高扩展性的调度算法使得搜索器能在极短的时间内搜集到最大数量的互联网信息。百度在中国各地和美国均设有服务器,搜索范围涵盖了中国内地、中国香港、中国台湾、中国澳门、新加坡等华语地区以及北美、欧洲的部分站点。百度搜索引擎拥有目前世界上最大的中文信息库,总量达到6000万页以上,并且还在以每天几十万页的速度快速增长。百度的核心技术:超链分析。这是新一代搜索引擎的关键技术,已为世界各大搜索引擎普遍采用,李彦宏就是超链分析专利的唯一持有人。在学术界,一篇论文被引用得越多就说明其越好,学术价值就越高。超链分析就是通过分析链接网站的多少来评价被链接的网站质量,这保证了用户在百度搜索时,越受用户欢迎的内容排名越靠前。

1991年李彦宏毕业于北京大学信息管理专业,后赴美国布法罗纽约州立大学完成计算机科学硕士学位。在美国的8年间,李彦宏先后担任了道·琼斯公司高级顾问,《华尔街日报》网络版实时金融信息系统设计者,以及在国际知名互联网企业—INFOSEEK资深工程师,是新一代互联网技术领域的权威专家。他最先创建了ESP技术,并将它成功地应用于INFOSEEK/GO.COM的搜索引擎中。GO.COM的图像搜索引擎是他的另一项极具应用价值的技术创新。1996年,他首先解决了如何将基于网页质量的排序与基于相关性排序完美结合的问题,并因此获得美国专利。作为一位科研出身的企业家,李彦宏也一直寻求将美国的硅谷创业模式移植到中国。许多美国成功的模式在美国已有多年历史,但在中国仅有几年。这些都是有道理的。李彦宏在美国网络公司Infoseek工作期间,观察到这个高速发展的公司很多案例都值得借鉴,他像整理自己的信息情报资料一样,把它看到的东西放在自己头脑里入了档。

李彦宏说了五个恰好来说明其商业机遇:恰好就读信息管理系,恰好遇到富有远见的导师,恰好到一家高成长公司"实战",恰好在互联网热最后一拨拿到风险投资,恰好国内搜索领域竞争小。

百度的创业史:

2000年1月1日,李彦宏和徐勇获得了一笔120万美元的风险投资,从美国硅谷回国创业,在中关村安营扎寨,创建了百度公司。创立之初,百度就将自己的目标定位于打造中国人自己的中文搜索引擎,并一直以开发最符合中国人使用习惯的搜索引擎为己任,为实现这一目标作不懈的努力。他们致力于向人们提供"简单,可依赖"的信息获取方式。"百度"二字源于中国宋朝词人辛弃疾的《青玉案》诗句:"众里寻他千百度",象征着百度对中文信息检索技术的执著追求。

当时招了5个程序员,用4个月就做出了一个搜索引擎。2000年5月,百度首次为门户网站——硅谷动力提供搜索技术服务,每年8万美元服务费。之后迅速占领中国搜索引擎市场,成为最主要的搜索技术提供商。2000年9月份,通过百度第一个投资商 Integrity Partners 推介,德丰杰联合 IDG 向百度投资1000万美元。到2001年夏,ChinaRen、搜狐、新浪……中国主流门户网站一个接一个采用百度搜索引擎。

对此,李彦宏不但不高兴,反而忧虑了起来:“当时互联网泡沫已经破裂,大家都不愿意花钱。他们说你们能不能便宜点,我说便宜后服务质量就不行了,他们说不在乎质量,只在乎钱。”百度当时几十人,靠出卖搜索技术,卖到最好,还难以盈利。而李彦宏不满足于几十号人,他要不断地扩张,不断找人。

2001年,Overture 在美国已经被证明成功(早在1998年,Overture 竞价排名一出现,李彦宏就利用业余时间模仿了一个试验系统),李彦宏决定放弃既定的卖搜索技术模式,转而自己运营搜索引擎,靠竞价排名广告盈利。尽管李彦宏向董事会拍桌子,摔手机,逼迫董事会同意他做竞价排名,但他此时心里并没谱。“我一心想将公司做大,出卖技术做不大,就要找别的出路,新出路怎么样,我不知道,但总比做看着就不行的事情强。”2001年8月,发布 Baidu.com 搜索引擎 Beta 版上线,从后台服务转向独立提供搜索服务。2001年9月 Baidu.com 开始竞价排名业务,这首创了中国竞价排名商业模式。2001年10月正式发布 Baidu 搜索引擎。

2002年3月12日晚7时20分,百度停止为新浪提供搜索服务,在搜索页上显示“因新浪欠费,百度暂停对新浪的搜索服务!”新浪当时的执行副总经理陈彤对外解释:“新浪不是不付款,而是延期付款。原因在于新浪发现,得到的百度服务和原先的协议有冲突,比如竞价排名等,这是协议里没有的。”被停服务后,新浪很快向百度支付了费用。“最糟糕的情况没有发生。还是门户们不重视搜索引擎,用户又有需求,又找不到更好的,更便宜的质量太差,大家只好给百度付钱。”“新浪欠费”事件第一次大规模提升了百度的品牌。

Baidu.com 最初的流量来自在各大门户打的 powered by Baidu。“新浪页面上很多广告飘来飘去,用户可能连搜索框都找不到;百度的页面很简洁,页面很快,慢慢就有人开始过来。”百度流量积累到100万时,口碑效应开始展现,百度跟着适时推出了 MP3、新闻和图片搜索,进一步吸纳门户的搜索流量。

百度在技术方面不断保持技术领先优势,相继发布 MP3 搜索、图片搜索、新闻搜索等个性化服务。2003年6月,据美国第三方权威统计机构 alexa 统计,在最受欢迎的中文网站中百度已经位居第四,表明百度已杀进国内网站4强,成为世界上最强大的中文搜索引擎和中国网民首选的搜索引擎。百度的出现,为中国互联网树起了民族技术的一面旗帜。

2005年8月5日,百度在美国纳斯达克上市,成为2005年全球资本市场上最为引人注目的上市公司,百度由此进入一个崭新的发展阶段。目前百度增加了专业的 MP3 搜索、Flash 搜索、新闻搜索、信息快递搜索,并正在快速发展其他用户喜欢的搜索功能。

2007年百度正式宣布启动国际化战略。2008年1月份,百度日本分公司正式运营,进入日文搜索引擎市场。此前,百度专注于中文搜索领域,这是其首次进军海外市场。李彦宏表示,“百度在搜索领域有着明显的技术优势,这是进军日文市场的‘原动力’。”2008年8月1日,百度宣布任命雅虎日本前高管井上俊一为百度日本总裁,其最初目标是成为日本用户经常使用的第二搜索引擎。2009年“日本之窗”也悄然上线。

问题：

1. 百度是如何抓住发展机会的？

2. 你从百度的发展中得到什么启示？

3. 搜索百度，及其竞争对手，你认为百度有什么竞争优势？百度潜在的风险是什么？

4. 你认为百度下一步的发展应考虑什么问题？

【案例 7.16】

联想集团①

联想集团成立于1984年，由中科院计算所投资20万元人民币、11名科技人员创办，到今天已经发展成为一家在信息产业内多元化发展的大型企业集团。联想在全球66个国家拥有分支机构，在166个国家开展业务，在全球拥有超过25000名员工，年营业额达146亿美元，并建立了以中国北京、日本东京和美国罗利三大研发基地为支点的全球研发架构。作为全球个人电脑市场的领导企业，联想从事开发、制造并销售最可靠的、安全易用的技术产品及优质专业的服务，帮助全球客户和合作伙伴取得成功。

联想集团的使命：为客户利益而努力创新。创造世界最优秀、最具创新性的产品；像对待技术创新一样致力于成本创新；让更多的人获得更新、更好的技术；最低的总体拥有成本(TCO)，更高的工作效率。

联想集团的价值观：成就客户——致力于客户的满意与成功；创业创新——追求对客户和公司都至关重要的创新，同时快速而高效地推动其实现；诚信正直——秉持信任、诚实和富有责任感，无论是对内部还是外部；多元共赢——倡导互相理解，珍视多元性，以全球视野看待我们的文化。

联想集团的发展历史：

1984年：公司北京创建公司，公司命名为"联想"(Legend，英文含义为"传奇")。1987年：联想成功推出联想式汉卡。1988年：联想式汉卡荣获中国国家科技进步奖一等奖。香港联想成立。1989年：北京联想集团公司成立。

1990年：首台联想微机投放市场。联想由一个进口电脑产品代理商转变成为拥有自己品牌的电脑产品生产商和销售商。联想系列电脑相继通过产品技术鉴定和国家"火炬计划"验收。1992年：联想推出家用电脑概念，"联想1+1"家用电脑投放中国市场。1993年：联想进入"奔腾"时代，推出中国第一台"586"个人电脑。1994年：联想在香港证券交易所成功上市。联想微机部正式成立。1995年：联想推出第一台联想服务器。1996年：联想首次位居中国国内市场占有率首位。联想笔记本电脑问世。1997年：联想与微软签订知识产权协议。联想MFC激光一体机问世。1998年：第100万台联想电脑诞生。英特尔总裁安迪·格罗夫出席典礼，并将这台电脑收为英特尔博物馆的馆藏。第一间联想专卖店在北京落成，自此联想开始建立起其庞大的专卖店体系。联想推出"幸福之家"软件，并预置于每台联想家用电脑上，使得联想的市场占有率进一步提升到14.4%。1999年：联想成为亚太市场顶

① http://www.lenovo.com.cn。张建林："联想集团的考核体系"，《企业改革与管理》，2002年第10期。

级电脑商，在中国电子百强中名列第一。联想发布具有“一键上网”功能的互联网电脑。

2000年：联想股价急剧增长，联想集团有限公司进入香港恒生指数成份股，成为香港旗舰型的高科技股。联想跻身全球十强最佳管理电脑厂商。联想被世界多家杂志评为“中国最佳公司”。2001年：杨元庆出任联想总裁兼CEO。联想首次推出具有丰富数码应用的个人电脑产品。2002年：联想举办首次联想技术创新大会（Legend World 2002），联想推出“关联应用”技术战略。联想“深腾1800”（DeepComp 1800）高性能计算机问世。这是中国首款具有1000 GFLOP/s（每秒浮点操作次数）的电脑，也是中国运算速度最快的民用电脑，在全球前500名运算最快的电脑中名列第43位。联想成立手机业务合资企业，宣布进军手机业务领域。2003年：联想宣布使用新标识“Lenovo”，其中“Le”取自原标识“Legend”，代表着秉承其一贯传统，新增加的“novo”取自拉丁词“新”，代表着联想的核心是创新精神。为进军海外市场做准备。基于“关联应用”技术理念，从而确立了联想在3C时代的重要地位。在信息产业部的领导下，联想携手TCL、康佳、海信、长城等中国著名公司成立闪联（IGRS）工作组，以推动制定产业相关标准。联想成功研发出深腾6800高性能计算机，在全球超级计算机500强中位居第14位。2004年：联想正式使用“Lenovo”标识，并成为国际奥委会第6期奥林匹克全球合作伙伴。赞助金额为6500万美元，为2006年都灵冬季奥运会和2008年北京奥运会独家提供台式电脑、笔记本电脑、服务器、打印机等计算技术设备以及资金和技术上的支持。2005年：联想在2005年5月完成对IBM个人电脑事业部的收购，新联想的梦幻组合由此形成。向IBM支付6.5亿美元现金及6亿美元联想集团股份并承担IBM PC业务带来的5亿美元负债，合共17.5亿美元收购IBM PC事业部。并购后，联想集团的生产线包括ThinkVision、ThinkPad、ThinkVantage、ThinkCentre、IBM Aptiva及NetVista。2006年：联想服务器明确提出了基于客户需求的“领先产品设计”策略，通过创造产品差异性，从而与国际厂商的高端产品形成区隔，确立自身独特的市场定位。推出了融汇应用创新、Time To Market、卓越品质三大创新内涵的八款服务器新品。捧回了英特尔平台创新大奖（Platform Innovation Recognition）、TPC—C的全球性能测试x86两路服务器世界性能冠军、素有工业设计奥斯卡美誉的德国工业设计国际大奖。2007年：联想集团与NBA在北京举行产品合作签约仪式暨新产品发布会，推出包括闪存盘、移动硬盘及鼠标在内的三大类联想NBA数码新品。和英特尔公司联合建立了全球首家“创新商用电脑技术平台加速器”，以主动管理、远程管理以及无线管理等先进特性为特征提供了模拟跨国企业IT部署的环境，使企业用户能亲身体验创新商用计算技术带来的巨大商业价值，从而加速部署决策。联想通过加速商用电脑技术发展体现助力企业业务发展的承诺。这一年联想取代诺基亚被世界绿色和平组织评为全球“最绿色电子企业”。国际绿色和平组织作了这样的评语：“面对中国成堆的电子垃圾，作为一家中国企业，联想能够排名首位，这是令人振奋的。”

联想集团有一套目标与职责协调一致的岗位责任考核体系，考核体系围绕“静态的职责+动态的目标”两条主线展开，包括职责分解、目标分解和考核实施三个部分。

1. 静态职责分解

静态职责分解是以职责和目标为两条主线，建立以“工作流程”和“目标管理”为核心，适应新的组织结构和管理模式的大岗位责任体系。

一是明确公司宗旨，即公司存在的意义和价值；二是在公司宗旨之下确立公司的各个主要增值环节、增值流程，比如市场—产品—研发—工程—渠道—销售等；三是确立完成这些增值环节、增值流程需要的组织单元，构造组织结构，如产品流程牵头部门为各事业部产品部，服务流程牵头部门为技服部，财务流程牵头部门为财监部等；四是确立部门宗旨，依据公司宗旨和发展战略并在相应的组织结构下，阐述部门存在的目的和在组织结构中的确切定位；五是确立部门职责，细化宗旨，明确为实现其宗旨而应履行的工作责任和应承担的工作项目，确定部门在公司增值流程中的工作范围和职责边界；六是建立工作流程，包括工作本身的过程、信息与管理控制过程，如一台电脑从开发到最终消费要经过需求调研产品规划—产品定义—产品开发—测试鉴定—工程转化—采购—生产准备—生产制造—品质测试—产品运输—市场准备—代理分销—用户服务—信息反馈等诸多环节，电脑公司就是通过与这些环节建立同步的、覆盖各个工作环节的工作流程，并在全员范围内培训制定工作流程的方法，为部门协调、运作规范、揭示问题、持续改进、提升效率打下坚实的基础；七是制定岗位职责，明确一个标准岗位应承担的职责、岗位素质、工作条件、岗位考核等具体规定，岗位职责来源于部门职责的细化和工作流程的分解。

2. 动态目标分解

一个岗位仅仅知道“做什么”“怎么做”还不够，还要知道什么时间要做到什么程度、达成什么目标。动态目标分解就是按照职责这条横线，与时间、目标这条纵线进行有机整合，使各部门、岗位之间的职责和工作关系有机地协调起来。首要过程是战略规划。战略规划的过程是将企业目标具体化。公司战略更多关注的是在哪儿竞争的问题，而不是如何竞争的问题。公司范围的战略分析可以导致增加业务、保持业务、强调业务、弱化业务和调整业务的决定。业务部门将战略落实到组织每一单元的活动中去。联想的战略规划分为3个层次：集团战略发展纲要、子公司战略规划、业务部门战略规划。子公司层次的战略规划是业务部门年度业务规划的重要指导，业务规划的结果落实到每年的经营预算，各业务模块的预算都必须与业务规划相联系，在“能量化的量化、不能量化的细化”的原则指导下，业务规划按责任中心和时间进度，分解落实成具体的成本、利润、销量、时间、满意度等指标。业务规划要求首先确立宗旨、职责，根据宗旨和职责，在非常详细的环境分析基础上得出全年的目标。之后，进行经营预算、业务规划、管理规划。

为保证各项规划的实施，各牵头部门在与相关部门进行沟通与交流的基础上，将目标按职责分解到相关部门。各部门根据“年度发展规划与目标”，按职责—时间分解为部门内各处的年度目标、各季度的工作目标和实施计划，形成“部门季度计划”；处级经理以上干部，要按季度分解季度目标，并列入处级经理以上干部的考核之中，形成“处季度(月)工作计划”；重要干部或岗位，要按月分解，制定月工作计划。具体到员工要落实到与岗位责任书对应，比如电脑公司采用了“目标任务书”进行方针目标管理。其要点是：针对部门目标和薄弱环节，重点抓关键环节和重要步骤，对重点工作制定改进措施和计划，并重点推进监控实施，以保证最终实现目标。确定最重要的又确实有能力解决的工作目标。一个部门或岗位一个季度的重点工作3至4项；日常职责则不在“目标任务书”上体现。把企业宗旨和目标分解到个人的“岗位责任书”和“目标任务书”后，为监控和考核打下了扎实基础。

将目标落到实处，首先需要在目标与职责之间建立清晰的分解和对应关系。为了建立这种联系，集团管理部门协助建立了大量的各种运作和核算模型，最具特色的是联想电脑公司的“屋顶图”。“屋顶图”是联想电脑公司根据管理会计原理，结合自己的产品成本结构建立的一个量化的产品经营核算体系。电脑公司台式机事业部通过"屋顶图",将所有的费用细分成广告费、部门费,成本分成材料、制造、运输、技术服务、积压、财务6块,再把前两年的历史数据装进去,就得到清晰的产品成本结构。这6块成本都可以落实到一个最直接的部门,比如说广告费是由市场部负责,部门费用是由经营管理部负责等等。这样就建立起了一个架构,使开源节流的任务分解到每一个部门,控制成本的任务进而分解到每一个岗位上去,这样就把每项费用变成它最直接的部门考核指标。

3. 考核评价

设定职责和目标后,联想利用制度化的手段对各层员工进行考核评价:一是定期检查评议。以干部考核评价为例,联想集团干部每季要写对照上季工作目标的述职报告、自我评价和下季工作计划。述职报告和下季工作计划都要与直接上级商议,双方认可。二是量化考核、细化到人。比如,电脑公司的综合考核评价体系分部门业绩考核、员工绩效考核两部分。部门业绩考核的目的是通过检查各部门中心工作和主要目标完成情况,加强公司对各部门工作的导向性,增强公司整体团队意识,促进员工业绩与部门业绩的有机结合;员工绩效考核的目的是使员工了解组织目标,将个人表现与组织目标紧密结合,客观评价员工,建立有效沟通反馈渠道,不断改进绩效,运用考核结果实现有效激励,帮助组织进行人事决策。

考核形式是多视角、全方位的,包括上级对下级的考核,平级之间、下级对上级的评议,以及部门互评等。部门互评的目的是对各部门在"客户意识、沟通合作、工作效率"等软性工作指标方面进行评价,评价结果作为对部门负责人年度绩效考核的参考依据。通过部门互评,发现组织在工作关系方面存在的问题。民主评议的目的是为了考察干部管理业绩,为干部选拔提供参考依据,并为培养干部及干部的自我发展提供参考,帮助干部清醒认识自我,建立干部提升的透明、健康发展机制。员工绩效考核和部门业绩考核每季度进行,员工绩效考核、部门互评和民主评议,每年综合考评1次。部门业绩考核均围绕"利润中心"进行考核,同时要体现各自的主题业务。

员工绩效考核的内容分两部分:第一部分是工作业绩结果导向,针对员工根据直接上级与员工预先商定的目标业绩工作计划进行;针对各级管理者则主要是围绕"管理三要素"并分解成"目标计划、激励指导、公正考评"等管理业绩进行。第二部分是行为表现及能力,这部分为过程导向,按普通员工、各级管理人员分别制定不同的考核标准和权重。

各部门在制定年度规划的同时,制定各自的年度考核方案及季度分解方案;各部门方案上报企管部门,由企管部门负责组织相关业务考核部门与被考核部门进行沟通、协商,最后确定部门考核方案。部门考核方案包括考核项目、权重、考核数据来源、评分标准等。人力资源部根据考核方案,计算考核得分,再根据部门类别,计算分值并反馈给各部门。员工绩效考核则是由个人根据工作述职报告、绩效考核表自评打分,再与直接上级共同商定制定下一季度工作计划、考核表,作为下一季度业绩考核的主要依据;直接上级在员工自评基础上,对照工作计划考核表和员工的实际业绩和表现进行打分,同时对其下一季度的工作计划、完成效果、考核建议等进行审批,其形式通常采用面对面交流或每季一次的干部民主生活会;部门总经理对员工及所属部门的考核等级进行审核调整后,汇总到人力资源部,要求符合公司的正态分布比例。绩效面谈:告知考核结果,肯定成绩,提出改进意见和措施,挖掘员工潜力,同时确定下季度工作计划,面谈结果双方签字认可;员工如果对考核评定过程有重大异议,有权向部门总经理或人力资源部提出申诉;所在部门及人力资源部为每位员工建立考核档案，考核结果作为工薪、年度奖金、干部任免、评选先进、岗位调换以及考核辞退的重要依据。

问题：

1. 联想集团在发展过程中抓住了什么机遇？

2. 联想集团的使命与价值观对企业的发展有什么影响？

3. 联想集团发展战略有什么特点，它收购 TBM 公司 PC 事业部有什么战略意义？

4. 联想集团成为奥林匹克全球合作伙伴有什么战略意义？

5. 联想集团标识“Lenovo”的推出有什么战略意义？对联想集团的发展会产生什么影响？

6. 上网查阅闪联工作组相关信息，你认为闪联工作组对我国相关产业有什么影响？

7. 你是怎样理解联想集团考核体系的“静态的职责＋动态的目标”内涵的？

8. 请你参照联想集团的职责分解体系对你所在单位进行职责分解。

【管理实践练习 1】

利润的产生

选择一家你所熟悉的企业，了解企业的经营过程，特别是其销售渠道，了解企业的产品成本和经营费用，计算单位产品的利润率和企业经营的年盈利率，分析其利润的来源。不同的同学可分组去考察不同类型企业的情况，考察后对结果进行对比，分析不同行业企业的经营方式的差异，分析不同企业利润来源的差异，及利润率的差异。

【管理实践练习 2】

假设你是一家风险资本公司的经理，你的公司积极地寻找有潜力的技术改善项目，为企业提供融资、顾问和专家服务以换取企业的部分股权。如果新的企业成功上市，你的企业将赚钱，因为股份将增值。你的报酬和职位取决于能否选择正确的企业（有好的理念）和向企业（或发明者）提供适当的帮助。请你从互联网上找出 5 个有希望的新技术项目（可以从技术新闻、技术推广、创新性企业、风险企业和创业等内容中查），了解项目的核心理念、竞争力、目标客户和潜在竞争者，判断发展前景，你认为该企业的发展或该理念的发明者需要什么建议？

【管理实践练习 3】

目标的设计与管理

1. 你有自己的创业打算吗？请你结合自己的理想，开创一个组织，明确组织的宗旨、目标，编制一份商务计划书。

2. 你最重要的目标是什么？列出你的长期目标和 5 年目标，这目标是否可以考核？

3. 去和你所熟悉的企业管理总经理、管理人员进行交谈，了解他们是否对自己的目标很清楚，公司是否考核他们的指标？

4. 分析你或你所在组织的过去、现在与未来，寻找其竞争力，并用列表的形式罗列出来，再分析你或你所在组织在未来生存与发展中还必须拥有什么，如何才能获得这种生存与发展必须拥有的能力与优势。

【复习思考题】

1. 组织的含义是什么？组织有什么作用？
2. 虚拟组织的基本特征是什么？
3. 创业需具备什么基本条件？
4. 有限责任公司和股份有限公司的特点及优缺点如何？
5. 简析目标在非营利性组织管理中的重要作用。
6. 组织目标的含义是什么？有哪些基本内容？
7. 什么是目标管理？其基本特点是什么？
8. 实施目标管理过程中主要应注意什么问题？
9. 实施目标管理的主要优缺点是什么？
10. 如何理解企业的生命周期？
11. 组织生存中存在哪些风险？如何才能有效地规避经营风险？
12. 组织变革的动因有哪些？有哪些基本征兆？
13. 简述克服组织变革障碍的措施。
14. 简述组织发展的必要性和措施。

第八章

组织工作

有效、灵活的组织结构是组织适应环境变化，谋求生存发展机会，在日益激烈的竞争环境中取胜的保证。

【本章要点】

1. 组织工作的基本概念
2. 组织设计的影响因素
3. 组织设计的原则
4. 组织设计的主要内容
5. 组织运行方式的选择
6. 组织结构的基本形式

【案例 8.1】

当一只蚂蚁发现食物时，很快就会有一群蚂蚁排队来搬运，这是因为发现食物的蚂蚁，在将食物搬回窝去的时候，会沿路分泌一种“路径外分泌素”，亦称“追迹素”，这种化学物质在两分钟内即会挥发掉，但在这段时间内，可向距离40厘米内的蚂蚁传递消息。而闻到追迹素的其他蚂蚁，即会顺着路径也来搬食物，同时自己也分泌追迹素加在原来的路径上，于是一传十、十传百，大家纷纷沿着同伴开辟的道路来搬食物，彼此在路上相遇，还会用触角相碰，好似在互道：“辛苦了！”

蚂蚁是一种合群的生物，大家生活在一起，彼此合作，充分发挥组织的团队精神，这样每一个个体都得到生存下去的机会。

第一节　组织工作概述

人的身体是由数以亿计的细胞组合而成的组织，细胞组成各项系统及器官，如循环系统、呼吸系统、消化系统、神经系统及手、脚、眼、口等功能器官；通过系统及器官的分工合作，使身体四肢，在正常情况下，可以相当灵活地运作。企业是由个人所组合而成的组织，要维持企业顺利无障碍地运作，也是靠分工及合作。企业能如身体组织般地灵活行动运作，是企业组织工作的最高理想。

【案例 8.2】

划船比赛[①]

有两个划船队，J 队和 M 队要进行划船比赛。两队经过长时间的训练后，进行正式比赛，结果 M 队落后 J 队 1 公里，输给了 J 队。M 队领导很不服气，决心总结教训，在第二年比赛时，一定要把第一名夺过来。通过反复讨论分析，他们发现 J 队是八个人划桨，一个人掌舵，而 M 队是八个人掌舵，一个人划桨。但是，M 队领导并没有看重这点区别，而认为他们的主要教训是八个人掌舵，没有中心，缺少层次，这是失败的主要原因。

于是，M 队重新组建了船队的领导班子。新班子结构如下：四个掌舵经理，三个区域掌舵经理，一个划船员，还专设一个勤务员为船队领导班子指挥工作服务，并具体观察、督促划船员的工作。这一年比赛的结果是 J 队领先 2 公里。M 队领导班子感到脸上无光，讨论的结果是划船员表现太差，予以辞退。勤务员监督工作不力，应予处分，但考虑到他为领导班子指挥工作的服务做得较好将功补过，其错误不予追究。领导班子成员每人发一个红包，以奖励他们共同发现了划船员工作不力的问题。

那么，到底什么因素导致 M 队的失利呢？

上面的故事说明了三个密切相关的问题：一是做任何一件事，比如参加划船比赛，必须有一个组织；二是这些组织的内部成员应有不同的分工，比如上面的两个划船队里的成员都有不同的分工，由此形成内部的一定结构，即组织结构；三是作为一个组织，其内部结构不同，行为效果也会不同，比如上面例子中的 M 队两次都输给了 J 队。

那么，什么样的组织结构的行为效果会更好些呢？怎样设计这样的组织结构呢？同样的组织结构如果配备了不同的人员，行为结果又会怎样呢？接下来将详细分析这些问题。

一、组织工作的含义

组织工作(Organize)是指根据一个组织的目标，将实现组织目标所必须进行的各项活动和工作加以分类和合并，设计出合理的组织结构，配备相应人员，分工授权并进行协调的过程。它包含三项主要内容：

1. 设计包括组织内部分工和组织内部相互联系的组织模式；

2. 通过充分发挥组织中每一个成员的才能获得专业化的优越性；

3. 协调组织中各部分的活动，以确保组织目标的实现。

组织工作的任务就是通过设计，维持组织内部的结构和相互之间的关系，使组织中分散的个体结合成一个有机的整体，在组织内部形成一个有效率的运营体制。

体制是机构和运行制度的总称。凡是正式组织都包括体和制两个方面的内容。要完成某项任务，必须有组织实体。例如，企业中建立的所有者机构、高层管理机构，以及完成生

---

① 陈琳：《管理原理与实践》，国防工业出版社 2007 年版，第 119 页。

产、销售任务的职能机构等。为了使人们相互协作而形成集体力量，必须规定机构之间、人员之间的相互责任、权利关系以及协作方式，这就是"制"。例如企业组织所规定的纵向领导关系和横向协作关系，解决的就是"制"的问题。如图 8-1 所示。

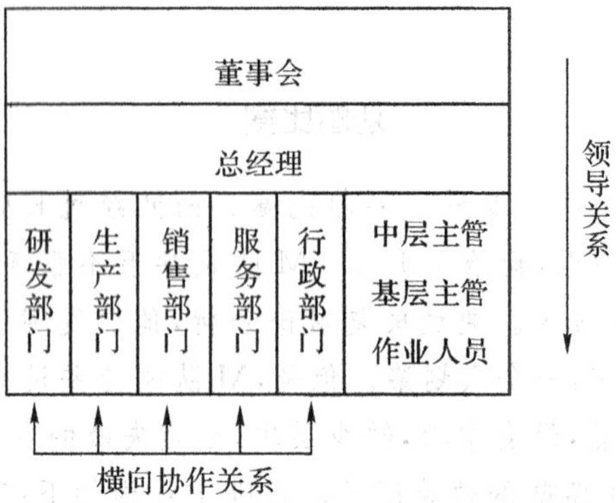

图 8-1 企业组织体制示意图

二、组织工作涉及的基本概念

(一)劳动分工和工作专业化

早在 18 世纪，著名的古典经济学家亚当·斯密就在他的《国富论》中指出，组织和社会将从劳动分工中获得巨大的经济利益。他描述了一家制造大头针的工厂如何通过劳动分工提高生产率。在这家工厂里，有一个人负责搬运铁丝，另一位负责拉直，第三人负责切断，第四人负责做回头，等等。斯密指出，如果 10 名工人按分工方式进行加工，则每天可以生产 48000 枚大头针；如果不分工，每人都从头到尾进行生产，则只能生产 200 枚大头针。劳动分工(Divide the work)是指并非让一个人完成全部的工作，而是按照专业化分工，将工作划分为若干步骤，由一个人单独完成其中的某一个步骤。

工作专业化(Job specialization)是将组织任务分解为小的构成工作，通过专业化分工，工人只重复一种简单的工作，不仅提高了每个工人的技巧和熟练程度，节约了由于变换工作浪费的时间，同时还促进工具专门化，提高劳动工具的生产效率。因此，劳动分工被认为能够提高工人的劳动生产率，进而提高整个组织的运作效率。20 世纪初，亨利·福特(Henry Ford)将分工理论用于福特公司的汽车生产，形成了汽车流水线，生产效率倍增。

传统学者们认为，劳动分工总是能产生更高的生产率，它是提高生产率的不尽的源泉。但如今，越来越多的人开始对这一点产生怀疑。劳动分工在带来专业化的经济性的同时，也带来了对员工的非经济影响，它表现为厌倦、疲劳、压力、劣质品、旷工和员工的高流动率等等。如图 8-2 所示。

如果对劳动分工的非经济性不予以重视，将导致生产率的降低。在这种情况下，可以通过扩大，而不是缩小工作活动的范围来提高生产率。

(二)职权与职责

职权，指的是管理职位所固有的发布命令和希望命令得到执行的一种权力。职权与组织内的一定职位相关。每一个管理职位都具有某种特定的、内在的权力，任职者可以从获得该职位中获得相应的权力。职权与任职者个人没有任何直接的关系。任职者离开职位，就

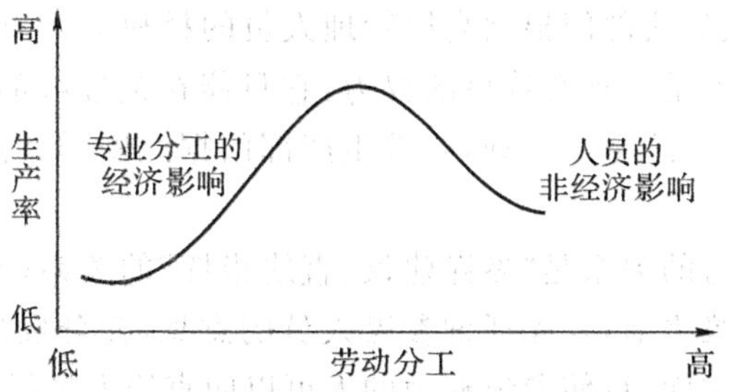

图 8-2 劳动分工的经济性与非经济性影响

不再享有该职位的任何权力，职权仍保留在该职位中，并给予新的任职者。

职权可以向下委让，授予下属管理人员一定的权力，同时规定他们在限定的范围内行使这种权力。与职权相对应的是行使职责。职责是指担当组织职位而必须履行的责任。职权是履行职责的必要条件与手段，有责无权无法真正履行职责；职责是行使权力所要达到的目的，有权无责只会给滥用职权造成机会。

职责有两种不同的形式：执行职责和最终职责。职权和执行职责可以下授，但最终职责不能下授，即管理人员应对他授予了职权和执行职责的下属人员的行动负最终责任。

【案例 8.3】

A 是某建筑公司安装部经理，B 是安装部下属的管道安装队队长。上个月，A 吩咐 B 带领一班人马去某工地安装一套管道系统。在工程验收时，发现这套管道存在着严重的渗漏现象。

公司经理认为，A 应该对此负责。而 A 认为，他把任务交给了 B，而且管道安装时他正出差在外，应由 B 来承担责任；B 认为，管道安装的活具体是由他手下的工人干的，所以也不是他的责任。

问题：

究竟应该由谁来对此事件负责？负什么责任？

（三）直线权力、参谋权力和职能权力

一个组织中有三种不同类型的权力：直线权力、参谋权力和职能权力。

直线权力，是组织中上级指挥下级工作的权力，表现为上下级之间的命令指挥关系。直线权力与组织内部的等级链相联系，在等级链上的管理者一般都拥有直线权力，他们一方面接受上级指挥，另一方面有指挥下级的权力。

参谋权力，是组织成员所拥有的向管理者提供咨询和建议的权力。当组织规模不断扩大而变得日益复杂时，直线管理者感觉到，在工作中越来越难以有足够的时间、精力和能力以获取足够的信息，做出科学的决策。于是，就通过设置参谋权力来支持、协助他们，为他们提供建议，使工作得以有效地完成。

直线和参谋的概念不是以部门来划分的，而是从权力关系的角度来理解的。人们往往习惯于把企业中的生产、销售等业务部门称为直线部门，而把采购、人事、质检等辅助部门称为参谋部门，但在参谋部门中，部门主管对其直接下属也拥有直线指挥权；同时，一个负责生产的副总裁，在向总裁提出建议时，执行的就是参谋权力。

职能权力，是某一人员或部门根据高层管理人员的授权而拥有的对其他部门或人员直接指挥的权力。职能权力是一种有约束的权力，它只能在被授权的职能范围之内有效。例如，计划部门向生产部门下达生产计划，要求生产部门据此安排生产。此时，计划部门执行的就是职能权力。

直线权力与参谋权力的关系是"参谋建议、直线指挥"的关系（参见图8-3）。一方面，直线管理者在进行重大决策之前，要先征询参谋人员的意见，充分发挥参谋人员的智囊作用，以避免决策失误。另一方面，行使参谋权力的人可以向直线人员提出自己的意见和建议，但不能强加于直线人员，或直接发号施令，直线指挥权只能由直线人员来行使。

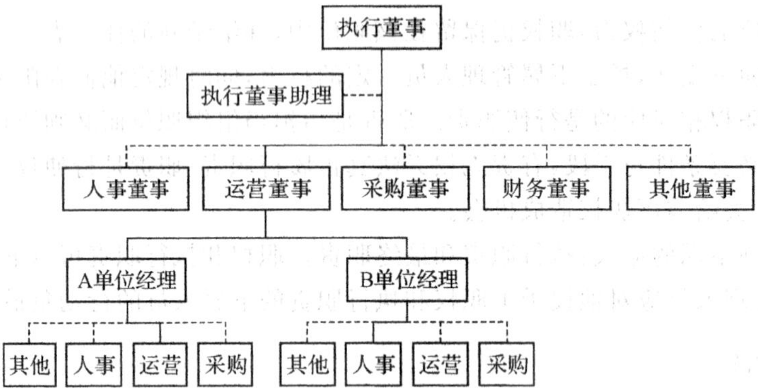

图 8-3　直线权力与参谋权力

直线权力与职能权力的关系可以说是"直线有大权，职能有特权"。在一个组织中，下属必须服从上级直线管理人员的命令指挥，职能部门除了在特定范围内，不能直接对其他部门发号施令。职能权力的行使被限定在一个特定的职能范围内，在这个特定范围内，直线人员要接受职能权力的指挥，如企业中各部门经费的使用要遵守财务部门的有关规定。

（四）管理幅度与管理层次

1. 管理幅度与管理层次

部门化解决了各项工作如何进行归类以实现统一领导的问题，接下来需要解决的就是组织中管理层次的设计问题。

管理层次是指组织内部纵向管理系统所划分的等级数。管理层次与管理幅度有着直接的关系。管理幅度是指一名管理人员直接而有效地领导和指挥下属的人数。管理层次与管理幅度之间有着此消彼长的关系。在组织人数一定的情况下，管理幅度越大，即一个管理人员能直接管理的下属人数越多，组织中的管理层次也就越少，所需的行政管理人员也越少；管理幅度越小，所需的管理人员就越多，相应的管理层次也越多。

如图8-4所示，假设一个部门操作工人数一定，为4096人，又假设一个组织的管理幅度各层次统一为4，另一个组织的管理幅度为8。

从图中可以看出，管理幅度为4的组织，设置了7个管理层次来管理4096名操作人员，所需的管理人员共1365人。而管理幅度为8的组织，所需的管理层次减少了两层，大约精简了近800名管理人员。

2. 管理幅度的影响因素

管理幅度的宽窄与组织绩效密切相关。那么，在某一特定的情况下，管理幅度多大才合

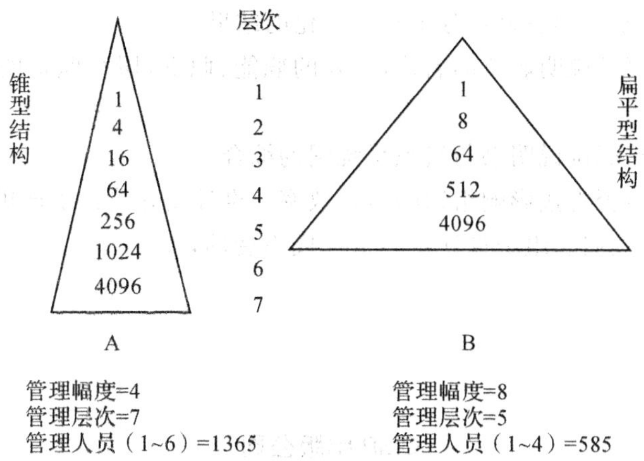

图 8-4 管理层次与管理幅度

适呢？这主要取决于以下几个因素：

(1)管理者的能力。管理者的综合能力、理解能力、表达能力强，就可以迅速地解析问题、抓住关键、明确指示，并使部下准确理解和有效执行，从而提高组织业绩。如此，管理幅度就可以大一些；反之则小。

(2)下属的成熟程度。就被管理者而言，如果他们素质较高、受过系统培训等，能很好地理解和执行上级的指令，也有较高的工作意愿，则无需管理者事事指点，严格监控，也减少了向上司请示的频率，管理者的管理幅度就可加大；反之则小。

(3)工作的标准化程度。若下属的工作性质差异很大，就需要个别指导，管理幅度就需相对小一些；若下属的工作基本类同，指导就方便，则管理幅度可适当加宽。

(4)工作条件。助手的配备情况、信息手段的配备情况等都会影响到管理者从事管理工作所需的时间。若配备有助手、信息手段先进、工作地点相近，可节省管理者在处理日常事务及决策过程中的时间和精力，则管理幅度可大些。

(5)工作环境。组织环境稳定与否会影响组织活动的内容和政策的调整频率与幅度。环境变化越快，频度越高，变化程度越大，组织中遇到的新问题就越多，这将使管理者花费较多的时间及精力来关注环境的变化，考虑应变的措施。因此，环境越不稳定，管理幅度越小。

第二节 组织设计

一、组织设计

组织设计(Organizational design)，亦即组织结构设计，就是对组织结构的组成要素和它们之间联接方式的设计，它是根据组织目标和组织活动的特点，划分管理层次，确定组织系统，选择合理的组织结构形式的过程。

组织设计的最终结果是组织系统图、职位说明书和组织手册。

组织系统图是用图形的方式表示组织内的职权关系和主要职能。其垂直形态显示权力和责任的关联体系，水平形态显示分工与部门化的结果。

职位说明书主要是说明职位的名称，主要的职能、职责，履行职责的相应职权以及与组织内其他职位的关系。

组织手册通常是职位说明书与组织系统图的综合。

组织设计恰当与否直接影响组织的运行效率。设计良好的组织能更好地适应内外环境的变化，不断创新和发展。组织设计也不是一成不变的，随着主客观条件的改变，组织设计也要相应调整。

【案例 8.4】

CMP 出版公司①

一个良好的计划，常常因为管理人员没有适当的组织结构予以支持而落空。而在某一时期是合适的组织结构，可能过了一两年以后就不再合适。格里(Gerry)和莉洛·利兹(LiLo Leeds)是经营 CMP 出版公司的一对夫妇，对此有着清楚的认识。

利兹夫妇在 1971 年建立了 CMP 出版公司。到 1987 年，他们公司出版的 10 种商业报纸和杂志都在各自的市场上占据了领先地位。更令人兴奋的是，它们所服务的市场(计算机、通讯技术、商务旅行和健康保健)提供了公司成长的充足机会。但是，假如利兹夫妇继续使用他们所采用的组织结构，这种成长的潜力就不会得到充分的利用。

他们最初为 CMP 设立的组织，将所有重大的决策都集中在他们手中。这样的安排在早些年头运作得相当好，但到 1987 年已经不再有效。利兹夫妇越来越难照看好公司。比如，想要约见格里的人得早上 8 点就在他办公室外排队等候。员工们越来越难得到对日常问题的答复。而要求快速反应的重要决策经常被耽误。对于当初设计的组织结构来说，CMP 已经成长得太大了。

利兹夫妇认识到了这个问题，着手重组组织。首先，他们将公司分解为可管理的单位(实质上是在公司内建立半自主的公司)，并分别配备一名独立的经理掌握各个单位。这些经理都被授予足够的权力去经营和扩展他们各自的分部。其次，利兹夫妇设立了一个出版委员会负责监管这些分部；利兹夫妇和每个分部的经理都是该委员会的成员。分部经理向出版委员会汇报工作，出版委员会则负责确保所有的分部都能按 CMP 的总战略运作。

这些结构上的变革带来了明显的效果。CMP 现在总共出版 14 种刊物，年销售额达到近 2 亿美元。公司的收益持续地按管理当局设定的 30%的年增长率目标不断地增加。

CMP 出版公司的例子说明，组织的绩效在很大程度上取决于设计组织结构的合理性和适用性。选择合适的结构在组织演进过程中起着至关重要的作用。

二、组织设计的影响因素

组织内外的各种变化因素，都会对其内部的结构设计产生重大影响。归纳起来，影响组织设计的因素主要包括：

---

① 资料来源：斯蒂芬·P. 罗宾斯：《管理学》，中国人民大学出版社 1997 年版，第 228 页。

（一）组织战略

组织结构只是实现组织战略目标的手段，因此，组织结构的设计和调整必须服从于组织战略。如果管理当局对组织战略进行重大调整，就需要同时改变组织结构，以适应和支持这一变革。

对战略—结构关系率先进行研究的是艾尔弗雷德·钱德勒(Alfred Chandler)。他对美国100家大公司进行了考察，在追踪了这些组织长达50年的发展历程，并广泛搜集历史案例资料后，得出的结论是：公司战略的变化先行，并且导致组织结构的变化。组织通常起始于单一产品或产品线生产。这种简单的战略只要求相对简单、松散的组织结构形式。此时，决策可以集中在一个高层管理人员手中，组织的复杂性、正规化程度较低，而集权化程度较高。随着组织不断发展壮大，公司战略逐渐由单一产品向纵向一体化、再向多样化经营转变。战略的实施对控制手段和协调手段的要求也日益复杂，这就需要重新设计组织结构，采用相对复杂、严格的结构形式，以适应变化了的组织战略。

（二）组织规模

有关研究结果表明，组织的规模对其结构具有明显的影响作用。例如，对于一个生产单一产品，只有几十人的小型企业来说，采用直线制的组织结构形式将是最好的选择。而对于一个拥有成千上万人的大型企业来说，如果没有复杂而严密的组织结构、健全的规章制度以及分权决策，要使企业保持正常运行，取得高效率是很难想象的。

一般而言，组织规模越大，工作越专业化，标准操作化程序和条例制度越多，组织的复杂性和正规化程度也就越高，组织结构越倾向于机械式。但需要注意的是，这种关系并不是线性的。也就是说，随着组织的扩大，规模对结构的影响强度在逐渐减弱。例如，一个拥有2000名员工的组织已经建立了相当机械式的结构，当它再增加500名员工时，不会对其组织结构产生多大影响。而对一个仅有200名员工的组织来说，同样增加500名员工，则可能会使其转变为更机械式的结构。

【案例8.5】

“昙花一现”的科维特公司

1948年，在美国纽约曼哈顿东46大街上新开张了一家小型皮箱商店。令人感到不可思议的是，短短十几年间，它就发展成为全美国著名的连锁百货商店，到1965年，它就达到了7.5亿美元的销售额。创业者尤金·弗考夫也被哈佛大学著名教授马尔科姆·麦克奈尔誉为全美6个最伟大的商人之一。

其实弗考夫的制胜法宝很简单：廉价销售，依靠廉价销售吸引大批顾客。可以说，科维特公司领导了50年代和60年代初那场席卷全美的“廉价销售革命”。到1953年，公司销售额上升至970万美元。在60年代初，公司平均每7个星期增加1家大商店，公司规模急剧扩大，到1960年，科维特公司已在美国各大城市开设了30多家大型连锁商店。科维特公司成为美国零售历史上发展最快的公司之一。

然而，“不幸的是，成功地创立一个企业并带领其跨出小企业的行列的能力与在如今的一个大机构中应付各种复杂问题所需要的能力是不尽相同的”。在公司规模急剧扩大的情况下，弗考夫没有致力于构建有效的组织结构。在公司规模较小时，弗考夫及其助手们主要靠亲临指导这种方式对下属商店进行控制，但随着商店的增多，弗考夫及其总部就很难对其下属商店进行有效的控制，而且公司实行的高度集权化的组织政策始终没有改变，造成公司内部管理人员缺乏应有的训练，员工素质不能满足公司业务发展的要求。加之一些其他原因，到 1966 年，科维特公司开始面临重大危机：利润下降、赤字上升，存货周转率比 1961 年下跌了 1/3，公司股票从 1965 年 5 月 30 日的 50.5 美元狂跌至 1966 年初的 13 美元。最后，于 1966 年 9 月，濒临危机的科维特公司与斯巴坦斯公司合并，科维特公司也从此在零售业中消失。

罗伯特·哈特利在总结科维特公司兴衰史时写道："在实施过程中，必须谨慎地建立和构造一个组织，对于这一点的重要性再强调也不会过分。"

问题：

1. 为什么组织结构必须与企业发展一起变革？

2. 你认为科维特公司在发展中应如何进行组织设计？

3. 你认为构造组织中应重视哪些问题？

（三）技术

任何组织都需要利用某种技术，将投入转换为产出。而无论采用什么样的技术和生产方式，都会对组织结构产生一定的影响。组织结构必须与之相适应才能使组织更有效率。

美国著名的管理学家琼·伍德沃德(Joan Woodward)早在 20 世纪 60 年代初就提出，组织结构因技术而变化。她在对英国南部近 100 家小型制造企业进行调查后，按"工艺技术连续性"的程度，把企业分为三种类型：单件生产、大量生产和连续生产，并提出与之相适应的组织结构。

1. 单件生产，即进行定制生产。组织成员人数不多，生产特点为小批量、多品种。与之相适应的组织结构较为简单，管理层级较少，整体的复杂性、规范程度都较低。

2. 大量生产，包括大量和大批生产。由于这类企业的产品标准化程度较高，为提高效率，组织结构中分工较细、专业化程度高，这就使得组织结构复杂化。同时，为了严格管理，必将制定健全的规章制度，组织结构的规范化程度也较高，整个组织的集权程度也较高。

3. 连续生产，这是所用技术中最复杂的一类，如炼油厂和化工厂这类连续流程的生产企业。这类企业工艺技术复杂，因而组织结构中各管理层级之间差异较小，管理人员和技术人员比例较大，因此其规范化和集权化程度都较低。

美国著名的组织学家查尔斯·佩罗(Charles Perrow)在伍德沃德的基础上指出，应从两方面对设计组织结构时必须要遵循的原则进行考察：一是任务多变性；二是问题可分析性。并以这两个变量的分析为基础，将技术分为常规技术、工程技术、手艺技术和非常规技术四类，如图 8-5。

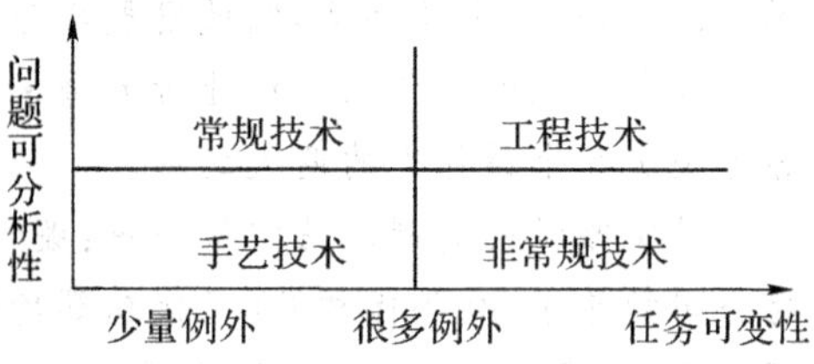

图 8-5 佩罗的技术分类

常规技术，只有少量的例外，对其问题可用一般的逻辑分析来解决。大型钢铁企业、汽车行业及石油炼制业属于这种类型。这类组织应建立严格控制的组织结构。工程技术，有大量例外情况，但可用理性和逻辑分析来解决问题，如建筑业属于这一类。这类组织通常规范化程度低，但集权程度较高。手艺技术，虽然技术相对简单，但不确定问题较多，如服装、家具业等。这类组织的规范化程度适中，但须适度分析。非常规技术，有许多例外问题，难于系统化分析，如科研机构、高新技术企业等。这类组织宜采用灵活的组织形式，以提高组织的应变能力。

（四）组织环境

环境也是组织结构的一个主要影响因素。在稳定的环境中运作有效的组织结构，一旦处于动态的、不确定的环境中将不能适应，从而使组织效率下降。当今社会，日趋激烈的全球竞争，日益加速的产品创新，乃至顾客对产品愈来愈高的要求，使组织处于不断变化的动态环境之中。传统的组织结构已越来越不适应于快速变化的环境，因此，越来越多的管理当局开始致力于组织改组，力求使其精干、快速、灵活，更具有机性。

（五）权力控制

斯蒂芬·罗宾斯在长期研究的基础上总结出了一个结论："组织的规模、战略、环境和技术等因素组合起来，对组织结构会产生较大的影响。但即使组合起来，也只能对组织结构产生 50％的影响作用。"而对组织结构产生决定性影响作用的是权力控制。

罗宾斯在其 1987 年出版的《组织理论》中明确提出以下观点：

1. 组织的权力控制者在选择组织的规模、组织的战略、组织的技术和如何对环境做出反应方面有最终的决策权，因而对组织结构的模型选择也有最后的决策权。

2. 任何组织都由各种利益的代表团体所组成，权力控制集团中各成员都在不同程度地代表着某一利益的集团。一个组织的结构必然反映出最强利益集团的利益，或是多个强利益集团之间利益的妥协。

3. 权力控制者总是不愿意轻易放弃自己的权力，他们总是追求权力控制，即使是分权，亦以不失去控制为最低限度。

4. 权力控制者会采用合理的方式，即在组织利益的范围内，寻找组织利益与个人或自己代表的利益集团的利益的结合点，既公私兼顾，又合理合法。

以斯蒂芬·罗宾斯为代表的权力控制决定组织结构的研究者认为，组织的规模、战略、技术和环境等因素对组织模式的备选方案起着限制性作用，但是，从诸多备选方案中挑选哪一个方案，则最终由权力控制者决定。

三、组织设计的原则

设计组织结构，进行有效的组织工作，必须要遵循一定的原则：

（一）目标原则

任何组织都有其特定的战略及目标。组织设计只是一种手段，其目的是为了保证组织战略的顺利实施和目标的实现。因此，在进行组织设计时，首先要明确组织的发展战略及目标是什么，并以此为依据，设计组织的总体框架。此外，要认真分析，要保证组织目标的实现，必须做什么事，怎样才能做好等，然后以事为中心，建立机构，设计职务，配备人员。

（二）分工与协作原则

要实现组织目标，在组织机构设置方面，应贯彻分工与协作的原则。一方面，要搞好分工，解决各人干什么的问题；另一方面，应注意各项专业管理工作之间存在的内在联系，在分工的基础上加强协作，相互配合，妥善处理好专业管理和综合管理之间的关系，要做到分工合理，协作明确，对于每个部门和每个员工的工作内容、工作范围、相互协作方法等，有明确的规定。

分工时，应注意分工的粗细要适当。一般地，分工越细，专业化水平越高，责任越明确，效率也越高，但也容易出现机构增多、协作困难、协调工作量增加等问题。分工太粗，则机构可减少，易于培养多面手，但专业化水平低，且容易产生推诿责任的现象。组织设计时，要根据需要和可能合理确定分工。

（三）统一指挥原则

统一指挥原则是指按照管理层次建立统一指挥、统一命令系统。统一指挥，即每个下属应当只接受一个直属上级的命令和指挥，而且只能向一个上级主管直接负责，听从其命令。统一指挥形成一条自上而下逐级指挥和自下而上逐级负责的等级链，以防止多头领导、相互推诿，保证政令统一、目标实现。

在传统观念中，统一指挥原则被认为是应被严格遵守的。但随着组织日益复杂化，组织运行不仅要求纵向的统一指挥，还要求组织内部门成员间的横向沟通和协调。因此，统一指挥在实际应用中也会造成某种不适应性，降低组织的效率。

【案例 8.6】

命令的统一性

有一天，拿破仑心血来潮，想从军营后门进去（平常他都是由正门进入），但是后门的守卫却死挡着，不让任何人进去，说这是他的顶头长官的严格命令，严禁任何人自后门出入。拿破仑问道："你知道我是谁吗？"士兵回答说："我对您十分熟悉。"拿破仑问道："我是你顶头长官的上司的上司的司令官，你敢不让我过去吗？"士兵回答说："是的，我必须遵守一条严格的规定，除了直属长官的命令，其他一切命令概不接受，所以只好得罪您了！"拿破仑听了这番说词后，不得不绕道由正门进入。卫兵与长官心中均异常惶恐，预料将逃不过严厉的处罚。然而拿破仑非但没有处罚他们，反而夸奖他们"很有原则"，大大地鼓励及褒扬了一番。

问题：

你是如何理解命令的统一性的？这个故事对你有何启示？

（四）权责对等原则

权责对等原则是要求职责与职权保持一致。一个人在得到某种职权的同时，就应承担一种相应的责任。

职权是指一定职位在其职责范围内，为完成其责任必须具有的权力。职权具体表现为工作中的决定权、命令权和审查权，这些职权应与所负的责任相适应。高层管理者对实现组织总目标要全面负责，就必须拥有较大的权力。基层管理者只对一定的执行任务负责，因此给予必要的权限即可。权力要限制在责任范围内，过大不行，过小也不行。职责与职权不对等，就会影响管理人员的责任心，降低工作效率。

（五）合理幅度原则

合理的管理幅度是影响组织效率的一个重要因素，因为管理幅度在很大程度上决定了组织管理层次和管理人员的数目。管理幅度是一个权变因素，在不同的情况下，管理幅度也应不同。但是，在确定的环境下，管理幅度增大可使管理层次减少，加快信息传递速度，从而使高层领导尽快发现问题，及时采取措施加以解决。同时，管理层次的减少，还会降低管理费用的支出。所以，在保证管理有效性的前提下应尽量扩大管理幅度。

（六）信息沟通原则

组织的有效运作必须以顺畅的信息沟通为保障。组织中的人们只有通过相互之间的沟通，才能把组织的目标变成为组织成员的具体行动。在组织结构设计时，要建立高效的信息沟通渠道，尽量缩短信息联系线，避免因划分过细、组织层次过多而增加不必要的沟通障碍。

（七）稳定性和适应性相结合的原则

这一原则强调，应在保持组织结构一定稳定性的基础上，提高其适应性。为保证组织的各项工作正常进行及秩序的连贯性，组织结构应保持相对的稳定性，不应频繁调整。但组织本身是发展着的，组织战略、目标、任务等都随环境条件的变化而调整，所以，保持管理组织的稳定性，并不意味着组织结构一成不变，而应有一定的弹性，随环境及战略目标的变化而做相应的调整。

（八）有利于人才成长的原则

人是组织中最重要的一项资源。如果没有组织成员的努力工作，只有组织结构是不可能实现组织目标的。组织系统的有效运作离不开组织成员的努力，没有高素质的人才为依托，组织的发展最终将以失败告终。在组织中给予人才成长的机会和空间，能有效激励员工不断努力奋进。因此，组织结构的建立要有利于组织成员在工作中得到培养、提高和成长，有利于吸引人才，发挥员工的积极性和创造性。

【案例 8.7】

有创造性的组织思想

1988 年瑞典工程集团 ASEA 与其瑞士的竞争者布朗—博韦里公司（Brown Boveri）合并后成立 ABB 公司。ABB 公司是一家国际大型设备制造商，年销售额达到 290 亿美元，其规模比西屋公司（Westinghouse）还大，在高速火车、机器人和环境控制方面都处于世界领先地位。

ABB 公司拥有 21 万名员工，有 100 个不同国家的经理，子公司遍布世界各地，经营业务经常从一个国家转换到另一个国家，该公司管理当局面临着一个有趣的挑战：如何有效地组织公司，使其各项经营都能共享技术和产品。

ABB 公司董事长珀西·巴内韦克（Percy Barnevic）进行了创造性的组织革新：一方面，他大幅度地精简公司总部的职员；另一方面，设计了一种两条指挥链结构（使所有的员工同时接受所在国经理和所属业务经理的双重领导）。公司配备了 65 名全球经理人员，将他们组织到 8 个集团中：运输集团、过程自动化与工程集团、环境装置集团、金融服务集团、电子设备集团，以及 3 个电力事业集团，即发电、输电和配电集团。100 个不同国家的经理经营着各个国家中的子公司，这些经理的大部分是其所工作国度的居民，但它们受各自公司董事会与全球业务经理的双重领导。

巴内韦克认为，这种结构有利于高级经理利用其他国家的技术。比如，格哈特·舒尔迈耶，一个领导 ABB 美国业务和自动化集团事业的德国人，使用 ABB 瑞士公司开发的技术服务于美国公司的汽轮机制造，或者使用 ABB 欧洲地区的技术将美国密歇根州的核反应堆转换为沼气发电厂。

问题：

1. 双重指挥链与统一指挥原则矛盾吗？

2. 如何才能科学地解决统一指挥与多重领导的矛盾？

四、岗位与部门设计

(一)岗位设定

如果将实现组织目标必须进行的活动进行分解，可以分解成成百上千项任务，每一项任务又可以进一步分解成若干项具体的工作。由于每个人的能力和偏好是不同的，而且是有限的，不可能完成大量的各种各样不同性质的任务。通过工作的专门化，可使一个岗位只负责有限的性质类似的一组工作，并挑选具有不同才能的人从事不同性质的工作。

岗位设定就是在劳动分工的基础上，以实现工作的专门化为目的，按工作性质的不同将实现组织目标必须进行的活动划分成最小的有机相联的部分，以形成相应的工作岗位。劳动分工将复杂的工作分解为许多较为简单的高度专业化的操作，从而提高了操作人员的熟练程度。

但是，过度的专业化分工会使员工感到厌烦和沮丧，从而导致工作效率下降。因此，岗位设定需要同时考虑两方面的因素：专业化程度和自主性。

在图 8-6 中，A 类是专业化程度高、自主性程度也高的岗位。这类岗位包括专家、学者、顾问或高技能的手工艺者、设计人员、技术人员等，这些工作的专业领域相对狭窄，但工作中需要他们充分发挥其积极性和创造性。因此，设计这类岗位应给予他们充分的自主权。

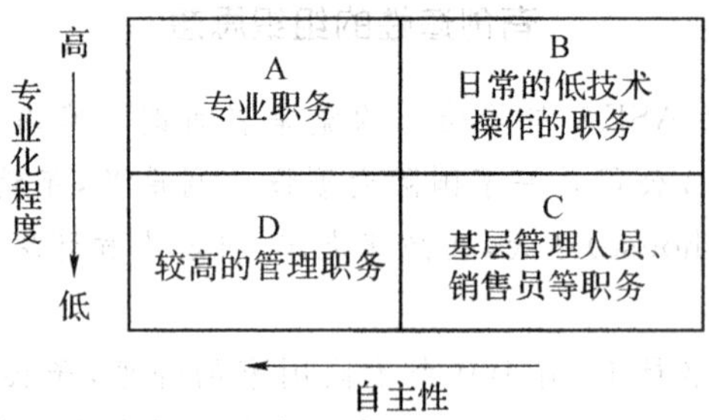

图 8-6 四种岗位类型

B 类是专业化程度高但自主性程度低的岗位，日常的一些低技术的操作职务都属于这类岗位，如流水线和装配线工人、一般维修工、处理日常事务的办事员等。

C 类是专业化程度和自主性程度都低的岗位，如生产和经营第一线的管理人员、监工、销售员、装配线杂务工等。

D 类是专业化程度低而自主性程度高的岗位，大多数高级管理人员属于这一类。承担此类岗位的经理们可能负责较大范围的、涉及若干部门和单位的工作，专业化程度不太高，但因为他们在工作中享有较高的决策权，自主权相当大。

在进行岗位设定时应遵循因事设职的原则，同时，还需注意以下几个问题：

1. 岗位轮换

岗位轮换(Job rotation)即在不影响工作秩序的前提下，使员工在不同的工作岗位上进行轮换。一个岗位换到另一个岗位，可以消除员工工作专业化所带来的厌烦情绪，提高工作效率；同时，更多的工作经验使人们对组织中的其他活动有了更多的、更全面的了解，有利于为组织培养多面手，培养组织发展所需要的，能够把握全局的中高层管理人员。管理者的水平调动即岗位轮换也是管理者事业发展的重要组成部分，管理者有机会了解企业中更广泛的工作内容，有机会进入一个全新的环境中接触更多的新事、新人、新环境，学会处理更多的事务，从而能促进他们更好地成长。

2. 岗位扩大化

岗位扩大化(Job enlargement)即横向扩大员工的工作范围，以员工原来所从事的工作为基础，将工作范围向前后工序扩展，以使员工从事较为多样化的工作。这样做，一方面可以减少专业化工作中的单调乏味带来的效率低下问题，改善员工的工作情绪，提高工作效率；另一方面，胜任更多的工作还会增强员工的工作成就感。

3. 岗位丰富化

岗位丰富化(Job enrichment)即纵向扩大工作范围，增加工作的深度。岗位丰富化允许员工对他们自己的工作有更大的决定权和控制权。他们可以做一些以前只能由上司完成的事务，如制定计划和评价自己的工作。岗位丰富化可以增强员工的责任感、成就感和自主意识。

4. 工作团队

工作团队(Work team)是工业专业化的另一项替代选择。在工作团队中，由团队小组负责工作的分配，决定团队成员的任务和业绩，团队自行控制工作绩效。

（二）组织的部门化

在组织设计中，管理者对实现组织目标所必需的职能和活动进行分组，这个过程被称为部门化(Departmentalization)。部门化是在劳动分工的基础上，将同类操作人员集中在一个部门，由一个管理人员统一指挥，以使他们更好地协作。部门划分一般以工作职能、产品或服务类别、顾客要求、地区分布等为依据。

1. 按职能划分部门

这是当前最普遍采用的一种部门划分方法(如图8-7)。它把属于同一性质的工作任务或职能编在一起形成一个部门。如一个制造企业可以按主要职能划分为采购、生产、营销、财务、人事等部门。这种划分方法有利于提高专业化水平，充分发挥专业职能，有利于提高管理人员的技术水平和管理水平。

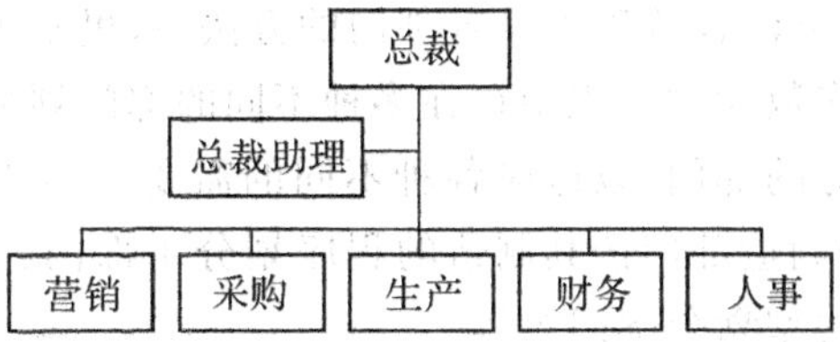

图8-7 职能部门化示意图

2. 按产品划分部门

按产品划分是按产品或产品系列类别来组织业务活动，划分部门的一种方法(如图8-8)。

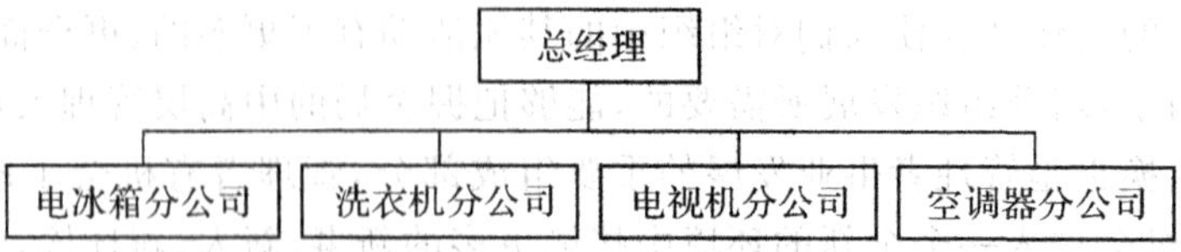

图 8-8　产品部门化示意图

这种方法一般能够发挥个人的技能和专长，发挥专用设备的效率，有利于部门内的协调，有利于组织专业化生产和经营，有利于新产品的开发和研制。产品部门化多适用于多元化经营的大型企业。

3. 按地区划分部门

这种方法是在组织的业务分布于不同地区，各地区的政治、经济、文化等因素影响到组织的经营管理时，把某个地区或区域内的业务工作集中于一个部门，由该部门全权负责（如图 8-9）。其目的是为了调动各个地区的积极性，从而取得地方化经营的优势效益。

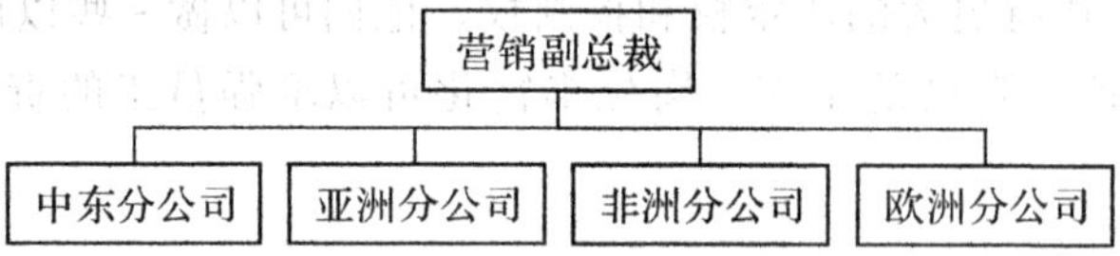

图 8-9　地区部门化示意图

4. 按顾客划分部门

不同服务对象或顾客的需要往往不同。顾客部门化在对顾客分类的基础上，根据不同类型的顾客设立相应的部门（如图 8-10）。如：服装商场分别设立男装部、女装部、童装部。这样做最大的优点就是能够使企业更好地做到以顾客为中心，更快地掌握顾客的需求变化，满足各类顾客的要求。同时，也有利于加深顾客对企业的了解，使其更方便地选择产品。

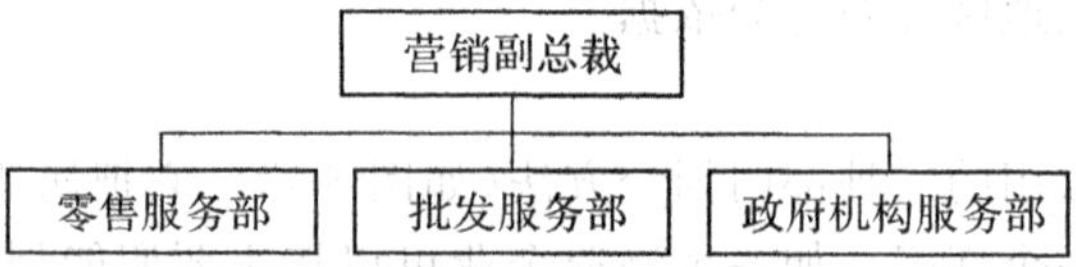

图 8-10　顾客部门化示意图

划分部门的方法除了以上四种常用的方法外，根据企业的具体情况和特殊需要，还有按人数、时间、项目、设备、业务流程等等来设置部门的方法，这里不再一一叙述。

需要指出的是，绝大多数大型组织中存在多种不同的部门划分方法，既有按职能划分的部门，也有按其他方面划分的部门，以适应各种不同的需要。例如：一家大型制造企业按职能划分成若干部门。其中制造部门按其制造的程序划分子部门，营销部门按地区划分子部门，各个子部门再按用户类型划分部门等等。

如今的市场环境复杂而多变，一个组织面临的任务也日趋复杂，一项任务往往需要许多部门人员的共同配合才能完成，部门之间的依赖性和对协作的要求越来越高。因此，管理人员越来越多地以工作团队取代日益僵化的部门化小组。工作团队可以根据环境的变化灵活组织必需的技术人员，出色地完成每一项任务。

五、组织结构类型设计

（一）锥型组织和扁平型组织

按照管理幅度的大小和管理层次的多少，组织可分成两种基本结构：锥型组织与扁平型组织。

锥型组织，又称“直式结构”，是指管理幅度小而管理层次多的结构（如图8-11）。

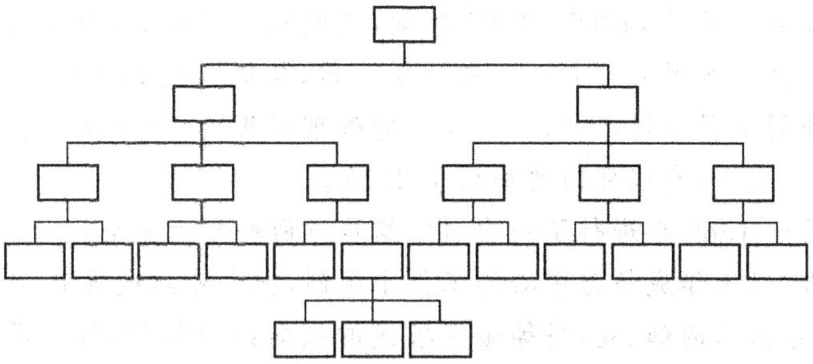

图 8-11 锥型组织示意图

锥型组织具有分工明确、管理严密，上级可以对下级进行更具体的指导和监督，还可以给下级提供较多晋升机会等优点。但是，由于管理层次多，需要的管理人员数量大，会增加管理费用。层次多，各层次部门间的协调工作也急剧增加，相互扯皮的事会层出不穷。管理层次增多以后，会使组织内信息沟通速度减缓，造成效率下降。同时，过多的层次，容易使高层管理者对基层的控制变得困难，影响系统整体优势的发挥，还会影响到下级人员主动性和创造性的发挥。

扁平型组织，又称“横向结构”，是指管理层次少而管理幅度大的结构（如图 8-12）。

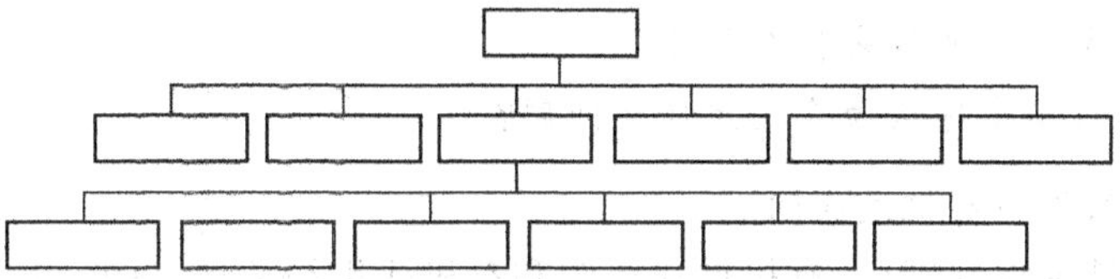

图 8-12 扁平型组织示意图

扁平型组织具有以下优点：有利于缩短基层与上层组织之间的距离，密切上下级之间的关系；信息沟通渠道短捷，信息纵向流通快；管理层次少，可节约管理费用；由于管理幅度大，迫使上级授权，并制定明确的政策，同时挑选精明能干的下级；下级人员往往有着更多的自主权，有利于调动其积极性，使其有较强的责任感、成就感。

但这种结构也有一定的缺点：由于管理幅度大，主管人员负担重，很难严密地监督下级人员，如领导者能力有限而又缺少管理经验，容易出现失控的危险；而管理幅度大，也会加重同级间相互沟通联络的困难。

可见，这两种结构各有优点和局限性。近年来，组织结构设计呈现出宽跨度设计的扁平化趋势，越来越多的组织正努力扩大其管理幅度。这主要是因为经济全球化和信息技术的迅猛发展，使得所有公司都必须面对快速变化的充满了不确定性的市场，而日益提高的管理者和员工的素质又为组织的扁平化改造提供了可能。

【案例 8.8】

组织结构变革

通用电器公司在1981—1990年间，在杰克·韦尔奇的领导下对原来臃肿的组织结构进行了改革。部门管理人员的人数由2100人精简到1000人；全公司的高级行政人员数量也由原有700人减少到500人，1990—1994年间，又精简了100人，整个雇员数量从40.4万人精简到22万人，然而通用公司的收入增加了一倍，从原来的270亿美元增长到600亿美元。韦尔奇掌管通用电器公司之初，一个经理的管理幅度为5～6人，到20世纪80年代管理幅度增加到14人左右，有些部门增加到了25人。

丰田汽车公司于1989年进行了一次组织结构方面的重大变动，废除了处、科体制，而实行以重视工作能力、以工作成绩为中心的工作小组制，把企业建成具有"客户至上"形象的组织。原各技术、事务部门的部、处、科等金字塔式的纵向组织结构，经过改革，成为没有层次的扁平的组织，即工作室制。具体做法是把原来部中的2～3个处合并建立工作室，而各工作室之间根据各个时期的任务不同，临时建立各种相应的工作小组。这样做的目的有两个：(1)使得部长或室长一个人就能解决室内的事务，加快了领导决策的速度。(2)从部长到组员都是室内的普通一员，小组的领导是根据任务的不同而随时换人的。也就是说，原来的部长、处长、科长的各种工作，根据不同情况而临时选人担任。这样，在公司的实际工作中，就取消了各种等级职务。在代表公司对外接触方面，由于要考虑到资格、待遇等因素，因此在新组成的工作小组中全都是一般组员，而在对外处理问题时还可保留原来的头衔。通过这种灵活的组织结构，实现了繁重工作所要求的高效率，取得了理想的效果。

问题：

1. 组织的改革给企业带来什么利益？
2. 在改革的过程中你认为应注意什么问题？

(二)机械式组织与有机式组织

组织结构按其弹性程度分，有机械式组织和有机式组织两类。图8-13描述了这两种不同的组织形式。

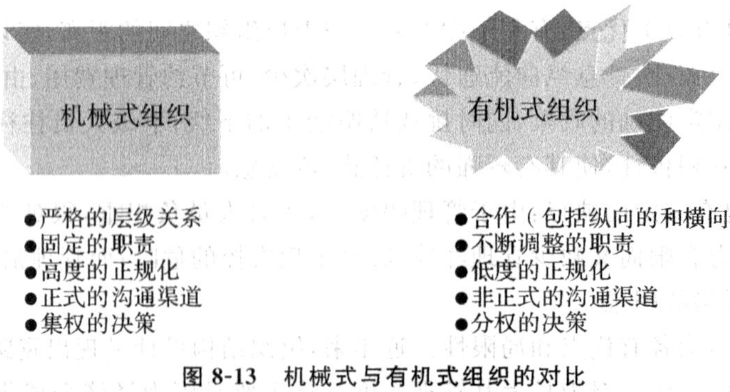

图 8-13 机械式与有机式组织的对比

机械式组织，也称"官僚行政组织"是等级分明、制度完善、结构稳定的组织。随着社会发展，组织向部门化、专业化方向发展，每一项工作变得越来越简单化、标准化。在统一指挥原理指导下，组织内部等级制度越来越严格，组织层次增加，管理幅度相对缩小，出现了高耸的、非人格化的结构。这种结构使组织的稳定性、高效率达到了相当高的水平，但是也导致组织僵化、反应迟钝的弱点。一般地，处于相对稳定环境中的组织宜采用机械式组织结构。

与机械式组织形成鲜明对照，有机式组织是松散、灵活、具有高度适应性的组织。这种组织结构朝低复杂化、非正规化、分权化方向发展。组织没有高度的标准化程序和严格的规章制度，而是根据需要可以随时做出调整的灵活结构。因为现代的员工大都接受过良好的教育，并经过一定的职业培训，已经是职业化的员工，是可以随时应变处理突发问题的。取代层级控制的是员工之间的纵向、横向协调沟通，更注重人的创造性、人的自我价值的实现。例如：对于一个电脑工程师来说，他的上级完全不必规定他必须何时上班何时下班、哪一天做哪一项任务、这项任务通过哪些步骤完成等，他只需告诉这位工程师在这段时期内他要完成哪一些任务。至于如何做、哪里做、何时做等细节问题，完全由这位工程师决定，上司可以通过正式以及非正式的沟通途径去了解员工的工作进度及状况。有机式组织强调“网络化”，强化信息和价值的共享，在不同的职能部门间进行团队合作，有效地共享知识与技能。一般地，处于不稳定环境中的组织多采用有机式组织结构。

机械式组织与有机式组织这两种结构的不同特点如表 8-1 所示。

表 8-1 机械式组织与有机式组织的特点

特点	机械结构	有机结构
外部环境	稳定、简单、确定	变动、复杂、不确定
专业化程度	工作高度专业化	工作专业化水平较低
职权集中程度	集中于高层管理者	集中于每一层中有能力的人
如何解决冲突	由领导来解决	由相互作用来解决
信息沟通	通过上下垂直的信息沟通	通过劝告、协商和互通信息增加平行的信息沟通
规章制度的数量	多	少
对什么忠诚	对组织制度最忠诚	对任务和群体最忠诚
影响力的基础	建立在职权基础上	建立在个人能力基础上

【案例 8.9】

一对“孪生”企业的不同组织模式

1. 基本情况介绍

1965 年，美国一家大型技术产品公司清理电子产品业务，将属下的制造和装配印刷电路板的两个电子厂卖给了不同的投资者。其中一个工厂位于欧梅格市内，更换所有者后取名为欧梅格电子公司（这里简称为 A 公司）；另一工厂地处该市郊区，改名为阿克米电子公司（这里简称 B 公司）。A 公司保留了原管理队伍，任命原厂长泰康为公司总经理；B 公司选用了该厂原有的部分管理人员，并聘请一电子研究所所长罗奇担任公司总经理之职。A 公司和 B 公司经常为争取同一项生产合同而展开竞争。作为电子产品协作厂，两家公司都得益于 70 年代初期电子行业的兴旺发展，同时也都期待着将来的扩大与繁荣。A 公司年销售额达1000万美元，员工有550人；B公司年销售额为800万美元，有480名员工。A公司通常能赚得更多的利润，这引起了B公司管理人员的嫉妒。

A公司的总经理泰康把公司的高效益归功于对员工实行严密控制的能力。他解释说，他保留着工厂原隶属于技术产品公司时形成的基本组织结构，这种结构对于大批量制造印刷电路板及随后进行的装配具有很高的效率。泰康相信，要不是市场需求量这么大，他的竞争对手就不可能生存下来。A公司具有详细的组织机构图和职务说明书，对每个部门和员工的工作进行细密的专业化分工，并规定有明确的职责范围。A公司的员工一般都对工作感到满意，不过一些管理人员已提出了扩大工作自主权的要求。

B公司设有同A公司相似的管理部门，但总经理罗奇并不相信组织机构图的功用。他认为：公司的规模并不大，像组织机构图这类东西只能在专家之间制造人为的障碍，而这些专家是需要在一起工作的。罗奇很关心员工的满足感，希望每个人都把自己看做是组织的一员，熟悉整个组织的活动。罗奇强调部门之间的工作协调，但他不提倡人们在沟通中用书面文件，也不对人们的工作做出死规定。技术部的一个新成员说："我刚来这里时，不知道自己该干些什么。今天我同技术人员一起工作，明天我又帮助装运部门设计包装盒。工作的头几个月乱哄哄的，但我对公司的整个活动有了比较真实的了解。"

2. 协作合同竞争与内部管理过程

1976年，美国电子行业微型化的步伐在加快，市场对晶体管的需求直线下降，取而代之的是集成电路。由于集成电路的生产过程是高度保密的，而A公司和B公司以往所生产的印刷电路板主要是与晶体管相配套的。意识到未来的潜在威胁，两家公司都开始拼命寻找新的顾客。

这年7月，有家大型复印机厂正想为他们新试制的复印机中存储器找个电路板协作厂。这项协作合同预计有500万～700万美元的订货额。A公司和B公司在地理位置上都很靠近这家复印机厂，因此都想以具有竞争力的出价获得该协作生产合同。A公司的出价稍低于B公司，但两家公司都被要求试生产100件样品。复印机厂告诉这两家公司，速度是关键，因为他们的总经理已向其他厂家夸口说将在新年前制造出一台完整的复印机。这一夸口使复印机厂的设计师们大为慌张，他们要求向所有的协作厂施加压力，使之在复印机最终设计完成之前就开始试生产样品。这就意味着，A公司和B公司最多只能用两周的时间试生产样品，否则，他们就会拖延整个复印机生产的进度。

1976年7月11日，A公司接到了复印机厂的存储器设计图。总经理泰康立即给采购部门送了份备忘录，要求他们提前购买好所需的元器件。同时，他将图纸交给产品设计部门，要求他们准备制造图纸。方法设计部门则被告知开始着手方法设计，安排好装配顺序供生产部门使用。泰康还给其他部门负责人发了书面通知，提示时间是这项工作的关键因素，并表明他希望每个人都能像过去那样高效率地完成任务。

开头几天，各部门间没有什么接触，它们看来都在以各自的进度工作着。当然，各部门也遇到了一些问题：采购部门对于这项工作的期限要求不够重视，而忙于完成其他任务。泰康在安排企业内部工作的同时，继续同复印机厂保持密切的联系，他每星期至少同复印机厂打两次电话，一方面想让他们了解本公司的工作进度，另一方面也想从他们那里获得设计改进的新信息。

7月15日泰康得知技术部门的工艺开发进度落后的消息后，大为不满。更糟的是，由于采购部门没有买齐所有的元器件，所以方法设计师只好建议在短缺一个元件的情况下先把产品装配起来，待购到短缺的元件后再补上去。成品装配工作于7月21日开始，这时与计划进度相比已经推迟了好几天。次日，泰康视察工厂时发现最终成品装配完毕。

当天傍晚时分，泰康接到了复印机厂设计部门负责人打来的电话。这位负责人告诉泰康，他已经在7月20日接到B公司总经理罗奇的电话，罗奇的工人发现了存储器接线板设计中的一个错误，他们已经在试生产的样品中予以更正了。这位设计负责人解释说，经他本人核查后也确认原设计确有错误，因此要求A公司按他派人送来的新的设计蓝图予以改正，并且他还坚持A公司要在原定的7月26日这天交货。

新的设计蓝图送来以后，泰康立刻招来生产主管探讨更改方案，结果发现没有其他办法，只能拆开组装好的装配件并卸掉接线板的一些焊点。鉴于短缺的那个元件还未运到，泰康吩咐生产主管7月26日上午先增派人员修改错误，争取在7月26日完成这项工作。7月26日傍晚，修改工作已经完成，短缺的元件才运到厂里。7月27日早上，生产主管发现要将短缺的元件补上去，还得拆开成品。泰康听到后，大发雷霆。他叫来方法设计工程师，问他们能否解决这个问题。生产主管和方法设计工程师对于如何插入这个元件没能达成一致意见，泰康只好下令再次拆开所有成品。泰康同时命令装运部门准备好纸板箱，等待7月29日下午装运。

到了7月29日，泰康在亲自检验了一件样品，发现它能正常运行之后，放弃了最终检验的要求，命令有关部门将已完工的50件试生产样品运往复印机厂。8月2日，A公司又运出了余下的50件样品。

再看B公司。其总经理罗奇在接到复印机厂设计蓝图前，7月8日，周五，召开了一次会议，把公司即将接到一项新任务之事面告各部门负责人，希望大家一接到设计蓝图就开始工作。

7月11日，设计蓝图送来了。各部门负责人再次开会讨论这项工作。会议结束时，产品设计部门同意尽快准备制造图纸，方法设计部门和生产部门则一起进行方法设计。

同A公司一样，B公司也遇到了两个问题：一些外购元器件未能按时采购到；装配顺序的设计也是个难题。对于这些问题，各部门互相帮着出主意。各部门负责人及主要人员还每天开会讨论工作进程。产品设计部门的负责人说他知道日本有个货源，从那里可以买到一般供应商所无法提供的元器件。果真在7月16日，B公司买到了装配所需的所有元器件。

7月18日，B公司方法设计工程师和生产主管共同制订出装配计划，准备第二天开始正式生产。7月18日下午，产品设计、方法设计、生产和技术等部门的有关人员聚集在一起讨论并开始第一件样品的试制工作。在试制过程中，他们发现了接线板设计上的那个错误。经过反复检查设计图纸后，所有的工程师都同意接线板设计有误的看法。当晚，产品设计部门和技术部门的人员利用晚上的时间重新设计了接线板，并修改了制造图纸。次日上午，罗奇闻知设计修改的消息后很为吃惊，决定要征得复印机厂认可。到了7月19日，复印机厂的设计负责人给罗奇回话说，他们可以按前一天电话所说的设计修改方案继续工作。7月22日，B公司试生产的100件样品经过质量管理部门的检验后装运出厂。

3. 结果

A公司生产的100件存贮器中有10件质量不合格，B公司的所有样品都通过了复印机厂的检验。A公司本来就推延了交货日期，后来因返修不合格产品，又进一步拖延了些日子。尽管如此，复印机厂还是把1976年下半年的生产协作任务交由A公司和B公司共同来承担，而没有把整批订货全部给其中某一家。不过，复印机厂在协作合同中附加了两个条件：一是保证产品无缺陷，二是降低产品成本。在执行合同过程中，A公司通过广泛的努力，使单位产品成本降低了20%。这样，A公司就从1977年开始赢得了复印机厂存贮器的全面生产协作任务。

问题：

1. A、B两公司的组织结构设计分别采用的是什么模式？

2. A公司在最初任务完成并不理想，为何一年后却赢得了全部订单？

（三）权变的组织结构

1. 权变组织结构的含义

组织"权变"的观点认为，世界上并没有最好的组织结构，传统的组织结构并非绝对的一无是处，而现代的组织结构也不是绝对的完美。比较理想的组织结构设计，应该是同时运用现代的以及传统的组织设计原则与方法。所谓"最佳的"组织结构，应视各种情势而异，可以采用任何有效的组织结构形式。

今天组织结构的发展，已不大像过去那样重视职责的严格分工，而是越来越重视弹性设计，在一些公司里，机械性的结构已为有机性的结构所取代。这种变化的新趋势反映了组织设计的一种新观念，即组织内部的职能设计必须与组织任务的要求、科技或外在环境的要求，以及组织成员的需要等相符合，组织始能有效。

因此，研究组织结构的设计，不是设法找出可以适应任何情况的方案，而是研究组织的职能如何满足成员的需要以及怎样面对外来的压力。换言之，权变的组织结构是着眼于任务、组织及人员等三者的互相配合。

2. 权变方法与传统方法的比较

权变方法设计的组织结构与传统方法设计的组织结构无论是在观念上、方法上、原则上还是在特性上，都有很大的不同。

(1)指导思想。从设计的指导思想来看，权变方法强调权衡变化，使结构适应当时的情境，而传统方法则强调组织的稳定，使组织结构规规矩矩。

(2)环境假设。从设计的环境假设来看，权变方法是把企业放在一个复杂多变的大环境中来设计企业的组织结构，强调环境的动态性，因而是一种动态的组织设计；传统方法则把企业放在一个静止不变的大环境中来设计企业的组织结构，假设环境处于静态，因而是一种静态的组织设计。

(3)指挥关系。从指挥的关系来看，权变的组织结构既注意垂直的沟通路线与权力关系，又注意发展横向的及交叉性质的沟通路线与互动关系；而传统的组织结构则主要着眼于阶层性的管理结构以及垂直的权力关系，横向联系很少。

(4)上下级关系。从上下级关系来看，在权变的组织结构中有时候上下级之间可能牵涉到有多重的关系，不同的管理者要以同时从不同方面对某一个人的绩效进行评估，一个人可能有两个以上的上司，例如在矩阵式结构中；而在传统的组织结构中，特别强调服从，强调命令统一，强调一个人只能有一个上司。

(5)管理幅度。从管理幅度来看，在权变的组织结构中管理幅度的大小取决于所涉及的人员的性质、沟通需要、所面临的任务与环境，以及所需协助的时间长短等因素，要综合考虑，并无一定之规；而传统结构中的管理幅度通常是按照职权范围及所处管理层次来决定，其控制的人数规模及控制的对象大部分是固定不变的。

(6)决策情况。从决策的情况来看，权变的组织结构既可能采用集中决策，又可能采用民主决策，这要视当时的各种情况而定，并不硬性规定应该采用哪种决策方式；而传统的组织结构主要是由高层领导集中决策，是实行集权式的管理。

(7)管理哲学。从对人的管理哲学来看，在权变的组织中，既注意到了组织的任务，也注意满足人的各种欲望和需求，既注意了人的经济性需要，也注意到了人的社会性需要，主张对人的管理因人而异。有的可以采用X理论为指导，有的可以采用Y理论为指导。对有的人要严加控制，而对另外一些人却可以充分信任，让其自我指挥、自我控制。

但在传统的组织中，对人的管理基本上是着眼于控制，且假设人的能力及自觉性不够，因而需要制定严格的标准与严格的制度，以实现对人的严格管理。这种传统方法设计的组织结构妨碍了人的发展，不利于创新，不利于促使个人迅速成长，也不利于调动人的积极性。

六、组织运行方式的选择

组织结构设计，仅仅是设计出一个框架。要使组织结构有效地运转，还必须选择好组织的运行方式。组织的运行方式在这里是指组织运行当中出现问题的处理方式。这里涉及两个问题的选择：一是集中与分散的选择；二是个人与集体的选择。

(一)集权、分权与授权

1. 集权与分权的概念

集权(Centralization)是指组织中把决策的权力集中在较高层次的管理部门，下级的一切行动听上级的命令和指挥；分权(Decentralization)则是将决策的权力分散到较低层次的各部门，由他们自主地解决某些问题。

在现代组织管理中，绝对的集权和绝对的分权都是不可能的。绝对的集权就是最高主管把所有的权力都集中在自己手里，这就意味着他没有下属，因而也就不存在组织；绝对的分权就是最高主管不再有任何职权，他就不再是领导者，组织也就无法运行。因此，集权与分权是相对而言的。某种程度的集权和某种程度的分权，对组织都是必要的。

2. 集权与分权的优缺点

在组织中，集权和分权各有利弊。权力集中的好处主要在于有助于加强组织的统一领导，防止部门利益与公司整体利益相冲突，便于加强组织控制。但是，集权不利于调动基层的积极性、创造性和主观能动性，集权使高层管理者整天忙于日常性事务，无暇考虑企业的长远发展及其他重大决策问题，而且难以培养出熟悉全面业务的管理干部。

分权可减轻高层管理人员的负担，有利于调动基层管理者的积极性，有助于增强组织的应变能力，有利于培养优秀的管理人才。但是，分权把握不好，可能会使上级失去对下级的有效控制，容易出现部门利益与公司整体利益相违背的情况和各部门各自为政的局面，增加了各部门之间的协调难度。

3. 集权与分权程度的标志

虽然集权与分权相结合的原则具有普遍性，但由于受组织内外多种因素的影响，条件不同的组织，其集权与分权程度是有区别的。通常情况下，集权与分权程度根据各管理层次所拥有的决策权情况来衡量。具体来说，衡量的主要标志有：

(1)决策的数量。组织中较低管理层次做出的决策数目越多，则分权的程度越高；反之，上层决策数目越多，则集权程度越高。

(2)决策的范围。组织中较低层次决策的范围越广，涉及的职能越多，则分权程度越高。

(3)决策的重要性。若较低层次做出的决策越重要，影响面越大，则分权程度越高；相反，如下级做出的决策越次要，影响面越小，则集权程度越高。

(4)决策的审核。组织中较低层次做出的决策，上级要求审核的程度越低，分权程度越高；如果做出的决策，上级要求审核的程度越高，分权程度越低。

4. 影响集权与分权的因素

(1)决策的代价。决策付出的代价的大小，是决定集权与分权程度的主要因素。判断决策的代价，要同时考虑经济标准和诸如信誉、士气等一些无形的标准。对于较重要的决策、耗费较多的决策，由较高管理层做出决策的可能性较大。因为基层主管人员的能力及获取的信息量有限，对决策责任的承受力也相对有限。

(2)政策的一致性。如果希望保持政策的一致性，认为政策的一致性十分重要且高于一切，那么集权程度就高；如果希望某些政策不完全一致，希望这样的不一致性带来管理上的创新、进步，组织部门之间的相互竞争，提高士气和效率以及涌现出更多的高素质管理人才，则倾向于分权。

(3)组织的规模。组织规模越大，需要做出的决策就越多，组织的管理层次和管理部门也越多，沟通及控制、协调也就越困难。为了提高管理效率，分权程度就应高些；相反，如果组织规模较小，集权程度就应高些。

(4)组织的成长方式。如果组织是靠组织内部积累由小到大逐级发展起来的，则集权程度往往较高；若组织是由并购或联合发展起来的，则分权程度往往较高。

(5)管理哲学。主管人员的个性和他们的管理哲学，对组织的集权与分权的程度影响较大。

(6)管理人员的数量及素质。组织中管理人才的缺乏与否会影响到权力的集中或分散。如果管理人才数量充足、经验丰富、训练有素、管理能力强，则可较多地分权；反之，则趋向集权。

(7)控制技术与手段。一个管理人员在不能确认授出的权力是否会得到恰当运用的情况下，就不会授权。如果控制技术与手段比较完善，主管人员对下属的工作和绩效控制能力强，则可较多地分权。

5. 授权

所谓授权(Authorization)，就是管理者将自己的部分决策权或工作负担转授给下属的过程。授权是一门管理的艺术，充分合理的授权能使管理者们不必亲历亲为，从而把更多的时间和精力投入到大的决策中，更好地引领下属完成组织目标。授权可以说是组织规模扩大的必然结果。没有人能够承当实现组织目标所必需的一切任务，同样也没有人能够行使所有的决策权。

授权是一个过程，由包括委派任务、委任权力和明确责任等不可分割的步骤组成。

第一步是委派任务，将任务委派给接受任务的下属，并明确应当取得的成果。这一步骤是要使下属明确他将承担什么任务，这些任务应当完成到什么程度或应当取得什么样的结果。

第二步是委任权力。将完成任务所必需的职权授予下属。通过这两个步骤，管理者的任务和职权分配给了下属，但到此并没有万事大吉，上级主管仍然负有确保完成任务的责任。

第三步是明确责任。使下属承担起对所接受的任务、成果要求和职权的义务。也就是要使下级认可或同意由上级所授的任务和职权，并做出完成任务的承诺。授权的这三个步骤是不可分割的。只是要求某人完成某一任务而不授之以相应的职权，或者授予职权却不清楚最终要取得什么结果，都不能算是真正的授权。

在授权的过程中，责任是不可下授的。这称为“授权的绝对性原则”。上级管理者即使授权于下属去完成某项任务，但仍然负有对该项任务的责任。这也是许多管理者不愿授权或不敢授权的原因之一。

组织中有时会出现职权分裂的情况。当解决一个问题或做出一项决策必须汇总两个或更多的管理者的职权才能实现时，就认为解决这一问题的职权是分裂的。例如，在某企业一个横跨两个车间的生产过程中，如果将工序作一点小小的变动就有可能大幅度降低生产成本。但两个车间主任无论谁都无法单独做出决定。此时，就只有两人的共同上司，分管生产的副厂长才能解决问题。在副厂长这里，解决这一问题的职权是完整的，但对两位车间主任而言，他们处理这一问题的职权是分裂的。当职权分裂的问题牵涉到许多管理者时，常常需要通过会议来协调解决。组织中不可能完全避免职权分裂的现象，但如果同一问题一再重复发生，则可能是授权不当的征兆，这时就有必要进行一些组织上的改革。

管理者对下属授权并不是永久地失去了这部分职权，他可以随时收回授出去的职权。组织的变动或改组总是意味着职权的收回和重新授出。当发现下属不能胜任或负担过重时，也需要将授出去的部分或全部职权收回并进行重新授权。不敢授权或不会授权的人，难以扩大他在组织中的影响面，难以委以重任，也难以成就大业。

授权的范围很广，有用人之权、做事之权等。它虽各具特点，但不管哪种授权，都有一些共同的准则可以遵循。授权应遵循如下主要准则：

(1)因事设职，视能授权。一切依被授权者的才能大小和知识水平的高低为依据。“职以能授，权以功授”，这是古今中外的历史经验，两者决不能混为一谈。“因人设事”、“以功授权”，必然贻误大事。授权前，必须仔细分析本单位工作任务难易程度，以使职权授予最适合的人选。一旦授予下属职权而下属不能承担职责时，应理智地及时收回职权。

(2)明确所授事项。授权时，授权者必须向被授权者明确所授事项的任务目标以及职权范围。这样不仅有利于下属完成任务，更可避免下属推卸责任。

(3)不可越级授权。只能对直接下属授权，不可越级授权。例如局长只能把所属的权力授予他所管辖的处长，而不能越过处长直接授予科长。越级授权必然造成中层主管人员的被动，以及部门之间的矛盾。

(4)授权适度。授予的职权是上级职权的一部分，而不是全部，对下属来讲，这是他完成任务所必需的。授权过度等于放弃权力。对于涉及有关组织全局的问题，例如决定组织的目标、发展方向、人员的任命和升迁、财政预算，以及重大政策问题等，不可轻易授权，更不可将不属于自己权力范围内的事授予下属。

(5)适当控制。在授权过程中要适度地进行控制。如果主管人员授权后，仍不断地检查工作，是授权不足的表现。有效的主管人员在实施授权前，应建立一套健全的控制制度、制定可行的工作标准和适当的报告制度，以及能在不同的情况下迅速采取补救的措施。

(6) 相互信赖。授权和沟通相似，必须基于主管人员和部属之间的相互信赖关系。因此，主管人员如果把权力授予下属，就应当充分信任下属，也就是说要“用人不疑”。

【案例 8.10】

留下一些让下属干

一位著名企业家在作报告，一位听众问：“你在事业上取得了巨大的成功，请问，对你来说，最重要的是什么？”企业家没有直接回答，他拿起粉笔在黑板上画了一个圈，只是并没有画圆满，留下一个缺口。他反问道：“这是什么？”“零”“圈”“未完成的事业”……台下的听众七嘴八舌地答道。他对这些回答未置可否：“其实，这只是一个未画完整的句号。你们问我为什么会取得辉煌的业绩，道理很简单：做事就像画个句号，我不会做得很完善，要留个缺口，让我的下属去填满它，只有在下属能帮助你补缺口时事情才能做得圆满。”

问题：

1. 为什么管理者要懂得授权、分权让下属接受部分工作？

2. 管理者在向下属授权时应注意什么问题？

(二)委员会制与个人负责制

委员会与个人负责制是组织中两种不同的高层次职权分配体制。在某种意义上说，也可以看做是集权与分权的问题，只不过上面讨论的是垂直意义上的集权与分权，而这里讨论的是水平意义上的集权与分权。

1. 委员会制

水平意义上的分权就是委员会制。委员会制指的是组织中的最高决策权，由一个两名以上的人所组成的集体来行使。委员会按职权可分为两种类型：一种是直线式的，委员会做出的决策要下级去执行，如企业的董事会是一种权力性委员会；另一种是参谋式的，为直线管理人员提供咨询、建议和服务等，是一种非权力性委员会。在现代社会的各种组织中，委员会正在作为一种集体管理的主要形式而被广泛地采用，在管理中，尤其是在决策方面扮演着越来越重要的角色。

(1)委员会制的优点

①集思广益。利用委员会的最重要的理由，是为了集思广益。委员会由一组人组成，其知识、经验与判断力均较其中任何一个个人要高。因此，通过集体讨论、集体判断可以避免仅凭主管人员个人的知识和经验所造成的决策错误。

②协调作用。部门的划分，可能会导致“职权分裂”，即对某一涉及多个部门的问题，个别部门没有完全的决策权，只有通过几个有关部门的职权结合，才能形成完整的决策。通过委员会把有关的部门召集起来解决此类问题，既可减轻上层主管人员的负担，又有利于促进部门间的合作。此外，委员会还有利于协调各部门间的活动。各部门的主管人员可通过委员会来了解其他部门的情况，使之自觉地把本部门的活动与其他部门的活动结合起来。

③避免权力过于集中。委员会做出的一般都是对组织前途有举足轻重影响的重大决策。通过委员会做出决策，一方面可得到集体判断的好处；另一方面也可避免个人的独断专

行、以权谋私等弊端,委员之间起了权力互相制约的作用。

④代表各方面利益。委员会的成员,一般由各方面利益集团的代表组成,因此,委员会做出的决策必然能广泛地反映各个利益集团的利益。

⑤有利于主管人员的成长。委员会使下级主管人员和组织成员有可能参与决策和计划的制定过程。这样不仅可以激发和调动各管理层次主管人员的积极性,以更大的热情和主动性去接受和执行这些决策和计划,而且,通过委员会,下级人员能够了解到其他主管人员及其整个组织所面临的问题,从而对整个组织活动增加了解,便于提高其整体管理能力。上级主管人员也可以在委员会中考评下级人员的能力,以作为选拔的依据。

(2)委员会制的局限性

由于委员会需要在大多数成员意见基本一致的基础上才能做出决策,所以不可避免地存在一些局限性。

①妥协折衷。在委员会中,各方代表来自不完全相同的利益团体,当意见不一致时,往往是互不相让、旷日持久、议而不决;要么讨价还价,各做让步,采取折衷的方法解决。这样做出的决策与其说是集体讨论的结果,不如说是在各种利益冲突中妥协折衷的产物,决策质量大打折扣。

②权责分离。委员会是以集体决策为主要特征的,做出的决策是建立在集体讨论的基础上,谁也无法对决策负全部责任。所以,委员会是集体负责,而实际上也没有一个人能对集体的行动负责。换句话说,集体负责往往导致无人负责。

③成本较高。这里所说的成本,除了资金之外,还包括时间。委员会召开会议讨论问题,为了取得大体一致的意见,制定出各方面基本上都能接受的决策,需要在反复讨论的基础上才能达成,有时还可能长时间争论不休。这既会花费很多的资金,又会造成时间上的延误,而在稍纵即逝的机遇面前,这种延误会使组织付出极为高昂的代价,从而大大增加决策成本。

2. 个人负责制

如果组织中的最高决策权集中在一个人身上,由他对整个组织负责,即为个人负责制。个人负责制的特点是权力集中,责任明确,行动迅速,效率较高。但因其决策者个人的知识、经验以及管理能力毕竟有限,因此难免有考虑不周之处。

采用个人负责这种方式,关键问题就是对权力人滥用职权的制约和对职权行使效果的保障。采用个人负责与委员会相结合的方式可以较为有效地解决这个问题。有两种基本方式:一种是将个人负责与直线式委员会在组织的两个层面上结合起来采用,如一些大公司将董事会集体负责与总经理个人负责结合起来,这样,一方面可以避免权力过于集中而导致的职权滥用,另一方面,各方面的利益都将在董事会的决议中被考虑。这种结合扬长避短,可以取得很好的效果;另一种是将个人负责与参谋式委员会在组织同一个层面上结合起来,同样能取得较好的效果,既发挥了委员会在集思广益、发挥协调作用、激发主管人员的积极性、加强沟通联络、促进主管人员成长等方面的优点,又发挥了个人负责在独立性、果断、责任明确等方面的优点。

第三节　组织结构

目前常见的组织结构形式主要有以下几种：直线制组织结构、职能制组织结构、直线职能制组织结构、事业部制组织机构、矩阵制组织结构、多维立体组织结构、网络结构等等。

一、直线制组织结构

直线制是一种最早的和最简单的组织结构模式。以企业为例，其结构如图 8-14。这种组织结构形式不设职能机构，从最高管理层到最低管理层，实行直线垂直领导。这种组织形式结构简单，权责分明，指挥统一，工作效率高。但这种结构缺少专业管理分工，管理者负担较重，每日忙于日常业务，无法集中精力研究组织重大战略问题。因而，这种结构只适宜于产品单一、工艺技术较为简单、业务规模较小的组织。

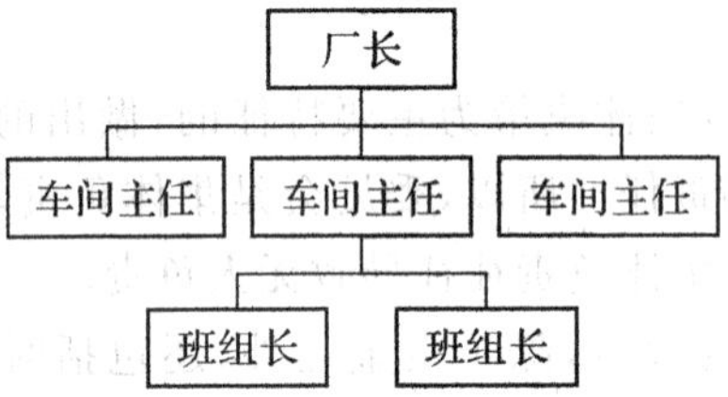

图 8-14　直线制组织结构示意图

二、职能制组织结构

职能制是指在组织中设立若干职能部门，各职能部门在自己的业务范围内都有权向下级下达命令和指示，下级要同时听从上级直线领导者和上级职能部门的指挥。以企业为例，其结构示意如图 8-15。

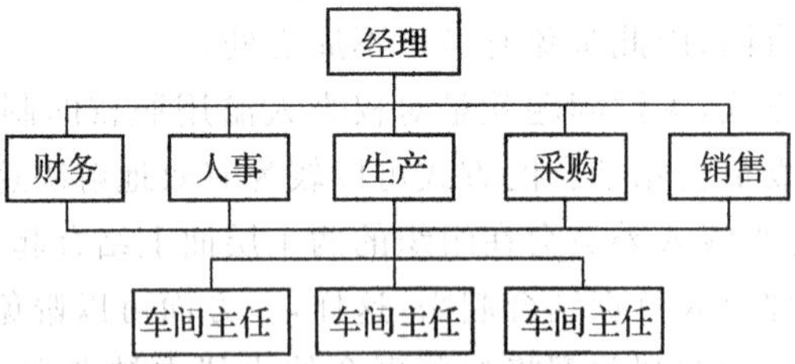

图 8-15　职能制组织结构示意图

这种组织形式管理分工较细，便于充分发挥职能机构的专业管理功能。但这种结构容易出现多头领导，政出多门，破坏统一指挥原则。实际上，职能制只表明了一种强调职能管理专业化的意图，无法在现实中真正实行。

三、直线职能制组织结构

直线职能制组织结构，又称"U 型结构"(Unitary structure)。它吸取了直线制和职能制的长处，避免了它们的短处。它把直线指挥的统一化思想和职能分工的专业化思想相结合，在组织中既保持了纵向的直线指挥系统，又设置了横向的职能管理系统，即在各级领导者之下设置相应的职能部门分别从事专业管理。以企业为例，此结构如图 8-16 所示。

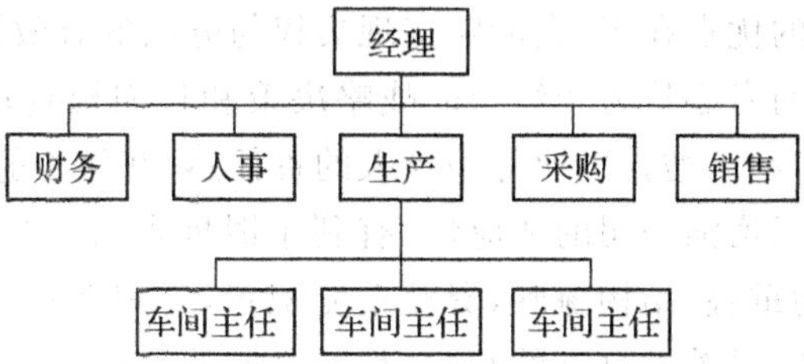

图 8-16 直线职能制组织结构示意图

这种组织结构的特点是以直线指挥系统为主体，同时利用职能部门的参谋作用。在这类组织结构中，两类人员的职权必须是十分清楚的。一类是直线主管人员，他们拥有对下级的指挥和命令的权力，承担着实现所管理部门的业务目标的任务；另一类是职能部门的职能管理人员，他们只能起参谋和助理的作用，对下级部门可以进行业务指导，提出建议，在直线人员授权下可行使职能权，但无权对下级部门直接指挥，发布命令。

直线职能制的优点是：整个组织既保证了统一指挥，又有利于强化专业化管理，因此，它在企业组织中被广泛采用。但是，这种组织也有不足之处，即下级缺乏必要的自主权，各职能部门之间联系不紧，易于脱节和难以协调等。

四、事业部制组织结构

事业部制组织结构，又称为“M 型结构”(Multidivisional structure)。它是由美国通用汽车公司总裁斯隆于 1924 年提出来的，目前已成为特大型企业、跨国公司普遍采用的一种组织结构。如图 8-17 所示。

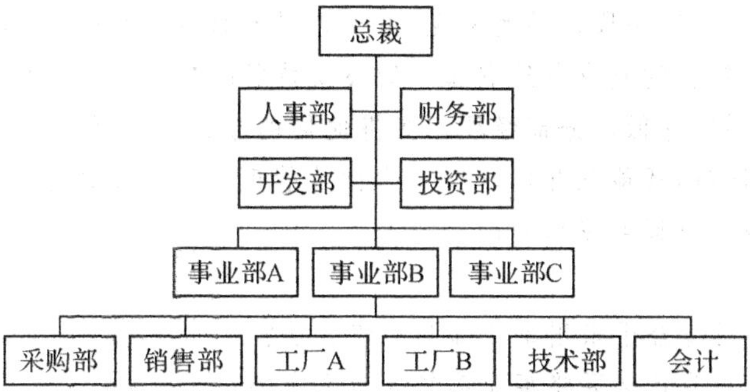

图 8-17 事业部制组织结构示意图

事业部制是实行分权管理的一种组织形式。这种类型结构的主要特点是：组织一般按地区或所经营的产品和事业来划分事业部；各事业部独立核算，自负盈亏，是独立的利润中心；组织总部按照“集中政策、分散管理，集中决策、分散经营”的原则来对事业部进行有效管理。

事业部制结构的关键在于最高层和下级经营机构之间的集权和分权关系。最高管理层是企业的最高决策机构，主要负责企业的战略管理，制订发展目标、方针和总体发展计划。

除此之外，它还负责企业各部门的总协调。为了使整个企业在分权的基础上保持企业运行的高效率和有效的控制，事业部制组织的最高管理层一般要掌握一些重要的权力，如：人事权、财务权、战略管理权等。

事业部制组织结构的优点在于，它能够实现集权与分权的有效结合，有利于组织最高管理者摆脱日常行政事务而专心致力于组织的战略决策和长期规划；分权有利于调动各事业部的积极性和主动性，有利于增强事业部领导人的责任感，并使之能根据市场需求结构的变化，及时调整生产方向，以增强公司的适应性；有利于锻炼和培养高级管理人才。事业部制的主要缺陷是：内部机构重叠，结构臃肿，资源重复配置，管理费用较高；各事业部独立性较大，很容易产生本位主义，只关心自己的利益，相互之间协作较差。这种组织形式主要适用于采用多元化、国际化经营战略，业务范围广、市场范围大的大型组织。

【案例 8.11】

热电子公司的乔治·哈特索波洛斯①

乔治·N. 哈特索波洛斯(George N. Hatsopoulos)1956 年创建了热电子公司。该公司主要开展与热力学有关项目的研究和开发。但到 80 年代初期，该公司已经成长为一个从事广泛事业的机构，涉足领域包括仪器制造、工业热处理和特种金属加工。并且，这家公司还不断开发出新产品，且通常为不相关领域的产品。

为了更好地对公司进行管理，哈特索波洛斯提出了分部型结构的一个新的变种。他将公司划分为若干小单位，每个单位都是一个具有自己的首席执行官和董事会的独立上市公司。到 1992 年，已经设立了 8 个这样的独立公司。哈特索波洛斯预计到 2000 年将达到 20 个。不过，这些公司的大股东都是热电子公司。

将事业部转换为上市公司以后，具有企业家精神的经理们拥有了更大的独立性，同时也给母公司保留了一种控制手段。举例来说，由于其强大的财力基础，热电子公司得以低息借入资金，然后以低于银行的利息贷给它旗下的公众持股的“分部”。另外，这种结构安排也使各分部的管理费用得以降低。分部经理们在将他们的分部作为独立公司运作，从而享受其股票升值的利益的同时，还能从热电子公司的行政管理和财务管理服务、技术支持、公共关系、会计和法律服务等方面共享所需的资源。

问题：

1. 什么样的公司适合于采用事业部制组织方法？
2. 哈特索波洛斯为什么要将事业部转换为上市公司？

五、矩阵制组织结构

这是一种把按职能划分的部门同按产品、服务或工程项目划分的部门结合起来的组织结构。在组织中，既有按管理职能设置的纵向组织系统，又有按产品、项目、任务等划分的横向组织系统，形成一种纵横交错的矩阵结构形式。其结构见图 8-18。

---

① 斯蒂芬·P. 罗宾斯：《管理学》，中国人民大学出版社 1997 年版，第 256 页。

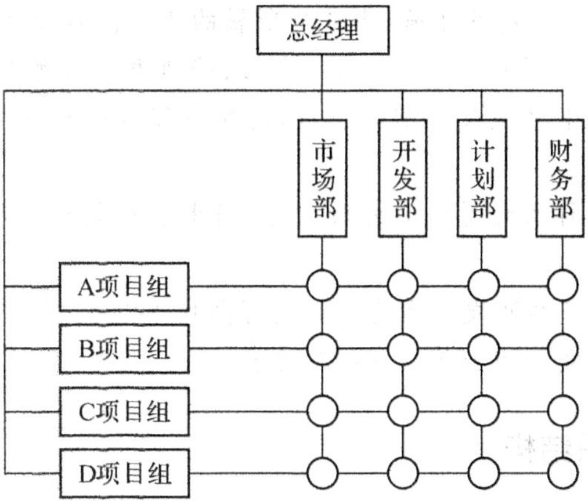

图 8-18 矩阵制组织结构示意图

这种组织结构的特点是:(1)矩阵结构采用双重指挥链。每个项目组成员既要接受原所在职能部门的领导,又要在执行某项任务时接受项目负责人的指挥。(2)项目组具有临时性特点。项目组成员从各职能部门抽调,一旦项目完成,该项目组即行撤销,人员返回原部门工作。

这种结构的主要优点是:加强了各职能部门之间的协作配合和信息交流,有利于开发新技术、新产品和激发组织成员的创造性,提高组织的适应能力;根据项目的要求组建项目组,加快了完成特定项目的速度,也增加了组织的机动性和灵活性。

矩阵结构最主要的缺陷是:双重职权关系容易造成一定程度上的混乱,容易产生"多头领导、政出多门"的问题,使下属人员无所适从;组织结构稳定性较差,项目组成员都是临时抽调,容易产生临时观念,而影响工作的责任心;此外,由于各成员隶属于不同职能部门,仅仅是临时参加某项目小组,项目负责人对他们的工作好坏,没有足够的奖励和惩罚手段,项目组负责人的责任往往大于权力。

因此,这种结构只有当双方管理人员能密切配合时,才能顺利开展工作。矩阵制主要适用于科研、设计、规划项目等创新性任务较多、生产经营复杂多变的组织。

【案例 8.12】

摩托罗拉公司的多国矩阵制组织①

摩托罗拉公司不仅重视研发投资,在新产品的研发速度上也超越同行许多。因特尔公司花费 2 至 3 年的研究项目,摩托罗拉通常只要 1 年半即可完成。这种成效主要得益于公司采用的矩阵制组织结构。从组织整体来看,摩托罗拉采用了多国矩阵制组织形式,即将地区部门化与产品部门化相结合。具体地说,它包括 4 个地区类的业务组织,分别为:欧洲与中东地区、日本地区、亚太地区、美洲地区;4 个产品类的业务组织,分别为:半导体、通讯器材、一般系统技术、政府系统技术。两者交叉的结果,构成矩阵制组织结构。这种模式同时被用于研发课题的推动之中,并产生了极好的效果。以半导体事业群为例,有一个著名的

① 转引自赵丽芬《管理学概论》,立信会计出版社 2001 年版,第 194 页。

“G9”组织。它由4个地区的高级主管、事业群所属的4个高级主管以及1个专门负责研究开发的高级主管共同组成，是一个跨地区、跨产品、跨研发业务的“9人特别小组”。该小组直属一位副总裁指挥，其任务是定期召开会议，研究追踪各类产品的生产、销售及研发情况。

问题：

1. 对于摩托罗拉这样的大型跨国公司而言，同事业部制组织结构相比，采用矩阵制结构的主要好处是什么？

2.“G9”组织在推动产品研发方面能够起到哪些作用？

3. 这种矩阵制结构是否有悖统一指挥原则？

六、多维立体组织结构

这种组织结构是直线职能制、矩阵制、事业部制和地区、时间结合为一体的复杂结构形态。它是从系统的观点出发，建立多维立体的组织结构，见图 8-19。

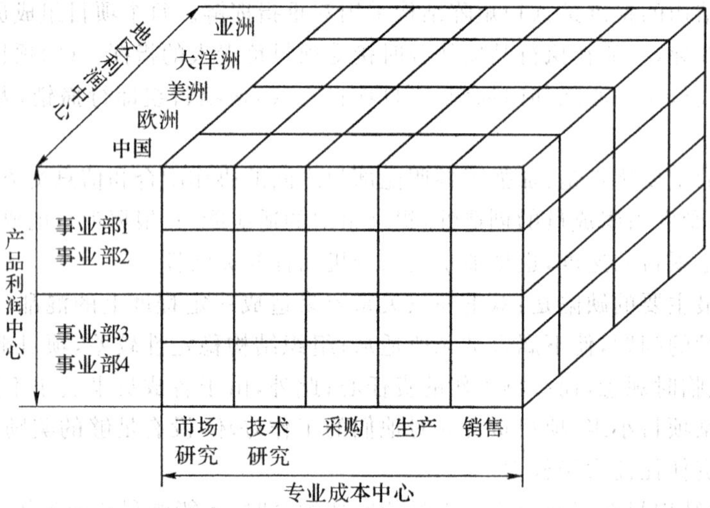

图 8-19 多维立体的组织结构

多维立体组织结构主要包括三类管理机构：一是按产品划分的事业部，是产品利润中心；二是按职能划分的专业参谋机构，是专业成本中心；三是按地区划分的管理机构，是地区利润中心。

通过多维的立体组织结构，可使这三方面的机构协调一致，紧密配合，为实现组织的总目标服务。多维立体矩阵结构适用于多种产品开发、跨地区经营的跨国公司或跨地区公司，可以为这些企业在不同产品、不同地区增强市场竞争力提供组织保证。

以某公司的立体组织结构为例，见图 8-20 所示。

七、网络结构

网络结构(Network Structure)是一种目前流行的组织设计形式，它可使管理人员面对新技术、新环境显示出极大的灵活应对性。

所谓网络结构，是指这样一个小的核心组织，它通过合作关系(以合同形式)依靠其他组织执行制造、营销等经营功能。网络结构强调企业之间的联合，进行资源共享，这样一个企

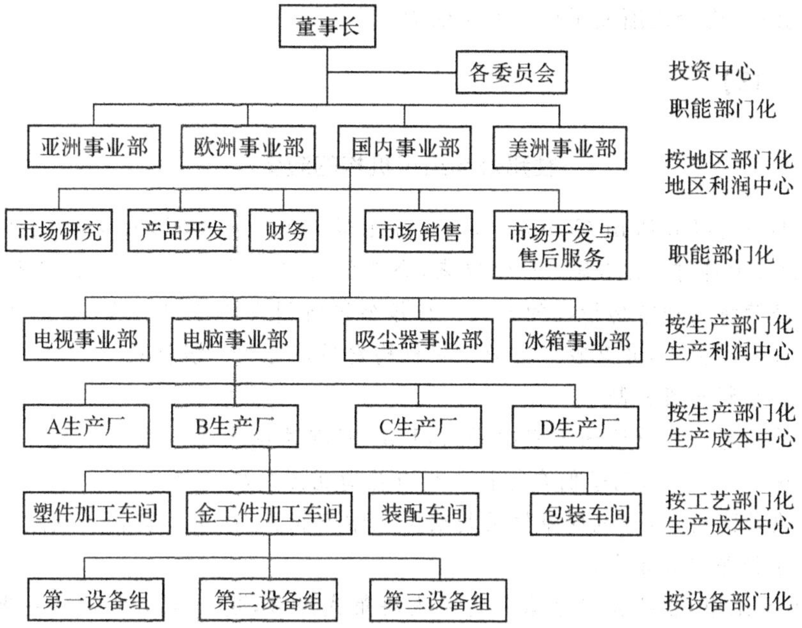

图 8-20　一跨国公司的部门组合与层次划分

业就不必拥有所有职能，它可以将一部分职能“外包”出去，只保留一些有竞争优势的职能。

网络中的企业不会出现功能的重复，在很大程度上将规模经济和范围经济结合在一起。如图 8-21 所示，网络组织的核心只是一个小型管理机构，许多重要职能不是由本组织完成的，组织管理者的主要任务之一，就是在各地寻求广泛合作和控制。

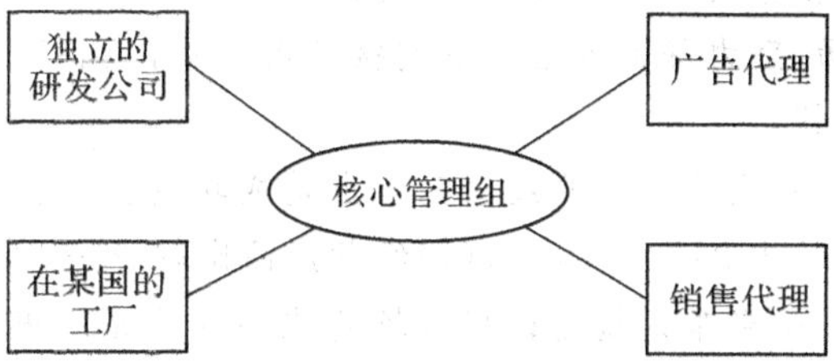

图 8-21　网络组织结构示意图

对于小企业来说，网络结构是合适的选择。比较而言，小企业在资金、技术、规模上无法与大企业相抗衡。然而小企业结构简单、组织灵活，容易形成自身特有优势。将这些小企业组成网络，优势互补，单个小企业保留自身关键功能，其他功能由网络中的其他企业承担，创造出很大的网络经济性。小企业同大企业的联合同样也可以起到类似的效果。

网络结构也适用于一些大型组织。耐克公司本身拥有很少甚至没有制造设备，员工也就百来人，然而每年的销售额可达数 10 亿美元。这些业绩的取得就是通过建立某一种网络关系，他们与产品的制造公司、销售代理商建立联系，通过他们的生产经营活动实现公司需要的职能。公司可以通过收购、控股等方式实行对关键领域的控制。在菲律宾、马来西亚、韩国、中国、印尼、泰国等地区制鞋厂都有耐克公司的合作伙伴。

网络组织的最大优点是获得了高度的灵活性，便于适应动态变化的环境。但是它与传统组织相比，缺乏对一些职能部门（特别是制造部门）的有力控制。随着信息技术在企业的广泛运用，网络结构会逐渐显示出它的生命力。

【案例 8.13】

杜邦公司组织机构的演变①

美国杜邦公司(Du Pont Company)是世界上最大的化学公司，自1802年成立至今，已200多年。这200年中，尤其是本世纪以来，企业的组织机构历经变革，其根本点在于不断适应企业的经营特点和市场情况的变化。杜邦公司所创设的组织机构，曾成为美国各公司包括著名大公司的模式，并反映了企业组织机构发展演变的一般特点。

1. 成功直线制与集权制

历史上的杜邦家族是法国王室的贵族，1789年在法国大革命中化成灰烬，老杜邦带着儿子逃到美国。1802年，儿子们在特拉华州布兰迪瓦因河畔建起了火药厂。由于伊雷内在法国时是个火药配料师，与他同事的又是法国化学家拉瓦锡，加上美国历次战争的需要，工厂很快站住了脚并发展起来。

整个19世纪中，杜邦公司基本上是单人决策式经营，这一点在亨利这一代尤为明显。亨利是伊雷内的儿子，老杜邦的孙子，军人出身，由于接任公司以后完全是一套军人派头，所以人称"亨利将军"。在公司任职的40年中，亨利挥动军人严厉粗暴的铁腕统治着公司。他实行的一套管理方式，被称为"凯撒型经营管理"。这套管理方式无法传喻，也难以模仿，实际上是经验式管理。公司的所有主要决策和许多细微决策都要由他亲自制定，所有支票都得由他亲自开，所有契约也都得由他签订。他一人决定利润的分配，亲自周游全国，监督公司的好几百家经销商。在每次会议上，总是他发问，别人回答。他全力加速账款收回，严格支付条件，促进交货流畅，努力降低价格。亨利接任时，公司负债高达50多万，但亨利后来却使公司成为此业的首领。

在亨利的时代，这种单人决策式的经营基本上是成功的。这主要是因为：(1)公司规模不大，直到1902年合资时才2400万美元；(2)经营产品比较单一，基本上是火药；(3)公司产品质量占了绝对优势，竞争者难以超越；(4)市场变化不甚复杂。单人决策之所以取得了较高效果，这与"将军"的非凡精力也是分不开的。直到72岁时，亨利仍不要秘书的帮助；任职期间，他亲自写的信不下25万封。

但是，正因为这样，亨利死后，继承者的经营终于崩溃了。

亨利的侄子尤金，是公司的第三代继承人。亨利是与公司一起成长的，而尤金一下子登上舵位，缺乏经验，晕头转向。他试图承袭其伯父的作风经营公司，也采取绝对的控制，亲自处理细枝末节，亲自拆信复函，但他终于陷入公司错综复杂的矛盾之中。1902年，尤金去世，合伙者也都心力交瘁，两位副董事长和秘书兼财务长终于相继累死。这不仅是由于他们的体力不胜负荷，还由于当时的经营方式已与时代不相适应。

2. 首创的集团式经营与集权制

正当公司濒临危机、无人敢接重任、家族拟将公司出卖给别人的时候，三位堂兄弟出来

---

① http://www2.dupont.com。http://www.chinahrlab.com/company/dupont/about。http://heritage.dupont.com。

力挽家威，以廉价买下了公司。三位堂兄弟不仅具有管理大企业的丰富知识，而且具有在铁路、钢铁、电气和机械行业中采用先进管理方式的实践经验，有的还请泰罗当过顾问。他们果断地抛弃了“亨利将军”的那种单枪匹马的管理方式，精心地设计了一个集团式经营的管理体制。在美国，杜邦公司是第一家把单人决策改为集团式经营的公司。

集团式经营最主要的特点是建立了“执行委员会”，隶属于最高决策机构董事会之下，是公司的最高管理机构。在董事会闭会期间，大部分权力由执行委员会行使，董事长兼任执行委员会主席。1918 年时，执行委员会有 10 个委员、6 个部门主管、94 个助理，高级经营者年龄大多在 40 岁上下。

公司抛弃了当时美国流行的体制，建立了预测、长期规划、预算编制和资源分配等管理方式。在管理职能分工的基础上，建立了制造、销售、采购、基本建设投资和运输等职能部门。在这些职能部门之上，是一个高度集中的总办事处，控制销售、采购、制造、人事等工作。

执委会每周召开一次会议，听取情况汇报，审阅业务报告，审查投资和利润，讨论公司的政策，并就各部门提出的建议进行商讨。对于各种问题的决议，一般采用投票、多数赞成通过的方法，权力高度集中于执委会。各单位申请的投资，要经过有关部门专家的审核，对于超过一定数额的投资，各部门主管没有批准权。执委会作出的预测和决策，一方面要依据发展部提供的广泛的数据，另一方面要依据来自各部门的详尽报告，各生产部门和职能部门必须按月按年向执委会报告工作。在月度报告中提出产品的销售情况、收益、投资以及发展趋势；年度报告还要论及五年及十年计划，以及所需资金、研究和发展方案。

由于在集团经营的管理体制下，权力高度集中，实行统一指挥、垂直领导和专业分工的原则，所以秩序井然，职责清楚，效率显著提高，大大促进了杜邦公司的发展。1915 年，欧洲战事全面爆发，杜邦公司的无烟火药订单剧增。在战前的 1914 年 10 月，杜邦的三个主要无烟火药工厂总的年生产能力为 840 万磅。而到了 1917 年 4 月，也就是仅仅时隔 30 个月，产量已经达到 4.55 亿磅，增长到 54 倍！1914 年秋季到 1918 年秋季，四年时间，杜邦的员工总数由 5300 人增加到 85000 人。杜邦公司生产的五种炸药占当时全国总产量的 64%～74%，生产的无烟军用火药则占 100%。第一次世界大战中，协约国军队 40%的火药来自杜邦公司。公司的资产到 1918 年增加到 3 亿美元。

3. 分权的多分部体制

杜邦公司在第一次世界大战中的大幅度扩展，以及逐步走向多角化经营，使组织机构遇到了严重问题。每次收买其他公司后，杜邦公司都因多角化经营遭到严重亏损。这种困扰除了由于战后通货从膨胀到紧缩之外，主要是由于公司的原有组织对成长缺乏适应力。1919 年，公司的一个小委员会指出：问题在于过去的组织机构没有弹性。尤其是 1920 年夏到 1922 年春，市场需求突然下降，使许多企业出现了所谓存货危机。这使人们认识到：企业需要一种能力，即易于根据市场需求的变化改变商品流量的能力。继续保持那种使高层管理人员陷入日常经营、不去预测需求和适应市场变化的组织机构形式，显然是错误的。一个能够适应大生产的销售系统对于一个大公司来说，已经成为至关重要的问题。杜邦公司经过周密的分析，提出了一系列组织机构设置的原则，创造了一个多分部的组织机构。

在执行委员会下，除了设立由副董事长领导的财力和咨询两个总部外，还按各产品种类设立分部，而不是采用通常的职能式组织如生产、销售、采购等等。在各分部下，则有会计、供应、生产、销售、运输等职能处。各分部是独立核算单位，分部的经理可以独立自主地统管所属部门的采购、生产和销售。

在这种形式的组织机构中，自治分部在不同的、明确划定的市场中，通过协调从供给者到消费者的流量，使生产和销售一体化，从而使生产和市场需求建立密切联系。这些以中层管理人员为首的分部，通过直线组织管理其职能活动。高层管理人员总部在大量财务和管理人员的帮助下，监督这些多功能的分部，用利润指标加以控制，使它们的产品流量与波动需求相适应。

由于多分部管理体制的基本原理是政策制定与行政管理分开，从而使公司的最高领导层摆脱了日常经营事务，把精力集中在考虑全局性的问题上，研究和制定公司的各项政策。新分权化的组织使杜邦公司很快成为一个具有效能的集团，所有单位构成了一个有机的整体，公司组织具有很大的弹性，能适应需要而变化。这使杜邦公司得以在20年代建立起美国第一个人造丝工厂，以后又控制了赛璐珞生产的75%～100%，垄断了合成氨。而且在30年代后，杜邦公司还能以新的战略参加竞争，那就是致力于发展新产品，垄断新的化学产品生产。从20世纪30年代到60年代，被杜邦公司首先控制的、有着重要意义的化学工业新产品有合成橡胶、尿素、乙烯、尼龙、的确良、塑料等，直到参与第一颗原子弹的制造，并迅速转向氢弹生产。

4.“三头马车式”的体制

杜邦公司的执行委员会和多分部的管理机构，是在不断对集权和分权进行调整的情况下去适应需要的。例如，20世纪60年代后期，公司发现各部门的经理过于独立，以致有些情况连执行委员会都不了解，因此又一次作了改革：一些高级副总经理同各工业部门和职能部门建立了联系，负责将部门的情况汇报给执委会，并协助各部门按执委会的政策和指令办事。60年代以后，杜邦公司的组织机构又发生了一次重大的变更，这就是建立起了“三头马车式”的组织体制。

新的组织体制是为了适应日益严峻的企业竞争需要而产生的。60年代初，杜邦公司接二连三地遇到了难题：过去许多产品的专利权纷纷满期，在市场上受到日益增多的竞争者的挑战；道氏化学、孟山都、美国人造丝、联合碳化物以及一些大石油化工公司相继成了它的劲敌。以至于1960至1972年，在美国消费物价指数上升4%、批发物价指数上升25%的情况下，杜邦公司的平均价格却降低了24%，使它在竞争中蒙受重大损失。再加上它掌握了多年的通用汽车公司10亿多元股票被迫出售，美国橡胶公司转到了洛克菲勒手下，公司又历来没有强大的金融后盾，真可谓四面楚歌，危机重重。

1962年，公司的第十一任总经理科普兰上任，他被称为危机时代的起跑者。公司新的经营战略是：运用独特的技术情报，选取最佳销路的商品，强力开拓国际市场；发展传统特长商品，发展新的产品品种，稳住国内势力范围，争取巨额利润。然而要转变局面绝非一朝一夕之功，这是一场持久战。有了新的经营方针，还必须有相应的组织机构作为保证。除了不断完善和调整公司原设的组织机构外，1967年底，科普兰把总经理一职，在杜邦公司史无前例地让给了非杜邦家族的马可，财务委员会议议长也由别人担任，自己专任董事长一职，从而形成了一个“三头马车式”的体制。1971年，又让出了董事长的职务。

这一变革具有两方面的意义。一方面，杜邦公司是美国典型的家族公司，公司几乎有一条不成文的法律，即非杜邦家族的人不能担任最高管理职务。甚至实行同族通婚，以防家族财产外溢。现在这些惯例却被大刀阔斧地砍去，不能不说是一个重大的改革。虽然杜邦公司一直是由家族力量控制，但是董事会中的家族比例越来越小。在庞大的管理等级系统中，如果不是专门受过训练的杜邦家族成员，已经没有发言权。另一方面，在当代，企业机构日益庞大，业务活动非常复杂，最高领导层工作十分繁重，环境的变化速度越来越快，管理所需的知识越来越高深，实行集体领导，才能作出最好的决策。在新的体制下，最高领导层分别设立了办公室和委员会，作为管理大企业的“有效的富有伸缩性的管理工具”。科普兰说：“‘三头马车式’的集团体制，是今后经营世界性大规模企业不得不采取的安全设施。”

60年代后杜邦公司的几次成功，不能说与新体制无关。过去，杜邦公司是向联合碳化物公司购买乙炔来生产合成橡胶等产品的，现在，它自己开始廉价生产，使联合碳化物公司不得不关闭了乙炔工厂。在许多化学公司挤入塑料行业竞争的情况下，杜邦公司另外找到了出路，向建筑和汽车等行业发展，使60年代每辆汽车消耗塑料比50年代增加三至六倍，70年代初又生产了一种尼龙乙纤维，挤入了钢铁工业市场。

所以，可以毫不夸张地说，杜邦公司成功的秘诀，首先在于使企业的组织机构设置适应需要，即适应生产特点、企业规模、市场情况等各方面的需要。而且，这样的组织机构也不是长久不变的，还需要不断加以完善和发展。

问题：

1. 杜邦亨利时代的集权制为什么能成功？
2. 杜邦执行委员会制具有什么功能？
3. 杜邦分权的多分部体制和“三头马车式”的体制有什么优缺点？
4. 杜邦组织结构改革对你有什么启示？

【管理实践练习1】

集权与分权

假设现在有两种截然相反的情境。在情境A中，假设你是一个大型组织的最高管理者，这个组织在历史上一向采取集权制，现有你决定将其改变为分权制。请你列出实行分权可能遇到的主要障碍。在情境B中，情况正好与情境A相反，假设这个组织在历史上一向采取分权制，现有你决定将其改变为集权制。请你列出实行集权可能遇到的主要障碍。比较一下，你认为哪种情况实行起来比较容易？为什么？你会选择在集权型组织还是分权型组织中工作？为什么？

【管理实践练习2】

1. 请你调查一个你熟悉的企业，绘出该企业的组织机构图，并为了解组织中的各岗位编制岗位责职和部门主管编制职务说明书。

2. 请从互联网上查阅你未来想从事工作的3个类似组织的组织机构图，了解其部门组成和工作岗位划分，进行比较分析，你认为他们各有哪些特点，如果你是这类组织的领导者，你会如何设计组织机构？为什么？

3. 总体而言，你认为专业化分工在将来呈增强还是减弱的趋势？为什么？

【复习思考题】

1. 组织中,直线权力、参谋权力和职能权力三者之间的关系如何?
2. 什么是管理幅度与管理层次?
3. 影响组织设计的因素有哪些?
4. 影响管理幅度的主要因素有哪些?
5. 衡量集权与分权的标志的是什么? 影响集权与分权的因素是什么?
6. 授权的基本步骤和原则是什么?
7. 实行委员会制有什么优点?
8. 扁平型组织与锥型组织各有什么特点?
9. 机械式组织和有机式组织有何区别? 各适合于何种情况?
10. 权变方法设计组织结构有什么特点?
11. 组织结构的各种基本形式有何特点? 各适合于怎样的企业?

第四篇

领 导 与 激 励

第九章

领 导

领导是管理的一项重要职能，领导水平的高低与组织的生死存亡息息相关。在任何社会，无论在正式组织中，还是在非正式组织中，都离不开领导。

【本章要点】

1. 领导的内涵
2. 领导理论
3. 领导艺术

【案例 9.1】

领 导

美国麻省理工大学教授彼得·圣吉曾这样讲述有关领导问题：你平时驾驶汽车，车子是由你控制的一部机器，你的目的是想到达你想去的地方，车子便可把你带到那里。但你不能“驾驶”一个植物的成长。你也不能“驾驶”你十来岁的孩子。我们也可以同样说，领导亦无法“驾驶”他们的组织。组织是由人组成的团体，它是活生生的体系，就像是植物和青少年，没有人可以驾驶它们，但是却有许多人培育植物，照料花园，教育孩子成长。

问题：

1. 你认为领导是如何影响下属的？
2. 你认为领导者的主要工作是什么？

第一节 领导的内涵

一、领导的本质

领导(Leadership)是个人对他人施加影响，鼓动、激励并指导他人活动，从而使人们情愿地、热心地为实现组织或群体的目标而努力的过程。领导者(Leader)是指那些能够影响他人并拥有管理权力的人。

领导的本质是影响力。正是靠着影响力，领导者在组织或群体中实施领导行为；靠着影响力，领导者把组织或群体中的人吸引到他的周围来；靠着影响力，领导者获取组织或群体成员的信任；也正是靠着影响力，组织或群体中的成员心甘情愿地追随领导者。因此，拥有影响力的人才称得上是一位领导者。福特曾言："领袖人才的年龄、外貌、处境各有不同，但有一条线索可以把真正的领袖辨认出来，那就是不管怎样，他手下的人经常有卓越的表现。"

领导是一个过程，是对人们施加影响的过程；同时，领导不仅仅是一种过程，亦是一种艺术。领导者面临千变万化的组织或群体的内外环境，特别是面对着各种各样的人，他们的身份不同，有着各种不同的教育、文化和历史背景，他们进入组织或群体的目的和需要各不相同，而且人们的需要、目的等都处在动态的变化之中。因此，对人的领导与其说是一种过程，不如说是一种艺术。

领导要有目标，即一切领导行为必须指向组织或群体目标，促使人们情愿地、热心地为实现组织或群体目标而努力。

领导的职能贯穿于管理工作的各个方面，但不能把领导和管理看做是一回事。管理的对象包括人、财、物、时间、信息等，而领导的对象只有人，这就决定了领导具有不同于其他各项管理职能的特征和内容。从本质上看，管理是建立在合法的职务权力基础上对下属的行为进行指挥的过程，下属必须服从管理者的命令，但下属在工作过程中可能尽自己的最大努力，也可能"出工不出力"。领导则可能更多地通过其个人魅力与专长来影响追随者的行为，这种影响力可以使下属自觉地为实现组织或群体的目标而努力。因此，领导者不一定是管理者，但管理者应该成为领导者，虽然管理者通过周密的计划、严密的组织、严格的控制，也能取得一定的成效，但如果管理者在他们的工作中加上有效领导的成分，则收效会更大。

二、领导者权力的构成

领导权力(Hegemony)，就是领导者对被领导者做出一定行为与施行一定影响的能力。领导者权力的构成也就是领导者影响力的来源。领导者影响力的来源主要来自两个方面：职位权力和非职位权力。

(一)职位权力

职位权力(Position power)，简称职权，是由组织正式授予管理者的一种法定权力。这种权力与特定的个人没有必然的联系，它是同职务相联系。职权是管理者实施领导行为的基本条件，没有这种权力，管理者就难以有效地影响下属，从而实施真正的领导。组织授予管理者的职权主要有三种：

1. 合法权

合法权(Legitimate power)是组织中等级制度所规定的正式权力，被组织、法律、传统习惯甚至常识所认可。它通常与合法的职位联系在一起。例如，公司经理可以代表公司与其他单位签订合同，因为他具有合法权。合法权源于被影响者内在化的价值观，部属认为领导者有合法的权力影响他，他必须接受领导者的影响。

2. 奖赏权

奖赏权(Reward power)是决定提供或取消奖励、报酬的权力。这种权力源于下属追求满足的欲望，即下属感到领导者有能力奖赏他，使他觉得愉快或使他的某些需要得到满足。

当然，这种需求或奖赏可能是物质上的，也可能是精神上的。例如，经理可以根据具体情况给下属增加工资，提升职务，赋予更多的责任，表扬等。奖赏权是否能发挥应有的作用取决于下属是否期望这种奖赏。有效的管理者在运用奖赏权时，会尽量使下属感觉得到奖赏是因为他们工作表现优秀，是对他们付出努力的赞赏，无效的管理者可能会通过一种更具控制力的方式行使奖赏权，这会使下属产生被恩赐施舍的感觉，从而缺乏激励力。

3. 惩罚权

惩罚权(Punish power)是指通过精神、感情或物质上的威胁，强迫下属服从的一种权力。惩罚包括口头批评、降薪、减少工作、解雇等。这种权力源于下属的恐惧感，即下属认识到领导者有能力惩罚他，使他痛苦，使他的某些需求得不到满足。这种权力对那些认识到不服从命令就会受到惩罚的下属是最有效的。由于这种顺从是表面的、暂时的，为了维持这种顺从，领导者就必须经常监督下属是否按其指示行动，因此成本可能比较高昂。另外，惩罚权在使用时往往会引起愤恨、不满，甚至报复行动，因此必须谨慎对待。过度使用惩罚权很少能产生高绩效，并且也有悖于伦理。有时候，惩罚就相当于一种精神虐待，它会剥夺员工的尊严，并给他们带来过度的压力。

以上三种权力都与组织中的职位联系在一起，是从职位中派生出来的权力，因此统称为职位权力。

(二)非职位权力

非职位权力(Nonposition power)，也可以说是个人权力，这种权力与领导者所处的职位无关，它是由于领导者自身的某些特殊条件才具有的。例如，领导者具有高尚的品德、丰富的经验、卓越的工作能力、良好的人际关系；领导者善于体贴关心他人，令人感到可亲、可信、可敬；领导者具有某种专门知识、技能和专长；等等。这种权力不随职位的变化而变化，也不具有强制性，但它对人的影响是发自内心的、长远的，下属会因此而心甘情愿地追随、服从领导者。是否能成为一位优秀的领导人，与领导者职权无关，而与领导者个人的能力有关。非职位权力具体又可表现为诸如模范权、专长权、魅力权、感情权等。

1. 模范权

模范权(Referent power)来自下级对上级的信任，即下级相信领导者具有他所需要的智慧和品质，跟他有共同的愿望和利益，从而对他钦佩和赞誉，愿意摹仿和跟从他。

2. 专长权

专长权(Expert power)来自下级对上级的尊敬甚至崇拜，即下级感到领导者具有某种专门的知识、技能和专长，能帮助他明确方向、排除障碍，达到组织目标和个人目标。知识就是力量，在某种程度上讲，知识也是权力。谁掌握了知识，具有专长，就具有影响别人的专长权。谁掌握知识、信息越多，谁拥有的专长权就越大。

3. 魅力权

魅力权(Charm power)与其他权力不同，是一种无形的，很难用语言来描述或概括的权力。它是建立在超然感人的个人素质之上的，这种素质吸引了欣赏它、希望拥有它的追随者，从而激起人们的忠诚和极大的热忱。一些体育、文艺明星，传奇的政治领袖都具有这种魅力。

4. 感情权

感情权(Affection power)是指个体由于和被影响者感情较融洽而获得的权力。如果多年的老朋友提出要求、请求一些帮助，无论在工作上有没有关系，人们都会感到难以拒绝，从而接受他的影响。

三、领导的构成要素

领导的构成要素主要有以下四个方面：

(一)指挥

指挥的基础是职位权力，即某个人所具有的可以施加于别人的控制力。主要包括惩罚权、奖赏权、合法权等。这是一种靠行政权力施加影响的活动。

(二)激励

由于人们往往愿意追随那些他们认为能够有助于他们实现个人目标的人，所以，领导者越有能力去了解其部属在不同时间、不同情况下的需求因素和强烈程度，并设计出满足这些需求的方法，就越有可能成为有效的领导者。为此，领导者既要懂得激励理论、各类激励因素，又要有能力把这方面的知识根据具体人、具体情况来加以利用。

(三)感召

感召能力就是激发和鼓舞追随者全力以赴地进行工作的能力。激励因素的使用主要是围绕下属及其需求，而感召力量则来自领导者。领导者以他们的人格魅力引发下属的忠诚、热忱和献身精神。下属接受领导者的鼓舞并不是为了满足自己的需要，而是对自己所中意的领导者所表现出来的一种无私的支持。

(四)造势

组织环境很大程度上影响着组织成员的工作热情和工作效率。领导者首要任务，就是要设计和维持一个良好的工作环境和文化氛围，即造势，要营造一个积极向上、团结进取的工作氛围，培养优良的组织文化。而要做到这一点，就要靠领导者崇高的价值观、良好的领导作风以及营造环境的能力。

四、领导者的任务

一般地说，领导者的任务有两项：一是实现组织或群体目标，即完成上级和组织交给的任务；二是尽可能满足组织或群体成员的需要，这种需要既有物质的，也有精神的。

这两项任务是相辅相成的。只有满足组织或群体成员的需要，才能调动其积极性，保证旺盛的士气，并且维护领导者的影响力，从而保证第一项任务的完成。只有实现组织或群体目标，才能更好地满足组织或群体成员的需要；组织或群体目标实现不了，成员个体需要的满足也必然得不到保障。

具体地说，一个领导者主要应做好以下几方面的工作：(1)主持确立组织或群体目标；(2)组织与协调下级的工作；(3)协调本组织或群体与外部的关系；(4)激励下级为组织或群体目标的实现努力工作并控制和评定下级的工作；(5)发现人才、培养人才、起用人才，使人尽其才、人事相宜、事竟其功。

【案例 9.2】

企业教练[①]

提起教练(Coaching),人们可能立即会联想到体育,如网球教练、篮球教练、足球教练、体操教练等等。教练概念被引入商界出现企业教练却是近30年的事。关于它的起源,一个众口流传的故事的主角是一个叫添·高威的美国人,是他率先将教练技术引入了企业界。

故事是这样的:添·高威少年时是一位优秀的网球运动员,曾拿过全美青少年第7名的好成绩。哈佛大学毕业后,他当过教师,创办过艺术学院,当过海军军官。

从1971年开始,他一边教网球一边做研究工作。1975年,作为网球教练的添·高威宣称自己找到了一个不用"教"的办法就可以让任何人更快地学会打网球,并且出版了一本书《网球的内在诀窍》(*The Inner Game of Tennis*)。当时,没有人相信他的话。后来,电视台以"质疑者"的身份出现了,他们组织了20个从来没有打过网球的人作为试验者,要求添·高威教他们打网球,并现场纪实。他们的目的是证明这是一场骗局。

有一天,20个从来没有碰过网球的人懒洋洋地来到网球场。他们也不相信天下有这样的美事:可以在20分钟内学会打网球。其中一位叫Molly的女人竟然穿了一条像木桶一样的长裙!她有170磅,已多年不运动了,她赶来是想说自己不参加了。结果,她成了第一个被教练的对象。观众们都睁大了眼睛,看一个穿裙子的胖女人,一个从来没有上过电视的人,拿着球拍,像任何一位第一次上电视的人一样,内心充满担心和恐惧。她将如何被教被练?

添·高威出现了。当时他还是个年轻人,瘦瘦的,穿着一条有时代特色的喇叭裤。只见他轻松地挥着球拍,告诉Molly,不要去担心姿势和步伐的对错,不要一副竭尽全力的样子。其实很简单,当球飞过来,用球拍去接。接中了就说:"击中(Hit)!"如果球落到了地上,就说:"飞弹(Bounce)!"Molly就照着他的话去做,一副很无所谓的样子,反正不是击中就是飞弹,一切易如反掌。

添·高威接着告诉Molly,留意球飞来的弧线,留意聆听球的声音。把焦点集中在球上。在这样的留意中,人们看到,电视中的Molly明显地Hit的机会多了,Bounce的时候少了。

最后只有3分钟的时间了。添·高威开始教练Molly"网球中最难的部分"——发球。添·高威对她说,想想你是怎么跳舞的,哼着音乐也可以。闭上眼睛,想象跳舞的样子。然后睁开眼睛,随着那节奏发球!所有的电视观众都看到了,在最后一分钟里,穿着窄裙的Molly在场上跑来跑去,虽然很不方便,但是很自如地在打网球了!事后她承认:"如果老是想怎么动反而就打得不好了。"教练鼓励她集中精神去做些事情,忘却恐惧,结果她成功了。

几天后,AT&T公司的一位副总经理Archine Mcgill突然出现在洛杉矶,要求添·高威为公司的市场销售人员上一堂网球课。随后与他一起吃饭,与他谈如何改变AT&T的企业文化。他说:"我们如果再不改变,不能打破竞争对手的垄断的话,我们将无法在通信行业里生存!"

面对这样大的一个课题,添·高威坦诚地表示自己对企业内部管理一无所知,但他答应

---

① 梁立邦、段传敏:《企业教练:领导力革命》,《南风窗》2002年增刊。

可以把销售人员当作运动员来看，可以把公司的客户当作网球来对待。结果，奇迹出现了，课堂结束后，他发现经理们的笔记本上找不到和网球有关的字眼，反倒写满了密密麻麻的企业管理的内容。原来，AT&T的管理者们已经将运动场上的教练方式转移到企业管理上来。于是，一种崭新的管理技术——企业教练诞生了！

从这一天起，添·高威以一个体育教练的身份频频出现在包括AT&T、IBM、苹果电脑、可口可乐等大公司里。在随后的20多年里，添·高威先生从一个体育教练转型为一个企业教练。他的著作《网球的内在诀窍》被誉为全球经典之作，它对于运动心理学领域的出现及商业中教练的引进起到了重要的引导作用。他的新作《工作的内在诀窍》(*Inner game of work*)着重于如何提高人们的能力继而达到商业目标，这本书也受到了广泛好评。

面对现代社会科学技术的日新月异，商业环境不断变化，提高企业中"人"的能力成为领导的一项关键工作。"企业教练"现象在世界上众多大公司中出现。有关企业教练的理论也在增多。美国《财富》杂志称：教练将有可能成为21世纪人力资源管理方面的重要技术。下面我们列举一些对教练的精辟论述："教练的目标是赢，而教练的赢在于让运动员去拿金牌。""教练不是顾问，不提供解决方案，而让你自己去发现。""企业教练是一个有着强烈方向感的领导人。"

问题：

结合你的实际工作，谈谈企业教练与传统的领导者有何区别。

第二节　领导理论

为了解决有效领导的问题，国内外许多管理学家和心理学家通过长期调查、实验，从不同角度进行研究，提出了许多理论。这些理论大致可以分为三类：第一类是特性理论，集中研究领导者应有的个人特性；第二类是个人作风和个人行为理论，集中研究领导者的工作作风和领导行为对领导有效性的影响；第三类是情景理论或权变理论，集中研究不同的情况下采用何种工作作风和领导行为的效果最佳。

一、领导特质理论

领导者的特质是天生的观点，这种信念甚至可以追溯到古代希腊人和罗马人。1869年高顿(Sir. F. Galton)就基于这一假设基础开展了领导者研究。在20世纪30年代，心理学家们进行了大量研究，希望发现领导者与非领导者在个性、社会、生理或智力因素方面的差异，力图分析领导人所具备的特质。在20世纪40年代，人们相信"伟人论"，认为领袖是天生的而不是造就的。我们将对领导者特质研究的理论统称为领导特质理论(Trait theories of leadership)。由于特质论的基本假设是领导者是天生的，研究的主要内容是领导性格特质。人们相信，特质论的研究成果将有利于组织选拔"正确"或"最合适"的岗位领导人。

这里简单介绍几种典型的研究成果。

(一)斯托格迪尔的研究成果

拉尔夫·M.斯托格迪尔(Ralph M. Stogdill，1948)考察了124项研究，查阅整理了

5000多种有关领导者素质的书籍和文章后，把领导者的素质归纳为以下几个方面：

1. 体质特征：精力、外表、身高、年龄、体重；

2. 智力与才干特征：果断性、说话流利、知识渊博、判断分析能力强；

3. 社会特征：社会经济地位、学历；

4. 个性特征：适应性、进取性、热情、自信心、独立性、外向、机警、支配、有主见、急性、慢性、见解独到、情绪稳定、作风民主、不随波逐流、智慧；

5. 与任务有关的特征：责任感、事业心、毅力、首创性、坚持、对人关心；

6. 社交特征：能力、合作、声誉、人际关系、老练程度、正直、诚实、权力的需要、与人共事的技巧。

(二)吉赛利的研究成果

美国管理学家吉赛利(Edwin E. Ghiselli，1907—1980)在对美国90个企业的300名经理进行调查研究的基础上，根据个人性格与管理成功的关系，按重要性进行了分类，旨在研究领导者的特质。在其《管理者才能探索》(*Explorations in managerial talent*，1971)中研究得出了领导者的八种个性特征和五种激励特征。

八种个性特征为：才智、首创精神、督察能力、自信心、决断力、适应性、性别、成熟程度等。

五种激励特征为：对工作稳定的需求、对金钱奖励的需求、对指挥别人权力的需求、对自我实现的需求、对事业成就的需求等。并测算出每个特征在管理中的相对重要性和领导才能中体现的价值。

在十三种特征中，六种属于很重要的特征，六种属于次重要特征，一种与管理的成功与否没有关系。吉赛利的研究结果表明，一个有效的领导者监察能力和决断能力十分重要，而对事业成功的追求以及个人才智和自我实现等个性特质是一个人能否取得事业成功的关键。

(三)鲍莫尔的研究成果

美国管理专家威廉·鲍莫尔(W. J. Baumol)通过对企业家应具备的条件的研究，认为一个企业家应具备如下的管理能力：

1. 合作精神。愿意与其他人一起工作，对人不是压服，而是感服和说服，能赢得人们的合作。

2. 决策能力。依据事实，不是依据想象进行决策，要有高瞻远瞩的能力。

3. 组织能力。能挖掘部属的才能，善于组织人力、物力和财力，协调各种资源。

4. 精于授权。能大权独揽，小权分散，抓住大事，把小事分给下属做。

5. 善于应变。权宜通达，机动进取，而不抱残守缺、墨守成规。

6. 勇于负责。对上级、下级、顾客及整个社会抱有高度的责任心。

7. 敢于求新。对新事物、新环境、新观念，有敏锐的接受能力。

8. 敢担风险。遇到风险时，敢于承担，并有创造新局面的雄心和信心。

9. 尊重他人。重视和采纳别人的合理化建议，不武断狂妄。

10. 品德超人。品行道德为社会人士、企业员工所敬仰。

(四)德鲁克的研究成果

美国管理学家德鲁克(P. Drucker，1967)在《有效的管理者》一书中指出了有效领导者的五种特性，并指出它们是可以通过学习掌握的。这五种特性为：

1. 知道时间该花在什么地方，领导者支配时间常属于被动地位，所以有效的领导者都善于系统地安排和利用时间；

2. 致力于最终的贡献，他们不是为工作而工作，而是为成果而工作；

3. 重视发挥自身、同事、上级和下级的长处；

4. 集中精力于关键领域，确立优先次序，做最重要的和最基本的工作；

5. 能做出切实有效的决定。

（五）皮奥特维斯基和罗克的研究成果

皮奥特维斯基(Piotwisky)和罗克(Roke)在1963年出版的《经理标尺：一种选择高层管理人员的工具》著作中，对成功经理的个人特性作了如下概括：

1. 能与各种人士就广泛的题目进行交谈的能力；

2. 在工作中既能“动若脱兔”地行动，又能“静若处子”地思考问题；

3. 关心世界局势，对周围生活中发生的事也感兴趣；

4. 在处于孤立环境和困难局势时充满信心；

5. 待人处事机巧灵敏，而在必要时也能强迫人们拼命工作；

6. 在不同的情况下根据需要，有时幽默灵活，有时庄重严肃；

7. 既能处理具体问题，又能处理抽象问题；

8. 既有创造力，又愿意遵循惯例；

9. 能顺应形势，知道什么时候该冒险，什么时候该谋求安全；

10. 做决定时有信心，征求意见时谦虚。

（六）魅力型领导理论

魅力型领导理论(Charismatic Leadership Theory)是指领导者利用其自身的魅力鼓励追随者并作出重大组织变革的一种领导理论。是领导特质理论的一种，也是20世纪80年代后备受人们关注的一个领导理论。

20世纪初，德国社会学家韦伯(Max Weber)提出领导者魅力(Charisma)，意指领导者超凡神圣、英雄主义、模范性品质的吸引力、感染力。从20世纪70年代后期开始，领导者的魅力特质又引起了人们的关注，人们开始深入研究这种特质对下属的影响，充实了新的内容，逐渐产生了魅力型领导理论。这是因为随着经济全球化的发展，市场竞争日趋激烈，各类组织，尤其是企业组织迫切需要魅力型领导者的改革和创新精神，以对应环境的挑战。

魅力型领导(Charismatic Leadership)意指领导者对下属的一种超自然所赐，超凡的力量，具有天然的吸引力、感染力和影响力，有一种与众不同的力量与品质的领导者。如：马丁·路德金善于利用符号、类比、比喻以及故事进行沟通和交流。他无畏风险，是一个天生的乐观主义者，他具有强烈的反理性、反传统色彩，往往被视作异端。他一句“我有一个梦想”就表达了无穷深意，征服了民众。魅力型领导能够激发信心、信任和信仰，当然，这不是说由此而生的组织使命就是正确的、符合道德规范的、终将成功，如希特勒。

当然，不同的学者对什么是魅力型领导及他们有什么特征有不同的描述。

1977年美国多伦多大学的组织行为学教授罗伯特·豪斯(Robert J. House)指出，魅力型领导者有三种个人特征，即强烈感染力、高度自信、支配他人的倾向，对自己的信念坚定不移和具有强烈的个人道德观。

1985 年美国组织理论、领导理论大师沃伦·本尼斯(Warren G. Bennis)出版了《领导者:掌管的战略》(*Leaders: The Strategies for Taking Charge*)一书。该书研究了 90 位美国的领导者的行为和特征,入选的人物包括首位登上月球的阿姆斯特朗、美国洛杉矶的一支著名球队教练 Lalamas、乐队指挥家和成功商人等。研究得出的结论是:领导者或是左脑发达,或是右脑发达;高矮不等,胖瘦不一;他们的衣着不同,形象各异,但是他们都显示了对当时复杂环境状况的把握。因此说,领导是全方位的,领导的位置对所有的人都是敞开的。这些领导者都具有的四项能力分别是:

(1)注意力管理,有极富吸引力的远景规划和宏伟目标。这一远景是别人愿意共同享有的,并且能提供通向未来的桥梁。

(2)意义管理,能绘声绘色地给下属描绘出这个远景。

(3)信任管理,坚定不移地朝着远景的方向努力。

(4)自我管理,知道自己的技能并能有效地运用,为实现远景目标不遗余力。

1987 年,麦克基尔大学的康格(J. A. Conger)和卡纳果(R. N. Kanungo)对魅力型领导者进行了系统的研究,描述了魅力型领导的五个行为属性:远见卓识、环境敏感、成员需求敏感、敢于冒险、反传统。概括出魅力型领导者区别于无魅力领导者的下述特征:

(1)他们反对现状并努力改变现状;

(2)设置与现状距离很远的目标前景;

(3)对自己的判断力和能力充满自信;

(4)能深入浅出、言简意赅地向下级说明自己的理想和远大目标,并使之认同;

(5)采取一些新奇、违背常规的行为,当他们成功时,会引起下级的惊讶和赞叹;

(6)对环境的变化非常敏感,并采取果断措施改变现状;

(7)经常依靠专长权力和魅力权力,而不仅只用合法权力;

(8)经常突破现有秩序的框架,采用异乎寻常的手段达到远大的目标;

(9)被认为是改革创新的代表人物。

一些学者的研究也指出,魅力型领导者也可能有消极方面。如果魅力型领导者过分强调个人需要高于一切,要求下级绝对服从,或利用其高超的说服能力误导或操纵下级,则可能产生不良后果。目前,多数研究者还是采用面谈、传记、观察等描述性方法对魅力型领导者进行定性研究。不少研究者正在探索研究魅力型领导者的定量方法。

(七)领导的综合素质

我国对领导品质理论自古以来就有许多研究成果。人们认为,虽然领导者应具备的素质很多,不同的领导岗位要求的素质又有所不同,但有些素质是优秀的领导者都应该具有的。这些素质可分为三大方面,即思想品德素质、知识素质和能力素质。

1. 思想品德素质

领导者的思想品质是其非职位影响力的主要来源。古人云:以德立身,以道兴业,守法知度,以诚取胜。孔子曰:"为政以德,譬如北辰,居其所而众星共之。"孟子曰:"天将降大任于斯人者,必先苦其心志,劳其筋骨,饿其体肤,空乏其身,行拂乱其所为,所以动民忍性,增益其所不能。"讲的都是领导者的素质要求。《大学》所言:"天地之道,博也,厚也,高也,明也,悠也,久也。……载华岳而不重,振河海而不泻。""若治其国者,先齐其家;欲齐其家者,先修其身。"老子曰:"上善若水。水善利万物而不争,处众人之所恶,故几于道。"后人将他的思想精炼成"地低成海,人低成王"。讲的是做人的道理,也是做领导的要求。

思想品质具体的要求包括:(1)道德情操。要有明确的价值观和强烈的社会责任感,遵纪守法,诚实守信。(2)理想抱负。要有理想、有事业心。(3)心理素质。要胸怀宽广,意志坚定,处变不惊,胜不骄、败不馁。

【案例 9.3】

不是为了生气而工作

金代有一位禅师,他非常喜爱兰花,在平日弘法讲经之余,花费了许多的时间栽种兰花。有一天,他要外出云游一段时间,临行前交待弟子要好好照顾寺里的兰花。在这期间,弟子们总是细心照顾兰花,但有一天在浇水时却不小心将兰花架碰倒了,所有的兰花盆都跌碎了,兰花撒了满地。弟子们因此都非常恐慌,打算等师父回来后,向师父赔罪领罚。

金代禅师回来了,闻知此事,便召集弟子们,不但没责怪,反而说道:"我种兰花,一来是希望用来供佛,二来是为了美化寺里环境,我不是为了生气而种兰花的!"

在日常生活中,我们是否牵挂得太多?我们是否太在意得失?我们是否常情绪起伏?所以我们不快乐。在生气之际,我们如能多想想:"我们不是为了生气而工作!""我们不是为了生气而交朋友!"那么我们会为我们烦恼的心情辟出另一番安详,且可听到心的声音,听到那最真的声音。生气、紧张、愤怒、抱怨、忧伤于事无补。经理人要尽力避免这些负面情绪的影响。

问题:

1. 分析你自己的价值观和人生观。
2. 分析你的人生目标和志向,想想工作与学习的目的。
3. 分析一下你自己心理状态,想想如何与周边的人良好相处。

2. 知识素质

领导者的主要工作是管理,特别是对人的管理。而管理是一项综合性的工作,涉及多方面的知识,这就要求领导者有较宽的知识面、较佳的知识结构和较高的学术水平。

领导者的知识结构,比较理想的是"T"型结构,或称纵横结构。这里的"纵",表示某一方面专业知识的深度;这里的"横",表示与某一领域相关的知识面的跨度或广度。"T"型结构就是要求领导者既要有较宽的知识面,又要在某一知识领域内有一定的深度。另外,这种结构还必须是一种动态结构,即领导者的知识结构必须随着社会的发展、科技的进步而不断更新。具体地说,现代领导者的知识结构应包括以下三个部分:(1)专业知识。要求了解或熟知所管理的业务与行业。(2)管理知识。一个现代领导者,不仅要懂得现代管理学、领导科学的一般原理和方法,而且要熟悉本行业、本单位、本部门的特殊管理规律和方法;不仅要懂得各种传统的管理方法,而且要熟悉各种主要的现代管理技术;不仅要掌握本国的文化和管理特点,而且要学习国外先进的管理理念、管理方法和管理理论;不仅要懂得对财、物、信息的管理,而且要懂得对人的管理;等等。(3)相关知识。这包括与专业知识相关的知识领域和与管理知识相关的知识领域两方面。前者的具体内容视领导者的特长专业而定;后者的具体内容包括政治、法律、经济、心理学、社会学等许多方面,对高层次领导者还应包括历史、哲学、文化等内容。

【案例9.4】

思考的价值是无可取代的

有一位富商在退休前将3个儿子叫到面前，并对他们说："我要在你们3个之中，找到一位最有生意头脑的人，来继承我的事业。现在我给你们每个人1万元。谁能拿这笔钱去买东西把这屋子空间填满，谁就能继承我的产业。"大儿子买了一棵枝叶茂密的大树，并将它拖回空屋，此树将屋子占了大半的空间。二儿子买了一大堆草，也把空屋填了一大半。小儿子只花了25元，买了一包蜡烛，等到天黑，他点燃蜡烛后说："爸爸，请你看看这屋子里，还有哪个角落没有被这些烛光照到的呢？"父亲看了非常满意，就让小儿子继承了事业。

富兰克林说："思考的价值是无可取代的。"当我们执著于表象、习惯于旧有的思考模式而无法摆脱时，不妨换个角度来看，为自己的惯性思考加些创意，或能走出一段新路来。

问题：

1. 你认为作为一名领导者如何才能提高其解决问题的能力？
2. 有人讲：思路决定出路。你如何理解？
3. 请你分析领导者决策力与自信心的来源。

3. 能力素质

能力素质在领导者的整体素质中占有重要地位。一个人要成为一名优秀的领导者，在很大程度上取决于他的能力。能力来源于学习、实践和经验。一般地说，领导者应具备以下几种基本能力：

(1)统驭能力。领导者的统驭能力一般是指领导活动中的决策、组织协调、指挥和控制等一系列驾驭全局的能力。决策是统驭能力的核心。领导者要做出正确的决策，必须具有集思广益的能力、优化选择的能力、分析判断的能力。组织与协调是统驭能力的重要环节。领导者要有效地实现组织目标，必须善于运用组织的力量，善于授权用人，善于调动所有成员的积极性，善于把人、财、物组织起来，能够统筹兼顾国家、集体和个人的利益以及眼前利益和长远利益。指挥和控制是统驭能力的关键。领导者要善于运用奖惩手段和控制方法，做到令行禁止、控制有力。

(2)创新能力。这是一种高层次的思维活动能力。它要求领导者对新事物要敏感，思路开阔，富有想象力，不因循守旧、墨守成规；要善于发现新问题、总结新经验，善于提出新设想、新方案；善于探索，敢于创新，标新立异；要不断以新的目标鞭策自己、激励下属。对现代领导者来说，这种能力的重要性正变得越来越突出。

(3)应变能力。即适应主客观条件变化的能力。领导者面临复杂多变的情况，必须审时度势，随机应变，顺应变化了的形势。要灵活把握变与不变的辩证关系，善于在变中求不变，在不变中求变。

(4)社会交往能力。指妥善处理组织内外关系的能力。包括与周围环境建立广泛联系和对外界信息的吸收、转化能力，以及正确处理上下左右关系的能力。领导者必须善于与他人交往，善于待人接物，善于倾听不同意见，善解人意，创造和谐。

上述三种素质中，思想品德素质最为重要，能力素质次之，最后是知识素质。但对于一个领导者来说，上述三种素质都是必不可少的，缺了任何一个方面，或者任何一个方面的素质太弱，都不能成为一名合格的领导者。当然，对于不同层次的领导者，在素质上的要求是不同的。一般来说，领导层次越高，对其统驭能力、思想品德素质和管理知识的要求就越高；领导层次越低，对其专业知识的要求就越高。另外，对不同性质的组织的领导者，在素质上的要求也会各有侧重。

（八）领导特质理论总结

领导特质理论虽然开辟了对领导主体及其内在构成和原因进行研究的新领域，对研究领导者应具备哪些基本的素质方面作出了贡献，但并未取得多大的成功。也有人认为，这不是一种研究领导的好方法。因为：各研究者所列的领导特性包罗万象，说法不一且互有矛盾；这些研究大都是描述性的，并没有说明领导者应在多大程度上具有某种品质；并非所有的领导者都具备所有的品质，而许多非领导者也可能具备大部分这样的品质。

尽管如此，这些理论并非一无是处，一些研究表明了个人品质与领导有效性之间确实存在着相互联系。如一些研究表明，领导者的才智、广泛的社会兴趣、强烈的成就欲及对员工关心和尊重，确实与领导的有效性有很大的关系。此外，领导特质理论系统地分析了领导者应具备的条件，向领导者提出了要求和希望，这对于我们培养、选拔和考核领导者也是有帮助的。

领导者的工作技巧：

有一个农夫，天一亮就到田里耕种，当他坐上拖拉机的时候，发现没有汽油了，拖拉机发不动，就到附近的加油站里买汽油。在去买汽油的路上，他想到还没有喂猪吃饲料，赶紧跑回仓库去拿饲料想喂猪；一到仓库，他发现马铃薯长出芽来，非常着急，他心想："糟糕！再不处理，马铃薯就不能吃了。"当他在拔马铃薯的芽时，他又想到客厅暖炉的木柴已经没有了，于是他改跑到柴房去，想为暖炉添木柴。

当农夫拿起木柴走向客厅时，他看到公鸡的样子不太对劲，好像生病了，就放下木柴先检查公鸡的情况，等到确认公鸡没事以后，又拿起木柴往客厅走去。农夫好不容易把木柴排放整齐后，心想："今天真是忙坏了！"

刚休息，才发现今天优先该做的事是去耕田时，这时太阳已经下山了。

时间是一种免费的财富，每个人拥有相同的数量，是我们所能拥有的最宝贵的东西之一，它无可取代，但当我们错用或根本不用它的时候，时间也不可阻挡地流失了；相反地，如果我们能通过有效的安排加以利用它，那么我们就可以解决许多问题，减轻压力，发展出一种新的乐观生活。

对于我们生活中的大小事务，我们是不是真的了解它的轻重缓急。许多人利用长时间来处理小事情，等到时间快用完了，才在那里着急时间不够来处理大事情。一个企业家每天要处理的事情那么多，如果没有仔细做好时间规划，依照事情的轻重缓急来处理的话，便会有非常多的事务会被草率地处理掉，这将会导致企业损失非常严重。

另外，关于那些值得令人忧虑的问题，事实上忧虑也没有用，一切都需要动脑来解决，而不是忧虑。其他如生气、紧张、打架、吵架等也无法解决问题，解决问题靠平心静气地思考、决策及沟通。

二、领导行为理论

由于领导特质理论没有显著和令人信服的研究结果，人们发现领导才能与追随领导者的意愿都是以领导方式为基础的，所以许多人开始从研究领导者的内在特征转移到外在行为上。这就产生了领导行为理论(Behavior theory of leadership)。比如，美国航空公司(American Airlines)总裁罗伯特·科兰多尔(Robert Crandali)和桑比姆—奥斯特公司(Sunbeam-Oster)前总裁保罗·凯扎伦(Paul B. Kazarian)都成功地领导各自公司度过了艰难时期，而他俩的领导风格也是相同的——严厉、强硬和专制。这是否表明专制行为被大多数领导者所偏爱？领导行为理论认为，依据个人行为方式可以对领导进行分类。人们认为，如果领导的行为有一个合理的分类，区分出有效领导行为与无效领导行为，就可以通过行为训练使人们成为领导者。然而，至今还没有一个公认的“最好的分类”，学者们的分类存在着不少的差异。

特质理论与行为理论在实践意义方面的差异源于两者深层的理论假设不同：领导特质论的研究基础是，认为领导和非领导的区别在于领导者具备了一些特殊的基本特征和素质。如果特质理论有效，领导从根本上说是天生造就的，你要么就是要么就不是一个领导者。因而只要找出成功领导人应具备的特点，再考察某个组织中的领导者是否具备这些特点，就能断定他是不是一个优秀的领导人。相反，如果行为理论有效，说明具备一些具体的行为的领导者就能成为优秀的领导人，则我们可以培养领导，即通过设计一些培训项目把有效的领导者所具备的行为模式植入个体身上。显然，这种思想前景更为光明，它意味着领导者的队伍可以不断壮大。通过培训，我们可以拥有无数有效的领导者。

下面着重介绍几种比较有代表性的领导行为理论。

(一)勒温的三种极端的领导作风

关于领导作风(Leadership style)的研究最早是由美国依阿华大学的研究者、著名心理学家库尔特·勒温(Kurt Lewin，1890—1947)开展的，勒温和他的同事们从20世纪30年代起就进行关于团体气氛和领导风格的研究。勒温等人发现，团体的任务领导并不是以同样的方式表现他们的领导角色，领导者通常使用不同的领导风格，这些不同的领导风格对团体成员的工作绩效和工作满意度有着不同的影响。他根据领导者如何运用职权，把领导者在领导过程中表现出来的极端工作作风分为三种类型：专制作风、民主作风、放任作风。力图科学地识别出最有效的领导行为。

1. 专制作风

专制作风(Autocratic style)，也称“独裁作风”。具有这种作风的领导者往往独断专行，从不考虑别人的意见，所有的决策都由自己做出；亲自设计工作计划，指定工作内容和进行人事安排，从不把任何消息告诉下属，下属没有参与决策的机会，而只能察言观色，奉命行事；他主要靠行政命令、纪律约束、训斥和惩罚来管理，只有偶尔的奖励；他很少参与群体活动，与下属保持一定的心理距离，没有感情交流。领导者根据个人的了解与判断来监督和控制团队成员的工作。这种家长式的作风导致上级与下级之间存在较大的社会心理距离和隔阂，领导者对被领导者缺乏敏感性，被领导者对领导者存有戒心和敌意，下级只是被动、盲目、消极地遵守制度，执行指令。团队缺乏创新与合作精神，而且易于产生成员之间的攻击性行为。

2. 民主作风

具有民主作风(Democratic style)的领导者往往鼓励下属参与决策;分配工作时尽量照顾到个人的能力、兴趣,对下属的工作也不安排得那么具体,下属具有较大的工作自由、较多的选择性和灵活性;在领导工作中主要以非正式的权力和威信,而不是靠职位权力和命令使人服从,谈话时多使用商量、建议和请求的口气;积极参与团体活动,与下属无任何心理上的距离。民主型的领导者注重对团体成员的工作加以鼓励和协助,关心并满足团体成员的需要,营造一种民主与平等的氛围,领导者与被领导者之间的社会心理距离比较近。在民主型的领导风格下,团体成员自己决定工作的方式和进度,工作效率比较高。

3. 放任作风

具有放任作风(Laissez faire style)的领导者往往把权力完全给予组织成员或群体,自己对于工作尽量不参与,也不主动干涉,毫无规章制度。工作进行几乎全赖组织成员自负责任。实行的是无政府管理。放任型的领导者采取的是无政府主义的领导方式,对工作和团体成员的需要都不重视,无规章、无要求、无评估。领导者满足于任务布置和物质条件的提供,对团体成员的具体执行情况既不主动协助,也不进行主动监督和控制,听任团队成员各行其是,自主进行决定,对工作成果不做任何评价和奖惩,以免产生诱导效应。在这种团队中,非生产性的活动很多,工作的进展不稳定,效率不高,成员之间存在过多的与工作无关的争辩和讨论,人际关系淡薄,但很少发生冲突。

勒温等人试图通过实验决定哪种领导风格是最有效的。他们分别将不同的成年人训练成为具有不同领导风格的领导者,然后将这些人充当青少年课外兴趣活动小组的领导,让他们主管不同的青少年群体。进行实验的群体在年龄、人格特征、智商、生理条件和家庭社会经济地位等方面进行了匹配,也就是说,几个不同的实验组仅仅在领导者的领导风格上有所区别。这些青少年兴趣小组进行的是手工制作的活动,主要是制作面具。

勒温在试验中发现,在专制型领导的团体中,各成员之间攻击性言论显著;成员对领导服从但表现自我或引人注目的行为较多;成员多以"我"为中心;当受到挫折时,常常推卸责任或进行人身攻击;在领导不在场时,工作动机大为降低,也无人来组织工作。而在民主型团体中,成员间彼此友好;很少使用"我"字而具有"我们"的感觉;遇到挫折时,人们团结一致以图解决问题;领导不在场时,就像领导在场时一样继续工作;成员对团体活动有较高的满足感。

根据试验结果,勒温认为,放任自流的领导作风效率最低,只能达到社交目标,而完不成工作目标;专制作风的领导虽然通过严格管理达到了工作目标,但群体成员没有责任感,情绪消极,士气低落,争吵较多;民主作风的领导工作效率最高,不但完成工作目标,而且组织成员关系融洽,工作积极主动,有创造性。

但不幸的是,研究者们后来发现了更为复杂的结果。民主型的领导风格在有些情况下会比专制型的领导风格产生更好的工作绩效,而在另外一些情况下,民主型领导风格所带来的工作绩效可能比专制型领导风格所带来的工作绩效低或者仅仅与专制型领导风格所产生的工作绩效相当,而关于群体成员工作满意度的研究结果则与以前的研究结果相一致,即通常在民主型的领导风格下,成员的工作满意度会比在专制型领导风格下的工作满意度高。

在实际的组织中,很少有极端型的领导,大多数领导都是介于专制型、民主型和放任型之间的混合型。勒温能够注意到领导者的风格对组织氛围和工作绩效的影响,区分出领导者的不同风格和特性并以实验的方式加以验证，这对实际管理工作和有关研究非常有意义。许多后续的理论如坦南鲍姆和施米特的领导行为连续体理论等都是从勒温的理论发展而来的。勒温的理论也存在一定的局限。这一理论仅仅注重了领导者本身的风格，没有充分考虑到领导者实际所处的情境因素，因为领导者的行为是否有效不仅仅取决于其自身的领导风格，还受到被领导者和周边的环境因素的影响。

（二）利克特的四种领导方式

美国密执安大学教授行为科学家伦西斯·利克特(Rensis Likert)和他的同事对领导人员和经理人员的领导类型和作风做了长达30年的研究，通过对数百个组织机构的研究，形成对理解领导行为很重要的思想。1961年，利克特出版了《管理的新模式》(*New patterns of management*)，他们把领导者分为两种基本类型，即"以工作为中心"(Job-centered)的领导与"以员工为中心"(Employee-centered)的领导。前者的特点是：任务分配结构化，严密监督，工作激励，依照详尽的规定行事；而后者的特点是：重视人员行为反应及问题，利用群体实现目标，给予组织成员较大的自由选择的范围。

经过比较研究，利克特得出以下几条结论：(1)高生产效率和低生产效率的部门，职工的士气可能无差别；(2)部门领导者凡是关心职工的，生产效率就高；经常施加压力的，生产效率则低；(3)部门领导者与下级和职工接触多的，生产效率就高；反之，生产效率则低；(4)部门领导人注意向下级授权，听取下级意见并让他们参与决策的，生产效率就高；相反，采取独裁领导方式的，生产效率则低。

利克特于1967年出版了《人群组织：管理和价值》(*Human organization: its management and value*)一书，提出了领导的四系统模型，即把领导方式分成四类系统：压榨式的集权领导、仁慈式的集权领导、协商式的民主领导和参与式的民主领导。

1. 压榨式的集权领导(The exploitive-authoritative system)。在这种领导形态中，管理层对下级缺乏信心，权力集中在最高一级，很少让下属参与决策；决策大多由管理层做出，然后以命令形式宣布，必要时以威胁和强制的方法执行；只有自上而下的沟通，上级与下级之间的接触都是在互不信任中进行；激励主要用恐吓和惩罚的方法，偶尔也用奖赏；在这种方式下，最容易形成与正式组织相对立的非正式组织。

2. 仁慈式的集权领导(The benevolent-authoritative system)。在这种领导形态中，管理层对下属有一种谦和的态度，但下属仍小心翼翼；决策仍控制在最高一级，下属能在一定的限度内参与，但仍受最高层制约；有一定程度的自下而上的沟通；激励方法是奖赏与惩罚并用；在这种方式下，通常也会形成非正式组织，但其目标不一定与正式组织相对立。

3. 协商式的民主领导(The consultative system)。在这种领导形态中，上级对下级有相当程度的信任，主要决策权掌握在高层，下级可作具体问题的决策；双向沟通在相当信任的情况下进行；激励基本上采用奖励方法，偶尔也实行惩罚；在这种方式中，可能产生非正式组织，但可能支持组织的目标，只有部分反对组织的目标。

4. 参与式的民主领导(The participative-group system)。在这种领导形态中，领导者完全信任部属；决策采用高度的分权化；既有自上而下的沟通，还有同事之间的平行沟通，信息交流在互相信赖和友好的气氛中进行；非正式组织和正式组织融为一体，所有的力量都为实现组织目标而努力；组织目标与职工的个人目标也是一致的。

利克特根据大量研究材料，证明单纯依靠奖惩来调动职工积极性的管理方式将被淘汰。

利克特发现，那些用参与式的民主领导方式进行管理活动的领导者，大都是最有成就的领导者。他们所领导的组织在制定目标和实现目标方面是最有效率的，一般说来也是最富有成果的。只有依靠民主管理，从内部来调动职工的积极性，才能充分发挥人力资源的作用。而独裁管理方式不仅永远不能达到民主管理所能达到的生产水平，也不能使职工对工作产生满足感。据此，利克特倡议员工参与管理。

（三）领导行为连续统一体

由美国管理学家罗伯特·坦南鲍姆（Robert Tannenbaum）和沃伦·施密特（Warren H. Schmidt）提出的领导行为连续统一体理论（Leadership continuum theory），很好地说明了领导风格的多样性和领导方式所具有的因情况而异的性质。

从 1955 年到 1977 年，坦南鲍姆与施密特在加州大学共事 20 多年，他们两人对领导方式的分类和选择的问题进行共同研究，于 1958 年发表了《如何选择领导方式》（*How to Choose a Leadership Pattern*）一文，提出了"领导模式连续分布场"这一新概念。很快，这一成果就被管理学界所接受，成为研究企业及其他各种组织领导问题的经典之作。经过 15 年的实践验证，他们的这篇文章获得了广泛好评，1973 年，《如何选择领导方式》在《哈佛商业评论》上重新发表，其重要性与影响程度可见一斑。在重新发表时，坦南鲍姆和施密特又根据时代的发展和认识的深化，对原理论进行了补充和修改，打破了原来理论模型的封闭性，加入了外界环境的变化影响因素和领导者与被领导者之间的互动因素。

领导行为连续统一体如图 9-1 所示。

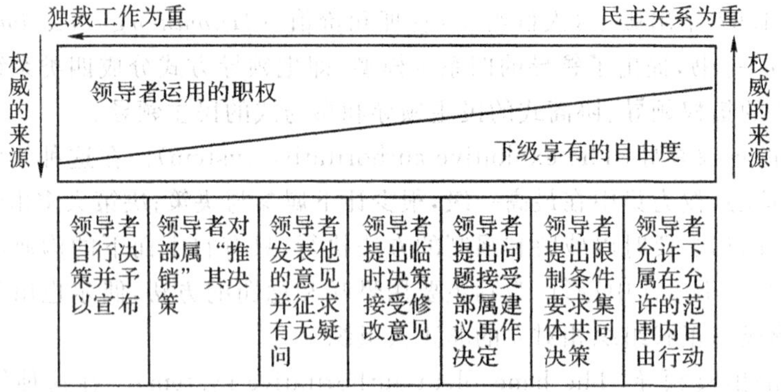

图9-1 领导行为连续统一体

图的两端分别是民主和独裁两种极端的领导行为。从左至右，领导者运用职权逐渐减少，下属的自由度逐渐加大，从以工作为重逐渐变为以关系为重。随着领导者授权程度以及决策方式的不同，就形成了一系列的领导方式。

1. 领导自行做出决策并宣布实施。在这种模式中，领导者确定问题，并考虑各种可供选择的方案，从中选择一种，然后向下属宣布执行，不给下属直接参与决策的机会。

2. 领导者对下属推销其决策，说服下属执行决策。在这种模式中，同前一种模式一样，领导者承担确认问题和做出决策的责任。但他不是简单地宣布实施这个决策，而是认识到下属中可能会存在反对意见，于是试图通过阐明这个决策可能给下属带来的利益来说服下属接受这个决策，消除下属的反对。

3. 领导者提出建议并征求下属的意见。在这种模式中，领导者提出了一个决策，并希望下属接受这个决策。他向下属提出一个有关自己的计划的详细说明，并允许下属提出问题。

这样，下属就能更好地理解领导者的计划和意图，领导者和下属能够共同讨论决策的意义和作用。

4. 领导者提出问题接受下属的修改意见。在这种模式中，下属可以对决策发挥某些影响作用，但确认和分析问题的主动权仍在领导者手中。领导者先对问题进行思考，提出一个暂时的可修改的计划，并把这个暂定的计划交给有关人员征求意见。

5. 领导者提出问题，征求意见再作决策。在以上几种模式中，领导者在征求下属意见之前就提出了自己的解决方案，而在这个模式中，下属有机会在决策做出以前就提出自己的建议。领导者的主动作用体现在确定问题，下属的作用在于提出各种解决的方案，最后，领导者从他们自己和下属所提出的解决方案中选择一种他认为最好的解决方案。

6. 领导者界定问题范围，要求下属集体做出决策。在这种模式中，领导者已经将决策权交给了下属的群体。领导者的工作是弄清所要解决的问题，并为下属提出做决策的条件和要求，下属按照领导者界定的问题范围进行决策。

7. 领导者允许下属在上司规定的范围内自由行动。这种模式表示了极度的团体自由。如果领导者参加了决策的过程，他应力图使自己与团队中的其他成员处于平等的地位，并事先声明遵守团体所做出的任何决策。

在上述各种模式中，坦南鲍姆和施米特认为，不能抽象地认为哪一种模式一定是好的，哪一种模式一定是差的。成功的领导者应该是在一定的具体条件下，善于考虑各种因素的影响，选择适当的领导方式。领导者应根据具体的情况，适当选择连续体中的某种领导风格，才能达到领导行为的有效性。

领导行为连续统一体的概念认为，适宜的领导方式取决于环境和个性。在这一连续统一体中，可能影响领导方式的最重要的因素包括：(1)对领导者个性起作用的一些因素，如他们的价值观体系、对下属的信任程度、对某些领导方式的偏好等；(2)下属所具有的可能影响领导者行为的因素，如责任心、知识和经验等；(3)环境因素，如组织的价值准则和传统、问题的性质、时间的压力等。

领导行为连续体理论对管理工作的启示：首先，一个成功的管理者必须能够敏锐地认识到在某一个特定时刻影响他们行动的种种因素，准确地理解他自己，理解他所领导的群体中的成员，理解他所处的组织环境和社会环境。其次，一个成功的领导者必须能够认识和确定自己的行为方式，即如果需他果断指挥时，他应善于指挥，发号施令；如果需要员工参与和行使自主权，他能适当放权，为员工提供这样的机会。

这一理论的贡献在于指出成功的领导者应该是在多数情况下能够评估各种影响环境的因素和条件，并根据这些条件和因素来确定自己的领导方式和采取相应的行动。不足之处是，他们将影响领导方式的因素即领导者、下属和环境看成是既定的和不变的，而实际上这些因素是相互影响、相互作用的，他们对影响因素的动力特征没有引起足够的重视，同时在考虑环境因素时主要考虑的是组织内部的环境，而对组织外部的环境以及组织与社会环境的关系缺乏重视。

(四)领导行为二维理论

领导行为二维理论(Two Dimension Theory)，又称领导行为的四分图理论，是美国俄亥俄州立大学的研究者们的研究成果。研究者们从 1945 年起对领导问题进行了广泛的研究，一开始，研究人员设计了一个领导行为描述调查表，列出了 1000 多种刻画领导行为的因素，后来霍尔平(Halpin)和维纳(Winer)将冗长的原始领导行为调查表减少到130个项目，并最终将领导行为的内容归纳为两个方面：

定规维度(Initiating dimension)，指的是领导者通过设计组织结构，明确职责、权力、相互关系和沟通办法，确定工作目标和要求，制定工作程序、工作方法与制度来引导和控制下属的行为表现，以达成组织目标。高结构特点的领导者向小组成员分派具体工作，要求员工保持一定的绩效标准，并强调工作的最后期限。

关怀维度(Consideration dimension)，指的是领导者关心和强调下属个人的需要，尊重下属意见，给下属以较多的工作主动权，注意建立同事之间、上下级之间的互信气氛。高关怀特点的领导者帮助下属解决个人问题，他友善而平易近人，公平对待每一个下属，并对下属的生活、健康、地位和满意度等问题十分关心。

他们按照这两类内容设计了调查问卷，结果发现，两种领导行为在一个领导者身上可能一致，也可能不一致，它们并不是相互矛盾、相互排斥的。领导者可以是单一的组织型或体贴型，也可以是两者的任意组合，具体组合方式可用领导行为四分图表示(见图9-2)。

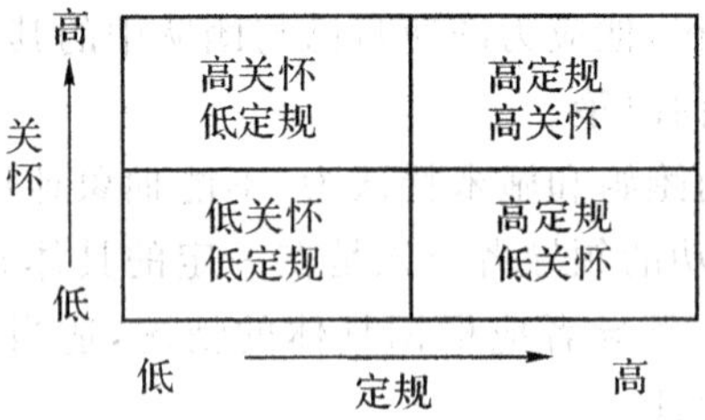

图 9-2 领导行为

1. 高关怀高定规的领导者。该种领导者注意严格执行规章制度，建立良好的工作秩序和责任制，同时关心爱护下属，经常与下属交流信息，沟通思想，想方设法调动组织成员的积极性，在下属心目中可敬又可亲。这是一个高效成功的领导者。

2. 高关怀低定规的领导者。该种领导者注意关心爱护下属，经常与下属交流思想，交换信息，与下属感情融洽，但是组织内规章制度不严，工作秩序不佳，这是一个较仁慈的领导者。

3. 低关怀高定规的领导者。该种领导者注意严格执行规章制度，建立良好的工作秩序和责任制，但是不注意关心爱护下属，不与下属交流信息，与下属关系不融洽。这是一个较为严厉的领导者。

4. 低关怀低定规的领导者。该种领导者不注意关心爱护下属，不与下属交换思想，交流信息，与下属关系不太融洽，也不注意执行规章制度，工作无序，效率低下。这是一个无能、不合格的领导者。

研究发现，在工作和关怀方面均高的领导者(“高—高”领导者)常常比其他三种类型的领导者更能使下属取得高工作绩效和高满意度。但是，“高—高”风格并不总能产生积极效果。比如，当工人从事常规任务时，高结构特点的领导行为会导致高抱怨率、高缺勤率和高离职率，员工的工作满意水平也很低。还有研究发现，领导者的直接上级主管对其进行的绩效评估等级与高关怀性成负相关。总之，俄亥俄州立大学的研究表明，一般来说，“高—高”风格能够产生积极效果，但同时也有足够的特例表明这一理论还需加入情境因素。

与俄亥俄州立大学的研究同期，密歇根大学调查研究中心也进行着相似性质的研究：确定领导者的行为特点，以及它们与工作绩效的关系。密执安大学的研究群体也将领导行为划分为两个维度，称之为员工导向和生产导向。员工导向的领导者(Employee-oriented leader)重视人际关系，他们总会考虑到下属的需要，并承认人与人之间的不同。相反，生产导向的领导者(Production-orientedleader)更强调工作的技术或任务事项，主要关心的是群体任务的完成情况，并把群体成员视为达到目标的手段。密歇根大学研究者的结论对员工导向的领导者十分有利。员工导向的领导者与高群体生产率和高工作满意度成正相关；而生产导向的领导者则与低群体生产率和低工作满意度联系在一起。

(五)管理方格图理论

美国管理学家布莱克(Robert R. Blake)和穆顿(Jane S. Mouton)两人发展了领导行为的二维度观点，于 1964 年提出"管理方格图(Managerial grid chart)"理论，如图 9-3 所示。图中横坐标与纵坐标分别表示领导者对工作和对人的关心程度，每个方格就表示"关心工作"和"关心人"这两个基本因素以不同程度相结合而形成的一种领导方式，各有 9 种程度，因此可以有 81 种组合，形成 81 个方格。这就是所谓"管理方格"，其中有五种典型的组合，表示典型的领导方式。

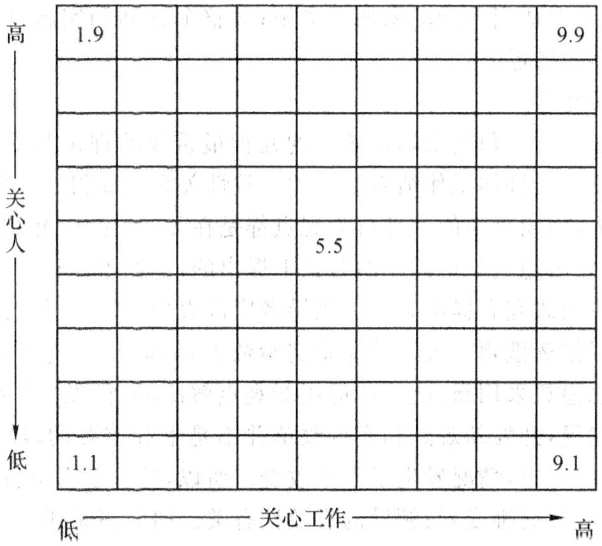

图 9-3 管理方格图

1.1 型方式：表示对工作和人都极不关心，这种方式的领导者只做一些维持自己职务的最低限度工作，也就是只要不出差错，多一事不如少一事。因而称之为"贫乏型的管理"。

9.1 型方式：表示对工作极为关心，但忽略对人的关心，也就是不关心下属的需求和满足，并尽可能使后者不致干扰工作的进行。这种方式的领导拥有很大的权力，强调有效地控制下属，努力完成各项工作。因而称之为"任务型的管理"。

1.9 型方式：表示对人极为关心，也就是关心下属的需要是否获得满足，重视搞好关系及强调同事和下级同自己的感情，但忽略工作的效果。因而被称为"俱乐部型的管理"。

5.5 型方式：表示既对工作关心，也对人关心，兼而顾之，程度适中，强调适可而止。这种方式的领导既对工作的质量和数量有一定的要求，又强调通过引导和激励促使下属完成任务。但这种领导往往缺乏进取心，乐于维持现状。因而被称为“中庸型的管理”。

9.9型方式：表示对工作和对人都极为关心。这种方式的领导者能使组织的目标和个人的需求最有效地结合起来，既高度重视组织的各项工作，又能通过沟通和激励，使群体合作，下属人员共同参与管理，使工作成为组织成员自觉自愿的行动，从而获得高的工作效率。因而被称为“团队型的管理”。

上述五种典型，仅仅是理论上的描述，是五种极端的情况。在实际生活中，很难出现纯之又纯的典型的领导方式。一般人都认为最有效的领导行为是9.9型方式，这是就一般情况而言的。在实际中，到底哪种方式更有效，要看实际工作效果，依情况而定。

管理方格图理论，对于培养有效的管理者是一种有用的工具，它提供了一种衡量管理者的领导形态的模型，可以使管理者较为清楚地认识到自己的领导行为，并明确改进的方向。布莱克和穆顿据此提出了一项培训管理人员的规划，其要点如下：

让管理者熟悉、理解管理方格图，并根据该图分析自己属于何种领导风格；集中来自相同管理部门的管理者，讨论本部门管理者成为9.9型领导应达到的标准；组织学习和讨论9.9型标准，研究目前存在的问题和不利于达到标准的因素；根据标准要求，由主管领导和部门领导研讨并确定组织目标的修订；组织所有参加这项活动的人员进一步讨论目标，提出实现目标的方法，并采取适当的行动来加以实施；对整个计划和实施过程进行评估，巩固已取得的成果并使之不断推进。

（六）行为理论的总结

以上我们介绍了从行为角度来解释领导的几种最重要的理论与探索。总体来说，研究者在确定领导行为类型与群体工作绩效之间的一致性关系上获得了一定的成功。

一些研究者认为，前面介绍的三种行为观点都是在20世纪40年代末至60年代初提出来的，是在世界发展较为稳定且可预测的背景下提出的，它们不能很好反映当今变化极快的现实。如芬兰和瑞典的研究者提出有效的领导者应该表现出发展导向的行为。斯堪的纳维亚研究者重新考察了俄亥俄州立大学的原始实验数据，他们发现俄亥俄的研究者们包括了发展因素，如“做事总愿意采用新方法”，“运用新观点解决问题”及“鼓励下属采取新活动”。只是因为在那个时代里，开发新观点和实行改革并不是十分重要的，没有引起足够的重视。然而，在今天的动态环境中，情况发生了根本改变。所以，这些学者进行了新的研究，以考察是否还有第三个维度（发展维度）与领导的有效性有关。研究者采用一些芬兰和瑞典领导者的样本，证明把发展导向作为领导行为一个独立维度来分析十分必要。传统上只重视两维领导行为的观点似乎并不十分适合当代，具有发展导向的领导者（Development-oriented leader）更令下属满意，被下属评价为更有能力。

虽然行为理论取得了不少成果，但仍存在着欠缺之处，主要表现在对影响成功与失败的情境因素缺乏考虑。事实上，不同的环境会导致不同的结果，并不存在适用于一切情境的惟一最佳领导方式。比如，罗伯特·科兰多尔和赫伯·凯勒荷都是航空行业中的卓越领导人，但两者风格迥异。为什么会出现这种情况？原因在于美国航空公司与西南航空公司十分不同，它们面对的市场不同，劳工队伍也相差很大，但行为理论却未考虑到这一点。再比如，杰西·杰克逊（Jessy Jackson）是20世纪90年代当之无愧的黑人领袖，但如果他生于1890年，其领导风格还能同等有效吗？很可能不会！情境变化时，领导风格也应发生相应变化。遗憾的是，行为理论观点却未能看到这些情境的变化。

【案例 9.5】

某钢铁公司领导班子的人事任免案

某钢铁公司领导班子会议正在研究一项重大的人事任免议案。总经理提议免去公司所属的、有 2000 名职工的主力厂——炼钢一厂厂长姚成的厂长职务，改任公司副总工程师，主抓公司的节能降耗工作；提名炼铁二厂党委书记林征为炼铁一厂厂长。姚、林二人都是公司的老同志了，年轻时就在厂里工作，大家对他们的情况可以说是了如指掌。

姚成，男，58 岁，中共党员，高级工程师。70 年代从南方某冶金学校毕业后分配到炼钢厂工作，一直搞设备管理和节能技术工作，勤于钻研，曾参与和主持了几项较大的节能技术改进项目，成绩卓著，在公司内引起较大震动。2000 年晋升为工程师，先被任命为炼一厂副总工程师，后又任生产副厂长，2005 年起任厂长至今。去年被聘为高级工程师。该同志属技术专家型领导，对炼钢厂的生产情况极为熟悉，上任后对促使炼一厂能源消耗指标的降低起了巨大的推动作用。工作勤勤恳恳，炼钢转炉的每次大修理他都亲临督阵，有时半夜入厂抽查夜班工人的劳动纪律，白天花很多时间到生产现场巡视，看到有工人工作时间闲聊或乱扔烟蒂总是当面提出批评，事后通知违纪人所在单位按规定扣发奖金。但群众普遍反映，姚厂长一贯不苟言笑，没听姚厂长和他们谈过工作以外的任何事情，更不用说和下属开玩笑了。他到科室谈工作，一进办公室大家的神情都严肃起来，犹如"一鸟入林，百鸟压音"，大家都不愿意和他接近。对他自己特别在行的业务，有时甚至不事先征求该厂总工程师的意见，直接找下属布置工作，总工对此已习以为常了。姚厂长手下有几位很能干的"大将"，却都没有发挥多大的作用。据他们私下说，在姚手下工作，从来没有受到过什么激励，特别是当他们个人生活有困难需要厂里帮助时，姚厂长一般不予过问。用工人的话说是"缺少人情味"。久而久之，姚厂长手下的骨干都没有什么积极性了，只是推推动动，维持现有局面而已。

林征，男，35 岁，中共党员，大学毕业。在基层工作 5 年，后任车间党支部书记。该同志脑子灵活，点子多，宣传、鼓动能力强，具有较突出的工作协调能力。2005 年出任炼二厂厂办主任，2006 年调任公司行政处副处长，主抓生活服务，局面很快被打开。2007 年炼二厂党委书记离休，林征又回到炼二厂任党委书记。林征长于做人的思想工作，善于激励部下，据说对行为科学很有研究。他对属下非常关心，周围的同志遇到什么难处都愿意和他说，只要是厂里该办的，他总是很痛快地给予解决。民主作风好，工作也讲究方法，该他做主的事从不推三挡四。由于他会团结人(用他周围同志的说法是"会笼络人")，工作能力强，因此在群众中享有一定的威望。他的不足之处是虽然学历高，但不是业务出身，工作性质几经变化，没有什么专业技术专长，对工程技术理论知之不多，也没有独立指挥生产的经历。

姚、林二人的任免事关炼一厂的全局工作，这怎么能不引起公司领导们的关注？公司领导们心里在反复掂量，考虑着对公司总经理这一重大人事变动提议应如何表态。

问题：

1. 分析姚成的管理风格，你认为他在管理上有什么缺陷？
2. 分析林征的管理风格，你认为他是否能成为优秀的厂长？
3. 林征如何才能成为合格的厂长，他应做些什么调整或准备？

三、领导权变理论

领导权变理论(Contingency theories of leadership),又称为领导情境理论,主要研究与领导行为有关的情境因素对领导效力的潜在影响。一种具体的领导方式不会到处适用,有效的领导行为应随着被领导者的特点和环境的变化而变化。“权变”一词有“随具体情境而变”或“依具体情况而定”的意思。领导权变理论是继领导者行为研究之后发展起来的领导学理论。这一理论的出现,标志着现代西方领导学研究进入了一个新的发展阶段。

在领导权变理论的发展过程中,对影响领导效果的主要情境因素进行分析的研究很多,人们经常使用的中间变量有:工作的结构化程度;领导者—成员关系的质量;领导者的职位权力;下属角色的清晰度;群体规范;信息的可得性;下属对领导决策的认可度;下属的工作士气;等等。在分离主要的情境变量中,一些做法被证明比另一些做法更为成功,也因此而获得了广泛认可。总体上,权变理论关注的是领导者和被领导者的行为和环境的相互影响。这种关系可以用下式表示:

$$E = f(L, F, S)$$

式中,E 代表领导的有效性,L 代表领导者,F 代表被领导者,S 代表环境,f 代表函数关系。

下面我们主要介绍 5 种比较典型的领导权变理论:菲德勒模型、赫塞和布兰查德的情境理论、路径—目标理论、领导者—成员交换理论和领导者替代品模型。

(一) 菲德勒权变理论

1. 菲德勒权变理论

美国管理学家弗莱德·菲德勒(Fred Fiedler)从 1951 年开始,首先从组织绩效和领导态度之间的关系着手进行研究,经过长达 15 年的调查试验,提出了“有效领导的权变模式”,又称菲德勒权变理论(Fiedler contingency theory),这是第一个比较全面的领导权变理论模型。他认为,任何形态的领导方式都可能有效,其有效性完全取决于领导方式与环境是否适应。决定领导方式有效性的环境因素主要有三个:

(1)上下级关系(Leader-member relation)。指领导者受到被领导者拥护和支持的程度,即领导者是否受下属的喜爱、尊敬和信任,是否能吸引并使下属追随他的程度。领导者与下属之间相互信任、相互喜欢的程度越高,领导者的权力和影响力就越大;反之,其影响力就越小。

(2)任务结构(Task structure)。指下属所从事的工作或任务的明确程度,即下属是否明确了解其工作任务、完成目标及如何完成的程度。如果所领导的组织或群体要完成的任务清楚,组织纪律严明,成员有章可循,则工作质量比较容易控制,领导也可更加有的放矢,更容易为组织成员规定明确的工作职责;反之,工作规定不明确,成员不知道如何去做,领导者就会处于被动。

(3)职位权力(Position power)。指组织赋予领导者正式地位所拥有的权力。职权是否明确、充分,在上级和整个组织中所得到的支持是否有力,直接影响到领导的有效性。一个领导者对下属雇佣、工作分配、报酬、提升等的直接决定权越大,其对下属的影响力也就越大;反之,就越小。如一个领导者只对下属拥有工作布置和监督权,而不拥有奖赏权和惩罚权时,对下属的影响力会较小,会影响其领导方式的运用。

菲德勒模型利用上面三个权变变量来评估情境,领导者与成员关系或好或差,任务结构或高或低，职位权力或强或弱，三项权变变量总和起来，便得到八种不同的情境或类型，每个领导者都可以从中找到自己的位置。三种情境因素组合的八种情况中，三种条件都具备或基本具备，是有利的领导情境（情境1、2、3）；三种条件都不具备，是不利的领导情境（情境8）。在有利和不利两种情况下，采用"任务导向型"的领导方式，效果较好；对于处于中间状态的情境（情境4、5、6、7），则采用"关系导向型"的领导方式，效果较好（见表9-1）。

表 9-1 菲德勒模型

上下级关系	好				差			
任务结构	明确		不明确		明确		不明确	
职位权力	强	弱	强	弱	强	弱	强	弱
情境类型	1	2	3	4	5	6	7	8
领导所处的情境	有利			中间状态				不利
有效的领导方式	任务导向			关系导向				任务导向

菲德勒花费了很多时间，对1200个团体进行调查分析，最后概括出两种领导方式或领导风格。一种是"以任务为导向"的指令型领导方式，领导的注意力主要集中在完成任务的方面，明确指令下属做什么和怎样去做；另一种是"以关系为导向"的宽容型领导方式，领导的主要注意力集中在得到别人的支持和尊重，吸收他们一起来参与决策，从而与组织成员共同分担领导工作，共同承担责任。

这两种方式从表面上看是相反的，一个使用的是权力的大棒，一个使用的是胡萝卜，但其实质是一样的，都是为了激励组织成员去努力工作，为实现组织的预定目标而奋斗。这两种方式各有优劣，不能说哪一个就一定比另一个好。它们对领导者来说都是有用的，问题是应当在不同的场合或情境下使用不同的领导方式。

可以有两种方法来达到领导方式与情境相一致：

第一种方法是先对要实施领导的工作环境进行考察，看究竟哪种方式更适合领导开展工作，然后选择具有这类领导方式的人或是培养出这种领导方式的人来担任领导。比如，如果群体所处的情境被评估为十分不利，而目前又是一个关系取向的管理者进行领导，那么替换一个任务取向的管理者则能提高群体绩效。体育比赛中，为了保持拥有优秀的球员，俱乐部根据球员已有的风格选择教练。高端研究所的情形也往往如此。

第二种方法是先选出或培养出具有某种领导方式的人，然后改变工作环境或领导情境，通过改造环境来与领导方式相一致。如通过重新构建任务，增加或减少领导者的权力或任务，提高或降低领导者的控制权。菲德勒认为领导风格是与生俱来的，你不可能改变你的风格去适应变化的情境，所以对领导者而言，第二种方法会很管用，也常常被利用。菲德勒提出了一些改善领导者—成员关系职位权力和任务结构的建议。领导者与下属之间的关系可以通过改组下属组成加以改善，使下属的经历、技术专长和文化水平更为合适；任务结构可以通过详细布置工作内容而使其更加定型化，也可以对工作只做一般性指示而使其非程序化，领导的职位权力可以通过变更职位充分授权，或明确宣布职权而增加其权威性。

对于这两种类型的领导方式或领导风格，人们又如何来具体地对它们作出衡量呢？过去，人们的确很少去做这方面的研究。菲德勒是第一个对此有贡献的人。他创造了LPC问卷表，让每个群体的领导对他“你最不喜欢的同事”(LPC, Least Preferred Co-worker)按照双极式的差别标度进行评分，评分结果反映和测试领导者的领导风格。一个领导者如果对其最不喜欢的同事仍能给予好的评价，即被认为对人宽容、体谅，注重人际关系和个人的声望，是以人为主的领导；如果对其不喜欢的同事评价很低，则被认为是惯于命令和控制，是只关心工作的领导。

表 9-2 菲德勒的 LPC 问卷

快乐	8 7 6 5 4 3 2 1	不快乐
友善	8 7 6 5 4 3 2 1	不友善
拒绝	1 2 3 4 5 6 7 8	接纳
有益	8 7 6 5 4 3 2 1	无益
不热情	1 2 3 4 5 6 7 8	热情
紧张	1 2 3 4 5 6 7 8	轻松
疏远	1 2 3 4 5 6 7 8	亲密
冷漠	1 2 3 4 5 6 7 8	热心
合作	8 7 6 5 4 3 2 1	不合作
助人	8 7 6 5 4 3 2 1	敌意
无聊	1 2 3 4 5 6 7 8	有趣
好争	1 2 3 4 5 6 7 8	融洽
自信	8 7 6 5 4 3 2 1	犹豫
高效	8 7 6 5 4 3 2 1	低效
郁闷	1 2 3 4 5 6 7 8	开朗
开放	8 7 6 5 4 3 2 1	防备

菲德勒在论述了组织领导的方式类型之后，又进一步研究了与领导方式有着紧密关联的领导环境或领导情境问题。他认为尽管可以根据一定的领导方式创造领导工作环境，但是，领导方式的发挥不考虑具体的领导环境是不行的，某种领导方式只有在一定的、与之相一致的环境中才能运用自如。

总之，费德勒模型将个性评估与情境分类联系在一起，在领导特质研究基础上考虑了情境因素，是对领导理论的一个重要贡献。有许多后来的研究对费德勒模型的总体效度进行了考察，并得到了很好的论证。但这一模型也存在着缺陷，LPC 问卷简单，答者的 LPC 分数也不稳定，权变的变量对于实践者有点过于复杂，在实践中很难确定领导者—成员关系，确认任务结构化程度和领导者的权力程度，使其实际应用受到了限制。

2. 认知资源理论

认知资源理论(Cognitive resource theory)主要研究了领导者通过什么而获得有效的群体绩效领导理论，是对费德勒权变理论的扩展和重新界定。1987 年费德勒及其助手乔·葛西亚(Joe Garcia)重新定义了先前的理论以处理“一些重要的、需要引起注意的疏漏之处”，想解释领导者通过什么而获得了有效的群体绩效这一过程。

认知资源理论将相关的个人认知能力列入权变领导的考虑项目之一，其中包括智力、承受压力的能力以及领导者的经验。这一理论基于两个假设：第一，睿智而有才干的领导者相比德才平庸的领导者能制定更有效的计划、决策和活动策略。第二，领导者通过指导行为传达了他们的计划、决策和策略。在此基础上，费德勒和葛西亚阐述了压力和认知资源（如经验、奖励、智力活动）对领导有效性的重要影响。新理论可以进行下面3项预测：第一，在支持性、无压力的领导环境，指导型行为只有与高智力结合起来，才会导致高绩效水平；第二，在高压力环境下，工作经验与工作绩效之间成正相关；第三，在领导者感到无压力的情境中，领导者的智力水平与群体绩效成正相关。

虽然费德勒和葛西亚承认他们所得到的数据还十分有限，不足以从根本上支持认知资源理论，还需要进行更进一步的研究。但是，新理论把领导者认知能力的引入作为领导有效性的重要影响因素，还是引起了人们的关注。

（二）赫塞—布兰查德的情境领导模型

保罗·赫塞（Paul Hersey）在20世纪60年代率先提出了"情境领导模式"。1969年，他编著了《情境领导》（*Situational Leadership*）教科书，该书出版了第八版，被翻译成14种文字，销量上百万册。他创办了"领导力研究中心"，不断深入研究并完善该理论。70年代初，他与肯尼斯·布兰查德（Kenneth Blanchard）共同研究开发了情境领导理论（Situational leadership theory）。情境领导理论认为，根据下属的成熟度水平选择正确的领导风格会取得领导的成功，在领导和管理公司或团队时，不能用一成不变的方法，而要随着情况和环境的改变及员工的不同改变领导和管理的方式。

情境领导理论是一个重视下属的权变理论。事实上，无论领导者做什么，其领导效果都取决于下属的活动。然而下属这一重要维度却被众多的领导理论所忽视或低估。情境领导理论的提出弥补了前述领导理论的缺陷，被广大的管理专家所推崇，并作为主要的培训手段加以应用。如情境领导课程成为诸如IBM、美孚石油、施乐、爱立信、摩托罗拉、微软、通用汽车、苹果等公司的高级经理人的常年必选课程。尽管该理论的效度尚未受到深入的考察，但有广泛的接受性和很强的直观感召力。

赫塞和布兰查德将成熟度（Maturity）定义为：个体对自己的直接行为负责任的能力和意愿的大小。它包括两项要素：工作成熟度和心理成熟度。工作成熟度是相对于一个人的知识和技能而言的，如果一个人具有无须别人的指点就能完成其工作的知识、能力和经验，那么他的成熟度就是高的，反之则低。心理成熟度则与做事的意愿和动机有关，如果一个人能自觉地去做，而无须外部的激励，就认为他有较高的心理成熟度，反之则低。

赫塞和布兰查德还将成熟度分为4个阶段：

第一阶段，工作成熟度和心理成熟度都不成熟，这些人对于执行某项工作任务既无能力又不情愿。他们既不胜任工作又不被信任，是消极的学习者。

第二阶段，工作成熟度低和心理成熟度高，这些人缺乏工作能力，但却愿意从事必要的工作任务。他们有积极性，但目前尚缺乏足够的技能，是热情的学习者。

第三阶段，工作成熟度高和心理成熟度低，这些人有能力却不愿意干领导者希望他们做的工作，为谨慎的执行者。

第四阶段，工作成熟度和心理成熟度都高，这些人既有能力又愿意干让他们做的工作，是高效的完成者。

情境领导理论是建立在管理方格图理论和不成熟—成熟理论（Theory of Immaturity-maturity)[①]基础之上的。他们也画出一个方格图，横坐标为工作行为，纵坐标为关系行为，在下方再加上一个成熟度坐标，从而把原来由布莱克和穆顿提出的由以人为主和以工作为主构成的二维领导理论，发展成为由关系行为、工作行为和成熟度组成的三维领导理论。在这里，工作行为是指领导者和下属为完成工作任务而形成的交往形式，关系行为是指领导者给下属以帮助和支持的程度。由这两者，赫塞和布兰查德组合成了以下四种领导方式：

(1)命令式(Telling，高工作—低关系)。领导者告诉下属应该干什么、怎么干以及何时何地去干。

(2)推销式(Selling，高工作—高关系)。领导者同时提供指导性的行为与支持性的行为。

(3)参与式(Participating，低工作—高关系)。领导者与下属共同决策，领导者的主要角色是提供便利条件与沟通。

(4)授权式(Delegating，低工作—低关系)。领导者提供极少的指导或支持。

图9-4概括了情境领导模型的各项要素。当下属的成熟水平不断提高时，领导者不但可以不断减少对活动的控制，还可以不断减少关系行为。在第一阶段，下属需要得到明确而具体的指导；在第二阶段，领导者需要采取高工作—高关系行为，高工作行为能够弥补下属能力的欠缺，高关系行为则试图使下属在心理上“领会”领导者的意图。在第三阶段出现的激励问题运用支持性、非指导性的参与风格可获最佳解决。最后，在第四阶段，领导者不需要做太多的事，因为下属既愿意又有能力担负责任。

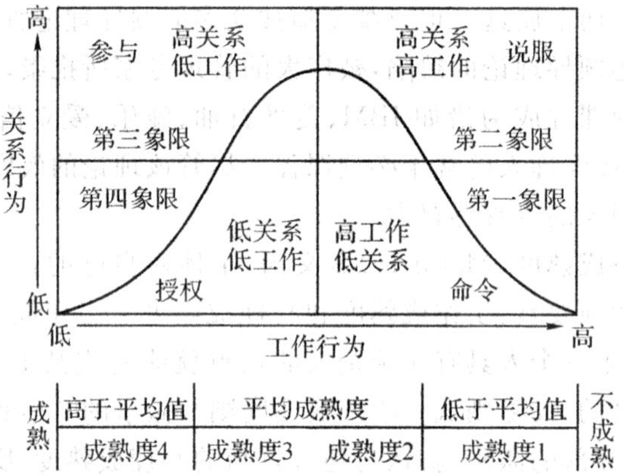

图9-4 情境领导模型

① “不成熟—成熟”理论是克瑞斯·阿吉里斯(Chris Argyris)在其《个性与组织：互相协调的几个问题》(1957)的论文中提出的。该理论认为：组织行为是由个人和正式组织融合而成的，组织中的个人作为一个健康的有机体，无可避免地要经历从不成熟到成熟的成长过程。人的个性发展过程一般要经过以下几种变化：从被动到主动；从依赖到独立；从能做少量行为到做多种行为；从浅淡的兴趣到浓厚的兴趣；从目光短浅到目光远大；从附属地位到同等或优越的地位；从不明白自我到明白自我和控制自我。阿吉里斯认为，组织中的劳动分工、权力等级、组织控制和统一指挥的基本功能，是企业实行有效经营所必不可少的，但也有不适应人的健康个性的需要，妨碍人的成熟和自我实现的一面。因此，清除人的个性和组织之间的不协调，便是企业经营中的重要任务。协调的办法是：扩大职工的工作范围，使职工有从事多种工作的经验；采用参与式以职工为中心的领导方式；多给职工责任和权利；更多地依靠职工的自我指挥和自我控制。一般来说，人的成熟程度愈高，发挥的作用就愈充分。一个人从不成熟到成熟，决定因素是知识和经验，所以阿吉里斯重视职工教育和职工培训工作，认为企业领导者要善于促进职工的成熟，采用各种手段来提高职工的成熟程度，从而充分发挥职工的智能和提高工作效率。阿吉里斯的不成熟—成熟理论，主要集中在个人需求与组织需求问题上的研究。他指出，人总是处在从不成熟到成熟的连续发展过程之中。主张有效的领导者应该帮助人们从不成熟或依赖状态转变到成熟状态，拙劣的管理就是阻碍这个过程，使人的性格不能走向成熟；良好的管理则是促进这个过程。

我们可以注意到，赫塞和布兰查德的四种领导风格与管理方格中的四个极角很相似：指示型风格等同于9.1型领导者；推销型风格等同于9.9型领导者；参与型风格等同于1.9型领导者；授权型风格等同于1.1型领导者。但二者是不同的，赫塞和布兰查德认为方格论强调的是对生产和员工的关注，是一种态度维度，而情境领导模式却相反，强调的是任务与关系的行为。如果认为情境领导理论是在方格论基础上的改进，它反映出了下属成熟度的四个阶段，则更易于被人们理解。

【案例9.6】

情境领导培训

王强是家联公司浙江分销中心质检部门的负责人。他管理着6个人，这些人的工作是将所收到的大批产品打开包装进行检查后，给每件产品贴上标签，然后分装好发往该区域的二十家零售店。

王强认为自己是"富有人情味的人"，但他的手下并不这么认为。在最近的一次培训中，王强被建议在领导模式中运用更高的工作行为和关系行为，这样可能会使他的工作更有效。对王强来说，这个反馈意见很重要，因为他关心自己部门的业绩。由于市场疲软，加上年底节日购物季节的来临，提高工作效率的要求变得越来越紧迫了。

王强的手下出现了分化，有一部分人有能力而且是积极地完成工作指标，而另一些人则显得对自己应该完成的工作份额表现得漠不关心且难以完成工作。有两个人是这两种人的典型：李瑞红和张缃。李瑞红是已经做了四年的检验员，他是个靠得住的人，平时关心顾客，工作努力而且有效率。王强与李瑞红处得很好，而且他相信李瑞红能在没有监督的情况下完成工作。

张缃的情况则完全不同，他在这个工作岗位上的时间还不到一年。在王强看来，张缃在与同事的交往上花了太多的时间。每天张缃都是第一个下班的人，他几乎没有完成过规定标准75%的工作量。王强经常找张缃谈话，明确地告诉他应该做什么。但当张缃独自工作的时候，王强会发现他又恢复了老样子。

在那次管理培训课程结束后，王强决定对每个人要更加友善和坦诚，尤其是对张缃和其他表现较差的人，他要更关心他们的生活，而且他要开始理解他们的感受，因为从前他要求他们取得更高的绩效，并建立有纪律的工作习惯都给他们带来了许多的压力。他希望张缃(还有其他人)会逐渐成长并进入良好的工作状态。

两个星期后，王强坐在自己的办公室里，心情沮丧。他在自己领导风格方面所做的改变显然是不成功的，不仅张缃的绩效没有得到提高，而且其他雇员(包括李瑞红在内)的工作业绩与以前相比，也都出现了下滑。假日购物黄金季节正处于关键时刻，王强的老板正不断地向他施加压力，要求他马上进行改进。王强想知道哪里出了问题……

问题：

1. 请分析王强目前面临的情境，王强试图对自己的行为做出哪些改变？他期望这种改变能产生什么结果？对李瑞红和张缃分别出现什么结果？

2. 分析李瑞红和张缃各自的特点和成熟度，李瑞红和张缃分别希望他们的领导如何领导他们？

3. 分析在王强改变了领导风格后,导致业绩下降的原因是什么?

4. 你认为王强应如何进行领导才能使其工作更为有效?

(三)途径—目标理论

1971年加拿大多伦多大学教授罗伯特·豪斯(Robert House)发表了《有关领导效率的目标—途径理论》一文,1974年又与华盛顿大学管理学教授特伦斯·米切尔(Terence R. Mitchell)合作发表了《关于领导方式的目标—途径理论》(*Path-Goal Theory of Leadership*)一文,他们把激发动机的期望理论和领导行为的四分图结合在一起,提出了途径—目标理论(Path-goal theory)。路径—目标理论认为领导者的基本任务就是发挥部下的作用,帮助下属设定目标,把握目标的价值,支持并帮助部下实现目标。管理者为激励下属所采取的措施取决于下属的特性和工作的类型。目前,该理论已经成为当今最受人们关注的领导观点之一。

"途径—目标理论"同以前的各种领导理论的最大区别在于,它立足于部下,而不是立足于领导者。领导者的领导方式必需是部下乐于接受的方式,必须具有激励性。

领导者的行为被下属接受的程度,取决于下属将这种行为视为获得满足的即时需求,还是作为未来获得满足的手段。领导者行为的激励作用在于:一方面使下属的需要满足取决于有效的工作绩效,另一方面提供有效绩效所必需的辅导、指导、支持和奖励。作为领导者,一是要明确下属试图从工作中获得的结果(下属的期望);二是要用期望的结果激励那些高绩效和完成工作目标的下属;三是为下属指明完成工作的目标路径。为了考察这些陈述,豪斯确定了四种领导方式:

1. 指导型领导(Directive leadership)。领导者让下属知道期望他们的是什么,以及完成工作的时间安排,为下属制定出明确的工作标准,将规章制度向下属讲得清清楚楚,并对完成任务给予具体指导,指导不厌其详,规定不厌其细。

2. 支持型领导(Supportive leadership)。这种领导者十分友善,并表现出对下属需求的关怀,关注下属的福利和需要,平等地对待下属,尊重下属的地位,能够对下属表现出充分的关心和理解,在部下有需要时能够真诚帮助。

3. 参与型领导(Participative leadership)。这种领导者与下属共同磋商,并在决策之前充分考虑他们的建议,参与性领导者能同下属一道进行工作探讨,征求他们的想法和意见,将他们的建议融入团体或组织将要执行的那些决策中去。

4. 成就取向型领导(Achievement-oriented leadership)。这种领导者设定富有挑战性的目标,并希望下属实现自己的最佳。领导者为下属制定的工作标准很高,寻求工作的不断改进。除了对下属期望很高外,成就导向性领导者还非常信任下属有能力制定并完成具有挑战性的目标。

如图9-5表明,途径—目标理论提出了两类情境或权变变量作为领导行为—结果关系的中间变量:下属控制范围之外的环境(任务结构、正式权力系统以及工作群体)以及下属个性特点中的一部分(控制点、经验和知觉能力)。如果要使下属的产出量最大,环境因素决定了作为补充所要求的领导行为类型,而下属的个人特点决定了个体对环境和领导者的行为特点如何解释。这一理论指出,当环境结构与领导者行为相比重复多余或领导者行为与下属特点不一致时,效果均不佳。

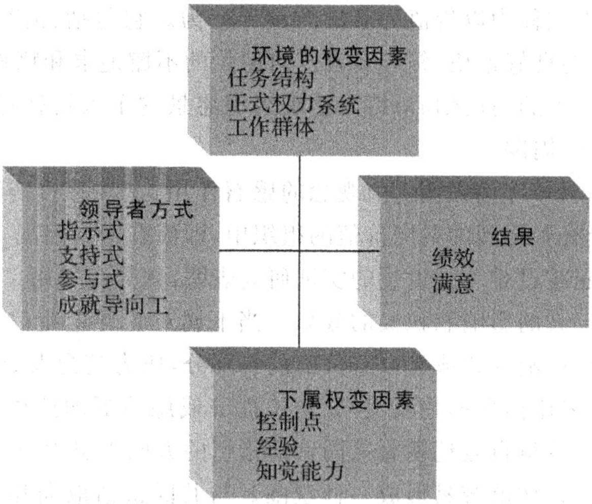

图9-5 途径—目标理论

"途径—目标理论"认为，在现实中究竟采用哪种领导方式，要根据部下特性、环境变量、领导活动结果的不同因素，以权变观念求得同领导方式的恰当配合。领导方式是可变的、有弹性的，这四种领导方式可能在同一个领导者身上出现，因为领导者可以根据不同的情况斟酌选择，在实践中采用最适合于下属特征和工作需要的领导风格。豪斯强调，领导者的责任就是根据不同的环境因素来选择不同的领导方式。如果强行用某一种领导方式在所有环境条件下实施领导行为，必然会导致领导活动的失败。如：当下属是教条的和权力主义的，任务是不明确的，组织的规章和程序是不清晰的，那么，指导型领导方式最适合；对于结构层次清晰、令人不满意或者是令人感到灰心的工作，那么，领导者应该使用支持型方式；当下属从事机械重复性的和没有挑战性的工作时，支持型方式能够为下属提供工作本身所缺少的"营养"；当任务不明确时，参与型领导效果最佳，因为参与活动可以澄清达到目标的路径，帮助下属懂得通过什么路径和实现什么目标；当下属具有独立性，具有强烈的控制欲，参与型领导方式也具有积极影响，因为这种下属喜欢参与决策和工作建构；当组织要求下属履行模棱两可的任务，成就导向型领导方式效果最好，在这种情境中，激发挑战性和设置高标准的领导者，能够提高下属对自己有能力达到目标的自信心。事实上，成就导向型领导者可以帮助下属感到他们的努力将会导致有效的成果。

20 世纪 90 年代中期，豪斯和他的同事们根据多年的实证研究，在"目标—途径"理论的基础上，综合了领导特质理论、领导行为理论以及权变理论的特点，以组织愿景替换并充实原来的"目标—途径"，围绕着价值这个核心概念，阐述了什么样的行为能有效地帮助领导者形成组织的共同价值，以及这些行为的实施条件，提出了以价值为基础的领导理论。

以价值为基础的领导理论认为，被领导者对领导者所信奉的、并已融入企业文化中的价值的共享和认同程度越高，领导行为就越有效。也就是说，持有明确价值观的领导者，通过明确表达愿景，向组织和工作注入自己的价值观，使之与被领导者所持有的价值观和情感发生共鸣，从而唤起被领导者对集体目标和集体愿景的认同，并导致被领导者自我价值的提高，进而更好地提高领导行为的有效性。

以价值为基础的领导理论还认为，有一系列行为对于形成组织的共同价值非常有效。组织成员在对领导者所信奉的价值观产生强烈认同，并内化为自身的价值观后，将得到强烈的激励效果，这些行为被称为以价值为基础的领导行为。它包括：清楚地表达组织愿景；向员工展示领导者自己的良好素质，领导者自己对愿景的不懈追求和牺牲精神；传达对员工的高档次期望，表达对他人的高度信心；树立追求组织愿景的个人榜样；用智慧的手段将富有创造性的人团结在自己周围。

以价值为基础的领导理论强调价值观念的感召作用，这种感召能够不断吸引有能力的人加入组织。在一个有着强烈的共同价值的组织中，即使有困难出现，人们也会为了共同的价值而同甘共苦，一起渡过难关。大量的实证研究表明，领导者采用以价值为基础的领导行为，将会对下属产生巨大的影响和积极的效果。当下属对领导者所信奉和倡导的价值观达到认同后，这种认同会逐渐内化成为自身价值的一部分，成为其为人处世的相关原则。

这种激励效果比采用简单的物质奖励、地位提升或惩罚更加持久和有效。以价值为本的领导行为，能使组织成员自觉地朝着共同价值指引的方向去努力，而且成员之间为了实现共同价值会加强沟通，这样就容易形成一种氛围。与共同价值取向相一致的行为会得到大家的赞许和认同，能为组织作贡献将被视为个人自我价值提升的一种表现。这种组织，将是克服了组织与个人对立状态、取得和谐共生的组织。

值得注意的是，组织成员达成价值共识，意味着组织中的技术创新、组织变革会更加容易被接受。所以，以共同价值为基础的领导行为，能使组织更加适应环境的变化。

豪斯的"目标—途径理论"，同利克特模型有一定的相似之处。两者的区别是，利克特单纯强调领导者与部下的关系，而豪斯的关注范围更为广泛，考虑到了领导活动的各种情境因素。从权变观点的角度看，豪斯与菲德勒也有一定程度的理论重合。但是，菲德勒把注意力集中于情境因素的权变，而豪斯则强调领导者本身的权变。可以说，由于豪斯的理论时间上推出较晚，所以，有可能也有条件吸取前人的大量成果。而豪斯本人以价值和愿景对自己理论进行调整，也显示了这一理论不断发展的容量和前景。

(四)领导者—成员交换理论

领导者—成员交换理论(Leader-member exchange，LMX)由于时间压力和精力所限，领导者在工作中要区分不同的下属，采用不同的管理风格，并与不同的下属建立起不同类型的交换关系。

1976年，乔治·格里奥(George Graeo)和他的同事在垂直对子联结模型(Vertical dyad link model，VDLM)①的研究过程中，通过纯理论的推导，得到了这样一个结论：领导者对待下属的方式是有差别的；组织成员关系的集合中往往会包括一小部分高质量的交换关系(圈内成员之间)和大部分低质量的交换关系(圈外成员与圈内成员之间)。在同一团队中存在着不断变化的领导者—成员的相互关系，不同的下属对同一个领导者有着不同的评价。由于成员间的差异和时间等条件的约束，一个领导者可以与一小部分下属发展较为封闭的联系，建立一种特殊的关系，这些个体称为圈内人士(In-group)，他们受到信任，得到领导者更多的关照，也更可能享有特殊和优先获取机遇和信息；而与同一团队中的其他下属则保持一

① VDL是LMX理论发展的基础，它明确地阐述了"一对一垂直对子"的领导—下属的对应关系，认为这种领导—下属的对应关系是在一种垂直对子的关系上发生的，即一个上级领导对应一个下属。领导者、下属以及领导者和下属之间的关系这三个不可分割的要素，某个领导者与每个下属之间所形成的特定的关系是领导关系研究中最基本的分析单元。

定的距离，成为圈外人士(Out-group)，“圈内”的成员得到领导者更多的支持，受到更多的关注，而作为交换，领导者将得到下属的信任、尊重和喜欢，从而建立一种较高水平的相互作用。“圈外”成员与领导者建立的则是一种更为正式的权力关系，他们往往被限制在一个相对来说更为平凡的任务中，占用领导者的时间较少，获得满意的奖励机会也较少。在这种情形下的交换关系显得缺乏一种积极的互动力，往往表现为任务导向。由于存在“圈内”“圈外”之分，因此领导者与成员之间的交换关系也就出现了两种类型：领导与“圈外”人建立的是一种低质量的LMX关系，它完全是一种自上而下的影响力，是一种以等级关系为基础的契约关系；而领导者与“圈内”人建立的则是高质量的LMX关系，是一种相互信任、相互尊重、相互吸引、相互影响的交互式关系。该理论指出，在领导者与某一下属进行相互作用的初期，领导者就已暗自将该下属划入“圈内”或“圈外”，并且这种关系是相对稳定的。领导者到底如何将某人划入“圈内”或“圈外”尚不清楚，但有证据表明领导者倾向于将具有下面这些特点的人员选入“圈内”：个人特点（如年龄、性别、态度）与领导者相似，有能力，具有外向的个性特点。LMX理论预测，“圈内”地位的下属得到的绩效评估等级更高，离职率更低，对主管更满意。LMX理论的基本模式可归结为图9-6所示。

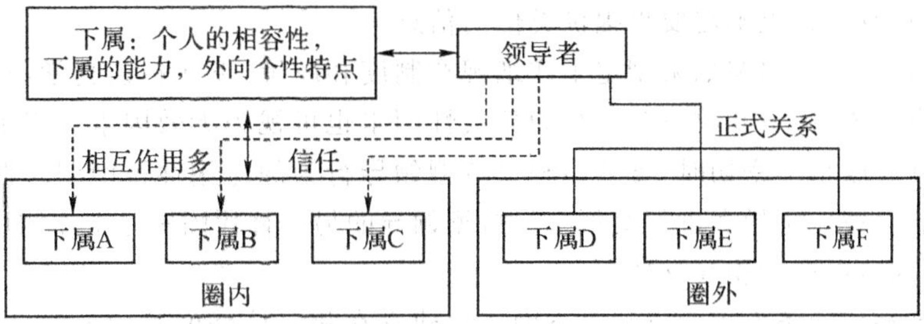

图9-6 领导者—成员交换理论

有关LMX的研究也日趋增多，总体上提供了支持性证据，领导者对待下属的方式是有差异的，但这种差异不是随机的，与“圈内”和“圈外”的不同地位与下属的绩效和满意度有关。研究表明，LMX与工作绩效、对上级的满意感、总体满意感、承诺、角色冲突、任务明确和成员能力等之间都存在着相当显著的交互作用。目前的LMX研究主要着重于组织层面的研究，更多地在探索LMX在组织中的作用和意义。

（五）领导者替代品模型

1978年，史蒂文·克尔(Steven Kerr)和约翰·杰迈尔(J. Jemier)首次提出领导替代的概念。领导替代理论(Leadership Substitutes Theory)认为，随着社会的发展，普通员工受教育水平提高了，他们的能力和素质也提高了，因此，在许多情境下被领导者可以“替代”领导者的部分职责。

不少研究资料表明，领导者并不总是重要的。在许多情境下，领导者表现出什么样的行为是无关紧要的。某些个体、任务和组织变量可能成为“领导”的替代因素，或者使领导者对下属的影响无效。研究者发现，员工希望从工作环境中得到指导并良好的感觉，指导可来自角色任务的结构化，感觉则来自任何形式的认可。虽然组织中必须具有这些因素，但是不一定要由领导者来提供，其他资源（工作本身、技术、工作环境）同样可以提供指导与认可。在此情况下，人们对于正式领导的需求就会下降，“领导替代”就会发生。

该理论将环境变量分为两组：替代因素和无效因素。替代因素则不仅使领导者产生不了影响，而且会使领导行为变得多余和不重要，没必要产生这种影响，它可以代替领导者的影响。这些因素涉及下属、任务和组织自身存在的一些特点。如下属清楚了解自身职责，知道如何工作，具有较强的工作动力，并对工作感到满意。在这种条件下，领导者的重要性会被大大削弱。无效因素则是指下属、任务和组织中阻碍领导发挥作用或使领导行为无效的一些因素，它使领导者的行为对下属的工作产生不了影响，使领导者的影响失效。如领导者缺乏对较佳业绩进行奖励的权力，下属对领导者的激励毫无兴趣等。

下属、任务和组织的多种特点都可能成为领导行为的替代和无效因素。

就下属的特点而言，如果下属曾接受培训，具有丰富的经验，就几乎没有必要对他们加以指导，因为他们已经具备应有的技能和知识，知道该怎么办、如何去做。例如，医生、飞行员等专业人员就不需太多的指导，他们通常也不希望别人去干涉他们的工作。同样，专业人员受到效用、需要、道德等内部激励因素后，自然就会提高绩效。不同的组织、不同的报酬方式，对下属的吸引力也不同，这在一定程度上取决于下属的需要和个性。

就任务的特点而言，指令型领导的另一个替代因素是简单、重复的任务，下属能够很快掌握完成该任务所需的适当技能，无需领导进行广泛的培训和指导。当任务本身能自动反馈完成情况时，领导者也不需要再提供类似的信息。

就组织特点而言，组织如果制定了详细规章制度和政策，下属在认真学习后，过多的指导就显得没有必要，规章和政策既可视为替代性因素也可视为无效因素。当下属与领导者在地域分散并且联系不密切时，支持型和指令型领导行为的作用性被削弱。佣金和分红等自动报酬机制会替代领导者进行奖惩。支持型领导的另一替代因素是工作团体有较强的凝聚力，下属之间可以进行相互支持。

发生领导替代的条件主要有七个方面：(1)建立在相互信任的基础上的情感化的管理，上级的信任和下级的忠诚都是必需的；(2)工作任务明确；(3)完善的、规范的管理制度；(4)被领导者自己知道应该做什么、怎么做，并且能自觉做、主动做并做好；(5)被领导者具有一定的工作能力，有自主意识且善于自我激励；(6)企业文化鼓励组织成员的创造性和自主性；(7)通过通迅工具保持联系，对下级难以解决的突发事件及时拿出解决方案，保持对计划的实施过程进行监督、约束，发现偏差及时调整和控制。

领导者应该如何应对领导替代这一新的挑战？

首先，领导者要充分认识领导替代对事业发展的重要性。当今世界，随着人们个体素质的日益提高，领导者个人影响力在事业发展过程中的作用正逐步减弱，事业的发展更多是依靠团队整体的创业精神和创新能力，被领导者在领导活动中扮演着更积极更主动的角色，他们的作用和影响越来越大，越来越重要。领导者的影响力主要体现为“导”，而不是“领”。因此，高明的领导者要善于运用领导替代，以激发被领导者的积极性和创造性。

其次，要努力建立一套科学、完善的管理制度。领导者的部分职能被替代，表明组织的效益在提高，可采用更为扁平化的组织结构，领导活动也趋向简约化。领导者只提供服务，激励被领导者去自我管理、自我领导，建立科学的管理制度，使被领导者的一切行为都置于制度所管辖的范围。

再次，可以这样认为，被领导者替代的职能本来就应该是被领导者自己应发挥的作用。领导者的职能和作用被部分地替代以后，领导者应提高自身素质，一方面要集中精力去做剩下来的大的战略性的决策，另一方面要积极主动地为被领导者的具体决策活动提供服务、提供支持,开展管理创新。

领导替代理论的突出贡献在于对各种替代性因素进行了深入思考,为提高组织绩效提供了新的视角。但是该理论没有明确引入干预变量,没有也不可能对每一种替代因素或抵消因素的作用过程详细阐述。因此就很难为广泛的领导行为确定替代因素和抵消因素。如果需要进一步更具体更明确地对领导行为进行分析,而不是笼统地划分为指令型领导和支持型领导。对领导替代理论进行经验论证时,就会发现统计过程的科学性存在着较大争议。目前,该理论在未来的信息社会还需要进一步的补充和发展。

四、变革型领导理论

变革型领导(Transformational leadership)是继领导特质论、领导行为论、领导权变论之后,由美国政治社会学家詹姆斯·麦格雷戈·伯恩斯(James MacGregor Burns)在他的经典著作《领袖论》(*Leadership*,1978)中提出的一种领导类型。变革型领导理论是研究如何把领导者和下属的角色相互联系起来,并提高双方动力和品德水平。拥有变革型领导力的领导者通过自身的行为表率,对下属需求的关心来优化组织内的成员互动。同时通过对组织愿景的共同创造和宣扬,在组织内营造变革的氛围,在富有效率地完成组织目标的过程中推动组织的适应性变革。这个理论具有很大的包容性,它对领导力的作用过程进行了广泛的描述,包含领导过程中多层次多角度已有广泛基础的观点,是一门很有理论和实践意义的领导学理论,其提出使整个领导学界产生了一次大的革命,成为学界和企业界共同关注的焦点。

伯恩斯认为传统的领导可以称为一种契约式领导,即在一定的体制和制度框架内,领导者和被领导者总是进行着不断的交换,在交换的过程中领导者的资源奖励(包括有形资源奖励和无形资源奖励)和被领导者对领导者的服从作为交换的条件,双方在一种"默契契约"的约束下完成获得满足的过程。整个过程类似于一场交易,所以传统领导也被称为交易型领导。交易型领导鼓励追随者诉诸他们的自我利益,但是交换的过程以追随者对领导者的顺从为前提,并没有在追随者内心产生一股积极的热情,其工作的内在动力也是有限的,因此,交易型领导不能使组织获得更大程度上的进步。

世界经济不断发展,科学技术日益更新,在给全社会带来巨大财富的同时,这些进步也给社会带来了更多的不确定性,尤其是管理界,究竟什么样的管理才是目前最好的管理,至今没有定论。同样,什么样的领导行为或领导风格才是最佳的,也没有统一的意见。世界的急速变化给管理者和领导们带来了极其严峻的挑战和考验,就在这种社会环境越来越趋于全球化、企业所面临的经营环境信息化与多元化时代背景下,变革型领导理论产生了。

伯恩斯认为领导者描述为能够激发追随者的积极性从而更好地实现领导者和追随者目标的个体。变革型领导是领导者通过让员工意识到所承担任务的重要意义和责任,激发下属的高层次需要或扩展下属的需要和愿望,使下属为团队、组织和更大的政治利益超越个人利益。伯恩斯等人最初将变革型领导划分为六个维度,后来又归纳为三个关键性因素:

(1)变革型的管理者努力使下属意识到,他们的工作对组织是多么重要,他们尽全力完成工作是多么必要;

(2)变革型的管理者努力使下属意识到,他们有权追求个人的成长、发展和成就;

(3)变革型的管理者激励他们下属努力为组织整体利益工作,而不是仅仅为了他们个人所得或个人利益。

当管理者用上述三种方法对他们下属进行改造,下属会信任他们,并且能够受到高水平的激励,从而积极地帮助组织实现它的目标。

Avolio 在其基础上将变革型领导行为的方式概括为四个方面:

(1)理想化影响力(Idealized influence)。理想化影响力是指能使他人产生信任、崇拜和跟随的一些行为。它包括领导者成为下属行为的典范,得到下属的认同、尊重和信任。这些领导者一般具有公认较高的伦理道德标准和很强的个人魅力,深受下属的爱戴和信任。大家认同和支持他所倡导的愿景规划,并对其成就一番事业寄予厚望。

(2)鼓舞性激励(Inspirational motivation)。领导者向下属表达对他们的高期望值,激励他们加入团队,并成为团队中共享梦想的一分子。在实践中,领导者往往运用团队精神和情感诉求来凝聚下属的努力以实现团队目标,从而使所获得的工作绩效远高于员工为自我利益奋斗时所产生的绩效。

(3)智力激发(Intellectual stimulation)。是指鼓励下属创新、挑战自我,包括向下属灌输新观念,启发下属发表新见解和鼓励下属用新手段、新方法解决工作中遇到的问题。通过智力激发,领导者可以使下属在意识、信念以及价值观的形成上产生激发作用并使之发生变化。

(4)个性化关怀(Individualized consideration)。个性化关怀是指关心每一个下属,重视个人需要、能力和愿望,耐心细致的倾听,以及根据每一个下属的不同情况和需要区别性地培养和指导每一个下属。这时变革型领导者就像教练和顾问,帮助员工在应付挑战的过程中成长。

具备这些因素的领导者通常具有强烈的价值观和理想,他们能成功地激励员工超越个人利益,为了团队的伟大目标而相互合作、共同奋斗。

第三节 领导艺术

领导艺术(Art of leadership)是富有创造性的领导方法的体现。在履行领导职能的过程中,科学与艺术相互结合、彼此交织在一起。领导者要具备灵活运用各种领导方法和原则的能力与技巧,才能率领和引导下属克服前进道路上的各种障碍,顺利实现预定的目标。领导艺术的内容,目前尚无统一的看法,归结起来大体上有两种:一是把其视为履行职能的艺术,主要包括沟通、激励、指导、决策、授权、用人艺术等;一是把它视为提高领导工作有效性的艺术。除上述内容外,还包括正确安排自己的工作和时间,处理好各方面的关系,以及吸引员工参与管理等。这里仅就授权、沟通以及团队管理作一介绍。授权问题我们已在第八章第四节有讲述,下面主要讲述沟通和团队管理两个问题。

一、沟通

(一)沟通与沟通过程

所谓沟通(Communications),是为了一个设定的目标,进行个人或群体间的信息传递、交流，以达成共同协议的过程。人与人之间的沟通是传达思想感情和交流情报信息的过程。沟通之于组织，就好比血液循环之于生命有机体。血液向有机体细胞提供氧气，没有氧气，细胞就会机能失常乃至死亡；沟通则确保组织内的各部门、各个人获得工作所需的各种信息，并增进相互间的了解和合作。缺乏必要的沟通，组织内各部门、各个人的工作就要发生紊乱，这样整个组织的运转也要发生故障。沟通在管理人员的工作中占有非常重要的地位，尤其对于领导工作具有特别重大的意义。不能进行有效沟通的人，是绝不可能成为有效的领导者和管理者的。

任何沟通都是“双方”之间的一种交流和联络。根据沟通“双方”的性质不同，沟通可以表现为人与人之间的沟通（亦称人际沟通）、人与机器之间的沟通（如个人操作电子计算机）以及机器与机器之间的沟通（如两台传真机之间的信息传递）。其中，人与人之间的沟通在管理工作中具有典型意义。人际间的沟通并不仅仅是单纯的情报和信息的交流，而且还包括情感、态度、思想和观念的交流。态度情感因素贯穿于管理沟通的整个过程，管理者必须高度重视这个问题。

沟通还有个有效性问题。也就是说，要使发出的信息与对方收到的信息在内容上能达到相互一致或基本上接近。只有达成正确的理解，才能说沟通是有效的沟通。如果不能达成正确的理解，则意味着信息沟通发生了障碍。

沟通包含四个基本的要素：信息的发送者、信息的接收（受）者、所沟通信息的内容和信息沟通的渠道。沟通就是发送者通过一定的渠道将特定内容的信息传递给接收者的过程。这个过程可以划分为如下几个步骤：

1. 信息的发出

信息沟通过程就是从信息的发出开始的。发送者具有某种意思或想法，但需纳入一定的形式之中才能予以传送，这称为编码。编码最常用的是口头语言和书面语言，除此之外还有借助于脸部表情、声调、手势等表现出来的身体语言和动作语言（统称为“非言语语言”）。根据这些编码符号的不同，信息沟通也就分为口头沟通、书面沟通和非言语沟通三种。非言语沟通补充和支持了言语沟通，但有时非言语沟通也可能弱化或抵消言语沟通。言行不一致的做法，势必冲淡言语沟通的效果。另外，在使用口头或书面语言来编码时，由于发送者自身语言表达能力的限制、语言模糊不清或者过滤信息（如报喜不报忧）等原因，往往会造成信息沟通的障碍。

2. 信息的传递

这是指通过一条连接信息发送者与接收者双方的渠道、通道或路径而将信息发送出去。传送信息可以由一席谈话、一次演讲、一封信函、一份报纸、一个电视节目等来实现。不同的沟通渠道适用于传递不同的信息。比如大楼着火，使用书面方式传递这一信息显然不合适。沟通过程有时需要兼用两条甚至更多的沟通渠道。例如，对员工绩效的评价，管理者在做了口头评价之后可以再提供一份书面材料。再如，面对面交谈实际上同时使用口头表达与身体语言表达两种方式。在现代通信技术迅速发展的今天，一条沟通渠道通常可同时传递多种形式的信息，如电视电话会议和其他多媒体技术可把语言、文字、图像、数字等融合在一起传递，大大便利了复杂信息的传递。但也应当看到，信息传递中的障碍也是经常出现的。沟通渠道选择不当，或者沟通渠道超载，以及沟通手段本身出现问题，都可能导致信息传递中断、失真或无法传送至接收者。有效的沟通离不开可靠的信息传递渠道。

3. 信息的接收

从沟通渠道和路经传来的信息，需要经过接收者接收并接受之后，才能达成共同的理解。信息的收受实际上包括接收、解码和理解三个小的步骤。首先收受信息的人必须处于接收准备状态，才可能收受传来的信息。听而不闻会造成沟通的失败。收受的第二步为解码，即将收到的信息符号理解、恢复为思想，然后用自己的思维方式去理解这一思想。只有当信息接收者对信息的理解与信息发送者传递出的信息含义相同或近似时，才可能产生正确的信息沟通。缺乏共同语言、先入为主和心理恐惧等，都可能导致信息接收者对信息的错误理解。

4. 信息的反馈

为核实、检查沟通是否达到预期的效果，信息沟通过程往往需要有反馈的环节。如在口头沟通过程中，“听懂了吗?”所得到的答复就代表着反馈。只有通过反馈，信息发送者才能最终了解和判断信息的传递是否有效。但并不是所有的信息沟通都会伴随着信息的反馈。我们将不出现反馈的信息沟通称为“单向沟通”，出现反馈的信息沟通称为“双向沟通”。

【案例 9.7】

沟通的失败

公司质管部经理老吕在质量管理的总体目标、步骤、措施等方面与公司主要领导人有不同看法。老吕认为，质量管理的重要性在公司上下并未得到充分重视；公司领导则认为，他们是十分重视产品质量问题的，只是老吕的质量控制方案成本太高且效果不好。最近一段时间，这种矛盾呈现激化现象。一天上午，老吕接到公司周副总的电话，通知他去北京参加一个为期 10 天的管理培训班，而老吕则认为自己主持的质改推进计划正在紧要关头，一时脱不开身，公司领导应该是知道这个情况的，他们做出这样的安排显然是不支持甚至是阻挠自己的工作。因此，老吕不仅拒绝了领导的安排，还发了一通脾气；而公司副总也是十分恼火，认为老吕太刚愎自用。双方不欢而散。

问题：

1. 你认为案例中出现的沟通失败的主要原因是什么？

2. 你认为如何才能有效地解决这类问题？

(二)沟通的路径

信息沟通是循着一定的路径进行的。一般按沟通的路径可将沟通分为正式沟通与非正式沟通。

1. 正式沟通

正式沟通(Formal communication)是通过正式的组织程序，依照组织结构所进行的信息沟通。这种沟通的媒介物和线路都是经过事先安排，因而被认为是正式而合法的。例如组织与组织之间的公函来往、组织内部的文件传达、召开会议、上下级之间的定期情报交换等。按照信息的流向，正式沟通可分为下行沟通、上行沟通和平行沟通三种形式。

下行沟通(Downward communication)即自上而下的沟通，是上级向下级传递信息的过程。这种沟通涉及目标、计划、纲领、政策、程序、规章制度等内容，以文件、报告、批示、指示等形式出现。上行沟通(Upward communication)即自下而上的沟通，是下属向上级传递信息。包括下属向上级提交报告，向上级反映情况、问题、要求和建议以及向上级请示支持等等。有些组织还通过意见箱、热线电话、座谈会、调查、领导者“门户开放”等形式来鼓励上行沟通。平行沟通(Parallel Communication)也称为横向沟通(Lateral communication)，是指组织同层次、不同部门之间的沟通。

正式沟通的优点是：沟通效果好，比较严肃，约束力强，易于保密，可以使信息沟通保持权威性。缺点是比较刻板，沟通速度慢。

2. 非正式沟通

非正式沟通(Informal communication)，就是通过正式系统以外的途径来进行的沟通，它主要是通过个人之间的接触来进行的。与正式沟通相比，非正式沟通有以下特点：

(1)信息传递速度快。由于非正式沟通传递的信息都是与职工的利益相关或是他们比较感兴趣的，再加上没有正式沟通那种机械的程序，信息传播的速度就大大加快。

(2)信息量大、覆盖面广。非正式沟通所传递的信息几乎是无所不包，组织中各个层次的人都可以获得自己需要的或感兴趣的信息。

(3)可以满足职工的部分需要。由于非正式沟通是出于职工的愿望和需要自愿进行的，因而，职工由正式沟通不能获得满足的需要常常可以由此而获得满足，这些需要包括职工的安全需要、社交需要、尊重需要等。

(4)有一定的片面性。非正式沟通中的信息常常被夸大、曲解，因而需要慎重对待。

非正式沟通是客观存在的，它在组织中也扮演着重要的角色。管理人员应正确对待非正式沟通。首先必须承认它是一种重要的沟通方式，任何否认的态度都会铸成大错，企图消灭、阻止、打击的措施更是不明智的。其次，可以充分利用非正式沟通为组织服务。管理人员应注意获取非正式沟通的信息并对其进行分析，从而为己所用或及时采取对策。管理人员还可以将自己不便从正式渠道传递的信息，利用非正式渠道进行传递。

(三)信息沟通网络

领导者除了要在日常工作中选择合适的渠道进行有效的信息沟通外，还要善于将其周围相关人员藉以沟通信息的渠道妥善地组织起来，形成一个相互关联的网络，以改进和提高整个组织的沟通效果。信息沟通网络实际上是由若干信息沟通渠道按一定的方式集结而成的结构和模式。一种网络不同于另一种网络的基本特征在于：渠道的数量、分布以及单向还是双向。正式沟通包括五种沟通网络形态，它们是链式(chain)、环式(circle)、Y 式(Y)、轮式(wheel)和全通道式(Allchannel)。参见图 9-7 所示。

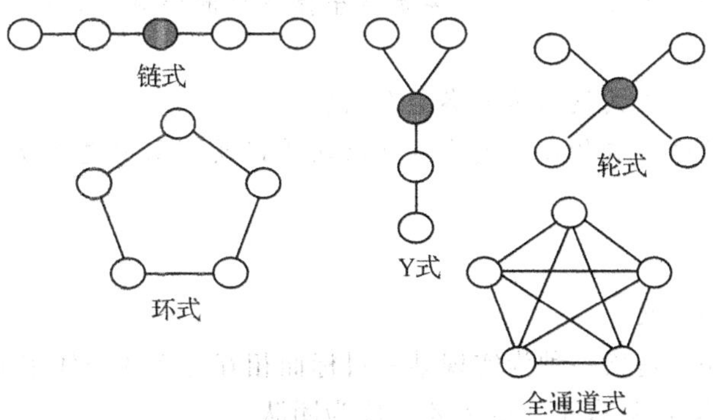

图 9-7 5 种沟通网络图

链式沟通网络图相当于一个纵向沟通网络。在这个网络中，信息可自上而下或自下而上逐级传递，但经过层层筛选后，容易失真。如果某一组织系统过于庞大，需要进行分权或授权管理，链式沟通是一种合适的选择。

环式沟通网络可以看成是链式的一个封闭结构，表示5个人之间可以依次沟通。运用这种网络的组织，集中化程度较低，有利于组织中创造高昂的士气。

Y式沟通网络也是一种纵向沟通网络。其中只有一个成员处于中心位置，成为沟通的中介人。这种网络集中化程度高，解决问题速度快；但容易导致信息曲解或失真。此网络适用于领导工作任务十分繁重，需要有人选择信息、提供决策依据而要对组织实行有效控制的情况。

轮式沟通网络属于控制型网络。其中只有一个成员是各种信息的汇集点和传递中心，在组织中，大体上相当于一个主管领导直接管理几个部门。此种网络集中化程度高，解决问题速度快，但沟通渠道少，成员士气低落。在组织接受紧急任务、要求进行严密控制以争取时间、抢速度的情况下，可以采用这种网络。

全通道式沟通网络是一种开放式的网络系统，所有成员之间都能相互联系。由于沟通渠道多，组织成员士气高昂，合作气氛浓厚，这种网络对于解决复杂问题、增强合作精神、提高士气均有很大作用。但沟通渠道多也易造成混乱，从而影响工作效率。

上述各种沟通网络都各有优缺点和适用条件。领导者应根据需要和组织的特点选取适当的网络，并扬长避短，进行有效的沟通，使组织的管理水平逐步提高。

当然，沟通还有一定的技巧性。日本索尼公司的创始人盛田昭夫曾说："如果你是和机器沟通的话，当然可以完全以理性来思考。但是如果你是和人共事，有时候你得让逻辑思路休息一下，才能够顺利地沟通。"

【案例9.8】

决策中的信息沟通

某企业原先重大战略决策的基本过程是由各部门（如财务部、销售部、生产部、人事部等）独立把各自部门的情况写成报告送给总经理，再由总经理综合完成有关的战略方案。后来，对此过程作了些调整，这就是：总经理收到各部门呈上的报告后，有选择地找些管理人员来磋商，最后由自己形成决策。再后来，总经理在收到报告后，就把这些报告交给一个有各部门人员共同参与组成的委员会，通过委员会全体成员的面对面讨论，最终形成有关决策。

问题：

1. 上述三种信息沟通的网络方式各是什么？
2. 你认为这种处理方式的改变对企业战略决策以及信息沟通的效率有什么影响？

二、团队管理

（一）团队管理的意义

所谓团队（Team），是指一种为实现某一目标而相互协作的个体组成的正式群体。因此所有的团队都是群体，但只有正式群体才能成为团队。

良好的工作团队对组织具有极为重要的意义。具体主要表现在以下几个方面：

1. 创造团结精神。团队的成员希望也要求相互之间的帮助和支持，以团队方式开展工作，促进了成员之间的合作并提高了员工的士气。我们可以看到，团队规范在鼓励其成员工作卓越的同时，还创造一种增加工作满意度的氛围。

2. 使管理层有时间进行战略性的思考。采用团队形式，尤其是自我管理工作团队的形式，使管理者得以脱身去作更多的战略规划。当工作以个体为基础设计时，管理者往往要花去大量的时间监督他们的下属和解决下属出现的问题，他们成了"救火队长"，而很少有时间进行战略思考。运用工作团队，则能让管理者把精力转而主要集中在诸如长期发展计划等重大的问题上来。

3. 提高决策速度。把一些决策权下放给团队，能使组织在做出决策方面具有更大的灵活性。团队成员对与工作相关的问题常常要比管理者知道得更多，并且离这些问题也更近。因此，相比以个人为基础的工作设计来说，采用团队形式，决策速度要快很多。

4. 促使员工队伍多元化。"三个臭皮匠，赛过诸葛亮"。由不同背景不同经历的个人组成的群体，看问题的广度要比单一性质的群体更大。同样，由风格各异的个体组成的团队所做出的决策，要比单个个体的决策更有创意。

5. 提高绩效。上述各因素组合起来能使团队的工作绩效明显高于单个个体的工作绩效。

(二)高效团队的特征

团队形式并不能自动地提高生产力，它也可能会让管理者失望。近来管理学界的一些研究揭示了与高效团队有关的主要特征：

1. 清晰的目标。高效的团队对所要达到的目标有清楚的了解，并坚信这一目标包含着重大的意义和价值。而且，这种目标的重要性还激励着团队成员把个人目标升华到群体目标中去。在有效的团队中，成员愿意为团队目标做出承诺，清楚地知道希望他们做什么工作，以及他们怎样工作最后完成任务。

2. 相关的技能。高效的团队是由一群有能力的成员组成的。他们具备实现理想目标所必需的技术和能力，而且相互之间有能够良好合作的个性品质，从而出色完成任务。后者尤其重要，但却常常被人们忽视。有精湛技术能力的人并不一定就有处理群体内关系的高超技巧，高效团队的成员则往往兼而有之。

3. 相互的信任。成员之间相互信任是有效团队的显著特征，也就是说，每个成员对其他人的品行和能力都确信无疑。我们在日常的人际关系中都能体会到，信任这种东西是相当脆弱的，它需要花大量的时间去培养而又很容易被破坏。而且只有信任他人才能换来被他人的信任，不信任只能导致不信任。所以，维持群体内的相互信任，还需要引起管理层足够的重视。

组织文化和管理层的行为对形成相互信任的群体内氛围很有影响。如果组织崇尚开放、诚实、协作的办事原则，同时鼓励员工的参与和自主性，它就比较容易形成信任的环境。

4. 一致的承诺。高效的团队成员对团队表现出高度的忠诚和承诺，为了能使群体获得成功，他们愿意去做任何事情。我们把这种忠诚和奉献称为一致的承诺。

对成功团队的研究发现，团队成员对他们的群体具有认同感，他们把自己属于该群体的身份看做是自我的一个重要方面。因此，承诺一致的特征表现为对群体目标的奉献精神，愿意为实现这一目标而调动和发挥自己的最大潜能。

5. 良好的沟通。毋庸置疑，这是高效团队一个必不可少的特点。群体成员通过畅通的渠道交流信息，包括各种言语和非言语信息。此外，管理层与团队成员之间健康的信息反馈也是良好沟通的重要特征，它有助于管理者指导团队成员的行动，消除误解。就像一对已经共同生活多年、感情深厚的夫妇那样，高效团队中的成员能迅速而准确地了解彼此的想法和情感。

6. 谈判技能。以个体为基础进行工作设计时，员工的角色由工作说明、工作纪律、工作程序以及其他一些正式文件明确规定。但对于高效的团队来说，其成员角色具有灵活多变性，总在不断地进行调整。这就需要成员具备充分的谈判技能。由于团队中的问题和关系时常变换，成员必须能面对和应付这种情况。

7. 恰当的领导。有效的领导者能够让团队跟随自己共同度过最艰难的时期，因为他能为团队指明前途所在。他们向成员阐明变革的可能性，鼓舞团队成员的自信心，帮助他们充分地了解自己的潜力。

优秀的领导者不一定非得指示或控制，高效的团队领导者往往担任的是教练和后盾的角色，他们对团队提供指导和支持，但并不试图去控制它。这不仅适用于自我管理团队，当授权给小组成员时，它也适用于任务小组、交叉职能型的团队。对于那些习惯于传统方式的管理者来说，这种从上司到后盾的角色变换，即从发号施令到为团队服务，实在是一种困难的转变。当前很多管理者已开始发现这种新型的权力共享方式的好处，或通过领导培训逐渐意识到它的益处，但仍有一些脑筋死板、习惯于专制方式的管理者无法接受这种新概念，这些人应当尽快转换自己的老观念，否则就将被取而代之。

8. 内部支持和外部支持。要成为高效团队最后一个必需条件就是它的支持环境。从内部条件来看，团队应拥有一个合理的基础结构。这包括：适当的培训，一套易于理解的用以评估员工总体绩效的测量系统，以及一个起支持作用的人力资源系统。恰当的基础结构应能支持并强化成员行为以取得高绩效水平。从外部条件看，管理层应给团队提供完成工作所必需的各种资源。

【案例 9.9】

英特尔公司及其领导人①

英特尔公司是世界上最大的半导体芯片生产商，是这一产业的主导者。它生产的芯片数量是最接近的竞争对手的两倍，每个月收入达 7 亿美元。显然，这家公司拥有许多支配性资源，而最重要的资源之一是领导。这家公司的各轮 CEO 各有特点，采用了不同的管理风格，但每一位都对公司作出了杰出的贡献。

在介绍英特尔公司的发展前，我们先介绍一段与其密切相关的历史。1955 年晶体管的合作发明者威廉·肖克利创办了家肖克利半导体公司，1956 年肖克利获得诺贝尔物理奖。他以其才华吸引了一批有作为的年轻人加入公司。肖克利是天才的科学家，却缺乏经营能力和管理能力。他雄心勃勃，但对管理一窍不通，也是最让人难以捉摸的人物，甚至跟人打

① http://www.intel.com/cn。http://wiki.mbalib.com/wiki。http://www.cnetnews.com.cn。http://www.iteer.net/modules/people。

交道的能力都没有,却偏偏十分自以为是。斯坦福大学教授特曼曾评论说:"肖克利在才华横溢的年轻人眼里是非常有吸引力的人物,但他们又很难跟他共事。"一位硅谷经理人员说他是"一位天才,又是一位十足的废物"。1957 年 9 月,罗伯特·诺伊斯(Bob Noyce)带领公司里意气相通的 8 个人决定"叛逃",其中有他的最好的朋友戈登·摩尔(Gordon Moore)。他们向肖克利递交了辞职书。肖克利怒不可遏地骂他们是"八叛逆",但青年人还是义无反顾离开了他们的"伯乐"。后来就连肖克利本人也改口把他们称为"八个天才的叛逆"。在硅谷许多传说中,"八叛逆"的照片与硅谷第一位创业者惠普的车库照片,具有同样的历史价值。

1957 年 9 月,"八叛逆"手拿《华尔街日报》,按纽约股票栏目挨家挨户寻找合作伙伴,他们找了 35 家公司,但被拒绝了 35 次。最后,他们找到了一家地处美国纽约的摄影器材公司,这家公司名称为 fairchild,意思就是"仙童"。已经 60 多岁的费尔柴尔德先生只提供了 3600 美元的种子基金,要求他们开发和生产商业半导体器件,并享有两年的购买特权。于是,"八叛逆"创办的企业被正式命名为仙童半导体公司。由于诺伊斯发明了集成电路技术,可以将多个晶体管集成在一个芯片上,仙童半导体公司在一开始就有了平步青云的发展。7 年以后,当仙童半导体公司被它的母公司——仙童仪器和照相机公司买下全部股份时,"八人帮"中的每个人都得到了一笔 25 万美元的收入,这对他们最初的 500 美元投资来说,几乎是天文数字了。然而,这仅仅是他们从下一步活动中获得重大回报的序曲。1958 年 1 月,IBM 公司给了他们第一张订单,订购 100 个硅晶体管,用于该公司电脑的存储器。到 1958 年底,公司已经拥有 50 万美元销售额和 100 名员工,依靠技术创新优势,一举成为硅谷成长最快的公司,别人称它是"淘气孩子们创造的奇迹"。20 世纪 60 年代的仙童半导体公司进入了它的黄金时期。到 1967 年,公司营业额已接近 2 亿美元,在当时可以说是天文数字。人们说:"进入仙童公司,就等于跨进了硅谷半导体工业的大门。"仙童半导体公司曾经有半导体行业"黄埔军校"之称,很多后来活跃在硅谷的工程师都是仙童培育出来的。

1968 年,"八叛逆"中的最后两位诺伊斯和摩尔,带着当时还不出名的葛罗夫脱离仙童公司自立门户,在加州维尔山的一幢旧楼中,英特尔成立了,新公司最初起的名字叫"摩尔——诺伊斯电子公司"。但是英文里 Moore Noyce 听起来与 more noise(吵吵嚷嚷)非常相似,所以又改成了"英特尔"(Intel),本来源自英文单词"智慧"(Intelligence)的头部。同时又与英文的"集成电子"(Integrated Electronics)很相似,于是,这个简单却响亮的名字就这样诞生了!虽然是个小公司,没有资金,没有地方。但他们却雄心万丈,要闯一番伟大事业。1968 年诺伊斯离开仙童,与摩尔和格鲁夫同创建了英特尔(Intel)公司,1969 年,英特尔推出了对计算机界有着深远影响的 Intel 4004 芯片。

罗伯特·诺依斯(Bob Noyce)担任英特尔首届 CEO 到 1975 年。他是一位科学界和商业界的奇才。他发明了可商业生产的集成电路,使半导体产业由"发明时代"进入"商用时代"。诺伊斯生活于美国大萧条时期,对于为什么大萧条时期中西部的乡村生活能够激励年轻人成为工程师,诺伊斯有一套自己的理论:如果有什么东西坏了,没有理由等着新配件送来,那可能会要很长的时间,也可能根本就送不来。最好的办法就是自己动手做个新的。诺伊斯喜欢动手,12 岁的时候,他与二哥自制了一架悬挂式滑翔机。13 岁的时候,他们用洗衣机淘汰的旧汽油发动机造出一辆汽车。他还和一个朋友一起制造出一台粗糙的无线电收发两用机,互相发信息。当然诺伊斯一生最大的发明,还属可商业生产的集成电路和微处理器。作为领导者,诺依斯是一个"好人",他待人忠诚,也能使下属忠诚,敢于承担风险,富于个人魅力，有志向。诺依斯是英特尔公司的"脸面"。在领导英特尔的时候，诺伊斯实现了许多影响深远的商业创举：比如，在创建初期，诺伊斯开创了没有墙壁的隔间办公室新格局，取消了管理上的等级观念；首创了股权制，提出以公司股权来吸引专才，当时公司里大约有1/3的普通员工都能得到股权，这一方法现在被许多大公司采用。在诺依斯的领导下，英特尔公司构筑了其赖以成功的商业模式——不断改进芯片的设计，以技术创新满足计算机制造商及软硬件产品公司更新换代、提高性能的需要，形成了技术高于利润的文化。

戈登·摩尔(Gordon Moore)在1975—1987年间担任英特尔公司第二任CEO。与诺依斯一样，他也是一位杰出的工程师，公司主要技术的创新者。1965年，摩尔提出了"摩尔定律"，计算机的性能每18个月翻一番。只有不断创新，才能赢得高额利润并将获得的资金再投入到下一轮的技术开发中去，才会在竞争激烈的市场上生存下来。英特尔的科学家以摩尔定律为目标，并且在长时期内实现这一目标。摩尔的口头禅就是"改变是我们终身的热爱"。在摩尔的领导下，英特尔公司好戏连台，开始了英特尔腾飞的路程。摩尔的管理风格与诺依斯类似，但他更放手而关注技术，并且他十分注重技术的转化，消除英特尔研究实验室和制造部门之间的瓶颈，加快了新产品从实验室向工厂、向市场的转化。摩尔安祥，他往往让他人作出决定，特别注重对下属的栽培。由于经营策略的正确，技术上的创新，这时的英特尔已经逐步确立了自己的巨人地位，环顾四周，无一人是对手，不由得洋洋得意。但他们没有想到，在遥远的东方，一股新生的势力正在成长。1976年3月，日本最大的5家电气公司的科研力量联合起来，组建起超大规模集成电路研究所，不到4年时间，他们取得了巨大成就。1980年3月，惠普公司总经理安德森在华盛顿的一次会议上发表了一份日美两国芯片质量的比较报告，美国最好的产品的次品率，竟要比日本最差的产品高出5倍。这份报告引起硅谷的震惊。1981年12月，英特尔公司推出8087芯片，日本松下公司毫不示弱地拿出3200芯片。当时64K动态随机存储芯片是电脑界一致看好的重头戏，它包含65536个元件，不仅能读，而且能够像黑板一样擦写。但日本的64K芯片以它低成本和高可靠性，迅速占领美国市场，使英特尔的单个芯片价格在一年内就从28美元惨跌至6美元，英特尔这个新生的巨人被狠狠地教训了。摩尔痛定思痛，决心放弃存储芯片市场，转向微处理器(控制芯片)市场，因为以其敏锐的眼光，摩尔已经准确地预测到了个人电脑以后的成功。他果断地做出决定，Intel进行战略转移，专攻微型计算机的"心脏"部件——CPU。正是这一决策，最终确立了英特尔今日在全球微处理器市场上的霸主地位。

安迪·格鲁夫(Andrew S·Grove)在1987—1997年间担任英特尔公司第三任CEO。格鲁夫是物理学博士，1936年出生于布达佩斯的一个犹太人家庭，年幼时经历过纳粹的残暴统治，1956年来到纽约。1968年入主英特尔公司，1976年成为首席运营官，1987年接任英特尔公司总裁，1997年成为英特尔董事长。1997年美国《时代周刊》授予他"年度风云人物"，1998年美国管理学会赋予他"年度杰出经理"，2001年他获得战略管理协会"终身成就奖"。2004年安迪·格鲁夫被沃顿商学院提名为25年来最有影响的CEO。自从1987年格鲁夫接任总裁以来，英特尔公司每年返还给投资者的回报率平均都在44%以上。1996年英特尔实现销售售额208亿美元，纯利达到52亿美元。1996年他出版的商业畅销书《只有偏执狂才能生存》(*Only the Paranoid Survive*)，"只有偏执狂才能生存"成了格鲁夫的名言。格鲁夫说："如果没有摩尔，我将会成为一名快乐的人，有所成就的工程师……但肯定不会成为管理整个公司的人。"格鲁夫带领着英特尔公司平安度过了多次磨难，他创造了"内置英特尔"(Intel Inside)的广告语,提醒消费者注意英特尔品牌。格鲁夫的领导风格是竞争性的、生硬的、坚定的和不容置疑的。他将摩尔的思想转化为行动。格鲁夫说:"如果沿用摩尔的领导,我会很不习惯,因为摩尔不是一个行动家,我的角色却恰恰相反。"而摩尔则调侃地说:"没有格鲁夫,英特尔会是一个令人更加开心的工作场所,只不过公司会比现在小得多。"

格鲁夫曾说过:"在这个行业里,我有一个规则:要想预见今后10年会发生什么,就要回顾过去10年中发生的事情。"过去10年中,格鲁夫把英特尔变成了也许是技术世界中最为自力更生的公司,10年中格鲁夫所做的一切无可辩驳地印证了摩尔定律。英特尔不断为PC制造商们提供最热门的芯片,使他们能开发出更新更强的PC电脑,它的微处理器目前被装进了世界80%以上的PC机。格鲁夫认为把英特尔的发展寄希望于别人会主动创造需求购买英特尔的微处理器无异于自杀。一旦微软改变了它的研究与发展计划,把重心从研制下一代软件转移到改进目前PC软件的工作性能上,那么很少有人会再购买新型但昂贵的英特尔芯片了。为使英特尔立于不败之地,格鲁夫果断调整了经营策略。他要使这个昔日的芯片巨人不再仅仅扮演一个配件供应商的角色,而要让它成为整个电脑世界的梦幻领袖。从这时起,格鲁夫宣布:英特尔将自己创造需求。他解释说:"如果电脑不能用来做更多的事,以后几年我们生产的芯片将无人问津。因此,我们得自己创造用户来使用我们的微处理器。依靠我们的辛勤努力,投资及不断调整经营策略,我们能促成市场需求的增长,这样我们才能赚钱。这一点已铭刻在我们每一个人心灵深处。"雷杰斯·迈肯纳评价说:"过去的英特尔是相当保守的,而如今它似乎更愿意充当前沿领袖的角色,因为格鲁夫意识到英特尔有能力创造自己的市场。他也许是世界上最杰出的经营者了。作为一名经营者,他创造了诺依斯和摩尔过去作为创建者曾创造过的奇迹。"

格鲁夫实施了一系列看似与芯片制造毫不相关的计划。他的很多时间都花在与好莱坞的贵族名流们闲聊上,这些人经常被赫伯·爱伦邀请参加在爱达荷州新瓦利避暑胜地(Sun Valley)举行的夏日晚宴。与此同时,格鲁夫暗地投资赞助一批不知名的小公司,隐秘地开发互联网上"三维交互式虚拟世界"等项目。他甚至掏钱帮斯达巴克思(Star bucks)公司建立用户电视会议网。现在,这一切的目的都变得十分明确,为确保英特尔在今后5年继续保持良好的发展前景,他绞尽脑汁想把PC机变成我们生活中最离不开的家用电器。格鲁夫的梦想是:我们每一个人都能用PC看电视、在互联网玩大型复杂的游戏、用电脑编辑保存家人的照片、管理家电以及通过视频与家人、朋友、同事保持经常联系。如果格鲁夫梦想成真,英特尔的未来会更加充满希望,否则,英特尔的发展战略就会全盘崩塌。为满足对微处理器不断增加的需求,英特尔一直在全力以赴地研制开发新产品。格鲁夫大量增加了推动市场发展的计划预算,而对生产微处理器没多投一个子儿。英特尔的市场投入从1990年的零开始,到1996年就已高达5亿多美元。英特尔是唯一能承担这笔费用的电脑硬件商家,它的利润比前10位PC制造商利润的总和还要高。对英特尔来说,有一件事是其他竞争者无法比拟的,那就是它能数以百万计地生产一种档次的微处理器,尽管与此同时它还在不断改进它的芯片设计。更重要的是,它是唯一能够不断增建巨型工厂来满足芯片生产需要的商家。1996年英特尔在研究与发展计划中投入了50个亿。每9个月它就会让一座新的芯片生产厂或装配厂拔地而起,每座工厂都等于给英特尔的未来多压了20亿美元的筹码。格鲁夫也说:"我们的工厂是梦想的原野,我们修建它们,并期待人们会走进来。"

克莱格·贝瑞特(Craig Barrett)在1997—2005年间担任英特尔公司第四任CEO。贝瑞特是工程学博士，曾担任美国斯坦福大学教授。格鲁夫提出的愿景由贝瑞特来实施。他对公司的重要贡献是摆脱了技术优先而转向客户优先。在英特尔期间制订了公司的"精确复制"战略，要求每一个芯片生产工厂都与其他工厂分毫不差。作为领导者，贝瑞特更加安详，更注重自我约束，比格鲁夫更容易接近，同样他也是一个完美主义者。他将英特尔的不同部门结合起来，例如在研发阶段就让营销部门参与进来。在90年代末期，英特尔更是以每个季度都在创造新纪录的速度迅速成长。不过，在他的领导下，英特尔的虚拟主机以及通信芯片等业务却并不成功，其中后者一直处于亏损状态。随着.com泡沫的破裂以及随之而来的经济衰退，英特尔与整个技术产业一起遭遇了一段痛苦的经历。该公司也被迫从一些亏损的风险投资中撤退，包括制造英特尔品牌的消费设备，如数码相机。贝瑞特于是引领英特尔进入一系列新的领域，包括制造数字家庭设备芯片。由于双核芯片提供远优于传统单核芯片的性能，针对新型台式机和笔记本电脑的双核处理器也成为英特尔关注的领域之一。

保罗·欧德宁(Paul Otellini)是2005年出任英特尔第五位CEO的。欧德宁自1974年加盟英特尔公司，期间担任很多职务。他曾担任微处理器产品事业部的总经理，1992年至1998年，他担任销售与市场推广部门执行副总裁。并于1993年领导推出了英特尔® 奔腾® 微处理器。1998年至2002年，欧德宁先生担任英特尔架构事业部执行副总裁兼总经理一职，负责公司的微处理器和芯片组业务，以及台式机、笔记本电脑和企业计算的战略规划。2001年欧德宁担任该公司总裁兼首席运营官，负责管理公司的日常运营工作。自2002年起，欧德宁一直担任英特尔公司总裁兼首席运营官，2005年出任CEO。他是贝瑞特的执行者。1972年毕业于旧金山大学，获得经济学学士学位，并于1974年荣获加州大学伯克利分校工商管理硕士学位。

他是第一位领导英特尔的非技术人员。欧德宁以擅长销售著称，在负责英特尔营销门时，他主持了多重价格下的多品牌战略，曾发动了与AMD公司的价格战，创造出奔腾和赛扬品牌，以及在国际会议上和华尔街展示英特尔公司。他比贝瑞特更加强调客户导向。他不强调自我，更加注重利润而不是技术指标。它计划实行重大的重组，改变英特尔以往以技术为中心的理念。

从历史上看，英特尔总是在合适的时间找到了合适的领导人。

问题：

1. 请你思考一位领导者的经历对其领导风格会有什么影响？

2. 分析英特尔企业文化在五轮CEO的传承与变革。

3. 英特尔领导人中谁的领导风格和你最接近？你最愿意与哪位领导者共事？

4. 为什么肖克利会管理失败？这与他的个性有关吗？

5. 英特尔十分依赖导师与长期领导的开发，他们总是从企业内部寻找合适的CEO，你认为这种做法有什么好处或缺陷？

6. 从网上查阅英特尔的有关资料，你愿意到该企业工作吗？为什么？

【管理实践练习1】

开会的艺术

每个高层经理人每天50%以上的时间，甚至于高达80%的时间，都用在开会讨论问题上面。

我们该这样做？还是该那样做？还是什么都不做？会议桌上，大家在不安地争执、兜圈子，到晚上往往是头痛万分且精疲力竭。

改变一些开会的做法，会大大提高开会的效率。任何想提出问题的人，必须先准备回答以下 4 个问题：(1)真正的问题是什么？(2)问题的根本原因是什么？(3)有什么可能的解决办法？(4)你建议的解决办法是什么？

当公司内用来讨论问题的时间大为减少，取而代之的将是更多的行动、更多方向正确的行动；经理人将有更多时间，也将更有自信。

将你下一次的会议按以上的步骤去准备，你是否发现解决同一问题的开会效率提高了。

【管理实践练习 2】

1. 分析你的父母是采用什么领导风格对你进行管理的？是否有效？你希望他们采用什么样的领导风格？为什么？

2. 所有的领导理论中你认为存在什么相似之处？每种领导理论的研究有什么特殊的贡献？

3. 分析一下你自己的个性特点与你最要好朋友的性格特点，你认为你和他(她)将来会是一位出色的领导者吗？是否具有优秀领导者的魅力和特质？你有否信心将自己培养成一位优秀的领导者？你计划如何培养你自己？

4. 假定你所负责的部门需要强力的任务导向型领导者，由于你要升职，现在你需要提拔一位接班人，现在有 2 位人选：一个人是更称职的管理者但却不是任务导向管理风格；另一位是任务导向管理风格但不是有效的管理者。你会选择哪一位？为什么？

5. 分 3～4 位同学一组，每一个同学阅读一位领袖或企业领导人的传记，分析该领导者的 10 项特质，进行小组交流，并将领导人共同的特质归纳出来。

6. 搜索一个世界 500 强公司的网站，浏览网页，查阅相关的报道和有关书籍，获取公司发展历史、公司使命、目标、价值观等企业文化资料和领导人资料，分析企业发展与领导人及其领导风格的关系，撰写一篇小论文，说明该企业文化特点、发展历程、创始人或重要领导人的领导风格及他们是如何影响其企业的文化与发展进程的？

【复习思考题】

1. 领导者的影响力从何而来？
2. 领导的构成要素主要包括哪几个方面？
3. 领导者应完成哪些任务？做好哪些工作？
4. 领导者应具备哪几方面的素质？
5. 理想的领导者的知识结构应当是怎样的？
6. 管理方格图划分出的五种典型的领导方式是什么？
7. 菲德勒的权变理论所指出的决定领导方式有效性的环境因素有哪些？
8. 领导行为应如何随着职工的成熟度的变化而变化？

9. 何谓授权？授权应遵循哪些主要原则？

10. 何谓沟通？沟通过程由哪些步骤所组成？

11. 沟通对组织有何意义？

12. 正式沟通有哪几种网络形态？

13. 高效团队有何主要特征？

第十章

激 励

组织的生命力来自组织中每一个成员的热忱。如何激发和鼓励员工的创造性和积极性，是管理人员所必须解决的问题。有效的激励能提高员工的士气和工作业绩。

【本章要点】

1. 激励的本质
2. 激励的运行机制
3. 激励的理论
4. 激励的基本方法

【案例 10.1】

胡萝卜加大棒

骡子磨面粉时，主人用一根竹棍，此棍一端吊一根胡萝卜，放于骡子看得到的前方，另一端绑在骡子身上。骡子为了想吃胡萝卜而向前走，胡萝卜因为是绑在它身上，故随着骡子的前进也向前移动，它永远也吃不到；若它不想吃或一直吃不到而不愿往前走，则用棍棒打它，因为骡子怕被打，故又往前走。只要它往前走动，不管是为了吃胡萝卜或怕被棍棒打，它都对主人有贡献，此即胡萝卜加大棒(Carrot and stick)理论。

问题：

1. 人是否一定要有刺激因素或希望存在，才会愿意去努力工作？

2. 有人认为适当明确严格的要求及惩罚是必要的，给下属奖励“胡萝卜”的同时，不可没有“大棒”。你的观点如何？

第一节 激励的内涵

一、激励

什么是激励(Motivate)？美国管理学家贝雷尔森(Berelson)和斯坦尼尔(Steiner)给激励下了如下的定义："一切内心要争取的条件、希望、愿望、动力等都构成了对人的激励……它是人类活动的一种内心状态。"心理学家一般认为，人的一切行动都是由某种动机引起的。动机是人类的一种精神状态，它对人的行动起激发、推动和加强的作用，因此称之为激励。

"激励"一词中文中有两层含义：一是激发、鼓励的意思。例如，在《六韬·王翼》中"主扬威武，激励三军"。二是斥责、批评之意。例如，在《后汉书·袁安传》中"司徒恒虞改义从安，太尉郑弘、司空第五伦皆恨之。弘因大言激励虞曰：'诸言当生还口者，皆为不忠。'"从激励的字面含义中可以看出，激励既包括激发、鼓励，以利益来诱发之意，也包括约束和归化之意。

我们认为，所谓激励，是领导者激发和鼓励组织成员朝着组织所期望的目标采取行动的过程。就是组织通过设计适当的奖酬形式和工作环境，以一定的行为规范和惩罚性措施，来激发、引导、保持和归化组织成员的行为，以有效地实现组织目标的系统活动。

人是组织最重要的资源，激励是研究个人完成任务内心的意愿，有效的管理者要了解员工内在的动力来源，并激发员工的工作潜能。只有当员工的工作热忱被激发后，才能发挥其最大的潜能，最大地提高工作效率。俗话说："你可以拉一头牛到水边，但无法强迫它喝水！""与其诅咒黑暗，不如点亮一盏明灯。"美国通用食品公司总裁弗朗克斯也曾说："你可以买到一个人的时间，你可以雇佣一个人到指定的岗位工作，你甚至可以买到按时或按日计算的技术操作，但你买不到热情，你买不到主动性，你买不到全身心的投入，而你又不得不设法争取这些。"都说明了一定的激励必要性的道理。

【案例 10.2】

奖金与员工激励

一年来，某公司全体员工在李总的领导下，不辞辛苦地工作，公司取得了骄人的业绩。到了年终，李总为了激励员工，开出了一张奖励清单，直接通知财务部门按照以下方案给员工发奖金：高层管理人员：10000 元/人；中层管理人员：8000 元/人；基层管理人员：5000 元/人；一般员工：2000 元/人。事后，李总发现员工的积极性并没有提高，反而下降了，一些业务骨干提出辞职，以往紧张的工作气氛也不见了。李总感觉茫然……

问题：

1. 分析为什么李总给员工发奖金不能良好地调动员工的积极性？
2. 你认为李总如何做才能达到良好的激励效果？

二、需求、动机和行为

（一）需求

人的行为最初起源于人的需要，所谓需求（Needs）是指个体内部缺乏某种东西的状态。所谓缺乏某种东西，可能是个人体内维持生理作用的物质因素（如水、食物等），也可能是社会环境中的心理因素（如情感、成就感等）。当人缺乏这些东西时，就会形成紧张状态，感到不舒服，如果人们意识到了这种紧张感，就会设法加以消除。一般情况下，任何一个人，在同一时刻，都会存在多种不同的需要，其中，有些需要被意识到了，而有的需要并没有被意识到。没有被意识到的需要并非不存在，而一旦人们接收到某种可能满足这种未被意识到的需要的刺激时，这种潜在的需要就会被唤醒。另外，在同时存在的多种需要中，各种需要的强度是不同的，一般来说，强度高的需要往往是人们优先考虑予以满足的对象。需要的以上特性，我们可以通过日常生活的经验直接验证。

需要并不能直接转变为行为，人的行为是由动机所直接驱动的。所谓动机（Incentive），是指引起个人行为，维持该行为，并将此行为指向某一目标的内部动力。动机不是毫无原因地自发产生的，人总是不断地接受到来自环境的各种因素的刺激，当某种刺激所包含的意义与人体内的某种需要相关时，这种外在的刺激就会和内在的需要相结合，引发动机，最终导致行为的产生。在这个过程中，内在的需要起决定作用，外在的刺激起到诱发动机的作用。心理学中，将能满足个体需要的刺激物称为诱因。诱因可分为正诱因和负诱因两种，凡是能使个体因趋向或获得它而满足其需要的刺激物为正诱因，而能使个体因逃避或回避它而满足其需要的刺激物为负诱因。内在需要并不能直接推动机体的动机，高强度的需要可以使机体处于更易反应、准备反应的状态，在这种状态下，诱因就可以导致动机的产生。

（二）动机

动机在人的行为活动中，具有以下几个方面的作用：

1. 动机能激发个体产生某种行为。动机是引起行为的原动力，对行为起着驱动作用。例如，一位青年有健美的动机，他便会在这一动机的驱动下，产生相应的行为；

2. 动机能使个体的行为指向某一目标。动机是引导行为的指示器，对行为起着导向作用。在健美动机引导下的这位青年，会将行为明确指向健美这一目标；

3. 动机能使个体的行为维持一定的时间。动机是保持行为的续动力，对行为起着续动作用。上例中的这位青年会在健美动机的作用下，进行一段时间的健美活动；

4. 动机能调节个体行为的强度、时间和方向。动机是调节行为的控制器，对行为起着调控作用。

动机这四个方面的作用，构成了其最本质的特征，也就成为动机概念的主要内涵。由这四种作用所合成的动机对个体行为的作用，犹如发动机、油门和方向盘所组成的动力操作系统对车辆的运行。

动机决定着人的行为，但并不是每一个动机都可以立即引发行为。对每一个人来说，一般都会同时存在多个动机，这些动机的强度处于不断地变化之中，当某个动机的强度在所有动机中处于优势地位时，该动机就成为优势动机。一般来说，只有优势动机才能引发行为。另外，动机的强度还直接影响着行为的强度，即个体实施行为时的努力程度。

（三）行为

行为(Behavior)就是人类日常生活中所表现的一切动作。心理学研究表明，人的行为是个人的内在因素与环境相互作用的结果。这个关系可以用如下被称为勒温模型的函数来表示：

$$B = f(P, E)$$

式中，B 表示行为；P 表示个人的内在心理因素；E 表示外界环境的影响（自然、社会）。从心理学的角度讲，人的行为起源于脑神经的交合作用，总合形成精神状态，亦即意识；由意识表现于动作时，便形成了行为，而意识本身则成为一种内在行为。

尽管不同的人有不同的行为表现，心理学研究还是揭示出了人类行为的一些共同特征，这些共同特征成为人们对人类行为进行进一步研究的基础：

1. 主动性。人类行为的主动性是指人类的行为是自动自发的而不是被动的。外力可能影响人的行为，但任何正常人的行为都是受其意识所控制的，不可能直接由外力所直接引发。这也就表明，环境因素和人的外在行为之间，存在一个中间环节，这个中间环节是产生人类行为的决定性因素。

2. 非自发性。它是指任何一种行为都不是毫无原因地产生的，都有其一定的起因。决定一个人在某一时刻采取某种行动的因素是多方面的，包括生理的、环境的、遗传的等各种因素。如果我们对影响一个人的行为的各种因素都有清楚的了解，我们就可以通过控制这些因素来改变人的行为，如心理治疗、心理测试等都综合运用了人们在这些方面所取得的研究成果。心理学研究的一个重要方面就是对这些因素的研究。

3. 目的性。它是指人类行为不是盲目的，它不但有起因而且是有目标的。

4. 持久性。它是指行为指向目标，目标没有达成之前，行为不会中止。

5. 可变性。它是指人类为了谋求目标的达成，不但经常变换手段，而且，其行为可以通过学习和训练而改变。

总之，人类的有目的的行为都是出于对某种需要的追求。未得到的需要产生动因，进而导致某种行为。行为的结果，总是表现为一定的绩效，有的与组织目标一致，有的违背组织目标，组织中将根据其绩效表现，对个体进行激励，可能使个体需要得到满足，也可能使个体需要得不到满足，行为的结果也可能是遭受挫折。个体在受到激励之后，产生消极的或积极的行为。需要、动机、行为与激励的关系可用图 10-1 表示。

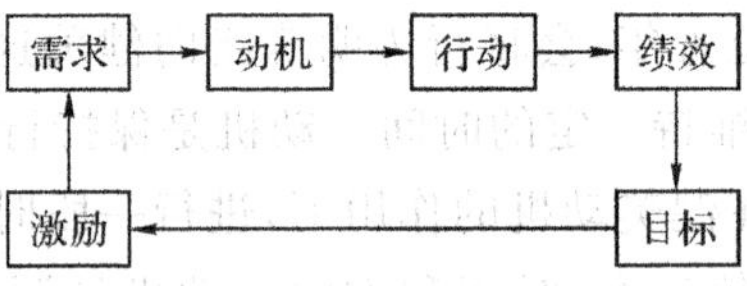

图 10-1 需求、动机、行为与激励

【案例 10.3】

软件公司的激励计划[①]

一家软件公司经理想要更快地发现和杀灭软件病毒。他设计了一项激励计划，对于质

① 转引自杰姆斯·布雷克利等：《管理经济学与组织架构》，华夏出版社 2001 年版，第 17 页。

量检验人员，每发现一种病毒就付给20美元；而对于程序人员，每杀灭一种病毒也付给20美元。由于制造病毒的程序员同样也是杀灭病毒的人，他们对这一计划做出的反应就是在软件中制造更多的病毒。这种反应使得这项计划的成本迅速上升，因为有了更多的病毒需要发现和杀灭。这一计划只推出1个星期就被迫取消了，而在这1个星期中，有的职员已经净赚1700美元的奖金了。

问题：

1. 这家软件公司设计的激励计划存在什么问题？

2. 请分析这家软件公司员工的需求、动机、行为，你认为可采用什么激励方法？

第二节 内容型激励理论

有关激励的理论可以分成两大类：内容型激励理论与过程型激励理论。本节首先介绍内容型激励理论。内容型激励理论(Content-based incentive theory)着重探讨什么东西能够使一个人采取某种行为，即着重于研究激励的起点和基础，研究如何从需求入手，通过满足需求来激励、调动人的积极性，包括需求层次理论、“ERG”理论、成就激励理论、双因素理论等。

一、需求层次理论

需求层次理论(Hierarchy of needs theory)是由美国心理学家亚伯拉罕·马斯洛(Abraham Harold Maslow，1908—1970)在1943年所著的《人的动机理论》(*A Theory of Human Motivation Psychological Review*)一书中提出的，因而也称为“马斯洛需要层次理论”(Maslow's Hierarchy of Needs)。

马斯洛认为，激励可以看成是对具体的社会系统中未满足的需要进行刺激的行为过程，因此，如果能找出未被满足的人的需要，并对这些需要进行分类、排序，就可以找出对人进行激励的途径。马斯洛的需要层次理论有两个基本出发点：其一，人是有需要的动物，其需要取决于他已经得到了什么、还缺少什么，只有尚未满足的需要能够影响其行为；其二，人的需要都有层次，某一层次的需要得到满足后，另一层次的需要才会出现。他把人的需要归结为五个层次，由低到高依次为生理需要、安全需要、社交需要、尊重需要和自我实现需要。在此基础上，马斯洛认为，在特定时刻，人的一切需要如果都未能得到满足，那么，满足最主要的需要就比满足其他需要更迫切。只有前面的需要得到充分满足后，后面的需要才会显示出其激励作用。

基于以上论点，马斯洛提出，人的需要可以分成五种基本类型，每种类型处于一个特定的层次上。生理需求、安全需求、爱与归属的需求、尊重需求、自我实现的需求。

1. 生理的需要(Physiological needs)。生理需要是任何动物都有的需要，只是不同的动物这种需要的表现形式不同而已。对人类来说，衣、食、住、行等是最基本的需要。所以，在经济欠发达的社会，必须首先研究并满足这方面的需要。

2. 安全的需要(Safety needs)。安全的需要是保护自己免受身体和情感伤害的需要。

它又可以分为两类:一类是现在安全的需要;另一类是对未来安全的需要。即一方面要求自己现在的社会生活的各方面均能有所保证,另一方面希望未来生活能有所保障。

3. 社交的需要(Love and belongingness needs)。社交的需要包括友谊、爱情、归属及接纳方面的需要。这主要产生于人的社会性。马斯洛认为,人是一种社会的动物,人们的生活和工作都不是孤立地进行的,这已由20世纪30年代的行为科学研究所证明(指霍桑实验)。这说明,人们希望在一种被接受或有归属的情况下工作,属于某一群体,而不希望在社会中成为离群的孤鸟。这一层次的需要包括两个方面的内容。一是友爱的需要,即人人都需要伙伴之间、同事之间的关系融洽或保持友谊和忠诚;人人都希望得到爱情,希望爱别人,也渴望接受别人的爱。二是归属的需要,即人都有一种归属于一个群体的感情,希望成为群体中的一员,并相互关心和照顾。感情上的需要比生理上的需要来得细致,它和一个人的生理特性、经历、教育、宗教信仰都有关系。

4. 尊重的需要(Esteem needs)。尊重的需要分为内部尊重和外部尊重。内部尊重因素包括自尊、自主和成就感;外部尊重因素包括地位、认可和关注或者说受人尊重。人人都希望自己有稳定的社会地位,要求个人的能力和成就得到社会的承认。自尊是指在自己取得成功时有一种自豪感,它是驱使人们奋发向上的推动力。受人尊重,是指一个人希望有地位、有威信,受到别人的尊重、信赖和高度评价,自己作出贡献时能得到他人的承认。马斯洛认为,尊重需要得到满足,能使人对自己充满信心,对社会满腔热情,体验到自己活着的用处和价值。

5. 自我实现的需要(Self-actualization needs)。自我实现的需要包括成长与发展、发挥自身潜能、实现理想的需要,是最高层次的需要。这是一种追求个人能力极限的内驱力。这种需要一般表现在两个方面:一是胜任感方面,有这种需要的人力图控制事物或环境,而不是等事物被动地发生与发展;二是成就感方面,对于有这种需要的人来说,工作的乐趣在于取得成果和成功,他们需要知道自己工作的结果,成功后的喜悦要远比其他任何报酬重要。马斯洛提出,人必须干称职的工作,这样才会使他们感到最大的快乐。为满足自我实现需要所采取的途径是因人而异的。自我实现的需要是在努力实现自己的潜力,使自己越来越成为自己所期望的人物。

马斯洛认为,只有较低层次的需要得到满足后,较高层次的需要才会出现。这5个层次的需要还可以归纳为两个级别:生理的需要和安全的需要属于较低级需要,而社交的需要、尊重的需要和自我实现的需要则属于较高级需要。高级需要主要是从内部使人得到满足,低级需要则主要从外部使人得到满足。人的最迫切的需要才是激励人行动的主要原因和动力。人的需要是从外部得来的满足逐渐向内在得到的满足转化。低层次的需要基本得到满足以后,它的激励作用就会降低,其优势地位将不再保持下去,高层次的需要会取代它成为推动行为的主要原因。高层次的需要比低层次的需要具有更大的价值。热情是由高层次的需要激发的。人的最高需要即自我实现就是以最有效和最完整的方式表现他自己的潜力,惟此才能使人得到高峰体验。马斯洛还认为:在人自我实现的创造性过程中,产生出一种所谓的"高峰体验"的情感,这个时候是人处于最激荡人心的时刻,是人的存在的最高、最完美、最和谐的状态,这时人具有一种欣喜若狂、如醉如痴的感觉。试验证明,当人待在漂亮的房间里面就显得比在简陋的房间里更富有生气、更活泼、更健康;一个善良、真诚、美好的人比其他人更能体会到存在于外界中的真善美。当人们在外界发现了最高价值时,就可能同时在自己的内心中产生或加强这种价值。总之，较好的人和处于较好环境的人更容易产生高峰体验。

【案例 10.4】

自我的力量

俾斯麦是德国的政治家，在普法战争中打败拿破仑三世，建立了德意志第二帝国。有一次，俾斯麦和一位朋友出去打猎，这位朋友不小心地掉落到泥沼里。听到求救声的俾斯麦赶紧跑过去，可是他却没有把这位朋友救起来，反而对这位朋友说："我是很想救你的，可是如果我救你的话，我自己也会掉到泥沼里，所以我不能救你，请你原谅。但是你一定不愿意自己如此痛苦地死去，因此，我不如狠下心来，一枪把你解决掉吧！"说完这一句话后，俾斯麦就将猎枪拿起，装作准备扣动扳机。这个时候，不愿如此枉死的这位朋友，就拼命地在泥沼中拼命挣扎；最后，他终于自己爬到陆地上来了。

分析：

1. 你认为什么需求使俾斯麦的这位朋友爬到陆地上来？

2. 人们常说：遣将不如激将，自我要求所发挥的激励力量是最大的。请你分析你做什么事是自我设置目标，自己真正想做，并且竭力想做好的？什么事是环境所迫，你不想做，但又必须去做的？对这两类不同的事你是如何处理的？

【案例 10.5】

有钱买不到的东西——尊重

有位富翁十分有钱，但却受不到旁人的尊重，他为此苦恼不已，每日寻思，如何才能得到众人的敬仰。

某次在大街上散步时，他看到街边一个衣衫褴褛的乞丐，心想机会来了，便在乞丐的破碗中丢下一枚亮晶晶的金币。谁知乞丐头也不抬地仍是忙着捉虱子。

富翁不由得生气说："你眼睛瞎了！没看到我给你的是一枚金币吗？"

乞丐仍是不看他一眼，答道："给不给是你的事，不高兴你可以拿回去。"

富翁大怒，意气用事起来，又丢了10个金币在乞丐的碗中，心想他这次一定会跪着向自己道谢。

却不料乞丐仍是不理不睬，富翁几乎要跳了起来道："我给你10个金币，你看清楚，我是有钱人，好歹你也尊重我一下，道个谢你都不会吗？"

乞丐懒洋洋地回答："有钱是你的事，尊不尊重你则是我的事，这是强求不来的。"

富翁急了："那么，将我财产的一半送给你，能不能请你尊重我呢？"

乞丐翻着一双白眼看他："给我一半财产，那我不是和你一样有钱了吗？为什么我要尊重你？"

富翁更急，跳起来道："好！那我将所有的财产都给你，这下你可愿意尊重我了吧？"

乞丐大笑："你将财产都给我，那你就成了乞丐，而我成了富翁，我凭什么来尊重你？"

分析：

你认为如何才能获得别人的尊重？如何才能尊重别人？

二、ERG 理论

针对马斯洛需求层次理论所受到的批评，1969 年，美国心理学家克雷顿·奥尔德弗（Clayton Alderfer）在《人类需求新理论的经验测试》（*An Empirical Test of a New Theory of Human Need*）一文中修正了马斯洛的观点。他提出了一种与马斯洛的理论密切相关但有所差别的理论，即存在（Existence）、关系（Relatedness）、成长（Growth）理论，简称 ERG 理论（ERG theory）。1972 年，奥尔德弗发表了论文《生存、关系以及发展：人在组织环境中的需要》（*Existence, Relatedness and Growth Human Needs in Organizational Settings*），进一步发展了 ERG 理论。

ERG 理论把人的需要分为三类：

1. 存在需要（Existence needs）。这些需要关系到机体的存在。它们包括衣、食、住以及工作组织为得到这些因素而提供的手段，如报酬、福利补贴、安全的工作条件以及职务的安全感。生存需要与人们基本的物质生存需要有关，它包括马斯洛提出的生理和安全需要。关系需要，即指人们对于保持重要的人际关系的要求。

2. 关系需要（Relatedness needs）。这是人际关系的需要，这种需要通过与职务内外其他人的相互作用得到满足。这种社会和地位的需要的满足是在与其他需要相互作用中达成的，它们与马斯洛的社会需要和尊重需要分类中的外在部分是相对应的。

3. 成长需要（Growth needs）。这是个人发展和完善的需要。这种需要通过发展对个人极为重要的能力和才能而得到满足。它表示个人谋求发展的内在愿望，包括马斯洛的自尊需要分类中的内在部分和自我实现层次中所包含的特征。

阿尔德弗的 ERG 理论在需要的分类上并不比马斯洛的理论更完善，他对需要的解释也并未超出马斯洛需要层次理论的范围，只是阿尔德弗的理论对不同需要之间联系的限制较少。阿尔德弗提出的主要改进方面是：首先，ERG 理论不那么强调层次的顺序。此外，多种需要可以在一个时间发挥作用，而且一种需要得到满足后，既可能进展到下一种更高的需要，也可能没有。其次，ERG 理论认为较高级的需要受到挫折可能导致倒退，使人更加关心低级的需要，而不是像马斯洛预言的那样，继续努力去满足受挫折的需要。最后，ERG 理论认为某些需要，尤其是关系需要和成长需要，如果为个人提供了满足这种需要的较好的条件，其强度可能会增长。这种情况与马斯洛的预言正好相反，也就是说，一种需要的满足与其重要性有正相关的关系。

三、成就需要理论

美国心理学家戴维·麦克利兰（David C. McClelland）从 20 世纪 40—50 年代起就开始对人的需求和动机进行研究，1961 年在成就导向的研究中提出成就需要的概念，并由此提出了他的成就需要理论（Achievement need theory），又称三种需要理论（Three needs theory）。该理论认为，在人的生存需要基本得到满足的前提下，人最主要的需要有三种，即成就需要（Need for achievement）、权利需要（Need for authority and power）和合群需要（Need for affiliation）。成就需要指根据适当的标准追求卓越、争取成功的一种内驱力；权利需要是指影响和控制别人的一种欲望或驱使力；合群需要是指人们寻找他人接纳和友谊的欲望，或获得他人赞同的欲望。

麦克利兰认为，成就需要的高低对个人和组织都起着特别重要的作用。具有强烈成就需要的人渴望将事情做得更为完美，提高工作效率，获得更大的成功，他们追求的是在争取成功的过程中克服困难、解决难题、努力奋斗的乐趣，以及成功之后的个人的成就感，他们并不看重成功所带来的物质奖励。高成就需要者事业心强，有进取心，敢冒一定的风险，比较实际，大多是进取型的现实主义者。

具有强烈的成就需要的人往往显示出以下三个共同特征：

一是喜欢能够发挥独立解决问题能力的工作环境。他们喜欢独自面对挑战性的问题，喜欢设立具有适度挑战性的目标，如果某一问题不是他们独立解决的，他们就不会有成就感。只有当问题是靠他们自己的努力解决的，他们才会感到满足。高成就需求者不喜欢凭运气获得的成功，不喜欢接受那些在他们看来特别容易或特别困难的工作任务。他们不满足于漫无目的地随波逐流和随遇而安，而总是想有所作为。他们总是精心选择自己的目标，因此，他们很少自动地接受别人为其选定目标。除了请教能提供所需技术的专家外，他们不喜欢寻求别人的帮助或忠告。他们愿意对其行动承担责任，要是赢了，会要求应得的荣誉；要是输了，也勇于承担责任。他们在工作中相信自己的能力，敢于做出个人决断。例如：有两件事件让你选掷骰子(获胜机会是 1/3)和研究一个问题(解决问题的机会也是 1/3)，你会选择那一样？高成就需求者会选择研究问题，尽管获胜的概率相同，而掷骰子则容易得多。

二是往往倾向于谨慎地确定有限的成就目标。他们对成功有一种强烈的要求，同样也非常担心失败。他们对待风险采取一种现实主义的态度，倾向于承担中等程度的风险。因为如果目标过低，伴随着成功的是较少的成就满足；如果目标过高，风险很大，则成功的机会过于渺茫，会使他们难以体会到成功的喜悦。因此，具有高度成就需要的员工愿意接近那些成功率适中的任务，而回避那些过于容易或过于困难的任务。与任务相关的成功机会的大小可能会影响接近该任务的倾向。非常担心失败的人趋向于回避很难的任务，而选择肯定会成功的任务。

三是希望得到对他们的工作业绩的不断反馈。高成就需要的人很想了解其工作业绩的优劣，如果能够从上级那里得到嘉奖或表扬，他们就会感到莫大的满足。

麦克利兰还发现，成就需要显然是能够通过学习获得的，而并非全由童年经验预先决定。这种学习可通过特殊的培训计划达到，在某些时候还可能是员工被安排在某种职位上的结果。因为在这种职位上受成就激励的行为是人们所期望的，并且会得到奖励。培养人们高成就需要的方法可从以下四方面入手：首先，个体应努力获得有关自己工作情况的反馈，以提高自己获得成功的信心，从而增强追求成功的欲望；然后，选择一种获得成功的模式，如模仿成功人物的做法；第三是努力改变自己的形象，把自己设想为某个追求成功和挑战的人；最后要根据现实情况审时度势，提出切实可行的目标，并付诸实施。

麦克利兰认为，不同人对权力的渴望程度也有所不同。权力需要较高的人喜欢支配、影响他人，喜欢对别人“发号施令”，注重争取地位和影响力。他们常常表现出喜欢争辩、健谈、直率和头脑冷静，善于提出问题和要求，喜欢教训别人，并乐于演讲。他们喜欢具有竞争性和能体现较高地位的场合或情境，他们也会追求出色的成绩，但他们这样做并不像高成就需要的人那样是为了个人的成就感，而是为了获得地位和权力与自己已具有的权力和地位相称。权力需要是管理成功的基本要素之一。

麦克利兰还将组织中管理者的权力分为两种：一是个人权力。追求个人权力的人表现出来的特征是围绕个人需求行使权力，在工作中需要及时的反馈和倾向于自己亲自操作。麦克利兰提出一个管理者，若把他的权力形式建立在个人需求的基础上，不利于他人来续位。二是职位性权力。职位性权力要求管理者与组织共同发展，自觉地接受约束，从体验行使权力的过程中得到一种满足。

麦克利兰认为，高合群需要的人更倾向于与他人进行交往，至少是为他人着想，这种交往会给他带来愉快。高合群需要者渴望友谊，喜欢合作而不是竞争的工作环境，希望彼此之间的沟通与理解，他们对环境中的人际关系更为敏感。有时，合群需要也表现为对失去某些亲密关系的恐惧和对人际冲突的回避。合群需要是保持社会交往和人际关系和谐的重要条件。一般人更重视追求成就需要和权力需要，而对合群需要的追求则相对较弱。

麦克利兰在大量研究的基础上，对成就需求与工作绩效的关系进行了十分有说服力的推断。首先，高成就需求者喜欢能独立负责、可以获得信息反馈和中度冒险的工作环境。他们会从这种环境中获得高度的激励。麦克利兰发现，在小企业的经理人员和在企业中独立负责一个部门的管理者中，高成就需求者往往会取得成功。其次，在大型企业或其他组织中，高成就需求者并不一定就是一个优秀的管理者，原因是高成就需求者往往只对自己的工作绩效感兴趣，并不关心如何影响别人去做好工作。再次，合群需求与权力需求和管理的成功密切相关。麦克利兰发现，最优秀的管理者往往是权力需求很高而合群需求很低的人。如果一个大企业的经理的权力需求与责任感和自我控制相结合，那么他就很有可能成功。最后，可以对员工进行训练来激发他们的成就需求。如果某项工作要求高成就需求者，那么，管理者可以通过直接选拔的方式找到一名高成就需求者，或者通过培训的方式培养自己原有的下属。

成就需要理论对于把握管理人员的高层次需要具有积极的参考意义，在管理中很有应用价值。首先，在人员的选拔和安置上，通过测量和评价一个人动机体系的特征对于如何分派工作和安排职位有重要的意义。其次，由于具有不同需求的人需求不同的激励方式，了解员工的需求与动机有利于合理建立激励机制。再次，麦克利兰认为动机是可以训练和激发的，因此可以训练和提高员工的成就动机，以提高生产率。

成就激励理论把重点放在鉴别和培养成就需要上，丰富了马斯洛对自我实现需要的描述，它对于管理者发现高成就需要的人及培养下属的成就需要是非常有用的。但成就激励论对于管理者应如何激励占绝大多数的低成就需求者的问题没有进行深入研究。

四、赫茨伯格的双因素理论

双因素理论(Two factors theory)，又称为“激励—保健理论”(Motivator-Hygiene theory)，是美国心理学家弗雷德里克·赫茨伯格(Frederick Herzberg，1923—2000)于20世纪50年代后期提出的。这一理论的研究重点是组织中个人与工作的关系问题。

20世纪50年代末期，赫茨伯格和他的助手们在美国匹兹堡地区的11个工商业机构中，对200名工程师、会计师进行了调查访问。赫茨伯格试图证明，个人对工作的态度在很大程度上决定着任务的成功与失败。他们的调查访问主要围绕两个问题：在工作中，哪些事项是让他们感到满意的，并估计这种积极情绪持续多长时间；又有哪些事项是让他们感到不满意的，并估计这种消极情绪持续多长时间。在调查中，他用诸多有关个人与工作关系的问题，要求受访者在具体情境下详细描述他们认为工作中特别满意或特别不满意的方面。赫茨伯格以对这些问题的回答为材料，着手研究哪些事情使人们在工作中快乐和满足，哪些事情造成不愉快和不满足。最后，通过对调查结果的综合分析，赫茨伯格发现，使职工感到满意的都是属于工作本身或工作内容方面的内在因素，是由工作本身所得；使职工感到不满的，都是属于工作环境或工作关系方面的一些外在因素。他把前者叫做激励因素（Motivator factors），后者叫做保健因素（Hygiene factors）。

赫茨伯格认为，导致人们在工作中产生满意感和不满感的因素是相互独立的，当人们获得那些导致满意感的因素就会产生满意感，而如果没有获得这些因素，仅仅是没有满意，并不会产生不满意感；反之，当人们没能获得那些可以消除不满意感的因素时，就会产生不满意感，而如果获得了这些因素，仅仅会消除不满意感，并不会带来满意感。因此，可以认为，满意的对立面并不是不满意，而是没有满意，而不满意的对立面也不是满意，而是没有不满意。如图10-2所示。赫茨伯格将影响人们行为的因素分成两种类型：保健因素和激励因素。保健因素是指那些与人的不满情绪有关的因素，主要包括公司的政策、管理措施和监督、人际关系、工作条件、工资、福利、工作保障等。激励因素是指那些与人们的满意情绪有关的因素。主要包括成就、赏识、挑战性的工作、增加的工作责任，以及成长和发展的机会。

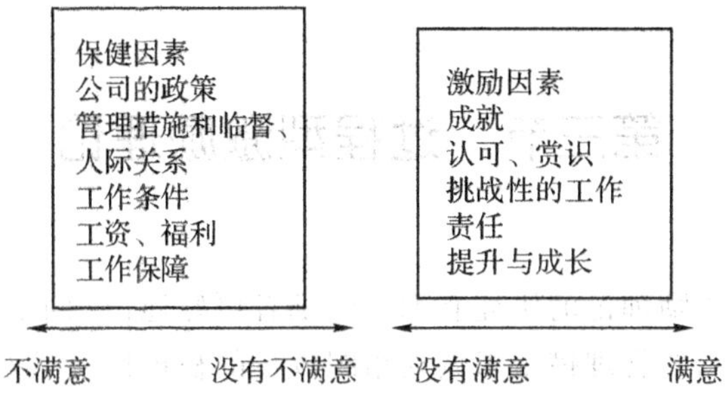

图 10-2 激励的双因素理论

赫茨伯格认为，传统的激励假设，如工资刺激、人际关系的改善、提供良好的工作条件等都是保健因素，都不会产生很大的激励，它们只能消除不满意，防止产生问题。保健因素的满足对职工产生的效果类似于卫生保健对身体健康所起的作用。保健从人的环境中消除有害于健康的事物，它不能直接提高健康水平，但有预防疾病的效果；它不是治疗性的，而是预防性的。保健因素处理不好，会引发对工作不满情绪的产生；处理得好，可以预防或消除这种不满。但是，改善保健因素只能起到安抚员工的作用，保持人的积极性，维持工作现状，并不能对员工起激励作用。它只是消除了不满意，并不会导致积极的态度，这就形成了某种既不是满意、又不是不满意的中性状态。所以，保健因素又称维持因素。保健因素的满足能带来工作表现机会和工作的愉快、工作上的成就感、对未来发展的期望、职务上的责任感等。如果处理得好，能够使人们产生满意的情绪，从而提高员工的工作积极性；如果处理不当，其不利后果顶多会使员工得不到满意感，而不会导致不满。因此，要想真正激励员工努力工作，就必须去改善那些激励因素，这样才会增加员工的工作满意感，只有“激励因素”才能真正促使人们有更好的工作成绩。

赫茨伯格及其同事以后又对各种专业性和非专业性的工业组织进行了多次调查，他们发现，由于调查对象和条件的不同，各种因素的归属有些差别，但总的来看，激励因素基本上都是属于工作本身或工作内容的，保健因素基本都是属于工作环境和工作关系的。但是，赫茨伯格注意到，激励因素和保健因素都有若干重叠现象，如赏识属于激励因素，基本上起积极作用；但当没有受到赏识时，又可能起消极作用，这时又表现为保健因素。工资是保健因素，但有时也能产生使职工满意的结果。

赫茨伯格的双因素激励理论同马斯洛的需要层次理论有相似之处。保健因素相当于马斯洛提出的生理需要、安全需要、感情需要等较低级的需要；激励因素则相当于受人尊敬的需要、自我实现的需要等较高级的需要。当然，它们的具体分析和解释是不同的。但是，这两种理论都没有把“个人需要的满足”同“组织目标的达到”这两点联系起来。许多行为科学研究者对赫茨伯格的双因素激励理论的正确性表示怀疑，理论检验的试验也未能证实这个理论。

但是，双因素激励理论促使企业管理人员注意工作内容方面因素的重要性，特别是它们同工作丰富化和工作满足的关系，促使管理者重新思考与设计工作职务与工作内容，使其具有更强的激励性，因此是有积极意义的。赫茨伯格告诉我们，要调动人的积极性，不仅要注意物质利益和工作条件等外部因素，更重要的是要注意工作的安排，量才录用，各得其所，注意对人进行精神鼓励，给予表扬和认可，注意给人以成长、发展和晋升的机会。

第三节　过程型激励理论

如前所述，内容型激励理论的研究有助于激励者更好地识别组织成员的需要，并运用激励相容的原则，采取恰当的管理措施来调动组织成员的积极性。然而事实证明，了解组织成员的需要是一回事，满足其需要又是另一回事。因此，要有效地进行激励，还需要科学正确的激励行为，即要能根据组织成员的行为特点，按照正确的激励方式，采取科学的激励措施来达到有效激励的效果。过程型激励理论（Process-based incentive theory）主要研究一个人被打动的过程，即研究行为是如何产生、发展、改变和结束的过程，一般包括期望理论、公平理论、强化理论等。

一、期望理论

期望理论（Expectancy theory），又称作“效价—手段—期望理论”，最早可追溯到托尔曼（E. Tolman）等人。美国心理学家和行为科学家维克托·弗罗姆（Victor H. Vroom）在1964年出版的《工作与激励》（*Work and Motivation*）一书中正式提出了期望理论。

期望理论假设，人是理性人，对于生活与事业的发展，他们有既定的信仰和基本的预测；每个人都是决策者，自己决定采用何种行为并预期这种行为能够带来的后果。弗罗姆的基本观点是，人之所以能够积极地从事某项工作，是因为这项工作或组织目标会帮助他们达成自己的目标，满足自己某方面的需求。员工的工作积极性取决于其对完成工作任务的能力以及接受预期奖赏的期望，即：激励（Motivation）取决于行动结果的效价（Valence）和其对应的期望值（Expectancy）的乘积。可以用下面的公式来表示：

$$M = V \times E$$

式中，M 表示激励力，是指调动积极性，激发人内部潜力的强度。V 表示效价，是指达到目标对于满足其个人需要的价值，一个人对活动的预期结果可能给自己带来的满足程度的评价。同一目标，由于各个人所处的环境不同、需求不同，其效价也就不同。同一个目标对每一个人可能有三种效价：正、零、负，效价数值在－1～1之间。效价值直接反映人的需要动机强弱，有强烈需求则趋向于1，没有需要则为零，强烈不希望得到则趋向于－1。效价与激励力成正比，效价越高，激励力就越大。E 表示期望值，即人们对根据过去经验判断自己能够顺利完成该项工作的可能性大小的估计，即能够达到目标的概率。期望值的数值在0～1之间。期望值反映人实现需要和动机的信心强弱和实现能力的强弱，可能性越强则越趋向于1。期望值与激励力也成正比，期望值越高，激励力就越大。这个公式说明：假如一个人把某种目标的效价看得很大，估计能实现的概率也很高，那么这个目标激发动机的力量越强烈。

根据期望理论，组织中的员工对待工作的态度取决于对以下三种联系的判断（见图10-3）：

1. 努力—绩效期望(Effort-to-performance expectancy)。员工感觉到通过一定程度的努力而达到工作目标的可能性。如需要付出多大的努力才能完成工作任务？我是否真能完成这一任务？期望值取决于目标是否合适个人的认识、态度、信仰等个性倾向，及个人的社会地位，别人对他的期望等社会因素，即由目标本身和个人的主客观条件决定。例如，一所大学为了鼓励同学报考研究生，对考上研究生的同学给予2000元的奖励。如果某一学生从小学开始便一直很幸运也很努力，经常能在考试时得到不错的成绩，由于有这种良好的经验，所以这个学生对是否能考上研究生的可能性判断便会很乐观，学生或许认为只要努力，便会有绩效。他将E设定在0.9。相反地，如有一位同学从小到大总是运气不佳，每次考试虽然都很努力准备，但总是不能考到较好的成绩，甚至是经常不及格。此时，他对于E的可能性判断便趋于悲观，可能赋予E只有0.1，甚至零（认为无论如何努力，都不能产生绩效）。

2. 绩效—报酬期望(Performance-to-outcome expectancy)。员工对于达到一定工作绩效后获得奖赏的信任程度。如当我达到这一绩效水平后，会得到什么奖赏？人们总是期望在达到预期成绩后，能够得到适当的合理奖励，如奖金、晋升、提级、表扬等。组织的目标，如果没有相应的有效的物质和精神奖励来强化，时间一长，积极性就会消失。例如，有的公司有一套很好的绩效考核制度，而且认真执行，任何绩效良好的员工都会得到很好的加薪。在此种情况下，该公司的员工对于绩效导致报酬的连结的可能性判断将会很乐观，可能是1。相反地，如果一个公司虽然订有考绩办法，但是没有一个主管愿意加以认真执行，每次加薪总是以主管自己的好恶甚至是依据部属日常“听话”（或讨好）的程度而定，工作绩效完全不列入考虑。在此种情形下，该公司的员工对于绩效导致报酬的连结的可能性判断便会很悲观，可能给予零的判断。所以几率同样是从0～1。而究竟是多少则取决于主观的感受与判断。

3. 报酬—效价的联系。如果工作完成，员工所获得的报酬对他的重要性程度。如这一报酬能否满足员工的需要？吸引力有多大？奖励什么要适合各种人的不同需要，要考虑效价。要采取多种形式的奖励，满足各种需要，最大限度地挖掘人的潜力，最有效地提高工作效率。有的富家小姐认为，她来上班为的不是那份薪水，而是希望交朋友，甚至打发时间，因此，职位升不升，对她而言，亦不重要。在此种情形下，加薪、晋升对他们的重要性(或是价值)可能就是零。但是,对于一位刚结婚且正在缴房屋贷款的年轻人而言,加薪与晋升便非常重要,所以,他所赋予的价值可能就是1。另外,工作非常卖力固然会产生良好的绩效而导致加更多的薪水,但是,同时亦可能导致身心疲惫或压力过大而生病的不良后果,这些结果对任何人而言,当然都不是想要的,因此,给它的价值判断便可能是负的。综合以上所言,一个人对结果的重要性判断(也就是这些结果对一个人的价值)便可能从−1～1。当然,这种价值判断是主观的。

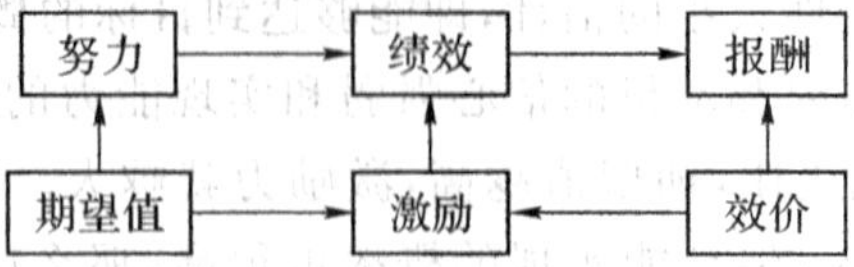

图 10-3 期望理论模型

激励行为的发生需要三个条件。首先,努力—绩效期望必须大于零(个体必须相信通过努力可以实现高绩效);其次,绩效—报酬期望必须大于零(个体必须相信高绩效可以得到高报酬);最后,报酬的总效价必须大于零。期望理论认为,满足上述三个条件,则个体可以通过激励增加努力。因此,一个人最佳动机的条件是:他认为他的努力极可能导致很好的表现;很好的表现极可能导致一定的成果;这个成果对他有积极的吸引力。这就是说,一个人受他心目中的期望激励。员工在工作中的积极性或努力程度(激励力)是效价和期望值的乘积,激励促进员工去努力实现绩效。

期望理论为管理者提高员工的工作绩效提供可实现的途径。管理者不要泛泛地采用一般的激励措施,而应当采用多数组织成员认为效价最大的激励措施,而且在设置某一激励目标时应尽可能加大其效价的综合值,适当加大不同人实际所得效价的差值。在激励过程中,还要适当控制期望概率和实际概率,加强期望心理的疏导。期望概率过大容易产生挫折,期望概率过小又会减少激励力;而实际概率应使大多数人受益,最好实际概率大于平均的个人期望概率,并与效价相适应。例如,为了提高期望值,目标设置要具体可行;注意培训员工以提高其完成任务之能力,创造有利于完成任务的条件;及时兑现报酬等。为了提高效价,奖励要针对人们最迫切要求满足的需要,对不同的人可根据其需求的不同给予不同的奖励。要通过各种渠道了解员工效价、期望值的变化情况,以及时采取措施维持其工作积极性。

期望理论研究激励的途径与马斯洛的需要层次理论不同。期望理论侧重于"外在目标",从个人追求目标的观点来研究个人对目标的期望,需要理论着眼于"内在缺乏",研究人们需要的缺乏,找出人们所感觉到的某种缺乏的需要,并以满足这些需求为动力,来激励他们从事组织所要求的动机和行为。本质上,这两种途径是互相关联和一致的,都认为激励的过程在于实现外在目标的同时又满足内在需要的满足。

二、公平理论

公平理论(Equity theory)是美国心理学家斯塔西·亚当斯(John Stacy Adams)在其1965年发表的《社会交换中的不公平》(*Inequity in Social Exchange*)一书中提出的,也称为"社会比较理论"。

公平理论主要讨论报酬的公平性对人们工作积极性的影响。主要观点是:人是社会人,一个人的工作动机,不仅受其所得报酬绝对值的影响,而且受到相对报酬多少的影响。每个人都会把自己所得的报酬与付出的劳动之间的比率同其他人的比率进行社会比较，也会把自己现在的投入产出比率同过去的投入产出比率进行历史比较，并且将根据比较的结果决定今后的行为。它指出，人们将通过横向和纵向两个方面的比较来判断其所获得报酬的公平性。公平理论的主要内容可以用以下公式表示：

$$\frac{\text{当事人所得的报酬}(O)}{\text{当事人的投入}(I)}=\frac{\text{参照人所得的报酬}(O)}{\text{参照人的投入}(I)}$$

公平理论方程式可用图 10-4 说明。

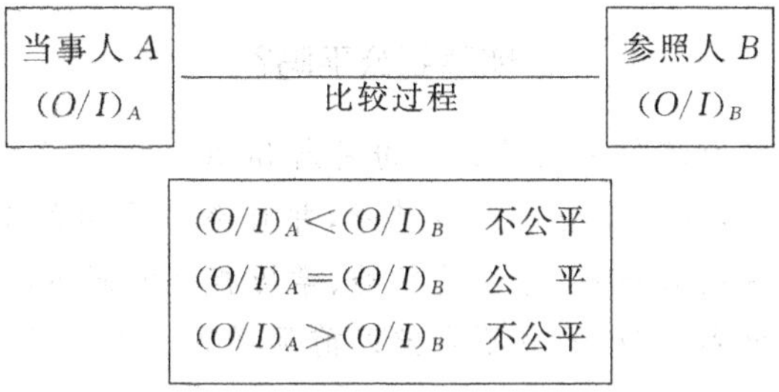

图 10-4 公平理论示意图

亚当斯将个人报酬与投入的比值称为贡献率。在贡献率公式中，人们是依据其个人感受来计算贡献率的。很显然，不同员工对同一个人的贡献率会得出不同的结论。员工评价自己是否得到了公正的评价，在一般情况下是以同事、同行、亲友、邻居或自己以前的情况等作为参考依据的。当他们把自己的投入产出比与别人的或自己以前的投入产出比进行比较后，发现比率相等，心里就比较平静，认为自己得到了公平的待遇，会继续在这同样的产出水平上工作；若发现个人所获的报酬不适当时，他们可能产生不满，降低产出的数量或质量，或者离开这个组织；若觉得个人的报酬要比认为是公平的报酬要大，他可能工作得更加努力。调查和试验的结果表明，不公平感的产生，绝大多数是由于经过比较认为自己目前的报酬过低而产生的；但在少数情况下，也会由于经过比较认为自己的报酬过高而产生。

公平理论提出的基本观点是客观存在的，但公平本身却是一个相当复杂的问题。公式中无论是自己的或他人的投入和报偿都是个人感觉，而一般人总是对自己的投入估计过高，对别人的投入估计过低。因此，不公平感的产生，在很大程度上取决于员工自身的认识水平。尤其在以职能制为主要特征的企业组织中，大部分员工都会认为自己所承担的工作比别人更重。因此，往往会高估自己的贡献率而低估他人的贡献率，由此而有不公平感。例如，有人认为助学金应改为奖学金才合理，有人认为应平均分配才公平，也有人认为按经济困难程度分配才适当。公平理论中一个比较难以解决的问题是如何评定绩效的问题，是以工作成果的数量和质量，还是按工作中的努力程度和付出的劳动量？是按工作的复杂、困难程度，还是按工作能力、技能、资历和学历？不同的评定办法会得到不同的结果。

公平理论给我们的重要启示是：首先，影响激励效果的不仅有报酬的绝对值，还有报酬的相对值。其次，激励时应力求公平，使等式在客观上成立，尽管有主观判断的误差，也不致造成严重的不公平感。工作任务以及组织制度都有可能产生某种关于公平性问题，在员工感受到不公平时，若仅提出加薪要求，说明组织对他至少还有一定的吸引力。但员工的离职率普遍上升时，说明目前的报酬制度可能使员工产生了强烈的不公平感，这需引起管理人员的高度重视。另外，由于不公平感来自员工的主观感受，在激励过程中应注意对被激励者公平心理的引导，使其树立正确的公平观，从而改变其主观贡献率。管理者要提高员工的思想认识水平，要让员工认识到：一是绝对的公平是不存在的，二是不要盲目攀比。为了避免职工产生不公平的感觉，企业往往采取各种手段，在企业中造成一种公平合理的气氛，使职工产生一种主观上的公平感。如有的企业采用保密工资的办法，使职工相互不了解彼此的收支比率，以免职工互相比较而产生不公平感。

【案例 10.6】

你感到公平吗？

如果你大学毕业后就有单位提供给你一份月薪 3000 元的工作，这一薪水对一个刚毕业的大学生来说已经很高了，你可能会感到很满意，并且努力为组织工作。但是，如果你一两个月之后发现另一个和你同时毕业、与你的年龄、学历相当的同事的月薪是 5000 元的时候，你有何反应？你会不会感到失望，同时不再像以前那样努力工作了呢？

三、强化理论

强化理论（Reinforcement theory），也叫做行为修正理论，是美国心理学家斯金纳（Burrhus Frederic Skinner）在对有意识行为特性深入研究的基础上提出的。

心理学研究的成果表明，人具有学习能力，人们会通过对过去的行为和行为结果的学习，来影响将来的行为。强化理论认为，人的行为具有有意识条件反射的特点，人们是凭借以往的经验，根据“趋利避害”的原则进行未来行为选择，当行动的结果对他有利时，他就会趋向于有意识地重复这种行为；当行动的结果对他不利时，这种行为就会趋向于减弱或者消失。根据这一原理，在管理过程中只要采用不同的强化方式和手段，就可以控制员工行为的结果，达到有效激励的目的。这种理论以学习的强化原则为基础，特点是它只考虑外部刺激与实际行为之间的相关关系，而不涉及个体的内在心理过程，主要着眼于如何激发人的动机，使其产生组织所希望的行为。

在组织的管理实践中，常用的强化手段有三种类型：正强化、负强化和消退。

正强化（Positive reinforcement），又称积极强化。是指当组织对成员的某种行为给予肯定和奖赏，该种行为符合组织目标，成为获得肯定和奖赏的工具。正强化增加了组织成员该种行为重复出现的可能。例如，企业用某种具有吸引力的结果（如提成、奖金、休假、晋级、表扬等），以表示对销售人员销售业绩的奖励，这种奖励由于能使销售人员感到其行为得到肯定或获得收益，从而增强销售员进一步努力扩大销售业绩的行为。

负强化（Negative reinforcement），又称消极强化。是指当组织对成员的某种行为给予惩罚或带有强制性的不利回报，该种行为不利于组织目标达成或不符合组织的某种规范要求，组织希望其不再发生同样或类似行为。例如，企业用具有强制性的惩罚（如经济处罚、降级、批评、处分、开除等），以表示对员工不遵守工作纪律的处罚，以儆效尤，阻止员工破坏纪律。

消退（Fade away），又称衰减。是指撤销对组织成员的某种行为的正强化后，使该行为由于得不到强化而自然下降并逐渐消退。例如，企业曾对职工加班加点完成生产定额给予奖酬，后经研究认为这样不利于职工的身体健康和企业的长远利益，因此不再发给加班工资和奖酬，从而使加班加点的职工逐渐减少。

正强化是用于加强所期望的个人行为；负强化和自然消退的目的是为了减少和消除不期望发生的行为。这三种类型的强化相互联系、相互补充，构成了强化的体系，并成为一种制约或影响人的行为的特殊环境因素。

强化的主要功能，就是按照人的心理过程和行为的规律，对人的行为予以导向，并加以规范、修正、限制和改造。它对人的行为的影响，是通过行为的后果反馈给行为主体这种间接方式来实现的。人们可根据反馈的信息，主动适应环境刺激，不断地调整自己的行为。强化手段所产生的激励效果的大小，不仅与采用何种强化手段有关，还与如何进行强化实施的程序有关。强化实施的程序很多，一般分持续的强化和间断的强化两类。持续的强化是对每个行为都给予强化，没有中断和缺省。间断的强化是指非连续的强化，即不是每个行为都给予强化，而是以某种规律有选择地给予强化，包括固定比例强化、可变比例强化、固定间隔强化和可变间隔强化。

强化理论与期望理论有密切的相关性，可以推断出：这个人内心已经建立了有关现在的行为与将来的成绩和报偿之间的某种联系。因此，要获得所希望的行为，就必须在他表现出这种行为时，及时地给予肯定、奖励和表扬，使之再度出现。同样，想消除某一行为，就必须在表现出这种行为时给予负强化，如批评惩处。

在实际管理工作中，强化理论得到非常广泛的运用。强化是组织中一种强大的保持员工激励的工具，但应用时，管理者必须对员工实际行为的信息有充分了解，否则会出现好的行为得不到正强化，而坏的行为也得不到负强化的现象，这种现象一旦出现，员工中就会产生"搭便车"的投机心理。例如，如果某位员工经常迟到而没有相应的结果，则这名员工和其他员工都可能认为他们有权迟到。

【案例 10.7】

免费搭车的现实例子①

50 多年前，一个名叫英格尔曼的德国科学家做过一项试验。他要求工人们尽可能地拉动一根绳子，以测量他们力量的大小。工人们分别单独拉、两个人一起拉，以及 3 个人、8 个人一起拉。随着一起拉绳子人数的增加，总力量越来越大，但平均每个人的力量却越来越小。当一个人单独拉时，他的力量达到 63 公斤。当 3 个人一起拉时，平均每个人的力量下降到 53 公斤，当 8 个人一起拉时，平均每个人的力量下降到 31 公斤。拉的人数越多，每个人出的力越少。

一组成员一起面对来自外界（比如经理）的压力时，其压力和影响是由组内成员共同分担的。因此，成员人数越多，每个人承受的压力越小。因为与其他人一起工作，每一个小组成员都会觉得其他人将分担工作拖拉的结果。如果每个人都这么想，那么平均每个人的产量将大幅度下降。

问题：

你认为管理者可采用什么激励方法解决或减弱上述问题？为什么？

---

① A. Furnham(1993), "Wasting Time in the Board Room", Financial Times(March 10).

第四节 激励方法

内容型激励理论和过程型激励理论，从激励的不同方面或角度说明如何实施有效的激励等问题。在现代管理实践中，以这些理论的基本思想为基础，提出了许多行之有效的方法，达到较好的效果。

一、激励的具体方法

（一）目标激励法

目标激励法是组织为员工设置适当的目标，激发员工的动机，达到调动员工工作积极性的目的。目标在心理学上通常被称为“诱因”，即能够满足人的需要的外在物。由期望理论、需求理论和成就激励理论可知，个体对目标看得越重要，实现的概率越大。完成目标能使员工有成就感和需求满足感。目标激励的实质是以目标设置来激发组织成员的自我管理意识和指导行为。同时，目标激励法有利于组织实施目标管理，对组织目标的达成具有很大帮助。在目标激励法运用时，注意设置的目标要合理、可行，与个体的切身利益密切相关。要设置总目标与阶段性目标。总目标可使人感到工作有方向，但达到总目标是个复杂过程，有时使人感到遥远或渺茫，影响人的积极性。因此要采取“大目标，小步子”的方法，把总目标分成若干个阶段性目标，通过实现几个阶段性目标来实现总目标。阶段性目标可以使人感到工作的阶段性、可行性和合理性。目标既可以是外在的实体对象（如工作量），也可以是精神的对象（如学术水平）。目标的内容要具体明确，能够有定量要求的目标当然更好，切忌笼统抽象。比如，“本月销售收入要比上月有所增长”这样的目标就不如“本月销售收入要比上月增长 10%”这样的目标更有激励作用。同时，目标要具有挑战性，要做到树上的果子悬到“跳一跳够得着”的程度。实践表明，无论目标客观上是否可以达到，只要员工主观认为目标不可达到，他们努力的程度就会降低。

（二）报酬激励法

报酬激励就是组织通过提供一定的报酬刺激，来激发组织成员努力完成一定的工作任务，以达到组织目标。广义地说，报酬激励有两种形式：一是外在报酬激励，即组织通过提高工资、奖金、提升、福利和社会地位等对员工进行激励；二是内在报酬激励，即通过工作任务本身（如成就感、影响力、胜任感等）来进行激励。调查研究表明，外在报酬因素虽然不是决定人们工作中表现的惟一主导因素，但是会直接影响员工对自己工作的满意程度，通常都能起到比较明显的激励效果。有效的报酬激励要求对组织成员工作绩效进行客观公平的鉴定，并给予应有的报酬。对员工的报酬激励方式主要有：

1. 金钱。金钱包括工资、津贴、货币性福利等。金钱的激励作用在人们生活达到宽裕水平之前是十分明显的。

2. 认可和赞赏。认可和赞赏有时可以成为比金钱更具激励作用的奖酬资源，因为无论高层次的管理者或是一般员工，内心都希望得到别人的认可和赞赏。在管理实践中，可采用灵活多样的形式对员工进行认可和赞赏，而且这种激励方法只需讲究管理技巧，就能收到较好较快的效果，并且能良好地增加组织的凝聚力，使用的经济成本也非常低。

3. 特别福利。如员工的带薪休假、免费旅游、从组织获得无息和低息贷款、退休后的福利等。特别福利使组织从一定程度上有别于其他组织，增强组织的亲和力。如在一定职位上享有的特别待遇，当这种待遇可观时，也能起到一定的激励作用。带薪休假、免费旅游对许多员工都具有吸引力，特别是对那些追求丰富的业余生活的员工来说，更是情之所钟。20世纪80年代以来，一种叫"金降落伞"（即相当于一般员工被解雇时拿到的离职费）的特别福利变得非常流行。

4. 员工持股。许多公司的实践证明，一旦员工变成所有者，他们就会以主人翁的精神投入工作，并基本不会做出损害公司效率和利润的行为。对高层管理人员而言，股票和股票期权的激励方法更是常用的一种方法。这种奖励能克服管理人员的短期行为，从而保证组织的持续发展力。

5. 享有一定的自由。对能有效地完成工作的员工，可以减少或撤销对他们的工作检查，允许他们选择工作时间、地点和方式，或者允许他们选择自己喜欢干的工作。

6. 提供个人发展和晋升的机会。这种方式几乎对所有的员工都有吸引力。

7. 收益分享。对能完成特定目标的团队实施收益分享，以鼓励团队自行设计增益目标。

（三）奖惩激励法

奖惩是一种强化手段，奖励是对人行为的肯定，可直接激励。而惩罚是对人的行为的否定，属间接激励。奖励的心理机制是人的荣誉感、进取心理，有物质和精神的需要。惩罚的心理机制是人的羞怯、过失心理，不愿受到名誉或经济上的损失；应用奖励激励，要奖励分明，与实际情况相符合，否则会造成不公，不一定都产生激励作用。奖励的形式多种多样，可分为物质奖励、精神奖励，以及这两种奖励的结合。惩罚的形式也有多种多样，如批评、检讨、处分、经济制裁、法律惩办等。

惩罚的技巧：

1. 惩罚要合理，使受惩罚者心服，化消极因素为积极因素，否则易产生对立情绪。
2. 惩罚要与教育结合起来，达到惩前毖后、治病救人的目的。
3. 要掌握惩罚的时机，及时处理。
4. 惩罚时要考虑原因与动机。
5. 对一般性错误，惩罚宜轻不宜重。

（四）考评激励法

考评激励法是指各级组织对所属成员的工作及各方面的表现进行考核与评定。通过考核和评比，及时指出职工的成绩、不足及下阶段努力的方向，从而激发职工的积极性、主动性和创造性。

考评具有以下几方面的作用：(1)考评具有目标导向功能。由于考评标准的约束力，迫使或诱导人们的行为向某一方向发展。如"销售定额"、"利润指标"考评标准，能迫使业务部门与业务人员完成指标；(2)反馈调节作用；(3)强化作用。

为了让考评激励发挥最大的作用，在考评过程中必须注意制定科学的考评标准，设置正确的考评方法。

（五）竞赛与评比的激励法

竞赛在组织内是一种客观存在，在正确思想指导下，竞赛以及竞赛中的评比对调动人的积极性有重大意义。竞赛与评比的作用是：(1)竞赛与评比对动机有激发作用，使动机处于活跃状态；(2)竞赛与评比能增强组织成员心理内聚力，明确组织与个人的目标，激发人的积极性，提高工作效率；(3)竞赛与评比能增强人的智力效应，促使人的感知敏锐准确、注意力集中、记忆状态良好、想象丰富、思维敏捷、操作能力提高；(4)竞赛能调动人的非智力因素。团体间的竞赛评比，能缓和团体内的矛盾，增强集体荣誉感。

（六）组织文化激励法

组织文化激励法是利用组织文化的特有力量，激励组织成员向组织期望的目标行动。组织文化是一个组织在长期的运行过程中提炼和培养出来的一种适合组织特点的管理方式，是组织群体所共同认可的特有的价值观念、行为规范及奖惩规则等的总和。一个具有激励特性的、优良的组织文化能调动组织成员的积极性、主动性和创造性。文化激励的重要性已越来越受到人们的关注。正如米勒(L. Miller)所说："未来将是全球竞争的时代，能成功的公司将是采用新企业文化的公司，这种文化的价值鼓励竞争性行为。"[①]

按照组织文化的构成要素，组织文化激励主要包括：

1. 价值观激励。尽管组织价值观的发展呈多元化和个性化的趋势，但杰出企业的共同价值取向是树立崇高目标、建立共识和追求卓越。因此，良好的价值观能增强组织的凝聚力，培养奋发向上的精神，并对每个成员的目标和行为具有导向和激励作用。

2. 榜样激励。榜样的力量是无穷的，组织典范人物所树立的形象和模范作用对组织中的其他人员会具有很强的激励功能。榜样对自己是一个压力，对先进者是一个挑战，对一般人有激励作用，对后进者能产生心理上的压力。榜样应是公认的，具有权威性，能使大家产生敬仰的心情。特别是领导者行为通过榜样作用，激发下属的动机，以调动工作、学习积极性。领导者良好的行为具有权威性，权威是暗示成功的重要心理条件，使下属很快受到良好影响。

3. 组织形象激励。组织形象激励是指组织利用形象增强组织成员的成就感、自豪感和对组织的忠诚。

【案例 10.8】

通用电气公司员工激励法

通用电气公司(GE)前董事长兼总裁杰克·韦尔奇用一个形象的比喻道出了员工管理的真谛："你要勤于给花草施肥浇水，如果它们茁壮成长，你会有一个美丽的花园，如果它们不成材，就把它们剪掉，这就是管理需要做的事情。"

他将员工分成5类：第一类占10%，他们是顶尖人才；次一些的是第二类，占15%；第三类是中等水平的员工，占50%，他们的变动弹性最大；接下来是占15%的第四类，需要对他们敲响警钟，督促他们上进；第五类是最差的，占10%，我们只能辞退他们。根据业绩评估，每个员工都会知道他们处在哪一类，这样没有人会抱怨得不到赏识。GE铁定要奖励最好

---

① 米勒：《美国企业精神》，中国友谊出版公司，1985年版，第19页。

的20%，给70%业绩良好的打气加油，永远以人道的方式换掉那最后的10%的人，每年都要这样做。

韦尔奇认为，对一位表现出色的员工进行奖励是管理过程中一个很重要的部分。要鼓励员工勇敢地展示自己，谈出自己的看法，争取上司的赏识。他告诉员工："如果GE不能让你改变窝囊的感觉，你就应该另谋高就。"

问题：

你认为GE激励员工的方法有何可取之处？

二、激励方法应用的原则

（一）了解员工的需求

激励是为了调动人们的积极性，满足人的正当的、合理的需要，因此在制定激励措施前，要进行充分的调查研究，以确实掌握人们的基本需要是什么，满足的程度如何，哪些需要的满足最能调动群众的积极性。这样才能有的放矢，起到较好的效果。员工不同的心理需求会产生不同的动机，这就要求管理者采取不同的激励方法。

（二）正确地分析员工的工作动机

员工的工作动机的强度，不仅取决于他从工作或劳动中获取什么，而且取决于员工对管理人员的工作安排和外在报酬的心理需求的满足感。研究材料表明，员工努力工作可能取决于下列因素：(1)自己做出的努力能否达到或超出管理目标的可能性；(2)若达到目标，获得奖赏的可能性；(3)外在报酬满足需求的可能性；(4)工作中满足心理需求的可能性；(5)对这些需求的满足所作的评价。

（三）满足员工的需求

所有的员工都希望从工作中获得满足，最一般的最普遍的满足就是工资和奖金。工资不仅是生活的保障，也是社会地位、扮演角色、受人尊重以及个人成就与权力的象征。工作是各种社会需求满足的工具。通过完成工作可以满足社会交往，显示才能，施展抱负，行使权力，取得成就，发挥创造力，获得社会尊重。要引导员工把工作看作不仅仅是赚钱谋生的手段，而且是自我实现、自我需求满足的手段。

（四）重视社会心理

一个组织的人员的积极性，不仅与员工的思想觉悟、劳动态度、集体风尚等因素有关，而且与整个社会舆论、社会风尚密切相关。因此制定激励措施，不仅要立足组织本身，也要考虑社会心理的作用，尽可能利用良好的社会心理、社会舆论、社会风尚的积极作用，克服不良心理的消极作用。

（五）正激励为主，负激励为辅

正激励和负激励作为两种相辅相成的激励类型，从不同的侧面对人的行为起强化作用。我们已经知道，正激励是主动性的激励，用来培养正确的行为；负激励是被动性的激励，用来抑制和消退不正确的行为。就两者的作用来说，正激励是第一位的，负激励是第二位的。因为激励的实质就是为了调动人的积极性，因此，在使用激励时，应以正激励为主，辅之以负激励。美国著名企业家玫琳凯在责备时采用"三明治技巧"，效果很好。这个方法是：在指出部属错误时，会先准备称赞他的两个好处，责备前称赞一件，责备后称赞一件，而把责备夹在中间。

（六）差异化和多样化相结合

所谓差异化就是根据组织成员的不同需要，有区别地进行激励；所谓多样化就是不应拘泥于一种方式，而应该视情况不同，灵活运用多种激励方法。在某些情况下，多样化的激励还可以引导需要产生变化，并加以利用，从而激发组织成员更大的潜力。

（七）保持激励的公平

激励的公平原则要求组织遵循社会的公平规范，或者是组织成员普遍接受的公平规范，实施激励措施。具体来说：一是所有组织成员在获得或争取奖酬资源方面机会要均等；二是奖惩的程度要与组织成员的功过相一致，奖惩的原因必须是相关事件的结果；三是激励措施实施的过程要公正，即要做到过程的公开化和民主化。

（八）讲求效益核算

做好激励工作，并不意味着无限制地满足组织成员的需要。激励应该计算投入产出比。我们知道，激励归根到底是为了组织实现目标而采取的手段，因此，它不能凌驾于组织目标之上，实现组织目标本身就是谋求投入产出比最大。也就是说，组织要用尽可能少的资源投入，来最大限度地完成预定目标和任务。显然，尽管对组织成员的某种激励方式比较有效，但当激励需要支付的代价大于它所能产生的效益时，它就是不切实际的，也是不符合组织需要的。

【案例 10.9】

扭转乾坤的一支粉笔①

1912年，美国钢铁大王安德鲁·卡耐基以100万年薪聘请查理·斯瓦伯为该公司第一任总裁时，全美企业界为之议论纷纷。因为在当时，百万年薪已是全美国的最高薪资，斯瓦伯对钢铁并不十分内行，卡耐基为何要付那么高的薪水呢？原来卡耐基看上他激励部属的特殊才干。

斯瓦伯上任不久，他管辖下的一家钢铁厂产量落后，他问该厂厂长："这是怎么一回事？为什么你们的产量老是落后呢？"厂长回答："说来惭愧，我好话与丑话都说尽了，甚至拿免职来恐吓他们，没想到工人软硬都不吃，依然懒懒散散。"

那时正是日班快下班，即将由夜班接班之时。斯瓦伯向厂长要了一支粉笔，问日班的领班说："你们今日炼了几吨钢呢？"领班回答："6吨。"斯瓦伯用粉笔在地上写了一个很大的"6"字后，默不作声地离去。

夜班工人接班后，看到地上的"6"字，好奇地问是什么意思。日班工人说："总裁今天来过了，问我们今天炼了几吨钢，领班告诉他6吨，他便在地上写了一个'6'字。"

次日早上，斯瓦伯又来到此工厂，他看到昨天地上的"6"已被夜班工人改写为"7"了。日班工人看到地上的"7"字，知道输给夜班工人，内心很不是滋味，他们决心给夜班工人一点颜色看看，大伙儿加倍努力，结果那一天炼出了10吨钢。在日夜班工人不断地竞赛之下，这家工厂的情况逐渐改善，不久，其产量跃居所有钢铁厂之冠。

斯瓦伯只用一支粉笔，就能鼓舞人们奋发向上的本领，这是他获得全美最高薪资的主要

① 林永顺：《企业管理学》，经济管理出版社2002年版，第279—280页。

原因。

问题：

斯瓦伯只利用小小的粉笔为手段，创造出激励奇效，你认为斯瓦伯的激励方法是怎样起作用的。

【案例 10.10】

上海施乐复印机有限公司①

上海施乐复印机有限公司是中美合资企业。公司在人力资源管理方面形成了一个以激励为主导、以员工职位称职能力评估为中心的人事管理模式。

施乐公司在业务发展过程中，员工队伍始终在优胜劣汰的竞争与发展中，公司每年人员流动率在6%～8%之间，其中有个人原因申请离职的；有经考核低于岗位要求，被公司辞退的；以及机构调整被精简的……但在控制员工人数的同时，公司注重引进企业业务发展急需的高层次人才和注重现有员工队伍的培训提高。

上海施乐公司把员工个人技能培训和个人发展作为一种激励，贯穿在对员工的"培训—考核—评估—再培训"的循环之中。公司为员工提供内部提高技能的发展晋级机会，公司制订了空缺岗位内部应聘程序，鼓励员工向更高一级岗位发展；公司的员工培训计划则为每个员工个人发展提供了在岗位技能、管理知识等方面得到提升的支持。

公司为个人成长发展提供条件与机遇，每年选派人员赴美国施乐公司培训，把新产品开发和项目管理的重任，委以年轻的工程技术人员，充分调动和发挥个人的才能，这也是对员工个人价值的认可和最好的激励，激发了他们的创新能力。例如2002年4～5月份，XEROX复印机中有些控制芯片的元器件国内外采购无货。这不仅影响现行产品的生产和出口的客户订单交货，也对新产品开发和施乐其他海外工厂带来影响。XSL的两名工程师，凭着丰富的技能和对公司负责的精神，进行创新设计，采取用其他元器件替代的方法，经日夜工作研制成功，为XEROX公司在世界其他工厂解决了这个难题，得到总公司的特殊奖励和通报表彰。

上海施乐公司建立了一套较为理想的绩效评估系统，以称职能力为中心的绩效评估体系，使公司的目标管理和考核员工工作绩效，以及如何评估员工岗位称职能力，改进员工技能，合理实施奖励有了一套科学的方法。上海施乐公司在多年的实践中，体会到员工的绩效评估体系应建立在以下几点基础上：(1)必须建立一个岗位职务描述和目标管理体系，使每个员工明白自己的职位应承担的职责、工作目标和应达到的工作要求和标准。(2)公司对在不同岗位的人员实施不同的考核评估方法。如销售人员、售后服务维修人员采用每月目标考核办法；对装配厂的操作人员实行每季度的质量标准考核办法；管理人员是按年度目标的考核办法。(3)对工作目标和员工绩效评估的同时，对员工个人技能和管理、工作能力作一个详细的评估，并指出他影响绩效的主要障碍和改进的方向。(4)每次绩效考核评估结束后，应有员工和他的直接主管或经理的一个谈话程序。这是一个很重要的沟通交流，真实地

① 资料来源：梁诚德："引进、管理、激励、创新——上海施乐人力资源开发管理概况"，见 http://www.chnhrm.com.cn。

告诉评估结果，肯定被考核者的工作业绩，指出在工作上的障碍与差距，这对员工个人发展和公司目标的完成至关重要。(5)正确公正地评估员工的工作业绩，是对员工个人的认可，对他工作成绩的赞同，是对个人最好的激励。(6)尽量利用好绩效评估的结果：如作为年终奖金分配、薪资调整的依据；作为公司内部岗位提升晋级的参考；对于考评结果低于岗位目标要求者，也作为劳动合同按期终止或解除的依据。

上海施乐公司每年度一次举行员工满意度调查(公司内称为EMSS，即雇员激励及满意度问卷调查)。这是上海施乐在管理上的一个特点。员工满意度调查的问卷内容、调查方式和实施过程，是全体员工对公司管理层的考核评估，也是员工参与管理的过程。对公司改进管理，加强沟通，提高员工的积极性，有很大的正面作用。员工满意度调查问卷的内容，可以包括对管理层的决策、执行、沟通；管理层对下属的交流与反馈、尊重与信任、公平与合作；以及对员工激励、培训、发展、薪酬、团队合作等方面。通过70多个问题，进行不记名的个人满意度倾向的调查。调查结果通过第三方进行统计分析，所以，这也是一个公平、公开和公正的对管理层工作与能力的评估。每年度员工满意度调查工作主要有以下几个过程：年初公开年度EMSS的目标，每年11月份实施调查——公布调查结果——进行根源分析——提出改进计划——实施改进和向员工反馈改进的结果情况。施乐在实践中感到，员工满意度调查结果出来后采取的这一系列活动是体现调查效果的关键，是达到调查的目的、找出根源、提出措施、实施改进、提高员工参与积极性的重要环节。例如，在一年调查结果中员工对“交流、信息”的项目满意度不高，工作小组(公司内跨部门人员组成)进行了根源分析，认为主要有3方面原因：高级经理对交流不重视；上下级的交流没有制度化、经常化；交流工具少、方式单一化等。针对管理上的问题和根源，制订了行动计划，其内容包括：高级经理、部门经理定期与员工代表召开“圆桌会议”交流意见、分享信息；公司每年召开两次员工大会，会上除了总经理向员工报告公司经营状况，还安排了员工向总经理提问、相互对话的时间；各部门每月1次员工会议；人力资源部和工会走访职工家庭，特别是长期出差或出国人员家庭；加强与分公司职员交流，等等。这一系列的行动和实施后的情况都向员工反馈，公布上述项目的完成情况，以改进管理，增强员工参与的积极性。

问题：

1. 你认为上海施乐公司将为员工个人成长发展提供条件与机遇作为激励手段，起到了什么作用？

2. 为什么上海施乐公司要进行每年度1次员工满意度调查？你认为这种做法有何管理价值？

3. 请你对上海施乐公司的激励机制进行评述。

【案例10.11】

海尔的激励制度

海尔集团的岗位激励制度可用四句话来概括，即“在位要受控，升迁靠竞争，届满要轮换，末位要淘汰”。

在位要受控包括两层含义：一是干部主观上应自我控制，自我约束，有自律意识；二是集团建立控制体系，以控制工作方向和目标，避免犯方向性错误。海尔集团对在职干部进行严格的考评，无论是从集团公司到各职能部门，还是从各事业部到各车间，都在最明显处设置考评栏，下分表扬栏和批评栏。对受到表扬和批评的干部分别给予加分(加薪)和减分(减薪)。对在工作中不思进取，受批评不及时改正，或一年内受到3次书面批评的干部，将免去其职务。

升迁靠竞争即对干部的选拔实行公开招聘。海尔集团每月由干部处公布一次空岗情况和招聘条件，鼓励厂内外有志者根据自身能力和特长选择岗位参加竞聘，经严格的笔试、面试，挑选出好学上进和有实践经验的人员走上管理岗位。同时，海尔还设立干部人才库，将一些干部后备资源动态地收录库中，一旦哪个岗位空缺，进入人才库的人员将在公开竞聘中得到优先选择的机会。

届满要轮换对于任期届满的干部，企业有计划地组织岗位轮换。一方面，干部面对全新的工作环境、工作内容和要求，会产生一种新鲜感和应付挑战的亢奋，从而提高工作积极性，以防止干部长期任职于某部门而思路僵化，缺乏创造力与活力；另一方面，轮岗制对年轻干部还可增加锻炼机会，利于他们全面熟悉业务，取得不同岗位的工作经验，迅速成长为业务技术骨干，为企业发展蓄存更多的人力资源。

末位要淘汰就是在一定的时间和范围内，必须有百分之几的人员被淘汰，这在某种意义上说很残酷，但对企业长远发展很有好处。在海尔，无“没有功劳也有苦劳”的说法，无功便是过。可以说，在一定时期一定范围内，按一定比例实行定额淘汰，是海尔内部以竞争保持活力的一大法宝。海尔集团总裁杨绵绵说：“在海尔，没有吹吹拍拍、拉势力范围、搞小圈子的现象。管事凭效果，管人凭考核。大家瞄准一个方向，共同努力，产生的合力就非常大。”

海尔的严格管理在我国企业中是有名的。在严格管理中，工作报酬与绩效考核挂钩，用物质利益激发员工的工作动机。引导员工对工作发生兴趣，实现自我发展。

但海尔不仅有严格管理的一面，还有追求员工自我管理、自觉状态的一面，注意在精神激励上下工夫。主要做法是：让员工在各自的领域真正处于主导地位；尊重人的价值，提高人的素质，发挥人的主观能动性，力求使每个员工的聪明才智都有用武之地，使他们各得其所，各尽所能，而且是处于自觉的状态中。达到比严格管理更高一层的境界，其实质还是在于充分发挥工作兴趣这一内在动机在人的心理和行为中的积极作用。

一般来说，员工工作兴趣的激发与培养依赖于以下一些因素：

岗位安排：岗位与人的相互匹配有利于员工提高工作兴趣。

目标设置：目标的具体性、挑战性和个人价值性影响人的工作兴趣、水平。目标设置应当遵循具体、难度适中、具有个人价值、可以被个人接受的原则。

激励机制：工作的过程既是实现组织和团体目标的过程，也是实现个人目标的过程，组织目标与员工目标应该成为命运的统一体。

工作设计：工作设计是否得当对激发员工工作兴趣有重要影响。工作丰富化和工作扩大化对提高工作兴趣具有一定的促进作用。

教育培训：人们对世界的探求和对自我发展的追求是工作兴趣的主要来源，教育培训有利于满足人们的这种需求，而且教育培训也有利于员工更好地适应岗位工作的变化，同时利于保持和提高员工和组织在发展目标上的一致性。

问题：

1. 运用管理学的激励理论分析海尔的岗位激励制度原理。

2. 运用内容型激励理论分析员工工作兴趣的激发与培养对员工与企业发展的好处。

【管理实践练习 1】

设计激励方案[①]

组成3人一个小组，假设你们是一个中等规模的拥有20家干洗连锁店的合伙人。你们正在开会商讨最近显示出来的客户服务问题。当你们中的任何人在一家商店待上一整天或部分时间，员工们看起来提供了很好的客户服务，去污者确确实实将衣服上的斑点去掉了，熨衣工对诸如丝绸的宽松的上衣这样难熨的东西也做得很好。然而，就在这些访问中，有客户抱怨，在以前的干洗过的衣服上，污迹没有被去除，衣物熨烫得不好。事实上，好多顾客将他们的衣物带来重新加工，客户们有时也抱怨等待时间太长。今天你们开会处理这个问题。

问题：

1. 请你们讨论分析在你们的商店里是否存在激励问题。

2. 结合在本章所学的知识，设计提高店员激励水平的计划，使员工即使在没有人监督的情况下，也能对客户提供迅速、及时、优质的服务。

【管理实践练习 2】

1. 分析你的父母是采用什么激励政策对你的学习进行激励的？是否有效？为什么？

2. 所有的激励理论中你认为存在什么相似之处？每种激励理论的研究有什么特殊的贡献？

3. 分析一下你希望毕业之后从事什么工作？这份工作有哪些结果对你具有很强的吸引力？你希望获得什么成就？你会为自己主动设定目标吗？你会选择谁作为工作中的参照对象？如果在这个岗位上工作一年之后，你觉得自己遭受了报酬过低的不公平待遇，那么你将会怎么办？

4. 3～4位同学一组，讨论一下在学校的管理中或在你工作中可采用何种激励方法？其理论依据是什么？为什么你认为是有效的？

【复习思考题】

1. 什么是激励？管理工作中应该如何运用激励？
2. 需求、动机、行为之间有什么关系？
3. 什么是内容型激励理论？什么是过程型激励理论？两者有何不同？
4. 需求理论和双因素理论的主要观点各是什么？
5. 期望理论、公平理论和强化理论的主要观点是什么？
6. 如何在管理中有效地应用激励方法？

---

① 加雷思·琼斯等：《当代管理学》，人民邮电出版社2003年版，第242页。

第五篇

控 制 与 创 新

第十一章

控　　制

组织的一切活动都是为了实现组织的目标，目标明确并分解落实后，管理者怎么才能知道组织各部门和各成员的工作是否有助于实现组织目标呢？这就需要有效地控制工作。

【本章要点】

1. 控制的本质
2. 控制的原理和要求
3. 控制的基本程序
4. 控制的技术和方法

【案例 11.1】

如何实施控制

一年来，某公司全体员工在李总的领导下，不计辛苦地工作，公司取得了骄人的业绩。但到了年终，李总发现伴随着公司业务的平稳增长，公司行政部门电话费快速上升，与公司业务发展需要明显不符。李总就公司电话费如何控制，责成公司办公室王主任拿出具体管理办法，采取有效措施堵塞管理漏洞。而接到命令的王主任即为此事犯难，"公司各部门电话公事私事都好用早已成惯例，现在公司经营情况良好，要严格控制电话的使用，是否必要？更何况公司历来没有各部门电话费的使用管理标准，如何制定才合理？有了标准，是否会影响公司今后业务的正常开展……"

问题：

1. 你认为公司是否应进行电话费的控制？
2. 你认为采用什么控制方法会比较有效？

第一节　控制的基础

一、控制的含义

自从1948年美国数学家、生物学家、通讯工程师诺伯特·维纳(Norbert Wiener,1894—1964)发表了著名的《控制论》(*Cybernetics*)一书以来,控制论的思想和方法已经渗透到了几乎所有的自然科学和社会科学领域。维纳把控制论看做是一门研究机器、生命和社会中控制和通讯的一般规律的科学,更具体地说,是研究动态系统在变化的环境下如何保持平衡状态或稳定状态的科学。在控制论中,"控制"的定义是:为了改善某个或某些受控对象的功能或发展,需要获得并使用信息,以这种信息为基础而选出的、加于该对象上的作用。由此可见,控制的基础是信息,任何控制都有赖于信息的反馈来实现。信息反馈是控制论中的一个极其重要的概念。

控制(Control)是指管理者按计划、目标,制定管理标准,并对组织运行过程和结果进行检查,找出差异,分析原因,采取措施,及时纠正偏差,保证组织目标的实现。为了确保组织的目标以及为此而拟订的计划能够实现,各级主管人员根据事先确定的标准或因发展需要而重新拟订的标准,对下级的工作进行衡量和测评,并在出现偏差时进行纠正,以防止偏差继续发展或今后再度发生;或者,根据组织内外环境的变化和组织发展的需要,在计划的执行过程中,对原计划进行修订或制定新的计划,并调整整个管理工作的过程。由此可见,控制的结果可能有两种:一是纠正实际工作与原有计划及标准的偏差,二是纠正组织已经确定的目标及计划与变化了的内外环境的偏差。

在管理工作中,控制与管理的其他职能如计划、组织和领导等是密不可分的,是各个层次管理部门的主要职能,特别是每一位负责计划执行的主管的主要职责。有些组织的主管人员常常忽略了这一点,认为实施控制主要是上层和中层管理人员的职能,基层部门的控制就不大需要了。其实各层主管人员只是所负责的控制范围各不相同,但各个层次的主管都负有执行计划实施控制的职责。

二、控制工作的重要性

控制工作的重要性可以从两个方面来理解:

一方面,任何组织、任何活动都需要控制。这是因为即便是在组织制定计划时,进行了全面的、细致的预测,考虑了各种实现目标的有利条件和影响因素,但由于环境条件是变化的,计划制定者受其本身的素质、知识、经验和技巧的限制,预测不可能完全准确,制定的计划在执行中可能会出现偏差,还会发生未曾预料到的情况。这时,控制工作就起了执行和完成计划的保障作用,以及在管理控制中产生新的计划、新的目标和新的控制标准的作用。

另一方面,控制工作的重要性还表现在它在管理的基本职能中所处的地位及其相互关系。控制工作通过纠正偏差的行动与其他几个管理职能紧密地结合在一起,使管理过程形成一个相对封闭的系统。在这个系统中,计划职能选择和确定组织的目标、战略、政策和方案以及实现它们的程序，然后通过组织、领导等职能去实现这些计划目标。为了保证计划目标的有效实现，就必须在计划实施的不同阶段，根据由计划产生的控制标准，检查计划的执行情况。这就是说，虽然计划工作必须先于控制活动，但其目标是不会自动实现的。一旦计划付诸实施，控制活动就必须穿插其中进行。它对于衡量计划的执行进度，乃至发现并纠正计划执行中的偏差都是非常必要的。同时，要进行有效的控制，还必须有组织保障，必须给予活动正确的指导和领导。所以说，控制工作存在于管理活动的全过程中，它不仅可以维持其他管理职能的正常活动，而且在必要时，还可以采取纠正偏差的行动来改变其他管理职能的活动。

【案例 11.2】

曲突徙薪

有位客人到某人家里做客，看见主人家的灶上烟囱是直的，旁边又有很多木材。客人告诉主人说，烟囱要改曲，木材须移去，否则将来可能会有火灾，主人听了没有做任何表示。不久主人家里果然失火，四周的邻居赶紧跑来救火，最后火被扑灭了，于是主人烹羊宰牛，宴请四邻，以酬谢他们救火的功劳，但是并没有请当初建议他将木材移走、烟囱改曲的人。有人对主人说："如果当初听了那位先生的话，今天也不用准备筵席，而且没有火灾的损失，现在论功行赏，原先给你建议的人没有被感恩，而救火的人却是座上客，真是很奇怪的事呢！"

主人顿时省悟，赶紧去邀请当初给予建议的那个客人来吃酒。

问题：

请你结合上述故事分析控制的重要性，分析不同阶段控制的重要程度。

三、控制的内容

控制的内容也就是控制的对象。美国著名管理学家斯蒂芬·罗宾斯将控制的内容归纳为组织对人员、财务、作业、信息和总体绩效等五个方面的控制。

（一）对人员的控制

组织目标的实现是通过人来完成的，管理者需要通过组织其他成员的工作来实现目标。因此，管理者要使员工按照期望的方式去工作是非常重要的。为了做到这一点，就必须对人员进行控制。常用的人员控制的方法有直接巡视和评估员工的表现。直接巡视就是在日常工作中，管理者通过观察员工的工作并纠正出现的问题。评估员工的表现就是对员工的工作绩效进行鉴定，对绩效好的予以奖励，使其维持或加强良好表现；对绩效差达不到标准的，管理者就应该采取措施纠正出现的偏差，并根据偏差的程度予以不同的处分。

（二）对财务的控制

为保证企业获取利润，维持企业的正常运作，必须要进行财务控制。财务控制主要包括审核各期的财务报表，以保证合理的现金流通，保证债务负担恰当，保证各项资产都得到有效的利用，保证各项费用开支的合理等等。预算是最常用的财务控制方法，它能为管理者提供一个比较与衡量支出的定量标准，并据此能够指出标准与实际开支之间的偏差。

（三）对作业的控制

作业是指从劳动力、原辅材料等资源到最终产品和服务的转换过程。组织中的作业质量从根本上决定了组织向社会所提供的产品和服务的质量，而作业控制就是通过对作业过程的控制，来评价并提高作业的效率和效果，从而提高组织提供的产品和服务的质量。组织中常见的作业控制有：采购控制、生产控制、质量控制和库存控制等。

（四）对信息的控制

随着人类步入信息社会，信息在组织中的地位越来越高，不精确的、不完整的、不及时的信息会大大降低组织效率。因此，在现代组织中对信息的控制显得尤为重要。对信息的控制就是要建立一个管理信息系统，使它能及时地为管理者提供充分、可靠的信息。

（五）对组织绩效的控制

组织绩效是组织高层管理者的控制对象，组织目标的实现与否都从这里反映出来。无论是组织内部的人员，还是组织外部的人员和组织，如证券分析家、潜在的投资者、资金供应者、资源供应商以及政府部门都十分关注组织的绩效。要有效实施对组织绩效的控制，关键在于科学地评价、衡量组织的绩效。一个组织的整体发展效果很难用一个指标来衡量，生产率、产量、市场占有率、员工福利、组织的成长性等都可能成为衡量指标，关键是看组织的目标取向，即要根据组织完成目标的实际情况并按照目标所设置的标准来衡量组织绩效。

四、控制的类型

按控制时点不同分类，控制可分为事前控制、实时控制和事后控制。

（一）事前控制

事前控制也可称为“前馈控制”，是指在执行计划之前预先规定计划执行过程中应遵守的规则和规范等，规定每一项工作的标准，并建立偏差显示系统，使人们在工作之前就已经知道如何做。这是一种面向未来的控制，而不是等事件发生后再进行控制。这类控制建立在预测的基础上，尽可能在偏差发生之前将其觉察出来，并及时采取防范措施。事前控制强调“防患于未然”。事前控制的重点是预先对组织的人、财、物、信息等合理地配置，使它们符合预期的标准，从而保证计划的实现。如成本控制中的标准成本法、预算控制、管理部门制定的规章制度、政策和程序等，都属于事前控制；又比如，企业在需求高峰来临之前，已添置机器设备，安排人员，加大工业生产量，以防供不应求；公司在预计到产品需求量下跌之前就开始准备开发新产品上市；等等。

（二）实时控制

实时控制也称“现时控制”，是指计划执行过程中所实施的控制，即通过对计划执行过程的直接检查和监督，随时检查和纠正实际与计划的偏差。其目的就是要保证本次活动尽可能地少发生偏差，改进本次而非下一次活动的质量。这是一种主要为基层主管人员所采用的控制方法，主管人员通过深入现场亲自监督、检查、指导和控制下属人员的活动。实时控制通常包括两项职能：一是技术性指导，即对下属的工作方法和程序等进行指导；二是监督，确保下属完成任务。在进行实时控制时，主管人员要避免单凭主观意志开展工作，要“亲自去视察”，因为有效的管理者都知道亲自视察所得的信息是惟一可靠的反馈信息，光听汇报是不够的。

（三）事后控制

事后控制也可称“反馈控制”，是指从已经执行的计划或已经发生的事件中获得信息，运用这些信息来评价、指导和纠正今后的活动，反馈控制是一种最主要也是最传统的控制方式。它的控制作用发生在行动作用之后，其特点是把注意力集中在行动的结果上，并以此作为改进下次行动的依据。其目的并非要改进本次行动，而是力求能“吃一堑，长一智”，改进下一次行动的质量。反馈控制的对象可以是行动的最终结果，如企业的产量、销售额、利润等等；也可以是行动过程中的中间结果，如新产品样机、工序质量、产品库存等等。在组织中使用反馈控制的例子很多，如产成品的质检、人事的考评、对各类财务报表的分析等等。这类控制对组织营运水平的提高发挥着很大的作用。但反馈控制最大的弊端就是它只能在事后发挥作用，对已经发生的对组织可能的危害却无能为力，它的作用类似于“亡羊补牢”。而且在反馈控制中，偏差发生和发现并得到纠正之间有较长一段时滞，这必然对偏差纠正的效果产生很大的影响。

传统管理主要关注实时控制和事后控制，忽视事前控制。现代管理更为关注事前控制，在注重事前控制的基础上，实行全方位的控制。优秀的管理者，应能防患于未然之前，更胜于治乱于已成之后，由此观之，企业问题的预防者，其实是优于企业问题的解决者的。

【案例 11.3】

扁鹊的医术

魏文王问名医扁鹊说：“你们家兄弟三人，都精于医术，到底哪一位最好呢？”扁鹊答说：“长兄最好，中兄次之，我最差。”文王再问：“那么为什么你最出名呢？”扁鹊答说：“我长兄治病，是治病于病情发作之前。由于一般人不知道他事先能铲除病因，所以他的名气无法传出去，只有我们家的人才知道。我中兄治病，是治病于病情初起之时。一般人以为他只能治轻微的小病，所以他的名气只及于本乡里。而我扁鹊治病，是治病于病情严重之时。一般人都看到我在经脉上穿针管来放血、在皮肤上敷药等大手术，所以以为我的医术高明，名气因此响遍全国。”文王说：“你说得好极了。”

问题：

你从这则故事中得到什么启示？

第二节 控制的原理和要求

一、控制工作的原理

要使控制工作发挥应有的作用，在建立控制系统或进行控制活动时应遵循以下几个原理：

（一）未来导向原理

未来导向原理是指控制工作应当着眼未来，而不是只有当出现了偏差才进行控制。由于在整个控制系统中存在着时滞，所以一个控制系统越是以前馈而不是以简单的信息反馈为基础，则管理人员越是能够有效地预防偏差或及时采取措施纠正偏差。也就是说，控制应该是向前的，这才合乎理想。实际上这条原理往往被忽视。主要原因是现有的管理工作水平不太容易实现前馈控制方法，管理人员一般仍依赖历史数据。但时滞问题促使我们要投入更大的精力来从事面向未来的控制，这对现代管理工作上水平、提高有效性是非常重要的。

（二）反映计划原理

反映计划原理是指计划越明确、完善和综合化，则控制越能用来体现这类计划，控制也越能有效地为管理的需要服务。每一项计划每一项工作都各有其特点。所以，为实现每一项计划每一项工作所设计的控制系统和所进行的控制工作，尽管基本过程是相似的，但在确定什么标准、控制哪些关键点、搜集什么信息、采用何种方法评定绩效、由谁来控制和采取纠正措施等方面，都必须按不同计划的特殊要求和具体情况来设计。因为控制的任务是保证计划能按预期的目的执行，所以一个控制系统就不能在没有计划的情况下设计，而且设计还要反映计划的要求。

（三）组织适宜性原理

组织适宜性原理是指一个组织的结构如果是明确的，则控制就能很好地反映出组织结构中哪个部门或人员应对采取措施承担责任，也就能及时地纠正偏差。因为计划是由人来执行的，所以一旦出现偏差就必须由相应的管理人员来负责，而这些管理人员的职责正是通过组织机构而被授权的。因此，控制工作除了要能及时地发现执行过程中发生偏差的情况外，还必须知道发生偏差的责任和采取纠正措施的责任应由谁来承担，这需要由相应的组织机构的设计来完成。

（四）关键点控制原理

关键点控制原理是指管理人员选择计划的关键点来作为控制的标准可以使控制更为有效。因为人的精力是有限的，控制的费用也是有限的，所以管理人员没有必要考查计划执行的每个细节，他们只需注意那些对计划的执行起到举足轻重作用的关键性问题或因素，并能够以此来掌握任何一个偏离了计划的重要偏差，而不必事事留意。管理人员如何选择关键点也体现了个人的管理艺术和水平。

（五）例外原理

例外原理是指管理人员的控制应当顾及例外情况的发生，不至于面临重大的偏差而不知所措。也就是说，管理人员应把主要注意力集中在那些出现了特别好或特别坏的情况上。这一点常常同关键点控制原理混淆起来。其实，关键点控制原理是强调控制应当重视一些关键点，而例外原理是强调必须留意在这些关键点上偏差的规模。如果把两者很好地结合起来就可以使控制工作既有好的效果，又有高的效率。

（六）直接控制原理

直接控制原理是指管理人员及其下属的素质越高，就越不需要进行间接控制。直接控制是相对于间接控制而言的，它是通过提高管理人员的素质来进行控制工作的。直接控制的指导思想认为：合格的管理人员出的差错最少。他能觉察到正在形成的问题，并能及时地采取纠正措施。所谓“合格”，就是指他们能熟练地运用管理的概念、原理和技术，能以系统的观点来进行管理工作。

直接控制方法的合理性是以下列四个较为可靠的假设为依据的：(1)合格的管理人员所犯的错误最少；(2)管理工作的成效是可以计量的；(3)在计量管理工作成效时，管理的概念、原理和方法是一些有用的判断标准；(4)管理基本原理的应用情况是可以评价的。

【案例 11.4】

失控的征兆

阿格斯(Argos)管理公司的总裁大卫·法拉瑞(David Frarey)认为,许多企业已陷入困境,但其高层经理人竟毫无所知。这些征兆为:

自信自满:他们相信自己做的每一件事都是对的,并且认为他们不可能犯错。

责人不责己:即使他们肯承认遇到了麻烦,他们也只会责怪除了自己以外的每一个人及每一件事。

不敢面对问题:做些"忙碌的工作",比起解决复杂的事情要容易多了。

沉醉在过去:在要判断或改变目前的事务时,总是说:"我们一向都是那样做的。"

盲目的乐观:拒绝相信不好的数据,只相信对他们有益的事。

不能同甘共苦:对自身的花费很大方,期望他人过着简单的生活,而不愿与之同甘共苦。

孤立:事情已经失去控制时,不愿给予其他人(如部下、长官、外人等)警告信号,也不要求高层主管告诉他们。

管理一家企业,应随时用心,注意细微之处,一叶知秋;如果对失控的征兆毫无警觉,则企业崩溃将是迟早的事。

问题:

1. 为什么出现上述现象是一个企业失控的症状?
2. 企业在运行过程中失控会导致什么结果?
3. 你认为企业应如何有效地控制?

二、有效控制的要求

要使控制工作发挥作用,取得预期的成效,具体应用上述几个原理时,要注意满足以下几个要求。

(一)控制的客观性

控制应该客观,这是对控制工作的基本要求。在对工作绩效进行评价时,管理人员比较容易介入主观因素。这可能来自两种心理方面的作用,一种是"晕轮效应",即以点带面,把人的行为的某一点覆盖于人的全部行为之上;另一种是"优先效应",即把第一印象看得很重要,先入为主以至于影响今后的评价。管理人员应严防上述两种心理效应在评价工作中的出现,因为如果没有对绩效的客观的评价或衡量,就不可能有正确的控制。

保证控制客观性的最有效的办法就是建立客观的、准确的和适当的标准。这种标准可以是定量的,也可以是定性的,但不论形式怎样,标准必须合理,高低适度,能够达到,而且应该是可以测定和可以考核的。

(二)控制的灵活性

控制系统应该具有足够的灵活性以适应各种不利的变化,或利用各种新的机会。面对已更改的计划,或者出现了未预料到的情况,控制职能仍应能发挥作用。况且,几乎没有处于极稳定的环境而不需要适应性的组织,任何组织都需要随时间和条件的变化而调整其控制方式。

（三）控制的经济性

控制是一项需要投入人力、物力、财力的事情，从经济的角度看必须是合理的，如果控制所付出的代价比得到的好处要大，那么就失去了意义。任何控制系统产生的效益都必须与其投入的成本进行比较。为了使成本最少，管理人员应该尝试使用能产生期望结果的最少量的控制。这个要求看起来简单，但做起来比较复杂。因为一个管理人员有时很难确定某个控制系统究竟能带来多少效益，也难以计算其费用到底是多少，是否经济也是相对的，因为控制的效益随业务活动的重要性和规模的大小而不同。在实际工作中，我们应尽可能有选择地进行控制，精心选择控制点；另外，尽可能改进控制方法和手段以降低消耗提高效益。

（四）控制的可操作性

控制必须适合各个主管人员，一个不容易理解的控制是没有价值的。人们对不能理解的，就不会信任；而对不信任的，就不会去操作或使用。不同的主管人员适合或者擅长不同的控制技术。即使是很聪明的管理人员，也可能被专家的某些复杂技术难倒。这方面的专家一定不会对别人炫耀自己如何内行，而是宁愿去设计一种让人们容易理解、容易掌握的方法或系统。如果从一个相当粗糙的系统中能够获得80%的效益，那么这个系统远比一个虽然完善但难以使用而得不到任何好处的系统更有价值。

（五）控制的及时性

控制时机的选择十分重要。较好的控制必须能及时发现偏差，及时提供信息，使管理人员能迅速采取措施加以更正。再好的信息如果过时了，也将是毫无用处的，而且往往会造成不可弥补的损失。时滞现象是反馈控制的一个难以克服的困难。虽然检查实施结果、将结果同标准比较到找出偏差，可能还会花费很长的时间，但分析偏差产生的原因，提出纠正偏差的具体办法也许旷日持久，当真正采取这些办法去纠正偏差时，实际情况可能有了很大变化。解决这一问题的最好办法是采取预防性控制措施。一个真正有效的控制系统应该能预测未来，及时发现可能出现的偏差，预先采取措施，调整计划，而不是等问题真的出现了再去解决。

（六）控制的全局性

在组织结构中，各个部门及成员都在为实现其各自的或局部的目标而活动。许多管理人员在进行控制工作时，往往从本部门的利益出发，只求能正确实现自己局部的目标而忽视了组织总目标的实现。其实，组织的总目标是要靠各部门及全体成员协调一致的活动才能实现的。因此对一个合格的管理人员来说，在进行控制工作时，不能没有全局观点，要从整体利益出发来实施控制，将各个局部的目标协调一致。

（七）控制的重点

管理人员不可能控制组织中的每一件事情，即使能这样做，也将是得不偿失。因此，管理人员应该控制那些对组织行为有战略性影响的因素。控制应该包括组织中关键性的活动、作业和事件。也就是说，控制的重点应放在容易出现偏差的地方，或者放在偏差造成的危害很大的地方，而不是眉毛胡子一把抓。

（八）控制的纠正措施

有效的控制不仅可以指出偏差，而且应能揭示哪些环节发生了偏差，应由谁负责，并能建议如何纠正这种偏差。也就是说，它应该在指出问题的同时给出解决问题的办法，确保能采取适当的纠正措施，否则这个系统就等于名存实亡。只有通过适当的计划工作、组织工作、人事工作和领导工作来纠正偏差，才能证明该控制系统是有效的。

【案例 11.5】

纠正措施

有三个有关控制的故事。

故事一：一个人发现锅子漏水，于是去找补锅匠修理。补锅匠找到渗水处，一锤敲下去，锅子主人见了大惊失色，骂道："锅子洞越补越大！"补锅匠说："漏洞不够大，就看不到，也修不了！"

故事二：人被箭射中，去见庸医，此庸医乃锯下外面看得见的箭杆，箭头则留在体内。

故事三：有一天动物园管理员们发现袋鼠从笼子里跑出来了，于是开会讨论，一致认为是笼子的高度过低。所以它们决定将笼子的高度由原来的 10 米加高到 20 米。结果第二天他们发现袋鼠还是跑到外面来，所以他们又决定再将高度加到 30 米。想不到隔天居然又看到袋鼠全跑在外面，于是管理员们大为紧张，决定一不做二不休，将笼子的高度加到 100 米。一天，长颈鹿和几只袋鼠们在闲聊。"你们看，这些人会不会再继续加高你们的笼子？"长颈鹿问。"很难说，"袋鼠说，"如果他们再继续忘记关门的话！"①

问题：

这三种纠正方法有什么不同之处，请你评述。

第三节 控制的程序

控制的对象一般都是针对人员、财务、作业、信息及组织的总体绩效。无论哪种控制对象，其所采用的控制技术和控制系统实质上都是相同的。控制的基本程序一般包括三个步骤：一是确定标准；二是衡量绩效；三是采取措施，纠正偏差。

一、确定标准

标准必须从计划中产生，计划必须先于控制。换言之，计划是管理人员设计控制工作和进行控制工作的准绳，所以控制工作的第一步总是制定标准。所谓标准，就是衡量实际工作绩效的尺度，它们是从整个计划方案中选出的，可以给管理者一个信号，使其不必过问计划执行过程中的每一个具体步骤，就可以了解工作的进展情况。

然而，由于不同的企业和不同的部门的特殊性，有待衡量的产品与服务种类繁多，有待执行的计划方案也数不胜数，所以不存在可供所有管理人员使用的统一标准。但是所有的管理人员必须使他们的控制标准与其控制工作的需要相一致。

对管理人员来说，选择关键性控制点的能力是一项艺术。因为有效的控制取决于控制

① 资料来源：http://www.zhouyunhai.com。

点的合理确定。这些控制点有的是一些限制性的因素，有的是一些非常有利的因素，这些因素会影响到将来整个组织的业绩。为此，管理人员在确定标准时应当自问：可以最佳地反映本部门目标的是什么？当没有符合这些目标时，可以清楚地反映情况的是什么？能最好地衡量控制点偏差的是什么？应该由谁对哪些失误负责？哪些标准最省钱？经济适用的信息的标准是什么？

计划方案的每个目标，这些方案所包括的每项活动、每项政策、每项规程以及每项预算，都可以成为衡量实际业绩或预期业绩的标准。但实际上，标准大致有以下几种：

1. 实物标准。这是一类非货币衡量标准，通常用于耗用原材料、雇佣劳动力、提供产品及服务等基层单位。如单位产量工时和所耗用的燃料数、单位设备台时产量、每日门诊的病人数、单位产品原材料消耗等。标准也可以反映品质，诸如材料的硬度、公差的精密度、飞机的爬升高度、产品某成分的含量等。

2. 资本标准。是用货币单位来衡量实物项目而形成的，是成本标准的变种。这些标准与企业的投入资本有关。对于新的投资和综合控制而言，使用最广泛的标准是投资回报率。另外如资产负债比率、债务与资本净值比率、现金及应收账款、应付账款的比率等。

3. 成本标准。是货币衡量标准，与实物标准一样通用于企业基层管理单位。这类标准是把货币值加到经营活动的成本之中。例如，单位产品的直接成本和间接成本、单位产品或单位时间的人工成本、单位产品的原材料成本、单位面积的土地使用成本等。

4. 收益标准。把货币值用于销售量即为收益标准。例如，公共汽车乘客每公里的收入、每名顾客的平均购货额、在某市场范围内的人均销售额等。

5. 计划标准。为进行控制有时会安排管理人员编制一个可变动预算方案，或者一个准备实施的新产品开发计划，或提高销售人员素质的计划。在评估计划的执行情况时，虽然难免会运用一些主观判断，但也还可以运用计划中规定的时间安排和其他因素作为客观的判断标准。

6. 无形标准。也就是既不能以实物又不能以货币来衡量的标准。管理人员经常遇到这样的难题：能用什么标准来测定公司人事部主管的才干？能用什么标准来确定广告计划是否符合长期目标？办公室的职员是否机灵？等等。对于这类问题，要确定既明确定量又明确定性的标准是非常困难的。任何一个组织当中都存在着许多无形标准，这是因为对于一些工作的预期成果还缺乏具体的研究。在工作业绩涉及人际关系尤其是在上层机构中，很难衡量何谓“良好”、“有效果”或“有效率”。虽然心理学家和社会学家提出了测试、调查和抽样方法，使判断人的行为与动机已有可能，但对于人际关系的许多管理控制却仍要以一些无形标准、主观判断、反复试验，有时甚至是以纯粹的直觉为依据。

7. 以指标为标准。一些管理出色的企业往往要在每一层次的管理部门建立可考核的定性指标或定量指标，无形标准尽管也很重要，但人们正日益减少通过这些指标来进行复杂的计划工作或衡量管理人员的业绩。定量指标一般采取上文讨论过的各类标准。而定性指标的规定意味着标准领域内的一个大发展，尽管它不能像定量指标那样准确地考核，但可以用详细的说明计划或一些具体目标的特征和完成日期来增强其可操作性。

在实际工作中，不管采用哪种类型的标准，都需要按照控制对象的特点来决定。

【案例 11.6】

WP 啤酒公司销售控制

20 世纪 90 年代中期，WP 啤酒公司产品在江洲市场的销售量达到了历史最好水平，市场占有率为 40%。就在销售形势非常喜人的时候，面临销售旺季到来的市场，竞争对手采取非法手段，用重金收买 WP 啤酒公司江洲市场客户，私下租用仓库，将公司发往江洲市场的产品库存在仓库中，而以自己企业的产品逐渐渗入江洲市场。1 个多月的时间，WP 啤酒公司对江洲市场销售状况和销售网络的变化没有作出敏锐的反应，而竞争对手依靠对 WP 啤酒公司销售网络的有效瓦解，以同等质量的产品和良好的销售服务，在当年取代 WP 啤酒公司成为江洲啤酒市场的领导者。

分析：

WP 啤酒公司对销售市场的控制存在什么问题？

二、衡量绩效

衡量绩效其实也是控制当中信息的反馈过程。在确定了标准以后，为了确定实际工作的绩效究竟如何，管理人员首先需要搜集必要的信息，考虑如何衡量和衡量什么。这样，一方面可以反映出计划的执行过程，使管理人员了解到哪些员工的绩效显著，以便对其奖励；另一方面，还可使管理人员及时发现那些已经发生或预期将要发生的偏差。

（一）如何衡量

有四种信息常常被管理人员用来衡量绩效，它们是：个人观察、统计报告、口头汇报和书面报告。这些信息分别有其长处和缺点。但是，将它们结合起来，可以大大丰富信息的来源并提高信息的准确度。

个人观察提供了关于实际工作的最直接和最深入的第一手资料。这种观察可以包括非常广泛的内容，因为任何实际工作的过程总是可以观察到的。个人观察的显著优势是可以获得面部表情、声音语调以及怠慢情绪等等，它是常常被忽视的信息。

计算机的广泛应用使统计报告的制作日益方便。这种报告不仅有计算机输出的文字，还包括许多图形、图表，并且能按管理人员的要求列出各种数据。尽管统计数据可以清楚有效地显示各种数据之间的关系，但它们对实际工作提供的信息是有限的。统计报告只能提供一些关键的数据，它忽视了其他许多重要因素。

信息也可以通过口头汇报的形式来获得，如会议、一对一的谈话或电话交谈等。这种方式的优缺点与个人观察基本相似。尽管这种信息可能是经过过滤的，但是它快捷、有反馈，同时可以通过语言词汇和身体语言来扩大信息，还可以录制下来，像文字一样能够永久保存。

书面报告与统计报告相比要显得慢一些，与口头报告相比要显得正式一些。这种形式比较精确和全面，且易于分类存档和查找。

这四种形式各有其优缺点，管理人员在控制活动中必须综合使用方能获得较好效果。

（二）衡量什么

衡量什么是比如何衡量更为关键的一个问题。如果错误地选择了标准，将会导致严重的不良后果。衡量什么还将会很大程度上决定组织中的员工追求什么。

有一些控制准则是在任何管理环境中都通用的。比如，营业额或出勤率可以考核员工的基本情况；费用预算可以将管理人员的办公支出控制在一定的范围之内。但是必须承认内容广泛的控制系统中管理人员之间的多样性，所以控制的标准也各有不同。例如，一个制造业工厂的经理可以用每日的产量、单位产品所消耗的工时及资源、顾客退货率等进行衡量；一个政府管理部门的负责人可用每天起草的文件数、每天发布的命令数、电话处理一件事务的平均时间等来衡量；销售经理常常可用市场占有率、每笔合同的销售额、属下的每位销售员拜访的顾客数等来进行衡量。

如果有了恰如其分的标准，以及准确测定下属工作绩效的手段，那么对实际或预期的工作进行评价就比较容易。但是有些工作和活动的结果是难以用数量标准来衡量的。如对大批量生产的产品制定工时标准和质量标准是简单的，但对顾客订制的单件产品评价其执行情况就比较困难了。此外，对管理人员的工作评价要比对普通员工的工作评价困难得多，因为他们的业绩很难用有形的标准来衡量，而他们本身和他们的工作又恰恰非常重要。他们既是计划的制定者，又是计划的执行者和监督者。他们的工作绩效不仅决定着他们个人的前途，而且关系到整个组织的未来，因此不能由于标准难以量化而放松或放弃衡量。有时可以把他们的工作分解成能够用目标去衡量的活动；或者采取一些定性的标准，尽管会带有一些主观局限性，但这总比没有控制标准、没有控制机制要好。

三、采取措施，纠正偏差

控制的最后一个步骤就是根据衡量和分析的结果采取适当的措施。管理人员应该在下列三种控制方式中选择一个：维持现状、纠正偏差、修订标准。当衡量绩效的结果比较令人满意，可采取第一种方案；如果发现偏差，就要分析偏差产生的原因，有时可能是人员不称职或技术设备条件跟不上等造成的，也可能是计划或标准有误造成的，对不同的情况要采取不同的更正行动。在此，重点讨论后两种方案。

（一）纠正偏差

如果偏差是由于绩效不足所产生的，管理人员就应该采取纠正措施。这种措施的具体方式可以是：管理策略的调整、组织结构的完善、及时进行补救、加强人员培训以及进行人事调整等。

管理人员在采取纠正行为之前，首先要决定是应该采取立即纠正行动，还是彻底纠正行动。所谓立即纠正行动是指立即将出现问题的工作矫正到正确的轨道上来；而彻底纠正行动首先要弄清工作中的偏差是如何产生的，为什么会产生，然后从产生偏差的地方开始进行纠正行动。在日常管理工作中，许多管理人员常以没有时间为借口而不采取彻底纠正行动，或者因为采取彻底纠正行动会遇到思想观念、组织结构调整以及人事安排等方面的阻力，而满足于不断的救火式的应急控制。然而事实证明，作为一个有效的管理人员，对偏差进行认真的分析并花一些时间永久性地纠正这些偏差是非常有益的。

（二）修订标准

工作中的偏差也可能来自不合理的标准，也就是说指标定得太高或太低，或者是原有的标准随着时间的推移已不再适应新的情况。在这种情况下，需要调整的是标准而不是工作绩效。

但应当注意的是，在现实生活中，当某个员工或某个部门的实际工作与目标之间的差距非常大时，他们往往首先想到的是责备标准本身。比如，学生会抱怨扣分太严而导致他们的低分；销售人员可能会抱怨定额太高致使他们没有完成销售计划。人们不大愿意承认绩效不足是自己努力不够的结果，作为一名管理人员对此应保持清醒的认识。如果你认为标准是现实的，就应该坚持，并向下属讲明你的观点，否则就应当做出适当的调整。

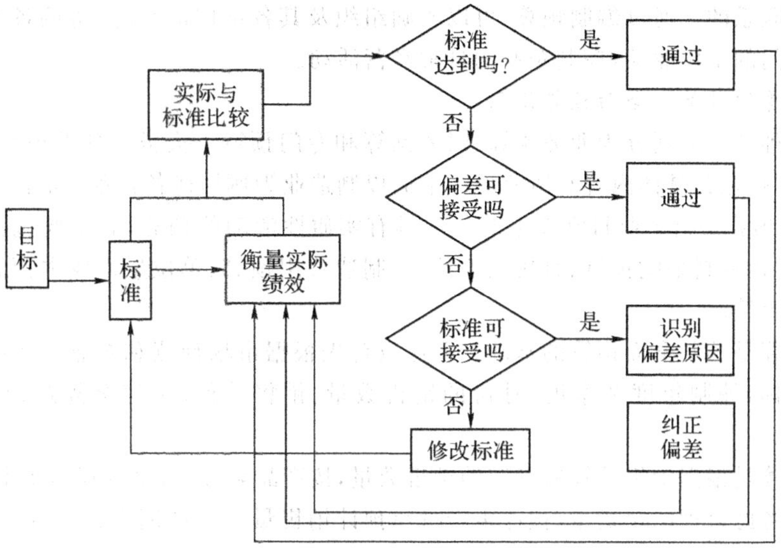

图 11-1 控制过程

图 11-1 总结了控制的过程。控制过程其实可以看做是整个管理系统的一个组成部分，并且是和其他管理职能紧密相联的。管理人员可以运用改变航道的原理重新制订计划或调整目标来纠偏；可以运用组织职能重新委派职务或进一步明确职责来纠偏；也可以通过改善领导方式方法或运用激励政策来纠偏。控制活动与其他管理职能的交叉重叠，说明了在管理人员的职务中各项工作是统一的，说明管理过程是一个完整的系统。

第四节 控制的技术和方法

如何有效地运用控制技术和方法是成功地进行控制的重要保证。控制的技术和方法多种多样。下面我们介绍一些常用的控制技术和方法。

一、预算控制方法

预算(Budget)是政府部门和企业使用最广泛的控制手段。预算就是用数字编制一定时期的计划，也就是用财务数字(如在投资预算和财务预算中)、非财务数字(如在生产预算中)来表明预期的结果，如政府部门通过金额来反映政府财政收支计划，企业通过金额和数量反映企业的各项计划。

一个组织可以有整个组织的预算，也可以建立部门、单位及个人的预算。从预算的时间来说,虽然也可能有月度和季度的预算,但一般来说,财务上的预算多为一年期。另外,虽然预算一般都是指财政上的货币,如收入、支出和投资预算等,但是,有时也有用产品单位数量或时间数量来表示,如直接工时或产量等方面的预算。

预算控制是通过编制预算,然后以编制的预算为基础,来执行和控制企业经营的各项活动,并比较预算与实际的差异,分析差异的原因,然后对差异进行处理。预算的编制与控制过程是密切联系的。通过编制预算,可以明确组织及其各部门的目标,协调各部门的工作,评定各个部门的工作业绩,控制企业的日常经营活动。

(一)预算的种类及全面预算体系

预算的种类一般划分为业务预算、财务预算和专门预算三大类。各类预算还可以进一步细分,不同行业其具体内容有所差异。下面以制造业为例描述各种预算的内容。

1. 业务预算是指企业日常发生的各项具有实质性活动的预算,它主要包括销售预算、生产预算、直接材料采购预算、直接人工预算、制造费用预算、单位生产成本预算、销售及管理费用预算等等。

销售预算是编制全面预算的基础。企业应首先根据市场预测和企业生产能力的情况,确定销售目标,编制年度及季度、月份的销售数量、销售单价、销售金额及销售货款收入情况。

生产预算是根据销售预算所确定的销售数量,按产品名称、数量分别编制生产预算。生产预算必须考虑合理的存货量,预计生产量=预计销售量+预计期末存货量-预计期初存货量。生产预算编制好后,为了保证均衡生产,一般还必须编制生产进度日程表,以便控制生产进度。

直接材料采购预算是根据生产预算所确定的生产量以及各种产品所消耗材料的品种、数量、单价,根据生产进度确定材料采购数量及现金支付情况。

直接人工预算是根据生产所需的工时,确定各种工种总工时和工资率及直接人工成本。

制造费用预算是根据销售量和生产量水平确定各种费用总额,包括制造部门的间接人工费、间接材料费、维修费及厂房折旧费等。

单位生产成本预算是根据直接材料、直接人工及制造费用预算确定单位产品生产成本。

销售及管理费用预算是根据销售预算情况及各种费用项目确定销售及行政管理人员薪金、保险费、折旧费、办公费及交际应酬费等。

2. 财务预算是企业在计划期内反映现金收支、经营成果及财务状况的预算,它主要包括现金预算、预计损益表、预计资产负债表、预计现金流量表。

现金预算是反映计划期内现金收入、现金支出、现金余额及融资情况,通过现金预算反映计划期内企业现金流动的情况,控制现金的收支,做到合理理财。

损益表是由前面编制的预算而编制,反映企业在一定期间的经营成果,并可通过损益表了解企业的盈利能力。

资产负债表反映企业的资产、负债及收益情况,反映企业财务状况及偿债能力。

现金流量表是根据前面所编制的预算编制的,用于反映企业在计划期内资金来源和资金运用及其变化的情况,以及企业理财的情况。

3. 专门预算是指企业不经常发生的、一次性的预算,如资本支出预算、专项拨款预算等。

4. 全面预算体系。

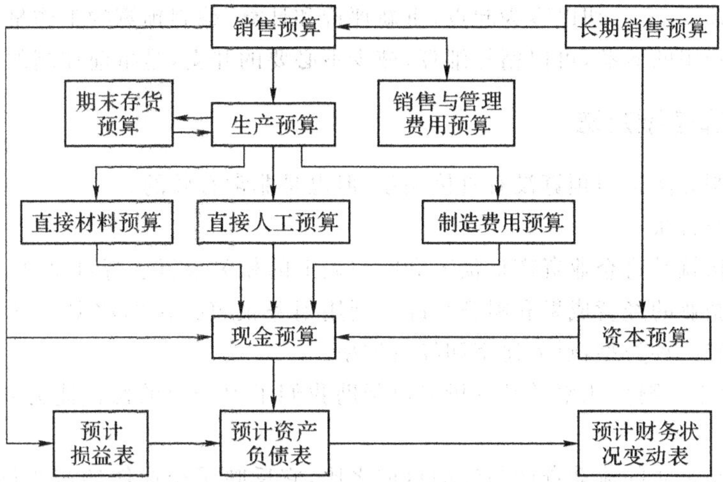

图 11-2 全面预算体系

(二)编制预算的新方法

以上介绍的预算一般以预测的销售量为基础,在一定业务量水平下编制的预算,称为静态预算。但是,企业的环境不断变化,使得企业所预测的销售量比实际的销售量可能更高或更低,原编制的预算就无法使用或适用性差。针对这种情况,可用下面的三种新方法。

1. 弹性预算。弹性预算就是在编制费用预算时,考虑到计划期业务量可能发生的变动,编制一套能适应多种业务量的费用预算,以便分别反映各业务量所对应的费用水平。由于这种预算是随着业务量的变化作机动调整,本身具有弹性,故称为"弹性预算"。

编制弹性预算费用时,把所有的费用分为变动费用和固定费用两部分。固定费用在相关范围内不随业务量变动而变动,变动费用随业务量变动而变动。因此,在编制弹性预算时,只需要按业务量的变动调整费用总额即可,而不需要重新编制整个预算。

2. 滚动预算。滚动预算或称"永续预算",其特点是:预算在其执行中自动延伸,当原预算中有一个季度的预算已经执行了,只剩下三个季度的预算数,就把下一个季度的预算补上,经常保持一年的预算期,或者是每完成一个月的预算,就再增加一个月的预算,使预算期永远保持 12 个月。

编制滚动预算的优点是根据预算执行的情况,可以调整下一个阶段的预算,使预算更加切合实际和可行,并且使预算期保持一年,使企业保持一个稳定的短期目标,以免等预算执行完再编制新的预算。

根据滚动预算的编制原理,企业可以把长远规划和短期目标结合起来,并根据短期目标的完成情况来调整长期规划,使企业的各项活动能够及时反馈,及时发现差异,及时处理。

3. 零基预算。零基预算是以零为基础编制的预算,其原理是:对任何一个预算(计划)期,任何一种费用项目的开支,都不是从原有的基础出发,即根本不考虑各项目基期的费用开支情况,而是一切都以零为基础,从零开始考虑各费用项目的必要性及其预算的规模。

其具体主要做法是:组织下属各部门结合计划期内的目标和任务,提出所需费用项目及具体方案、目的和费用数额;对每一项目方案进行成本—效益分析,对各个费用方案进行评价比较,确定轻重缓急,排出先后顺序;按照所确定的顺序,结合计划期间可动用的资金来源，分配资金，落实预算。

采用零基预算法，一切以零为起点，重新评价和计算，编制预算的工作量非常大，但零基预算考虑每项费用的效益，可以精打细算，减少不必要的开支，是事前控制的一种好方法。

二、非预算控制方法

有许多控制方法虽与预算没有直接关系，但也是非常有效的。

（一）比率分析法

比率分析法就是将企业资产负债表和收益表上的相关项目进行对比，形成一个比率，从中分析和评价企业的经营成果和财务状况。利用财务报表提供的数据，我们可以列出许多比率。常用的有两种类型：财务比率和经营比率。

(1)财务比率。财务比率及其分析可以帮助我们了解企业的偿债能力和盈利能力等财务状况。

流动比率是企业的流动资产与流动负债之比，它反映了企业偿还需要付现的流动债务的能力。一般来说，企业资产的流动性越大，偿债能力就越强；反之，偿债能力则弱，就会影响企业的信誉和短期偿债能力。因此，企业资产应具有足够的流动性。

负债比率是企业总负债与总资产之比，它反映了企业所有者提供的资金与外部债权人提供的资金的比率关系。只要企业全部资金的利润高于借入资金的利息，且外部资金不在根本上威胁企业所有权的行使，企业就可以充分地向债权人借入资金以获取额外的利润。

盈利比率是企业利润与销售额或全部资金等相关因素的比例关系，它们反映了企业在一定时期从事某种经营活动的盈利程度及其变化情况。管理控制中常用的比率有销售利润率和资金利润率。

(2)经营比率。经营比率也称活力比率，是与资源利用有关的几种比例关系。它们反映了企业经营效率的高低和各种资源是否得到了充分利用。常用的经营比率有：

库存周转率，它是销售总额与库存平均价值的比例关系，反映与销售收入相比库存数量是否合理，表明投入库存的流动资金的使用情况。

固定资产周转率，它是指销售总额与固定资产之比，反映单位固定资产能够提供的销售收入，表明企业固定资产的利用程度。

销售收入与销售费用的比率，它表明单位销售费用能够实现的销售收入，在一定程度上反映了企业营销活动的效率。

（二）审计控制

审计是对反映企业资金运动过程及其结果的会计记录及财务报表进行审核、鉴定，以判断其真实性和可靠性，从而为控制和决策提供依据。根据审查主体和内容的不同，审计一般分为三种：外部审计、内部审计和管理审计。

1. 外部审计。外部审计是由外部机构（如会计师事务所）选派的审计人员对企业财务报表及其反映的财务状况进行独立的评估。为了检查财务报表及其反映的资产与负债的账面情况与企业真实情况是否相符，外部审计人员需要抽查企业的基本财务记录，以验证其真实性和准确性，并分析这些记录是否符合公认的会计准则和记账程序。

外部审计实际上是对企业内部虚假、欺骗行为的一个重要而系统的检查，因此起着鼓励诚实的作用：由于知道外部审计不可避免地要进行，企业就会努力避免做那些在审计时可能会被发现的不光彩的事。

2. 内部审计。

内部审计是由企业内部的机构或由财务部门的专职人员独立进行的。内部审计兼有许多外部审计的目的。它不仅要像外部审计那样核实财务报表的真实性和准确性,还要分析企业的财务结构是否合理;不仅要评估财务资源的利用效率,而且要检查和分析企业控制系统的有效性;不仅要检查目前的经营状况,而且要提供改进这种状况的建议。

3. 管理审计。

外部审计主要核对企业财务记录的可靠性和真实性;内部审计在此基础上对企业政策、工作程序与计划的遵循程度进行测定,并提出必要的改进企业控制系统的对策建议;管理审计的对象和范围则更广,它是一种对企业所有管理工作及其绩效进行全面系统的评价和鉴定的方法。管理审计虽然也可组织内部的有关部门进行,但为了保证某些敏感领域得到客观的评价,企业通常聘请外部的专家来进行。

管理审计的方法是利用公开记录的信息,从反映企业管理绩效及其影响因素的若干方面将企业与同行业其他企业或其他行业的著名企业进行比较,以判断企业经营与管理的健康程度。

值得注意的是,管理审计在实践中遇到了许多批评,其中比较重要的意见认为,这种审计过多地评价组织过去的努力和结果,而不致力于预测和指导未来的工作,以至于有些企业在获得了极好评价的管理审计后不久就遭到了严重的财政困难。

尽管如此,管理审计不是在一两个容易测量的活动领域进行比较,而是对整个组织的管理绩效进行评价,因此可以为指导企业在未来改进管理系统的结构、工作程序和结果提供有用的参考。

【案例 11.7】

客户服务质量控制

美国某信用卡公司的卡片分部认识到高质量客户服务是多么重要。客户服务不仅影响公司信誉,也和公司利润息息相关。比如,1 张信用卡每早到客户手中 1 天,公司可获得 33 美分的额外销售收入,这样 1 年下来,公司将有 140 万美元的净利润,及时地将新办理的和更换的信用卡送到客户手中是客户服务质量的一个重要方面,但这远远不够。

决定对客户服务质量进行控制来反映其重要性的想法,最初是由卡片分部的一个地区副总裁凯西·帕克提出来的。她说:"一段时间以来,我们对传统的客户服务的方法不太满意。向管理部门提交的报告有偏差,因为它们很少包括有问题但没有抱怨的客户,或那些只是勉强满意公司服务的客户。"她相信,真正衡量客户服务的标准必须基于和反映持卡人的见解。

这就意味着要对公司控制程序进行彻底检查。第一项工作就是确定用户对公司的期望。对抱怨信件的分析提出了客户服务的 3 个重要特点:及时性、准确性和反应灵敏性。持卡者希望准时收到账单、快速处理地址变动、采取行动解决抱怨。

了解了客户期望,公司质量保证人员开始建立控制客户服务质量的标准。所建立的 180 多个标准反映了诸如申请处理、信用卡发行、账单查询及账户服务费代理等服务项目的可接受的服务质量。这些标准都基于用户所期望的服务的及时性、准确性和反应灵敏性上。同时也考虑了其他一些因素。

除了客户见解，服务质量标准还反映了公司竞争性、能力和一些经济因素。比如：一些标准受组织现行处理能力影响，另一些标准反映了经济上的能力。考虑了每一因素后，适当的标准就成型了，所以开始实施控制服务质量的计划。

计划实施效果很好，比如处理信用卡申请的时间由35天降到15天，更换信用卡从15天降到2天，回答用户查询时间从16天降到10天。这些改进给公司带来的潜在利润是巨大的。例如，办理新卡和更换旧卡节省的时间会给公司带来1750万美元的额外收入。另外，如果用户能及时收到信用卡，他们就不会使用竞争者的卡了。

该质量控制计划潜在的收入和利润对公司还有其他的益处，该计划使整个公司都注重客户期望。各部门都以自己的客户服务记录为骄傲。而且每个雇员为客户服务作出了贡献，使员工士气大增。每个雇员在为客户服务时，都认为自己是公司的一部分，是公司的代表。信用卡部客户服务质量控制计划的成功，使公司其他部门纷纷效仿。无疑，它对该公司的贡献将是非常巨大的。

问题：

1. 公司控制客户服务质量的计划是事前控制、实时控制还是事后控制？

2. 找出该公司对计划进行有效控制的3个因素。

3. 为什么该公司将标准建立在经济可行的水平上，而不是最高可能的水平上？

【案例 11.8】

COSO 报告与内部控制研究[①]

COSO主持的发起组织委员会（The Committee of Sponsoring Organization of the Treadway Commission）是一个通过商业道德、有效的内部控制和公司治理结构以致力于改善财务报告的美国民间组织。COSO形成于1985年。研究导致虚假财务报告的偶发因素，并为上市公司及其独立审计师，为SEC（美国证券交易委员会）和其他监管机构以及教育机构提供建议。该委员会由美国五个主要财务职业协会共同主办：AAA（美国会计学会）、AICPA（美国注册会计师协会）、FEI（财务经理协会）、IIA（内部审计师协会）和NAA（全国会计师协会，现为IMA、管理会计师协会）。它完全独立于各主办组织。代表来自工业、公共会计、投资公司和NYSE（纽约证券交易所）。由于该委员会的第一任主席是James C. Treadway，因此通常称为Treadway委员会。COSO报告在世界范围内为内部控制提供了比较一致的概念解释和评价标准，对提升内部控制研究和运用水准，对增强企业风险防范能力，产生了积极影响。不仅在美国被广泛运用，在世界许多地方也被视为模板。

1992年Treadway委员会经过多年研究，针对公司行政总裁、其他高级执行官、董事、立法部门和监管部门的内部控制进行高度概括，发布《内部控制——整体框架》（*Interna Control-Integrated Framework*）报告，即通称的COSO报告。该报告第一部分是概括；第二部

---

① “COSO报告与内部控制研究”，http://www.chinaacc.com/new/287/297/2006/2.htm。http://www.365u.com.cn。

分是定义框架，完整定义内部控制，描述它的组成部分，为公司管理层、董事会和其他人员提供评价其内部控制系统的规则；第三部分是对外部团体的报告，是为报告编制报表中的内部控制的团体提供指南的补充文件；第四部分是评价工具，提供用以评价内部控制系统的有用材料。

COSO报告提出内部控制是用以促进效率，减少资产损失风险，帮助保证财务报告的可靠性和对法律法规的遵从。COSO报告认为内部控制有如下目标：经营的效率和效果（基本经济目标，包括绩效、利润目标和资源、安全），财务报告的可靠性（与对外公布的财务报表编制相关的，包括中期报告、合并财务报表中选取的数据的可靠性）和符合相应的法律法规。COSO报告指出内部控制本身不是目的，而是实现目标的手段。内部控制的目标是帮助企业奔向经营目标、完成使命和减少经营过程中的风险。

COSO报告提出内部控制由五部分组成：

第一，控制环境（Control environment）。它包括组织人员的诚实、伦理价值和能力；管理层哲学和经营模式；管理层分配权限和责任、组织、发展员工的方式；董事会提供的关注和方向。控制环境影响员工的管理意识，是其他部分的基础。

第二，风险评估（Risk assessment）。是确认和分析实现目标过程中的相关风险，是形成管理何种风险的依据。它随经济、行业、监管和经营条件而不断变化，需建立一套机制来辨认和处理相应的风险。

第三，控制活动（Control activities）。是帮助执行管理指令的政策和程序。它贯穿整个组织、各种层次和功能，包括各种活动如批准、授权、证实、调整、经营绩效评价、资产保护和职责分离等。

第四，信息和交流（Information and communication）。信息系统产生各种报告，包括经营、财务、守规等方面，使得对经营的控制成为可能。处理的信息包括内部生成的数据，也包括可用于经营决策的外部事件、活动、状况的信息和外部报告。所有人员都要理解自己在控制系统中所处的位置，以及相互的关系；必须认真对待控制赋予自己的责任，同时也必须同外部团体如客户、供货商、监管机构和股东进行有效的沟通。

第五，监控（Monitoring）。监控在经营过程中进行，通过对正常的管理和控制活动以及员工执行职责过程中的活动进行监控，来评价系统运作的质量。不同评价的范围和步骤取决于风险的评估和执行中的监控程序的有效性。对于内部控制的缺陷要及时向上级报告，严重的问题要报告到管理层高层和董事会。

这五项控制要素不是内部控制过程中先后顺序上的一道道工序，而是一个多方向交叉的多维的反复的过程。COSO报告突出了内部控制过程中的复杂性和各控制要素之间有机的多维的联系与影响。

COSO报告指出人和环境是推动企业发展的引擎。内部控制是由人来设计和实施的，企业中的每位员工都受内部控制的影响，并通过自身的工作影响着他人的工作和整个内部控制系统。所以，要求所有员工都应清楚他们在企业、在内部控制系统中的位置和角色，并协调一致，才能推进内部控制的有效运转。COSO报告在其内控框架体系中对各层次人员的控制职责作了设计。(1)管理层：CEO最终负责整个控制系统。对大公司，CEO可把权限分配给高级经理，并评价其控制活动，然后，高级经理具体制定控制的程序和人员责任；对小公司，一切可更为直接，由最高经理具体执行。(2)董事会：管理层对董事会负责，由董事会设计治理结构，指导监管的进行。有效的董事会应掌握有效的上下沟通渠道，设立财务、内部审计等职能，防止管理层超越控制，有意歪曲事实来掩盖管理的缺陷。(3)内部审计师：内审对评价控制系统的有效性具有重要作用，对公司的治理结构行使着监管的职能。(4)内部其他人员：明确各自的职责，提供系统所需的信息，实现相应的控制；对经营中出现的问题，对不合法、违规行为有责任与上级沟通。(5)外部人员。公司的外部人员也有助于控制目标的实现，如外部审计可提供客观独立的评价，通过财务报表审计直接向管理阶层提供有用信息；另如法律部门、监管部门、客户、其他往来单位、财务分析师、信用评级公司、新闻媒体等也都有助于内部控制的有效执行。

强调内部控制系统是“内置于”(Built in)企业经营和管理过程中的一项基础设施(Infrastructure)，与管理活动的计划、执行和监控职能交织融合在一起，不是后天添加物(Built on)。同时内控系统应有应对不断变化的客观世界的机制。COSO 报告强调，内部控制实际上只能帮助而并不能保证基本经营目标的实现。因此，内部控制有很多固有的局限因素，如果使用的信息不真实、员工相互串通、甚至小错误都会使它崩溃。

Treadway 委员会于 1999 年 3 月发布《虚假财务报告：1987—1997 美国上市公司的分析》以检查该委员会从 1987 年的研究报告提出的十年间，发布虚假财务报告的公司的数目是否减少及其管理层的特征(研究小组从 1987 年 1 月至 1997 年 12 月《会计与审计公告》(*Accounting and Auditing Releases*)中随意挑选出因违反 1934 年证券交易法 Rule10(b)—5 或 1933 年证券法 Section17(a)而发布虚假财务报告的 195 家上市公司进行研究)，从而了解该委员会的成效并提供改善美国公司财务报告环境的建议基础。通过对研究结果的分析发现，产生虚假财务报告的现象与控制环境有密切的关系，主要涉及高级管理层和董事会。(1)高级管理层：经调查，在 72%案例中的 CEO、43%案例中的 CFO(首席财务官)与虚假财务报告有关，在 83%的案例中单独或同时有 CEO、CFO 与虚假财务报告有关。另外还涉及财务经理、COO(首席经营官)、其他高级副总裁和董事会成员。(2)审计委员会：大多数公司的审计委员会很少开会甚至没有审计委员会。经调查，涉及舞弊的公司的审计委员会一般一年只开一次会，25%的被调查公司没有审计委员会，65%的审计委员会会计工作不称职或没有在主要的会计、财务岗位上的工作经验。(3)董事会：内部人控制现象严重。经调查，60%的董事是内部人或与公司管理层有特殊关系的“灰色”(gray)董事，这些董事和经理拥有近 1/3 的公司股份，CEO、总裁个人拥有近 17%。大约 40%的董事会没有独立的外部董事。(4)裙带关系：在董事、经理以及有显著权利的个人之间的家庭关系很普遍。经调查，近 40%的公司提供了有家庭关系的证据，约半数公司的创始人仍是现在在任的 CEO，或最初的 CEO 仍在位，超过 20%的公司的管理人员同时拥有不相容职权如 CEO 与 CFO。

问题：

1. COSO 报告从哪几个角度对企业内容管理进行了控制？

2. 企业内部的各类管理人员在内部控制中分别起什么作用？

3.《虚假财务报告：1987—1997 美国上市公司的分析》和全球不断出现的如“安然”、“世界通信”等恶性企业欺诈案件对你有什么启示？

【案例 11.9】

沃尔玛公司的内部控制系统①

由美国零售业的传奇人物山姆·沃尔顿(Sam Walton)先生于1962年在阿肯色州成立。经过四十多年的发展,沃尔玛公司已经成为世界上最大的连锁零售商。目前,沃尔玛在全球开设了超过7000家商场,员工总数190多万人,分布在全球14个国家。每周光临沃尔玛的顾客1.76亿人次。沃尔玛1996年进入中国,在深圳开设了第一家沃尔玛购物广场和山姆会员商店。经过十一年的发展,沃尔玛目前已经在全国共55个城市开设了104家商场,包括沃尔玛购物广场、山姆会员商店、沃尔玛社区店三种业态,其中沃尔玛购物广场99家、山姆会员商店3家、社区店2家。2002年度《财富》全球企业"500强"中,沃尔玛以2189.12亿美元的销售收入位居首位。2007、2008年度《财富》全球企业500强排行榜,沃尔玛公司以3511.39亿美元和3787.99亿美元的年销售额蝉联榜首。在短短几十年间,它由一家小型折扣商店发展成为世界上最大的零售企业之一。沃尔玛如何能在如此短的时间内不断壮大,超越对手,坐上世界零售企业的头把交椅呢?这与沃尔玛管理与控制系统有很大关系。

沃尔玛有80000多种商品,为满足全球4000多家连锁店的配送需要,沃尔玛每年的运输总量超过780000万箱,总行程达65000万公里。没有强大的信息系统,它根本不可能完成如此大规模的商品采购、运输、存储、物流等管理工作。早在20世纪80年代,沃尔玛就建立起自己的商用卫星系统(在80年代初期,一家企业建立一个卫星系统几乎是不可想象的,沃尔玛大约花费了7亿美元,每年投入信息的资金不下5亿美元)。沃尔玛的卫星系统可以监控到全集团的所有店铺、配送中心和经营的所有商品,每天发生的一切与经营有关的购销调存等信息。

沃尔玛在不断引进新技术的基础上仍保持着非常谨慎的态度。1981年,沃尔玛开始试验利用商品条码和电子扫描器实现存货自动控制。公司先定几家商店,在收款台安装读取商品条码的制备。两年后,试验范围扩大到25家店。1984年,试验范围扩大到70家店。1985年,公司宣布将在所有的商店安装条码识别系统,当年又扩大了200多家。到80年代末,沃尔玛所有商店和配送中心都安装了电子条码扫描系统。一个系统从试验到全面应用相隔差不多十年时间。

在沃尔玛总部,高速电脑和各个发货中心及各家分店的电脑联接,商店付款台上的激光扫描器会把每件货物的条形码输入电脑,再由电脑进行分类统计。当某一货品库存减少到一定数量时,电脑会发出信号,提醒商店及时向总部要求进货。总部安排货源后,送往离商店最近的一个发货中心,再由发货中心的电脑安排发送时间和路线。这样,从商店发出订单到接到货物并把货物提上货架销售,一整套工作完成只要36个小时。这保证了它在拥有巨大规模的同时仍保持高效。世界3000多家沃尔玛分店的任一POS(Point of Sale)机在扫描完一件商品时,数据都会立刻传到该中心。这些控制活动加快了决策传达和信息反馈的速度,提高了整个公司的工作效率,同时节约了总部与分支机构的沟通费用。

---

① http://www.wal-martchina.com。

沃尔玛有一个统一的产品代码叫UPC代码(Universal Product Code),可以对它扫描、阅读。经理们选择一件商品,扫描一下该商品的UPC代码,不仅可以知道商场目前有多少这种商品,订货量是多少,而且知道有多少这种产品正在运输到商店的途中,会在什么时候运到。这些数据都通过主干网和通信卫星传递到数据中心。管理人员不但能实时地对销售情况、物流情况等进行监控,还可知道当天回收多少张失窃的信用卡、信息卡认可体系是否正常工作,并监督那天做成的交易数目。沃尔玛的数据中心也与供应商建立了联系,从而实现了快速反应的供应链管理。厂商通过运营系统可以进入沃尔玛的电脑分销系统和数据中心,直接从POS得到商品流通动态信息,如不同店铺及不同商品的销售统计数据、沃尔玛各仓库和调配状态、销售预测、电子邮件与付款通知等等,以此作为安排生产、供货和送货的依据。通过这个信息系统,管理人员掌握到第一手的资料,并对日常运营与企业战略做出分析和决策。

为做到在物流方面降低成本,沃尔玛建立了一个"无缝点对点"的物流系统,能够为商店和顾客提供最迅速的服务。这种"无缝"指的是产品从工厂到商店的货架这一链条尽可能平滑,使整个供应链达到一种非常顺畅的链接,尽可能提供给顾客所需要的服务。

沃尔玛的信息不仅供内部分店使用,而且与供应商共享。卫星系统每天可将销售点的资料,快速、直接地传递给4000多家供应商,以便供应商及时备用,适应市场需求。对于沃尔玛来说,他们的物流链已经远远超出了本公司的范围,沃尔玛的供应商,也被包括进来。80年代末,通过计算机联网和电子数据交换系统与供应商分享信息,从而建立起伙伴关系。比如说,皇后公司和沃尔玛的合作。两公司的计算机进行联网,让供应商随时了解其商品在沃尔玛各分店的销售和库存变动情况,据此调整公司的生产和发货,提高效率,降低成本。

在强大的技术支持下,如今的沃尔玛已形成了"四个一"。即:"天上一颗星"——通过卫星传输市场信息;"地上一张网"——有一个便于用计算机网络进行管理的采购供销网络;"送货一条龙"——通过与供应商建立的计算机联网,供货商自己就可以对沃尔玛的货架进行补货;"管理一棵树"——利用计算机网络把顾客、分店或山姆会员店和供货商像一棵大树有机地联系在一起。

问题:

1. 沃尔玛推行商品条码系统的做法有什么特点和好处?
2. 沃尔玛是如何借助于现代技术进行控制管理的?
3. 总结沃尔玛内部控制系统的特色,对你有什么启示?

【管理实践练习1】

设计控制系统

你的管理咨询小组受雇于某国际公司——一家迅速扩大的、生产电子监视装置的公司,他们的产品出售给政府或商业部门用户。有些是直接销售,有些是通过经销商代理出售。直接销售利润正在急剧下降。这是因为过于庞大的费用:几个销售人员,特别是那些总是在世界各地飞来飞去的销售人员费用很大,而他们又很少提出关于计划和控制的建设性意见。与经销商的关系也有麻烦,因为没有标准合同,与每个经销商都保持着不同的合同关系。客户的付款条件也各不相同。由于需要处理不同的合同，大批量生产几乎是不可能的，这也导致了利润的下降。另外，零配件不能实现互换，有严重的库存问题：有些原材料和部件采购量很小，而订单却每天都有，有些订单是如此之大以至于几乎没有足够的地方来储存。有些采购的部件后来发现是次品或根本不能使用，使生产延误。工程技术的变化使大批库存零件过时。有些生产延误是由于设计的产品很难生产，工人抱怨说他们的修正建议没有被考虑。为了节约费用，聘用了没有经过培训的工人，他们被分配给不同的工作伙伴，公司希望工作伙伴在工作中对他们进行培训。许多新员工的素质很低，甚至不能理解需要他们做什么，结果是他们的工作伙伴不得不完成大量的工作。这与低工资和工程方面考虑欠缺一起，导致了员工的不安，他们正讨论成立工会。仅仅在过去的一周，就有 9 份投诉文件，美国公平就业委员会已经宣布准备就公司的两起歧视诉讼进行调查。公司还存在着现金流量问题，而且有一笔长期借款就要到期。如果可以收回部分应收账款，现金流量问题可以缓解。CEO 通过五个职能部门对公司进行管理：生产部、工程部、市场部、财务部和人力资源管理与行政部。泰克诺肯国际公司需要各种控制。将五个职能部门需要采用的控制方式划分为预先、同期和反馈控制，请你完成下列表格。[①]

预先、同期和反馈控制工作表

部门	预先控制	同期控制	反馈控制
人力资源管理与行政部			
生产部			
工程部			
市场部			
财务部			

【管理实践练习 2】

1. 找出一个你自己确定的目标，然后为目标的实施制定一份计划，记录你实施的过程，制定一个控制框架，以保证目标的实现。

2. 描述学校目前是如何控制学生的学习质量？你的父母是采用什么方法控制你的学习情况的？你又为自己建立了什么控制系统保证学习的顺利完成？这些控制系统是否有效？哪些是事前的，哪些是事中的，哪些是事后的？你认为三者的控制手段是否应提高？从何处着手会更有效？

3. 你目标生活的费用是有预算的吗？记录你一个月的费用开支，分析哪些是你预算内的，哪些是你预算外的。分析发生预算外费用的原因，提高你的预算水平。

---

① 转引托马斯・S.贝特曼：《管理学》，北京大学出版社 2001 年版，第 559—560 页。

【复习思考题】

1. 什么是控制？试阐述控制的重要性。
2. 控制与计划的关系是什么？
3. 不同控制时点的控制重点是什么？
4. 控制的基本程序包括哪些步骤？
5. 预算控制的内容是什么？并说明如何进行预算控制。

第十二章

创 新

组织、领导与控制是保证计划目标实现所不可缺少的。从一定意义上讲，它们同属于管理的“维持职能”，其任务是保证系统按预定的方向和规则运行。但是，管理在动态环境中生存的社会经济系统，仅有维持是不够的，现代组织管理还必须不断调整其活动的内容和目标，以适应环境变化的要求。这就需要管理的创新职能。

【本章要点】

1. 管理创新的本质
2. 管理创新的基本内容
3. 管理创新的过程和组织
4. 管理创新的技术

【案例 12.1】

发现“不拉马的士兵”

一位年轻有为的炮兵军官上任伊始，到下属部队视察其操练情况。他在几个部队都发现同样的问题：在一个单位操练中，总有一名士兵自始至终站在大炮的炮管下面，纹丝不动。军官不解，究其原因，得到的答案是：操练条例就是这样要求的。军官回去反复查阅军事文献，终于发现，长期以来，炮兵的操练条例仍因循非机械化时代的规则。站在炮管下的士兵的任务是负责拉住马的缰绳（在那个时代，大炮是由马车运载到前线的），以便在大炮发射后调整由于后坐力产生的距离偏差，减少再次瞄准所需要的时间。现在大炮的自动化和机械化水平很高，已经不再需要这样一个角色了，但操练条例一直没有调整，因此才出现了“不拉马的士兵”。军官的发现使上级对条例做了符合实际的调整，并使他获得了国防部的嘉奖。

第一节 管理创新概述

创新是一种思想及在这种思想指导下的实践。创新是一种原则以及在这种原则指导下的具体活动。创新是管理的一种基本职能。

一、熊彼特的创新概念

“创新”这个名词对我们来说并不陌生。当它在管理学或经济学的教科书中出现时，通常与技术的更新、产品的开发等联系在一起。毫无疑问，这些技术和产品革新是创新的重要内容，但不是全部内容。

最早论述创新的学者当推著名的经济学家约瑟夫·熊彼特。约瑟夫·熊彼特(Joseph Alois Schumpeter，1883—1950)于1912年出版了其名著《经济发展理论》(*Theory of Economic Development*)。在书中，他首先确定了创新的定义，将创新这个概念纳入经济发展理论之中，论证了创新在经济发展过程中的重大作用。熊彼特认为：创新是生产手段的新组合，“生产意味着把我们所能支配的原材料和力量组合起来”。这种意义下的创新概念包含下列五种情况：“(1)采用一种新的产品——也就是消费者还不熟悉的产品——或一种产品的一种新的特性。(2)采用一种新的生产方法，也就是在有关的制造部门中尚未通过鉴定的方法，这种新的方法不需要建立在新的科学发现的基础之上，但可应用在商业活动处理一种产品的新方式之中。(3)开辟一个新的市场，也就是有关国家的某一制造部门以前不曾进入的市场，不管这个市场以前是否存在过。(4)掠取或控制原材料或半成品的一种新的供应来源，也不问这种来源是已经存在的还是第一次创造出来的。(5)实现任何一种工业的新的组织，比如造成一种垄断地位(例如通过‘托拉斯化’)，或打破一种垄断地位。”从熊彼特的创新概念中，我们已经看到了管理创新的部分内涵。

熊彼特的创新概念首先是指采用一种新的产品，而不是指开发一个新产品，这是非常重要的。因为开发一种新产品属于技术创新，而采用一种新产品实则含有向消费者推销一种他们尚不熟悉产品的方式方法的运用过程。而他所指出的采用一种新的生产方法，完全可以理解为采用一种对组织内资源进行有效配置的新方法、新方式。开辟新市场、控制原材料或半成品的一种新的供应来源，实现任何一种工业的新组织可看作管理顺应环境变化以实现组织目标必须要考虑的问题和必须从事的活动。因此，熊彼特所指创新概念的五个方面，虽然他本意是要说明它们在经济发展中的功效，但实质上含有创造全新的资源配置方式、方法的内在含义。

二、创新的定义

创新也可称作革新或改革，是指把一种发明引入经济，从而给经济带来较大的影响或发生较大的变革。与创新相联系的另一概念是发明。发明是指一种新产品、新技术或新的经营方式的初次出现。因此，创新是一个经济概念，而不是技术概念。发明者不一定是创新者，创新者也不一定是发明者。管理体系中的创新者是指那些看到了经济中存在的潜在利益,并敢于冒风险,把新发明引入经济之中,以便获取这种潜在利益的组织管理者。

与创新既有联系又有区别的另一概念是创造。在管理学中,创造通常指的是以独特的方式综合构想或在各构想间建立不平常联系的能力。创新则主要指采用一种创造性的构想及把它转化为有用的产品、服务或运作方法的过程。

德鲁克在《管理、任务、责任和实践》一书中说过,由于企业的目的是创造顾客,工商企业的基本职能共有(而且只有)两项:营销和创新。只有这两项才产生成果,其余的都属于成本范畴。此外,他又指出,“如果管理人员只限于做已经做过的事情,那么,即使外部环境和条件资源都得到充分利用,他的组织充其量不过是一个墨守成规的组织。这样下去,很有可能会造成衰退,而不仅仅是停滞不前的问题。在竞争的情况下,尤其是这样。”“企业管理不是一种官僚的行政工作,它必须是创新性的,而不是适应性的工作。”

企业组织要成为创新性的组织,必须注意以下几点:

(1)给顾客提供新的满足(带来新的满意)、新的价值,从而激起新的需求,创造新的顾客,开拓新的市场。

(2)创造资源,要赋予资源一种新的创造财富的能力。没有发现其用途的植物只能是杂草。矿石在没有赋予其经济价值前只是乱石而已。一个世纪前,石油、铝、矾土还都是有害物质,它们使土壤受损,但是企业家(创新者)使它们成了有价值的资源。

(3)社会创新更具关键意义(不一定局限于技术性)。如教科书使普及学校教育成为可能。

(4)开发利用变化。企业家(创新者)的任务是“创造性的破坏”。企业家(创新者)总是在寻找变化,对变化做出反应,并把变化作为一个可供开发利用的机会。把变化看成准则,是健康的现象。

三、管理创新的定义

从已有的文献资料来看,国内学者提出管理创新概念比较有影响的观点有,芮明杰教授在 1994 年出版的著作《超越一流的智慧——现代企业管理的创新》中给出的观点,以及常修泽教授等人在 1994 年出版的著作《现代企业创新论》中给出的观点。

常修泽教授认为:“管理创新是指一种更有效而尚未被企业采用的新的管理方式或方法的引入。管理创新是组织创新在企业经营层次上的辐射。经济史中企业产权结构的每一次变迁,都相应伴随着企业管理方式的革命。最具代表性的一次管理创新是现代股份公司兴起后,出现的所谓‘所有权与管理权的分离’,这种分离导致管理等级制成为现代工商企业的一个显著特征。管理创新的主要目标是试图设计一套规则和服从程序以降低交易费用,因为随着现代大量生产的兴起,专业化和劳动分工的程度,导致生产过程中交换次数的指数倍增,大量的资源耗费到了交易费用上。”从常修泽教授所认定的管理创新概念来看,管理创新是组织创新在企业经营层次上的辐射,即管理创新是企业引入的更有效的新的管理方式方法,这种方式方法的引入目的是为了降低交易费用。

芮明杰教授认为,管理创新的概念应源于管理的概念。管理的定义可大可小,大可至组织内资源有效整合以达到目标和责任这一过程本身,小可至围绕目标和责任使资源有效整合的一切细小工作和活动。也正因为如此,组织中的管理可明显分成三个层次:一是决策层的管理,二是执行层的管理,三是操作层的管理。无论哪个层次的管理,都是为达成组织目标而对资源进行有效的配置，只是具体管理活动的内容有所不同。他认为，管理创新是指创造一种新的更有效的资源整合范式，这种范式既可以是新的有效整合资源以达到企业目标和责任的全过程式管理，也可以是新的具体资源整合及目标制定等方面的细节管理。这样一个概念至少可以包括下列五种情况：

(1)提出一种新经营思路并加以有效实施。新经营思路如果是可行的，这便是管理方面的一种创新。但这种新经营思路并非针对一个企业而言是新的，而应对所有企业来说是新的。

(2)创立一个新的组织机构并使之有效运转。组织机构是企业管理活动及其他活动有序化的支撑。一个新的组织机构的诞生是一种创新，但如果不能有效运转则成为空想，不是实实在在的创新。

(3)提出一种新的管理方式方法。一种新的管理方式方法能提高生产效率，或使人际关系协调，或能更好地激励员工等等。这些都将有助于企业资源的有效整合以达到企业目标和责任。

(4)设计一种新的管理模式。所谓管理模式是指企业综合性的管理范式，是指企业总体资源有效配置实施的范式。这么一个范式如果对所有企业的综合管理而言是新的，则自然是一种创新。

(5)进行一项制度的创新。管理制度是企业资源整合行为的规范，既是企业行为的规范，也是企业员工行为的规范。制度的变革会给企业行为带来变化，进而有助于资源的有效整合，使企业更上一层楼。因此，制度创新也是管理创新之一。

综合以上观点，我们认为，管理创新是指组织管理中新的、更有效的管理方式方法的形成与应用。

四、管理创新的主体

根据管理创新的定义，就企业而言，管理创新的主体应包含以下一些人员。

(一)企业家

企业家是指从事企业管理实践的有管理支配力的高级管理人员。这里所指的企业家不是指脱离了企业生产经营管理的企业资产的终极所有者。但必须注意到，并非所有的企业家都是管理创新的主体，因为许多很好的总裁、总经理未必有创新意识，因而也就不可能进行管理的创新。事实上，我们也不要求所有的企业家都像先知先觉者那样一定要有创意的产生，一个企业家如能善用别人或下属员工的创意，同样是一个好的企业家，但此时他不是管理创新的主体。

然而，企业家往往由于其所处的特殊地位会对管理创新产生重大的影响，或在管理创新过程中扮演重要的角色，因此许多人误认为某项管理创新是某一企业家所为，其实并不一定如此。企业家可以鼓励和推动管理创新在本企业进行，但不能因此就说他们是管理创新的主体。但也有一些企业家有自己的创意，并在自己任职期间设计具体操作方案并加以实施，这些企业家才是严格意义上的管理创新主体。

(二)管理者

企业中有许多管理者，在专业分工条件下对自己职责范围内的事务、人员、资源进行管理。这些管理领域如人事、财务、生产、营销等均处于管理创新的空间范围内。如果从事这些工作的管理者的确拥有创意并加以有效实施，他们也可以成为管理创新的主体。然而，这一阶层的管理者，他们的行为要受到上级领导的约束，受到自身权力的约束，他们有创意并不一定能够实施，因为这一创意要得到上级的赞许，否则就要冒被"炒鱿鱼"的风险。相反，一旦该创意被上级认可，这些管理人员便可在自己的领域内大胆创新，成为管理创新的主体。

一个易取得成功的企业，一个有远见的企业家应该充分重视企业中管理人员成为管理创新主体的可能性。如果一个企业中许多管理人员都在进行管理创新的探索，那么这个企业必定无往而不胜。这就产生了另一个问题，即企业家即便自己不是管理创新主体，也应该发掘和培养本企业的管理创新主体，就像企业需要拥有一支技术或产品创新的人员队伍一样。事实上，从事某些企业专业领域的管理工作者可以成为很好的管理创新主体，其所取得的管理创新成果也可能是非常了不起的。例如，福特汽车公司产生流水线的创意就说明了这个问题。自从老福特提出"让工薪阶层都有一部福特车"的战略口号后，要实现这个口号并不是简单的问题，因为第一需要极大地降低成本，第二需要极大的生产规模，而这与当时汽车生产的模式格格不入，为此就需要创造全新的生产组织方式，既要大幅度提高生产效率并使生产规模有很大的扩张，同时又要降低生产成本。福特汽车公司生产管理部门的管理人员同工程技术人员进行了艰苦的努力，不断修改创意，设计具体实施方案，进行试运行，最后终于创造出"生产流水线"。这个生产组织管理方面的重大创新，使机械类产品的制造过程与气体、液体的生产加工过程一样连续、不间断和可控，产品可以在生产线的末端源源不断地产生。"生产流水线"的创造与发明可以说是工业革命以来足以与其他重大科学技术发明创造相提并论的一项管理创新。

（三）企业员工

企业员工也可以是管理创新的主体，但作为个人的员工却难以成为管理创新的主体，因为单个员工在企业中属于操作层，其工作仅涉及管理创新的边缘，何况单个员工会受到上司多方面的控制，虽有创意也很难在工作中进行实践以至成功。作为个人的员工虽难以成为管理创新的主体，但作为一个群体的员工却往往能成为管理创新的主体，这是因为作为群体的员工可以包容大量的创意，即俗话所说的"三个臭皮匠可以顶个诸葛亮"。例如，1986 年日本全国职工提出的合理化建议（创意）多达 4792 万件，每个员工平均达 24.7 件，采用率也高达 94.5%，创造效益 3089 亿日元。许多大企业员工每年提出的合理化建议，都是以百万项计算的。又如 1980 年日立制作所职工提出的合理化建议为 421 万项，松下电器公司为 261 万项，富士电机公司为 168 万项等等。

当作为群体的员工们的创意得到企业家认可并决定试行时，这些员工们就成为真正的管理创新主体，因为他们在每日的工作过程中就可以尝试实践。日本企业通过员工的各种小群体活动的形式，全员性地参与管理创新，如质量管理小组、合理化建议制度、无缺点运动、创造发明委员会等，创造了许多后来广泛流传的管理创新成果，如著名的全面质量管理、准时生产制、全员设备管理等，创造价值数 10 亿美元。

综合以上分析，我们可以发现企业内部管理的三个层次——最高决策层、中间管理层和作业管理层中都可能有那么一些管理者成为管理创新主体，而绝不仅仅限于企业家。企业家在管理创新中扮演极为重要的角色，但这仅与他所处的管理职位和相应的权限有关。当企业家成为管理创新主体时，管理创新过程的进展应当更为容易，而其他人员若要成为管理创新的主体则困难得多，这与他们上司的管理风格有关。一般企业员工和中层管理人员成为管理创新主体进而取得创新成果的情况比较少，其原因并不在于这些人员个个天资不够缺乏创意，而是有了许多创意但他们并未提出，或者提出来了老是被否定。

【案例 12.2】

不断创新的索尼公司

索尼公司是世界上生产视频设备的最大厂商，长期以来，它一直是日本文、理大学毕业生就业的首选目标企业。索尼之所以能够聚集人气，是因为在电子产品方面能够形成自己独特的竞争能力，反映在以下几个方面：

(1)及时调整发展战略。每当环境发生急剧的变化或企业发展面临新的转折点，索尼公司的最高管理层就会拿出应变措施，制定新的发展战略，为企业的发展指明方向。盛田在20世纪60年代初期访问荷兰的飞利浦公司，他对荷兰这么一个小小的农业国能够出现一个世界著名的电子企业飞利浦震动很大，从此，盛田把世界市场作为公司的市场。80年代初期，索尼公司出现了首次减少收益的情况，为了打破公司内部郁闷气氛，公司推出了包括录像机最强、磁产品最强、消费品的强化\生产销售决策程序重组等六大重点方针。随着索尼国际化的发展，1998年，盛田及时提出了新的发展战略，即“全球地方化战略”，从根本上改变公司的思维定势，要根据全球经济一体化的变化制定自己的发展战略。90年代初，在新的形势下，盛田又提出了AV & CCC(Computer、Communication、Component)的发展战略，展示了索尼公司面向21世纪的新目标。进入21世纪，随着互联网的发展，索尼公司紧紧抓住消费者需求这个主题，不断调整战略。索尼公司宣布将实行向“个人宽带网解决方案公司”全面转型，其目的是进一步加深与全球用户的互动关系，并为全球用户提供能够在宽带网社会享用丰富的产品与服务。

(2)技术引进。原公司总经理盛田说过，在技术进步这么快的今天，一个企业要全揽某一方面的技术是不可能的，要尽可能利用各种关系，引进自己所需的技术。在这种思想指导下，根据公司的发展需要，索尼公司不断引进新的技术。如与IBM联盟生产计算机用磁带；与飞利浦联盟共同开发CD光盘；与微软、苹果公司合作共同开发软件；等等。

(3)重视独创性。索尼公司在引进技术、开发新产品之际，非常注重培养自己的核心技术。每当出现新的技术，只要与自己的研究、生产活动相关，就马上抓住机会，迅速应用到自己公司产品中来。有些技术在欧美刚刚出了实验室，索尼就开始考虑购买其专利，实现商品化，新产品不断打破日本或世界纪录，成为日本或世界首创的产品。在索尼发展史上，仅仅在20世纪50年代到60年代，就成功开发了5个日本首创、16个世界首创的产品。研究员江崎还由于在半导体隧桥技术方面的突破，获得诺贝尔奖。

(4)致力于学习型组织的建立。为了及时收集最新技术信息和知识，使公司的技术始终保持领先地位，索尼公司内部举行各种技术学术交流活动，参加的成员从公司董事长到一般技术员，也有子公司和分公司的人员，或邀请学者参加，其目的是加强相关技术的交流，促进组织学习。通过各种不同人员的知识碰撞，产生新的知识和灵感，有利于组织的研究开发。通过举办各种各样的交流会和演讲会，索尼公司已成为一个真正的跨部门、跨专业的学习型组织。

问题：

1. 索尼公司在短短30年时间里发展为国际化大企业，其依赖的基础和动力是什么？
2. 公司在创新方面表现出什么特点？有哪些积极的创新机制？
3. 信息时代，公司要保持未来的高速发展，应如何看待创新技术的引进和原创问题？

第二节　管理创新的基本内容

社会组织的生存环境差异性、所处的发展阶段不同以及各自特征的不同，决定了其运行中的管理创新所涉及的内容、侧重点有所不同。概而言之，企业组织的管理创新一般包含以下内容。

一、目标创新

企业是在一定的社会经济环境中开展经营活动的，特定的环境要求企业按照特定的方式提供特定的产品。一旦环境发生变化，要求企业的生产方向、经营目标以及企业在生产过程中同其他社会经济组织的关系进行相应的调整。我国的社会主义企业，要随着社会主义市场经济的不断完善，在新的经济背景中，在企业的基本目标为"通过满足社会需要来获取利润"的指导下，不断调整不同阶段、各个时期的经营目标，如以技术创新为某一时期的发展重点，以新产品开发为某一时期的核心，以提升内部管理水平为某一时期的关键等等。企业适时地根据市场环境和消费需要的特点及变化调整经营思路和策略，整合生产经营资源要素，每一次调整都是一种创新。目标创新是企业发展中的一种根本性的、决定全局的管理创新。

二、技术创新

技术创新是企业创新的主要内容，企业中出现的大量创新活动是关于技术方面的，因此有人甚至把技术创新视为企业管理创新的同义词。

现代企业的一个主要特征是在生产经营过程中广泛应用先进的科学技术。技术水平是反映企业经营实力的一个重要标志，企业要在激励的市场竞争中处于主动地位，就必须顺应甚至引导社会的技术进步，不断地进行技术创新。由于一定的技术都是通过一定的物质载体和利用这些载体的方法来体现的，因此企业的技术创新主要表现在要素创新、要素组合方法创新以及产品创新三个方面。

（一）要素创新

企业的生产经营过程是一定的劳动者利用一定的劳动手段作用于劳动对象使之改变物理、化学形式或性质的过程。参与这个过程的要素包括材料、设备和企业员工等三类。所以要素创新包括材料创新、设备创新和人力资源管理创新三个方面。材料创新是指开辟新的材料来源，以保证企业扩大再生产的需要；开发和利用大量廉价的普通材料（或寻找普通材料的新用途）替代量少价高的稀缺材料，以降低产品的生产成本；改造材料的质量和性能，以保证和促进产品质量的提高。设备创新是指通过利用新的设备，减少手工劳动的比重，以提高企业生产过程的机械化和自动化的程度;通过将先进的科学技术成果用于改造和革新原有设备,延长其技术寿命,提高其效能;有计划地进行设备更新,以更先进、更经济的设备来取代陈旧的、过时的老设备,使企业生产经营建立在先进的物质技术基础上。人力资源管理创新既包括根据企业发展和技术进步的要求,不断地从外部取得合格的新的人力资源,也包括注重企业内部现有人力资源的继续教育,用新技术、新知识去培训、改造和发展他们,使之适应技术进步的要求。

(二)要素组合方法创新

利用一定的方式将不同的生产要素加以组合,这是形成产品的先决条件。要素的组合包括生产工艺和生产过程的时间组织和空间组织两个方面。所以,要素组合方法的创新一是指生产工艺创新,既要根据新设备的要求,改变原材料、半成品的加工方法,也要在不改变现有设备的前提下,不断研究和改进操作技术和生产方法,以求使现有设备得到更充分的利用,使现有材料得到更合理的加工;二是指生产过程的时间和空间组织创新,即企业应不断地研究和采用更合理的空间布置和时间组合方式,以提高劳动生产率、缩短生产周期,从而在不增加要素投入的前提下,提高要素的利用效率。

(三)产品创新

产品是企业的生命,企业只有不断地创新产品,才能更好地生存和发展。产品创新一般是指企业根据市场需要的变化,根据消费者偏好的转移,及时地调整企业的生产方向和生产结构,不断开发出用户欢迎的适销对路的产品,即品种创新;或是企业不改变原有品种的基本性能,对现在生产的各种产品进行改进和改造,找出更加合理的产品结构,使其生产成本更低、性能更完美、使用更安全,从而更具市场竞争力,即产品结构的创新。

三、制度创新

组织制度是组织运行方式的原则规定。企业制度主要包括产权制度、经营制度和管理制度。我们研究组织制度创新,是从社会经济角度来分析企业中各成员间的正式关系的调整和变革。组织制度的运行状态和变革、创新的程度从根本上决定了组织的未来发展状况。

(一)产权制度创新

产权制度是决定企业其他制度的根本性制度,它规定着企业最重要的生产经营要素的所有者对企业的权利、利益和责任。不同的时期,企业各种生产经营要素的相对重要性是不一样的。一般而言,产权制度主要是指企业生产经营资料的所有制。回顾企业的发展历程,当前存在于企业界的生产经营资料所有制主要有两大形式:私有制和公有制。这是相互对立的两大所有制形式。但是必须看到,纯粹的私有制和公有制都已不复存在。私有制正越来越多地渗入"公有"的成分,而被"效率问题"所困扰的公有制也正或多或少地添进"个人所有"的因素。企业产权制度的创新,必然朝着生产经营资料个人拥有和社会成员共同拥有相结合的方向发展,即混合所有制,以从根本上解决企业发展的财产激励、利益激励和实际控制管理的专业化问题。

(二)经营制度创新

经营制度是有关经营权的归属及其行使条件、范围、限制等方面的原则规定。它表明企业的经营方式,确定谁是经营者,谁来组织企业生产经营资料的占有权、使用权和处置权的行使,谁来确定企业的生产方向、生产内容、生产形式,谁来保证企业的生产经营资料的完整性和增值，谁来向企业生产经营资料的所有者负责以及负何种责任。企业经营制度的创新方向应是不断寻求企业生产经营最有效方式。

（三）管理制度创新

管理制度是行使经营权、组织企业日常生产经营活动的各种具体规则的总称，包括对材料、设备、人员及资金等各种生产经营要素的取得和使用的规定。管理制度的涵盖内容非常广泛，如企业人力资源管理制度、财务管理制度、物资设备管理制度、投资决策管理制度和营销管理制度等等。管理制度的创新，要求企业根据内外环境的变化、自身的特点和企业目标的调整，适时地、灵活地完善管理制度，提高企业运行的有效性。在管理制度的众多内容中，分配制度是最重要的内容之一。分配制度涉及如何正确地衡量成员对组织的贡献并在此基础上如何提供足以维持这种贡献的报酬。由于劳动者是企业各种生产经营资源要素利用效率的决定性因素，因此，提供合理的报酬以激发劳动者的工作热情对企业的生产经营就有着非常重要的意义。分配制度的创新在于不断地追求和实现报酬与贡献的更高层次上的平衡与一致。

总之，企业制度创新的方向是不断调整和优化企业生产经营资料所有者、经营者和劳动者三者之间的关系，使各个方面的权力和利益得到充分体现，使组织的各种成员的作用都得到充分发挥。

【案例 12.3】

英特尔公司不断推出新产品①

1968 年，英特尔公司开始创业。在 70 年代末，英特尔公司的光导技术不可逆转地引起了电子计算机和通讯产业的革命。到了 80 年代，半导体成为影响社会变革与产业革命的基石。然而，连续不断、快速的技术变革与来自日本企业的强有力的竞争挑战，又使英特尔公司面临着前所未有的战略性挑战。

1985 年，英特尔决定关闭俄勒冈的 DRAM（动态存储器）第五实验室。同时，英特尔宣布开始供应 32 位的 80386。386 微处理器引起了电子工业界的极大兴趣。仅仅 1 年以后，在 1986 年秋，新的 386 系列产品已开发完成，开始供应市场。386 对已有软件的强大促进能力使其成为英特尔历史上产量最大的微处理器。在 1987 年底，也就是公布 386 两年之后，英特尔已供应了约 80 万片芯片，而 80286 在同期只供应了 50 万片。在 1988 年，386 的产值达 10 亿美元，约占英特尔全部收入的 30%～40%。

英特尔 80 年代早期的质量促进工作，已经促进生产线稳定性提高，产品整体质量上升。但作为 386 的惟一货源，英特尔需要努力满足对 386 的不断增长的需求。英特尔开始开发 1 微米的 386，尝试将原来的 1.5 微米芯片大大缩小。更高的芯片功能与集成度，使缩小了的微处理器有更多空间去包含新的特性。缩小尺寸不仅提高了芯片性能，也大大增加了芯片产量。同时，在电子行业中客户与供应商的合作日益风行。英特尔提供给福特公司微控制器产品 8061，福特公司认为总成本比产品标价更重要，并要求与英特尔紧密合作，降低 8061 的生产成本。

---

① 资料来源：http://www.intel.com/cn。

1989年4月,80486诞生。486微处理器有100多万个晶体管,包含的电路元件是386的4倍。486的设计共耗费130人年,而386是80人年。486得益于英特尔开发的专有设计工具的改进。486开发的总投资在2亿美元以上。为了保证其兼容策略,英特尔设计了新的技术以运行旧版本软件。

1997年,英特尔宣布推出P6系列的微处理器芯片。

2002年英特尔取得了突破性进展,推出了90纳米的芯片制造工艺,更推出了主频高达3.06GHz的英特尔。

2003年上半年,英特尔支持"随时随地"连接的卓越技术——Bania移动计算芯片将横空出世。它采用全新处理器微体系结构,是一款出色的便携式电脑平台。这款即将上市的平台经过专门设计,可以提供更持久的电池寿命、卓越性能、全新轻薄外形和易于使用的无缝无线连接。尽管目前芯片业呈现出前所未有的下滑态势,但英特尔将继续大力发展技术,并计划在制造技术方面加大投资。他们的重点就是要保持技术领先地位,大幅降低成本和增加销量。

2006年1月4日,英特尔正式发布了全新品牌标识,其中还包括一句新的宣传标语:"Intel. Leap ahead(超越未来)。"为了品牌重塑计划,英特尔特意从三星挖来了韩国人爱瑞克·金(Eric Kim)出任公司历史上首位首席营销官(CMO)。爱瑞克·金被认为是带领三星成功挑战索尼的功臣。2006年,英特尔在全球发布代号Yonah的下一代双核处理器,宣告英特尔将引领业界开始普及双核产品。英特尔向平台提供商转变,随着移动napa平台以及面向数字家庭的Viiv平台进入市场化阶段,英特尔平台提供商的形象将最终确立,这被业界猜测是英特尔公司换标的原因之一。越来越偏向于消费电子市场的英特尔也需要一个全新的形象来改变人们对于他CPU生产商的形象。

2007年4月,在英特尔信息技术峰会(IDF)上,英特尔公司高级管理人员及资深技术专家详细讲解了超过20项新产品、技术创新和行业计划——许多尚属首次披露——旨在让互联网、计算机和消费电子设备能够更快响应要求、更易于使用和更安全。如开始规划基于IA架构,具备出色并行处理能力的可编程体系结构(研发代码为"Larrabee")。它将可以轻松使用多款现有软件工具进行编程,并将能够扩展至每秒万亿次浮点运算(Teraflops)性能。Larrabee体系结构将包括诸如科学计算、识别、挖掘、合成、虚拟化、金融分析和医疗应用等应用程序运行加速等提升。

2008年英特尔利用领先的英特尔45纳米制造工艺和全新的晶体管技术,发布了大量的创新产品,推出了一系列针对新兴市场和高科技增长领域的芯片产品和技术及针对笔记本电脑、PC和服务器等传统市场领域的新产品,如迄今世界上速度最快的台式机处理器酷睿i7,推出新型专用、Web接入能力更强的高度集成智能系统芯片设计和生产。

问题:

请结合英特尔公司案例,说明企业新产品开发的重要性和一个企业在产品开发决策上主要应考虑哪些因素。

四、组织机构和结构的创新

企业组织的正常运行,既要求具有符合企业及其环境特点的运行制度,又要求具有与之相应的运行载体,即合理的组织形式。因此,企业制度创新必然要求组织形式的变革与发展。

从组织理论的角度来考虑，企业组织是由不同的成员担任的不同职务和岗位的结合体。这个结合体可以从结构和机构这两个不同层次去考察。所谓机构是指企业在构建组织时，根据一定的标准，将那些类似的或为实现同一目标有密切关系的职务或岗位归并到一起，形成不同的管理部门。它主要涉及管理劳动横向分工的问题，即把企业生产经营业务的管理活动分成不同部门的任务；而结构则与各管理部门之间，特别是与不同层次的管理部门之间的关系有关，它主要涉及管理劳动的纵向分工问题，即所谓的集权和分权问题。不同的机构设置，要求有不同的结构形式；组织机构完全相同，但机构之间的关系不一样，也会形成不同的结构形式。由于机构设置和结构形式要受到企业活动的内容、特点、规模、环境等因素的影响，因此，不同的企业有不同的组织形式，同一企业在不同的时期，随着经营活动的变化，也要求组织机构和结构不断进行调整。组织机构和结构创新的目的在于更合理地组织管理人员的工作，提高管理劳动的效率。

五、环境创新

企业总是在一定的环境中求得生存和发展的。相同的环境，可以对不同的企业产生不同的影响。同样，在不同的环境下，同一企业可能有差异很大的发展历程。因此，环境状况对企业的发展至关重要。环境创新不是指企业为适应外界变化而调整内部结构或活动，而是指通过企业积极的创新活动去引导环境的变化，去改造环境，从而达到使环境的变化朝着有利于企业经营的方向发展。例如，企业通过制度创新、管理方式创新等最终影响国家和地方政府经济体制改革政策的制定；企业通过自身行为，最终影响行业游戏规则的制定；企业通过技术创新，最终影响社会技术进步的方向等。概括地说，企业环境创新，强调企业不是被动地适应环境，对于改变环境显得软弱无力，而是企业能够对环境施加影响，削弱环境对企业管理的限制力量，一定程度上实现对环境变化方向的引导。

对企业来说，环境创新的内容很多，但市场创新是最主要的。市场创新主要是指通过企业的活动去引导消费，创新需求。新产品的开发往往被认为是企业创造市场需求的主要途径。其实，市场创新的更多内容是通过企业的营销活动来进行的，即在产品的材料、结构、性能不变的前提下，或通过市场的地理位置转移，或通过揭示产品新的物理使用价值，来寻找新用户，或通过广告宣传、营业推广等促销手段，来赋予产品以一定的心理使用价值，影响人们对某种消费行为的社会评价，从而诱发和强化消费者的购买动机，增加产品的销售量。

【案例 12.4】

SAP 正改变着自己与世界上的大小企业[1]

SAP 是一家 30 多年专注于做一件事的公司，是全球最大的企业管理和协同化商务解决方案供应商、全球第三大独立软件供应商。SAP 已成为全球行业解决方案的领导者，它通过提供软件和服务，为企业设计解决方案，满足不同企业的独特需求。SAP 解决方案使

---

① http://www.sap.com。http://www.hudong.com/versionview。http://www.loveerp.com/ERPproduct/SAP/200801。

企业能够实时了解整个企业的状态，从而能够理顺供应量、更快地将产品推向市场，获得更高的回报，并消除重复工作。目前，在全球有120多个国家的超过82000家用户正在运行SAP软件。财富500强80%以上的企业都正在从SAP的管理方案中获益，并被业界称为世界500强背后的管理大师。

SAP公司于1972年由5位从IBM辞职的员工(Dietmar Hopp，Hans-Werner Hector，Hasso Plattner，Klaus Tschira and Claus Wellenreuther)创立。初创时的公司名为Systemalyse and Programmentwicklung，后根据Applications and Products in Data Processing之意将公司名称缩写为SAP。他们的远景目标是：开发用于实时业务处理的标准应用软件。总部位于德国曼海姆，公司主要办公地点设在慕尼黑附近，开发的第一个客户是英国普内门化学工业公司(TCI)。1973年，推出第一个标准软件产品——财务会计软件RF，后来被用于著名的R/1系统。1977年，公司总部从曼海姆迁往沃尔多夫。1978年，公司已拥有50名员工，100家客户。

1980年，公司迁入新的办公大楼，软件开发部门及50台终端机此时在同一个大房间里。德国100家最大的企业有50家成为SAP的用户。1981年，SAP R/2系统在德国慕尼黑博览会上首次亮相。1982年，公司年收入上升到2400万德国马克，有来自德国、奥地利以及瑞士的236家用户使用SAP开发的软件。1984年，SAP(国际)公司在瑞士比尔成立，负责协调海外业务。1988年，1200万股SAP股票在德国法兰克福和斯图加特证券交易所上市。美国道氏化学工业公司成为SAP第1000家客户。1989年，编程语言ABAP/4等新工具促进了新的开发工作，SAP R/3系统开始成型。SAP股票在瑞士苏黎世证券交易市场交易。位于瑞士比尔的SAP国际公司已拥有12家海外公司，其中包括在加拿大、新加坡和澳洲的公司。被《经理人杂志》评为“年度最佳公司”。

1990年，公司在研发方面投入资金达到1.09亿马克。1991年，遍布31个国家和地区的2225家客户使用SAP的标准软件。1992年，公司成立20周年，SAP R/3推向市场。大型计算机市场迅速走向崩溃，基于客户机/服务器架构的SAP R/3系统抢得市场先机，一炮而红。公司收入增至8.31亿德国马克，其中大约50%来自国际业务。1993年，与微软合作，目的是让SAP R/3系统运行于WINDOWS NT系统上。SAP R/3风靡美国，捕获众多美国企业。公司营业额首次突破10亿马克。全球客户数增加至3500家。1994年，SAP的长期合作伙伴——IBM公司在全球实施SAP R/3系统，堪称SAP有史以来数额最大的一笔生意。客户超过4000家，年收入达18亿马克，成为全球企业应用软件的领先供应商。1995年，微软公司实施SAP R/3系统，在北京建立SAP中国公司。1996年，SAP R/3在全球已经被安装在9000多个系统里，公司当年营业额增长38%，超过37亿马克，员工超过1万名。1997年，庆祝公司成立25周年，德国总理科尔亲自致辞。提出客户关系管理CRM和供应链管理解决方案SCM，并开始开发针对不同行业的“行业解决方案”。1998年，SAP股票在纽约证券交易所NYSE发行。

2001年，推mySAP技术，这种技术的特征是开放与集成。被《商业周刊》评为“全球最有价值品牌”。公司年收入上升到73.4亿欧元。2002年，公司成立30周年，《全球时报》评出世界500强企业，指出“进步最大的是德国软件公司SAP，从第310位上升到第73位”。《商业周刊》评选的“全球100家最有价值品牌”中SAP位列第42名，是其中唯一一家品牌价值增长的软件公司，也是在所有入选的13家高科技企业中两家品牌价值增长的公司之一。2003 年 SAP 在中国上海建立了其第 9 个实验室，其余的在印度、日本、以色列、法国、保加利亚、加拿大和美国，这些实验室给 SAP 提供了核心的 IT 知识。2004 年，企业服务架构 ESA 提供了 SAP NETWEAVER 的第一个版本，新产品受到广泛的欢迎。总体统计，在全球 120 个国家中，有 24000 家客户运行着 84000 个系统。财富 500 强 80%的企业都正在从 SAP 管理方案中获益。其中，全球 50 家最大的石油企业，20 家最大的医药公司，18 家最大的化工公司，19 家最大的电信公司，所有大型汽车制造商，前 50 强银行企业的 60%，最大 7 家航空公司中的 6 家，最大 7 家计算机公司中的 6 家都是 SAP 的用户。

2007 年 9 月，SAP 公司推出了 SAP Business By Design。Business ByDesign 是完全基于 SOA 架构的，也是针对中型企业的，这个产品是有明确的市场定位的。

问题：

1. SAP 公司快速的发展有赖于什么环境变化？
2. SAP 公司为自己的发展创造了一个什么样的经营环境？
3. SAP 公司的经营战略有什么特点？
4. 你从 SAP 公司的发展中得到什么启示？

第三节 管理创新的过程与组织

一、管理创新的过程

要有效地组织系统的管理创新活动，就必须研究管理创新的规律。管理创新有无规律可循？对这个问题是有争议的。我们认为，管理创新在本质上是杂乱无章的，因为管理创新是对旧事物的否定，是对新事物的探索。对旧事物的否定，管理创新必定要突破原先的制度，破坏原先的秩序，必须不遵守原先的章程；对新事物的探索，管理创新者只能在不断地尝试中去寻找新的程序、新的方法，在最终的成果取得之前，可能要经历无数次反复，无数次失败，因此，它看上去必然是杂乱的。但这种“杂乱无章性”是相对于旧制度、旧秩序而言的，是相对于个别管理创新而言的。就管理创新的总体来说，它们必然依照一定的步骤、程序和规律。

管理创新作为一个过程和作为一个结果实际上可以分成三个阶段：创意形成阶段、创意筛选阶段和创意验证实施阶段。这三个阶段可用图 12-1 表示。

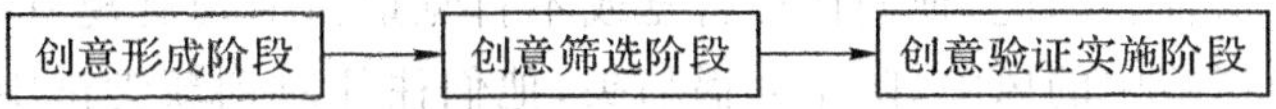

图 12-1 管理创新过程

(一)创意形成阶段

创意形成阶段，即为产生创意的阶段。因为有创意才会有创新，故能否产生创意是关系到能否进行管理创新的根本。创意当然是由企业中的人或与企业有关的人所产生的，这些人可能会有各种各样好的创意，但是能够产生一些好的创意决不是容易的事，它受到人的素质、当时各种因素的影响和制约。

(二)创意筛选阶段

产生了许多创意之后需要根据企业的现实状况、企业外部环境的状况对这些创意进行筛选,看其中哪些有实际操作的意义。显然,对创意的筛选也由企业中或与企业有关的人员来进行。不过,这些人员需要有丰富的管理经验、极好的创造性潜能以及敏锐的分析判断能力。

(三)创意验证实施阶段

将选择后的创意通过一系列具体的操作设计,将创意变为一项确实有助于企业资源配置的管理范式,而且确实在企业的管理过程中得到了验证。创意的验证实施是整个管理过程中非常重要的阶段,许多好的创意往往由于找不到合适的具体操作设计,或称之为"工艺"方案,从而导致这一创意最终无法成为创新。这一点在科学发展史上得到过充分的证明。将创意转化为具体的操作方案并进行实施,这虽是管理创新的困难所在,却也是管理创新成功的要求。

从管理创新的三个内在阶段来看,它们是一个不断反馈的过程,但并非有创意的人会接着去筛选和验证创意,也许他仅有此创意而已。例如,社会上出现了许多卖"点子"的人,这些人实际上并不是管理创新的主体,只是出售自己"创意"的人,其"点子"是否真正能够起作用取决于那些深入思考了这种"点子"并认真加以实施的人,因此"点子"的价值仅仅在于可以启发他人的思维而已。它具有一定的价值,在市场经济条件下自然就可以出售。因此,有创意的人,对许多创意进行筛选的人,如果并未进行创意的操作设计和实施,那么这些人是不能称之为管理创新主体的;同样,仅仅进行创意具体操作方案的设计及实施而自己并无创意的人也不能称之为管理创新的主体,充其量只能算是参与了管理创新的工作。管理创新的主体应该是自始至终参与三个阶段的工作,有自己的创意并成功地将其付诸实施的人们。

二、管理创新活动的组织

有效的管理者不仅要根据管理创新上述规律的要求对自己的工作进行创新,而且更主要的是组织下属的创新。管理创新不是计划和安排某个组织成员在某个时间去从事某种创新活动——这在某些时候也许是必要的,但更重要的是管理者要为部属的创新提供条件、创造环境,有效地组织企业系统内部的管理创新。

(一)正确理解和扮演"管理者"的角色

企业管理人员往往是保守的。他们以为企业雇佣自己的目的是维持组织的运行,因此自己的职责首先是保证预先制定的规则的执行和计划的实现。企业的活动不偏离计划的要求便是优秀管理的象征。因此,他们往往自觉或不自觉地扮演现有规章制度的守护神的角色。为了减少企业运行中的风险,防止大祸临头,他们往往对创新尝试中的失败吹毛求疵,随意惩罚在创新尝试中遭到失败的人,或轻易地奖励那些从不创新、从而从不冒险的人。显然,这样的管理者并不是现代企业所希求的。我们认为,企业管理人员必须自觉地带头创新,并努力为企业成员提供和创造一个有利于管理创新的环境,积极鼓励、支持、引导企业成员进行创新。

(二)创造促进管理创新的组织氛围

促进管理创新的最好方法是大张旗鼓地宣传创新、激发创新、树立"无功便是过"的观念，使每一个企业成员都奋发向上，努力进取，大胆尝试。要造成一种人人谈创新，到时时想创新，再到无处不创新的组织氛围，使那些无创新欲望或有创新欲望却无创造行动、从而无所作为者自己感觉到在组织中无立身之处，使每个人都认识到企业聘用自己的目的，不是简单地用既定的方式重复那些程序化的操作，而是希望自己去探索新的方法，找出新的程序。只有不断地去探索、去尝试，才有继续留在企业中的资格。

（三）制定有弹性的计划

管理创新意味着打破旧的规则，意味着时间和资源的计划外占用，因此，创新要求企业的计划必须具有弹性。

管理创新需要思考，思考需要时间。把每个人的每个工作日都安排得非常紧凑，对每个人在每时每刻都实行“满负荷工作制”，则管理创新的许多机遇便不可能发现，管理创新的构想也无条件产生。同时，管理创新需要尝试，而尝试需要物质条件和试验的场所。要求企业每个部门在任何时间都严格地制定和执行严密的计划，则创新会失去基地，而永无尝试机会的新构想就只能留在人们的脑子里或图纸上，不可能给企业带来任何实际的效果。因此，为了使人们有时间去思考、有条件去尝试，企业制定的计划必须具有一定的弹性。

（四）正确地对待失败

管理创新的过程是一个充满着失败的过程。管理创新者应该认识到这一点，创新的组织者更应该认识到这一点。只有认识到失败是正常的，甚至是必要的，管理人员才可能允许失败，支持失败，甚至是鼓励失败。当然，支持失败，允许失败，并不意味着鼓励企业成员去马马虎虎地工作，而是希望创新者在失败中取得有用的教训，学到一点东西，变得更加明白，从而使下次失败到创新成功的路程缩短。

（五）建立合理的奖励制度

要激励每个企业成员的管理创新热情，还必须建立合理的评价和奖励制度。管理创新的原动力也许是个人的成就感、自我实现的需要，但是如果创新的努力不能得到企业或社会的承认，不能得到公正的评价和合理的奖励，则继续创新的动力会渐渐失去。促进管理创新的奖励制度至少要符合下述条件：

1. 注意物质奖励与精神奖励的结合。奖励不一定是金钱上的，精神上的奖励也许比物质报酬更能满足驱动人们创新的心理需要。而且，从经济的角度来考虑，物质奖励的效益要低于精神奖励：金钱的边际效用是递减的，为了激发或保持同等程度的创新积极性，企业不得不支付越来越多的奖金。对管理创新者个人而言，物质上的奖励只在一种情况下才是有用的：奖金的多少首先被视作是衡量个人的工作成果和努力程度的标准。

2. 奖励不能视作“不犯错误的报酬”，而应是对待特殊贡献，甚至是对希望作出特殊贡献的努力的报酬。奖励的对象不仅包括成功以后的创新者，而且应当包括那些成功以前、甚至是没有获得成功的努力者。就企业的发展而言，也许重要的不是创新的结果，而是创新的过程。如果奖励制度能促进每个成员都积极地去探索和创新，那么对企业发展有利的结果是必然会产生的。

3. 奖励制度要既能促进内部的竞争，又能保证成员间的合作。内部的竞争与合作对管理创新都是重要的：竞争能激发每个企业成员的创新欲望，从而有利于创新机会的发现、创新构想的产生；而过度的竞争则会导致内部的各自为政，互相封锁；协作能综合各种不同的知识和能力，从而可以使每个创新构想都更加完善，但没有竞争的合作难以区别个人的贡献，从而会削弱个人的创新欲望。要保证竞争与合作的结合，在奖励项目的设置上，可考虑多设集体奖、少设个人奖，多设单项奖、少设综合奖；在奖金的数额上，可考虑多设小奖，少设甚至不设大奖，以给每一个人都有成功的希望，避免"只有少数人才能成功的超级明星综合症"，从而防止相互封锁和保密、破坏合作的现象。

第四节 创新技术简介

纵观组织管理发展历史，学者专家对人在创造性活动中的心理过程特征及心理障碍做了研究并在此基础上提出了一些创新技术和方法。

一、头脑风暴法

头脑风暴法的主要作用是给予鼓励，允许敞开思想，并创造机会和条件，为成员中富于创造力的人提供新的、适当的或间接的联想。具体内容参见第八章第二节。

【案例 12.5】

IDEO 的头脑风暴法①

由首席执行官大卫·凯勒于 1978 年成立的 IDEO 雇佣了 150 多名产品设计师，在 40 多个行业中设计了 3000 多种产品。

头脑风暴是他们公司运作的非常重要的组成部分。在 IDEO，头脑风暴是计划了的面对面会议来产生创意。为了新项目，最初几周会进行 2 次到 4 次头脑风暴，以后可能每月 1 次。

他们的原则是：(1)服从裁决；(2)建立在其他主意基础上；(3)一次有一个主题；(4)始终聚焦于主题；(5)鼓励激进的想法。这些原则被写在墙上并具有约束力。

头脑风暴法的一些利益为 IDEO 带来了增长。第一，这家公司容易获得设计产品的任务，被人们所记住，并为设计产品提供方案。第二，头脑风暴法增加了工作的多样性和兴趣。第三，当设计者意识到他们知道什么和不知道什么时会更加自信和谦虚，同时它帮助设计者获得灵感。第四，它鼓励人们尊重别人，同时在工作中得到别人的尊重，这样人们就能走出自己的小天地去贡献和帮助其他人。第五，它给顾客以深刻印象（我们应该为此欢呼）。第六，它产生了收入。顾客为头脑风暴会议付账，并且在所有行业的顾客都抱怨的情况下，IDEO 的顾客却很少抱怨，因为他们懂得它的价值。

设计结果如何呢？有许多例证。如苹果计算机的鼠标、佳洁士牙膏的牙膏桶、摩托头盔、一种屯子吉他、耐克太阳镜、亚明特玩具吉他的零件、一种疏通血管设备、捕鱼设备、史密斯滑雪护目镜以及联合收割机中的冷却器和椅子。

钢箱公司已经邀请 IDEO 保证他们将采取的革新，IDEO 现在正在运作三星大学来帮

① 纳斯鲍姆：《赢家：年度最佳产品设计赢家》，《商业周刊》1997 年 6 月。

助韩国公司。通过几年经营，IDEO 比其他设计公司获得了更多的商业周刊的优秀设计奖。

二、形态方格法

形态方格法也称形态分析法或信息交合术。这是美国加州理工大学瑞士裔美国人茨维基博士 1948 年所首创的一种方法。他把一种数学处理的技术以定性的方式，对一些复杂的问题或系统作系统研究。此技术现已被应用于许多方面，包括产品设计、技术革新、市场研究和社会问题分析。作为一种创新技术，其核心思想认为：许多发明创造的成果并非什么全新的东西，而只不过是旧事物的新组合。因此，如能对问题加以系统的分析和组合，便可大大提高创新成功的可能。

形态分析的主要过程如图 12-2 所示。其具体步骤如下：

1. 搞清所要解决的问题；
2. 确定与问题相关的重要独立要素或方面，列出各要素方面的所有可能形态及属性；
3. 将各独立要素及可能形态排列成矩阵形式；
4. 从各要素及属性中选取可能状态作任意组合，从而产生出解决问题的可能构想；
5. 对各构想作比较、评价，并选出最佳构想。

此技术是产生大量构想的理想工具，对于一些探索性的或寻求机会性质的问题最为适用。

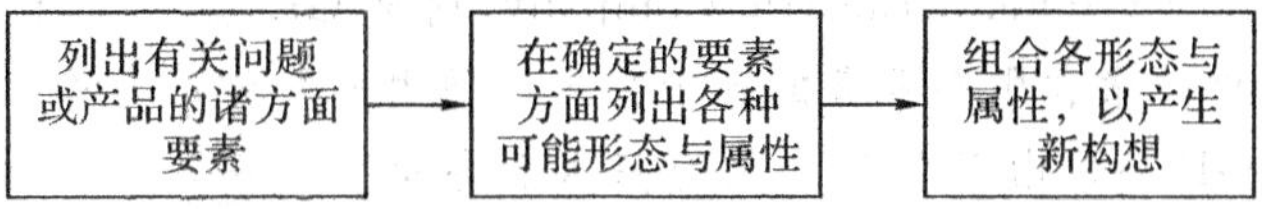

图 12-2 形态分析

三、综摄法

综摄法是以类比思考为核心的著名创新技术。该方法原先是由歌顿最早提出的，他观察了个人的创造活动，并推断了创造活动的心理过程，发现在创造活动中有几种心理状态会反复出现，如迷恋、清醒、拖延、遐想、超脱、快感等。人们只有达到这些境界，才能产生更大的创造力。这些心理过程同样也适用于集体创造活动，通过集思广益，其创造效率将更高。

这一方法的基本观点假设如下：

1. 人人都有创新能力，它并非少数人特有的神秘东西；
2. 人类的创造活动有共同的心理过程，这些心理过程是可以描述的；
3. 在创造活动过程中，非理性的和不自觉的感情因素比理智的理性因素更为重要；
4. 这种心理过程可以通过适当的方法加以训练并驾驭它；
5. 集体的创造过程可模仿个人的创造过程。

综摄法主要运用两大操作机制：

第一步，变陌生为熟悉。即对不熟悉的事物用熟悉的事物和知识去分析对待它。此机制主要是让人们能以新的方式观察问题，以便更好地理解它。

第二步，变熟悉为陌生。即对熟悉的事物和知识以不熟悉的态度来观察分析，从而启迪出创造性的设想来。其主要的目的是让解决问题者能够超脱问题本身，以便发现更具创新性的解决办法。

在上述过程中，综摄法主要运用类比和隐喻来分析问题和提出可能的答案。常用的类比手法有：

1. 个人类比，即把自己想象为自己的工作对象，并融入个人的感情和感觉，以求得对问题的洞察。

2. 直接类比，是把某一领域的事实、信息、知识和技术用于另一领域。在运用这一手段时，人们的经验与知识越丰富越好，以找出与手中问题有类似关系的现象。模仿生物界是直接类比的材料宝库。

3. 象征类比，就是以事物的抽象的象征物来表述事物的本质。例如，绿色会使人联想到生命。当然并非人人都有类似的感觉，且绿色和生命之间并没有必然的逻辑联系，但关键是它能触发由此而引起的联想。

4. 幻想类比，即用幻想表达个人所希望的、最理想的解决问题的方法。这是基于弗洛伊德的观念，即人的创造性思维和其希望完成创造的意愿有强烈的相关性。

【案例 12.6】

通用电器公司的管理创新[①]

美国通用电气公司(General Electric Company，简称 GE)是世界上最大的电器和电子设备制造公司及提供技术和服务业务的跨国公司。通用电气公司的总部位于美国康涅狄格州费尔菲尔德市。GE 公司由多个多元化的基本业务集团组成，如果单独排名，有 13 个业务集团可名列《财富》杂志 500 强。这家公司的电工产品技术比较成熟，产品品种繁多，据称有 25 万多种品种规格。它除了生产消费电器、工业电器设备外，还是一个巨大的军火承包商，制造宇宙航空仪表、喷气飞机引航导航系统、多弹头弹道导弹系统、雷达和宇宙飞行系统等。闻名于世的可载原子弹和氢弹头的阿特拉斯火箭、雷神号火箭就是这家公司生产的。

1879 年，爱迪生(Edison，1847—1931)创办了“爱迪生电力照明公司”。1880 年，白炽灯上市销售。1890 年，爱迪生已经将其各种业务组建成为爱迪生通用电气公司——一家私有的股份公司。他利用公司筹集资金从事电灯的研究。1891 年，爱迪生的细灯丝、高真空白炽灯泡获得专利。1892 年，由老摩根出资，汤姆·休斯顿公司与爱迪生电力照明公司合并共同成立了通用电气公司。就在这一年，GE 开发出第一台将机械能量转化为电能的设备。第一次世界大战后，该公司在新兴的电工技术部门——无线电方面居于统治地位，1919 年成立了一个子公司，即美国无线电公司，几乎独占了美国的无线电工业。第二次世界大战又使通用电气公司的产量和利润额急剧增长。在成立后的 100 多年里，通用拥有大量的创新实用技术，如第一台电动 X 光机、第一台电视机等等。从 1956 年开始建新厂生产导弹，并向外国提供核武器。GE 以各种方式吞并了国内外许多企业，攫取了许多企业的股份，1939 年国内所辖工厂只有三十几家，到 1947 年就增加到 125 家，1976 年底在国内 35 个州共拥有 224 家制造厂。在国外，它逐步合并了意大利、法国、德国、比利时、瑞士、英国、西班牙等国的电工企业。1972 年该公司在国外的子公司计有：欧洲 33 家、加拿大 10 家、拉丁美洲 24

---

① http://www.ge.com。http://wiki.mbalib.com。

家、亚洲11家、澳大利亚3家、非洲1家。到1976年底,它在24个国家共拥有113家制造厂,成为一个庞大的跨国公司。2005年GE在中国的销售收入达50亿美元。1896年,道琼斯工业指数榜设立,通用电气公司(GE)是当时榜上的12家公司之一,时至今日,它是唯一一个仍在指数榜上的公司。2004年,通用电气公司被美国著名财经杂志《财富》评为"最佳雇主和雇员公司";通用亦于2007年度《美国最受尊敬企业》排行榜里继续稳居榜首。GE在杂志《财富》全球最大500家公司排名中排名第12位,2007年度全年销售额为1785亿美元。2008年度全年销售额为1830亿美元,年度盈利为181亿美元。

GE不仅是技术的创新者和领导者,也是管理的创新者和领导者。由于GE经营多样化,品种规格繁杂,市场竞争激烈,它在管理方面经常是积极地从事改革。

20世纪30年代,GE提出养老金与利润分享计划,旨在与劳工建立合作关系,而此时,正是劳工关系十分紧张的年代。

20世纪50年代开始,GE采用了"集权化决策和分权经营"的事业部制管理模式,每个事业部都有一个利润中心。他们在全国范围内推广,制订了五卷蓝皮书,规定了经理的每一项行为的要求,同时采用分权的事业部制扩大事业。当时,整个公司一共分为20个事业部,每个事业部各自独立经营,单独核算。随着时间的推移,根据企业经营的需要,公司对组织机构不断进行调整。1963年,当波契(Boych)接任董事长时,公司的组织机构共计分为5个集团组、25个分部和110个部门。当时公司销售正处于停滞时期,五年内销售额大约只有50亿美元。到1967年以后,公司的经营业务增长迅速,几乎每一个集团组的销售额都达16亿美元。波契认为业务扩大之后,原有的组织机构已不能适应。于是把5个集团组扩充到10个,把25个分部扩充到50个,110个部门扩充到170个。他还改组了领导机构的成员,指派了8个新的集团总经理、33个分部经理和100个新的部门领导。同时还成立了由5人组成的董事会,他们的职责是监督整个公司,并为公司制定比较长期的基本战略。当时,GE占统治地位的管理哲学是"利润中心":如果你有一个好的想法,那么总部就会对你说,那好,你来领导这个部门,年终有好的业绩就行,这种高度分权的利润中心结构,在60年代曾大大促进了公司的发展。

20世纪60年代,GE率先实施战略管理。在此期间,GE和麦肯锡共同提出了战略分析的GE矩阵(参见第五章第一节),这项技术帮助企业找出最佳的业务单位组合。在60年代末,通用电气公司在市场上遇到威斯汀豪斯电气公司的激烈竞争,公司财政一直在赤字上摇摆。公司的最高领导为力挽危机,于1971年在企业管理体制上采取了一种新的战略性措施,即在事业部内设立"战略业务单位"(SBU)。一个战略业务单元,必须有一致的业务,相同的竞争对象,有市场重点以及所有的主要业务职能(制造、设计、财务和经销),所有这些都由战略业务单元的总经理负责,而运营仍由运营中心负责。这种"战略事业单位"是独立的组织部门,可以在事业部内有选择地对某些产品进行单独管理,以便事业部将人力物力能够机动有效地集中分配使用,对各种产品、销售、设备和组织编制出严密的有预见性的战略计划。这种"战略事业单位"可以和集团组相平;也可以相当于分部的水平,例如医疗系统、装置组成部分和化学与冶金等;还有些是相当于部门的水平如碳化钨工具和工程用塑料。由此GE建立了以战略业务单元与运营双重机构和双重任务的战略体系,即新建的战略业务单元是计划机构,其职责是制定战略,原有的组织机构的任务是执行战略。公司的领导集团很重视建立"战略事业单位",认为它是"十分有意义的步骤",对公司的发展是一个"重要的途径”。1971年,该公司在销售额和利润额方面都创出了纪录。从该公司60年代到70年代中迅速发展的情况看,这项措施确乎也起了不少作用。从1966年到1976年的11年中,通用电气公司的销售额增长了一倍,由71.77亿美元增加到156.97亿美元,纯利润由3.39亿美元增加到9.31亿美元。同时期内的固定资产总额由27.57亿美元上升到69.55亿美元。

20世纪70年代中期,美国经济又出现停滞,通用电气公司于1972年接任为董事长的琼(Jones),担心到80年代可能会出现比较长期的经济不景气,到1977年底他又进一步改组公司的管理体制,从1978年1月实行“执行部制”,也就是“超事业部制”。这种体制就是在各个事业部上再建立一些“超事业部”,来统辖和协调各事业部的活动,也就是在事业部的上面又多了一级管理。这样,一方面使最高领导机构可以减轻日常事务工作,便于集中力量掌握有关企业发展的决策性战略计划;一方面也增强了企业的灵活性。在改组后的体制中,董事长琼斯和两名副董事长组成最高领导机构执行局,专管长期战略计划,负责和政府打交道,以及研究税制等问题。执行局下面设5个“执行部”(即“超事业部”,包括消费类产品服务执行部、工业产品零件执行部、电力设备执行部、国际执行部、技术设备材料执行部),每个执行部由一名副总经理负责。执行部下共设有9个总部(集团),50个事业部,49个战略事业单位。各事业部的日常事务,以至有关市场、产品、技术、顾客等方面的战略决策,以前都必须向公司最高领导机构报告,而现在则分别向各执行部报告就行了。这5个执行部加上其他国际公司,分别由两位副董事长领导。此外,财务、人事和法律3个参谋部门直接由董事长领导。

1981年韦尔奇接替琼斯就任GE的第8任总裁,此时的通用电气已走过了117年历史。从1981年韦尔奇就任总裁到1998年,GE各项主要指标一直保持两位数的增长。在此期间,GE的年收益从250亿美元增长到1005亿美元,净利润从15亿美元上升为93亿美元,而员工则从40万人削减至30万人。到1998年底,GE的市场价值超过了2800亿美元,已连续多年名列“Fortune500”前列。1998年的上述业绩产生了达100亿美元的自由现金流量,再加上公司AAA级的债务首信度,使它能够在1998年度投资210亿美元收购108家公司,以支持全公司三大措施中的两项:全球化和服务。从所创下的股东收益方面来看,无论是微软公司的比尔·盖茨、英特尔的安德鲁·格罗夫,还是沃伦·巴菲特或者沃尔玛零售大王山姆·沃顿,都无法同杰克·韦尔奇相比。GE的股东通过公司的储蓄计划已拥有170亿美元以上的GE股票。1998年,GE股票每股的总回报率高达41%;而在过去18年中,GE给予股东的年均回报率为24%。18年来,尽管其他许多公司在严峻的全球经济中像多米诺骨牌一样纷纷倒台,它们的总裁也像走马灯似的频繁变换,可是韦尔奇始终领导着通用电气公司,并创造了收入和收益的一个又一个奇迹。韦尔奇为GE建立了有效的企业文化。成为第一批推行六西格玛管理和流程改造的企业。

(1)GE学习与参与制,保证战略制定的正确与有效的实施。所有管理人员都要参与战略计划地制定和学习,每年高级管理人员要集中4天时间研究和制定战略计划,428名战略经理要集中用2周时间全部完成战略计划地制定工作,全公司1万多名各级经理人员每年都要接受战略规划的训练。GE认为,这样做的时间代价虽大,但却是成功的关键。GE制定严格的计划时间表,以便对各种战略计划进行检查,并通过预算对不同的发展机会分配公司的资源。GE对战略计划进行严格的审查,为了使其付诸实施,通过预算对不同的发展机会分配资源，是为了从物质上保证战略性计划的实施。

(2)GE 建立网络系统，以提高管理效率。通用电气公司在管理中广泛应用电子计算机后，建立了一个网络系统，大大加速了工作效率。这个网络系统把分布在 49 个州的 65 个销售部门、分布在 11 个州的 18 个产品仓库，以及分布在 21 个州的 40 个制造部门(共 53 个制造厂)统统连接起来。在顾客打电话来订货时，销售人员就把数据输入这个网络系统，它就自动进行下一系列工作：如查询顾客的信用状况，并查询在就近的仓库有无这种产品的存货，在这两点得到肯定的回答以后，这个网络系统就同时办理接受订货、开发票、登记仓库账目，如果必要，还同时向工厂发出补充仓库存货的生产调度命令，然后通知销售人员顾客所需货物已经发货。这全部过程在不到 15 秒钟的时间内即可完成。还有一点值得注意的是，除了办事速度快以外，这个网络系统实际上已把销售、存货管理、生产调度等不同的职能结合在一起了。

(3)GE 建立有效的科研组织体制，以保证技术创新力。GE 也非常重视科研工作，而且已有悠久的历史。从公司成立后的第二年，就有一位德国青年数学家斯坦梅兹搞科研工作，1900 年即成立实验室。据 1970 年《美国工业研究所》报道，该公司共有 207 个研究部门，其中包括一个研究与发展中心，206 个产品研究部门。共有科研人员 17200 余人，占公司职工总人数的 4%。1973 年通用电气公司共有 31000 名获得技术学位的专业人员，其中半数以上从事研究与发展工作。1972 年，公司科研总费用超过 8 亿美元，其中 3 亿美元由本公司承担，5 亿美元主要用于和美国政府订立合同的研究与发展工作上。通用电气公司的科研工作分为基础理论和应用研究两个方面。它的研究与发展中心从事于这两方面的工作，而着重于基础理论研究，为全公司服务，同时对各行业共性的一些课题进行联合研究。这个研究与发展中心的前身是该公司在 1900 年成立的一个实验室，也是美国从事基础研究的第一家工业实验室。它的创始人是美国麻省理工学院的一位青年化学家怀特纳和通用电气公司的两名技术人员。这个实验室的早期研究工作主要是在电灯泡、X 射线管、闸流管及有关的化学、冶金方面进行基础研究。在两次世界大战中，这个研究实验室研究战争中使用的通讯和雷达装置。第二次世界大战末期，研究实验室的研究人员扩充到 600 多人。1968 年，这个研究实验室正式命名为研究与发展中心，到 1973 年共有工作人员 17000 人，其中 325 人是物理学博士。目前，由公司的一名副总经理兼任研究与发展中心主任。这个研究与发展中心下面设两个研究部：材料学与工程部(分 4 个研究室)以及物理科学与工程部(分 5 个研究室)。此外有 3 个行政管理部：①研究应用部，下设对外联络、计划分析、人事研究、情报研究等四个科室，负责将研究成果迅速推广到公司的各个生产部门，并在通用电气公司以外建立广泛的技术联系；②研究管理部，负责管理实验工厂及服务站，领导财会科、设备科和福利科；③法律顾问部，由 11 人组成，负责对专利的审议，发明的评价和专利应用方面的法律事务。此外，公司的 206 个产品研究部门则一般设在产品生产厂附近，研究人员大致在几十人到数百人之间，重点放在应用研究方面。

(4)GE 建立有效的人力资源管理系统，以提升人的创造力，调动人的主观能动性和积极性。GE 在管理企业过程中十分重视人的作用。他们认为，企业的成功取决于人力资源。因此从最高领导人到各级人事部门都很重视人及用人之道，并建立了整套人力资源管理制度，从职员的招收录用、培训、考核任免到奖惩、工资和解雇等方面，加强对人的科学管理，做到人尽其才，以确保通用公司在高度竞争的世界市场环境中居于领先地位。各级人事职员受业务部门和人事部门双重领导，关系隶属于人事部门。他们不集中办公，而是分散到各个业务部门中工作。由于通用电气公司人员流动大，调动频繁，每年约有45%的人员职务或职位有变动。人事工作人员的第一件事就是要熟悉和关心职员。一位人事部经理说："在一个家庭内，父母关心着每一个成员。同样在公司内，人事部门要以父母之情去关心公司的每一位职员，随时回答他们的问题，经常了解他们心里想什么、干什么和为什么，尽量帮助他们解决困难，使他们心情愉快地工作。"

人力资源部根据公司的生产、工作情况制定各部门人员编制。在定编定员时要与各用人单位协商，方案由各集团的总经理认可后执行。当缺员时，人力资源部首先在公司内部招聘，若内部不能招到合适人员，再向外边招聘。通用电气公司人事部门根据用人单位的要求，发出通知张贴在公司布告栏上或刊登在内部刊物上，说明工作性质、工资待遇及对应聘人员的要求，报名者需填写申请表、介绍本人学历、工作经历、能力、健康状况等。还要附原上司或他人的推荐信。人力资源部在对报名整理筛选后，通知报名人来公司，与用人单位共同进行面谈最后确定是否录用。受聘人如是中级管理人员，要经人事部门经理批准。一般情况下，公司内部人员流动是不受阻碍的，也有的部门规定必须在本单位工作两年以上才能调动。如果公司内无合适人选，则从外部招聘。GE在挑选学生时，采取两步面试办法，第一步由集团人事部门去校园筛选面试；第二步请初步入选的学生到公司由用人单位面试。同时制定出考核标准、评分标准和面试要求，最后组合各项评分，定出总分，择优录用。考核标准分为四大类：第一类是与人交往共事的技能；第二类是专业道德观念；第三类是组织能力；第四类是技术能力。面试人员提出各种问题，要求应试者回答。例如，考核对人的影响能力，要注意其讲话是否有趣味，能否吸引人。而考核与人共事能力，要了解是否主持过会议或家庭宴会等等。

通用电气公司用奖优惩劣来调动职工的工作热情。一般情况下，公司通过提高工资、晋升职务、发给奖金等手段来表扬和鼓励职员不断上进。但通用电气公司认为金钱不是万能的，对一个人的最大激励是给他们探索、创造的机会，让他们承担更重要的责任，给予他们荣誉。公司经常在各种范围的会议上，表扬那些工作优秀的职员，介绍他们的成就，并且由最高领导亲自授予证书、奖章。

通用电气对每个职员的考核是经常性、制度性的。每年初公司包括总经理在内的每个人都要制订目标工作计划，确定工作任务和具体工作制度。这个计划经主管经理审批并与本人协商确认后予以执行。每3个月进行一次小结，核查执行情况，并由经理写出评语，提出下一步工作改进要求。到年底作总结考核，先由本人填写总结表，按公司统一考核标准，衡量自己一年来工作完成情况，拟出自己应得的考评等级，并写出评价报告，对评为杰出人物的还要附上其贡献和成果报告，并提出对他们的使用建议和使用方向；对差等级的职员也要附有专门报告和使用建议。职员的评价报告要经本人复阅签字，然后由上一级经理批准。中层以上报告和使用要由上一级人事部门经理和集团副总经理批准。通用电气公司每年修订前一次的考核标准，使之逐步完善合理。考核与工资的升降相结合。标准分为5个等级：①杰出。具有超出完成正常工作定额的能力。经常对业务经营作出贡献，成为某一领域里的专家；能独立地用基础理论去解决本工作以外的问题；曾被委托执行高水平的工作且成绩显著；在很困难的环境中工作也从未产生问题；能够及时抓住具有首创性、挑战性的工作目标，并能取得成就。是一个精通业务、处理事务稳妥、有潜力的人。②优秀。在执行和完成具有挑战性工作的目标时工作出色，每一项课题或工作都能及时、彻底完成，成绩比预期要好；非常胜任本职工作，工作中能从全局出发；工作上值得信赖，只需要有限的辅导和监督。③良好。工作称职，具有足够的潜力去完成交与的任何工作任务，是承担项目的主要业务骨干；工作质量和数量上都比较完善，不需要过多的辅导和监督。④及格。经常不能满足所承担的职务上的要求；不具备独立工作能力，必须在辅导和监督下完成工作。假如适当调整到新的工作岗位，改进他们的工作，有可能成为好职员。⑤不合格。不能完成工作定额，产品经常不合格；不具备独立工作能力，过分依赖于辅导和监督，自己不知道去做好工作。调换了工作岗位仍无济于事，没有改进工作表现的可能。公司的职员每年经考核后，确定等级。在审查全部考核评价表以后，因人事部门按照要求和公司的工作需要，将提高工资和提拔职务的职员分类，分别提升、晋级、培训。第三至第五级的人员将获得职务或工资上的提升，第五级的职员要受到超级提拔。对待后两级职员不是简单地辞退了事，而是首先搞清楚他们工作不好的原因，然后给予他们再工作6个月的机会，让他们改进工作。在改进工作期间，公司对这部分人分三种情况处理：①重新分配工作；②减少他们原承担的责任，降级使用；③工作无法改进则解雇。除了晋升和提高工资外，奖金也是一种奖励手段。通用电气公司的奖金是和部门的经济利益相联系的。每年的奖金按级别不同而有所差异。总公司副总裁兼各集团总裁每年的奖金是其年薪的30%；集团副总裁每年的奖金是其年薪的20%；集团其他高级经理每年的奖金是其年薪的10%。在鼓励的同时，通用电气公司制定了非常严格的惩罚条件，以约束公司职员的言行，一旦有人违犯，轻则罚款，重则解雇。凡因违犯而被解雇的职员，很难再找到满意的工作，因而这种情况很少出现。

GE从长期的实践中深深懂得了人才是他们成功之保证。拥有世界上第一流的技术和管理人才，使GE能在激烈竞争中保持不败并处于领先地位。但它并不满足于已经取得的胜利，而是更注意创造条件去迎接未来更激烈的竞争。优秀的人才是未来胜利的保障。所以GE不惜花大量经费、人力用于职工的教育与培训事业，以期保持领先地位和管理现代化，不断扩大市场，提高效益。正如GE所言：光有远大的理想还不够。想象力必须受到道德规范、合规和诚信原则的约束。GE的高标准并没有限制创造性，相反，它吸引了一批与众不同的员工，他们中的每一个人每一天都在为构建更加出色的公司，乃至更加美好的世界而努力。

问题：

1. 你认为GE成功的经验有什么值得学习的？

2. GE的创新能力来源于何处？在互联网上查阅资料，你发现他们在管理上进行了哪些新的创新？

3. GE的管理创新中哪些是属于古典管理理论，哪些是属于行为管理理论？请解释。

4. 如何用权变的理论解释GE的管理变革？

5. GE的人力资源管理系统对你有什么启示？你认为成为一名优秀的GE员工应具备什么条件？

【管理实践练习 1】

设计管理方案

精美食品有限公司是一家有着 20 年发展历史的食品生产经营企业。进入 20 世纪 90 年代中期，面对需求不断扩大、多样化程度不断提高、市场竞争加剧的行业形势，2004 年公司决策层出于提升产品品质、开发新产品的考虑，决定通过银行贷款 2000 万元，投巨资引进国外先进生产线，对生产设备和工艺进行技术改造。这对当时净资产只有 1300 万元的精美食品公司来说，技术改造资金投入巨大，公司资产负债率偏高，投资风险陡增。伴随着技术改造项目的完成，精美公司产品的质量提高了，新产品的开发速度加快了。但由于市场竞争的进一步加剧，公司市场营销力量相应没有增强，公司产品的销售额并没有多大提高。到 2008 年，面对资金周转不良带来的沉重还贷压力，公司的经营发展陷入了困境。

分析：

从管理创新的角度，剖析精美公司经营中存在的问题。请你为该公司提供一套你认为比较合理的管理方案，以帮助该企业摆脱困境。

【管理实践练习 2】

1. 从互联网上查阅有关管理的方法，发现一项你认为以前没有注意或学到过的管理方法，了解方法的原理与应用，以 5 个左右同学一组，进行小组交流与讲解，将其中大家都感觉较新较实用的方法选出，进行班上交流。

2. 采访一位管理者，询问他认为比较实用的一种管理方法，了解这种方法的具体应用案例，查阅有关理论，对这一管理方法的理论与应用用简洁明了的语言加以表述。

3. 你认为在目前多变的社会中，管理者应如何开展管理创新？你有自己的想法吗？

【复习思考题】

1. 什么是创新？它与发明、创造有何区别？

2. 企业管理创新涉及哪些方面的内容？

3. 如何理解企业管理创新的主体？为什么说企业管理者和员工也能成为管理创新的主体？

4. 管理创新过程包括哪几个阶段？

5. 试评价头脑风暴法、形态方格法及综摄法的优点、局限及其适用对象。

附　录

附录一　阅读材料

之一

上汽集团原总裁胡茂元喜欢讲故事，他针对不同的问题曾经讲述过许多故事。听一听胡茂元讲的有针对性的故事，你会受到很大启发。

[故事一]香草冰淇淋与“蒸汽锁”

针对用户满意工程，胡茂元讲了发生在美国通用汽车公司的一个真实故事：

一天，一个客户写信给美国通用汽车公司的庞帝雅克部门，抱怨道：他家习惯每天在饭后吃冰淇淋。最近买了一部新的庞帝雅克后，每次只要他买的冰淇淋是香草口味，从店里出来车子就发动不着。但如果买的是其他口味，车子发动就很顺利。庞帝雅克派一位工程师去查看究竟，发现确是这样。这位工程师当然不相信这辆车子对香草过敏。他经过深入了解后得出结论，这位车主买香草冰淇淋所花的时间比其他口味的要少。原来，香草冰淇淋最畅销，为便利顾客选购，店家就将香草口味的特别分开陈列在单独的冰柜，并将冰柜放置在店的前端；而将其他口味的冰淇淋放置在离收银台较远的地方。深入调查发现，问题出在“蒸汽锁”上。当这位车主买其他口味时，由于时间较长，引擎有足够的时间散热，重新发动时就没有太大的问题。买香草冰淇淋由于花的时间短，引擎还无法让“蒸汽锁”有足够的散热时间。

[故事二]阿吉里斯的脚后跟

针对“零缺陷”管理，胡茂元讲述了“阿吉里斯的脚后跟”的故事：

古希腊神话中有一位伟大的英雄阿吉里斯，他有着超乎普通人的神力和刀枪不入的身体，在激烈的特洛伊之战中无往不胜，取得了赫赫战功。但就在阿吉里斯攻占特洛伊城奋勇作战之际，站在对手一边的太阳神阿波罗却悄悄一箭射中了伟大的阿吉里斯。在一声悲凉的哀叹中，强大的阿吉里斯竟然倒下去了。原来这支箭射中了阿吉里斯的脚后跟，这是他全身惟一的弱点，只有他的父母和天上的神才知道这个秘密。在他还是婴儿的时候，他的母亲海洋女神特提斯就曾捏着他的右脚后跟，把他浸在神奇的斯堤克斯河中，被河水浸过的身体变得刀枪不入，近乎于神。可那个被母亲捏着的脚后跟由于浸不到水，成了阿吉里斯全身惟一的弱点。母亲造成的这惟一弱点要了儿子的命！

[故事三]天堂与地狱

在谈到上汽集团中外合资合作的成功经验时，胡茂元讲了这样一个寓言：

有人和上帝讨论天堂和地狱的问题。上帝对他说："来吧！我让你看看什么是地狱。"他们走进一个房间。一群人围着一大锅肉汤，但每个人看上去一脸饿相，瘦骨伶仃。他们每个人都有一只可以够到锅子的汤勺，但汤勺的柄比他们的手臂还长，自己没法把汤送进嘴里。有肉汤喝不到肚子，只能望"汤"兴叹，无可奈何。"来吧！我再让你看看什么是天堂。"上帝把这个人领入另一房间。这里的一切和上一个房间没什么不同。一锅汤、一群人、一样的长柄汤勺，但大家都身宽体胖，正在快乐地歌唱着幸福。"为什么？"这个人不解地问道："为什么地狱的人喝不到肉汤，而天堂的人能喝到肉汤？"上帝微笑着说："很简单，在这儿，他们每个人都会喂别人。"

[故事四]胖子和瘦子

针对上汽集团要不要"走出去"的问题，胡茂元讲了"胖子和瘦子"的故事：

胖子和瘦子比踩铁轨走路，看谁走得快，走得远。胖子体胖，腿短；瘦子体轻，腿长。大伙儿说，不用比，胖子肯定输，瘦子准能赢。比赛结果却出人意料：瘦子输了，胖子赢了。这是怎么回事呢？这是因为，瘦子是低着头走，眼看着两脚战战兢兢地踩在窄窄的铁轨上，挺危险的，所以越看心越颤，越走腿越软，走一步摇三摇，既走不快也走不远。而胖子呢？圆圆滚滚的大肚子挡住了胖子往下看的视线，铁轨瞅不着，他只能朝前看，往前走。胖子只看"前途"，没看到危险，在铁轨上走得很轻松，大步流星，几步就把瘦子甩到了后面。

[故事五]羚羊与猎豹赛跑

在谈到要不要拥有自己的技术开发能力时，胡茂元讲了这样一个故事：

每当太阳从地平线上升起，草原上的猎豹们就开始寻觅他们最喜欢吃的食物——羚羊，而羚羊更是高度警惕，时时小心。多少年来，从它们出现在这片草原上，就开始了这种速度和生存能力的竞争，到如今，它们都已经成为这个地球上跑得最快的动物。小猎豹问妈妈："为什么我们总要奔跑？"猎豹告诉它："孩子，我们一定要注意那些羚羊，它们就是我们赖以生存的食物。你必须学会和提高奔跑的能力，这样你才不会被饿死。"小羚羊问妈妈："为什么我们总是在奔跑？"羚羊说："因为每时每刻，我们的敌人——猎豹都在等待着机会。我们只有不断地奔跑和躲闪才能保证每天生命的延续。而且我们要争取跑得更快，因为猎豹跑输一次，最多意味着它们这次捕捉失败，只是少了一顿午餐，下次还有机会。但对我们而言，多的就是一次继续生存下去的机会，我们也才能再次看到明天的太阳。这就是为什么我们要比猎豹跑得更快的原因啊。"

[故事六]人对了，世界就对了

2002 年 7 月，上汽集团按照全球化思路重新勾画发展蓝图，力图到 2007 年跻身世界

500 强。那么,靠什么来实现这一宏伟目标呢?胡茂元讲了一个"拼地图"的故事:

一天早晨,一个牧师正在准备明天的讲道词。太太出去买东西了,小儿子约翰哭着嚷着要去迪斯尼乐园。为了转移儿子的注意力,牧师将一幅色彩缤纷的世界地图撕成许多小碎片,对儿子说:"小约翰,你如果能把这张世界地图拼起来,我就带你去迪斯尼乐园。"牧师以为这件事会使约翰花费大半个上午的时间,但不到十分钟,小约翰便拼好了。每一片碎纸片都整整齐齐地排列在一起,整张世界地图又恢复了原状。牧师很吃惊,问道:"孩子,你怎么拼得这么快?"小约翰回答:"很简单呀!地图的另一面是一个人的照片,我先把这个人的照片拼到一块,然后把它翻过来。我想,如果这个人拼对了,那么,这张世界地图也该是对的。"牧师忍不住笑了起来,决定马上带儿子去迪斯尼乐园,因为儿子给了他明天讲道的题目:人对了,世界就对了。

之二

[故事一]男孩的裤子

有一个男孩子第一次买到一条长裤,穿上一试,裤子长了一些。他请奶奶帮忙把裤子剪短一点,可奶奶说,眼下的家务事太多,让他去找妈妈。而妈妈回答他,今天她已经同别人约好去玩桥牌。男孩子又去找姐姐,但是姐姐有约会,时间就要到了。这个男孩子非常失望,担心明天穿不上这条裤子,他就带着这种心情入睡了。

奶奶忙完家务事,想起了孙子的裤子,就去把裤子剪短了一点;姐姐回来后心疼弟弟,又把裤子剪短了一点;妈妈回来后同样也把裤子剪短了一点。

可以想象,第二天早上大家会发现这种没有管理的活动所造成的恶果。

由上述例子可以看出,任何集体活动都需要管理。在没有管理活动协调时,集体中每个成员的行动方向并不一定相同,以至于可能互相抵触。即使目标一致,由于没有整体的配合,也达不到总体的目标。

——美国国际商业机器公司的创办人托马斯(Thomas J. Walson)

[故事二]谁动了我的奶酪

再完美的计划也时常遭遇不测,生活并不是笔直通畅的走廊,让我们轻松自在地在其中旅行。生活是一座迷宫,我们必须从中找到自己的出路,我们时常会陷入迷茫,在死胡同中搜寻。但如果我们始终深信不疑,有一扇门就会向我们打开,它或许不是我们曾经想到的那扇门,但我们始终会发现,它是一扇有益的门。

我们多面的人性

简单的一面和复杂的一面

故事中虚构的 4 个角色:老鼠嗅嗅和匆匆、小矮人哼哼和唧唧。用来代表我们的不同方面,即我们简单的一面和复杂的一面。

我们每个人都具有这些不同的方面,不论我们的年龄、性别、种族、国籍如何。有时我们的行为像嗅嗅:他能够及早地嗅出变化的气息;或者像匆匆:他能够迅速开始行动;或者像哼哼:他因为害怕变化而否认和拒绝变化,这会使事情变得更糟;或者像唧唧:当他看到变化会使事情变得更好时,能够及时地调整自己去适应变化!

不管我们选择哪一面,我们都有共同的方面,那就是:需要在迷宫中找到我们自己的道路，帮助我们在变化的年代获得成功。

——节选自约翰逊《谁动了我的奶酪》

[故事三] 怎样给猎狗分骨头

猎人带着猎狗去森林中打猎，猎狗将兔子赶出了窝，一直追赶它，追了很久仍没有抓到。后来兔子一拐弯，不知道跑什么地方去了。猎人看到这种情景，讥笑猎狗说："小的反而跑得快多了。"猎狗回答说："你不知道我们两个的'跑'是完全不同的！我仅仅为了一顿饭而跑，而它却为了性命而跑呀。"

猎人想，猎狗说得也对。我要想得到更多的猎物，就得想个好办法，让猎狗也为自己的生存奋斗。猎人思前想后，觉得有必要给猎狗引入竞争机制，在竞争中表现优秀的会得到更多的奖赏。

于是，猎人就多买了几条猎狗，并规定凡是能够在打猎中抓到兔子的，就可以得到5根骨头，抓不到兔子的就没有饭吃。刚开始猎狗们很反感，但随着时间的推移，也逐渐适应了这种机制。这一招果然奏效，猎狗们纷纷努力去追兔子，因为谁也不愿意看见别人吃骨头，自己没有吃的。

过了一段时间，问题又出现了，猎人发现虽然每天都能捕到五六只兔子，但兔子个头却越来越小。原来有些善于观察的猎狗，发现大的兔子跑得快，逃跑的经验非常丰富，而小兔逃跑速度相对比较慢，逃跑的经验也少，所以小兔子比大兔子好抓多了。而猎人对于猎狗的奖赏是根据其抓到兔子的数量计算的，不管兔子的大小，那些观察细致的猎狗最先发现了这个窍门。

猎人对猎狗们说："最近你们抓的兔子越来越小了，为什么？"

猎狗们说："反正大小对奖惩没有影响，为什么要去抓大的呢？"

猎人决定改革奖惩办法，按照兔子的重量来计算给猎狗的食物。这样改革后，猎狗们都尽量去抓大的兔子。这一招好像起到了很好的作用。

过了一段时间，猎人发现邻居家的猎狗和自己的一样多，可抓到的兔子却比自己多得多。猎人很奇怪，就去问邻居。邻居介绍说："我的猎狗中有能力强的，有能力差的。我就让能力强的去帮助能力差的，让它们之间互相学习。另外，我将猎狗编成几组，每一组猎狗分工配合，这样，抓到的兔子数量就明显上升了。"

猎人觉得这样的方法非常好，回家后也决定让自己的猎狗互相学习，互相配合，并将猎狗编成几个小组。实行一段时间后，猎人发现效果一点也不好，猎狗们根本就没有学习的积极性，每个小组抓到的兔子数量反而没有以前单干时抓到的多。是哪里出了问题呢？

让猎狗们互相学习，提高抓兔子的本领，这点肯定没错；将猎狗分成几组，分工配合，应该也没有错，因为猎人的邻居就是这样做的呀。猎人决定和猎狗们开会讨论，猎人对猎狗说道："我让你们互相学习，提高抓兔子的技能，你们为什么不愿意学习呢？另外，为什么配合起来还不如单干的时候成绩好呢？"

猎狗说："抓兔子已经很辛苦了，学习还要占用我们的时间，抓到的兔子当然少了，但骨头还是按照以前的分配方式，你让我们怎么愿意去学习呢？另外，你将我们编成几组，分骨头的时候却没有考虑到我们是怎样分配工作的，我们每个小组内部经常为分骨头而打架，你让我们怎么合作？"

猎人觉得猎狗说得也有道理，决定彻底改革分骨头的办法。不管猎狗每天能否抓到兔子，都给固定数量的骨头，抓到兔子以后，还有另外的奖赏。但是仔细一想，还有很多问题，因为现在是按照小组来工作的，小组中有的猎狗负责追赶兔子，有的负责包抄，有的负责在外围巡逻，防止兔子从包围圈中逃跑。每个小组按照抓到的兔子来领取奖赏，小组内部应该怎样分配呢？骨头数量是永远不变，还是过一段时间调整一次？分工不同的猎狗得到的固定骨头数是否该一样呢？猎狗会不会自己跑出去抓兔子，而不上缴呢？

面临着一系列的问题，这回猎人可犯难了。

这是一个关于绩效考核与激励机制建立的典型案例，请各位讨论！

[故事四]秀才买柴

有一个秀才去买柴，他对卖柴的人说："荷薪者过来！"卖柴的人听不懂"荷薪者"（担柴的人）3 个字，但是听得懂"过来"两个字，于是把柴担到秀才前面。

秀才问他："其价如何？"卖柴的人听不太懂这句话，但是听得懂"价"这个字，于是就告诉秀才价钱。

秀才接着说："外实而内湿，烟多而焰少，请损之（你的木柴外表是干的，里头却是湿的，燃烧起来，会浓烟多而火焰小，请减些价钱吧）。"卖柴的人因为听不懂秀才的话，于是担着柴就走了。

管理者平时最好用简单的语言、易懂的言词来传达讯息，而且对于说话的对象、时机要有所掌握，有时过分的修饰反而达不到想要完成的目的。

[故事五]分粥

有 7 个人曾经住在一起，每天分 1 大桶粥。要命的是，粥每天都是不够的。一开始，他们抓阄决定谁来分粥，每天轮 1 个。于是乎每周下来，他们只有 1 天是饱的，就是自己分粥的那一天。后来他们开始推选一个道德高尚的人出来分粥。强权就会产生腐败，大家开始挖空心思去讨好他，贿赂他，搞得整个小团体乌烟瘴气。然后大家开始组成 3 人的分粥委员会及 4 人的评选委员会，但他们常常互相攻击，扯皮下来，粥吃到嘴里全是凉的。最后想出来一个方法：轮流分粥，但分粥的人要等其他人都挑完后拿剩下的最后一碗。为了不让自己吃到最少的，每人都尽量分得平均，就算不平，也只能认了。大家快快乐乐，和和气气，日子越过越好。

同样是 7 个人，不同的分配制度，就会有不同的风气。所以一个单位如果有不好的工作习气，一定是机制问题，一定是没有完全公平、公正、公开，没有严格的奖勤罚懒。如何制定这样一个制度，是每个领导需要考虑的问题。

[故事六]表演大师

有一位表演大师上场前，他的弟子告诉他鞋带松了。大师点头致谢，蹲下来仔细系好。等到弟子转身后，又蹲下来将鞋带解松。有个旁观者看到了这一切，不解地问："大师，您为什么又要将鞋带解松呢？"大师回答道："因为我饰演的是一位劳累的旅者，长途跋涉让他的鞋带松开，可以通过这个细节表现他的劳累憔悴。""那你为什么不直接告诉你的弟子呢？""他能细心地发现我的鞋带松了，并且热心地告诉我，我一定要保护他这种热情的积极性，及时地给他鼓励,至于为什么要将鞋带解开,将来会有更多的机会教他表演,可以下一次再说啊。"

[故事七]只要我比你快

两个人在森林里,遇到了一只大熊。A就赶紧从背后取下一双更轻便的运动鞋换上。B急死了,骂道:"你干吗呢,再换鞋也跑不过熊啊!"A说:"我只要跑得比你快就好了。"

[故事八]垂钓者的启示

经常,有人觉得自己的条件与竞争对手相同,甚至乎,还比对方优胜,为什么成绩总是不及他呢?这儿有个心灵故事,希望大家读后,能启发一些思绪,自我找到答案。

有位年轻人在岸边钓鱼,邻旁坐着一位老人,也在钓鱼。两人坐得很近。奇怪的是,老人家不停有鱼上钩,而年轻人一整天都未有收获。他终于沉不住气,问老人:"我们两人的钓饵相同,地方一样,为何你轻易钓到鱼,我却一无所获。"

老人从容答道:"我钓鱼的时候,不知道有我,不知道有鱼;我不但手不动,眼不眨,连心也似乎静得没有跳动,令鱼也不知道我的存在,所以,它们咬我的鱼饵;而你心里只想着鱼吃你的饵没有,连眼也不停地盯着鱼,见有鱼上钩,心有急躁,情绪不断变化,心情烦乱不安,鱼不让你吓走才怪,又怎会钓到鱼呢?"

一个人能知道自己的短处,胜券才多把握;只看到别人的成就,而不知人家背后成功的原因,已输了一半;若此时不知检讨,只懂嫉妒或自怨自艾,那就输定了。

[故事九]因为少了一个马掌钉

1485年,为抢夺英王国的权杖,国王查理三世与公爵亨利在互相厮杀了三十年后,决定拼死一战。两军对垒,查理三世气宇轩昂,步步紧逼,胜利在望。突然,战马一个趔趄,查理三世跌翻倒地,众官兵误以为统帅中箭阵亡,顿时军心大乱,慌作一团。亨利趁势反攻,杀死查理三世,转败为胜。

查理三世缘何一失足成千古恨?原来,决战前夕,马夫在给查理三世的战马替换铁掌时,发现少了一枚铁钉,一时寻觅不得,便草率地将就过去。谁料在总攻的关键时刻,那只少钉一枚铁钉的马掌松掉了,战马跌翻在地,查理也被掀在地上。莎士比亚留下了"马,马,一马失社稷!"的名句。

一枚铁钉的缺失,造成一顶王冠易主。从那时起,人们就说:少了一个铁钉,丢了一只马掌;少了一只马掌,丢了一匹战马;少了一匹战马,败了一场战役;败了一场战役,失了一个国家。所有的损失都是因为少了一个马掌钉。

见微知著,细节折射出人的品质。这个故事告诫人们要重视细节,防微杜渐。一些细小的因素,看似毫不起眼,却往往决定着事情的成败。中国谚语"一着不慎,满盘皆输"和"差之毫厘,失之千里"说明的是同样的道理。

松下幸之助曾说:"无视细节的企业,它的发展必定在粗糙的砾石中停滞。"

精细化管理时代已经到来,唯有重视细节,在每一个细节上精益求精,才能在竞争中取胜。

[故事十]　蝴蝶效应

1979 年,洛伦兹在华盛顿的美国科学促进会上演讲时提出:一只蝴蝶在巴西扇动翅膀会在得克萨斯引起龙卷风。他的演讲和结论给人们留下了深刻的印象。从此以后,人们将这种由一个极小的原因,经过一定的时间,在其他因素的参与与作用下,发展成为巨大和复杂的后果的现象称为"蝴蝶效应"。

混沌理论认为在混沌系统中,初始条件十分微小的变化经过不断的放大,对未来可能产生巨大的影响。蝴蝶效应的科学内涵和哲学魅力便一直发人深省。

[故事十一]　一枝铁钉的故事

在工厂的入口处,有一枝生了锈的大铁钉被丢弃竖立在那里。员工进进出出,一般不外发生下列情形:第一种员工是根本没看见,便抬脚横跨而过;第二种员工看到了铁钉,也警觉到它可能产生的危险,不过这种员工所持的态度又可能出现三种不同的类型:第一类心想别人会捡起来,只要自己小心,实在不必庸人自扰,于是视若无睹,改道而行;第二类会认为自己现在太忙,还有很多要事待解决,等办完事后再来处理那根铁钉;第三类则抱着谨慎、事不宜迟的态度,马上弯腰捡起并妥善处理。

若将上述的大铁钉比作是企业的问题的话,那么,第一种员工是浑浑噩噩过日子的人,对环境的变化不敏感,只关心局部的工作,不能发现问题所在。第二种员工虽对问题有警觉,视其行动内容又可归为三类人。第一类属于敷衍自私型,一切行动以自己利益为考量,只扫自家门前雪,不管他人瓦上霜,拔一毛以利天下之事,他根本不屑为之,只解决他认为是自己负责的问题,这类员工的发展具有很大的局限性;第二类是消极推托型的人,凡事能推即推,且找出一堆借口来搪塞,与第一类员工一样前途有限;第三类则为积极负责型的人,这种类型的员工具备许多重要的好意识和行为,如"问题意识"、"危机意识"、"责任意识"、"时间意识"等,是企业所殷切想网罗且引以为荣的人才。

[故事十二]　付出与索取

一个人在沙漠中行走了两天。途中遇到沙暴。一阵狂风吹过之后,他已经无法辨别前进的方向,漫无目的地在沙漠中走了很久,最后食物和水都用完了。

他饥渴难忍,当他快支持不住的时候,突然发现了一幢废弃的小屋。他拖着疲惫的身子走进了屋内。这是一间不通风的小木屋,里面堆了一些枯朽的木材。他几乎绝望地走到屋角,却意外地发现了一台抽水机。

他兴奋地上前汲水,可是无论他怎么用力,却抽不出半滴水来。他颓然坐在地上,却看见抽水机旁的墙壁上,挂着一个用软木塞堵住瓶口的小瓶子,瓶上贴了一张泛黄的纸条,纸条上写着:你必须用水灌入抽水机才能引水!不要忘了,在你离开前,请再将水装满!他拔开瓶塞,发现瓶子里果然装满了水!

他实在渴得难受,恨不得马上把那瓶水喝下去。他的内心十分矛盾:如果自私点,只要将瓶子里的水喝掉,他就不会渴死,就能活着走出这间屋子!如果照纸条做,把瓶子里唯一的水,倒入抽水机内,万一水一去不回,他就会渴死在这个地方了。"到底要不要冒险?"最后,他决定把瓶子里仅有的水,全部灌入看起来破旧不堪的抽水机里,手颤抖着,一丝不苟地汲水,水真的大量涌了出来!

他兴奋地喝足水后，又用瓶子装满水，再用软木塞封好，然后在原来那张纸条后面，又加上他自己的话：相信我，真的有用。

可以想象得到那个人在水涌出来的刹那间是怎样的一种心情，是兴奋，是感激，是重获新生的悲喜交加！它告诉人们在取得之前，要先学会付出。虽然我们知道没有一种收获是不需要付出的，舍得舍得，有舍才有得，但我们却时常会患得患失，得失难取。

［故事十三］ 选择越多越好吗

有选择好，选择愈多愈好，这几乎成了人们生活中的常识。但是最近由美国哥伦比亚大学、斯坦福大学共同进行的研究表明：选项愈多反而可能造成负面结果。科学家们曾经做了一系列实验，其中有一个让一组被测试者在6种巧克力中选择自己想买的，另外一组被测试者在30种巧克力中选择。结果，后一组中有更多人感到所选的巧克力不大好吃，对自己的选择有点后悔。

另一个实验是在加州斯坦福大学附近的一个以食品种类繁多闻名的超市进行的。工作人员在超市里设置了两个吃摊，一个有6种口味，另一个有24种口味。结果显示有24种口味的摊位吸引的顾客较多：242位经过的客人中，60%会停下试吃；而260个经过6种口味的摊位的客人中，停下试吃的只有40%。不过最终的结果却是出乎意料：在有6种口味的摊位前停下的顾客30%都至少买了一瓶果酱，而在有24种口味摊位前的试吃者中只有3%的人购买东西。

太多的东西容易让人游移不定，拿不准主意。同理，对于管理者，太多的意见也会混淆视听。不要以为越多的人给出越多的意见就是好事，其实往往适得其反，由于每个人看问题的角度不同，给出意见的动机也不尽相同，所以太注重听取别人的意见很容易让自己拿不定主意。在征求意见之前，我们必须要有一个属于自己的坚定的信念，要明确最终的目的是什么，这样才能在众多的声音中保持清醒的头脑，找出最适合企业发展的金玉良言。

［故事十四］ 农民与骡子

一位农民和儿子到离村12里地的城镇去赶集。开始时老农骑着骡子，儿子跟在骡后面走。没走多远，就碰到一位年轻的母亲，她指责农夫虐待他的儿子。农夫不好意思地下了骡，让给儿子骑。走了一公里，他们遇到一位老和尚，老和尚见年轻人骑着骡，而让老者走路，就骂年轻人不孝顺。儿子马上跳下骡，看着他父亲。两人决定谁也不骑。两人又走了四里地，碰到一学者，学者见两人放着骡不骑，走得气喘吁吁的，就笑话他们放着骡不骑，自找苦吃。农夫听学者这么说，就把儿子托上骡，自己也翻身上骡。两人一起骑着骡又走了三里地，碰到了一位外国人，这位外国人见他们两人合骑一头骡，就指责他们虐待牲口！

请问你若是那位老农，你会怎么做？

［故事十五］ 蜥蜴与环境

森林里，住着三只蜥蜴。其中一只看着自己的身体和周围环境大不相同，便对另外两只蜥蜴说：“我们住在这里太不安全了，要想办法改变环境才可以。”说完，这只蜥蜴便开始大兴土木起来。另一只蜥蜴看了说，“这样太麻烦了，环境有时不是我们能改变的，不如我们另外找一个地方生活。”说完，它便拎起包袱走了。第三只蜥蜴，也看了看四周，问道：“为什么一定要环境适应我们，为什么不改变自己来适应环境呢？”说完，它便借着阳光和阴影，慢慢地改变自己的肤色。不一会儿，它渐渐在树干上隐没了。

为了生存，第一只蜥蜴要主动改变环境；第二只蜥蜴不能（不想）改变环境，只想（能）逃避；而第三只蜥蜴却主动改变自己的肤色去适应环境。

任何一个企业与个人都生存在激烈的竞争环境中，不同的企业或个人有不同的适应环境的方法：有的主动改变环境；有的逃避环境；有的主动改变自己去适应环境。这和蜥蜴应对环境的做法一致。你选择哪一种？

[故事十六]　木桶原理

盛水的木桶是由许多块木板箍成的，盛水量也是由这些木板共同决定的。若其中一块木板很短，则此木桶的盛水量就被短板所限制。这块短板就成了这个木桶盛水量的“限制因素”（或称“短板效应”）。若要使此木桶盛水量增加，只有换掉短板或将短板加长才成。此外，一只木桶能装多少水，不仅取决于每一块木板的长度，还取决于木板间的结合是否紧密。如果木板间存在着缝隙，缝隙越大越无法装水，缝隙过大时，甚至一滴水都没有。想要制造一个容水更多的木桶，必须有更多紧密联接的木板组成，木板之间的相互牵制作用会更大。人们把这一规律总结为“木桶原理”或“木桶定律”。

对于一个企业而言，每个部门是组成这个大木桶的不可缺少的一块木板，企业的竞争力取决于各部门的优秀表现，通力合作和紧密配合；对于一个部门而言，每个员工是组成这个大木桶的不可缺少的一块木板，同样需要每个员工优秀的表现、通力的合作和紧密的配合。

[故事十七]　山雀与红嘴知更鸟

在 20 世纪初的英国，送货上门的瓶装牛奶是没有瓶盖的，于是山雀和红嘴知更鸟便学会了从瓶子中吸食浮在牛奶表面奶油的“绝技”。为了解决这个问题，牛奶分销商采用了铝盖密封的办法，山雀与红嘴知更鸟也就没有了“免费早餐”。大约 20 年之后，人们发现当地有 100 万只左右的山雀学会了如何刺穿瓶盖吸食奶油，在继续享受着“免费早餐”，而红嘴知更鸟却只有少数学会，始终没有扩大到大多数。

生物学家发现，山雀是一种好交际的鸟类，它们每年都会以 8～10 只为一群，一起进行长达两三个月的长途迁徙，鸟群之间有时会相互交流，鸟群成员也在不断地变换。相比而言，红嘴知更鸟则是一种固守自己领地的封闭型鸟类，一只雄性的知更鸟会排斥自己领地上的所有其他同类，红嘴知更鸟之间很少交流，仅有的少量交流也常常是对抗性和充满敌意的。

[故事十八]　三只老鼠

三只老鼠一同去偷油喝。找到了一个油瓶，三只老鼠商量，一只踩着一只的肩膀，轮流上去喝油。于是三只老鼠开始叠罗汉，当最后一只老鼠刚刚爬到另外两只的肩膀上，不知什么原因，油瓶倒了，最后，惊动了人，三只老鼠逃跑了。回到老鼠窝，大家开会讨论为什么会失败。

最上面的老鼠说，我没有喝到油，而且推倒了油瓶，是因为下面第二只老鼠抖动了一下。第二只老鼠说，我抖了一下，但我感觉到第三只老鼠也抽搐了一下，我才抖动了一下。第三只老鼠说："对，对，我因为好像听见门外有猫的叫声，所以抖了一下。""哦，原来如此呀！"

企业里很多人也具有老鼠的心态。请听一次企业的季度会议：营销部门的经理A说："最近销售做得不好，我们有一定责任，但是最主要的责任不在我们，竞争对手纷纷推出新产品，比我们的产品好，所以我们很不好做，研发部门要认真总结。"研发部门经理B说："我们最近推出的新产品是少，但是我们也有困难呀，我们的预算很少，就是少得可怜的预算，也被财务削减了！"财务经理C说："是，我是削减了你的预算，但是你要知道，公司的成本在上升，我们当然没有多少钱。"这时，采购经理D跳起来："我们的采购成本是上升了10%，为什么，你们知道吗？俄罗斯一个生产铬的矿山爆炸了，导致不锈钢价格上升。"经理A、经理B、经理C一起说："哦，原来如此呀。这样说，我们大家都没有多少责任了，哈哈哈哈！"人力资源经理E说："这样说来，我只好去考核俄罗斯的矿山了！！"

事情的发生总是由一定的相关因素促成的，人们很容易为成败找到一个客观原因的借口，却忘了去分析自己主观的过失！

[故事十九] 没有问题是最大的问题

有一位企业管理顾问师，看到一个企业家在餐厅的角落独自喝着闷酒，愁眉不展。顾问师趋前道："你一定有什么难解的问题，让我来帮您忙！"企业家看了顾问师一眼，冷冷地说："我的问题太多了！没有人能帮我的忙。"这位热心的顾问师掏出名片，要这个企业家明天到他的办公室去一趟。

次日，企业家依约前往，但顾问师并没有替他做企业诊断及分析，只要求他一起到附近某处。企业家不知道顾问师葫芦里在卖什么药，但仍与他同去。

顾问师用车带他到荒郊野地。顾问师下了车子，指着前面的坟场对企业家说："躺在这里的人统统是没有问题的。不管您的问题怎么多、如何大，只要有问题，就有存活的希望。"

企业家这才恍然大悟，立刻心悦诚服地接受顾问师的诊断与辅导。

有位企业家说："没有一家公司是没有问题的，自称没有问题的公司，一定大有问题。"经营任何企业，改善原本就是无止境的，自称公司没有问题的人，不是太自满，就是太无知，这正表明那是一家有问题的公司。

[故事二十]"热炉"法则

每个单位都有自己的"天条"及规章制度，单位的任何人触犯了都要受到惩罚。

"热炉"法则形象地阐述了惩处原则：

(1)热炉火红，不用手摸也知道炉子是热的，是会灼伤的——警告性原则。领导者要经常对下属进行规章制度教育，以警告或劝诫不要触犯规章制度，否则就会受到惩处。

(2)每当你碰到热炉，肯定会被灼伤。也就是说，只要触犯单位的规章制度，就一定会受到惩处。

(3)当你碰到热炉时，立即就被灼伤——即时性原则。惩处必须在错误行为发生后立即进行，决不拖泥带水，决不能有时间差，以便达到及时改正错误行为的目的。

(4)不管谁碰到热炉，都会被灼伤——公平性原则。

[故事二十一]多1毫米

美国有一家牙膏公司，产品优良，包装精美，深受广大消费者的喜爱，营业额蒸蒸日上。记录显示，前十年每年的营业增长率为100%，令董事部雀跃万分。不过，业绩进入第十一年、第十二年及第十三年时，则停滞下来，每个月维持同样的数字。董事部对此三年业绩表现感到不满，便召开全国经理级高层会议，以商讨对策。

会议中，有名年轻经理站起来，对董事部说："我手中有张纸，纸里有个建议，若您要使用我的建议，必须另付我5万元！"总裁听了很生气，说："我每个月都支付你薪水，另有分红、奖励，现在叫你来开会讨论，你还要另外5万元，是否过分？""总裁先生，请别误会。若我的建议行不通，您可以将它丢弃，一毫钱也不必付。"年轻的经理解释说。"好！"总裁接过那张纸后，阅毕，马上签了一张5万元支票给那年轻经理。

那张纸上只写了一句话：将现有的牙膏开口扩大1毫米。总裁马上下令更换新的包装。试想，每天早上，每个消费者多用1毫米牙膏，每天牙膏消费量将多出多少倍呢？一个小小的改变，往往会引起意料不到的效果。这个决定，使该公司第十四年的营业额增加了32%。

[故事二十二]狗熊救火

一只狗熊正在草丛中睡觉，忽然森林着起了大火，它急忙爬起来，准备救火，可是又不知道怎么救。这时，一只松鼠告诉它水能救火，狗熊急忙捡起地上的一只罐头盒，到河边打水，可是当把这点儿水浇到火上根本无济于事，反而火苗更高了。狗熊急忙又打了一罐，就这样反反复复折腾了一个多小时，最后狗熊累得趴在地上起不来了，森林也被烧光了。狗熊有气无力地说："吃一堑，长一智，我知道了，水是根本救不了火的。"

有的企业领导总是在抱怨，为什么高薪聘请的人才不能为公司创造很多的价值，从而在抱怨中认定高薪人才未必真有学识，最后否定人才的作用，走向了一个极端，其实这是极为错误的观念。企业如果出现这样的问题，作为领导来说，首先要自问，你为人才做了些什么，是什么原因造成人才发展的瓶颈。

[故事二十三]林肯的决策

美国总统林肯，在他上任后不久，有一次将六个幕僚召集在一起开会。林肯提出了一个重要法案，而幕僚们的看法并不统一，于是七个人便热烈地争论起来。林肯在仔细听取其他六个人的意见后，仍感到自己是正确的。在最后决策的时候，六个幕僚一致反对林肯的意见，但林肯仍固执己见，他说："虽然只有我一个人赞成但我仍要宣布，这个法案通过了。"

表面上看，林肯这种忽视多数人意见的做法似乎过于独断专行。其实，林肯已经仔细地了解了其他六个人的看法并经过深思熟虑，认定自己的方案最为合理。而其他六个人持反对意见，只是一个条件反射，有的人甚至是人云亦云，根本就没有认真考虑过这个方案。既然如此，自然应该力排众议，坚持己见。因为，所谓讨论，无非就是从各种不同的意见中选择出一个最合理的。既然自己是对的，那还有什么好犹豫的呢？众人的决策并不一定是正确的选择，关键在于决策者对事物有自己正确的判断。

[故事二十四] 生命的价值

在一次讨论会上，一位著名的演说家没讲一句开场白，手里却高举着一张20美元的钞票。

面对会议室里的200个人，他问："谁要这20美元?"一只只手举了起来。他接着说："我打算把这20美元送给你们中的一位，但在这之前，请准许我做一件事。"他说着将钞票揉成一团，然后问："谁还要?"仍有人举起手来。

他又说："那么，假如我这样做又会怎么样呢?"他把钞票扔到地上，又踏上一只脚，并且用脚碾它。尔后他拾起钞票，钞票已变得又脏又皱。

"现在谁还要?"还是有人举起手来。

"朋友们，你们已经上了一堂很有意义的课。无论我如何对待那张钞票，你们还是想要它，因为它并没贬值，它依旧值20美元。人生路上，我们会无数次被自己的决定或碰到的逆境击倒、欺凌甚至碾得粉身碎骨。我们觉得自己似乎一文不值。但无论发生什么，或将要发生什么，在上帝的眼中，你们永远不会丧失价值。在他看来，肮脏或洁净，衣着齐整或不齐整，你们依然是无价之宝。"

[故事二十五]一道测试题

这是一家公司招收新职员时其中的一道测试问题：你做一道题吧，测试一下看看你是不是通得过自己对自己的考验。

你开着一辆车。在一个暴风雨的晚上。你经过一个车站。有三个人正在等公共汽车。一个是快要死的老人，很可怜的。一个是医生，他曾救过你的命，是大恩人，你做梦都想报答他。还有一个女人(男人)，她(他)是那种你做梦都想嫁(娶)的人，也许错过就没有了。但你的车只能坐一个人，你会如何选择？请解释一下你的理由。

在你看下面的话之前仔细考虑一下。

每一个回答都有他自己的原因。老人快要死了，你首先应该救他。你也完全有理由先让那个医生上车，因为他救过你，你认为这是个报答他的好机会。同时有些人认为一样可以在将来某个时候去报答医生。你一旦错过了这个机会，你可能永远不能遇到一个让你这么心动的人了。

在200个应征者中，只有一个人被雇用了，他并没有解释他的理由，他只是写了以下的话："给医生车钥匙，让他带着老人去医院，而我则留下来陪我的梦中情人一起等公车!"每个我认识的人都认为以上的回答是最好的，但很少的人开始就能想到。因为我们从未想过要放弃我们手中已经拥有的优势(车钥匙)，因为我们有太多的思维定势。有时，如果我们能放弃一些我们的固执、狭隘和一些优势的话，我们能改变一些固有的观点，我们可能会得到更多。

[故事二十六]独木桥的走法

弗洛姆是美国一位著名的心理学家。一天，几个学生向他请教：心态对一个人会产生什么样的影响?

他微微一笑，什么也不说，就把他们带到一间黑暗的房子里。在他的引导下，学生们很快就穿过了这间伸手不见五指的神秘房间。接着，弗洛姆打开房间里的一盏灯，在这昏黄如烛的灯光下，学生们才看清楚房间的布置，不禁吓出一身冷汗。原来，这间房子的地面就是一个很深很大的水池，池子里蠕动着各种毒蛇，包括一条大蟒蛇和三条眼镜蛇，有好几条毒蛇正高高地昂着头，朝他们“滋滋”地吐着信子。就在这蛇池的上方，搭着一座很窄的木桥，他们刚才就是从这座木桥上走过来的。

弗洛姆看着他们，问：“现在，你们还愿意再次走过这座桥吗？”大家你看看我，我看看你，都不作声。

过了片刻，终于有3个学生犹犹豫豫地站了出来。其中一个学生一上去，就异常小心地挪动着双脚，速度比第一次慢了好多；另一个学生战战兢兢地踩在小木桥上，身子不由自主地颤抖着，才走到一半，就挺不住了；第三个学生干脆弯下身来，慢慢地趴在小桥上爬了过去。

“啪”，弗洛姆又打开了房内另外几盏灯，强烈的灯光一下子把整个房间照耀得如同白昼。学生们揉揉眼睛再仔细看，才发现在小木桥的下方装着一道安全网，只是因为网线的颜色极暗淡，他们刚才都没有看出来。弗洛姆大声地问：“你们当中还有谁愿意现在就通过这座小桥？”

学生们没有作声。“你们为什么不愿意呢？”弗洛姆问道。“这张安全网的质量可靠吗？”学生心有余悸地反问。

弗洛姆笑了：“我可以解答你们的疑问了。这座桥本来不难走，可是桥下的毒蛇对你们造成了心理威慑，于是，你们就失去了平静的心态，乱了方寸，慌了手脚，表现出各种程度的胆怯——心态对行为当然是有影响的。”

[故事二十七]成功与失败的差异

两个同龄的年轻人同时受雇于一家店铺，并且拿同样的薪水。

可是叫阿诺德的小伙子青云直上，而那个叫布鲁诺的小伙子却仍在原地踏步。

布鲁诺很不满意老板的不公正待遇。终于有一天他到老板那儿发牢骚了。老板一边耐心地听着他的抱怨，一边在心里盘算着怎样向他解释清楚他和阿诺德之间的差别。

“布鲁诺先生，”老板开口说话了，“您今早到集市上去一下，看看今天早上有什么卖的。”

布鲁诺从集市上回来向老板汇报说，今早集市上只有一个农民拉了一车土豆在卖。

“有多少？”老板问。

布鲁诺赶快戴上帽子又跑到集市上，然后回来告诉老板一共40口袋土豆。

“价格是多少？”布鲁诺又第三次跑到集市上问来了价钱。

“好吧，”老板对他说，“现在请您坐到这把椅子上一句话也不要说，看看别人怎么说。”

阿诺德很快就从集市上回来了，并汇报说到现在为止只有一个农民在卖土豆，一共40口袋，价格是多少多少；土豆质量很不错，他带回来一个让老板看看。这个农民一个钟头以后还要弄来几箱西红柿，据他看价格非常公道。昨天他们铺子的西红柿卖得很快，库存已经不多了。他想这么便宜的西红柿老板肯定会要进一些的，所以他不仅带回了一个西红柿做样品，而且把那个农民也带来了，他现在正在外面等回话呢。

此时老板转向了布鲁诺，说：“现在您肯定知道为什么阿诺德的薪水比您高了吧？”

[故事二十八] 猴子的命运

有一只猴子正在被一只狮子追赶，强烈的求生欲望使它拼命地向前跑，好不容易看到了一处山崖，山崖上挂着一条树藤，猴子仿佛看到了一线生的希望，它抓住树藤竭力往上爬。

爬了一会儿，它低头看看，狮子已经赶到，正虎视眈眈地看着自己。猴子想："看来狮子是吃不了我了，只要我不掉下去。"正想稍稍喘口气，这时它突然发觉上面正有只老鼠在啃树藤，它又感到一阵恐惧，不知道如何是好，因为到山顶还有一段很长的距离，可下面又没有退路，它感觉十分迷茫，四处寻找新的逃生机会。突然它被不远处的一片红红的果子吸引住了，那是诱人的草莓，这时它感到自己又饥又渴，它设法去采摘这些草莓，那草莓的美味让它忘却了刚刚的烦恼……

人们常常为一时的诱惑而迷失方向，或失去了目标，或忘记了潜在的危险。

之三

欲做精金美玉的人品，定从烈火中煅来；思立掀天揭地的事功，须向薄冰上履过。

一念错，便觉百行皆非，防之当如渡海浮囊，勿庸一针之罅漏；万善全，始得一生无愧。修之当如凌云宝树，须假众木以撑持。

忙处事为，常向闲中先检点，过举自稀。动时念想，预从静里密操持，非心自息。

为善而欲自高胜人，施恩而欲要名结好，修业而欲惊世骇俗，植节而欲标异见奇，此皆是善念中戈矛，理路上荆棘，最易夹带，最难拔除者也。须是涤尽渣滓，斩绝萌芽，才见本来真体。

遇大事矜持者，小事必纵弛；处明庭检饰者，暗室必放逸。君子只是一个念头持到底，自然临小事如临大敌，坐密室若坐通衢。

酷烈之祸，多起于玩忽之人；盛满之功，常败于细微之事。故语云："人人道好，须防一人着恼；事事有功，须防一事不终。"

从静中观物动，向闲处看人忙，才得超尘脱俗的趣味；遇忙处会偷闲，处闹中能取静，便是安身立命的工。

昼闲人寂，听数声鸟语悠扬，不觉耳根尽彻；夜静天高，看一片云光舒卷，顿令眼界俱空。

立身不高一步立，如尘里振衣、泥中濯足，如何超达？处世不退一步处，如飞蛾投烛、羝羊触藩，如何安乐？

学者要收拾精神并归一处。如修德而留意于事功名誉，必无实谊；读书而寄兴于吟咏风雅，定不深心。

福莫福于少事，祸莫祸于多心。惟少事者方知少事之为福；惟平心者始知多心之为祸。

处治世宜方，处乱世当圆，处叔季之世当方圆并用。待善人宜宽，待恶人当严，待庸众之人宜宽严互存。

我有功于人不可念，而过则不可不念；人有恩于我不可忘，而怨则不可不忘。

心地干净，方可读书学古。

害人之心不可有，防人之心不可无，此戒疏于虑者。宁受人之欺，毋逆人之诈，此警伤于察者。二语并存，精明浑厚矣。

遇欺诈的人，以诚心感动之；遇暴戾的人，以和气熏蒸之；遇倾邪私曲的人，以名义气节激励之。天下无不入我陶熔中矣。

宠辱不惊，闲看庭前花开花落；去留无意，漫随天外云卷云舒。

节选自：洪应明《菜根谭》

之四

道，可道，非恒道。名，可名，非恒名。无名，天地之始；有名，万物之母。故常无欲，以观其妙；常有欲，以观其徼。此两者同出而异名，同谓之玄。玄之又玄，众妙之门。

上善若水。水善利万物而不争，居众人之所恶，故几于道。居善地，心善渊，与善仁，言善信，政善治，事善能，动善时。夫唯不争，故无尤。

视之不见，名曰微；听之不闻，名曰希；搏之不得，名曰夷。此三者，不可致诘，故混而为一。其上不皎，其下不昧，绳绳兮不可名，复归于物。是谓无状之状，无物之象，是谓惚恍。迎之不见其首，随之不见其后。执古之道，以御今之有。能知古始，是谓道纪。

“曲则全，枉则直，洼则盈，敝则新，少则得，多则惑。”是以圣人抱一为天下式。不自见，故明；不自是，故彰；不自伐，故有功；不自矜，故长。夫唯不争，故天下莫能与之争。古之所谓“曲则全”者，岂虚言哉！诚全而归之。

企者不立；跨者不行；自见者不明；自是者不彰；自伐者无功；自矜者不长。其在道也，曰馀食赘形，物或恶之，故有道者不居。

善行，无辙迹；善言，无瑕谪；善数，不用筹策；善闭，无关楗而不可开；善结，无绳约而不可解。是以圣人常善救人，故无弃人；常善救物，故无弃物。是谓神明。故善人者，不善人之师；不善人者，善人之资。不贵其师，不爱其资，虽智大迷。是谓要妙。

将欲取天下而为之，吾见其不得已。天下神器，不可为也。为者败之，执者失之。物，或行或随，或嘘或吹，或强或羸，或挫或隳。是以圣人去甚，去奢，去泰。

知人者智，自知者明；胜人者有力，自胜者强。知足者富。强行者有志。不失其所者久。死而不亡者寿。

上德不德，是以有德；下德不失德，是以无德。上德无为而无以为；下德无为而有以为。上仁为之而无以为；上义为之而有以为。上礼为之而莫之应，则攘臂而扔之。故失道而后德，失德而后仁，失仁而后义，失义而后礼。夫礼者，忠信之薄，而乱之首。前识者，道之华，而愚之始。是以大丈夫居其厚，不居其薄；居其实，不居其华。故去彼取此。

反者道之动；弱者道之用。天下万物生于有，有生于无。

天下之至柔，驰骋天下之至坚。无有入无间。吾是以知无为之有益。不言之教，无为之益，天下希及之。

祸兮，福之所倚；福兮，祸之所伏。

人之生也柔弱，其死也坚强。草木之生也柔脆，其死也枯槁。故坚强者死之徒，柔弱者生之徒。是以兵强则灭，木强则折，强大居下，柔弱居上。

信言不美，美言不信。善者不辩，辩者不善。知者不博，博者不知。圣人不积，既以为人己愈有，既以与人己愈多。天之道，利而不害；圣人之道，为而不争。

节选自：老子《道德经》

附录二 管理学基本概念中英文目录索引

1. 管理 Manage(1. 1)
2. 管理的目标 Objective of management (1. 1)
3. 组织绩效 Organization performance(1. 1)
4. 效益 Effectiveness(1. 1)
5. 效率 Efficiency(1. 1)
6. 管理的二重性 Twoness of management(1. 1)
7. 经济人假设 Hypothesis of economic man(1. 1)
8. 社会人假设 Hypothesis of social man(1. 1)
9. 自我实现人假设 Hypothesis of self-actualizing man(1. 1)
10. "复杂人"假设 Hypothesis of complex man(1. 1)
11. 管理职能 Management functions(1. 2)
12. 计划 Plan(1. 2)
13. 组织 Organize(1. 2)
14. 指挥 Command(1. 2)
15. 协调 Coordinate(1. 2)
16. 控制 Control(1. 2)
17. 计划职能 Planning(1. 2)
18. 组织职能 Organizing(1. 2)
19. 领导职能 Leading(1. 2)
20. 控制职能 Controlling(1. 2)
21. 管理学 Management(1. 3)
22. 操作者 Operatives(2. 1)
23. 管理者 Manager(2. 1)
24. 高层管理者 Top managers(2. 1)
25. 中层管理者 Middle managers(2. 1)
26. 基层管理者 Fist-line managers(2. 1)
27. 倒金字塔管理法 Pyramid Upside Down
28. 综合管理者 Synthesis managers(2. 1)
29. 职能管理者 Function managers(2. 1)
30. 组织层次 Organizational levels(2. 1)
31. 管理者的角色 The role of the manager(2. 1)
32. 人际关系角色 Interpersonal roles(2. 1)
33. 挂名首脑 Figurehead(2. 1)
34. 信息情报方面的角色 Informational roles(2. 1)
35. 监听者 Monitor(2. 1)
36. 谈判者 Negotiator(2. 1)
37. 决策方面的角色 Decisional roles(2. 1)
38. 企业家 Entrepreneur(2. 1)
39. 调解人 Disturbance handler (2. 1)
40. 资源分配者(Resource allocator (2. 1)
41. 谈判者 Negotiator (2. 1)
42. 组织规模 Organizational sale(2. 1)
43. 价值取向 Value orientation(2. 1)
44. 管理者素质 Stuff of managers(2. 2)
45. 智力商数 Intelligence Quotient,IQ(2. 2)
46. 情商 Emotional Intelligence,EI(2. 2)
47. 情感智力 Emotional Quotient,EQ(2. 2)
48. 管理技能 Management skill(2. 2)
49. 技术技能 Technical sill(2. 2)
50. 人际技能 Human sill(2. 2)
51. 概念技能 Conceptual sill(2. 2)
52. 劳动分工 Divide of labor(3. 1)
53. 古典管理理论 Classical management perspective (3. 2)
54. 科学管理理论 Scientific management theory (3. 2)
55. 泰罗制 Taylor's Principles(3. 2)
56. 动作研究 Motion study(3. 2)
57. 一般管理理论 General administrative theory (3. 2)
58. 管理原则 Principles of management(3. 2)
59. 行政组织理论 Administrative organization theory(3. 2)
60. 古典组织理论 Classical organization theory (3. 2)
61. 行政管理 Administrative management(3. 2)
62. 行为科学理论 Behavior science theory(3. 3)
63. 霍桑效应 Hawthorne effect(3. 3)
64. X—Y 理论 Theory X and Theory Y(3. 3)
65. X 理论 Theory X (3. 2)
66. Y 理论 Theory Y(3. 2)
67. 管理理论丛林 Management theory jungle(3. 4)
68. 管理过程学派 Management process school(3. 4)

69. 人际关系学派 Human relation school(3.4)
70. 人际关系 Human relation(3.4)
71. 群体行为学派 Group behavior school(3.4)
72. 经验或案例学派 Empirical or case approach (3.4)
73. 社会系统学派 Social systems school(3.4)
74. 社会合作系统学派 Social cooperate systems school(3.4)
75. 社会技术系统学派 Social technical systems theory(3.4)
76. 系统管理学派 Systems theory school(3.4)
77. 决策理论学派 Decision theory school(3.4)
78. 管理科学学派 Management science school(3.4)
79. 权变理论学派 Contingencies theory school(3.4)
80. 权变 Contingencies(3.4)
81. 经理角色学派 Manager role school(3.4)
82. 组织再造 Organization reengineering(3.4)
83. 公司再造 Company reengineering(3.4)
84. 流程管理 Manage through process,MTP(3.4)
85. 准时生产 Just-in-time,JIT(3.4)
86. 学习型组织 Learning organization(3.4)
87. 终身学习 Lifelong learning(3.4)
88. E化学习 E-learning(3.4)
89. 战略联盟 Strategic alliance (3.4)
90. 虚拟组织 virtual organization(3.4)
91. 标杆管理 Benchmarking(3.4)
92. 六西格玛管理方法 Six sigma discipline(3.4)
93. 无边界管理 Borderless management(3.4)
94. 现代管理学 Modern management(3.4)
95. 超现代管理学 Hyper-modern management(3.4)
96. 后现代管理学 Post-modern management(3.4)
97. 管理环境 Managerial environment(4.1)
98. 外部环境 External environment(4.1)
99. 内部环境 Internal environment(4.1)
100. 特殊任务环境 Specific environment(4.1)
101. 一般环境因素 General environmental factors (4.1)
102. 宏观环境因素 Macro environmental factors (4.1)
103. 直接作用因素 Direct-action factors(4.1)
104. 间接作用因素 Indirect-action factors(4.1)
105. 环境的复杂性 Environmental complexity(4.1)
106. 动态环境 Dynamic environment(4.1)
107. PEST 分析法 PEST(political,economic,social,technological) (4.2)
108. 政治与法律环境 Political & legal environment (4.2)
109. 经济环境 Economic environment(4.2)
110. 社会环境 Social environment(4.2)
111. 技术环境 Technological environment(4.2)
112. 供应商 Suppliers(4.2)
113. 服务对象 Service object(4.2)
114. 顾客 Customers(4.2)
115. 竞争对手 Competitors(4.2)
116. 潜在竞争对手 Potential competitors(4.2)
117. 战略合作伙伴 Strategic partners(4.2)
118. 政府管理部门 Governments(4.2)
119. 利益团体 Interest groups(4.2)
120. 竞争环境 Competitive environment(4.2)
121. 竞争意识 Competitive intelligence(4.2)
122. 进入障碍 Barriers to entry(4.2)
123. 规模经济 Economies of scale(4.2)
124. 范围经济 Economies of scope(4.2)
125. 政府管理部门 Government management department(4.2)
126. 特殊利益团体 Special-interest groups(4.2)
127. 组织文化 Organizational culture(4.3)
128. 环境设计 Design for environment(4.3)
129. 社会责任 Social responsibility(4.4)
130. 社会义务 Social obligation(4.4)
131. 社会响应 Social responsiveness(4.4)
132. 企业社会责任 Corporate social responsibility,CSR(4.4)
133. 企业利益相关者 Stakeholders(4.4)
134. 障碍法 Obstructionist Approach (4.4)
135. 防御法 Defensive Approach (4.4)
136. 接纳法 Accommodative Approach(4.4)
137. 主动法 Proactive Approach(4.4)
138. 管理道德 Management ethics(4.4)
139. 社会道德 Societal ethics(4.4)
140. 职业道德 Professional ethics(4.4)
141. 个人道德 Individual ethics (4.4)
142. 道德规范 Morality rule(4.4)
143. 伦理 Ethics(4.4)
144. 全球化 Globalization(4.5)
145. 全球组织模式 Global organization model(4.5)

146. 全球性组织 Global organization(4.5)
147. 全球性外包 Global outsourcing(4.5)
148. 全球战略 Global strategy(4.4)
149. 战略 Strategy(5.1)
150. 战略管理 Strategic management(5.1)
151. 战略意图 Strategic intent(5.1)
152. 愿景 Vision(5.1)
153. 使命 Mission(5.1)
154. 战略方针 Strategic guideline (5.1)
155. 战略指导思想 Strategic guiding thoughts(5.1)
156. 战略目标 Strategic objectives (5.1)
157. 战略步骤 Strategic steps(5.1)
158. 战略重点 Strategic Focus (5.1)
159. 战略措施 Strategic measure(5.1)
160. 公司层次战略 Corporate-lever strategy(5.1)
161. 企业战略 Enterprise strategy(5.1)
162. 经营单位战略 Business-lever strategy(5.1)
163. 业务战略 Strategy business unit,SBU(5.1)
164. 职能战略 Functional-lever strategy(5.1)
165. 发展型战略 Growth strategy(5.1)
166. 进攻型战略 Attack strategy(5.1)
167. 稳定型战略 Stability strategy(5.1)
168. 防御型战略 Defense strategy(5.1)
169. 撤退型战略 Retreat strategy(5.1)
170. 收缩型战略 Retrenchment strategy(5.1)
171. 专业化战略 Strategy of specialization(5.1)
172. 多元化经营战略 Strategy of diversification (5.1)
173. 垂直多元化战略 Strategy of vertical diversification(5.1)
174. 前向一体化战略 Forward integration strategy (5.1)
175. 后向一体化战略 Backward integration strategy (5.1)
176. 水平多元化战略 Strategy of horizontal diversification(5.1)
177. 综合多元化战略 Strategy of conglomerate diversification(5.1)
178. 成本领先战略 Overall cost leadership strategy (5.1)
179. 差异化 Differentiation(5.1)
180. 差异化战略 Differentiation strategy(5.1)
181. 集中战略 Concentration strategy(5.1)
182. SWOT 分析 SWOT analysis(5.1)
183. 机会 Opportunities(5.1)
184. 威胁 Threats(5.1)
185. 优势 Strengths(5.1)
186. 劣势 Weaknesses(5.1)
187. 风险 Venture(5.1)
188. 波士顿矩阵 BCG Matrix(5.1)
189. 问题型业务 Question marks business unit (5.1)
190. 明星型业务 Stars business unit(5.1)
191. 现金牛业务 Cash cows business unit(5.1)
192. 瘦狗型业务 Dogs business unit(5.1)
193. GE 矩阵 GE Matrix(5.1)
194. 麦肯锡矩阵 Mckinsey Matrix(5.1)
195. 战略制定 Strategy formulation(5.1)
196. 核心竞争力 Core competence(5.1)
197. 战略实施 Strategy implementation(5.1)
198. 应急战略 Emergent strategy(5.1)
199. 预定战略 Deliberate strategy(5.1)
200. 战略控制 Strategic control(5.1)
201. 预测 Forecasting(5.2)
202. 长期预测 Long-time forecast(5.2)
203. 中期预测 Metaphase forecast(5.2)
204. 短期预测 Short-time forecast(5.2)
205. 定性预测 Qualitative forecast(5.2)
206. 德尔菲法 Dalphi method(5.2)
207. 集合意见法 Gathering ideas(5.2)
208. 头脑风暴法 Brainstorming(5.2)
209. 名义群体法 Nominal group technique(5.2)
210. 电子会议法 Electronic meeting(5.2)
211. 定量预测 Quantitative forecast(5.2)
212. 时间序列法 Time series analysis models(5.2)
213. 指数平滑法 Exponential smoothing technique (5.2)
214. 因果分析法 Cause and effect analysis models (5.2)
215. 回归分析预测法 Regression models(5.2)
216. 决策 Decision(5.3)
217. 古典决策理论 Classical decision theory(5.3)
218. 理性假设 Assumptions of Rationality(5.3)
219. 古典决策模型 Classical decision-making model (5.3)
220. 行政决策理论 Administration decision theory

(5.3)
221. 行为决策理论 Behavioral decision theory(5.3)
222. 前景理论 Prospect theory(5.3)
223. 有限理性 Bounded rationality(5.3)
224. 博弈论 Game theory(5.3)
225. 局中人 Players(5.3)
226. 策略 Tactics(5.3)
227. 得益 Payoffs(5.3)
228. 战略决策 Strategic decision(5.3)
229. 战术决策 Tactics decision(5.3)
230. 程序化决策 Programmed decision(5.3)
231. 结构性问题 Structured Problems(5.3)
232. 非程序化决策 Nonprogrammed decision(5.3)
233. 确定型决策 Decision making under certainty (5.3)
234. 风险型决策 Decision making under risk(5.3)
235. 不确定型决策 Decision making under uncertainty(5.3)
236. 个人决策 Personal decision making(5.3)
237. 群体决策 Group decision making(5.3)
238. 群体思维 Groupthink(5.3)
239. 直觉决策 Intuitive decision making(5.3)
240. 逻辑决策 Logical decision making(5.3)
241. 决策过程 Decision-making process(5.3)
242. 决策标准 Decision criteria(5.3)
243. 权重 Weights(5.3)
244. 备选方案 Alternatives(5.3)
245. 最优化决策 Optimum decision(5.3)
246. 满意 Satisfied(5.3)
247. 评价 Evaluating(5.3)
248. 定性决策 Qualitative decision(5.3)
249. 定量决策 Quantitative decision(5.3)
250. 量本利分析法 Breakeven analysis(5.3)
251. 盈亏平衡点 Breakeven point(5.3)
252. 固定成本 Fixed costs(5.3)
253. 变动成本 Variable costs(5.3)
254. 期望值法 Expectancy method(5.3)
255. 决策树 Decision tree(5.3)
256. 决策树法 Decision tree method (5.3)
257. 悲观决策法 Pessimistic decision method (5.3)
258. 小中取大法 Max min method (5.3)
259. 乐观决策法 Optimistic decision method (5.3)
260. 大中取大法 Max max method (5.3)
261. 折衷决策法 Compromise decision method (5.3)
262. 机会均等决策法 Occasion equalization decision method (5.3)
263. 最小后悔值决策法 Regardless decision method (5.3)
264. 计划 Plan,Planing(6.1)
265. 执行计划 Execute Plan(6.1)
266. 5W1H 法 5W1H method (6.1)
267. 做什么 What to do it(6.1)
268. 为什么做 Why to do it(6.1)
269. 何时做 When to do it(6.1)
270. 何地做 Where to do it(6.1)
271. 谁去做 Who to do it(6.1)
272. 怎么做 How to do it(6.1)
273. 愿景 Vision(6.2)
274. 宗旨 Aim(6.2)
275. 使命 Mission(6.2)
276. 目标 Goal(6.2)
277. 战略 Stratagem(6.2)
278. 政策 Policy(6.2)
279. 程序 Process(6.2)
280. 规则 Rule(6.2)
281. 规划 Program(6.2)
282. 项目 Project(6.2)
283. 预算 Budget(6.2)
284. 战略计划 Strategic plan(6.2)
285. 作业计划 Operational plan(6.2)
286. 长期计划 Long-term plans(6.2)
287. 中期计划 Intermediate-term plan(6.2)
288. 短期计划 Short-term plan(6.2)
289. 综合计划 Synthetic plan(6.2)
290. 局部计划 Department plan(6.2)
291. 项目计划 Project plan(6.2)
292. 指令性计划 Mandatory plan(6.2)
293. 指导性计划 Directional plan(6.2)
294. 生产计划 Manufacture plans(6.2)
295. 供应计划 Provide plans(6.2)
296. 新产品开发计划 New product plan(6.2)
297. 营销计划 Marketing plan(6.2)
298. 财务计划 Finance plan(6.2)
299. 人事计划 Human plan(6.2)
300. 后勤保障计划 Service ensure plans(6.2)

301. 情境计划 Scenario planning(6.2)
302. 派生(辅助)计划 Derivative plans(6.2)
303. 甘特图 Gantt chart(6.3)
304. 滚动计划方法 Rolling plan technique(6.3)
305. 网络计划技术 Network plan technique(6.3)
306. 项目评审法 Program Evaluation and review techniques,PERT (6.3)
307. 线性规划 Linear programming(6.3)
308. 组织 Organizing,Organization (7.1)
309. 组织绩效 Organizational performance(7.1)
310. 营利性组织 Profit organization(7.2)
311. 非营利性组织 Non-profit organization, NPO (7.2)
312. 生产型组织 Manufacture organization(7.2)
313. 服务型组织 Service organization(7.2)
314. 私人组织 Private organization(7.2)
315. 公共组织 Commonality organization(7.2)
316. 正式组织 Formal organization(7.2)
317. 非正式组织 Informal organization(7.2)
318. 实体组织 Entity organization(7.2)
319. 虚拟组织 Virtual organization(7.2)
320. 企业 Enterprise(7.2)
321. 组织的法律形式 Legal forms of organization (7.2)
322. 个人独资企业 Sole proprietorship, Solely-invested enterprise (7.2)
323. 合伙制企业 Partnership enterprise(7.2)
324. 公司制企业 Company,Corporation(7.2)
325. 企业法人 Corporation(7.2)
326. 有限责任公司 Limited liability company,LLC, Company of Limited Liability Co.,Ltd(7.2)
327. 股份有限公司 Limited company,Limited company by Shares,Ltd. (7.2)
328. 上市有限公司 Limited company quoted on stock exchange (7.2)
329. 非上市有限公司 Limited company unquoted on stock exchange (7.2)
330. 无限公司 Unlimited company(7.2)
331. 两合公司 Limited partnership(7.2)
332. 股东 Shareholder(7.2)
333. 董事 Director(7.2)
334. 董事会 Directorate(7.2)
335. 监事 Monitor(7.2)
336. 总经理 General manager(7.2)
337. 首席执行官(CEO)Chief executive officer(7.2)
338. 小企业 Small business(7.1)
339. 企业集团 Group company(7.1)
340. 劳动密集型企业 Labor denseness enterprise (7.2)
341. 资金密集型企业 Capital denseness enterprise (7.2)
342. 知识密集型企业 Knowledge denseness enterprise(7.2)
343. 非政府组织 Non-Governmental Organization, NGO(7.2)
344. 志愿者组织 Voluntary Organization, VO(7.2)
345. 创业 Entrepreneurship(7.3)
346. 企业家 Entrepreneur(7.3)
347. 企业家才能 Entrepreneurship(7.3)
348. 创业机会分析 Opportunity analysis(7.3)
349. 商业计划 Business plan(7.3)
350. 组织目标 Organizational goals(7.4)
351. 生存目标 Survival goals(7.4)
352. 经济目标 Economic goals(7.4)
353. 市场目标 Marketing goals(7.4)
354. 环境目标 Entironmental goals(7.4)
355. 员工目标 Employee goals(7.4)
356. 目标管理 Management by objective,MBO(7.4)
357. 企业生命周期 The corporate lifecycles(7.5)
358. 萌芽阶段 Embryonic stage(7.5)
359. 成长阶段 Development stage(7.5)
360. 成熟阶段 Maturation stage(7.5)
361. 老化阶段 Decline stage(7.5)
362. 风险 Risk(7.5)
363. 环境的不确定性 Environmental uncertainty (7.5)
364. 组织变革 Organization transform(7.5)
365. 障碍 Obstacle(7.5)
366. 组织工作 Organize(8.1)
367. 劳动分工 Divide the work, Division of labor (8.1)
368. 工作专业化 Job specialization(8.1)
369. 职权 Authority(8.1)
370. 职责 Accountability(8.1)
371. 直线权力 Line authority(8.1)
372. 参谋权力 Staff authority(8.1)

373. 职能权力 Function authority(8. 1)
374. 管理幅度 Span of control(8. 1)
375. 指控链 Chain of command(8. 1)
376. 管理层次 Chain of command(8. 1)
377. 组织设计 Organizational design(8. 2)
378. 组织规模 Organization scale(8. 2)
379. 单件生产 Unit production(8. 2)
380. 小量生产 Small production(8. 2)
381. 成批生产 Process production(8. 2)
382. 大量生产 Mass production(8. 2)
383. 连续生产 Continuum production(8. 2)
384. 组织设计原则 Organizational design principle (8. 2)
385. 统一指挥 Unity of command(8. 1)
386. 岗位设定 Job design(8. 2)
387. 组织结构设计 Organizational structure design (8. 2)
388. 组织手册 Organization handbook(8. 2)
389. 职位说明书 Job description(8. 2)
390. 组织系统图 Organization system chart(8. 2)
391. 机械式的结构 Mechanistic organization(8. 2)
392. 岗位轮换 Job rotation(8. 2)
393. 岗位扩大化 Job enlargement(8. 2)
394. 岗位丰富化 Job enrichment(8. 2)
395. 工作团队 Work team(8. 2)
396. 部门化 Departmentalization(8. 2)
397. 职能部门 Functional department(8. 2)
398. 产品部门化 Product departmentalization(8. 2)
399. 地区划分部门 Geographical departmentalization(8. 2)
400. 顾客划分部门 Customer departmentalization (8. 2)
401. 管理者的能力 Manager's ability(8. 2)
402. 扁平型组织 Flattening organization(8. 2)
403. 锥型型组织 Awl organization(8. 2)
404. 组织构架 Organizational architecture(8. 2)
405. 机械式组织 Mechanistic organization(8. 2)
406. 有机式组织 Organic organization(8. 2)
407. 权变的组织 Contingency organization(8. 2)
408. 集权 Centralization(8. 2)
409. 集权组织 Centralized organization(8. 2)
410. 分权 Decentralization(8. 2)
411. 分权组织 Decentralized organization(8. 2)
412. 授权 Authorization(8. 2)
413. 委员会制 Committee system(8. 2)
414. 直线制组织结构 Line structure(8. 3)
415. 职能制组织结构 Functional structure(8. 3)
416. 直线职能制组织结构 Line-functional structure (8. 3)
417. 事业部制组织机构 Divisional structure(8. 3)
418. 矩阵制组织结构 Matrix structure(8. 3)
419. 多维立体组织结构 Multi-dimensional structure (8. 3)
420. 模拟分权制组织 Simulation decentralized organization(8. 3)
421. 网络结构 Network structure(8. 3)
422. 领导 Leading(9. 1)
423. 领导 Leader, Leadership (9. 1)
424. 职位权力 Position power(9. 1)
425. 个人影响力 Referent power(9. 1)
426. 合法权 Legitimate authority(9. 1)
427. 奖赏权 Reward power(9. 1)
428. 惩罚权 Punish power (9. 1)
429. 模范权 Referent power, Exemplary power (9. 1)
430. 专长权 Expert powe
431. 魅力权 Glamour power (9. 1)
432. 感情权 Affection power(9. 1)
433. 领导特质理论 Trait theories of leadership (9. 2)
434. 领导者行为理论(Behavior theory of leadership (9. 2)
435. 领导作风 Leadership styles(9. 2)
436. 专制作风 Autocratic styles(9. 2)
437. 民主作风 Democratic styles(9. 2)
438. 放任作风 Laissez-faire styles(9. 2)
439. 压榨式的集权领导 The exploitive-authoritative system(9. 2)
440. 仁慈式的集权领导 The benevolent-authoritative system(9. 2)
441. 协商式的民主领导 The consultative system (9. 2)
442. 参与式的民主领导 The participative-group system(9. 2)
443. 领导行为连续统一体理论 Leadership continuum theory(9. 2)

444. 领导行为二维理论 Two Dimension Theory (9.2)
445. 定规维度 Initiating dimension(9.2)
446. 关怀维度 Consideration dimension(9.2)
447. 员工导向的领导者 Employee-oriented leader (9.2)
448. 生产导向的领导者 Production-orientedleader (9.2)
449. 管理方格图 Managerial grid chart(9.2)
450. 贫乏型的管理 Impoverished management(9.2)
451. 任务型的管理 Task management(9.2)
452. 俱乐部型的管理 Country club management (9.2)
453. 中庸型的管理 Middle-of-the-road management (9.2)
454. 团队型的管理 Team management(9.2)
455. 发展导向的领导者(Development-oriented leader(9.2)
456. 领导权变理论 Contingency theories of leadership (9.2)
457. 菲德勒权变理论 Fiedler contingency model (9.2)
458. 上下级关系 Leader-member relation(9.2)
459. 任务结构 Task structure(9.2)
460. 职位权力 Position power(9.2)
461. 菲德勒模型 The Fiedler model(9.2)
462. 认知资源理论 Cognitive resource theory(9.2)
463. 任务导向型领导方式 Task-oriented leadership (9.2)
464. 关系导向型领导方式 Relationship-oriented leadership(9.2)
465. 情境领导理论 Situational leadership theory (9.2)
466. 成熟度 Maturity(9.2)
467. 不成熟—成熟理论 Theory of Immaturity-maturity(9.2)
468. 命令式领导方式 Telling leadership(9.2)
469. 推销式领导方式 Selling leadership(9.2)
470. 参与式领导方式 Participating leadership(9.2)
471. 授权式领导方式 Delegating leadership(9.2)
472. 途径—目标理论 Path-goal theory(9.2)
473. 指导型领导 Directive leadership(9.2)
474. 支持型领导 Supportive leadership(9.2)
475. 参与型领导 Participative leadership(9.2)
476. 成就取向型领导 Achievement-oriented leadership(9.2)
477. 领导者—成员交换理论(Leader-member exchange,LMX(9.2)
478. 圈内人士 In-group(9.2)
479. 圈外人士 Out-group(9.2)
480. 领导替代理论 Leadership Substitutes Theory (9.2)
481. 变革型领导 Transformational leadership(9.2)
482. 理想化影响力 Idealized influence(9.2)
483. 鼓舞性激励 Inspirational motivation(9.2)
484. 智力激发 Intellectual stimulation(9.2)
485. 个性化关怀 Individualized consideration(9.2)
486. 领导艺术 Art of leadership(9.3)
487. 沟通 Communicate(9.3)
488. 消息 Message(9.3)
489. 渠道 Channel(9.3)
490. 传言链 Grapevine chains(9.3)
491. 语言沟通 Verbal communication(9.3)
492. 非语言沟通 Nonverbal communication(9.3)
493. 身体语言 Body language(9.3)
494. 过滤 Filtering(9.3)
495. 正式沟通 Formal communication(9.3)
496. 上行沟通 Upward communication(9.3)
497. 下行沟通 Downward communication(9.3)
498. 横向沟通 Horizontal communication(9.3)
499. 非正式沟通 Informal communication(9.3)
500. 小道消息 Grapevine(9.3)
501. 单向沟通 One-way communication(9.3)
502. 斜向沟通 Diagonal communication(9.3)
503. 沟通网络 Communication network(9.3)
504. 链式沟通网络 Chain communication network (9.3)
505. 环式沟通网络 Round communication network (9.3)
506. Y式沟通网络 Y communication network(9.3)
507. 纵向沟通网络 Vertical communication network (9.3)
508. 轮式沟通网络 Wheel communication network (9.3)
509. 全通道式沟通网络 All channel communication network(9.3)

510. 团队管理 Team management(9.3)
511. 激励 Motivation(10.1)
512. 胡萝卜加大棒理论 Carrot and stick theory
513. 激励因素 Motivators(10.1)
514. 需求 Needs(10.1)
515. 诱因 Inducement(10.1)
516. 动机 Motivation(10.1)
517. 行为 Behavion(10.1)
518. 绩效 Performance(10.1)
519. 激励理论 Motivation theory(10.2)
520. 内容型激励理论 Content motivation theory (10.2)
521. 需求层次理论 Hierarchy of needs theory (10.2)
522. 需求层次 Need hierarchy(10.2)
523. 生理需要 Physiological needs(10.2)
524. 安全需要 Safety needs(10.2)
525. 社交需要 Social needs, Love and belongingnesss needs (10.2)
526. 尊重需要 Esteem needs(10.2)
527. 自我实现需要 Self-actualization needs(10.2)
528. "ERG"理论 ERG theory(10.2)
529. 存在需要 Existence needs(10.2)
530. 关系需要 Relatedness needs(10.2)
531. 成长需要 Growth needs(10.2)
532. 成就需要理论 Achievement needs theory
533. 三种需要理论 Three needs theory(10.2)
534. 成就需要 Need for achievement(10.2)
535. 权力需要 Need for power(10.2)
536. 合群需要 Need for affiliation(10.2)
537. 双因素理论 Two-factors theory(10.2)
538. 激励—保健理论 Motivation-Hygiene theory (10.2)
539. 保健因素 Hygiene factors(10.2)
540. 激励因素 Motivation factors(10.2)
541. 满意 Satisfaction(10.2)
542. 不满意 Dissatisfaction(10.2)
543. 过程型激励理论 Process-based motivation theory(10.3)
544. 期望 Expectancy(10.3)
545. 期望理论 Expectancy theory(10.3)
546. 效价 Valence(10.3)
547. 努力 Make great efforts(10.3)
548. 期望 Expectation(10.3)
549. 公平理论 Equity theory(10.3)
550. 投入 Input(10.3)
551. 产出 Outcomes(10.3)
552. 公平 Equity(10.3)
553. 不公平 Inequity(10.3)
554. 外在强化 Extrinsic rewards(10.3)
555. 内在强化 Intrinsic rewards(10.3)
556. 强化理论 Reinforcement theory(10.3)
557. 正强化 Positive reinforcement(10.3)
558. 负强化 Negative reinforcement(10.3)
559. 规避性学习 Avoidance learning(10.3)
560. 修正行为 Behavior modification(10.3)
561. 消退 Fade away(10.3)
562. 目标激励法 Goal-setting motivation method (10.4)
563. 报酬激励法 Reward-setting motivation method (10.4)
564. 奖惩激励法 Rewards and punishment motivation method (10.4)
565. 组织文化激励法 Organizational culture motivation method (10.4)
566. 工资 Wage(10.4)
567. 津贴 Allowance(10.4)
568. 认可 Certificate(10.4)
569. 赞赏 Admiration(10.4)
570. 奖惩 Rewards and punishment(10.4)
571. 考评 Appraise(10.4)
572. 控制 Control(11.1)
573. 控制系统 Control system(11.1)
574. 信息 Information(11.1)
575. 反馈 Feedback(11.1)
576. 控制论 Cybernetics(11.1)
577. 偏差 Warp(11.3)
578. 纠正 Rectify(11.3)
579. 前馈控制 Feedforward control(11.3)
580. 实时控制 Real-time control(11.3)
581. 反馈控制 Feedback control(11.3)
582. 业绩考核 Performance appraisals(11.3)
583. 财务报表 Financial statement(11.3)
584. 预算 Budgeting(11.4)
585. 预算控制 Budgeting control(11.4)
586. 财务预算 Financial budget(11.4)

587. 业务预算 Operation budget(11.4)
588. 销售预算 Sell budget(11.4)
589. 生产预算 Production budget(11.4)
590. 生产进度日程表 Production schedule table (11.4)
591. 内部审计 Internal audit(11.4)
592. 外部审计 External audit(11.4)
593. 创新 Innovation(12.1)
594. 目标创新 Objective innovations(12.2)
595. 技术创新 Technological innovations(12.2)
596. 制度创新 Institutional innovations(12.2)
597. 组织结构创新 Organizational structure innovations(12.2)
598. 环境创新 Environment innovations(12.2)
599. 形态方格法 Chessboard method (12.4)
600. 综摄法 Synectics method (12.4)

附录三 管理学名著目录

1. Adam Smith(亚当·斯密),The Wealth of Nations(《国富论》),1876 年。
2. Frederick W. Taylor(泰勒),The Principles of Scientific Management(《科学管理原理》),1911 年。
3. Henri Fayol(法约尔),General and Industry Management(《工业管理和一般管理》),1916 年。
4. Henry Ford(福特),My Life and Work(《我的工作与生活》),1923 年。
5. George Elton Mayo(梅奥),The Human Problems of an Industrial Civilization(《工业文明的人类问题》),1933 年。
6. Dale Carnegie(卡耐基),How to Win Friend and Influence People(《怎样赢得朋友和影响别人》),1937 年。
7. Chester Barnard(巴纳德),The Functions of The Executive(《经理的职能》),1938 年。
8. George Elton Mayo(梅奥),The Social Problems of an Industrial Civilization(《工业文明的社会问题》),1945 年。
9. Peter F. Drucker(德鲁克),Concept of the Corporation(《公司概念》),1946 年。
10. Max Webor(韦伯),Theory of Social and Economic Organization(《社会组织与经济组织理论》),1947 年。
11. Chester Barnard(巴纳德),Organization and Management(《经理的职能》),1948 年。
12. Joseph. H. Juran(朱兰),Quality Control Handbook(《质量控制手册》),1951 年。
13. Peter F. Drucker(德鲁克),The Practice of Management(《管理实践》),1954 年。
14. Abraham Maslow(马斯洛),Motivation and Personality(《激励与个人》),1954 年。
15. Harold Koontz(孔茨),The Management Theory Jungle(《管理理论丛林》),1956 年。
16. Chris Argyris(阿吉里斯),The Individual and Organization:Some Problems of Mutual Adjustment(《个性与组织:互相协调的几个问题》),1957 年。
17. Cn. parkinson(帕金森),Parkinson Law(《帕金森法则》),1958 年。
18. F. Herzberg(赫茨伯格),The Motivation to Work(《工作动机》),1959 年。
19. Douglas Mcgregor(麦格雷戈),The Human Side of Enterprise(《企业的人性面》),1960 年。
20. Ernest. Dale(戴尔),The Great Organizers(《伟大的组织者》),1960 年。
21. R. Likert(利克特),New Patterns of Management(《管理的新模式》),1961 年。
22. Alfred Chandlerl (钱德勒),Strategy and Structure(《战略和结构》),1962 年。
23. Richard Cyert(赛特)、James March(马驰),A Behavioral Theory of the Firm(《公司行为理论》),1963 年。
24. Alfred p. sloan(斯隆),My Years with General Motors(《我在通用汽车的日子》),1963 年。

25. W. H. Newrnan and C. E. Jr. Sammer(纽曼、萨默),The Process of Management(《管理过程》),1964 年。
26. Victor H. Vroom(弗鲁姆),A New Look at Managerial Decision Making(《工作与激励》),1964 年。
27. Robert Blake(布莱克)、Jane Mouton(穆顿),The Managerial Grid(《管理方格理论》),1964 年。
28. Peter F. Drucker(德鲁克),Managing for Results(《目标管理》),1964 年。
29. Lgor Ansoff(安索夫),Corporate Strategy(《公司战略》),1965 年。
30. Stanley E. Seashore(西肖尔),Criteria of Organizational Effectiveness(《组织效能评价标准》),1965 年。
31. Maryin Bowe(鲍尔),The Will to Manage(《管理的意愿》),1966 年。
32. F. Herzberg(赫茨伯格),Work and The Nature of Man(《工作与人性》),1966 年。
33. Peter F. Drucker(德鲁克),The Peter Principle(《彼得原理》),1969 年。
34. David C. McClelland(麦克利兰),The Two Faces of Power(《权力的两面》),1970 年。
35. Henry Mintzberg(明茨伯格),The Nature of Management Work(《经理工作的性质》),1973 年。
36. E. F. Schumacher(舒马赫),Small is Beautiful(《小即是美》),1973 年。
37. Victor H. Vroom(弗鲁姆),Leadership and Decision Making(《领导与决策》),1973 年。
38. Peter F. Drucker(德鲁克),Management: Task, Responsibilities, Practices(《管理,任务、责任和实践》),1974 年。
39. E. S. Buffa(伯法),Basic Production Management(《生产管理基础》),1975 年。
40. Lgor Ansoff(安索夫), From strategic planning to strategic Management(《从战略规划到战略管理》),1976 年。
41. Fred Luthans(卢桑斯),Introduction To Management: A contingency Approach(《管理导论:一种权变学》),1976 年。
42. Charles Handy(汉迪),Understanding Organization(《理解组织》),1976 年。
43. Herbert Simon(西蒙),The New Science of Management Decision(《管理决策新科学》),1977 年。
44. Alfred Chandlerl (钱德勒),The Visible Hand: Management Revolution in American Business(《看得见的手:美国企业的管理革命》),1977 年。
45. James MacGregor Burns(伯恩),Leadership(《领导能力》),1978 年。
46. William G. Ouchi(大内),z Theory(《Z 理论——美国企业怎样迎接日本的挑战》),1978 年。
47. Chris Argyris(阿基瑞斯)、Donald Schon(施翁),Organization Learning(《组织内学习》),1978 年。
48. Robert Rogers Blake(布莱克),The New Managerial Grid(《新管理方格》),1978 年。
49. Edgar H. Schein(沙因),Organizational Psychology(《组织心理学》),1978 年。
50. Peter F. Drucker(德鲁克),Adventures of a Bystander(《旁观者》),1978 年。
51. Lgor Ansoff(安索夫),Strategic Management(《战略管理》),1979 年。

52. Alvintoffler(托夫勒),The Third Wave(《第三次浪潮》),1980年。
53. Michael Porter(波特),Competitive Strategy(《竞争战略》),1980年。
54. Spencer Johnson(约翰逊),The One Minute Manger(《一分钟经理》),1981年。
55. Richard Pascale(帕斯卡)、Anthony G. Athos(艾索斯)The Art of Japanese Management(《日本管理艺术》),1981年。
56. Thomas Peters(彼得斯)、Robert Waterman(沃特曼),In Search of Excellence(《追求卓越》),1982年。
57. Terrence E. Deal(迪尔)、Allan Kennedy(肯尼迪),Corporate Culture(《企业文化》),1982年。
58. Abraham Maslow(马斯洛),Towards a Psychology of Being(《探究人类心理》),1982年。
59. W Edwards Deming(戴明),Quality,Productivity and ompetitive Position(《质量、生产率和竞争地位》),1982年。
60. John Adair(阿戴尔),Effective Lesdership(《有效领导》),1983年。
61. Rosabeth Moss Kanter(坎特),The Change Masters(《变革大师》),1984年。
62. John Naisbitt(奈斯比特),Mega Trends(《大趋势》),1984年。
63. Meredith Belbin(贝尔宾),Management Teams:Why They Succeed or Fall(《管理队伍:他们成败的原因》),1984年。
64. Michael Porter(波特),Competitive Advantage(《竞争优势》),1985年。
65. Warren Bennis(贝尼斯)、Burt Nanus(纳纽斯),Leaders(《领导》),1985年。
66. Edgar H. Schein (沙因),Organizational Culture and Leadship(《组织文化与领导》),1985年。
67. W. Edwards Deming(戴明),Out of The Crisis(《转危为安》),1986年。
68. Jan Carlzon(卡尔森),Moments of Truth(《关键时刻》),1987年。
69. Herbert Simon(西蒙),Decision Theory:An Introduction to the Mathematics of Rationality(《决策理论:数学分析入门》),1988年。
70. Thomas Peters(彼得斯),Thriving on Chaos(《在混沌中求发展》),1988年。
71. Ichak Adizes(爱迪思),The Corporate Lifecycles(《企业生命周期》),1989年。
72. Rosabeth Moss Kanter(坎特),When Giants Learn to Dance(《当巨人开始学习跳舞》),1989年。
73. Charles Handy(汉迪),The Age of Unreason(《非理性时代》),1989年。
74. Christopher Bartlett(巴列特)、Sumantra Ghoshal(高沙尔),Managing Across Borders(《超越界限的管理》),1989年。
75. Peter F. Drucker(德鲁克),Managing the Non Profit Organization(《管理非赢利组织》),1990年。
76. Richard Pascale(帕斯卡),Managing on the Edge:How the Smartest Companies use Conflict to Stay Ahead(《危机管理:最优秀的企业是如何利用冲突向前发展的》),1981年。
77. P. M. Senge(彼得·圣吉),The Fifth Discipline(《第五项修练——学习型组织的艺术

与实务》),1990 年。
78. Beenjamin Scheider(斯耐得),Organizational Climate and Culture(《组织气氛与文化》),1990 年。
79. Michael Porter(彼特),The Competitive Advantage of Nations(《国家竞争优势》),1990 年。
80. Eliyahu M. Goldratt(高德拉特),The Goal: A Process of Ongoing Impro-vement(《目标》),1992 年。
81. Thomas Peters(彼得斯),Liberation Management(《解放思想》),1992 年。
82. Ralph L. Keeney(金尼),Value-Focused Thinking:A Path to Greative Drcsion Making(《价值取向性思考:开拓创造性决策制定方法的道路》),1992 年。
83. Peter F. Drucker(德鲁克),Managing for the future(《未来管理》),1992 年。
84. Michael Hammer(哈默)、James Champy(钱皮),Reengineering The Corporation(《再造公司》),1993 年。
85. Philip Kotler(科特勒),Marketing Management:Analysis,Planning and Control(《行销管理:分析、计划和控制》)1993 年。
86. D. A. Wren(雷恩),The Evolution of Management Thought(《管理思想的演变》),1994 年。
87. James Collins(柯林斯)、Jerry Porras(波拉斯),Built to Last(《企业精神,贯彻始终》),1994 年。
88. Henry Mintzberg(明茨伯格),The Rise and Fall of Strategy Planning(《战略计划的风险》),1994 年。
89. James Champy(钱皮),Reengineering Management(《再造管理》),1995 年。
90. Michael Hammer(哈默),The Reengineering Revolution(《再造的革命》),1995 年。
91. Peter F. Drucker(德鲁克),Managing in Times of Great Change(《大变革时代的管理》),1995 年。
92. Jerry Pprras(帕拉斯)、James Collins(柯林斯),Built to Last(《基业常青》),1995 年。
93. James Martin(迈天),Cybercorp—the new business revolution(《生存之路》),1996 年。
94. Max D. Richard(马克思·理查德)、Paul S. Greenlaw(保罗),Management Decision Making(《管理决策制定》)1996 年。
95. Des Earlove(得斯迪尔洛夫),Key Management Decisions(《主要管理决策》),1997 年。
96. Arie De Geus(赫斯),The Living Company(《具有生命力的企业》),1997 年。
97. Spencer Johnson(约翰逊),Who Moved My Cheese? (《谁动了我的奶酪?》),1998 年。
98. Abraham Maslow(马斯洛),Maslow of management(《马斯洛论管理》),1998 年。
99. Jeffrey Pfeffer(杰弗瑞),The Human Equation(《人类方程式》),1998 年。
100. Peter F. Drucker(德鲁克),Management Challenges for The 21th Century(《21 世纪的管理挑战》),2000 年。

附录四 管理学的100位大师

1. 亚当·斯密(Adam Smith,1723—1790),主要贡献:劳动分工、“共同利益”的观点,提出分工理论,著有《国富论》。
2. 罗伯特·欧文(Robert Owen,1771—1858),主要贡献:提出空想社会主义的思想、最早注意到人的因素对提高劳动生产率的重要性。人本管理的先驱。
3. 查尔斯·巴贝奇(Charles Babbage,1792—1871),主要贡献:进一步发展了亚当·斯密的劳动分工思想;体力和脑力劳动分工主张;劳资关系协调;发明计数机器。著有《论机械和制造业的经济》。
4. 弗雷德里克·W·泰勒(Frederick W. Taylor,1856—1917),主要贡献:理论集中在科学管理方面,制订工作定额;选择第一流工人;标准化管理;差别计件工资;精神革命。著有《店铺管理》、《科学管理原理》等。
5. 卡尔·巴思(Carl G. Barth,1860—1939),主要贡献:执行泰勒制的正统的忠实信徒。著有《作为泰罗管理制度一部分的机械厂计算尺》。
6. 亨利·甘特(Henry L. Gantt,1861—1919),主要贡献:发明了甘特图。著有《甘特图表:管理的一个行之有效的工具》、《工业领导》。
7. 弗兰克·吉尔布雷斯(Frank B. Gilbreth,1868—1924),主要贡献:时间和动作研究、计时轨迹摄影技术。
8. 莉莲·吉尔布雷斯(Lillian Moller Gilbreth,1878—1972),吉尔布雷斯的妻子。主要贡献:时间研究和动作研究。
9. 哈林顿·埃默森(Harrington Emerson,1853—1931),主要贡献:效率的大祭司,提出效率的十二个原则。著有《十二个效率原则》。
10. 莫里斯·库克(Morris Cooke,1872—1960),主要贡献:主要贡献是在大学和市政管理方面。
11. 亨利·法约尔(Henry Fayol,1841—1925),主要贡献:古典组织理论,提出了职能原则和管理原则。著有《工业管理与一般管理》等。
12. 马克斯·韦伯(Max Weber,1864—1920),主要贡献:古典组织理论,权力论;研究组织的官僚模式。著有《社会与经济组织理论》。
13. 林德尔·厄威克(Lyndall F. Urwick,1891—1984),主要贡献:国际管理协会的首任会长;研究综合古典管理理论,最大的贡献是对经典的管理理论进行了综合。提出了组织的八项原则。著有《行政管理原理》、《管理的要素》。
14. 卢瑟·古利克(Luther H. Gulick,1892—1993),主要贡献:综合古典管理理论,提出管理的七项职能说。著有《管理科学论文集》。
15. 玛丽·帕克·福莱特(Mary Parker Follett,1868—1933),主要贡献:过渡期,架起古典管理理论和行为科学理论的桥梁,主要思想集中在行政管理,提出整合与责任分担问题。著有《动态的行政管理》等。

16. 雨果·孟斯特伯格(Hugo Munsterberg,1863—1916),主要贡献:过渡期,工业心理学的创始人之一。
17. 乔治·埃尔顿·梅奥(George Elton Mayo,1880—1949),主要贡献:提出霍桑实验,人际关系理论。著有《工业文明的人类问题》、《工业文明的社会问题》。
18. 弗里茨·罗特利斯伯格(Fritz J. Roethlisberger,1898—1974),主要贡献:突出人际关系理论,与梅奥合作20余年。
19. 赫伯特·西蒙(Herbert A. Simon,1916—),主要贡献:决策理论学派代表人,提出了有限理性决策理论。著有《行政管理行为》。
20. 亚伯拉罕·马斯洛(Abraham Maslow,1908—1970),主要贡献:美国行为心理学家,提出需求五层次理论。著有《激励与个性》、《良好精神管理》等。
21. 克莱顿·阿尔德佛(Clayton Alderfer),主要贡献:提出需要层次的ERG需要理论。著有《人类需求新理论的经验测试》、《生存、关系以及发展:人在组织环境中的需要》。
22. 戴维·麦格利兰(David McClelland),主要贡献:提出需要层次的成就动机理论。
23. 道格拉斯·麦格雷戈(Douglas McGregor,1906—1964),主要贡献:人际关系学方面的思想家,提出X—Y理论。著有《企业的人事方面》等。
24. 维克多·弗鲁姆(Victor H. Vroom),主要贡献:提出效价—手段—期望理论。著有《工作与动机》。
25. 威廉·奥奇(William G. Ouchi),主要贡献:提出人性假设的Z理论。著有《Z理论——美国企业界怎样迎接日本的挑战》。
26. 克里斯·阿吉里斯(Chris Argyris,1923—),主要贡献:提出人性假设的不成熟—成熟理论。著有《人性与组织》等。
27. 库尔特·卢因(Kurt Lewin,1890—1947),主要贡献:提出团体行为理论:"团体力学"和"非正式组织"。著有《人格的动力理论》、《社会科学中的场论》。
28. 利兰·布雷德福(Leland Bradfurd),主要贡献:提出群体行为:"感受性训练"、实验室训练。
29. 斯金纳(B. F. Skinner,1904—1990),主要贡献:提出行为修正的强化理论。著有《有机体的行为:一种实验的分析》《科学与人类行为》。
30. 阿尔伯特·班杜拉(Albert Bandura,1925—),主要贡献:提出行为修正的自我强化理论。
31. 莱曼·波特(Lyman Porter),主要贡献:提出综合激励模型。著有《管理态度和成绩》。
32. 约翰·莫尔斯(John Morse),主要贡献:提出人性假设的超Y理论。著有《组织及其他成员:权变法》。
33. 弗雷德里克·赫茨伯格(Frederick Herzberg,1923—2000),主要贡献:提出双因素理论。著有《工作的激励因素》。
34. 斯塔西·亚当斯(J. Stacy. Adams),主要贡献:提出公平理论。著有《工人关于工资不公平的内心冲突同其生产率的关系》、《社会交换中的不公平》。
35. 哈罗德·凯利(Harold H. Kelley),主要贡献:提出归因理论,对海德的归因理论进行又一次扩充和发展。著有《社会心理学的归因理论》。
36. 哈罗德·孔茨(Harold koontz,1908—1984),主要贡献:西方现代管理理论形成的标志,管理过程学派代表，强调管理的概念、理论、原理和方法。著有《管理学》。

37. 切斯特·巴纳德(Chester Barnard，1886—1961)，主要贡献：社会系统学派创始人，主要研究经理人员的职能、组织与管理。著有《经理人员的职能》。

38. 斯坦利·西肖尔(Stanley E. Seashore)，主要贡献：当代经济学家和社会心理学家，提出“组织有效性评价标准”。

39. 坦南鲍姆(Robert Tannenbaum)，主要贡献：领导连续体理论。著有《如何选择领导模式》。

40. 俄亥俄州立大学研究小组，主要贡献：提出领导行为的二维构面理论。

41. 伦西斯·利克特(Rensis Likert)(密歇根研究)，主要贡献：支持关系理论的创始人，提出四种领导体制。著有《新型的管理》、《人类组织》。

42. 简·莫顿(Jane S. Mouton，1930—)，主要贡献：提出管理方格理论。著有《管理方格》。

43. 罗伯特·布莱克(Robert R. Blake)，主要贡献：提出管理方格理论。著有《管理方格》。

44. 弗雷德·菲德勒(Fred E. Fiedler，1922—)，主要贡献：权变理论学派创始人，提出领导类型权变理论。著有《权变模型——领导效用的新方向》。

45. 罗伯特·豪斯(Robert J. House，1936—)，主要贡献：提出领导权变理论：途径—目标理论。

46. 保罗·赫塞(Paul Hersey)，主要贡献：提出领导行为权变理论：领导生命周期理论。著有《情境领导》。

47. 理查德·约翰逊(Richard A. Johnson)，主要贡献：系统管理学派代表人物之一，1963年与卡斯特、罗森茨韦克合写《系统理论和管理》。

48. 弗里蒙特·卡斯特(Fremont E. Kast)，主要贡献：系统管理学派代表人物之一，1970年与罗森茨韦克合作发表的《组织与管理——一种系统学说》比较全面地论述了系统管理理论。提出卡斯特模式：组织变革的六个步骤。

49. 詹姆斯·罗森茨韦克(James E. Rosenzweig)，主要贡献：系统管理学派代表人物之一，1963年与约翰逊、卡斯特三人合写《系统理论和管理》，1970年与卡斯特合作发表的《组织与管理——一种系统学说》比较全面地论述了系统管理理论。

50. 詹姆斯·米勒(James Grier Miller)，主要贡献：系统管理学派主要代表人物之一。

51. 梅萨·罗维奇(M. Mesarovic)，主要贡献：系统管理学派主要代表人物之一。

52. 彼得·德鲁克(Peter Drucker，1909—2005)，主要贡献：经验主义学派代表人物，美国管理学家和管理咨询人员，被认为是当代西方影响最大的管理学家之一。突破思想是从目标管理到管理知识工人的过程。著有《管理的实践》、《管理：任务、责任和实践》等。

53. 欧内斯特·戴尔(Ernest Dale，1914—1984)，主要贡献：经验主义学派代表人物，主要贡献是比较管理经验研究。著有《伟大的组织者》、《企业管理的理论与实践》。

54. 威廉·纽曼(William Newman)，主要贡献：经验主义学派代表人物，美国管理学家。著有《经济管理活动：组织和管理的技术》、《管理的过程》。

55. 阿尔弗雷德·P·斯隆(Alfred P. Sloan，1875—1966)，主要贡献：经验主义学派代表人物，美国高级经理、长期担任通用汽车公司的总经理董事长，首创事业部制组织结构。著有《我在通用汽车公司的年代》。

56. 保罗·劳伦斯(Paul R. Lawrence)，主要贡献：权变理论学派代表人物。著有《复杂组织的分化和整体化》、《组织和环境》。

57. 弗雷德·卢桑斯(Fred Luthars)主要贡献:权变理论学派代表人物,系统地介绍了权变管理理论,提出了用权变理论可以统一各种管理理论的观点。著有《管理导论:一种权变学说》。

58. 琼·伍德沃德(Joan Woodward,1930—),主要贡献:权变理论学派代表人物,英国女管理学家。组织设计权变理论主要代表人物之一。著有《经营管理和工艺技术》、《工业组织:理论和实践》、《工业组织:行为和控制》。

59. 亨利·明茨伯格(Henry Mintzberg,1939—),主要贡献:西方管理学界经理角色学派的主要代表人物,主要贡献在于对管理者工作的分析。著有《经理工作的性质》。

60. 埃尔伍德·斯潘塞·伯法(Elwood Spencer Buffa),主要贡献:研究现代化生产管理方法和管理科学的著名学者,西方管理科学学派代表人物。提出决策的四种类型。著有《生产管理基础》。

61. W·爱德华兹·戴明(W. Edwards Deming,1900—1993),主要贡献:主要是"质量管理"和质量管理十四法,有力指导了丰田汽车公司管理。著有《走出危机》。

62. 约瑟夫·朱兰(Joseph Juran,1904—2008),主要贡献:提出全面质量管理思想,质量三元论,把80/20原则引入质量管理。著有《质量控制手册》、《朱兰论质量领导》等。

63. 戴尔·卡耐基(Dale Carnegie,1888—1955),主要贡献:突破性思想是:推销、交流和诱导问题。著有《如何赢得朋友和影响他人》等。

64. 詹姆士·钱皮(James Champy),主要贡献:突破思想为经营的重造思想,与哈默提出BPR(业务流程重组)。著有《重造企业》对工作流程进行根本性的重新思考并彻底改革。

65. 马文·鲍尔(Marvin Bower),主要贡献:现代管理咨询之父,开创管理咨询行业,缔造了麦肯锡咨询公司的传奇故事,主要理论是公司文化和价值、团队工作和计划管理、管理顾问的专业化等领域。著有《管理意志》、《领导意志》。

66. 大前研一(Kenichi Ohmae),主要贡献:日本战略之父,是企业家的战略头脑,提出成功的战略和关键因素,是40多本书的作者。著有《战略家的思想》、《没有国界的世界》。

67. 汤姆·彼得斯(Tom Peters),主要贡献:提出变革是企业获得生存的唯一出路。著有《追求卓越》开辟了商业书籍荣登畅销书榜首的先河,《管理的革命》。

68. 布鲁斯·亨德森(Bruce Henderson),主要贡献:创建了第一家纯粹的战略顾问公司:波士顿咨询公司。提出波士顿矩阵。

69. 亨利·福特(Henry Ford,1863—1947),主要贡献:美国福特汽车创始人,主要突破性思想是大规模生产。著有《我的生活和工作》。

70. 小托马斯·沃特森(Thomas Watson Jr. 1914—),主要贡献:国际商用机器公司(IBM)前董事长,深入探讨公司的立业宗旨。著有《一个企业和它的信念》。

71. 戴维·帕卡德(David Packard),主要贡献:惠普公司的创始人之一。著有《惠普之道》。

72. 盛田昭夫(Akito Morita),主要贡献:日本索尼公司的创始人之一,突破性思想主要在"日本管理"领域。著有《日本制造》。

73. 松下幸之助(Konosuke Matsushita),主要贡献:松下是松下公司的创立者。实行水坝式经营。突破性思想是客户服务、企业家的企业天才等。著有《不仅仅为了面包》。

74. 罗伯特·汤赛德(Robert Townsend),主要贡献:美国快递公司13年的总裁,揭露了现代组织的臃肿、愚蠢和荒唐。著有《提升组织》。
75. 哈罗德·杰林(Harold Geneen),主要贡献:ITT(国际电报电话公司)总裁,连续买进了共计350家公司,其中包括艾为斯汽车租赁公司、喜来登酒店集团,突破性思想为用事实分析和管理。著有《协同作用神话》等。
76. 伊戈尔·安索夫(Igor Ansoff,1918—2002),主要贡献:是对战略管理学的清晰构想做系统阐述的关键人物之一,主要理论成就是战略化管理和差距分析及协同理论。著有《公司战略》。
77. 迈克尔·波特(Michael Porter,1947—),主要贡献:全世界关于竞争战略的最高权威。提出了决定产业竞争的五种力量,三种基本的竞争战略,分析竞争对手的四种要素等具有深远影响的见解。著有《竞争战略》、《竞争优势》、《国家竞争力》等。
78. 加里·哈默尔(Gary Hamel),主要贡献:提出了公司核心竞争力理论,"是20世纪90年代企业战略问题的代表人物。著有《公司的核心竞争力》等。
79. 理查德·帕斯卡尔(RiChard Pascale),主要贡献:提出7S结构,提供了一种比较美国和日本管理的方法。著有:《日本企业的管理艺术》、《艰难的管理》。
80. 罗莎贝丝·摩丝·坎特(Rosabeth Moss kanter),主要贡献:创立了好尺度咨询公司,主要研究战略、创新和变革方面,提出了"授权"的概念。著有《当巨人学跳舞时》、《变革大师》等。
81. 查尔斯·汉迪(Charles Handy,1932—),主要贡献:提出三种新的组织形式:三叶草组织、联邦组织、3I组织。著有《理解组织》、《非理性的年代》和《空闲的雨衣》等。
82. 阿尔弗雷德·钱德勒(Alfred Chandler),主要贡献:主要研究战略与结构之间的关系、多事业部制企业的经营等问题。著有《战略与结构》等。
83. 舒曼特拉·高沙尔(Sumantra Ghoshal),主要贡献:印度学者,提出了全球化和公司结构思想,提出个性化公司的概念。著有《个性化的公司》等。
84. 彼得·圣吉(Peter Senge,1947—),主要贡献:麻省理工学院组织化学习中心负责人。最大贡献是提出了"学习型组织"的概念及其操作要义。著有《第五项修炼》等。
85. 吉尔特·霍夫斯泰德(Geert Hofstede),主要贡献:荷兰心理学家,突破性思想为文化管理。著有《文化的重要性》等。
86. 冯斯·琼潘纳斯(Fons Trompenaars),主要贡献:讨论管理者在经济全球化过程中可能会遇到的各种文化因素是如何影响人们的行动的,列举几种文化的冲突。著有《跨越文化浪潮》等。
87. 埃德加·沙因(Edgar Schein,1928—),主要贡献:组织心理学领域的创始人之一,提出的"企业文化"概念,为以后企业文化的研究开辟了道路。著有《组织文化与领导》、《组织心理学》等。
88. 埃里奥特·杰奎斯(Elliott Jaques,1917—2003),主要贡献:加拿大裔心理学家,提出企业的管理水平应基于领导决策之前所花费的可测时间长度和根据时间长度所应获得的报酬。著有《企业文化之改变》、《时间的自由度》。
89. 阿尔文·托夫勒(Alvin Toffler,1928—),主要贡献:美国未来学家突出贡献划分人类三个时期。著有《未来的冲击》、《第三次浪潮》。

90. 约翰·奈斯比特(John Naisitt,1929—),主要贡献:未来学领域的权威人物,探讨了十个方面的结构性改革。著有《大趋势》,该书销售了 800 万册。
91. 玛丽·帕克·福列特(Mary Parker Follett),主要贡献:提出了管理培训和领导者要接受教育的观点,指出了处理冲突的三种手段。
92. 华伦·本尼斯(Warren Bennis,1925—),主要贡献:组织发展理论的先驱者,突破性成就是对组织理论的发展,在组织动力学框架下论述领导。著有《领导者:掌管的策略》、《组织天才》等。
93. 劳伦斯·彼得(Laurence Peter,1919—1990)主要贡献:研究的重点集中于企业和管理等级制度方面,核心是"彼得原理"。著有《彼得原理》。
94. 特德·列维特(Ted Levitt),主要贡献:美国研究院研究员,近三十年来主要的营销大师。他指出,企业优先考虑的中心应是满足顾客而不应是简单的生产商品,主导公司的应是营销而不是产品。重点理论在全球化和市场学领域。著有《营销中的改革创新》、《营销近视》等。
95. 菲利普·科特勒(Philip Kotler,1931—),主要贡献:营销学领域的主要权威人物之一。提出,"营销者的任务是推销产品实体中所包含的利益或服务,而不能仅限于描述产品的形貌。"提出将市场营销看作经济活动的中心环节。著有《营销管理》等。
96. 杰伊·洛希(Jay W. Lorsch),主要贡献:提出人性假设的超 Y 理论。著有《组织及其他成员:权变法》。
97. 爱德华·劳勒(Edward Lawler),主要贡献:提出综合激励模型。著有《管理态度和成绩》。
98. 沃伦·施密特(Warren H. Schmidt),主要贡献:提出领导连续体理论。著有《如何选择领导模式》。
99. 特伦斯·米切尔(Terence R. Mitchell),主要贡献:提出领导权变理论:途径—目标理论。
100. 肯尼斯·布兰查德(Kenneth Blanchard,1939—),主要贡献管理寓言的鼻祖,情景领导理论的创始人之一,提出领导生命周期理论。著有《情境领导》等。

主要参考文献

1. 斯蒂芬·P. 罗宾斯:《管理学》(第十版),中国人民大学出版社 2006 年版。
2. 斯蒂芬·P. 罗宾斯:《管理学》(第四版),中国人民大学出版社 1997 年版。
3. 里基·W. 格里芬:《管理学》,中国市场出版社 2008 年版。
4. 哈罗德·孔茨、海因茨·韦里克:《管理学》,经济科学出版社 1998 年版。
5. 加雷思·琼斯、珍妮·弗乔治:《当代管理学》,人民邮电出版社 2005 年版。
6. 詹姆斯·斯通纳、爱德华·弗雷曼等:《管理学教程》,华夏出版社 2001 年版。
7. 托马斯·S. 贝特曼:《管理学》,北京大学出版社 2001 年版。
8. 约瑟夫·M. 普蒂、海茵茨·韦里奇、哈罗德·孔茨:《管理学精要——亚洲篇》,机械工业出版社 1999 年版。
9. W. H. 纽曼、小 C. E. 萨默:《管理过程——概念、行为和实践》,中国社会科学出版社 1995 年版。
10. 小詹姆斯·H. 唐纳利等:《管理学基础》,中国人民大学出版社 1982 年版。
11. 德鲁克:《管理:任务·责任·实践》,中国社会科学出版社 1987 年版。
12. H. A. 西蒙:《管理行为》,北京经济学院出版社 1983 年版。
13. 斯图尔特·克雷纳:《影响世界的西方管理思想》,中央编译出版社 2007 年版。
14. 周三多等:《管理学》,高等教育出版社 2008 年版。
15. 吴照云等:《管理学》(第二版),经济管理出版社 2005 年版。
16. 王利平:《管理学原理》(修订版),中国人民大学出版社 2005 年版。
17. 席酉民:《管理研究》,机械工业出版社 2000 年版。
18. 芮明杰:《管理学——现代的观点》(第二版),上海人民出版社 2005 年版。
19. 周健临:《管理学教程》,上海财经大学出版社 2001 年版。
20. 曹元坤:《管理方式变革论》,经济管理出版社 1998 年版。
21. 邢以群:《管理学》(第二版),浙江大学出版社 2005 年版。
22. 诺斯克特·金森、拉斯托姆吉:《帕金森管理经典》,国际文化出版社公司 1996 年版。
23. 圣丁:《哈佛商学院 MBA 教程》,经济日报出版社 1997 年版。
24. 芮明杰:《现代企业管理创新》,山西经济出版社 1998 年版。
25. 林永顺:《企业管理学》,经济管理出版社 2002 年版。
26. 芮明杰、袁安照:《管理重组》,浙江人民出版社 2000 年版。
27. 摩根·威策尔:《管理的历史》,中信出版社 2002 年版。
28. 曼塞·G. 布莱克福德:《西方现代企业的兴起》,经济管理出版社 2001 年版。
29. 理查德·L. 达夫特:《组织理论与设计精要》,机械工业出版社 1999 年版。

30. 吴敬琏:《现代公司与企业改革》,天津人民出版社 1994 年版。
31. C.卜巴纳德:《经理人员的职能》,中国社会科学出版社 1997 年版。
32. 丹尼尔·A.雷恩:《管理思想的演变》,中国社会科学出版社 1986 年版。
33. 哈默、钱比:《改造企业》,牛顿出版股份有限公司 1994 年版。
34. 盖瑞·哈默尔、C.K.普拉哈拉德:《竞争大未来》,智库文化股份有限公司 1995 年版。
35. 罗伯特·R.布莱克等:《管理方格》,海湾出版公司 1964 年版。
36. 钱德勒:《看得见的手》,商务印书馆 1987 年版。
37. 罗建平等:《全球战略管理》,上海三联书店 1997 年版。
38. 金占明:《战略管理——超竞争环境下的选择》,清华大学出版社 1999 年版。
39. 彼得·圣吉:《第五项修炼》,上海三联书店 2001 年版。
40. 苏勇:《管理伦理学》,东方出版中心 1998 年版。
41. 迈克尔·波特:《竞争战略》,华夏出版社 2001 年版。
42. 迈克尔·波特:《竞争优势》,华夏出版社 2001 年版。
43. 迈克尔·波特:《国家竞争优势》,华夏出版社 2002 年版。
44. 迈克尔·波特:《竞争论》,中信出版社 2003 年版。
45. 卜佩帕德、P.罗兰:《业务流程再造》,中信出版社 1999 年版。
46. 斯蒂芬·P.罗宾斯:《组织行为学》,中国人民大学出版社 1997 年版。
47. 迈克尔·T.麦特森等:《管理与组织行为经典文选》,机械工业出版社 2000 年版。
48. 德斯·拉迪夫著:《核心管理决策》,大连理工大学出版社 1999 年版。
49. 伊查克·爱迪思:《企业生命周期》,中国社会科学出版社 1997 年版。
50. J.爱德华·拉索:《决策行为分析》,师范大学出版社 1998 年版。
51. 赫伯特·A.西蒙:《管理行为——管理型组织中决策过程的研究》,华人戴明学院出版发行 1999 年版。
52. 法约尔:《工业管理和一般管理》,团结出版社 1999 年版。
53. 赫伯特·A.西蒙:《管理行为》,北京经济学院出版社 1988 年版。
54. H.明茨伯格:《经理工作的性质》,团结出版社 1999 年版。
55. D.道格拉斯:《企业的人事方面》,中国社会科学出版社 1987 年版。
56. 约翰·查非:《批判性思维》,山西人民出版社 1989 年版。
57. 约翰,W.纽斯特罗姆、基斯·戴维斯:《组织行为学》,经济科学出版社 2000 年版。
58. 王名:《非营利组织管理概论》,中国人民大学出版社 2002 年版。
59. 孔耀君:《西方管理学名著提要》,江西人民出版社 1995 年版。
60. 颜光华等:《企业再造》,上海财经大学出版社 1998 年版。
61. Fred R. David:《战略管理》,经济科学出版社 1997 年版。
62. 阿玛尔、毕海德等:《企业精神》,中国人民大学出版社 2000 年版。
63. 约翰·P.科特等:《变革》,中国人民大学出版社 2000 年版。
64. 小乔治·斯托尔克:《企业成长战略》,中国人民大学出版社 1999 年版。
65. 莱斯特·R.比特:《36 小时管理学课程》,上海人民出版社 1994 年版。
66. 阿伦·肯尼迪、特伦斯·迪尔:《公司文化》,上海三联书店 1989 年版。
67. 高媛、项润:《中小企业成败案例》,企业管理出版社 1999 年版。

68. 李国麟、吴若陶:《风险投资与科技企业》,中国经济出版社 1999 年版。
69. 陈放:《企业病诊断》,中国经济出版社 1999 年版。
70. 殷建平:《大企业持续发展》,上海财经大学出版社 1998 年版。
71. 张洪吉、张为民:《走出沼泽:对美国 40 个大企业经营失败的诊断》,中国物资出版社 1997 年版。
72. 姜少敏、侯书森:《财富论坛——破译世界 500 强经营内幕》,中国城市出版社 1999 年版。
73. 谢科范等:《企业生存风险》,经济管理出版社 2001 年版。
74. Michael Hammer&James Champy, Reengineering the Corporation, London: Nicholas-Brearley Publishing, 1993.
75. Michael Hammer&Steven A. Stanton, The Reengineering Revolution, Harper Business, Inc, 1995.
76. James Champy, Reengineering Management, Harper—Collins Publishers, 1995.
77. Stephen P · Robbins, Management, Seventh Edition, Prentice Hall.
78. Stephen P. Robbins, Mary Coulter. Management, 8th ed. Original English Language Edition Published by Prentice Hall, Inc. 清华大学出版社,2005。
79.《中国社会科学》,中国社会科学院主办。
80.《管理世界》国务院经济研究中心主办。
81.《经济学(季刊)》北京大学中国经济研究中心主办。
82.《中国社会科学文摘》中国社会科学杂志社主办。
83.《国外社会科学》中国社会科学院文献情报中心主办。
84.《经济学动态》中国社科院经济研究所主办。
85.《中国工业经济》中国社科院工业经济研究所主办。
86.《经济管理》中国社科院工业经济研究所主办。
87.《管理科学学报》国家自然科学基金委员会管理科学部主办。
88.《管理工程学报》浙江大学主办。
89.《外国经济与管理》上海财经大学主办。
90.《南开管理评论》南开大学主办。
91.《中国管理科学》中国管理科学研究院主办。
92.《管理科学》中国管理科学学会和哈尔滨工业大学主办。
93.《管理评论》中国科学院研究生院主办。
94.《中国软科学》中国软科学研究会主办。
95.《软科学》四川省科技促进发展研究中心主办。
96.《管理现代化》中国管理现代化研究会主办。
97.《管理学报》华中科技大学主办。
98.《中国人力资源开发》中国人力资源开发研究会主办主办。
99.《现代管理科学》江苏省技术经济与管理现代化研究会主办。
100.《宏观经济管理》国家发展计划委员会主办。
101.《华东经济管理》华东地区十几所经济管理高等院校联合主办。

102.《财经论丛》浙江财经学院主办。
103. http://www.drcnet.com/国研网。
104. http://www.macrochina.com.cn/中国宏观经济信息网。
105. http://www.cei.gov.cn/中国经济信息网。
106. http://www.chinakm.com/中国知识管理网。
107. http://www.cec.globalsources.com/世界经理人文摘。
108. http://www.ceocio.com.cn/ IT 经理人世界。
109. http://www.sino-manager.com/中国经理人网。
110. http://www.cec.globalsources.com/世界经理人文摘。
111. http://www.sinohrm.com/《中国人力资源管理》。
112. http://www.mba.org.cn/中国 MBA。
113. http://www.unirule.org.cn/北京天则经济研究所。
114. http://www.harment.com/《哈佛管理》杂志。
115. http://www.sino-manager.com/《环球企业家》杂志。
116. http://www.caijing.com.cn/《财经》杂志。
117. http://www.fortunechina.com/《财富》杂志。
118. http://www.cnemag.com/《中国企业家》杂志。
119. http://www.zwgl.com.cn/《中外管理》杂志。
120. http://www.economicdaily.com.cn/《经济日报网络版》。
121. http://www.cec-ceda.org.cn/中国企业联合网。
122. http://manage.org.cn/中国管理传播网。
123. http://www.wiseman.com.cn/中华企管网。
124. http://www.beidabiz.com/北大商学网。
125. http://www.vcmc.net/VCMV 虚拟中华管理学院。

图书在版编目（CIP）数据

管理学／尤利群等编著．—2版．—杭州：浙江大学出版社，2014.1(2018.7重印)
ISBN 978-7-308-12792-9

Ⅰ.①管… Ⅱ.①尤… Ⅲ.①管理学 Ⅳ.①C93

中国版本图书馆CIP数据核字（2014）第013269号

管理学

尤利群　等编著

责任编辑	周卫群
封面设计	卢　涛
出版发行	浙江大学出版社
	(杭州市天目山路148号　邮政编码310007)
	(网址:http://www.zjupress.com)
排　　版	杭州中大图文设计有限公司
印　　刷	浙江新华数码印务有限公司
开　　本	787mm×1092mm　1/16
印　　张	30
字　　数	730千
版 印 次	2014年1月第2版　2018年7月第12次印刷
书　　号	ISBN 978-7-308-12792-9
定　　价	58.00元